鞍钢年鉴

ANGANG NIANJIAN

2020

鞍钢史志编纂委员会　编

冶金工业出版社

图书在版编目(CIP)数据

鞍钢年鉴.2020/鞍钢史志编纂委员会编.—北京：冶金工业出版社，2023.7

ISBN 978-7-5024-9541-1

Ⅰ.①鞍… Ⅱ.①鞍… Ⅲ.①钢铁厂—鞍山—2020—年鉴 Ⅳ.①F426.31-54

中国国家版本馆CIP数据核字(2023)第110105号

鞍钢年鉴 2020

出版发行	冶金工业出版社	**电　话**	(010)64027926
地　址	北京市东城区嵩祝院北巷39号	**邮　编**	100009
网　址	www.mip1953.com	**电子信箱**	service@mip1953.com

责任编辑　张熙莹　美术编辑　彭子赫　版式设计　郑小利

责任校对　王永欣　责任印制　禹　蕊

北京捷迅佳彩印刷有限公司印刷

2023年7月第1版，2023年7月第1次印刷

889mm×1194mm　1/16；26.5印张；8彩页；829千字；408页

定价 100.00 元

投稿电话　(010)64027932　投稿信箱　tougao@cnmip.com.cn

营销中心电话　(010)64044283

冶金工业出版社天猫旗舰店　yjgycbs.tmall.com

(本书如有印装质量问题，本社营销中心负责退换)

2020《鞍钢年鉴》工作人员名单

主　　编　赵志强

副 主 编　吴　峥　李翔凌

总 编 辑　黄　辰

副总编辑　赵　艳

特约编辑　张作武　周玉斌　等

摄　　影　张明杰　田世群　等

编辑说明

《鞍钢年鉴》是鞍钢主办的逐年全面记载鞍钢发展变化的大型综合性资料工具书。2020《鞍钢年鉴》是鞍钢连续编纂出版的第36部年鉴，也是鞍钢集团成立后的第7部年鉴（包含鞍山钢铁、攀钢及各板块）。本年鉴本着“科学、精干、实用”的编纂宗旨，全面、客观、准确地记述2019年鞍钢以习近平新时代中国特色社会主义思想为指导，全面贯彻党的十九大、十九届二中、三中、四中全会精神，深入落实习近平总书记重要指示批示精神，紧紧依靠广大干部职工，主动应对钢铁市场下行压力，加快推进高质量发展，在规划发展、改革改造、科技进步、企业管理、党建及精神文明建设等方面的新发展、新变化和新成就。

本年鉴采用分类编辑法，按部类、分目、条目3个层次编排。共设特辑，专文，大事志，概况，规划发展，财务、资本运营与审计管理，人力资源管理，管理创新，科技创新，安全、环保与节能，法律事务，综合管理，企业文化与公共关系，党群管理，鞍山钢铁集团有限公司，攀钢集团有限公司，单位简介，人物，附录19个部类。全书计82.9万字，配有彩色及黑白图片63张。

本年鉴刊用的稿件、资料由鞍钢集团有限公司各主管部门及所属单位提供并审核。统计资料由鞍钢集团有限公司财务部提供。人物、名录资料由鞍钢集团有限公司人力资源部、鞍钢集团有限公司工会等提供。所引数据均以2019年12月末为限。

目　录

特　辑

专　文

大事志

概　况

规划发展

·发展战略与规划·

·战略合作·

·产业投资管理·

·海外规划与投资管理·

财务、资本运营与审计管理

·预算与统计管理·

·会计管理·

·资金与资本管理·

·审计工作·

人力资源管理

·领导人员管理·

·人力资源管理·

·岗位绩效与薪酬福利管理·

·外事管理·

管理创新

·综 述·

·体制改革与创新管理·

·体系管理·

·绩效管理·

·采购管理·

·信息化管理·

科技创新

·科技创新管理·

·知识产权管理·

·军工业务协调管理·

·国际标准化管理·

安全、环保与节能

·安全管理·

·环保与节能减排·

· 技术改造 ·

· 科技发展 ·

· 管理创新 ·

· 战略管理 ·

· 信息化管理 ·

· 设备管理 ·

· 质量能源管理 ·

·安全环保·

·财务管理·

·审计监察·

·人力资源管理·

·企业内保工作·

·法律事务·

·医疗卫生·

·组织工作·

·宣传工作·

·纪检监察工作·

·工会工作·

·共青团工作·

·人民武装工作·

·直属机构·

人　物

·先进人物·

·名　录·

附　录

·统计资料·

▲ 2019年11月20日，辽宁省委书记、省人大常委会主任陈求发到鞍钢集团调研

▲ 2019 年 11 月 11 日，鞍钢集团董事长、党委书记谭成旭会见到访的神户制钢所副社长柴田耕一郎一行

▲ 2019 年 10 月 30 日，鞍钢集团总经理戴志浩会见到访的英国斯坦科贸易有限公司总经理朱利安一行

▲ 2019年5月9日，鞍钢集团与中国中车集团有限公司签署战略合作框架协议，建立战略合作伙伴关系

▲ 2019年12月30日，鞍钢集团与华晨集团、东北大学汽车未来用钢技术联合实验室签约暨启动仪式在鞍钢会展中心举行

▲ 2019 年，鞍钢股份炼铁总厂推进智慧生产，高炉利用系数创历史最好水平

▲ 2019 年，鞍钢股份冷轧厂以用户及市场需求为导向，实现品质升级。图为刚下线的优质镀锌钢卷

▲ 2019 年，鞍钢股份大型厂成功打造出一条更加贴近市场、更加灵活高效的螺纹钢生产线

▲ 2019 年，鞍钢股份热轧带钢厂生产线加工成本明显降低，能耗指标创历史最好水平

▲ 2019 年，西昌钢钒板材厂通过强化产、销、研、服一体化管理，打造“高质量、高技术含量、高附加值、高市场占有率”的“四高”产品

▲ 2019 年，霞浦示范快堆核电项目汽水分离再热器壳体用钢在鞍钢股份鲅鱼圈分公司厚板部 5500 毫米厚板生产线顺利下线，用于该项目汽水分离再热器（MSR）壳体制作

► 2019年5月31日15时40分，第一卷2.75毫米×1025毫米免酸洗钢卷在鞍钢股份热轧带钢厂顺利下线，标志着鞍钢股份首条EPS（钢卷表面免酸洗）处理线一次热负荷试车成功

◄ 2019年10月19日，鞍钢建筑用钢Q460GJD在鲅鱼圈5500毫米轧机下线，该批产品将发至亚洲在建最大的高铁站——雄安高铁站施工现场进行加工组装，标志着鞍钢建筑用钢品质成功跻身国内前列

▲ 2019年7月4日，从鞍钢股份成功下线的行业首卷轻质双相钢DP980-LITE全球首发，代表鞍钢在高强轻质汽车钢开发上达到领先水平

◄ 2019年10月，西昌钢钒板材厂试制的第三代汽车用QP980高强钢成功下线，标志着攀钢在汽车用高强钢研发与生产上取得新突破。图为西昌钢钒板材厂冷轧产品吊装转库作业

◀ 2019 年 11 月 6 日，鞍钢集团在第二届中国国际进口博览会上举办“新时代钒钛新材料解决方案”主题论坛

▲▶ 2019 年，在第 23 届全国发明展览会 ·“一带一路”暨金砖国家技术创新与技能发展大赛上，鞍钢集团获得优秀展团奖，所参展的 124 项发明技术和产品荣获金奖 20 项、银奖 33 项、铜奖 36 项

◀ 2019 年 9 月 5 日，第七届中国（绵阳）科技城国际科技博览会在四川绵阳国际会展中心开幕，攀钢以“构建第三代技术体系、打造攀西资源开发利用升级版”为主题参展

▶ 2019 年 6 月 25 日，德国国际冶金技术展览会（METEC）在杜塞尔多夫开幕，鞍钢集团以“制造更优材料，创造更美生活”为主题参展

▶ 2019 年 9 月 9 日，在 2019 欧亚经济论坛暨中国（西安）电子商务博览会上，鞍钢电商、德邻陆港以“钢铁电商 + 大数据 + 供应链生态”“互联网 + 循环物资”“互联网 + 聚拢采购”“互联网 + 电商扶贫”4 个主题参展，向世界展示鞍钢电商的全新发展模式和丰硕成果

◀ 2019 年 10 月 18—20 日，鞍钢值采平台参展 2019 工业互联网全球峰会，向全球展示鞍钢为工业高质量发展赋能助力的丰硕成果

▲ 2019 年 10 月 25—27 日，第五届（济南）电子商务产业博览会暨第二届泉城电商大会（电商博览会）在山东济南召开，鞍钢电商、德邻陆港以“钢铁电商 + 大数据 + 供应链”“钢铁生态圈”“电商 + 循环”“采购 + 扶贫”四大主题参展

▲ 2019 年 9 月 20—22 日，第七届中国公益慈善项目交流展示会在深圳举行，鞍钢集团凭借突出的扶贫成就和极具特色的扶贫模式入选参展

► 2019 年，鞍钢驻塔县扶贫工作组不舍昼夜地研究最新扶贫措施

► 2019 年，鞍钢学雷锋志愿服务队向贫困村幼儿园捐资

▲ 2019 年 6 月 5 日，由鞍钢捐款援建的辽宁省鞍山市岫岩县石灰窑镇石灰窑村的“鞍钢桥”正式建成通车

▲ 2019年10月15日，新中国成立70周年品牌峰会在北京国家会议中心举行，鞍钢获得“新中国成立70周年70品牌”荣誉并进行品牌展示

▲ 2019年12月6日，由辽宁省人民政府主办、鞍钢集团协办，主题为“深化配套协作，实现互利共赢”的鞍钢集团与辽宁省企业深化合作交流会在鞍钢会展中心举行

▲ 2019 年 9 月 27 日，鞍钢集团庆祝新中国成立暨鞍钢开工七十周年“我和我的祖国”爱国主义歌咏展演举行，1400 名职工参演

▲▶ 2019 年 4 月 16 日，鞍钢集团 2018 年度总结表彰大会在鞍钢会展中心召开

▲ 2019 年 7 月 1 日，鞍钢集团召开庆祝中国共产党成立 98 周年暨“三先两优”表彰大会。会上，鞍钢集团党委书记、董事长姚林以“不忘初心、牢记使命，在推动鞍钢实现高质量发展中担当作为”为主题讲专题党课

▶ 2019年3月29日，中央第十巡视组巡视鞍钢集团有限公司党委工作动员会议在鞍钢会展中心召开

▶ 2019年6月3日，鞍钢集团召开“不忘初心、牢记使命”主题教育动员大会

◀ 2019年1月22日，鞍钢集团党委召开2019年党风廉政建设和反腐败工作会议

▲ 2019 年 3 月 19 日，中国共产党鞍钢集团有限公司第二次党员代表大会在鞍钢会展中心隆重开幕

▲ 2019 年 9 月 10 日，共青团鞍钢集团有限公司第一次代表大会召开

特　辑

赵乐际在辽宁调研时强调坚守初心使命 认真履职尽责推动新时代纪检监察工作高质量发展

2019年6月19日至21日，中共中央政治局常委、中央纪委书记赵乐际到辽宁省调研。他强调，纪检监察机关要按照党中央部署要求，认认真真组织开展“不忘初心、牢记使命”主题教育，突出用习近平新时代中国特色社会主义思想武装头脑、指导实践、推动工作，引导广大纪检监察干部坚守初心、勇担使命，牢记党的理想信念和根本宗旨，牢记党章和宪法赋予的基本职责，牢记“两个维护”的特殊使命和重大责任，坚守人民立场，践行群众路线，推动纪检监察工作高质量发展，为实现新时代党的历史使命提供坚强保证。

赵乐际来到鞍钢集团有限公司、沈阳飞机工业（集团）有限公司、海城市朱家村，深入工厂车间、农户家中，与基层党员干部、职工和村民代表面对面交流，详细了解全面从严治党、党风廉政建设情况，听取大家对纪检监察工作的意见建议。赵乐际强调，推进全面从严治党、营造良好党风政风和社会风气，是党心所向、民心所向，必须长期坚持下去、丝毫不能松懈。要坚持以人民为中心，持续落实中央八项规定精神、纠治“四风”问题，持续整治群众身边腐败和作风问题，持续严惩扶贫民生领域腐败、涉黑腐败及“保护伞”，让群众有更多获得感。要强化监督第一职责、基本职责，做细做实日常监督，完善监督机制，创新监督手段，努力实现监督全覆盖、常态化、高质量。

在沈阳市、鞍山市纪委监委机关，赵乐际与纪检监察干部座谈交流，他指出，开展主题教育是以习近平同志为核心的党中央统揽伟大斗争、伟大工程、伟大事业、伟大梦想作出的重大部署，是纪检监察机关的一项重要政治任务。要认真贯彻“守初心、担使命，找差距、抓落实”总要求，结合纪检监察机关实际，结合职能职责，结合党中央部署正在做的事情，深入学习贯彻习近平新时代中国特色社会主义思想，在真学、真懂、真信、真用上下功夫，自觉增强“四个意识”、坚定“四个自信”、做到“两个维护”。要牢牢把握纪检监察机关在推进党的自我革命、守护党的初心使命中的职责定位，强化政治监督，强化权力制约，坚定不移正风肃纪反腐，以铁的纪律维护党的团结统一、保持党的先进纯洁。要把学习教育、调查研究、检视问题、整改落实贯穿主题教育全过程，坚持边学边查边改，扎实推进专项整治，着力研究解决纪检监察工作稳中求进、实事求是、依规依纪依法、高质量发展中的新情况新问题，着力推动纪检监察干部在思想上、政治上、能力上、作风上都有新的提升，确保取得实实在在的成效。

（摘自2019年6月21日新华社）

王东明：扎实推进产业工人队伍建设改革 在实现中国梦的伟大征程中展现更大作为

2019年7月1日至4日，全国人大常委会副委员长、中华全国总工会主席王东明率队前往黑龙江、吉林、辽宁三省，结合开展“不忘初心、牢记使命”主题教育，围绕深入学习贯彻习近平新时代中国特色社会主义思想，学习贯彻习近平总书记关于工人阶级和工会工作的重要论述，落实工会十七大部署，推进产业工人队伍建设改革、履行工会维权服务基本职责等开展调研。

王东明先后赴哈电集团、大庆油田、一汽集团、鞍钢集团等企业，深入生产一线、施工现场、车间班组、劳模创新工作室等，看望慰问劳动模范、工匠人才、职工群众和工会干部，了解职工生产生活和基层工会工作情况，并分别在大庆油田、一汽集团、鞍钢集团召开座谈会听取意见建议。王东明对三省工会工作给予充分肯定，对进一步做好工作提出明确要求。王东明指出，各级工会要结合开展“不忘初心、牢记使命”主题教育，坚持强化理论武装，深入学习贯彻习近平总书记关于工人阶级和工会工作的重要论述，始终把牢工会工作正确政治方向，进一步增强“四个意识”、坚定“四个自信”、做到“两个维护”，团结引领亿万职工群众坚定不移听党话、跟党走。要牢牢把握为实现中国梦而奋斗的工运时代主题，广泛深入持久开展各种形式的劳动和技能竞赛，团结动员广大职工群众积极建功新时代。要认真履行维护职工合法权益、竭诚服务职工群众的基本职责，把党和政府的关怀送到广大职工心坎上。要深化工会改革和产业工人队伍建设改革，不断夯实基层基础，为工会创新发展注入动力活力。

在黑龙江省，王东明调研考察了哈尔滨工运历史展览馆、哈尔滨锅炉厂有限责任公司、哈尔滨电机厂有限责任公司、大庆油田1205钻井队、铁人王进喜纪念馆及部分劳模创新工作室，看望了全国劳模王启民等劳模和职工代表。王东明强调，要大力弘扬劳模精神、劳动精神、工匠精神，关心关爱劳模，为劳模成长成才搭建平台、创造条件，推动形成尊重劳动、尊重知识、尊重人才、尊重创造的浓厚氛围。要与时俱进弘扬大庆精神、铁人精神，更好发挥标杆旗帜作用，激励广大职工群众艰苦奋斗、锐意进取，奋发有为、无私奉献，为实现“两个一百年”奋斗目标、实现中华民族伟大复兴的中国梦展现更大作为。

在吉林省，王东明调研考察了一汽红旗文化展馆、一汽轿车生产线，并召开产业工人队伍建设改革情况座谈会听取意见建议。王东明强调，要坚决贯彻党中央决策部署，把推进产业工人队伍建设改革摆在更加重要的位置，不断巩固党长期执政的阶级基础和群众基础。要畅通产业工人发展通道，拓宽产业工人发展空间，加大产业工人职业技能培训力度，不断提高产业工人技能水平，努力为产业工人成长搭建平台。要充分发挥工会组织在推进产业工人队伍建设改革中的重要作用，全面创新面向产业工人的工会工作，做到哪里有职工群众、哪里就有工会组织，哪里需要做群众工作、工会工作就跟进到哪里，为推进产业工人队伍建设改革提供坚强的组织保障。

在辽宁省，王东明调研考察了鞍钢集团冷轧生产线、李超创新工作室、鞍钢博物馆，深入了解鞍钢集团推进产业工人队伍建设改革、深化企业民主管理等情况。王东明指出，要牢记习近平总书记嘱托和党中央要求，切实履行工会政治责任，加强职工思想政治引领，把广大职工群众紧密团结在党中央周围，坚定不移听党话、矢志不渝跟党走。要加大对劳模工匠的宣传力度，落实劳模工匠奖励政策和相关待遇，以实际行动唱响劳动最光荣、劳动最崇高、劳动最伟大、劳动最美丽的主旋律。要持续深化劳动和技能竞赛，在“广泛、深入、持久”上做文章，激发职工的积极性主动性创造性，引导广大职工群众当好主人翁、建功新时代。要以全面贯彻《新时期产业工人队伍建设改革方案》及相关配套文件为契机，与时俱进、勇于创新、扎实工作，努力打造一支高素质的知识型、技能型、创新型产业工人大军。要把维权服务这一基本职责付诸实践，维护好职工劳动就业、收入分配等劳动经济权益，与时俱进贯彻“鞍钢宪法”，落实好职工民主政治权利。要坚持维权维稳相统一，努力维护职工队伍与社会大局和谐稳定，把“五个坚决”落到实处。

全总副主席、书记处书记蔡振华，全总兼职副主席郭明义等分别参加调研。

（摘自2019年7月5日《工人日报》）

中国共产党鞍钢集团有限公司第二次党员代表大会隆重开幕

铭记长子担当，做强做优做大。中国共产党鞍钢集团有限公司第二次党员代表大会2019年3月19日上午在鞍钢会展中心隆重开幕。姚林同志代表中共鞍钢集团有限公司第一届委员会向大会所作的报告提出，要高举习近平新时代中国特色社会主义思想伟大旗帜，深入学习贯彻党的十九大精神，铭记长子担当，矢志报国奉献，加快转型升级，做强做优做大，为建设具有全球竞争力的世界一流企业不懈奋斗。

当天的鞍钢会展中心内庄严隆重，简朴喜庆。主席台帷幕中央金色的党徽熠熠生辉，十面鲜艳的红旗分列两侧。眺台上悬挂着的“高举习近平新时代中国特色社会主义思想伟大旗帜 为建设具有全球竞争力的世界一流企业不懈奋斗”横幅格外醒目。

中共鞍钢集团有限公司第二次党员代表大会实有代表319名，除因事因病请假外，共有312名代表出席大会。与会代表同列席人员、特邀人员、来宾聚集一堂，凝聚共识，汇聚智慧，为鞍钢未来发展绘制新蓝图。

大会的执行主席是：姚林、戴志浩、栗宝卿、于万源、王义栋、景奉儒、邵安林、段向东、孟庆旸。

大会由戴志浩同志主持。上午8时30分，会议开始。全场起立，奏唱《中华人民共和国国歌》。

出席大会的领导有：辽宁省委副书记周波；中管企业党委换届督导组组长、中共中央组织部干部五局副巡视员张向涛，中管企业党委换届督导组成员、中共中央组织部组织一局一处调研员、副处长林剑，中共中央组织部干部监督局四处调研员、副处长车德家，中央纪委国家监委组织部企业干部处副处级纪检监察员郭磊，国务院国资委企干一局二处干部隋彦瑞；国务院国资委党建局副局长熊洁，干部黄伟谦；辽宁省委组织部副部长赵建华，组织三处处长王建、副处长郭海强、主任科员张宪玮；鞍山市委书记、市人大常委会主任韩玉起。

开幕式上，周波在致辞中代表中共辽宁省委对大会召开表示热烈祝贺。他说，过去五年，鞍钢集团坚持以习近平新时代中国特色社会主义思想为指导，认真落实习近平总书记关于东北振兴重要指示批示精神和“凤凰涅槃、浴火重生”重要要求，全力提质增效，全速转型发展，全面从严治党，各项事业取得了长足进步。新时代要有新气象新担当新作为。希望鞍钢集团深入学习贯彻习近平总书记在辽宁考察时和在深入推进东北振兴座谈会上的重要讲话精神，增强“四个意识”、坚定“四个自信”、做到“两个维护”，一以贯之坚持党对国有企业的领导，一以贯之深化国有企业改革，加快推进科技创新和产业升级，自觉履行企业责任，努力实现质量更高、效益更好、结构更优的发展，加快建设成为具有全球竞争力的一流钢铁企业，在辽宁全面振兴、全方位振兴中当先锋、打头阵。

姚林同志代表中共鞍钢集团有限公司第一届委员会向大会作题为《铭记长子担当 做强做优做大 建设具有全球竞争力的世界一流企业》的报告。报告共分五个部分：一、过去五年的工作回顾；二、新时代鞍钢人的历史使命；三、以党的坚强领导引领鞍钢全面开启高质量发展新征程；四、践行新发展理念，建设高品质鞍钢；五、全面加强党的建设，为鞍钢高质量发展提供坚强保证。

姚林在报告中总结了鞍钢过去五年所取得的主要成就和基本经验。他说，过去的五年，是鞍钢滚石上山、爬坡过坎、艰难求索的五年，是鞍钢扭亏脱困、凤凰涅槃、浴火重生的五年。五年来，面对复杂多变的市场形势和前所未有的风险挑战，鞍钢以习近平新时代中国特色社会主义思想为指导，全面贯彻落实党的十八大、十九大及历次全会精神，强化改革创新，推动全面开放，作出一系列决策部署，推出一系列改革举措，解决一系列发展难题，实现首次党代会提出的第一步奋斗目标，各项工作取得显著成绩。主要体现在：旗帜鲜明讲政治，同党中央保持高度一致；砥砺奋进谋振兴，质量效益显著提升；坚定不移调结构，产业格局逐步优化；蹄疾步稳推改革，内生活力不断迸发；坚持不懈促创新，发展动力有效释放；毫不动摇强党建，政治优势充分发挥；与时俱进兴文化，凝心聚力作用彰显；持之以恒抓作风，管党治党纵深推进；全心全意聚民心，职工福祉持续改善。

姚林说，回顾五年来艰苦卓绝的奋斗历程，鞍钢之所以能够走出低谷，渡过难关，再次焕发新的生机活力：最根本的是，我们始终坚持把习近平新时代中国特色社会主义思想作为行动指南，确保企业沿着正确的方向前进；最核心的是，我们始终坚持党的领导，加强党的建设，充分发挥国有企业政治优势；最突出的是，我们始终牢记初心使命，弘扬“鞍钢宪法”精神，坚定依靠自己的力量战胜困难；最关键的是，我们始终坚持深化改革，加快创新驱动，全面激发企业的活力和动力；最重要的是，我们始终践行以人民为中心的发展思想，推动共建共享，汇聚改革发展的强大合力。

姚林强调，历史昭示未来。70年前，历经战火千疮百孔的鞍钢回到人民手中，于1949年7月正式开工，创造了钢铁工业多个“第一”，为我国国民经济发展作出了历史性贡献，被誉为“共和国钢铁工业的长子”“中国钢铁工业的摇篮”。70年风雨兼程，70年砥砺奋进。鞍钢人铭记几代党和国家领导人的谆谆嘱托和殷切期望，不忘初心、牢记使命，在这片充满希望的热土上燃烧激情、拼争奉献，谱写了钢铁强国的壮丽诗篇。新时代为鞍钢的历史使命注入了新内涵，作为新时代的鞍钢人，要打造新时代长子风范，秉承“铭记长子担当，矢志报国奉献”初心，坚定“制造更优材料，创造更美生活”使命，开拓进取，接续奋斗。实现新时代的历史使命，需要鞍钢人更加准确研判主要矛盾变化，需要鞍钢人更加积极应对严峻挑战，需要鞍钢人更加主动把握难得机遇。使命呼唤担当，使命引领未来，要牢记初心使命，彰显新时代长子风范，把握新机遇，迎接新挑战，向着新的更高的目标阔步前进。

姚林在报告中强调，坚持党的领导、加强党的建设，是我国国有企业的光荣传统，是国有企业的“根”和“魂”，是国有企业的独特优势。全面开启鞍钢高质量发展新征程，必须坚持党的领导不动摇，确保鞍钢改革发展始终沿着正确的政治方向前进。坚持党的领导、加强党的建设，必须深入学习贯彻习近平新时代中国特色社会主义思想和党的十九大精神，增强“四个意识”、坚定“四个自信”、做到“两个维护”，自觉在思想上政治上行动上同以习近平同志为核心的党中央保持高度一致。必须落实两个“一以贯之”要求，发挥党委领导作用，把方向、管大局、保落实，保证党和国家路线方针政策、重大决策部署在鞍钢贯彻执行，成为党和国家最可信赖的依靠力量。必须坚持服务生产经营不偏离，把提高企业效益、增强企业竞争实力、实现国有资产保值增值作为党组织工作的出发点和落脚点，以企业改革发展成果检验党组织的工作和战斗力。必须全面推进党的政治建设、思想建设、组织建设、作风建设、纪律建设，把制度建设贯穿其中，深入推进反腐败斗争，不断提高党的建设质量，为鞍钢高质量发展提供坚强政治保证。以党的坚强领导为引领，全面开启鞍钢高质量发展新征程，要更加注重“五个坚持”，即坚持深化改革、坚持创新驱动、坚持全面开放、坚持依法治企、坚持共建共享。

姚林指出，今后一个时期，鞍钢发展的指导思想是：高举习近平新时代中国特色社会主义思想伟大旗帜，深入贯彻落实党的十九大和十九届二中、三中全会精神，增强“四个意识”、坚定“四个自信”、做到“两个维护”，以“凤凰涅槃、浴火重生”重要指示精神为指引，坚持和加强党的全面领导，践行新发展理念，全方位扩大开放，深化改革创新，加快转型升级，做强做优做大，为把鞍钢建设成为中国钢铁行业高质量发展的“排头兵”、具有全球竞争力的世界一流企业而奋斗。发展战略是：聚焦“一条主线”，激发“三个动力”，构筑“三大事业”，实施“六项工程”。聚焦“一条主线”，即坚持和加强党的全面领导，践行新发展理念，建设高品质鞍钢。激发“三个动力”，即资本推动、改革牵动、科技驱动。构筑“三大事业”，即做强做精材料事业、持续升级矿产资源事业、择优发展工业服务事业。实施“六项工程”，即党建工程、品牌工程、人才工程、绿色工程、智慧工程、幸福工程。奋斗目标是：把鞍钢建设成为中国钢铁行业高质量发展的“排头兵”、具有全球竞争力的世界一流企业。为实现上述目标，要实施“三步走”：第一步，强基固本，到2020年，打造充满活力、极具潜力、可持续发展的企业集团；第二步，快速提升，到2023年，成为中国钢铁行业高质量发展的“排头兵”；第三步，迈向一流，到2035年，力争成为具有全球竞争力的世界一流企业。

姚林强调，实现新时代鞍钢的奋斗目标，必须以全方位开放推动高质量发展，抓好“六个突出”“六个构建”，全面建设高品质鞍钢。一是突出深化改革，构建市场化发展新格局。要以改革破解鞍钢深层次结构性问题，梯次推进综合改革试点，深化三项制度改革，持续推进管理变革，不断解放和发展生产力。二是突出科技创新，构建创新驱动发展新格局。要加快形成以创新为引领的发展模式，深化科技体制机制改革，加快创新驱动发展战略落地，大力推进智慧鞍钢建设，打造行业创新高地。三是突出结构升级，构建事业协调发展新格局。要加快转型升级，加快材料事业升级，加快矿产资源事业升级，加快工业服务事业升级，加快国际化能力升级，做强做优做大三大事业。四是突出资本推动，构建产业价值发展新格局。以提高资本效率、增强企业活力为中心，完善资本投资运营市场化机制，不断优化资本布局，推动资产业务证券化，持续改善财务结构，提高配置和运营效率，实现保值增值。五是突出生态环保，构建可持续发展新格局。要坚定不移推进绿色发展，强化污染防治，建设美丽鞍钢。六是突出共建共享，构建职工与企业共同发展新格局。坚持全心全意依靠职工群众办企业，充分发挥职工主力军作用，擦亮鞍钢品牌，激发劳动热情，共享发展成果，助力精准扶贫，共同创造幸福生活和美好未来。

姚林强调，实现新时代鞍钢的奋斗目标，必须始终坚持党的领导，全面加强党的建设，抓好“六个着力”和“六个保证”，在推动鞍钢高质量发展中提升党建工作水平，彰显党建工作质量。一是着力政治建设，为高质量发展提供政治保证。要以政治建设为统领，坚定政治信仰，强化政治领导，提高政治能力，坚决做到“两个维护”，切实加强理论武装，严肃党内政治生活，净化政治生态。二是着力组织体系建设，为高质量发展提供基础保证。要更加注重党的组织体系建设，强化党建责任落实，夯实基层组织建设，探索党建工作创新，不断提升组织力。三是着力干部队伍建设，为高质量发展提供组织保证。要切实加强干部队伍建设，突出政治标准选人用人，大力实施“摇篮计划”，加强干部教育培训，强化领导人员日常管理，提升领导力、执行力、穿透力。四是着力人才队伍建设，为高质量发展提供人才保证。加快实施人才强企战略，统筹推进各类人才队伍建设，加强对人才的政治引领，深化人才体制机制改革，全面实施重大人才工程，努力建设一支矢志爱企奉献、勇于创新创造的优秀人才队伍。五是着力宣传思想文化建设，为高质量发展提供思想保证。坚持守正创新，自觉承担新形势下宣传思想工作举旗帜、聚民心、育新人、兴文化、展形象的使命任务，全面加强意识形态工作，大力推动文化传承创新。六是着力党风廉政建设和反腐败工作，为高质量发展提供纪律保证。强化两个责任落实，深化党风廉政建设和反腐败工作，全面提升监督质量，持之以恒正风肃纪，保持反腐败高压态势，以永远在路上的执着把全面从严治党引向深入。

姚林说，蓝图已经绘就，奋斗正当其时。我们要更加紧密地团结在以习近平同志为核心的党中央周围，高举习近平新时代中国特色社会主义思想伟大旗帜，深入学习贯彻党的十九大和十九届二中、三中全会精神，不忘初心，开拓奋进，努力把鞍钢建设成为中国钢铁行业高质量发展的“排头兵”、具有全球竞争力的世界一流企业，为决胜全面建成小康社会、实现中华民族伟大复兴的中国梦作出新的更大贡献。

（摘自2019年3月20日《鞍钢日报》）

鞍钢集团召开“不忘初心、牢记使命”主题教育动员大会

按照党中央的统一部署，2019年6月3日，鞍钢集团召开“不忘初心、牢记使命”主题教育动员大

会，强调要提高政治站位，认真学习领会，切实抓好落实，聚焦目标任务，扎实开展“不忘初心、牢记使命”主题教育，确保取得成效。中央第 34 指导组组长何文波出席会议并讲话；鞍钢集团党委书记、董事长姚林作动员讲话。

姚林在动员讲话中指出，今年是中华人民共和国成立 70 周年，也是鞍钢集团开工 70 周年，开展“不忘初心、牢记使命”主题教育尤为重要，要提高政治站位，充分认识开展“不忘初心、牢记使命”主题教育是对学懂弄通做实习近平新时代中国特色社会主义思想的有力促进，是对全面加强国有企业党的建设的有力促进，是对鞍钢集团加快推进高质量发展的有力促进，是对广大党员干部进一步转变作风的有力促进。要坚持思想建党、理论强党，坚持学思用贯通、知信行统一，推动广大党员干部全面系统学、深入思考学、联系实际学，不断增强“四个意识”、坚定“四个自信”、做到“两个维护”，筑牢信仰之基、补足精神之钙、把稳思想之舵，自觉在思想上政治上行动上同以习近平同志为核心的党中央保持高度一致，确保鞍钢集团始终沿着正确的政治方向前进。要认真贯彻新时代党的建设总要求，奔着问题去，以刮骨疗伤的勇气、坚韧不拔的韧劲坚决予以整治，同一切影响党的先进性、弱化党的纯洁性的问题作坚决斗争，努力把鞍钢集团各级党组织建设得更加坚强有力，筑牢鞍钢的“根”和“魂”。要教育引导广大党员干部发扬革命传统和优良作风，团结带领广大职工按照党的十九大绘就的宏伟蓝图，围绕鞍钢集团第二次党代会提出的目标任务，服务和落实国家战略，坚定行业引领的信念，走高质量发展之路，以时不我待、只争朝夕、勇立潮头的历史担当，持续用力，久久为功，当好大国重器的“钢铁脊梁”。要继续教育引导广大党员干部自觉践行党的根本宗旨，把群众观点、群众路线深深植根于思想中、具体落实到行动上，着力解决群众最关心最现实的利益问题，不断增强人民群众对党的信任和信心，筑牢党长期执政最可靠的阶级基础和群众根基。要认真贯彻落实习近平总书记关于坚决整治形式主义、官僚主义的一系列重要讲话和批示精神，进一步打破“官本位”，破除“等靠要”，切实转变作风，勇担职责使命，焕发工作激情。

姚林强调，要按照党中央主题教育的总要求，结合鞍钢集团改革发展实际，聚焦目标任务，扎实开展“不忘初心、牢记使命”主题教育。要守初心，秉承“铭记长子担当，矢志报国奉献”的初心，打造具有全球竞争力的世界一流企业，彰显新时代长子风范。要担使命，主动肩负起“制造更优材料，创造更美生活”的企业使命，在新的发展起点上锐意进取，真抓实干，展现新担当新作为。要找差距，对标对表党中央要求，对标一流企业标准，把鞍钢集团放到全球钢铁行业和全国经济社会发展大局中进行审视，找准问题，为整改提供精准靶向。要抓落实，把握开展综合改革试点这一重要战略机遇，推进“双百行动”、混合所有制、打造微观市场主体等改革，着力破解制约鞍钢集团高质量发展的难题，谱写改革发展新篇章。要将力戒形式主义、官僚主义作为主题教育重要内容，教育引导党员干部牢记党的宗旨，坚持实事求是的思想路线，树立正确政绩观，真抓实干，转变作风，真正实现理论学习有收获、思想政治受洗礼、干事创业敢担当、为民服务解难题、清正廉洁作表率的目标。

姚林强调，要加强组织领导，落实责任，成立主题教育领导机构和工作机构，研究制定具体实施方案，推进各单位主题教育深入开展。要强化指导，对各单位开展主题教育进行督促指导，把接受职工群众监督贯穿于主题教育的全过程。要突出重点，把学习教育、调查研究、检视问题、整改落实贯穿主题教育全过程，聚焦重点，破解难题。要加大宣传，形成学先进、当先进的良好风尚，为主题教育营造良好氛围。要统筹好主题教育与改革发展和党的建设各项工作的关系，引导广大党员干部勇担职责使命，把党员干部的工作热情，转化为推动鞍钢集团高质量发展的强大动力。

何文波在讲话中指出，在全党开展“不忘初心、牢记使命”主题教育是以习近平同志为核心的党中央统揽伟大斗争、伟大工程、伟大事业、伟大梦想作出的重大部署。要聚焦根本任务抓好落实，紧紧围绕学懂弄通做实习近平新时代中国特色社会主义思想，贯彻落实习近平总书记重要指示精神和党中央决策部署，认真开展主题教育工作。要把握守初心、担使命、找差距、抓落实的总要求抓好落实，坚持教育为先、实践为要，切实把主题教育与党中央部署、正在做的事情结合起来，为做好当前改革发展稳定各项工作、完成本企业中心任务提供强大动力。要紧扣“五句话”目标抓好落实，坚持解决思想问题和解决实际问题相结合，解决共性问题和解决个性问题相结合。要坚持把学习教育、调查研究、检视问题、整改落实贯穿始终，把每项工作做扎实、做到位，做到统筹兼顾、周密安排、有机衔接，以思想自觉引领行动自觉，以行动自觉深化思想自觉。要力戒形式主义、官僚主义，坚持问题导向、务求实效，切实改进工作方法和工作作风，以好的作风确保主题教育取得好效果。中央第34指导组将认真贯彻落实习近平总书记重要讲话精神和党中央部署要求，积极指导配合鞍钢集团推进主题教育工作，总结经验、发现典型，坚持原则、严格标准，确保主题教育取得实效。

（摘自2019年6月6日中国钢铁新闻网）

鞍钢荣膺“新中国成立70周年70品牌”

2019年10月15日，新中国成立70周年品牌峰会在北京国家会议中心举行，鞍钢与中国中车、华为、腾讯、TCL、中兴等70个新中国成立70年来取得杰出成就、极具社会影响力的品牌一道获得“新中国成立70周年70品牌”荣誉并进行品牌展示。鞍钢集团总经理戴志浩出席峰会，领取荣誉奖杯。

峰会上，戴志浩表示，无钢铁不大国，中华复兴梦，鞍钢勇担当。鞍钢与共和国同龄，是“共和国钢铁工业的长子”“中国钢铁工业的摇篮”，是“鞍钢宪法”的诞生地。鞍钢将一如既往勇担央企责任，不忘初心、牢记使命，以钢铁报国，以钢铁强国，用真诚回报大家对鞍钢的关心关爱。

大国品牌是大国精神成就的国家品牌，是一个国家在民众，尤其是外国民众心中的总体形象。新中国成立70周年来，在党中央的坚强领导下，鞍钢实现了从废到兴、从小到大、从弱到强的历史性跨越，为国家经济建设和社会发展作出了突出贡献。新中国成立后，鞍钢自力更生、艰苦创业，擎起中国钢铁工业半壁江山。改革开放以来，中国钢铁工业快速发展助力中国经济实现世界最快速度增长，鞍钢勇立潮头、站稳排头，成为老国企改革创新样板。进入新时代，面对机遇和挑战，鞍钢在习近平新时代中国特色社会主义思想的指引下，做好钢铁工业高质量发展“排头兵”，引领钢铁行业创新发展、绿色发展、改革发展，以新思想引领新实践，以新作为开启新征程。

为贯彻落实“品牌强国”国家战略，彰显经济全球化中国品牌的蓬勃生机，CCTV《大国品牌养成记》以“致敬时代 致敬未来”为主题，打造“新中国成立70周年品牌峰会”，汇聚中国最具社会贡献度和品牌成就的70个中国顶级品牌，向世界展示中国品牌国家队的卓越风采，深化中国优秀品牌的社会责任、民族品牌的家国情怀，共同助推中国品牌的伟大崛起，为国家和人民共同前进提供精神激励。

（摘自2019年10月16日《鞍钢日报》）

鞍钢走出4名全国“最美奋斗者”

2019年9月25日，“最美奋斗者”表彰大会在京举行，表彰新中国成立70周年以来各地区各行业各领域涌现出来的先进模范。“老英雄”孟泰、“走在时间前面的人”王崇伦、“永不生锈的螺丝钉”雷锋、“当代雷锋”郭明义4名从鞍钢集团走出的先进典型荣膺全国“最美奋斗者”称号。

为隆重庆祝新中国成立70周年，学习英雄事迹、弘扬奋斗精神、培育时代精神，中央宣传部、中央组织部、中央统战部等多部门联合组织开展“最美奋斗者”评选表彰和学习宣传活动。此次活动主要由推荐报送、群众投票、审核公示、宣传发布、学习实践等环节组成。最终，共有 278 名个人、22 个集体被授予“最美奋斗者”称号。

作为共和国的钢铁脊梁，70 年间，以英模精神为基因的鞍钢集团，在生产出国家建设急需的大量优质钢材的同时，孕育出一代又一代家喻户晓的英模群体，成为指引和带领鞍钢职工乃至几代中国人艰苦奋斗、拼争奉献的思想“明灯”。70 年来，鞍钢先后涌现出各级劳动模范、道德模范、精神文明标兵 10400 多人，成为名副其实的英模沃土。

（摘自 2019 年 9 月 27 日《鞍钢日报》）

鞍钢集团与全球伙伴共赢新材料未来

2019 年 11 月 6 日，鞍钢集团在第二届中国国际进口博览会上举办主题为“新时代钒钛新材料解决方案”的现场论坛。来自全球钒钛、钢铁业界的专家齐聚一堂，共研世界钒钛产业的市场需求、技术趋势等业界热点，共探钒钛产业未来发展方向，共建钒钛产业链长期互利共赢的合作模式及供应链创新，共商为创造人类美好生活提供更优钒钛新材料解决方案，达成深化合作交流、携手共赢未来的广泛共识。

论坛现场，鞍钢集团与力拓集团、必和必拓、卡拉拉铁矿、罗伊山铁矿、德国 COBEX、ABB 集团、东芝三菱电机等 11 家海外供应商签约，采购领域涉及铁矿石、煤炭、机械设备等，签约项目总金额超过首届进博会。海外供应商均表示将进一步与鞍钢集团深化合作，实现互利共赢。

鞍钢集团总经理戴志浩在论坛上表示，加快发展钒钛产业，是落实国家发展战略的必然选择，是推动资源高效开发利用的重要举措，也是抢占新材料发展战略制高点的有效途径。鞍钢集团借助进博会的大平台举办本次现场论坛，集聚各位专家智慧，共谋钒钛未来发展大计，正当其时，对推动世界钒钛产业高质量发展具有重大意义。借助论坛这一平台，国内外合作伙伴、行业专家将共同探讨如何创新钢铁产业链合作模式，同题共答新时代钒钛新材料解决方案，在更广阔的范围内深化合作，达成“平等开放、互利共赢对钢铁产业链各环节发展具有重要意义”的共识，更好地深化合作关系，拓展合作领域，共促合作共赢，共享发展机遇，共创美好未来，奋力谱写新时代钒钛新材料解决方案的崭新篇章，为推动世界钒钛产业高质量发展助力添彩。

世界钢铁协会总干事埃德温・巴松在论坛上表示，尽管全球钢铁需求增长放缓，市场萎缩，但碳钢、不锈钢和合金钢将在未来继续发挥重要作用。注重产品开发，在全球范围内保持竞争力，将有助于钢铁行业应对未来的挑战。中国钢铁工业生产和消费了全球 50% 的钢铁，在开发新的、有竞争力的产品、实现全球竞争性应用方面可以发挥重要的领导作用。

国际钒技术委员会首席执行官约翰希尔伯特在《钒——多用途元素》的主旨演讲中，全面介绍了世界钒资源的分布、储量、开发生产历史及其应用领域。他表示，越来越多的钒被用于建筑、能源和运输行业，以最大程度地提高强度并最小化产品的重量。同时，钒正越来越广泛地在绿色技术中应用，尤其是在电池技术中。钒氧化还原液流电池（VRFB）已安装用于非洲、亚洲、澳大利亚、欧洲和北美的商业能源存储项目。不断增长的 VRFB 市场将显著增加钒的消费量，预计到 2027 年，钒的消费量将在目前的基础上增长 50%～100%。

中国有色金属工业协会钛锆铪分会副会长兼秘书长贾翃在《中国钛工业发展现状与展望》的主旨演讲中称，钛既是国防尖端武器的关键材料，也是传统工业改造提升和技术创新发展的重要材料。提升钛产业绿色化、智能化发展水平，加快新材料产业创新发展，是推动支撑制造强国建设的重点工作。我国已形成较为完善的钛产业链，成为世界最大的钛产品生产国和消费国，基本建成了独立完整的产业体系，正逐步从低端制造向高端制造业迈进，呈现出了蓬勃发展的良好态势。但与世界先进水平相比，我国钛产业在技术创新能力、标准体系建设、资源利用效率、高端领域应用等方面仍存在一定差距。随着军工和航空、航天、海装、兵器等领域带来的巨大需求，叠加上游产能的释放和库存的消化，预计在未来5~8年钛行业有望迈入高景气成长周期，中国将由世界钛业大国向钛业强国迈进。

“新时代钒钛新材料解决方案”论坛由国际钒技术委员会、中国钢铁工业协会指导，鞍钢集团有限公司主办，全国钒钛磁铁矿综合利用标准化技术委员会协办。

（摘自2019年11月8日新浪财经）

鞍钢独家供货全球首艘超大型智能油轮

2019年7月24日，由鞍钢独家供货的全球首艘30.8万吨超大型智能油轮——“凯征”号，在大连港成功交付。

“凯征”号一次可以运送超过30万吨油，长度超过300米，相当于35辆5吨级的大卡车首尾相连的长度。与同级别的其他油轮相比，“凯征”号安装了智能系统，在海上航行时能够为船上人员提供更加科学精准的解决方案，更智能、更节能、更安全，也更环保。

从2016年项目立项到实船交付，3年来，作为船舶材料的提供者，鞍钢及时响应船舶建造需求，全力以赴满足船舶对钢材高质量、分段供货等要求。这期间，鞍钢船板产销研协同配合，全系统优先排产，通过采用冷矫直机在线冷矫，保证钢板板形，为后期顺利切割、焊接等加工奠定了良好基础。对于一艘超大型运送油的船舶来说，保证运载量是其设计的基础。为此，鞍钢从钢板厚度控制着手，精准控制厚度公差，通过减轻材料重量，保证了船体装载量。

作为全球首艘超大型智能油轮，“凯征”号的顺利交付，标志着我国已经拥有了研发高度智能化大型舰船的能力，开启了全球大型油轮智能航运新篇章。据报道，截至目前，我国超大型油轮已经研发了6代，在世界航行的超大型油轮船队中，每10艘中就有一艘是中国制造，鞍钢船板厥功至伟。此次鞍钢船板再次化身世界级巨轮，充分彰显了鞍钢的实力。

（摘自2019年7月25日《鞍钢日报》）

“鞍钢制造”铸就海上“巨无霸”

从20000箱到23000箱，从80毫米到90毫米，鞍钢海工钢在“走向深蓝、挑战极限”这一筑梦的道路上砥砺前行。2019年9月25日，全球首艘液化天然气（LNG）动力23000箱集装箱船在上海长兴岛下水。让鞍钢人倍感自豪的是，该船全部船板由鞍钢独家供货，其中，最大厚度的90毫米止裂钢挑战了极限规格，打破了国外垄断。

该船为目前世界在建的最大载箱量集装箱船，入级法国船级社（BV），总长400米、型宽61.3米、载重量近22万吨，载箱量达23000个标准集装箱，可运载2200个40英尺冷藏集装箱，是名副其实的海上“巨无霸”。本次下水的23000箱船整船采用鞍钢高性能钢板建造，舱口围等关键部位采用了最大厚度90毫米止裂钢，实现全球首次应用。鞍钢营销人员密切跟踪，关注行业动态及项目情况，一举中标该项目。这是继2016年鞍钢80毫米止裂钢首发用于大连船舶重工集团20000箱之后，在我国集装箱船用止裂钢应用上的又一个里程碑。

该船在舱口围区域上采用了最大厚度90毫米、3800毫米超宽幅止裂钢，这在全球尚属首次。“与此前供货相比，不仅最大厚度提高了10毫米，最大宽度也增加了1200毫米，使压缩比接近船规极限，无论在生产难度还是质量稳定性保证上都是挑战。”鞍钢集团钢铁研究院船板研发团队负责人严玲说。“鞍钢充分发挥鞍钢股份鲅鱼圈分公司5500毫米宽厚板轧机的设备优势。为了保证止裂钢性能，我们经常两三个班连轴转，现场跟踪每一块90毫米超宽止裂钢的生产。精准指挥调控压下工艺与温度，实现了稳定化生产工艺技术上的突破，保证钢板的止裂性能，使得90毫米大宽度止裂钢的综合性能合格率达到历史最高水。此外，研发团队针对钢板成型阶段以及控冷做了大量工作，保证了钢板外观质量，圆满完成首发供货。”该课题负责人张鹏说。

（摘自2019年9月30日《鞍钢日报》）

鞍钢品牌价值大幅提升

2019年6月26日，第十六届“世界品牌大会”发布2019年中国500最具价值品牌排行榜，鞍钢品牌以765.58亿元的品牌价值位列第55位，品牌价值比上年增加130.3亿元，提升了20.51%。

近年来，鞍钢集团加快推进科技创新和技术改造，不断优化产品结构，新产品、独有领先产品、战略产品比重不断提高，新产业、新业态加快形成，创新成果不断涌现，同时进一步加强质量管控提高产品实物质量，持续改进用户体验，产品的市场占比和附加值同步提升，生产经营持续向好。2018年，鞍钢集团实现利润创历史最好水平。国产航母、港珠澳大桥、“蓝鲸一号”和“华龙一号”等国家重点工程闪耀着“鞍钢制造”的身影，桥梁钢、重轨等产品享誉国际市场，为鞍钢品牌资产的升值提供了有力支撑。

特别是2018年以来，鞍钢集团以培育世界一流品牌为目标，把擦亮鞍钢品牌作为推动鞍钢高质量发展的重要举措，按照“统一管控、分级负责、协同推进”的原则，建立起基于品牌价值提升导向的品牌建设体系，强化宣传引导，全面提升全员品牌意识，强化品牌传播，积极履行社会责任，加强环境保护，大力实施精准扶贫等，使鞍钢品牌价值和影响力大幅提升。

“世界品牌大会”由世界品牌实验室（World Brand Lab）主办。作为全球三大品牌价值评估机构之一，世界品牌实验室已连续十六年发布《中国500最具价值品牌》分析报告。这份报告的品牌排行榜，已被众多国内著名公司、新闻媒体作为反映品牌竞争现状的重要指标。

（摘自2019年6月27日新华网）

鞍钢集团第六次入围世界500强榜单

2019年7月22日，2019年《财富》世界500强榜单揭晓，鞍钢集团以2018年326.19亿美元的营业收入，位列榜单第385位，这是鞍钢集团第六次入围世界500强榜单。

一直以来，鞍钢集团紧紧依靠广大干部职工，推动全面开放，发展质量显著提升，市场影响力不断增强。鞍钢始终坚持和加强党的全面领导，坚持稳中求进工作总基调，以政治建设为统领，不断加强新时代党的建设，为鞍钢高质量发展提供政治保障；以深化改革为突破，破解深层次结构性问题，推动资源市场化配置，进一步落实各级企业市场主体地位；以科技创新为基点，打造行业创新高地，增强企业核心竞争力；以转型升级为重点，把高质量发展的重点放在推动产业结构转型升级上，持续提升发展质量。

下一步，鞍钢集团将加快转型升级，全面推进高质量发展，着力把鞍钢建设成为中国钢铁行业高质量发展的“排头兵”，逐步成为具有全球竞争力的世界一流企业。

（摘自2019年7月23日光明网）

专　文

真抓实干　变革创新
加快推动鞍钢集团高质量发展

鞍钢集团有限公司党委书记、董事长　谭成旭

2019年，鞍钢集团以习近平新时代中国特色社会主义思想为指导，认真贯彻党的十九大和十九届二中、三中、四中全会精神，深入贯彻落实习近平总书记重要指示批示和党中央决策部署，全面深化改革，加快创新发展，强化运营管理，打好三大攻坚战，加强党的建设，推动作风养成，各项工作取得显著成效。鞍钢位列世界500强第385位，实现历史最好排名。

一、坚持以习近平总书记重要指示批示精神引领鞍钢发展

坚定不移把习近平总书记重要指示批示作为行动指南和根本遵循，采取集体研讨学、联系实际学等方式，围绕习近平总书记关于东北振兴、中央巡视、主题教育、三大攻坚战等重要指示批示开展专题学习，深刻领会精神实质和实践要求。聚焦习近平总书记关于东北、辽宁、国有企业及中央重大决策部署等重要指示批示，建立《鞍钢党委贯彻落实习近平总书记重要指示批示工作台账》，建立贯彻落实习近平总书记重要指示批示工作机制。对《台账》中132项阶段目标实行定期督办、销号管理，其中，计划2019年完成的113项阶段目标全部按期完成；计划2020年完成的19项阶段目标全部进入下一年度台账，确保习近平总书记重要指示批示精神在鞍钢贯彻落实。

二、坚持以深化改革释放发展活力

全面推进市场化改革。坚持“权力放下去，活力和效益提上来”，实施“六维放权”，集团核心业务事项减少22%，对子企业审批事项最多减少24.4%，祛除“痛点”、打通“堵点”，切实增强了各级企业获得感。充分运用国企改革“政策包”“工具箱”，2家单位完成混改，3家单位完成职业经理人选聘，2家单位完成项目跟投，116户微观主体市场化改革取得成效。深化三项制度改革。深化契约化管理，对子企业领导班子实行年度五级综合评价，强制分布、末位调整，以契约精神推动干部“能上能下”。加大人力资源优化力度，劳动生产率同比提高14%。推进“处僵治困”。建立重点亏损企业治理月例会制度，17户重点亏损企业实现扭亏为盈。启动重机公司市场化改革，以6项权利加风险抵押为抓手，构建全新体制机制，推动扭亏脱困。

三、坚持以创新驱动增强发展动能

强化科技创新体系建设。服务国家重大战略需求和经济主战场，制定并实施《鞍钢集团有限公司2019—2021年科技创新发展规划》。组建鞍钢集团北京研究院，着力打造关键共性、前瞻性技术研发平台。完善海洋装备用金属材料及其应用国家重点实验室建设，提升钒钛资源综合利用国家重点实验室运行水平。成功开发316H不锈钢，应用于600兆瓦级四代快堆核电示范项目核岛关键设备；汽车用轻质双相钢DP980-LITE全球首发；高炉渣提钛产业化示范线具备连续稳定生产能力。获得国家科技进步奖二等奖1项；获得冶金科学技术奖11项，其中一等奖1项；获省科技进步奖18项，其中一等奖1项。以科技创新驱动产业发展。全年完成项目投资97亿元，建成600吨钒铝合金产线和全自动化钒氮合金两化融合示范线；废钢、针状焦等项目相继落地；积微物联、德邻陆港现代供应链建设加快推进；建成极贫赤铁矿石高效开发利用国家示范工程。以开放合作推进创新发展。深化产学研用协同创新，与东北大学、北京科技大学等22所高校院所签订技术开发合同60项，与高校院所和下游客户共建“汽车未来用

钢技术”等8个联合实验室。参加第二届中国国际进口博览会，签订合作意向比首届增加4.3%。与鞍山市签署合作框架协议，明确31个合作事项。举办与辽宁省企业深化合作交流会。与中车集团、中国石油天然气集团公司、广汽集团等深化合作，与中国航空发动机集团、招商局集团签署战略合作协议，与华晨集团、东北大学共建汽车未来用钢技术联合实验室，推进资源共享、互利共赢。加快推进两化融合。全年36项建设成果荣获国家部委、行业协会、省市奖项或示范，其中集团公司“特大型钢铁企业集团基于顶层设计的智慧化转型”获国家管理创新成果二等奖，鞍钢矿业被评为国家智能制造标杆企业，鞍山钢铁“全流程质量管控及大数据集成应用建设”被评为工业互联网试点示范，攀钢“重轨数字化产线”被评为制造业与互联网融合发展试点示范。

四、坚持以精益化管理提升发展效能

进一步规范公司治理。理清党委会、董事会、总经理办公会权责界面，形成了《鞍钢集团总部业务审批权限》，明确党委常委会决策事项23项、审议事项74项，董事会决策事项47项，总经理办公会决策事项49项。召开董事会8次，审议议案24项、听取汇报15项，落实董事会决议24项、决定事项86项。加强采购管理。针对备件采购流程长的问题，优化采购审批模式，压缩审批节点，扩大互联网值采。鞍山钢铁备品备件采购审批流程由7级减少到3级。互联网值采平台采购超计划150%。加强安全生产工作。层层压实安全责任，推动安全管理问责见效。推进依法治企。落实法治建设第一责任人职责，成立集团合规委员会，法律机构在子企业实现全覆盖。

五、坚持以打好三大攻坚战提升可持续发展能力

打好防范化解重大风险攻坚战。推进降杠杆、减负债，着力降低金融风险，以市场化方式引入外部权益资金122亿元。资产负债率比年初下降3.11个百分点，完成了国务院国资委考核目标。打好精准脱贫攻坚战。加大精准扶贫工作力度，投入帮扶资金3468万元，同比增长26.9%。不断拓展产业扶贫、消费扶贫、教育扶贫等途径方式，职工消费扶贫2575万元。鞍钢承担的国家定点扶贫点贵州盘州市于2019年4月实现摘帽。鞍钢获评喀什地区脱贫攻坚奖协作扶贫先进单位。打好污染防治攻坚战。加快推进超低排放改造，焦炉除尘、原料场封闭改造等年度重点污染防治项目按期完成，辽河流域大型钢铁联合企业节水减排示范项目完成验收，吨钢综合能耗等主要节能指标和二氧化硫等主要环保指标持续改善。鞍钢被国务院国资委评为任期节能减排突出贡献企业。

六、坚持以党建引领凝聚发展合力

全面压实党建责任。落实“两个一以贯之”要求，配齐配强党委专职副书记，党建进章程做到“应进尽进”；建立党委月工作计划制度，推动责任落实。成功召开鞍钢集团第二次党代会。扎实开展“不忘初心、牢记使命”主题教育。加强群团工作，指导召开鞍钢第一次团代会。加强领导班子和干部队伍建设。表彰7个“四好班子”和12名优秀领导人员。实施“摇篮计划”，选拔配备90名年轻干部。全年引进高端成熟人才25人。加强基层组织建设。深化党支部建设提升年活动，着力治理软弱涣散党支部。创建鞍钢集团“样板”党支部66个、党支部工作示范基地8个。加强宣传思想文化建设。落实意识形态工作主体责任，专题研究意识形态工作。开展“解放思想、开放变革，建设高质量发展新鞍钢”大讨论活动，进一步转变观念。“鞍钢宪法”精神研究与实践成果得到中央主题教育第34指导组的肯定。加强党风廉政建设和反腐败工作。全力配合中央巡视，从严从实抓好问题整改，163项整改措施完成74项、取得阶段成果60项；巡视组移交线索办结率75.7%，纪律处分、组织处理99人，1人移送司法机关，完成纪检监察体制改革，精准运用监督执纪“四种形态”处理587人次。

七、坚持以作风养成推动高质量发展

推行严细实工作作风。坚决整治形式主义、官僚主义，集团领导班子带头少开会、开短会、讲短

话。集团公司下发文件、召开大型会议同比减少47%、42.5%；基层上报材料、报表精简33.8%。建立督查督办制度，推动守信践诺、说到做到。集团领导班子带头到基层开展调研，调研天数同比提高50%；深入走访客户，到先进企业开展对标，为基层作了示范。干部作风切实转变，积极主动、务求实效、善始善终、善作善成的工作作风逐步养成。持续保障和改善民生。扎实推进关爱员工专项服务行动，立项530项，完成506项。开展厂区机动车辆尾气污染专项整治，坚决消灭“黑烟车”，为职工群众提供良好工作环境。关心职工生活，走访慰问各类困难职工、离退休人员3.54万人次，发放救济金1675万元，发放2018年度职工医疗救济金1075万元。

大事志

2019 年鞍钢大事记

1 月

6 日

△鞍钢集团总经理戴志浩在攀枝花市与攀枝花市委书记贾瑞云进行会谈，双方就深化地企合作深入交换意见。

8 日

△2018 年度国家科学技术奖获奖名单公布，鞍山钢铁参与完成的“清洁高效炼焦技术与装备的开发及应用”项目获一等奖，鞍钢股份参与完成的“全过程优化的焦化废水高效处理与资源化技术及应用”获二等奖。

15 日

△四川省经济和信息化厅公布首批 10 个省级工业遗产项目，攀钢三线建设工业遗产群入选并获得授牌。

17 日

△鞍钢集团钢铁研究院、鞍钢汽运公司、鞍钢股份大型厂、鞍钢矿业设备制造分公司、鞍钢工程公司工程技术公司、鞍钢日报社、鞍钢实业幼儿教育中心、鞍钢现代城市服务公司、鞍钢工程建设汽运和市政分公司等 18 家单位被授予 2016—2018 年度鞍山市文明单位（文明企业）称号。

21 日

△受鞍钢集团董事长、党委书记姚林委托，鞍钢集团董事、总经理戴志浩主持召开鞍钢集团第三届董事会第三次会议，听取《鞍钢集团 2018 年工作总结和 2019 年工作安排》等 3 项汇报，审议《鞍钢集团 2019 年度全面风险管理报告》《鞍钢集团 2019 年度预算报告》《鞍钢集团 2019 年度投资计划》等 6 项议题。

22 日

△鞍钢集团党委召开 2019 年党风廉政建设和反腐败工作会议，学习贯彻习近平总书记在十九届中央纪委三次全会上的重要讲话精神、十九届中央纪委三次全会及中央企业党风廉政建设和反腐败工作会议精神，总结 2018 年工作，部署 2019 年任务。

23 日

△鞍钢集团 2018 年度领导班子民主生活会召开。鞍钢集团党委书记、董事长姚林主持会议，并代表领导班子作对照检查发言。鞍钢集团领导班子成员逐一作对照检查发言。

31 日

△辽宁省委宣传部副部长孙成杰在鞍钢集团党委副书记栗宝卿陪同下看望慰问“当代雷锋”郭明义和“时代楷模”李超。鞍山市委常委、宣传部部长孙慧芳陪同看望。

1 月

△国家知识产权局公布第二十届中国专利奖评审结果，鞍钢股份“一种以炼焦用煤镜质组反射率为主要指标的煤岩配煤方法”创新项目获得中国专利优秀奖。

△“当代发明家”李超成功入围由中华全国总工会、中央广播电视总台联合举办的 2018 年“大国工匠年度人物”候选人。

△鞍钢股份炼焦总厂被辽宁省命名为“社会主义核心价值观建设示范点”。

△第二十五届全国企业管理现代化创新成果发布，鞍钢集团“特大型钢铁企业集团基于战略管控的成员企业差异化管理体系建设”“钢铁企业以关键工艺节点管控为核心的质量精细化管理”“钢铁企业激发生产单元活力的市场化机制构建”3 项管理创新成果获得二等奖。

2 月

△2018 年度中国钢铁工业产品开发市场开拓奖评选结果揭晓，鞍钢股份超大型集装箱船用高性能钢上榜。该产品是鞍钢在海洋装备用高端金

属材料领域的新突破，产品技术指标处于国际领先水平，成功替代进口，填补国内空白。

△鞍钢国贸成为鞍山市首家正式被辽宁省商务厅认定为2018年度辽宁省省级外贸综合服务企业。

3 月

1 日

△鞍钢集团党委书记、董事长姚林会见到访的国家开发银行辽宁分行党委书记、行长洪登金一行，双方就深化合作、共赢发展等内容进行交流。

15 日

△在海尔集团2019全球模块商共创共赢大会上，鞍钢集团蝉联“金魔方奖”。

19 日

△中国共产党鞍钢集团有限公司第二次党员代表大会在鞍钢会展中心隆重开幕。姚林同志代表中共鞍钢集团有限公司第一届委员会向大会所作的报告提出，要高举习近平新时代中国特色社会主义思想伟大旗帜，深入学习贯彻党的十九大精神，铭记长子担当，矢志报国奉献，加快转型升级，做强做优做大，为建设具有全球竞争力的世界一流企业不懈奋斗。辽宁省委副书记周波在致辞中代表中共辽宁省委对大会召开表示热烈祝贺。

20 日

△中共鞍钢集团有限公司第二届委员会第一次全体会议在鞍钢会展中心举行。会议选举姚林为中共鞍钢集团有限公司第二届委员会书记，戴志浩、栗宝卿为副书记；选举姚林、戴志浩、栗宝卿、于万源、王义栋、景奉儒、邵安林、段向东、孟庆旸为常务委员会委员。通过了中共鞍钢集团有限公司第二届纪律检查委员会第一次全体会议选举结果的报告。

△鞍钢集团党委书记、董事长姚林带领新当选的两委委员到鞍钢集团博物馆，举行“牢记初心使命、重温入党誓词”活动，宣示新一届领导集体的坚定政治信念和矢志奋斗的坚强决心。

△中共鞍钢集团有限公司第二届纪律检查委员会举行第一次全体会议。会议选举孟庆旸、陈列希、穆铁健、冷松、刘明、刘德勇、李锐为中共鞍钢集团有限公司第二届纪律检查委员会常务委员会委员，选举孟庆旸为中共鞍钢集团有限公司第二届纪律检查委员会书记，陈列希、穆铁健为副书记。

22 日

△鞍钢集团党委组织召开纪念毛主席批示“鞍钢宪法”59周年座谈会。

29 日

△中央第十巡视组巡视鞍钢集团有限公司党委工作动员会召开，中央第十巡视组组长周新建作动员讲话，姚林主持会议并作表态讲话。

3 月

△中国文明网公布2018年学雷锋志愿服务“四个100”先进典型公示名单，郭明义爱心团队助力精准扶贫志愿服务项目荣获“最佳志愿服务项目”。

△鞍钢蒂森克虏伯汽车钢有限公司（TAGAL）被大连市政府授予优秀外商投资企业，并得到大连市政府通报表扬。

△鞍钢集团一批女职工个人和集体受到国家、省、市和集团公司的表彰。鞍钢集团钢铁研究院特级研究员于淑娟被全国妇联授予2018年度全国三八红旗手称号。攀钢工程技术公司修建分公司焊工培训中心焊工教师梁恩荣被全国总工会授予2019年全国五一巾帼标兵称号，鞍钢股份炼焦总厂煤焦研究中心作业区煤焦试验分析岗位被全国总工会命名为2019年全国五一巾帼标兵岗。

△攀钢在美的集团2018年家电用钢年度质量评价中排名首位。

△在广汽菲克2018年供应商大会上，鞍钢蒂森克虏伯汽车钢有限公司（TAGAL）荣获广汽菲克2018年度优秀供应商称号。该奖项是广汽菲克授予合作伙伴的最高奖项。

△鞍钢股份鲅鱼圈分公司1580毫米热轧带钢生产线突破设计极限，一次性成功试制出1毫米厚极薄热轧带钢，创行业内常规热连轧机组最小可轧厚度纪录。

△鞍钢人才公寓项目荣获国家工程建设领域最高奖——国家优质工程奖。

4 月

5 日

△鞍钢化学科技有限公司开始组织对鞍钢重

大技改工程针状焦项目核心工序进行水联动调试，标志着鞍钢进军新型碳材料领域、加快化工产业转型升级的步伐向前迈进重要一步。

9 日

△辽宁省委常委、副省长陈向群到鞍钢检查安全生产工作，鞍钢集团党委书记、董事长姚林陪同。

10 日

△由新华社总编室主任白林、新华社辽宁分社社长王振宏率领的“鞍钢与共和国同成长”报道团队到鞍钢采访，鞍钢集团党委书记、董事长姚林会见报道团成员并接受采访。

△鞍钢荣获比亚迪公司 2018 年度战略合作伙伴奖。

16 日

△2019 年 4 月 16 日，鞍钢集团 2018 年度总结表彰大会在鞍钢会展中心召开。

△国家艺术基金 2019 年度“当代中国工业题材”绘画创作人才培养项目在鞍钢集团博物馆启动。

29 日

△鞍钢集团召开 2019 年一季度经营活动分析会，全面总结分析前 3 个月生产经营情况，安排部署下一步工作任务。会议强调，要按照鞍钢集团第二次党代会确立的目标任务，进一步增强紧迫感和危机感，进一步增强市场意识和改革意识，不断加快去杠杆步伐，扎实推进改革创新和降本增效工作，推动企业经营良性发展。

30 日

△鞍钢集团与哈尔滨工业大学签署战略合作框架协议，建立战略合作伙伴关系，围绕科学研究、技术创新、应用推广、产业合作、人才培养和国际交流等方面开展广泛合作。

4 月

△2018 年度辽宁省科学技术进步奖结果揭晓，鞍钢一批科研成果获奖。其中，鞍钢股份“基于白车身轻量化设计的个性化系列高强钢及应用技术开发”项目获得一等奖。鞍钢股份热轧带钢厂一线职工曲晓东的“热连轧高强钢内应力关键控制技术的研究与实践应用”项目获得辽宁省科学技术进步奖二等奖，成为该届钢铁行业唯一获奖的一线工人创新成果。

△鞍钢集团钢铁研究院特级研究员于淑娟获得全国五一劳动奖章。

△在中国发明协会组织的第十三届“中国发明家论坛”暨首届“发明创业成果奖”颁奖典礼上，鞍钢股份鲅鱼圈分公司炼钢部的一项专利成果“一种高品质钢材生产用智能电磁控制新工艺”获得二等奖。

△鞍山钢铁第二发电厂完成 CCPP 发电机组励磁系统首次国产化改造，打破外方设备技术垄断。

5 月

5 日

△世界最大空港——北京大兴国际机场机场配套航油工程津京第二输油管道通油，机场油库正式进油，该加油站的“大动脉”管道钢材全部由鞍钢供货。

6 日

△习近平新时代中国特色社会主义思想轮训班在鞍钢党校、攀钢党校同时开班。

8 日

△鞍钢为海南国际会展中心二期扩建项目生产的 2340 吨 Q345B 网架用无缝钢管全部运抵下游加工企业，鞍钢无缝钢管首次打入海南市场。

9 日

△鞍钢集团与中国中车集团有限公司签署战略合作框架协议，建立战略合作伙伴关系。

△鞍钢集团选派的阚迪等 8 名柔性援疆干部抵达新疆塔什库尔干塔吉克自治县，这是鞍钢集团第二批柔性援疆干部，将在塔县城乡建设、教学、医疗、宣传等领域开展帮扶工作，助力塔县社会稳定和打赢脱贫攻坚战。

15 日

△鞍钢集团通过鞍山钢铁平台，成功发行 20 亿元永续债券，发行利率 4.94%。该次发行债券是钢铁行业央企发行的首只永续债券。

16 日

△攀钢生产的高速工具钢首次打入欧洲市场。

17 日

△大连恒力 2000 万吨/年炼化一体化项目投产，该项目中的 5 万立方米低温乙烯储罐所使用的 9%镍钢，由鞍钢独家供货，为该项目供应的 5

毫米厚9%镍钢，为国内首次采用双层叠轧工艺生产。

18日

△鞍钢集团党委书记、董事长姚林主持召开第三届董事会第四次会议，听取《鞍钢集团2019年1—4月份工作情况汇报》，审议《鞍钢集团2019—2021年发展战略和规划》等5项议题。

22日

△鞍钢彩涂板中标榆林机场航站楼建设工程，从签订合同到交货仅用12天时间，刷新了彩涂行业最短生产周期的纪录。

△鞍钢集团党委书记、董事长姚林主持召开鞍钢集团党委理论学习中心组2019年第6次集体学习研讨（扩大）会。会议围绕“带头解放思想，推动综合改革试点，建设高质量发展新鞍钢”主题，深入学习领会习近平总书记关于全面深化改革、做好经济工作、推动国有企业改革发展和党的建设的重要论述，在全集团带头开展“解放思想、开放变革，建设高质量发展新鞍钢”大讨论。

24日

△鞍钢集团总经理戴志浩主持召开鞍钢集团“双百行动”专项推进会议，部署重点工作任务，推动“双百企业”综合改革率先取得突破，在全集团形成可复制、可推广的改革经验，以点带面，将鞍钢集团全面深化改革向纵深推进。

5月

△鞍钢绿色资源科技公司职工孙宝江家庭获2019年度全国最美家庭称号。

6月

3日

△鞍钢集团召开“不忘初心、牢记使命”主题教育动员大会，中央第34指导组组长何文波出席会议并讲话，鞍钢集团党委书记、董事长姚林作动员讲话。

5日

△鞍钢集团与东北大学联合举办“领导干部上讲台”国企公开课，鞍钢集团党委书记、董事长姚林，为东北大学500多名师生作题为《以责任赢信任》专场报告。

6日

△鞍钢集团召开警示教育大会，通报近期查处的违纪违法典型案件及有关突出问题。鞍钢集团党委书记、董事长姚林就汲取教训，以案为鉴，深化全面从严治党提出要求。

15日

△鞍钢集团党委书记、董事长姚林会见到访的中国航发董事长、党组书记曹建国一行，双方就全面深化合作进行交流研讨。

18日

△鞍钢集团党委书记、董事长姚林主持召开鞍钢集团党委理论学习中心组2019年第7次集体学习研讨会，会议围绕深入学习贯彻习近平总书记关于党的初心和使命的重要论述，开启鞍钢集团高质量发展的新征程主题进行集中学习研讨，中央第34指导组组长何文波及指导组成员参加会议。

19—21日

△中共中央政治局常委、中央纪委书记赵乐际到辽宁省调研期间，到鞍钢调研。

20日

△鞍钢集团召开2019年精准扶贫工作会议，深入学习贯彻习近平总书记精准扶贫重要讲话和党中央、国务院对精准扶贫工作的战略部署，总结部署扶贫工作。

21日

△中国工程院院士、南京工业大学新材料研究院院长周廉被鞍钢集团聘任为科技创新与发展战略咨询委员会委员，并应邀到鞍钢进行技术交流。

23—24日

△鞍钢集团党委召开3场“不忘初心、牢记使命”主题教育集中学习研讨会议，有力推动鞍钢集团第一批参与主题教育领导干部认识再深入、思想再凝聚、初心再坚定、使命再升华。

26日

△由世界品牌实验室（World Brand Lab）主办的2019年（第十六届）“世界品牌大会”在北京举行，在会上发布的2019年中国500最具价值品牌排行榜中，鞍钢品牌以765.58亿元的品牌价值位列第55位，品牌价值比上年增加130.3亿元，提升20.51%。

△在2019年第二届钢铁工业智能制造发展论

坛上，作为唯一一个信息化基础管理成果——鞍钢集团组织实施的“大型钢铁企业信息化标准体系研究与实践”被评为优秀成果案例，这是钢铁行业首个完整信息化标准体系。

6月

△“不忘初心、牢记使命”主题教育在鞍钢集团全面推进。集团公司各直管党委相继召开“不忘初心、牢记使命”主题教育动员大会，对开展好主题教育进行动员部署。

△由鞍钢矿业公司承担的“十二五”国家科技支撑计划项目“鞍山式极贫赤铁矿高效开发利用新技术研究与示范”顺利通过验收，该项目解决了一系列鞍山式极贫赤铁矿露天精准开采关键技术难题，在极贫赤铁矿选矿技术方面达到了国际先进水平，填补了国内外技术空白。

7月

1日

△鞍钢集团举行庆祝中国共产党成立98周年暨“三先两优”表彰大会，鞍钢集团党委书记、董事长姚林以《不忘初心、牢记使命，在推动鞍钢实现高质量发展中担当作为》为主题讲专题党课。中央第34指导组成员、鞍钢集团领导班子成员参加会议。

△鞍钢成功与南方电网签单广东梅州抽水蓄能电站项目，成为该项目唯一的水电用钢供应商。

2日

△鞍钢集团汽车钢智联云平台供应链系统在鞍钢钢材加工配送（长春）有限公司上线运行，鞍钢汽车钢系统正式“驶入”信息时代。

△攀钢与华为达成全面合作协议。

3日

△鞍钢集团党委书记、董事长姚林会见到访的国泰君安党委副书记、副董事长、总裁王松一行，双方一致表示在更宽领域更深层次进行合作。

△在2019云计算开源产业大会上，鞍钢集团“精钢云”被评选为工业+能源行业“十佳上云”优秀案例。

4日

△全国人大常委会副委员长、中华全国总工会主席王东明率调研组到鞍钢集团，围绕学习贯彻习近平总书记关于工人阶级和工会工作的重要论述，落实中国工会十七大部署，推进产业工人队伍建设改革、履行工会维权服务基本职责等开展调研，并结合“不忘初心、牢记使命”主题教育听取意见建议。

△鞍钢集团举办“不忘初心、牢记使命”主题教育读书班，全面、系统、深入学习《习近平新时代中国特色社会主义思想学习纲要》。

8日

△为纪念鞍钢开工70周年，鞍钢集团公司党委举行《鞍钢人的故事》发行仪式。全书26万字，收录55篇文章，集中回顾了鞍钢发展历史上的重大事件和孟泰、王崇伦、雷锋、郭明义、李超等鞍钢英模的事迹。

9日

△由工信部工业文化发展中心等13家单位联合发起的全国工业旅游联盟成立，推出包括“鞍山钢铁之旅”在内的10条工业旅游特色路线。鞍钢集团博物馆作为13家联盟发起单位之一参加启动仪式，并当选副理事长单位。

12日

△鞍钢集团召开青年创新登高项目发布会，表彰“十佳青年创新领军人物”和“十佳创新登高组织单位”，发布2019年创新登高项目。

15日

△鞍钢集团与新疆塔县政府正式签约，决定利用鞍钢电商平台对新疆塔县雪菊等农副产品进行网上销售，为帮助新疆塔县人民早日脱贫致富、持续发展开拓新路。

16日

△由鞍山发蓝提出的ISO（国际标准化组织）《包装用钢带》标准被正式立项，这是中国包装行业首个被立项的国际标准，标志着未来世界范围内在该领域使用的ISO标准将由鞍山发蓝牵头起草、制定。

22日

△2019年《财富》世界500强榜单揭晓，鞍钢集团以2018年326.19亿美元的营业收入创《财富》世界500强最好排名，位列榜单第385位，较上年上升43位，这是鞍钢集团第六次入围世界500强榜单。

23日

△鞍钢集团召开“不忘初心、牢记使命”主

题教育调研成果交流会，中央第三十四指导组组长何文波出席会议并讲话，鞍钢集团领导班子成员出席会议并结合自身的调研情况进行交流研讨。

24 日

△中国志愿服务联合会第二届会员代表大会在北京京西宾馆闭幕，郭明义在会上当选中国志愿服务联合会副会长。

25 日

△鞍钢集团与浦发银行在上海签订战略合作协议，正式建立战略合作伙伴关系。

31 日

△鞍钢集团党委书记、董事长姚林会见到访的中国工程院院士、中国金属学会理事长、钢铁研究总院院长干勇，中国工程院院士、稀土材料国家工程中心主任、中国稀土学会稀土化学与湿法冶金专业委员会主任黄小卫，双方就新材料领域的发展现状与趋势、中国钢铁工业高质量发展等相互关心的话题进行交流。

7 月

△2019 年四川“最美科技工作者”结果揭晓，鞍钢集团钒钛（钢铁）研究院孙朝晖荣列榜首，成为全省 10 名“最美科技工作者”之一，也是攀枝花市唯一一位获此殊荣的科技工作者。

△鞍信自动化公司与中国移动辽宁分公司、中兴通讯公司签署 5G 战略框架协议，就加速冶金行业 5G 技术建设、打造 5G 冶金行业应用示范达成共识，对推进鞍钢集团智能生产和智慧管理、加快建设智慧鞍钢具有非凡意义。

8 月

2 日

△鞍钢集团召开 2019 年上半年经营活动分析会，全面总结上半年工作，研究部署下半年任务。会议强调，要认真落实鞍钢集团第二次党代会精神，切实增强紧迫感，准确识变、科学应变、主动求变，以改革增强高质量发展活力，以高质量党建加快推进企业高质量发展，努力打造新时代长子风范。

5—7 日

△由中国冶金政研会发起的鞍钢宪法的时代价值课题组到鞍钢调研。

15 日

△鞍钢集团党委书记、董事长姚林主持召开鞍钢集团“不忘初心、牢记使命”主题教育领导小组第三次会议暨党建工作领导小组第四次会议。会议学习传达党中央关于主题教育的最新精神，听取主题教育工作汇报，研究讨论主题教育问题清单、专题民主生活会准备工作方案等内容。

16 日

△鞍钢集团党委书记、董事长姚林会见到访的世界钢铁协会会长、巴西盖尔道钢铁公司董事长安德鲁·盖尔道·约翰彼得，世界钢铁协会总干事埃德温·巴松一行，双方共同就当前世界钢铁行业形势、中国钢铁行业面临的发展问题等议题进行交流与探讨。

26 日

△在由中国金属材料流通协会钢铁电商分会主办的 2018 年度中国钢铁产业互联网领军企业、领军人物推选活动中，鞍钢电商和积微物联获评 2018 年度中国钢铁产业互联网领军企业，两家企业负责人获评 2018 年度中国钢铁产业互联网领军人物。

27—28 日

△2019 辽宁省职工技能大赛暨全省炼钢技能大赛在鞍钢举行，全省 7 家钢铁企业的 59 名炼钢专业选手参赛。鞍钢参赛选手包揽了转炉炼钢工、板坯连铸工、铁水预处理工全部工种前三名，鞍钢股份炼钢总厂陈柏宇、柴帅，鞍钢股份鲅鱼圈分公司路瑞飞分获各工种冠军。

28 日

△鞍钢集团召开领导班子“不忘初心、牢记使命”专题民主生活会，合并召开中央巡视整改专题民主生活会。中央第三十四指导组组长何文波，副组长张宏，指导组成员及中央纪委国家监委四室、中央组织部干部五局有关人员参加会议。

8 月

△中央第十巡视组向鞍钢集团有限公司党委反馈巡视情况。中央组织部副部长吴玉良主持召开向鞍钢党委书记、董事长姚林的反馈会议，出席向鞍钢党委领导班子反馈巡视情况会议，对巡视整改提出要求。

△鞍山钢铁国家级专利“台架式卷钢集装箱”被收入《交通运输行业重点节能低碳技术推广目录（2019 年度）》，这是唯一一项钢铁企业的物流

专利技术被列入该目录。

△鞍钢获得世界最宽压力容器钢板合同大单，为国内规模最大的炼化一体化项目供货3000余吨重整装置核心管路用铬钼钢。

△2019年冶金科学技术奖获奖项目发布，鞍钢13个项目获奖。其中，两个项目获得一等奖、4个项目获得二等奖、7个项目获得三等奖。

△全球最大的在运轻水压水堆核电基地全面投入商运，鞍钢独家供货该核电站6号核电机组核一级设备稳压器用钢16MND5，打破国外垄断。

△西昌钢钒质量创新项目“基于客户导向的高强汽车钢产品全生命周期协同开发与管理”在第四届全国质量创新大赛技术成果发表赛中，荣获质量创新大赛QIC-Ⅲ级技术成果奖，这是鞍钢集团首次获得该奖项。

9月

8月31日—9月1日

△鞍钢集团党委书记、董事长姚林出席2019中国500强企业“新使命、新动能、新突破：大变局中的大企业发展”高峰论坛，并代表全体与会企业家宣读《中国500强企业家庆祝共和国70华诞倡议书》。

7日

△由中国钢铁工业协会主办，鞍钢集团等6家钢铁企业协办，中国冶金报社承办的钢铁行业庆祝中华人民共和国成立70周年座谈会在北京召开，鞍钢集团党委书记、董事长姚林参加座谈会并发言。

10日

△共青团鞍钢集团有限公司第一次代表大会召开，总结鞍钢过去6年的共青团工作，对今后5年共青团事业发展作出部署。辽宁团省委党组成员、副书记张正，鞍山团市委书记张莹出席会议。

11日

△鞍钢集团党委召开领导班子“不忘初心、牢记使命”专题民主生活会情况通报会。中央第三十四指导组副组长张宏出席会议。

△鞍钢集团党委召开“不忘初心、牢记使命”主题教育第一批总结暨第二批部署会，强调要高标准、高质量开展工作，以主题教育新成效开创鞍钢集团高质量发展新局面。中央第三十四指导组副组长张宏出席会议并讲话。

△鞍钢股份炼铁总厂七高炉炉龄已达15年，单位炉容产铁量达每立方米10738吨，成为鞍钢历史上最长寿的高炉。

12日

△鞍钢针状焦项目正式投产出焦，标志着鞍钢正式进军新型碳材料领域。

16日

△鞍钢集团总经理戴志浩会见到访的格兰仕集团董事长梁昭贤一行。双方表示，要努力构建新型战略合作伙伴关系。

△鞍钢集团与中国航空发动机集团有限公司签署战略合作协议，建立战略合作伙伴关系。

△鞍钢集团第七期中青年干部培训班北京科技大学（管庄校区）开班。

17日

△鞍钢集团党委书记、董事长姚林率领管理、技术、营销人员走访中国铁道科学研究院集团有限公司、中国铁路物资集团有限公司和中国中铁股份有限公司，征求意见，对接需求，探索更多的合作项目，提升鞍钢集团的品牌知名度和市场影响力。

19日

△由中国自动化学会应用专业委员会、中国金属学会冶金自动化分会、鞍钢集团信息产业公司和辽宁科技大学主办的2019全国第二十四届自动化应用技术学术交流会在鞍山召开，鞍钢集团党委书记、董事长姚林出席会议并致欢迎辞。

21日

△中央企业先进集体和劳动模范表彰大会在人民大会堂举行，鞍钢5个集体获得“中央企业先进集体”称号，8名同志获得“中央企业劳动模范”称号。鞍钢集团党委书记、董事长姚林同先进集体代表、劳模代表赴京参加会议。

△由中央网信办传播局、辽宁省委网信办共同组织开展的“新时代东北振兴”网络主题活动走进鞍钢，来自中央及部分省属重点网络媒体对鞍钢70年改革发展成就进行采访。

24日

△由中国矿业联合会主办、鞍钢集团等单位承办的2019中国矿业循环经济暨绿色矿业发展论坛在鞍钢召开，论坛主题为“转型升级重塑矿业

形象、跨界融合共建美丽中国”。

△鞍钢集团党委举行“庆祝中华人民共和国成立 70 周年”纪念章颁发仪式。

25 日

△鞍钢集团党委书记、董事长姚林、总经理戴志浩一行与中国宝武党委书记、董事长陈德荣，中国宝武党委副书记、总经理胡望明举行座谈，进行全面系统深入的对标交流。

△“最美奋斗者”表彰大会在北京举行，表彰新中国成立 70 周年以来各地区各行业各领域涌现出来的先进模范。“老英雄”孟泰、“走在时间前面的人”王崇伦、“永不生锈的螺丝钉”雷锋、“当代雷锋”郭明义 4 名从鞍钢集团走出的先进典型荣膺全国“最美奋斗者”称号。

△全球首艘液化天然气（LNG）动力 23000 箱集装箱船在上海长兴岛下水，该船全部船板由鞍钢独家供货。其中，最大厚度的 90 毫米止裂钢，挑战了极限规格，打破国外垄断。

27 日

△鞍钢集团庆祝新中国成立 70 周年暨鞍钢开工 70 周年“我和我的祖国”爱国主义歌咏展演举行，1400 名职工参演。

9 月

△攀钢获得东风日产合资品牌中的高端豪华车型单车多项零件用钢材的供货份额，这是攀钢产品首次供货东风日产高端车型。

△国务院国资委通报表彰 2016—2018 年任期作出节能减排突出贡献的 20 家中央企业，鞍钢集团荣获“节能减排突出贡献企业”荣誉称号。

10 月

1 日

△鞍钢英模孟泰、王崇伦的后代和鞍钢英模郭明义、李超在北京天安门广场参与庆祝中华人民共和国成立 70 周年大会庆典活动。

10 日

△鞍钢集团党委书记、董事长姚林，总经理戴志浩会见到访的中国钢研董事长、党委书记张少明，总经理李波一行。

12 日

△鞍钢集团召开 2019 年法治鞍钢建设工作领导小组（扩大）会议，正式启动鞍钢集团合规管理体系建设工作，全面深入推进法治鞍钢建设。

15 日

△在新中国成立 70 周年品牌峰会上，鞍钢与中国中车、华为、腾讯、TCL、中兴等 70 个新中国成立 70 年来取得杰出成就、极具社会影响力的品牌一道获得“新中国成立 70 周年 70 品牌”荣誉并进行品牌展示。鞍钢集团总经理戴志浩出席峰会，领取荣誉奖杯。

19 日

△鞍钢建筑用钢 Q460GJD 在鲅鱼圈 5500 毫米轧机下线，该批产品将发至亚洲在建最大的高铁站——雄安高铁站施工现场进行加工组装。中标该项目的建筑用钢 Q460GJD，是鞍钢迄今为止中标最高强度级别的建筑结构用钢，标志着鞍钢建筑用钢品质成功跻身国内前列。

22—23 日

△鞍钢集团总经理戴志浩率队到新疆塔县调研，实地察看鞍钢扶贫项目推进情况和工作成效。

25 日

△鞍钢集团有限公司召开中层以上管理人员大会。中共中央组织部有关干部局负责同志宣布中央关于鞍钢集团有限公司董事长、党委书记调整的决定：谭成旭同志任鞍钢集团有限公司董事长、党委书记，免去其辽宁省大连市市长职务；免去姚林同志的鞍钢集团有限公司董事长、党委书记职务，另有任用。

28 日

△辽宁省副省长、党组成员崔枫林到鞍钢调研，与鞍钢集团董事长、党委书记谭成旭，鞍钢集团总经理戴志浩就鞍钢发展相关事项进行深入交流。

29 日

△鞍钢集团召开 2019 年 1—9 月经营活动分析会，分析总结前 9 个月工作，研究部署下一步重点工作。会议强调，要增强风险防范意识，深入开展对标挖潜，全力以赴完成好国务院国资委下达的各项指标任务，全面完成集团公司全年既定工作目标。

△鞍钢集团召开“不忘初心、牢记使命”主题教育领导小组第 4 次会议暨第二批主题教育工作推进会，深入学习贯彻习近平总书记关于“不

忘初心、牢记使命”重要论述，落实中央第十三巡回督导组联系企业主题教育工作推进会精神，对深入推进第二批主题教育提出要求。

30 日

△鞍钢集团董事长、党委书记谭成旭在攀枝花市与攀枝花市委书记贾瑞云进行会谈，双方就深化地企合作深入交换意见。

10 月

△在由全国钢标准化技术委员会举办的行业标准审定会上，鞍钢标准编写组编制的《气门弹簧用热轧盘条》和《切割钢丝用热轧盘条》两项标准顺利通过审定。

△攀钢自主研发的出口型道岔钢轨在攀钢钒轨梁厂成功实现批量生产，填补国内冶金生产空白。

△“鞍山钢铁厂早期建筑”被确定为第八批全国重点文物保护单位，主要包括昭和制钢所本社事务所旧址、昭和制钢所迎宾馆旧址、井井寮旧址等多处建筑。

11 月

5 日

△鞍钢集团董事长、党委书记谭成旭，鞍钢集团总经理戴志浩到中国宝武走访，同中国宝武董事长、党委书记陈德荣，中国宝武总经理胡望明进行座谈。

△鞍钢集团董事长、党委书记谭成旭率团参加第二届中国国际进口博览会暨虹桥国际经济论坛开幕式及相关活动。

6 日

△鞍钢集团在第二届中国国际进口博览会上举办“新时代钒钛新材料解决方案”主题论坛。鞍钢集团董事长、党委书记谭成旭出席论坛，鞍钢集团总经理戴志浩在论坛上致辞。

7 日

△国务院国资委副主任、党委委员翁杰明到鞍钢集团调研，强调要切实加强党的领导和党的建设，以综合改革为重要契机，探索具有鞍钢特色的管控模式、激励模式，着力打造具有全球竞争力的世界一流钢铁企业，在产业结构调整、国资国企改革发展中起好“领头羊”作用。鞍钢集团董事长、党委书记谭成旭介绍了鞍钢集团党委工作。

14 日

△鞍钢集团董事长、党委书记谭成旭带队走访广汽集团，与广汽集团董事长、党委书记曾庆洪举行座谈，一致表示推动合作向更深更高层次发展。

18 日

△攀钢成功发行惠信供应链定向资产支持票据，该次首期1.42亿元的成功发行，标志着攀钢惠信正式打通了资本市场融资渠道，实现了历史性突破。

19 日

△按照《鞍钢集团有限公司党委关于开展第二批“不忘初心、牢记使命”主题教育的实施方案》部署，鞍钢集团党委召开基层党支部建设研讨会，扎实推进第二批主题教育深入开展，督促推动各级党委以抓实整治软弱涣散党支部为重点，进一步推动基层党支部标准化规范化建设。

20 日

△辽宁省委书记、省人大常委会主任陈求发到鞍钢集团调研，就学习宣传贯彻党的十九届四中全会精神，扎实开展第二批“不忘初心、牢记使命”主题教育，落实中央重大决策部署，完成好2019年各项目标任务、谋划好2020年工作提出要求。鞍钢集团董事长、党委书记谭成旭介绍了鞍钢认真贯彻落实党的十九届四中全会精神，扎实开展“不忘初心、牢记使命”主题教育，改革发展和生产经营情况。

21 日

△鞍钢集团董事长、党委书记谭成旭，总经理、党委副书记戴志浩带队走访中国中车，与中国中车董事长、党委书记刘化龙，总经理、党委副书记孙永才座谈交流。

25 日

△鞍钢集团与鞍山市高层会商会议在胜利宾馆举行，双方就进一步推进“双鞍”深度融合进行会谈，签署《“双鞍”融合框架协议》。

29 日

△中央第十三巡回督导组组长王炳华，成员李军、张健楠到鞍钢集团调研督导，参加并指导鞍钢股份炼铁总厂领导班子“不忘初心、牢记使

命”专题民主生活会。

11 月

△鞍钢成功研发世界首套焦化尾水资源化回用与近零排放工艺技术。

12 月

4—6 日

△应急管理部安全执法局副局长韩宇峰率队组成检查组，到鞍钢集团开展安全生产执法检查，全面检查鞍钢集团总部安全生产工作。这是应急管理部第一次对央企总部开展的执法检查。

5 日

△鞍钢集团发布的《鞍钢集团有限公司 2018 可持续发展报告》，被评为“金蜜蜂 2019 优秀企业社会责任报告·长青奖一星级奖”。

6 日

△由辽宁省人民政府主办、鞍钢集团协办，主题为“深化配套协作，实现互利共赢”的鞍钢集团与辽宁省企业深化合作交流会在鞍钢会展中心举行，来自省内 300 余家企业代表参会。鞍钢集团总经理戴志浩、辽宁省副省长崔枫林出席会议并分别致辞。

6—7 日

△第十九届中国上市公司百强高峰论坛在上海举行，鞍钢股份继 2017 年之后，再次获“中国百强企业奖”，以 100 亿元利润总额排名第 68 位。

9 日

△鞍钢集团与东北大学共同举办“领导干部上讲台”国企公开课，鞍钢集团总经理戴志浩为东北大学 500 多名师生作题为《以使命促担当》专场报告。

△鞍钢集团党委书记、董事长谭成旭主持召开鞍钢集团党委常委会会议，对习近平总书记重要指示批示精神再学习、再领会，对推进工作贯彻落实再部署、再推进。

16 日

△在全国离退休干部先进集体和先进个人表彰大会上，鞍钢股份炼焦总厂退休人员房洪瑾获评全国离退休干部先进个人。

19 日

△中国冶金政研会第十次会员代表大会在鞍钢召开，来自全国 30 余家钢铁企业近百名代表参会。鞍钢集团党委副书记栗宝卿当选新一届中国冶金政研会副会长，鞍钢集团党委宣传部负责人在会上作选树典型经验交流。

20 日

△鞍钢集团与招商局集团在北京签署战略合作协议，双方建立战略合作伙伴关系。

30 日

△鞍钢集团与华晨集团、东北大学汽车未来用钢技术联合实验室签约暨启动仪式在鞍钢会展中心举行。

12 月

△鞍钢集团钒钛（钢铁）研究院轨道交通用钢技术研究所一级专家邹明获第五届“魏寿昆青年冶金奖”，这是攀钢首位科技专家获此殊荣。

△鞍钢集团钢铁研究院“铁水脱硫——扒渣系统革新”项目荣获 2019 年中国创新方法大赛一等奖，这是辽宁省、全国钢铁企业参赛项目中唯一获得一等奖的参赛项目。

△在 2019 年中国节能协会创新奖评审中，鞍钢股份获评节能减排企业贡献奖唯一一个一等奖，这是该公司首次申报并获评该奖项。

△在《人民日报》发布的“中国品牌发展（企业）指数 100 榜单”中，鞍钢以指数 754.72，位列榜单第 65 位。

△鞍山钢铁第二发电厂职工发明创造粉煤灰取样装置，在第二十三届全国发明展览会·一带一路暨金砖国家技能发展与技术创新大赛上荣获“发明创业奖·项目奖”金奖。

△由工信部指导的智能制造标杆企业（第二批）评选结果揭晓，鞍钢矿业公司成为第二批 11 家智能制造标杆企业之一，是冶金系统唯一获该奖项的企业，标志着该公司智能制造模式获得国家和行业的认可。

△在由中国物流与采购联合会主办的 2019 年（第五届）全国货运物流行业年会上，鞍钢汽运公司分别荣获中国公路货运“五星级车队”、金运奖

“年度领军品牌”和“年度最佳实践TOP10”等称号，这是辽宁省第一家获中国公路货运“五星级车队”荣誉的公路货运企业。

△鞍钢集团多项党建思想政治工作研究成果获奖，在中国思想政治工作研究会公布的成果中，鞍钢获奖两项；在中央企业党建思想政治工作研究会公布的成果中，鞍钢获奖3项；在中国冶金政研会公布的成果中，鞍钢获奖8项；在辽宁省思想政治工作研究会公布的成果中，鞍钢获奖两项。

概　况

总 述

截至2019年末，鞍钢集团共有在职员工120169人，在岗员工104846人。固定资产原值3042.7亿元，净值1580.9亿元。主体生产设备中烧结机16台、焦炉28座、高炉19座、转炉30座、连铸机27台、板材轧机40套、棒线材轧机6套、管材轧机6套、型材轧机8套。拥有热轧板、冷轧板、镀锌板、彩涂板、冷轧硅钢、重轨、无缝钢管、型材、建材、特钢（不锈钢）等完整的产品系列，广泛应用于铁路、建筑、汽车、机械、造船、家电、集装箱、石油石化、航空航天等数十个行业。为全球第一的产钒企业和我国产业链最为完整的钛加工企业。

2019年，鞍钢集团以习近平新时代中国特色社会主义思想为指导，全面贯彻党的十九大、十九届二中、三中、四中全会精神，深入落实习近平总书记重要指示批示精神，紧紧依靠广大干部职工，主动应对钢铁市场下行压力，加快推进高质量发展，各项工作取得新成效。

生产经营稳中有进。全年生产铁精矿4144万吨、铁3676万吨、钢3920万吨、钢材3657万吨，同比分别增长2.3%、5.8%、4.9%和4.8%；实现营业收入2174.0亿元，同比增长0.76%；实现利润23.51亿元，同比增长13.6%，完成国务院国资委考核目标。鞍钢品牌价值765.58亿元，比上年提升20.51%；位列“中国500最具价值品牌”第55位、世界500强第385位，实现历史最好排名。

综合改革全面启动。在集团层面，推进“总部机关化”问题专项整改，总部部门由17个减少到13个，岗位定员精简10.8%，专项整改工作经验在国务院国资委交流。在子企业层面，二级子企业完成职能部门机构编制优化调整，子企业机关压缩25%，定员精简10%，实现机构精干、效率提升；各类试点中，2家完成混改；3家完成职业经理人选聘；2家完成项目跟投；116户微观主体市场化改革取得阶段进展。以落实子企业市场主体地位为着力点，加大差异化授权放权力度，集团核心业务事项减少22%；对子企业审批事项最多减少24.4%。进一步清晰权责边界，明确党委会决策事项23项、审议事项74项，董事会决策事项47项，总经理办公会决策事项49项，充分发挥党组织的领导作用、董事会的决策作用、经理层的经营管理作用。深化亏损企业治理，建立重点亏损企业治理月例会制度，17户重点亏损企业实现扭亏为盈，重机公司市场化改革全面启动。“三供一业”分离移交、教育医疗机构改革基本完成。

创新动能持续激发。制定并实施《鞍钢集团有限公司2019—2021年科技创新发展规划》，启动97项集团关注项目。组建鞍钢集团北京研究院，着力打造关键共性、前瞻性技术研发平台。成功开发316H不锈钢，应用于600兆瓦级四代快堆核电示范项目核岛关键设备；汽车用轻质双相钢DP980-LITE全球首发；高炉渣提钛产业化示范线具备连续稳定生产能力；新型超细铝粉完成产品工艺试验。获得国家科技进步奖二等奖1项；获得冶金科学技术奖11项，其中一等奖1项；获省科技进步奖18项，其中一等奖1项。主导制定发布1项国际标准。受理专利1811件，其中发明专利1173件。推进两化融合，全年共36项建设成果荣获国家部委、行业协会、省市奖项或示范，其中集团公司“特大型钢铁企业集团基于顶层设计的智慧化转型”获国家管理创新成果二等奖，鞍钢矿业被评为国家智能制造标杆企业，鞍山钢铁“全流程质量管控及大数据集成应用建设”被评为工业互联网试点示范，攀钢“重轨数字化产线”被评为制造业与互联网融合发展试点示范。以科技创新驱动产业发展，完成项目投资97亿元，促进了结构调整、转型升级。建成600吨钒铝合金产线、全自动化钒氮合金两化融合示范线；进军新型碳材料领域，针状焦项目投产并达产；积微物联、德邻陆港现代供应链建设蓬勃发展。

三大攻坚战有力推进。打好防范化解重大风险攻坚战，以市场化方式引入外部权益资金122亿元。资产负债率比年初下降3.11个百分点，完成了国务院国资委考核目标。打好精准脱贫攻坚战，投入帮扶资金 3468 万元，同比增长 26. 9%；全员消费扶贫 2575 万元。贵州盘州于 2019 年 4 月实现脱贫摘帽。鞍钢获评喀什地区脱贫攻坚奖协作扶贫先进单位。打好污染防治攻坚战，鞍山钢铁完成“三棚一网”改造、北大沟污水回用改造等项目；攀钢完成西昌钢钒焦炉煤气精脱硫改造等项目。新放行投资 20 余亿元，推进攀钢钒 2 号烧结机超低排放改造、鞍山钢铁铁运噪声治理等项目。二氧化硫、氮氧化物、COD、吨钢耗新水等指标持续改善。

作风建设成效显现。推行严细实工作作风，集团领导班子带头开短会、讲短话，到基层开展调研天数同比提高 50%。坚决整治形式主义、官僚主义，集团公司下发文件、召开大型会议同比减少 47%、42. 5%；基层上报材料、报表精简 33. 8%；先后 4 次点名道姓通报曝光 27 起违反中央八项规定精神典型问题，党纪处分和组织处理 29 人。坚决整治偷盗行为，开展“雷霆行动”，查获盗窃问题 34 起，移交公安机关 23 起，拘留 21 人。深入开展“践行共享理念、关爱一线员工”专项服务行动，立项 530 项，完成 506 项。走访慰问各类困难职工、离退休人员 3. 54 万人次，发放救济金 1675 万元，发放 2018 年度职工医疗救济金 1075 万元。

（鞍钢集团有限公司办公室　段永波）

2019 年鞍钢集团有限公司工作指导思想和主要目标

指导思想

高举习近平新时代中国特色社会主义思想伟大旗帜，深入贯彻党的十九大、十九届二中、三中、四中全会精神和中央经济工作会议精神，以习近平总书记在深入推进东北振兴座谈会上的重要讲话精神为指引，坚持和加强党的全面领导，坚持稳中求进工作总基调，开放变革，转型升级，全面推进高质量发展，以优异成绩向新中国成立 70 周年献礼。

生产经营目标

三大事业保持稳定增长，利润基本目标 55 亿元、奋斗目标 75 亿元。

2019 年鞍钢生产经营指标完成情况

一、主要产品产量完成情况

2019 年，鞍钢集团公司生产粗钢 3920.44 万吨，同比增加 184.56 万吨，增幅为 4.94%；生铁 3676.31 万吨，同比增加 200.64 万吨，增幅为 5.77%；钢材 3657.29 万吨，同比增加 166.16 万吨，增幅为 4.76%；铁精矿 4144.03 万吨，同比增加 94.97 万吨，增幅为 2.35%。

二、财务状况

2019 年，鞍钢集团利润总额 23.51 亿元，同比增加 2.82 亿元，增幅为 13.63%；全年实现营业收入 2174.00 亿元，同比增加 16.31 亿元，增幅为 0.76%；应交税费总额 104.36 亿元，同比减少 31.3 亿元，降幅为 23.07%。

2019 年末，鞍钢资产总额 3328.29 亿元，负债总额 2211.26 亿元、所有者权益 1117.03 亿元，资产负债率为 66.44%。

三、钢材产品实物质量情况

2019 年，鞍钢集团钢材合格率完成 99.11%，同比上升 0.06 个百分点，综合成材率 93.45%，同比上升 0.43 个百分点。

四、冶金物耗指标情况

2019 年，鞍钢集团全年综合焦比 510.87 千克/吨，同比下降 2.64 千克/吨；入炉焦比 370.68 千克/吨，同比下降 0.46 千克/吨。

五、出口创汇情况

2019 年，集团公司全年实现出口创汇 15.67 亿美元，同比下降 0.47 亿美元，降幅为 2.9%。其中出口钢材206.6万吨，同比增加55.3万吨，增幅为36.5%；钢材出口创汇额12.52亿美元，同比增加1.04亿美元，增幅为9.1%。

六、钢材产品销售情况

2019年，集团公司销售成品钢材3661.55万吨，同比增加162.94万吨，增幅为4.66%；实物产销率完成100.39%，同比上升0.18个百分点；年末钢材库存45.94万吨，同比下降7.05万吨，降幅为13.30%。

（鞍钢集团有限公司财务部　张铜凯）

2019年鞍钢集团有限公司组织机构表

- 鞍钢集团有限公司
  - 办公室（党委办公室）（董事会办公室）（党政督查办公室）（巡视办公室）（保密办公室）
  - 战略规划部
  - 科技发展部
  - 资本运营部
  - 安全环保部
  - 财务部
  - 人力资源部（党委组织部）（外事办公室）（机关党委）
  - 管理与信息化部
  - 法律合规部
  - 审计部
  - 纪委（监察专员办公室）
  - 工会
  - 党委宣传部（企业文化部）（党委统战部）（团委）
  - 区域公司
    - 鞍山钢铁集团有限公司（鞍钢股份有限公司）
    - 攀钢集团有限公司
  - 板块公司
    - 鞍钢集团矿业有限公司
    - 鞍钢联众（广州）不锈钢有限公司
    - 鞍钢集团工程技术发展有限公司
    - 鞍钢集团众元产业发展有限公司（鞍钢实业集团有限公司）
    - 鞍钢集团信息产业有限公司
    - 鞍钢集团国际经济贸易有限公司
    - 鞍钢集团资本控股有限公司
  - 直属机构
    - 鞍钢招标有限公司
    - 鞍钢集团北京研究院有限公司
    - 鞍钢集团经济发展研究院
    - 鞍钢集团人力资源服务中心
    - 鞍钢集团财务共享服务中心
    - 鞍钢集团审计中心
    - 鞍钢教育培训中心（党校）
    - 鞍钢日报社

（鞍钢集团有限公司管理与信息化部）

2019 年鞍钢集团有限公司党政领导班子成员名单

董 事 长 姚　林（2019. 11 不再担任董事长职务）

谭成旭（2019. 11 任董事长）

鞍钢集团有限公司党委

书　　记 姚　林（2019. 10 不再担任党委书记职务）

谭成旭（2019. 10 任党委书记）

副 书 记 戴志浩

栗宝卿

常　　委 姚　林（2019. 10 不再担任党委常委职务）

谭成旭（2019. 10 任党委常委）

戴志浩

栗宝卿

于万源（2019. 11 不再担任党委常委职务）

许质武（2019. 01 不再担任党委常委职务）

王义栋

景奉儒

邵安林

段向东

孟庆旸（2019. 01 任党委常委）

鞍钢集团有限公司

总 经 理　戴志浩

副总经理　于万源（2019. 11 不再担任副总经理职务）

王义栋

景奉儒

邵安林

段向东

总会计师　于万源（2019. 11 不再担任总会计师职务）

（鞍钢集团有限公司党委组织部　周　克）

2019 年度鞍钢集团有限公司先进党委

鞍山钢铁集团有限公司党委
攀钢集团有限公司党委
鞍钢集团矿业有限公司党委
鞍钢集团财务有限责任公司党委
鞍山钢铁鞍钢股份鲅鱼圈钢铁分公司党委
鞍山钢铁鞍钢股份炼焦总厂党委
鞍山钢铁鞍钢股份炼铁总厂党委
鞍山钢铁鞍钢股份炼钢总厂党委
鞍山钢铁鞍钢股份技术中心党委
鞍山钢铁鞍钢化学科技有限公司党委
鞍山钢铁鞍钢股份鲅鱼圈钢铁分公司能源动力部党委
鞍钢朝阳钢铁有限公司焦化厂党委
鞍钢铁路运输分公司机车厂党委
攀钢集团钒钛资源股份有限公司党委
攀钢集团西昌钢钒有限公司党委
攀钢集团国际经济贸易有限公司党委
攀钢集团物资贸易有限公司党委
攀钢四川鸿舰重型机械制造有限责任公司党委
攀钢集团攀枝花钢钒有限公司提钒炼钢厂党委
攀钢集团攀枝花钢钒有限公司轨梁厂党委
攀钢集团西昌钢钒有限公司炼钢厂党委
攀钢集团西昌钢钒有限公司板材厂党委
攀钢集团西昌钢钒有限公司钒制品分公司党委
攀钢集团攀枝花新白马矿业有限责任公司白马选矿厂党委
攀钢集团江油长城特殊钢有限公司锻造厂党委
鞍钢集团矿业有限公司齐大山铁矿党委
鞍钢集团矿业有限公司鞍千矿业公司党委
鞍钢集团矿业有限公司齐大山选矿厂党委
鞍钢集团矿业有限公司大孤山球团厂党委
鞍钢集团工程技术发展有限公司工程技术公司党委
鞍钢集团工程技术发展有限公司重机公司轧辊公司党委
鞍钢实业集团有限公司运维公司党委
鞍钢集团信息产业有限公司自动化公司党委

（鞍钢集团有限公司党委组织部　杨　松）

2019年度鞍钢集团有限公司先进单位

鞍山钢铁集团有限公司

鞍钢股份有限公司炼焦总厂
鞍钢股份有限公司炼铁总厂
鞍钢股份有限公司能源管控中心
鞍钢集团朝阳钢铁有限公司炼铁厂
鞍钢汽车运输有限责任公司
鞍钢集团钢铁研究院

攀钢集团有限公司

攀枝花钢钒有限公司提钒炼钢厂
西昌钒制品分公司
西昌钢钒有限公司炼铁厂
攀钢集团矿业有限公司白马铁矿
成都积微物联集团股份有限公司
四川鸿舰重型机械制造有限责任公司
攀钢集团国际经济贸易有限公司

鞍钢集团矿业有限公司

大孤山球团厂
鞍千矿业有限公司
大孤山铁矿
齐大山铁矿

鞍钢集团工程技术发展有限公司

鞍钢集团工程技术有限公司
鞍钢轧辊有限公司

鞍钢集团众元产业发展有限公司

鞍钢实业集团冶金机械有限公司

（鞍钢集团有限公司工会）

规划发展

·发展战略与规划·

【发展战略和规划】 组织制定2019—2021年发展战略和规划，推进“631”产业结构调整目标的落实。结合鞍钢集团有限公司“十三五”规划实施情况和内外部环境变化，组织制定2019—2021年发展战略和规划。《鞍钢集团公司2019—2021年发展战略和规划》通过鞍钢集团2019年第8次党委常委会前置审议，并在第三届董事会第四次会议上获得通过。该规划确定了2019—2021年调整升级的重点，明确了产业发展的策略和路径，聚焦“一条主线”，激发“三个动力”，构筑“三大事业”（做强做精材料事业，持续升级矿产资源事业，择优发展工业服务事业），实施“六项工程”；通过大力推进产业结构调整，着力提升三大事业内在发展质量。2019年5月30日上报国务院国资委《鞍钢集团有限公司2019—2021年发展战略和规划》（鞍钢政〔2019〕57号），并印制下发各基层单位。2019年9月29日，下发《关于编制鞍钢集团有限公司2020—2022年滚动规划的通知》，启动2020—2022年发展战略和规划滚动编制工作。

对产业发展指标完成情况进行监测，推进“631”产业结构调整目标实现。2019年，鞍钢集团实现营业收入2178.8亿元，同比增长0.98%，完成规划目标。鞍钢集团实现产业收入3317.87亿元，较2018年提高4.9%；材料事业、工业服务事业、矿产资源事业产业收入年分别达到1777.56亿元、1250.4亿元、289.91亿元，收入占比分别为53.58%、37.68%、8.74%，“631”产业结构调整达成预期。

（鞍钢集团有限公司战略规划部　李宇梁）

·战略合作·

【战略合作框架协议签署】 2019年鞍钢集团本着平等互利、优势互补、合作共赢、共同发展的原则，积极与利益相关方开展战略合作。

2019年5月9日，鞍钢集团有限公司与中国中车集团有限公司签署战略合作协议。双方约定在轨道交通装备采购、轨道交通装备用钢生产供应和使用推广、轨道交通装备用钢研发和应用技术研究、城市轨道交通相关产业与技术、矿用汽车系统改造和零部件供应及维修、电气产品和系统开发、金融以及商业模式创新等方面持续深化开展合作，形成轨道交通装备制造企业与钢铁企业的强强联合。

2019年7月25日，鞍钢集团有限公司与上海浦东发展银行股份有限公司签署战略合作协议。双方约定在银行融资服务、现金管理服务、国际业务服务、债务风险管理服务等方面开展全方位合作。

2019年9月16日，鞍钢集团有限公司与中国航空发动机集团有限公司签署战略合作协议。双方约定围绕科技研发、材料供应与服务、产业发展等加强合作，建立战略合作伙伴关系，实现优势互补与合作共赢。

2019年11月25日，鞍钢集团有限公司与鞍山市人民政府签署了“双鞍”融合框架协议。双方约定加强地企协同优势互补，共同推动区域经济高质量发展。

2019年12月20日，鞍钢集团有限公司与招商局集团有限公司签署战略合作协议。双方约定在材料供应与研发、交通物流业务、城市与园区综合开发、金融服务与投资、“一带一路”项目等领域加强合作，实现优势互补与合作共赢。

（鞍钢集团有限公司战略规划部　张秋会）

·产业投资管理·

【投资管理制度建设】 2019年，鞍钢集团以总部职能调整为基础，以健全完善放权与监管相结合的集团管控体系为核心，以推动各级企业成为独立的市场主体为目标，根据产业功能定位，坚持差异化原则，修订了投资管理的母子公司业务权限和总部业务审批权限，进一步完善了投资管控差异化授权体系，规范了鞍钢集团投资管理权限和程序。

【投资风险管控】 2019年，鞍钢集团严格依据《鞍钢集团公司“三重一大”决策制度实施办法》和《鞍钢集团重大事项风险评估与合规审查管理办法》有关规定开展年度投资计划和项目决策管理。为防范投资风险，确定了不推高资产负债率和保证项目投资收益的原则，科学组织年度投资计划编制；继续加强限上项目前期论证，规范开展“5+X”风险评估和合规审查及专业审核，为项目决策提供科学依据。继续开展项目跟投和契约化管理，强化投资主体与项目管理者的纽带关系，强调投资项目决策、建设、运营全过程负责制，保证投资预期目标的实现，有效降低投资风险。

2019年完成投资93.61亿元，低于鞍钢集团2019年固定资产折旧和无形资产摊销总额的111亿元，有效落实了年初确定的“投资不得推高资产负债率”的原则。2019年经营活动产生的现金流量净额251亿元，比上年增加90亿元，盈余现金保障倍数为81.23倍，现金流动负债比率为17.1%，企业现金支付能力逐步增强。截至2019年底，鞍钢集团资产负债率66.37%，比上年下降3.18个百分点，长期还债能力继续提升。

【投资项目审批管理】 规范开展限上项目投资管理工作。严格按照鞍钢集团投资管理要求，组织开展限上项目审批工作。主要完成攀钢矿业公司白马铁矿及及坪采场物流优化工程项目，攀钢钒5号、6号焦炉节能环保改造项目，攀钢高端钛及钛合金生产线项目，鞍山钢铁收购重机公司持有铸钢公司股权项目，攀钢集团有限公司收购华融公司和农行所持攀长钢股权项目，矿业公司合资成立鞍钢矿业资源利用（鞍山）有限公司实施东部尾矿再选项目的立项及批准。及时配合项目审核及放行的协同工作。配合放行鞍钢集团“三重一大”决策和运行监管系统建设、鞍钢集团广域网扩展、鞍钢集团管控信息化应用（一期数据共享交换平台）建设、鞍钢集团职称评审管理系统建设等项目。

（鞍钢集团有限公司战略规划部　刘长江）

【定点扶贫】 鞍钢集团有限公司定点帮扶新疆维吾尔自治区塔什库尔干塔吉克自治县（以下简称“塔县”）和贵州省盘州市。2019年，鞍钢集团全面履行中央企业政治责任和社会责任，综合采取党建扶贫、产业扶贫、教育扶贫、民生扶贫、消费扶贫等措施，全面超额完成了《中央企业定点扶贫责任书》年度目标任务，助力塔县和盘州市脱贫攻坚。经齐心攻坚，盘州市于2019年4月24日摘帽，塔县于2020年1月24日退出国家贫困县序列。

2019年，鞍钢集团加大资金投入，重点支持深度贫困地区，实施帮扶项目24个，共投入无偿帮扶资金2277.87万元，较2018年增加107.5%。鞍钢所属子公司鞍山钢铁集团有限公司向塔县投入帮扶资金1319.16万元，攀钢集团有限公司向盘州市投入帮扶资金958.71万元。

2019年，鞍钢共完成培训基层干部833人次，培训技术人员1461人次，购买国家贫困县农产品2575.21万元，帮助销售贫困地区农产品200.95万元；引进帮扶资金515.6万元。鞍钢投入无偿帮扶资金2277.87万元，全部用于学校、医疗教育等公用事业和产业发展项目建设。鞍钢立足自身优势，倾斜深度贫困地区采购政策，2019年采购盘州市煤炭36亿元。

同时，配合地方政府需求，鞍钢援派干部33名，投入帮扶资金1190万元，参与辽宁1县2村、四川7县10村的定点帮扶和乡村振兴工作。

（鞍钢集团有限公司战略规划部　郑开耀）

· 海外规划与投资管理 ·

【海外规划】 2019年，鞍钢集团结合“631”转型升级发展战略和“一带一路”倡议，形成了“立足钢铁主业，发展材料、矿产资源、工业服务三大事业，稳步拓展材料、矿产资源、工业服务事业海外布局，加速境外企业向高质量发展阶段转变，全面提升鞍钢国际化运营能力”的国际化经营战略。围绕国际化经营战略，鞍钢集团积极扩大产品国际市场份额，加强“一带一路”沿线国家和地区钢铁产线项目调研，境外投资坚持“质量效益型”原则；积极鼓励鞍钢集团工业服务事业“走出去”，拓展国际工程市场份额；支持攀钢集团大力发展钒钛优势产业，参与国际市场竞争；同时，加大境外重点企业卡拉拉矿业有限公司监管力度，重视境外“存量”经营业绩，提升境外企业生产经营业绩。

（鞍钢集团有限公司战略规划部　温　森）

【海外投资】 2019年，鞍钢集团境外产业类股权投资紧密服务于产业结构调整目标，聚焦于“一带一路”沿线国家钢铁国际产能合作项目；积极鼓励鞍钢集团非钢产业“走出去”，拓展国际工程市场份额；支持攀钢集团大力发展钒钛优势产业，参与国际市场竞争。2019 年，鞍钢集团境外投资计划 7 项，总计划投资额度人民币 12053 万元，实际完成投资人民币 2905 万元。实际完成投资 4 项，因关键先决条件影响终止项目 1 项，因规避风险暂缓投资 2 项。未完成投资计划的原因总体上为审慎投资规避风险。2019 年，鞍钢集团通过设立越南、中东销售办事处，以及增资攀港公司的境外投资，实现了销售产业链延伸，完善了大宗物资国际化交易平台的布局目标，从而更好地推动鞍钢钢铁、钒钛产品走出去；通过设立印尼工程代表处从事工程服务相关业务，为拓展东南亚市场和后续的国际产能合作项目进行了前期储备。通过参与国际重点产能工作，鞍钢集团与相关子企业对“一带一路”沿线国家的投资环境、投资政策有了更深层次的理解，与国家部委建立了良好的沟通汇报渠道，与外部律师事务所、会计师事务所等中介机构建立了良好稳定的合作关系。同时，通过项目推进，锻炼了国际化经营团队，为未来鞍钢真正实现国际产能合作项目落地，非钢产业“走出去”，奠定了良好的基础。

（鞍钢集团有限公司战略规划部　刘　东）

财务、资本运营与审计管理

·预算与统计管理·

【加强全面预算管理，强化执行与监督】 贯彻落实《鞍钢集团有限公司全面预算管理办法》，2019年鞍钢集团定期召开经营活动分析会。结合市场变化和各业务板块经营特点，多维度分析经营指标完成情况，强化行业对标，客观评价企业经营运行状况，发现经营中存在的问题，并提出有针对性的意见或建议，充分发挥经营决策参谋的作用。

在全集团范围内组织开展成本费用压降工作，从源头识别和分析降低成本驱动因素，制定管理薪酬类费用、经营性费用、销售费用、财务费用和生产成本压降方案。各子企业积极通过深化改革、组织变革，不断提升管理和劳动效率，形成全员参与、全链条、全要素成本管控模式，使成本竞争理念贯穿于供、产、销，人、财、物各个维度。集团财务部按季度跟踪各子企业成本费用压降工作进展情况，促进各子企业按进度实现成本费用压降目标。2019年实现管理费用同比降低2亿元，财务费用同比降低5亿元。

按照《鞍钢集团2019年战略绩效与薪酬评价考核办法》要求，剔除市场价格波动影响，客观反映企业业绩水平。集团财务部在总结上年指数考核经验基础上，对鞍山钢铁、攀钢、矿业公司、金融板块等单位的价格指数提出调整方案，并按月跟踪指数变化情况及各单位完成情况，实现了考核目标随着市场变动而动态调整。2019年，考虑解决部分历史遗留问题48.5亿元后，全集团实际经营利润水平为72亿元。

【推进亏损子企业减亏控亏，提高集团整体盈利水平】 鞍钢高度重视重点亏损子企业治理，坚决按照国资委部署，积极开展“处僵治困”工作。2019年进一步加大“处僵治困”工作力度，结合国资委“处僵治困”第二阶段重点亏损子企业专项治理任务，落实鞍钢特困企业治理管理办法，推进长效化治理。全面梳理集团内部企业经营情况，制定并下达了2019—2021年治理任务（包含国资委最新认定的鞍钢4户重点亏损子企业），采取分级分类的治理方式，突出治理重点；组织各相关子企业与集团公司签署治理目标责任书，明确治理责任和完成时间；组织相关子企业制定重点企业“一企一策”治理方案；定期监测督导各重点企业治理进展情况，严肃评价考核，确保各项措施实施落地，切实改善“僵尸”、特困企业经营绩效，巩固治理成果，夯实工作质量，按计划完成重点亏损子企业治理任务。

2019年，鞍钢亏损子企业为47户，亏损面为19.65%，同比上升0.96个百分点，剔除一家因并购业务、一家因重组消化历史遗留问题引起的暂时性亏损外，亏损户数与上年持平；亏损总额为43.59亿元，同比减亏69.11亿元，减幅为61.32%，亏损额大幅下降。

【加强保险管理工作，确保生产经营稳定】 组织制定鞍钢集团2019—2020年度财产保险、专项保险续保方案，合理筹划，精确投保，总体赔付率保持稳定，进一步降低部分险种费率，达到降低保费支出、实现资本保值目标。

【推进关联交易管理，发挥集团协同效应】 密切跟踪市场变化，组织制定内部矿产品等重大关联交易事项的价格。按照《鞍钢集团有限公司关联交易管理办法》，管理各单位关联交易事项，调处关联交易争议。

【统计工作】 持续深化鞍钢集团统计管理改革，由现行的鞍山钢铁代为合并上报改为各二级子企业独立上报统计数据，实现二级法人解捆工作平稳过渡。按国家统计局相关要求，组织完成全国第四次经济普查登记、数据报送等工作。

（鞍钢集团有限公司财务部　方　众）

·会计管理·

【执行新准则】 根据财政部《企业会计准则第22号——金融工具确认和计量》(财会〔2017〕7号)等新金融工具准则分阶段实施安排，鞍钢下属A股上市公司攀钢钒钛资源有限公司、新三板上市公司鞍山发蓝包装有限公司于2019年1月1日起开始执行新金融工具准则，因可供出售金融资产计量方法的改变，调增期初未分配利润0.01亿元、其他综合收益1.71亿元、少数股东权益2.05亿元，共计调增净资产3.78亿元。

根据财政部《企业会计准则第21号——租赁》(财会〔2018〕35号，以下简称“新租赁准则”）分阶段实施安排，鞍钢下属A+H股上市公司鞍钢股份有限公司于2019年1月1日起执行新租赁准则，其他单位仍执行原租赁准则，对当期财务状况和经营成果无重大影响。

根据财政部《企业会计准则第7号——非货币性资产交换》（财会〔2019〕8号）和《企业会计准则第12号——债务重组》（财会〔2019〕9号）准则相关规定，鞍钢自2019年6月执行了修订后的非货币性资产交换及债务重组准则，对当期财务状况和经营成果无重大影响。

根据财政部下发的《关于修订印发2019年度一般企业财务报表格式的通知》（财会〔2019〕6号），鞍钢修改了资产负债表、资产减值准备表等相关报表格式，因仅是报表格式的修改，对2019年财务状况和经营成果无重大影响。

（鞍钢集团有限公司财务部　渠雪荣）

【贯彻实施深化增值税改革工作】 自2016年5月1日起，国家全面推开营业税改征增值税试点工作，分别于2018—2019年进行了两次大规模的增值税改革，重点降低制造业和小微企业税收负担。第一次税改是从2018年5月起，制造业等行业增值税税率从17%降至16%，交通运输、建筑、基础电信等行业的增值税税率从11%降至10%；第二次税改是从2019年4月起，制造业等行业现行16%的税率降至13%，将交通运输业、建筑业等行业现行10%的税率降至9%。两次增值税改革涉及鞍钢集团制造业、铁矿山行业、建筑业和房地产业等多个行业。2019年鞍钢集团认真贯彻落实增值税改革相关政策，分析政策变更对鞍钢的影响，针对增值税改革过程中存在的问题通过多个渠道向国家主管部门提出相关意见、建议。经测算，2019年鞍钢累计享受增值税改革政策增加效益2.95亿元。增值税改革使鞍钢节约了税费支出，增加了效益，增强了生产经营活力。

（鞍钢集团有限公司财务部　王阿惠）

【推进财务共享中心建设】 2019年，鞍钢集团继续推进财务共享中心建设，不断完善统一核算系统功能服务，不断扩大共享平台业务覆盖范围，优化系统功能，规范业务处理原则，规范预算、资金控制。推进中央账务仓建设，设计开发电子档案归档功能、企财银直联功能，财务信息化水平不断提升。

（鞍钢集团有限公司财务部　孙彦涛）

·资金与资本管理·

【优化融资结构，降低融资成本】 坚持“防风险、调结构、降成本”原则，集团公司持续调整优化债务结构和资本结构，2019年末长期融资占全部融资比例由年初46%提升至54%，权益融资占全部融资比例由年初7%提升至14%，集团债务结构更加稳定。加大与大型银行合作，先后走访了建行、中行、国开行等银行，进一步提升大型银行融资比例，积极与各银行争取贷款利率下浮，择机发行低成本债券，持续降低集团公司财务费用。

（鞍钢集团有限公司资本运营部　李　锐）

【加强现金流管理，防范资金风险】 进一步强化资金预算管理，合理安排生产经营支出，减少资金占用，加速资金回流，努力实现经营现金流应收尽收，防范资金风险。2019年集团公司重点加强现金流管理，要求各子企业全年实得经营活动净现金流与应得经营活动净现金流比例达到100%，并纳入绩效考核体系，按月跟踪落实指标完成情况，促进子企业提升经营现金流获取能力。2019年鞍钢集团实得经营活动净现金流与应得经营活动净现金流比例达到100%，完成考核目标。持续跟踪监测集团公司及子企业资金运营状况，特别是重点监控困难子企业资金风险，制定风险应对预案，防止个别企业局部风险引发全集团系统风险。

（鞍钢集团有限公司资本运营部　张虎强）

【“两金”压控成效明显，流动资产周转效率稳步提升】 鞍钢深入落实国资委“两金”清理专项工作部署，以“推进完善‘两金’压控管理体系和长效机制，促进经营活动现金流应收尽收，提升流动资金运营效益和运行质量，助力鞍钢高质量发展”为行动目标，开展“两金”清理专项行动。加强“两金”源头控制和过程管控，加大应收账款清收力度，大力压减库存规模，强化考核奖惩，持续跟踪督导，2019年末，鞍钢“两金”余额为377.59亿元，较年初下降13.07亿元，降幅为3.35%，全年营业收入较上年增长0.76%，超比例完成国资委“两金”增幅低于营业收入增幅要求，“两金”压控成效明显，全年流动资产周转效率稳步提升。

【践行央企担当，实现逾期无分歧民营企业欠款“清零”】 鞍钢深入贯彻党中央、国务院关于清理拖欠民营企业账款工作的重大决策部署，认真落实国资委相关工作要求，牢固树立央企责任意识，统筹安排，周密组织，确保清欠工作扎实推进，全面梳理欠款情况，分类施策，积极开展清欠，以高度使命感和责任感攻坚克难，统筹解决了困难子企业的清欠难题，全面完成国资委提出的逾期无分歧账款年底前“零拖欠”目标任务。截至2019年12月末，鞍钢集团累计偿付25.78亿元，实现农民工工资无拖欠，逾期无分歧民营企业欠款全部“清零”。

（鞍钢集团有限公司资本运营部　唐聪玲）

【持续推进市场化债转股，优化资本结构】 为贯彻落实党中央、国务院打赢“三大攻坚战”、降杠杆减负债工作要求，实现降低资产负债率、优化资本结构的目标，2019年12月25日，鞍钢集团与建信金融资产投资有限公司合作对鞍钢集团矿业有限公司下属鞍钢集团矿业弓长岭有限公司、鞍钢集团鞍千矿业有限责任公司、鞍钢集团关宝山矿业有限公司（以下简称标的公司）实施市场化债转股，引入权益资金42亿元。此次债转股实施后，一是使鞍钢矿业和鞍钢集团资产负债率分别下降12.86个百分点和1.32个百分点；二是用长期权益资金置换短期债务，增强资金稳定性；三是通过修改标的公司章程、改组董事会等，完善了标的公司法人治理结构。引入外部投资者参与公司管理，推动标的公司改善经营、提高效益。

（鞍钢集团有限公司资本运营部　陈子旭）

【推进收购境外上市公司股权运作，实现全资卡拉拉】 为落实中央巡视整改要求，实现处僵治困的目标，改善卡拉拉运营，鞍钢集团香港控股有限公司（简称“香港控股”）采取分拆协议安排收购方式，收购将岗松山铜钴项目剥离后的金达必金属有限公司（简称“金达必”，澳交所股票代码：GBG）全部流通股，香港控股在岗松山铜钴项目公司仍持有35.71%股份（与收购前对金达必持股比例相同），即通过私有化金达必，实现全资卡拉拉。经鞍钢集团与金达必多轮谈判，在履行境内外监管机构的审批备案程序后，2019年7月3日收购金达必、分拆岗松山项目公司方案获得金达必股东大会通过，2019年7月8日获得澳洲法院最终通过。2019年7月23日，收购金达必的股份在股份登记公司注册完成，鞍钢集团向新金达必委派了董事，金达必成为鞍钢集团的全资子公司。全资拥有和开发卡拉拉，对于布局海外矿山资源基地，打破国际寡头垄断具有重要战略意义。为后期加强管控、优化运营、提升效益及卡拉拉后续发展奠定基础。

（鞍钢集团有限公司资本运营部　杨　盛）

·审计工作·

【审计总体情况】 2019年，鞍钢集团两级内审机构严格执行内部审计年度工作计划，全年共完成审计类和评价类项目171项，发现和披露各类问题1126个、提出审计建议679条，涉及问题金额47.96亿元，其中损失浪费金额2.89亿元、管理不规范金额18.36亿元、潜亏金额4.45亿元、其他金额15.68亿元，促进增收节支创造效益6.58亿元（含审减工程款1.16亿元）；揭示重大重要风险26项，移交集团纪委的案件线索13件。其中，集团审计部会同审计中心累计完成各类审计项目63项，包括经济责任审计18项、工程投资审计15项、经营管理审计9项、专项审计调查7项、财务收支等其他审计与评价类项目14项，累计发现和披露各类问题776个、提出审计建议432条，涉及问题金额42.87亿元，其中损失浪费金额2.89亿元、管理不规范金额13.94亿元、潜亏金额4.45亿元、其他金额15.06亿元，促进增收节支创造效益6.53亿元（含审减工程款0.91亿元）；揭示重大重要风险26项，向集团纪委移交案件线索13件。

【工程投资审计】 2019年，鞍钢集团以审减工程投资和促进工程管理为重点，充分揭露工程管理中的重大问题和损失浪费。全年两级内部审计机构共开展工程投资类审计项目28项。其中集团审计部组织审计中心实施15项，审计项目投资155亿元，揭示问题149个，涉及问题金额3.14亿元，审减工程款1.16亿元。

【经济责任审计】 2019年，鞍钢集团按照全覆盖要求强化经济责任审计，扎实做好领导人员离任审计和任期审计，加强权力制约监督，堵塞管理漏洞，促进领导人员认真履职尽责。全年两级内部审计机构共开展经济责任审计项目38项。其中集团审计部组织审计中心实施18项，揭示问题161个，涉及问题金额8.51亿元，其中披露潜亏金额1.19亿元。同时针对性开展财务收支审计，针对部分重要单位和重要业务实施财务收支审计，揭示企业财务管理中存在的薄弱环节。全年子企业内部审计机构共开展财务收支审计项目15项。

【经营管理审计】 2019年，鞍钢集团深入开展经营管理审计，针对影响企业运行质量和绩效的关键因素，以及存在的管理漏洞和风险隐患提出改进建议，促进企业改善运营、提升管理、增加效益。全年两级内部审计机构共开展经营管理类审计项目37项，其中集团审计部组织审计中心实施9项，揭示问题194个，涉及问题金额9.81亿元，促进增收节支金额5.37亿元。

【专项管理审计】 2019年，鞍钢集团大力开展专项管理审计，揭示专营领域或专项管理中存在的系统性、倾向性、苗头性问题，促进企业提升管理水平。全年两级内部审计机构共开展专项管理类审计项目36项，其中集团审计部组织审计中心实施7项，揭示问题143个，涉及问题金额11.73亿元。

【内部控制评价】 2019年，鞍钢集团持续开展内部控制评价，强化内控评价，督导缺陷整改，促进内部控制体系不断优化和完善。综合考虑了审计、巡视及其他监督检查中反映的问题，鞍钢集团2018年度内部控制评价报告共反映一般缺陷54个、重要缺陷1个，并从审计的角度对内部控制完善提出了建议，及时对缺陷整改进行指导和监督。开展部分集团职能部门履职情况评价，揭示存在的薄弱环节和风险，促进部门履职能力建设。

【投资项目后评价】 2019年，鞍钢集团持续开展投资项目后评价，促进项目投资管理水平不断提升。2019年共开展工程投资项目后评价19项，其中集团审计部2项、攀钢14项、鞍山钢铁3项，揭示了工程投资管理中存在的薄弱环节和投资预期目标差距，针对性提出了改进建议；同时参考固定资产投资项目后评价模式，组织开展了鞍钢联众（广州）不锈钢项目股权投资后评价，促进了投资决策机制完善、管理水平提升，并对其他重大股权投资项目进行清理并列出后评价计划。

【督促审计整改】 2019年，鞍钢集团审计部高度重视审计署、国资委及内部审计发现的各类审计问题整改，落实审计成果利用效果。审计部严格按照《鞍钢集团公司审计整改管理办法》要求，下发审计整改通知，安排专人督促审计建议落实，及时开展审计整改专业指导，促进被审计单位进一步提升审计整改重要性认识，明确审计整改责任领导、部门和人员，建立审计问题整改措施清单，实行整改销号管理。总部职能部门对典型性、普遍性、趋向性问题进行了深入研究，分析了问题形成原因，推动完善相关管理制度，积极堵塞管理漏洞，促进了审计成果的充分利用。

其中，审计署2016年实施的鞍钢集团原董事长的经济责任审计和2018年实施的资产负债损益和境外资产专项审计，截至2019年12月31日，已完成整改问题91个，持续整改问题14个，整改完成率86.7%。通过整改，鞍钢集团制定和完善管理制度、实施办法、文件等76项，调整财务账目57.6亿元，补缴税金6.22亿元，挽回和避免损失950.89万元，问责78名责任人。

2019年，鞍钢集团按中央巡视组要求，对国资委原监事会2016—2017年监督检查发现的56个问题实施整改并取得阶段性整改成果，截至2019年12月末，已完成整改42个，正在持续整改14个，整改完成率75%。通过对监督检查发现问题的整改，鞍钢集团制定和完善管理制度、实施办法、文件等24项。

2019年，鞍钢集团加大内部审计问题整改力度并开展后续审计，全面清理内部审计问题整改情况，落实审计成果利用效果。在集团审计部专人持续跟踪督促下，2019年累计扣回多计工程款3573.52万元、挽回经济损失13632.13万元、促进增收节支21788.19万元，合计取得整改创效38993.84万元；同时调整财务账目3.22亿元，盘活利用资金15169万元，新建及修订制度25项，追究和处理相关责任人15人次，考核相关人员0.63万元。

【违规经营投资责任追究】 2019年，鞍钢集团积极建立和完善违规经营投资责任追究工作体系，全面开展违规经营投资事项核查和责任追究。审计部指导子企业违规经营投资责任追究制度建立，编制违规经营投资责任追究工作体系建设方案并上报国资委，梳理并完善违规经营投资责任追究工作流程；认真完成国资委督办的追责事项，全面开展违规经营投资线索核查和责任追究。2019年，受理问题线索6项，其中国资委督办损失事项1项、内部发现损失事项4项、损失风险事项1项，涉及损失金额6035.72万元，损失风险11.47亿元，组织处理8人次，处罚金额28.99万元。

（鞍钢集团有限公司审计部　徐延浩）

人力资源管理

·领导人员管理·

【全面贯彻落实领导人员选拔任用制度】 一是坚持党管干部原则，把好干部标准落到实处。坚决贯彻落实习近平总书记提出的新时期好干部标准和国有企业领导人员“20字”要求，把政治标准放在首位，树立“五重十看三关注”选人用人导向。健全选人用人管理体系，修订印发《鞍钢集团有限公司领导人员管理规定》《关于鞍钢集团有限公司总部机关非直管管理人员选拔任用工作的实施意见》等6项制度，进一步规范领导人员选拔任用程序。2019年，鞍钢集团党委共集中调整领导人员7次，调整任用92人次，其中提拔任职13人，平级重用10人。严格执行鞍钢集团党委组织部部务会议制度，召开部务会议讨论人事任免事项6次，调整108人次，其中提拔任职27人。二是持续改进领导人员选拔任用工作。注重日常考察与任前考察相结合。健全领导人员日常考察机制，强化政治素质考察，开展领导人员履职纪实工作，改进知事识人方式，突出事业为上、人事相宜；完善任前审核和纪实工作制度。强化审查审核措施，严格执行《鞍钢集团公司防止“带病提拔”的实施意见》，保证关口前移、全程介入，对政治上廉洁上有问题的“零容忍”；修订《领导人员选拔任用工作纪实办法》，提升选拔任用工作的科学化、制度化和规范化水平。

【开展直管领导班子和领导人员年度考核评价工作】 一是强化年度综合考核评价工作，按照《2018年度鞍钢集团公司直管领导班子和领导人员综合考核评价办法》规定的程序和要求，运用多维度测评、定量考核与定性评价和分析研判等方法，对36个子企业、直属单位和集团总部部门的领导班子和122名直管领导人员进行综合考核评价，形成2018年度考核评价报告。印发《2018年度鞍钢集团有限公司直管领导班子和领导人员考核评价结果的通报》，对7个“四好班子”和12名优秀领导人员进行了命名表彰；对3个评价为“一般”的领导班子，4名“基本胜任”和1名“不胜任”领导人员进行通报和处理，对评为优秀干部的给予增提效益年薪奖励，增提比例由10%提高到15%。鞍钢集团党委组织部向各分管单位、部门反馈考核结果，并对下一步工作提出意见和建议。二是为深化“战略、预算、考核、薪酬、职位”一体化考核体系，制定印发《2019年度鞍钢集团有限公司直管领导班子和领导人员综合考核评价办法》，科学设置每名领导人员的测评主体和考核指标，实现班子成员间的精准化、差异化考核。突出业绩导向，强化考核结果运用，实行强制分布、末位调整，年度契约化考核评为D级和E级的领导班子控制在10%~20%，对考核排名末位的班子成员评为基本胜任或不胜任，并相应地给予诫勉、免职或降职，使考核评价结果与职务升降、薪酬调整紧密挂钩。

【深化干部人事制度改革工作】 一是优化总部部门配置。着力破除“官本位”思想，完成总部部门人员优化和配置工作，改革后的总部部门由17个压缩至13个，编制定员由221人压缩至197人，内设机构交流23人，交流比例为14.3%，补充16名优秀年轻干部到总部任职，促进总部部门人员的培养和交流。二是畅通干部“下”的渠道。全面推进契约化管理，破解干部“下”的难题，因考核、问责共调整“下”的干部45人，占比2.1%。制定印发《关于鞍钢集团领导人员从事专项工作的实施意见》，结合个人专业特长，安排符合条件的97名领导人员从事党建研究、重点项目推进等专项工作。三是建立职业经理人制度。按照集团公司综合改革试点工作的总体部署，制定市场化选聘职业经理人工作指导意见，实行内部培养和外部引进相结合，畅通现有经营管理者与职业经理人身份转换通道，开展市场化选聘职业经理人试点，完成3家单位职业经理人选聘工作。

【加强年轻干部培养选拔工作】 一是开展专项调研，拓宽选人视野。坚持组织主导、内部掌握原则，根据各级领导班子中年轻干部配备目标，组织各子企业党委择优确定本级掌握的各层级优秀年轻干部660人，建立集团优秀年轻干部信息库，其中，为加强源头建设，在品学兼优的大学本科以上毕业生中发现年轻干部200人。在人才库基础上，进一步了解掌握，确定鞍钢集团党委掌握的优秀年轻干部人选，开展优秀年轻干部专项调研。按照好干部标准和忠诚干净担当要求，采取鞍攀两地交叉调研方式，对鞍山、攀钢区域95家基层单位中，已列入优秀年轻干部信息库的正科级以上人选开展专项调研，通过综合分析研判，确定鞍钢集团党委掌握的优秀年轻干部286名。二是突出实践磨炼，增强培养实效。加强教育培训，强化政治训练和专业能力培训。2019年，鞍钢集团党委择优调训94名优秀年轻干部参加在北京科技大学举办的鞍钢中青年干部培训班，每期脱产培训两个月，其中处级班44人，科级班50人。强化实践锻炼，树立注重基层和实践导向，加强在生产经营困难、条件艰苦企业锻炼，组织各子企业开展年轻干部实践锻炼，总计培养锻炼年轻干部210人。

【进一步夯实领导人员管理和监督工作】 一是贯彻执行领导干部报告个人有关事项制度。制定印发《关于做好2019年领导干部报告个人有关事项工作的通知》，开展领导干部个人有关事项“两项法规”教育培训，切实提高如实填报率。2019年履行重点查核程序38人，限期整改1人、批评教育1人、责令作出检查1人；履行“随机抽查”程序13人，批评教育2人；履行“查核验证”程序1人。通过严格执行个人事项报告制度，领导人员如实报告个人事项的“红线”意识不断加强。二是深入开展“一报告两评议”工作。将汇总结果及民主评议意见建议书面反馈被评议单位组织人事部门，并提出整改要求，对认可度明显偏低的领导人员，由被评议单位作出分析说明，形成民主评议结果分析及改进措施的报告，反馈所有参会人员，持续整治选人用人不正之风，提高选人用人公信力和满意度。三是强化领导人员日常监督管理。按照《关于组织人事部门对领导人员进行提醒、函询和诫勉的实施细则》，先发现、早提醒，防止小毛病变成大问题，2019年对领导人员函询7人次。开展不担当不作为问题专项整治，明确整改措施、落实责任、强化问责。组织开展“裸官”处理工作，对1名配偶已移居国（境）外领导人员提出处理意见。持续开展信访举报查核工作，2019年办理信访举报案件15件。

【扎实做好扶贫、帮扶和驻村人员选派与管理工作】 一是加大人才帮扶力度，落实相关待遇。结合新疆塔什库尔干塔吉克县实际需要，先后两批次选派11名同志开展柔性援疆工作。落实《鞍钢集团有限公司援派干部管理办法（试行）》，加强考核评价和日常管理，为援派干部办理人身意外伤害保险，组织援派干部开展健康体检，落实援派干部薪酬福利待遇、生活补助和通信补贴，实现援派干部管理的制度化和规范化。二是加强日常管理，积极落实各项工作。根据辽宁省委组织部《关于进一步发挥选派干部作用服务乡村振兴发展的通知》及相关工作要求，报送《鞍钢集团2018年度辽宁省选派干部工作情况报告》，结合受援地实际需求，加大支持力度，强化纪律和安全管理，助力辽宁省实现脱贫攻坚和乡村振兴。完成中组部第九批援疆干部两年集中考核和定点扶贫县挂职干部年度考核工作，1名援疆干部、6名辽宁省内援派干部在考核中被评为“优秀”，2名援派贵州省干部分别荣获2018年度贵州省脱贫攻坚优秀共产党员和优秀村第一书记称号。

（鞍钢集团有限公司党委组织部　周　克）

· 人力资源管理 ·

【人力资源管理】 一是做好人才引进工作。聚焦企业战略实施和技术创新发展需要，制定高端成熟人才引进计划，采取市场化、柔性使用、第三方机构等方式扩大引才渠道，全年引进高端成熟人才29人。通过组织校园专场招聘、双选会、学生自荐等形式开展毕业生引进工作，按照“转变角色、凝聚思想、认同文化、融入企业”的工作思路，首次组织鞍、攀两地新员工统一在鞍山市参加入职培训，引导新员工深刻领会“创新、求实、拼争、奉献”的鞍钢精神，做好企业人才培养的第一步。全年共引进毕业生107人，其中本科45人、硕士51人、博士11人，硕士及以上学历毕业生占比57.9%。二是人力资源优化。鞍钢集团以提升全员劳动效率为核心任务，明确2019—2020年全员劳动生产率逐年提高10%，劳务人员两年累计压缩50%，在效益、效率稳步提升的基础上，职工收入稳步增长的人力资源优化目标。印发《鞍钢集团有限公司关于开展2019—2020年人力资源优化工作的指导意见》，按照子企业生产类型，差异化分解任务目标；印发《关于加强2019年人力资源优化工作过程监督与评价的通知》，建立人力资源优化工作过程控制评价体系，对企业人力资源优化目标完成与波动情况进行过程监管和评价；印发《鞍钢集团2019—2020年人力资源优化目标考核办法》，建立人力资源优化目标专项考核激励制度，实行“三挂一问”专项考核，与子企业经营者效益年薪、职工工资总额、职工个人收入挂钩；持续推进人员分流安置工作，全年共分流安置4992人，其中内部转岗613人、置换劳务2人、协商一致解除劳动合同6人、内部退养1030人、在岗清退解除543人、在岗退休2798人。2019年鞍钢集团实物劳动生产率达到359吨/(人·年)，钢铁主业劳动生产率提高到866吨/(人·年)。三是做好退役军人工作。2019年7月，鞍钢集团人力资源部下发《关于“八一”期间开展走访慰问新中国成立前老战士、军转干部活动的通知》，要求各单位做好新中国成立前老战士、军转干部等人员走访慰问工作。经统计汇总，各单位走访慰问了1664名新中国成立前老战士、军转干部等人员，发放慰问品及慰问金总价值38万元。四是搞好劳务人员管理。针对劳务费列支长期存在的管理混乱问题，印发《关于加强劳动力项目费用核算管理的通知》，清理不规范劳务费用核算科目，编制劳务项目分类与编码规则，实现了对劳务项目信息化、透明化、垂直化管理。组织开展2020—2021年辽宁区域劳务派遣、保安服务单位准入资格评审工作，将评审合格的41家劳务派遣和保安服务单位录入合格准入单位名录库。

【人才队伍建设】 一是坚持党管人才原则，健全人才管理制度，建立了《职称评审管理办法》《职业技能评价管理办法》《专家公寓入住人员有关规定》《鞍钢人才公寓住宿管理规定》等人才考核评价、激励保障制度，制定《关于调整鞍钢集团人才等级序列有关政策的指导意见》，加强人才成长通道建设。二是聚焦高层次人才队伍建设，出台《“鞍钢英才计划”人才培养实施方案》，启动实施人才培养工程，通过选拔推荐，确定领军、拔尖、骨干层次人才培养对象，建立涵盖冶金、钒钛、矿业、机械、电气、信息技术等专业领域的人才库，对各层次培养对象，以项目锻炼、内训师培养、导师带徒、继续教育支持等培养措施为抓手，采取专题培训和外部实践等多种方式，明确培养方向，细化工作措施，精准施训。注重从一线选拔和推荐人才，发挥高层次人才引领示范作用，林学斌同志被评为中央企业“百名杰出工匠”，8人入选辽宁省“百千万人才工程”，2人入选辽宁省“兴辽英才计划”，9人荣获省级工匠。三是搭建成长平台，巩固技能提升阵地，鞍钢教育培训中心被评为国家级高技能人才培训基地，新增省级技能大师工作站2个。加强人才等级序列评聘，拓宽人才职业发展通道，截至2019年末，共评聘各类序列等级人才3504人，其中工程序列首席工程师及以上162人，研发岗位序列特级研究员及以上25人，高技能序列特级技师及以上14人，经济研究序列副主任研究员及以上6人。

【职工培训工作】 一是把习近平新时代中国特色社会主义思想教育培训作为首要政治任务，组织开展“习近平新时代中国特色社会主义思想”集中培训，对鞍钢集团各级党委书记、全体领导人员、党支部书记及统战人士代表进行分类分级轮训。鞍攀两地共开办培训班33期，轮训3645人。选派23名领导人员参加中央党校等机构专题培训和线上培训。二是大力抓好党的政治理论教育和党性教育，开办领导人员履职能力提升班，对新提职人员进行系统培训，把党章作为新任职领导人员第一课。举办工会主席培训班，培训176人。举办预备党员和积极分子培训班18期，培训1206人。三是紧紧围绕企业重大决策部署和重点任务，精准开展经营管理人员培训。分层分类开展领导力培训，选派46人参加中组部、国资委调训，选派11人参加全国组织干部学院培训，选派93人参加大连高级经理学院培训。举办中青年干部培训班2期，94人参训。举办制度大讲堂两期，培训571人。举办董事监事财务金融高级研修班，培训40人。四是以打造高精尖专业人才队伍为目标开展专业人才培训。按照高级、中级和新入职人员三个层次开展英语能力培训，开办6个班级培训201人。依托上海国家会计学院，举办财务金融高级研修班，重点培养30名财务拔尖人才和15名优秀年轻领导人员。举办国际化人才专题培训，开设2个专题班培训72人。选派141人参加钢铁行业技术培训，提升专业化能力。五是以培养工匠技师为目标，开展高技能人才培训。完成全部班组长（作业长）轮训任务，2019年培训1576人。组织开展职业技能鉴定培训，6个专业321人参训。六是持续健全教育培训制度，推进完善培训体系。印发《关于领导人员及专家上讲台的工作安排》，并组织第一批21名领导及专家走上讲台，完成培训108学时。组织开展培训体系专项调研，系统梳理鞍钢存在的问题，为人才培养体系建设提供参考。

（鞍钢集团有限公司人力资源部
张丹丹　张　奥　屈年富）

· 岗位绩效与薪酬福利管理 ·

【薪酬福利管理】 一是不断完善鞍钢集团薪酬分配关系，制定印发了《鞍钢集团有限公司薪酬管理办法》，在鞍钢集团统一的基本薪酬制度框架下，引导子企业建立以岗位绩效工资制为基础的差异化绩效薪酬分配体系，体现薪酬激励的科学性和精准性；建立上岗靠竞争、收入靠贡献的薪酬分配机制，引导职工能力提升；突出对关键绩效指标的考核，真正实现收入能增能减，激发企业管理活力，促进企业高质量发展。二是坚持以市场化薪酬分配为导向，不断完善薪酬分配机制。进一步完善工资总额预算结构化管理机制，将三类人员调整为管理人员、技术生产服务人员、非在岗人员，对三类人员2019年度工资总额预算实行分类管理，采取差异化工资效益联动机制，逐步调整和优化三类人员薪酬结构。充分发挥工资总额预算的杠杆作用，激励子企业主动压减劳务，对于主动压减劳务的单位，将压缩劳务费用按一定比例转为在岗职工人工成本，所需工资总额纳入当年工资总额预算单列管理。三是加强工资总额预算管理，按照国资委要求，形成了《鞍钢集团有限公司2018年度工资总额预算清算评价的请示》《鞍钢集团有限公司关于2019年度工资总额预算的请示》，做好鞍钢集团2018年度工资总额预算清算评价及2019年度工资总额预算编制工作。制定印发了《关于做好2019年度工资总额预算申报工作的通知》，对子企业2018年度工资总额预算执行情况清算评价，对2019年度工资总额预算进行审核。四是继续深化薪酬分配制度改革。制定印发了《鞍钢集团有限公司子企业负责人综合考核评价及薪酬管理办法》，进一步深化子企业负责人契约化考核，将业绩考核、党建考核及多维度测评综合结果作为年度考核评价结果，并建立强制分布机制，A级企业数量不超过30%，D级和E级企业数量控制在10%～20%之间，未完成契约底线的，综合考核评价结果为E级，经营亏损时，综合考核评价结果最高为C级。持续推进关键人才中长期激励政策实施工作，对达到兑现条件的中长期激励人员予以兑现发放。精准调控职工收入分配关系，全面了解子企业职工薪酬分配状况，引导各单位积极开展薪酬分配对标，科学合理调控职工薪酬水平。开展2018年度职工薪酬调查工作，进一步加强职工收入调控的精确性，不断完善薪酬分配机制。继续采取“普惠”方式实施职工分享集团公司增效成果项目，完成效益目标单位在岗职工每人奖励960元，居家、列编外等非在岗职工每人奖励480元。五是进一步规范保险福利制度，按照国资委要求编制了2019年鞍钢集团负责人履职待遇业务支出预算，并向国资委报送了《关于2019年度鞍钢集团有限公司负责人履职待遇、业务支出预算情况的报告》。进一步规范子企业负责人履职待遇、业务支出管理，对部分单位存在的负责人办公用房面积超标等问题提出落实整改意见，并督促执行。制定印发了《鞍钢集团有限公司职工福利费管理办法》，进一步规范福利费管理。

【退休人员社会化】 积极推进退休人员社会化工作。成立由集团主要领导任组长，相关部门和单位组成的处理历史遗留问题工作组，推动开展退休人员、统筹外费用、活动场所、管理人员等的摸底调查，并建立定期报表制度。制定《鞍钢集团退休人员社会化管理工作方案》和《鞍钢集团退休人员统筹外费用解决方案》，推进试点城市社会化移交相关工作。

【年金管理】 根据《企业年金办法》《关于中央企业规范实施企业年金的意见》等相关制度要求，制定印发了《鞍钢集团有限公司企业年金方案》，对企业年金制度进行了修订，2019年7月1日起执行。2019年度，新增加账户数427个，共办理企业年金待遇支付账户数5073个，其中一次性支付账户数2512个，分期支付账户数2561个，共支付企业年金待遇3.09亿元，企业年金缴费共6.56亿元，其中个人账户中企业缴费18646.53万元，个人缴费18759.58万元，企业公共账户缴费28163.9万元。

【调整鞍钢各类人员待遇】 按照国家、省、市要求，转发了《关于调整部分优抚对象抚恤和生活补助标准的通知》《中共中央组织部 财政部 人力资源社会保障部关于提高离休干部护理费标准的通知》等文件，根据《鞍山市人民政府办公室关于提高城乡居民最低生活保障、特困人员救助供养和60年底精简退职职工生活补助标准的通知》《关于2019年调整退休人员基本养老金的通知》《人力资源社会保障部 财政部关于调整企业离休人员基本养老金的通知》等文件，并按上述文件要求调整各类待遇标准。

（鞍钢集团有限公司人力资源部 赵 翔）

·外事管理·

【严格审批，高效服务】 严格外事归口管理，因公出国（境）业务健康有序。2019年，共审核审批因公出国（境）任务115批311人次，办理因公证照132本，签证申请161人次。坚持管理与服务并行，优化办事流程、减少过程环节，高效审核审批因公出访团组工作，确保出访团组任务明确、行程饱满。

【积极开展国际交流与合作】 采取技术交流、商务洽谈和参观访问等形式，积极与国际知名企业和国际组织开展交流合作。2019年先后与世界钢铁协会、国际及各国标准化组织、德国蒂森克虏伯集团、日本神户制钢集团、德国西马克集团、英国普锐特集团、印度金德尔钢铁与电力有限公司、巴西盖尔道钢铁公司、巴西矿冶公司、英国斯坦科公司、印尼蓝钢有限公司、美国华新顿公司、意大利阿维迪厂等进行交流，对国际钢铁行业形势和未来发展趋势交换看法，了解和掌握当今前沿技术、工艺和装备，探讨未来可能合作的领域。

（鞍钢集团有限公司人力资源部 许艳丽）

管理创新

·综　　述·

【综述】 2019年，鞍钢集团深入学习贯彻习近平新时代中国特色社会主义思想、党的十九大和十九届二中、三中全会精神，认真落实习近平总书记在深入推进东北振兴座谈会上的重要讲话、中央经济工作会议和全国两会精神，紧密围绕“六个突出”“六个构建”，始终坚持深化改革与加强管理相结合，顶层设计与项目攻关相结合，深化“放管服”改革和提升价值创造能力相结合，遵循“智慧管理、智能生产”两条路径，大力推进智慧鞍钢建设，以信息化为抓手持续推动管理变革和效率变革，全力推动鞍钢集团高质量发展。

梯次推进综合改革试点。按照《中共中央、国务院关于深化国有企业改革的指导意见》(中发〔2015〕22号）要求，谋划设计《鞍钢集团有限公司综合改革试点实施方案》，制定《鞍钢集团综合改革项目台账（1.0版)》，将综合改革聚焦到“重塑管控架构、干部人事制度改革、劳动用工制度改革、混合所有制改革、改制企业深化改革、落实董事会职权、完善中长期激励约束机制、市场化选聘职业经理人、全面打造微观市场主体、深化创新驱动”10个方面，分别明确了改革的总体思路、进度安排、试点企业等内容。

完善集团差异化管控体系建设。一是重塑集团管控架构。按照“集团总部资本层、专业化子公司资产层、生产单元执行层”的三级管控运行架构，以上率下，推动子企业运营平台、生产制造单元各级机关逐级深化改革。集团总部适应向管资本转变，以提升党的领导能力、资源配置能力、资本运作能力、科技创新能力和国资监管能力“五大能力”为着力点，转职能、补短板，实施机构改革。二是创新绩效考核体系。紧密围绕实现全面契约化经营良好开局和产业结构调整第一步目标，坚持以市场化为方向，创新构建绩效考核体系，持续优化与“企业职工、管理人员、经营者”紧密对应的“重精准、强激励、硬约束、严考核”激励约束机制，切实发挥绩效考核与薪酬分配在鞍钢集团高质量发展中的导向作用。全面落实党中央、国务院深化国有企业改革和推动高质量发展的重大决策部署，进一步增强绩效考核的功能作用，构建“战略、预算、考核、薪酬、职位”一体化考核体系，制定《关于深化子企业领导班子成员契约化考核的实施意见》。三是强化风险内控体系建设。深入落实中央经济工作会议要求，坚持稳中求进总基调，及时总结经验教训，推进风险管理向风险管控转变。围绕新时期发展战略，组织总部部门及子企业收集内外部风险信息，开展风险辨识，评估出战略风险、国际化经营风险等8项重大风险，制定风险防控措施，形成《鞍钢集团2019年度全面风险管理报告》。深入贯彻落实党中央防范化解重大风险决策部署，在年初常态化重大风险辨识的基础上，进一步梳理辨识政治领域、意识形态领域等8大方面38项重大风险，分解制定146项防控措施、62项风险监测指标、80项配套政策及长效机制，形成了《鞍钢集团防范化解重大风险任务清单》。四是持续推进管理创新。按照鞍钢集团综合改革试点实施方案，积极适应向管资本转变要求，以提升集团总部五大能力为导向，动态开展规章制度立、改、废，优化完善鞍钢集团规章制度体系，固化鞍钢集团改革创新成果。按照建立现代企业制度及集团党委整治形式主义、官僚主义实施方案要求，总结近年来规章制度管理成果，起草修订《鞍钢集团有限公司规章制度管理办法》。五是持续完善采购管理体系。以采购质量效益关键环节管控为重点，持续推动采购管理工作，确保采购质量效益显著提升。综合评标法得到广泛推广，集团综合评标金额同比大幅提升；搭建互联网平台，推进互联网采购，集团互联网采购金额同比大幅提升；健全全生命周期应用管理体系，拓展数据应用，集团全生命周期管理备件数量同比增长；整合物料规格、品牌，推进非标准物料标准化，完成45个品类物资供应商数量优化。央企采购管理对标提升工作取得新成绩。

深化市场化运营机制改革。深化混合所有制改革，在三级及以下企业层面选择试点积极稳妥推进，出台《鞍钢集团混合所有制改革操作指引》；组织开展混合所有制改革专题培训。全面打造微观市场主体，进一步划小核算单元，构建工序间全成本核算的市场化供需关系，推动微观主体由内生型向经营型转变。推进解决历史遗留问题。“三供一业”分离移交任务全面完成。教育医疗机构改革基本完成。积极稳妥推进厂办大集体改革。

IT治理水平显著提高。强化规划的示范引领作用，组织制定了《鞍钢集团有限公司2019—2021年信息化滚动规划》。组织制定技术标准，完善信息化标准体系。开展信息化标准二期建设，完成包括信息资源、信息应用、基础技术、IT建设、IT管理、术语共6大类17小类34项标准的编制工作。践行“建立稳定可靠的后台、统一灵活的中台、敏捷高效的前台”的智慧鞍钢管理架构体系构想。基于平台化、微服务化发展思路，推进信息化中台、前台最佳实践在鞍钢集团的落地实现，提升集团层级信息系统对业务变化的快速响应能力。推动主数据应用，促进系统间深度融合。组织对已建的信息系统进行改造，确保系统间核心主数据一致性。制定数据交互规范，完成集团数据总线建设。完成了信息系统接口规范的制定工作，实现对数据服务的生命周期规范管理；完成了集团层级数据服务总线的搭建和OA接口迁移工作，确保数据连接可行、合理、顺畅。

智能制造试点示范取得阶段性突破。大力推进集团总部重点项目，“三重一大”运行与监管系统等重点项目提前完成。积极推进子企业17个智能制造示范产线及其他重点项目建设，智能制造多点开花。多个建设成果荣获国家部委、行业协会的奖项及荣誉称号。

（鞍钢集团有限公司管理与信息化部
马振翰）

·体制改革与创新管理·

【体制改革与创新管理】 2019年，鞍钢集团贯彻落实习近平总书记关于国企改革的重要论述和党中央、国务院关于深化国企改革决策部署，以国务院国资委批复启动“综合改革试点”为契机，紧密围绕集团二次党代会确定的新时期“三步走”的发展战略，坚持市场化改革方向，系统设计全面推动深化改革，切实增强企业的内在活力、市场竞争力和发展引领力。

1. 加强改革顶层设计。牢牢把握综合改革这一重大契机，深入学习国企改革“1+N”系列政策文件以及中央企业“十项试点”改革实践，精准把握改革方向和政策精髓，结合自身实际，制定了《鞍钢集团综合改革试点实施方案》和《鞍钢集团综合改革项目台账》，将综合改革聚焦重塑管控架构、深化混合所有制改革、完善中长期激励机制、市场化选聘职业经理人、打造微观市场主体等十个方面，确定了117项改革项目，系统设计推动综合改革。

2. 重塑管控架构。以国有资本投资公司为方向，按照“集团总部管资本、子企业管资产、制造单元管生产”的三级管控架构，集团总部以上率下，推动各级机关深化改革。总部以提升“党的领导能力、资源配置能力、资本运作能力、科技创新能力和国资监管能力”为着力点，转职能、补短板，实施机构改革，总部部门由17个减少到13个，定员精简10.8%。指导推动子企业围绕资产经营中心和利润中心功能定位，优化机关职能设置，精简机构编制，各子企业机关部门压缩25%，编制精简近10%。

3. 深化授权体系建设。坚持“权力放下去，活力和效益提起来”，按照“放权、授权、取消”三种方式，实施结合需求放、适应职能转变放、设定边界条件放、清晰职责边界放、突出差异化特征放、满足国资监管要求放的“六维放权”，集团核心业务事项减少22%，对子企业审批事项最多减少24.4%；各子企业坚持“应放尽放”，针对所属单元企业投资管理、资产处置、人事用工等重点需求，鞍山钢铁精简审批备案事项32%、攀钢精简27%、国贸公司精简24.7%、矿业公司精简18%，去除“痛点”、打通“堵点”，切实增强各级企业获得感。国资委专题刊发改革简报，在全国国资国企系统宣传鞍钢改革经验。

4. 清晰治理主体权责边界。修订完善《鞍钢集团有限公司落实“三重一大”决策制度实施及监督办法》，建立了覆盖集团及下属各级企业的“三重一大”事项决策和运行监管系统，与国资委系统对接，实现了“三重一大”决策事项的在线监督。清晰治理主体权责边界，明确党委常委会决策事项23项、审议事项74项，董事会决策事项47项，总经理办公会决策事项49项，形成各司其职、各负其责、协调运转的运行机制。

5. 深化契约化管理。制定出台《关于深化子企业领导班子成员契约化考核的实施意见》，深入推进经营者任期目标契约化管理。在考核体系设计上，以“两利三率”为中心，实行“一适应、两挂钩”，对子企业实行跑赢大盘、跑赢自身“双跑”双维度评价。在评价结果应用上，对子企业领导班子实行年度五级综合评价，在保留原有70%底线指标设置的基础上，进一步引入“赛马机制”，实行“强制分布、末位调整”，逐级贯通，加大压力、传导动力。

6. 深化混合所有制改革。制定出台《鞍钢集团混合所有制改革操作指引》，从优化股权结构、完善公司治理、转换经营机制、拓宽市场渠道、提升核心技术能力等方面综合考虑，选择积微物联、钢绳公司等首批试点，推进混合所有制改革。工程技术公司被选为国家第四批混改试点。攀钢钒、西昌钢钒、攀钢矿业公司等6家企业完成债转股；众元产业镁基球团项目、攀钢废石加工项目完成混改。

7. 深化“总部机关化”问题整改。落实国务院国资委《关于中央企业开展“总部机关化”问题专项整改工作的通知》要求，以重塑职能体系、完善授权体系、强化监督体系、重构制度体系、加强人才队伍和文化体系“五大体系”建设为抓手，推进21项整改任务、46项整改工作标的落地落实，深化机关去行政化改革，各级机关职能定位更加清晰、组织架构更加精干、议事决策效率显著提升，促进了思维方式的转变、能力的提高和价值的创造。整改工作经验在国资委交流，并经国资委报送中办。

8. 全面打造微观市场主体。聚焦充分激发微观市场主体活力，持续深化生产经营组织变革，全集团选择116户微观主体，进一步划小核算单元，合理匹配资产负债结构，科学量化经营指标，构建工序间全成本核算的市场化供需关系，提高全要素运行质量和效益。

9. 加快解决历史遗留问题。坚决贯彻落实党中央、国务院决策部署，在保障稳定的前提下，稳妥推进历史遗留问题解决。“三供一业”分离移交、教育医疗机构深化改革基本完成；厂办大集体改革全面推进，基本完成企业性质认定工作。

（鞍钢集团有限公司管理与信息化部 郝 成）

【管理创新成果】 2019年，鞍钢集团适应改革发展新要求，坚持勇于创新，支持创新，鼓励创新，维护创新，不断激发企业活力、释放内生动力、增强核心竞争力，加快推进高质量发展。在全集团范围内组织开展管理创新成果的申报和评审工作，按照“子企业初评+集团终评”方式，系统全面总结、提炼和推广各单位在全面推进高质量发展新征程中的管理创新经验，挖掘树立先进典型，充分发挥管理创新成果引领示范作用。组织表彰奖励国家级、行业协会及鞍钢集团级管理成果，充分激励创新成效，营造创新氛围，推广普及创新理念，促进成果推广转化，加快推进鞍钢集团创新驱动发展战略落地。2019年，评出鞍钢集团级成果36项，其中一等奖4项、二等奖7项、三等奖25项。鞍钢集团“特大型钢铁企业集团基于顶层设计的智慧化转型”、鞍山钢铁“推动全供应链高质量发展的钢铁物流标准化体系建设”和鞍钢矿业“大型国有企业信息化驱动的境外企业融合管理”3项成果荣获国家级管理创新成果二等奖。12项成果荣获冶金企业管理新成果奖，其中一等奖2项、二等奖1项、三等奖9项。鞍钢集团第六次入围世界500强，位列榜单第385位，创历史最好排名。

（鞍钢集团有限公司管理与信息化部 王春利）

·体系管理·

【规章制度管理】 2019年，鞍钢集团深入贯彻十九届四中全会精神，落实国务院国资委关于中央企业风险内控与合规管理要求，按照鞍钢集团新的三级管控架构和功能定位，适应改革发展新要求，坚持目标导向和问题导向，在全集团范围内系统推进规章制度立、改、废，重新构建以基本管理制度为基础、以专业管理制度为主体、以工作规范为支撑的规章制度体系，推动打造战略管控型总部，加快推进公司治理体系和治理能力现代化，为企业高质量发展提供坚实制度保障。

1. 动态优化规章制度体系。按照鞍钢集团战略管控模式下差异化管控体系要求，适应集团总部向管资本为主转变要求，组织各部门开展立项，明确立项目的、依据、责任人和完成时间，制订发布《关于发布鞍钢集团规章制度立项计划的通知》（鞍钢管信发〔2019〕13号）并严格执行，动态开展规章制度立、改、废，将体制、机制优化调整重点和管控要求及时有效转化为规范运行的程序、标准。2019年，共组织评审管理制度46项，制（修）订发布管理制度17项。截至2019年12月31日，鞍钢集团规章制度体系包含管理制度203项，其中：核心管理制度116项，专业管理制度87项，涵盖公司治理与管控体制、战略规划与投资管理、财务运营管理、人力资源管理等16项管理职能，董事会建设管理、战略规划管理、产业投资管理、资金管理等48个业务模块。

2. 重新构建规章制度体系框架。贯彻十九届四中全会精神，统筹三重一大决策制度安排，适应“集团总部管资本、子企业管资产、制造单元管生产”的三级管控架构和功能定位，对原“核心+专业”的制度体系进行调整，遵循低层级规章制度不得与高层级规章制度抵触冲突的原则，集团总部重新构建以基本管理制度为基础、以专业管理制度为主体、以工作规范为补充的新的规章制度体系，构建更加有利于党委发挥领导作用、董事会发挥决策作用、经理层发挥经营管理作用的制度保障新格局。

3. 统筹开展规章制度立改废释。按照集团“总部机关化”问题专项整改工作安排，明确符合性、合规性、全面性和操作性原则，分别从构建制度体系、规范决策程序、清晰职责界面、完善长效机制、制订立项计划、优化工作流程、强化宣贯执行及监督检查和考核评价等方面细化工作措施，明确工作标的，提出工作要求，研究制订下发《鞍钢集团规章制度立改废释工作方案》(鞍钢政办发〔2019〕43号)，在全集团范围内开展规章制度立改废释工作。

4. 开展专项整治。贯彻落实《鞍钢党委2019年整治形式主义官僚主义突出问题为基层减负专项工作实施方案》，坚持问题导向和目标导向，组织各部门制定切实可行的整治措施，规范制度文件，优化业务流程，精简基层上报材料报表。2019年，鞍钢集团精简基层上报材料、报表135项，压缩33.8%。其中，精简材料66项，压缩36.1%；精简报表69项，压缩31.8%。在集团OA系统设置“共享信息”模块，推动总部各类工作成果实现数据互通、成果共享，先后两批共享材料、报表63项，建立为基层减负长效机制，切实减轻基层单位负担。

（鞍钢集团有限公司管理与信息化部 王春利）

· 绩效管理 ·

【绩效考核管理】 紧密围绕实现全面契约化经营良好开局和产业结构调整第一步目标，精准持续发力，全面实施新时期发展战略，落实产业结构调整规划，坚持以市场化为方向，对企业经营者实行任期目标契约化管理，构建“战略、预算、考核、薪酬、职位”一体化考核体系，持续优化与“企业职工、管理人员、经营者”紧密对应的“重精准、强激励、硬约束、严考核”激励约束机制。

1. 全面承接国资委考核指标。为确保鞍钢集团与国务院国资委签订的《中央企业负责人2019年度经营业绩责任书》各项考核指标全面落实，根据国资委《中央企业负责人经营业绩考核办法》《鞍钢集团有限公司高级管理人员绩效考核与薪酬管理暂行办法》，围绕鞍钢集团第二次党代会提出的发展战略及2019年工作目标，制定《鞍钢集团有限公司高级管理人员2019年绩效考核指标》，绩效考核指标共包括52项。其中，全部承接国务院国资委“净利润、经济增加值、成本费用占营业总收入比重、科技支出总额、两金占流动资产比重”5项年度考核指标；结合企业实际和各位高管职责分工，分解制定48项企业内部考核指标，落实到每位高管人员。考核指标突出六项重点：一是贯彻落实党的路线方针政策和重大决策部署；二是落实党代会确定的发展战略，突出产业结构优化升级；三是抓住综合改革试点契机，全面推动三大变革；四是实施创新驱动发展，激发科技创新活力；五是坚持底线思维，防范化解重大风险；六是树立开放思维意识，横纵向对标提升企业竞争力。

2. 深化子企业领导班子成员契约化考核。为全面落实党中央、国务院深化国有企业改革和推动高质量发展的重大决策部署，进一步增强绩效考核的功能作用，进一步深化“战略、预算、考核、薪酬、职位”一体化考核体系。一是将责权利相统一，量化子企业领导班子年度综合考核评价等级，与领导人员效益年薪挂钩。二是坚持刚性联动，实行子企业领导班子年度综合考核评价结果与主要领导人员职务调整挂钩，完善子企业主要领导人员利益共享、责任共担激励约束机制，以绩效考核推动干部“能上能下”。三是建立倒逼机制，实行子企业领导班子年度综合考核评价结果与班子成员职务调整挂钩，促进子企业做实班子成员岗位绩效考核，让领导人员“上”有凭，“下”有据，进一步增强活力和提高效率。四是坚持统筹协调，进一步修订完善直管领导班子和领导人员年度考核评价办法，将子企业领导班子年度综合考核评价结果应用于领导班子和领导人员等级评定。五是坚持市场化导向，建立压力传导机制，完善市场化经营机制，进一步传递市场压力，强化领导人员责任担当，做实班子成员岗位绩效考核，加大压力传导动力，实现考核指标设置的科学性、考核程序执行的公正性、考核结果应用的严肃性。

3. 完善子企业战略绩效与薪酬评价考核办法。为切实发挥绩效考核与薪酬分配在鞍钢集团高质量发展中的导向作用，推动集团发展战略有效落地，全面实现年度生产经营目标，实现全集团质量更高、效益更好、结构更优的发展，制定《鞍钢集团 2019 年战略绩效与薪酬评价考核办法》。一是以促进战略转型为目标，发挥三大平台作用，推动集团健康可持续发展。发挥集团产业结构调整平台、新产业新业态培育平台和资本整合平台作用，持续深化供给侧结构性改革，打造平抑周期性波动能力强、健康可持续发展的产业集群。二是以集团综合改革试点为契机，打造各级市场主体，完善市场化经营机制。坚持市场化改革，以效益最大化和效益最优化为导向，完善要素市场化配置，持续深化生产经营组织变革，打造各级市场主体；全面实施经营者任期目标契约化管理，绩效考核指标分别与经营者年薪、年度综合考核评价挂钩，形成重实绩、重贡献的良好氛围，切实激发企业内生活力动力。三是以激发创新驱动内生动力为目标，聚焦全面开放，对标提升行业竞争优势，集聚创新要素，努力向创新驱动发展转变，树立开放思维，进一步强化国际对标和行业对标，将对标管理应用于绩效考核及薪酬分配全过程。四是以加强风险管控和刚性约束为重点，坚持权责统一、约束有力，落实企业主体责任，完善经营者绩效管理责任约束机制，夯实经营基础。五是以完善预算目标管理为基础，充分考虑市场波动影响，真实反映企业业绩水平，坚持公开公正、科学规范，完善预算目标管理。以“行业景气度指数”为参考标准，充分考虑行业市场当期形势变化对企业效益的影响，真实反映主观努力对利润的贡献。六是以坚持和加强党的全面领导为保障，强化党建主体责任落实，实行党政同奖同责考核，不断提升党建工作质量，把党建工作优势转化为企业发展优势，为实现鞍钢高质量发展提供坚强政治保证。

（鞍钢集团有限公司管理与信息化部
陆　颖　杨汝艾）

·采购管理·

【采购管理】 2019 年，鞍钢采购工作按照现代供应链管理理念，以持续构建采购质量效益新模式为手段，创新采购模式，提升采购效率，强化业务素养，助力鞍钢集团高质量发展。

1. 采购质量效益显著提升。2019 年，集团以采购质量效益关键环节管控为重点，持续推动子企业采购管理工作，确保采购质量效益显著提升。一是综合评标法得到广泛推广。采购组织扩大综合评标品种范围，增加综合评标采购额度，提高招标采购质量，防控采购风险。2019 年集团综合评标采购金额约为 135 亿元，相比 2018 年增加 44.65 亿元，增幅为 49.4%。二是推进互联网采购。搭建鞍钢集团互联网值采平台，提高小额、零星、应急采购质量效率。2019 年集团互联网采购金额为 3.7 亿元，相比 2018 年增加 2.07 亿元，增幅为 223.6%。三是健全全生命周期管理体系。扩大实施全生命周期管理品种覆盖范围，建立全生命周期管理目录，完善全生命周期管理信息系统，拓展全生命周期数据应用工作。2019 年集团全生命周期管理备件数量为 2.6 万件，相比 2018 年增加 1600 件，并通过价格分析测算备件性价比数据，指导采购决策。四是促进物料规范。整合物料品牌、型号规格，按照价值最优与差异化需求并重的原则，实施缩减采购品牌工作，推进非标准物料标准化，推动物资分类固化及合格供应商数量优化工作。2019 年集团完成原料、燃料、耐材、机械、液压等共计 45 个品类的物资供应商数量优化工作。

2. 采购效率明显提升。以优化精简审批流程、明确审批时限等有效措施，确定了“接收需求计划到签订合同 2 个月内完成”和“压缩设置 3 个审批节点”采购效率目标。为建立采购效率提升的长效机制，集团开展了进一步巩固采购效率的一系列工作，以规范采购审批体系、推进互联网采购、深化采购供应链管理为工作重点，充分激发集团采购工作动力与活力，推动采购效率持续提升。

3. 采购人员业务素养进一步提高。为切实加强采购规章制度执行力，推进企业规范化管理，助推鞍钢高质量发展，组织开展鞍钢集团采购制度大讲堂活动，对采购系统 600 余人开展教培，以培训促能力提升。通过对采购制度的深度解读和实际案例分析，诠释了集团采购制度的管理思想及核心要义，分享采购管理先进理念，分析采购领域发展趋势，增进业务人员对采购前沿领域的了解，从而提升采购人员的综合素质，为规范、高效采购提供了业务素养基础。

4. 巩固央企采购管理对标提升工作成绩。鞍钢集团采购管理工作按照国资委关于提升中央企业采购管理水平要求，通过集团专项检查和各单位自检自查，全面排查采购管理缺陷，深入分析问题根源，以采购管理体制机制、集中采购、招标规范管理、供应商管理、采购基础管理工作为重点，制定采购管理提升措施，防范采购与招投标风险。2019 年，鞍钢集团公开采购率为 90.9%，集中采购率为 92.5%，电子招标率为 100%，上网采购率为 100%。在国资委 2019 年采购管理提升对标第二组 12 家央企中排位第 4 名。

（鞍钢集团有限公司管理与信息化部 薛 超）

· 信息化管理 ·

【IT 治理水平显著提升】 重点加强信息化规划管理，组织制定信息化滚动规划；构建集团公司“1+2+N”信息化架构体系，指导集团层级信息化建设；健全信息化标准体系，被钢铁工业协会评为智能制造优秀案例；加强数据规范管理，明确数据管理原则，推进主数据系统深度应用，建成数据服务总线；组织编制《鞍钢集团网络安全专项规划》和《鞍钢集团网络安全事件总体应急预案》，扩展态势感知平台监控能力和范围，组织实施网络安全整体服务，推进工业控制系统安全工作，有效提升了网络和信息系统安全防护能力。

1. 加强信息化规划管理。组织制定了《鞍钢集团有限公司 2019—2021 年信息化滚动规划》，组织各子企业在承接集团规划的基础上制定了《子企业 2019—2021 年两化融合滚动规划》，为集团公司及各子企业的信息化、智能化发展指明了方向。

2. 构建集团公司“1+2+N”信息化架构体系。基于国务院国资委国资国企在线监管信息化建设规划及鞍钢集团智慧管理“三台架构”体系，构建了集团公司“1+2+N”信息化架构体系，其中“1”是指一个数据湖，“2”是指信息化中台与前台，“N”是指国资国企监管、业务协同管控、业务共享服务、数据分析决策 4 类 N 个信息化应用。其中信息化中台已建设完成，重构了底层技术架构，形成信息化技术支撑微服务及业务支撑微服务，可快速完成信息化专业应用的搭建，满足企业需要。

3. 健全信息化标准体系。制定并发布钢铁行业首个完整的企业信息化标准体系，包括信息资源、信息应用、基础技术、IT 建设、IT 管理、信息安全、信息网络等 7 大类 28 小类 46 项标准，有效规范了集团信息化全生命周期管理，支撑了跨层级、跨地域、跨系统、跨部门、跨业务的数据交互与应用共享实现，2019 年被钢铁工业协会评选为智能制造优秀案例。

4. 加强数据规范管理。确定了“应收尽收、分级分类、规范管理、权责清晰、开放共享”的数据管控原则。加强集团核心主数据系统的深度应用，完成与集团财务共享、人力资源系统、鞍山钢铁 SAP、攀钢代码系统、矿业 SAP 等数十个业务系统的对接，基本完成了集团统管主数据对子企业的全覆盖，实现了鞍攀核心主数据的统一管控及应用。制定集团公司信息系统接口规范，实现对数据服务的生命周期规范管理。建成集团层级数据服务总线，完成 OA 等信息系统的接口迁移工作，确保数据连接可行、合理、顺畅。

5. 夯实网络安全管理。遵循“基础+技术+机制”三位一体的网络安全防护体系，组织编制《鞍钢集团网络安全专项规划》和《鞍钢集团网络安全事件总体应急预案》，修订完善网络和信息系统安全管理制度，规范集团互联网出口和互联网终端安全管理；建立网络安全对接国家机关工作机制并及时处理国家有关部门发现的互联网安全相关问题；开展全国两会、国庆70周年等重大活动期间鞍钢集团网络安全保障工作，组建防守团队成功抵御各类攻击行为，实现目标系统有效防御；推进工控系统安全工作，成立工控安全工作领导组织，确定工控系统安全管理工作思路；扩展态势感知平台监控能力和范围，组织实施网络安全整体服务，加强网络安全监管及边界防护建设，全面提升了安全防护整体水平。

6. 强化信息化基础资源管理。强化数据和灾备中心管理，按照“两地三中心”的灾备策略，建设信息化灾备体系，完成总部核心信息系统灾备建设，确保系统业务的连续性和数据安全；落实国家IPv6部署工作要求，完成《鞍钢集团IPv6地址规划》制定发布和国资委部署IPv6改造工作目标；推进鞍钢集团网络架构规划落地，组织开展广域网核心搭建及园区网规范上联等扩展项目实施，实现集团内部网络互联互通。

7. 推进智慧管理系统建设。按照国资国企监管、业务协同管控、业务共享服务及基础资源保障等分类，按计划推进集团“三重一大”决策和运行监管系统、考勤管理系统、职称评审系统、审计管理（二期）、党建管理（二期）、涉密视频会议系统、客商共享平台、财务共享平台建设和投运，强化了业务流程的规范性、业务处理的透明化、业务数据的标准化，提升了管理深化和服务延伸能力。

【智能制造试点示范取得阶段性突破】 全面推进《智慧鞍钢发展规划》选定的数字化、智能化重点项目建设。鞍山钢铁通过智能化改造建设，实现了百米高速重轨生产过程自动跟踪和生产数据自动匹配，促进了全流程产品质量的溯源分析和质量优化，推动了车间数字化模拟运行，实现了全流程产品工艺、质量、能源、设备数据的分析。鞍钢股份开展的钢铁全流程质量管控及大数据集成应用项目建设，构建一套全流程多工序协同、产品一贯制的质量在线监控和离线分析大数据平台，实现了对钢铁生产全流程质量工艺数据进行全面集成与追溯、分析，产品制备过程的故障检测与诊断、工艺过程预警及设备状态诊断。鲅鱼圈智能能源管控平台顺利上线，通过系统建设优化人力资源55%，吨钢能耗可降低1.5%以上。攀钢钒轨梁厂通过构建1个生产工业大数据平台，完成1套钢轨产品生产制造过程关键数据标准化治理体系，打造产品全生命周期数字化、质量在线优化、生产均衡优化、设备管理优化、生产成本透明化等5大应用平台，实现了轨梁生产的“支管理、米跟踪”，通过构建工厂现场动态制造大数据模型，实现黄金批次寻优；攀钢钒氮合金示范产线项目采用工业机器人、无人行车、AGV等智能装备打通工序间物流断点，机电技术与信息技术融合，实现全产线生产可视化、集控化，获得2019年四川省省级工业发展资金扶持252万元。西昌钢钒智慧板材全自动数字化轧钢项目，以工业机器人等智能装备、过程控制模型为动力，全面推进全厂自动化，获四川省省级工业发展资金扶持307万元。攀钢西昌钢钒与阿里公司合作开展的钢铁工业大脑研究建设，围绕炼钢、冷轧两道工序，通过构建数据中台及大数据模型，找出影响炼钢生产原料消耗的关键因素，实现冷轧板表面质量的自动判定，降低了生产成本，提高了产品质量。

【打造国家级智能制造试点示范】 通过“产学研用”模式加强与外部机构合作，推进新一代信息技术在钢铁、矿山等领域的应用研究，打造国家级智能制造试点示范。其中鞍钢矿业被评为国家智能制造试点示范标杆企业，矿山工业互联网智慧生产平台被工信部评为工业互联网集成创新应用试点示范，移动应用模块被评为工业互联网APP优秀解决方案；鞍山钢铁全流程质量管控及大数据集成应用建设被工信部评为工业互联网试点示范，德邻陆港电子商务和物流公共信息服务平台被工信部评为新型信息消费示范项目；攀钢钒轨数字化产线被工信部评为制造业与互联网融合发展试点示范，积微物联CⅢ工业电子商务服务平台被工信部评为制造业“双创”平台试点示范；信息产业公司钢铁企业智慧能源管控平台被工信部评为工业大数据优秀解决方案，精钢云平台被评为工业和能源行业“十佳上云”优秀案例；“特大型钢铁企业集团基于顶层设计的智慧化转型”获国家管理创新成果二等奖、中国钢铁工业协会一等奖、辽宁省二等奖。

（鞍钢集团有限公司管理与信息化部
时　罡　徐　鑫）

科技创新

·科技创新管理·

【综述】 2019年，鞍钢集团以习近平新时代中国特色社会主义思想为指导，全面贯彻党的十九大及十九届二中、三中、四中全会精神，深入落实习近平总书记重要指示批示精神，大力构建创新驱动发展新格局，以服务国家战略需求和提升企业核心竞争力为工作纲领，着力在科技创新体制机制建设、关键核心技术攻关、“拳头产品”开发、军工品牌培育和知识产权强企等方面开展工作，不断提升自主创新能力，同时强化对外交流合作，工作成效显著。2019年，鞍钢集团全力提升科技创新体系效能水平，注册成立鞍钢集团北京研究院，着力打造关键共性、前瞻性技术研发平台和技术成果转移转化产业化平台。加大服务国家战略力度，聚焦国家重大需求，开展“卡脖子”关键核心技术攻关并取得积极进展；新增工信部“船用LNG储罐高锰奥氏体低温钢应用研究”等6项国家项目；开展“十四五”钢铁行业技术预测相关工作，支撑钢铁行业“十四五”国家项目布局。与下游战略用户共同开发打造高附加值“拳头产品”，满足市场需求。深化鞍钢军工品牌建设，为国之利器提供核心材料保障。推进科技成果高等级奖项申报和知识产权保护。2019年荣获国家科技进步奖二等奖1项、冶金行业科学技术奖11项；主导制定国际标准2项；全年取得国家专利受理1811件，其中发明专利1173件，发明专利占比64.77%，专利数量、质量进一步提升。

【科技创新体制机制建设】 鞍钢集团持续完善科技创新体制与机制。2019年，以产业分类、事业规划的思维科学确定发展新路径，在征求多名院士专家意见后，制定下发《鞍钢集团有限公司2019—2021年科技创新发展规划》。完善科研体系结构，组建鞍钢集团北京研究院，重点开展基础、前沿、关键共性、颠覆性技术研究；持续提升科技创新能力，推进国家重点实验室建设，新增6个省级创新平台和8个联合实验室，职工创新工作室达到247个。持续深化改革，实施科研机构“公司制”改革，实行科研项目“合同制”，建立多通道人才选拔机制，持续优化人才成长晋升路径，实施关键人才中长期奖励机制，持续提升人才归属感和获得感。鞍山钢铁形成技术中心“一室、两中心、三部、十所”管理架构，强化“一厂一所一室”研发模式，着力提升科技创新解决现场实际问题能力；攀钢持续推进科研体制改革，搭建形成“研究院+矿研院+信息技术院+设计院”的综合性科技创新平台，研究院按照“一产业一研究分院”“一战略产品（工艺平台）一项目团队”的管控模式，健全完善科研体系，推进公司制、合同制、成果效益分享制及成果转化基金等制度改革，按市场化原则建立成果分享机制。

【新产品新工艺开发】 2019年，鞍钢集团以国家重大工程、市场重点需求为主攻方向，以打造高附加值、高技术含量“拳头产品”为宗旨，推进新产品新工艺开发。核电用钢方面，顺利完成我国首个快堆核电示范工程核电站——霞浦示范快堆核电项目材料的生产和供货，产品用于该项目汽水分离再热器（MSR）壳体制作，有力保证了国家项目建设。汽车钢方面，在高强轻质汽车钢开发上取得突破，全球首发新一代高强钢——轻质双相钢DP980-LITE，成功开发第三代汽车用QP980高强钢。轨道交通用钢方面，350千米时速“复兴号”动车组转向架用钢独家完成60万千米试车应用；成功实现出口型道岔钢轨的批量生产，填补了国内空白，引领我国铁路关键部件自主国产化；攀钢全年出口钢轨16.83万吨，占中国出口钢轨75%。工艺方面，“贫杂铁矿石资源化利用关键技术集成与工业示范”项目开辟了资源高效开发利用新途径，提升了资源保障能力，荣获国家科技进步奖二等奖；成功研发世界首套焦化尾水资源化回用与近零排放工艺技术；“双层预烧结新工艺”入围2019年世界钢协年度创新奖。

【科研项目管理】 2019年，鞍钢集团承担国家科研项目共计28项，总体进展良好，其中“辽河流域特大型钢铁工业园全过程节水减污技术集成优化与应用示范（2015ZX07202-013）”项目圆满完成研究任务，通过结题验收。2019年，鞍钢集团跟踪国家战略需求，密切联系相关国家部委，成功争取科技部重点研发计划项目“钢铁行业钒钛冶炼废渣源头减量与资源化利用技术”、工信部国家新材料生产应用示范平台项目子课题“先进海工与高技术船舶用钢制造及应用技术研究”等6项国家科研项目。2019年，鞍钢集团科研项目立项26项。《鞍钢集团有限公司2019—2021年科技创新发展规划》中集团重点关注项目大部分已完成立项。

【科技成果产业化】 鞍钢集团加快科技成果向生产力转化，取得突出成绩。

1. 钢铁领域。独家整船供全球首艘采用LNG作动力的23000箱集装箱船和4艘15000箱集装箱船用钢，高强度耐蚀钢供货30万吨超大型油轮；独家中标6万余吨我国首座公铁同层合建跨海大桥——金海大桥。

2. 矿产资源领域。完成国家科技支撑计划“鞍山式极贫赤铁矿高效开发利用新技术研究与示范”项目，攻克了鞍山式极贫赤铁矿石开发利用技术难题，建成国家示范工程。

3. 绿色智能制造和两化融合方面。鞍钢股份《钢铁全流程质量大数据集成解决方案》项目入选工信部2019年工业互联网试点示范项目名单，攀钢“重轨数字化产线”被评为制造业与互联网融合发展试点示范；鞍钢矿业被评为国家智能制造标杆企业。

【协同创新】 鞍钢集团按照“连续投入、持续研究、成果共享、效益分享”的原则推进对外合作，建立产学研深度融合的协同创新体系，开展合作创新活动。2019年，鞍钢集团与国内多所高校院所建立战略合作伙伴关系，深入开展技术交流和项目合作；服务国家战略，同有关中央企业积极开展合作；面向下游企业持续开展EVI合作，促进产业链协同发展；在加强交流合作同时与客户开展认证工作，增强客户使用鞍钢产品的信心。此外，开展高水平学术交流，邀请中国工程院院士毛新平作《薄板坯连铸连轧技术进展及其思考》学术讲座，邀请中国工程院院士向巧作《航空发动机材料现状与发展》学术讲座等。

【研发平台建设】 1. 实验室建设。鞍钢集团拥有鞍钢集团钢铁研究院（鞍钢技术中心）、鞍钢集团钒钛研究院（攀钢技术中心）和鞍钢集团北京研究院等16家研发机构。2019年末，国家发改委发布全国1563家国家企业技术中心评价排名，其中攀钢技术中心以93.7分的成绩被评为优秀，位列钢企第2，全国排名第24位。鞍钢集团拥有2个国家级重点实验室。2019年，海洋装备用金属材料及其应用国家重点实验室提前完成建设期任务；钒钛资源综合利用国家重点实验室持续提升技术创新成效，完成多个开放课题立项、中期评估和验收。与高校院所及下游高端客户新建8个联合实验室。

2. 技术创新战略联盟。耐蚀钢产业技术创新战略联盟新增本钢集团有限公司等3家成员单位，举办耐蚀钢产品应用及相关腐蚀方面大型学术会议5次，开展关于联盟“十三五”规划中的18个科研项目技术交流4次，邀请相关专家就“高性能耐蚀钢种基础腐蚀数据库建立”等6个方向的共性技术研究作相关报告和开展专题研讨。钒钛资源综合利用产业技术创新联盟新增西安交通大学等3家成员单位，开展科研外协活动并签订12个项目合作开发合同，主办“第五届钒产业先进技术交流会”“第四届钒钛微合金化先进高强钢开发及减量化应用交流会”等全国性学术交流会，联合申报2项国家固废资源化重点专项。

（鞍钢集团有限公司科技发展部　沙庆云）

· 知识产权管理 ·

【科技成果】 1. 重大科技成果。鞍钢作为参加单位申报的“贫杂铁矿石资源化利用关键技术集成与工业示范”项目获得国家科技进步奖二等奖。该成果是东北大学、鞍钢集团矿业有限公司等单位联合承担国家科技支撑计划、国际合作计划等项目，历经十余年科技攻关，破解了国际上公认的含碳酸盐铁矿石和极贫赤铁矿石资源化利用技术难题，多项关键技术达到国际领先水平。铁矿石是我国钢铁工业的保障性资源，属国家重大战略需求。我国铁矿石资源禀赋差、难利用，长期大量依赖进口，进口量连续三年超10亿吨，对外依存度持续超过85%，已成为我国经济安全运行的重大隐患。我国贫杂铁矿石储量达200亿吨以上，采用常规选矿技术无法有效利用，造成严重资源浪费和环境污染。自主研发创新技术，实现贫杂铁矿石资源化利用，意义重大。研究成果在东鞍山烧结厂、鞍千矿业公司、司家营铁矿等多家企业应用，实现了作为废石排弃的含碳酸盐铁矿石和极贫赤铁矿石资源化利用，显著降低了浮选温度，近三年累计新增直接经济效益26.57亿元，减少固废堆存2400万吨，减排CO_2 17.85万吨。该项目获辽宁省科技进步奖一等奖2项，冶金矿山科学技术奖一等奖2项，授权发明专利19项，出版专著6部，发表论文107篇。

2. 科技成果获奖情况。鞍钢作为参加单位申报的“贫杂铁矿石资源化利用关键技术集成与工业示范”项目获得国家科技进步奖二等奖；“鞍钢30万吨焦油深加工典型工艺技术和装置研发与应用”等11项成果获得冶金科学技术奖（另“微合金钢板坯表面无缺陷连铸新技术研发与应用”作为参加单位获得一等奖）；“基于海绵钛用大型流水线电解镁关键工艺技术开发及应用”等18项成果获得省级科技进步奖。开展2019年集团公司科学技术奖评审工作，评选出一等奖6项、二等奖5项、三等奖18项。

2019年度鞍钢集团有限公司获国家科学技术进步奖情况

二等奖1项	
贫杂铁矿石资源化利用关键技术集成与工业示范	东北大学、鞍钢集团矿业有限公司、河北钢铁集团滦县司家营铁矿有限公司

2019年度鞍钢集团有限公司获冶金科学技术奖情况

一等奖1项	
新一代铁路车辆用耐蚀钢全流程关键技术创新及应用	鞍钢股份有限公司、中国科学院金属研究所、南京理工大学、中车齐齐哈尔车辆有限公司
二等奖4项	
现场混装乳化铵油炸药关键技术研究与工程应用	鞍钢矿业爆破有限公司、鞍钢集团矿业有限公司、鞍钢集团矿业设计研究院有限公司、辽宁科技大学
基于阶梯配铝的钒铁强化冶炼及分离关键技术与应用	攀钢集团有限公司、钒钛资源综合利用国家重点实验室
7.5吨大型Ⅰ型还蒸炉生产高品质海绵钛成套技术及装备研究	攀钢集团钛业有限责任公司、攀钢集团攀枝花钢铁研究院有限公司、攀钢集团有限公司海绵钛分公司
焦炉烟气SDS干法脱硫联合SCR低温脱硝技术研发	鞍钢集团工程技术有限公司、鞍钢股份有限公司
三等奖6项	
粗颗粒铁精矿长距离管道输送工艺技术研究	攀钢集团矿业有限公司
大型干熄焦装置长寿化关键技术研发与产业化示范	鞍钢股份有限公司、中冶焦耐（大连）工程技术有限公司、北京科技大学
特厚板工艺技术开发	鞍钢股份有限公司
航空发动机用高温合金小规格棒材生产技术开发及应用	攀钢集团江油长城特殊钢有限公司
大型钢铁企业水资源绿色利用智能系统的开发与示范	鞍钢股份有限公司、东北大学、辽宁科技大学
全悬挂式转炉倾动系统高效检修技术研究	攀钢集团有限公司

2019年度鞍钢集团有限公司科学技术奖情况

一等奖1项	
新一代铁路车辆用耐蚀钢全流程关键技术创新及应用	鞍钢股份有限公司、中国科学院金属研究所、南京理工大学、中车齐齐哈尔车辆有限公司
二等奖4项	
现场混装乳化铵油炸药关键技术研究与工程应用	鞍钢矿业爆破有限公司、鞍钢集团矿业有限公司、鞍钢集团矿业设计研究院有限公司、辽宁科技大学
基于阶梯配铝的钒铁强化冶炼及分离关键技术与应用	攀钢集团有限公司、钒钛资源综合利用国家重点实验室
7.5吨大型Ⅰ型还蒸炉生产高品质海绵钛成套技术及装备研究	攀钢集团钛业有限责任公司、攀钢集团攀枝花钢铁研究院有限公司、攀钢集团有限公司海绵钛分公司

续表

二等奖4项	
焦炉烟气SDS干法脱硫联合SCR低温脱硝技术研发	鞍钢集团工程技术有限公司、鞍钢股份有限公司
三等奖6项	
粗颗粒铁精矿长距离管道输送工艺技术研究	攀钢集团矿业有限公司
大型干熄焦装置长寿化关键技术研发与产业化示范	鞍钢股份有限公司、中冶焦耐（大连）工程技术有限公司、北京科技大学
特厚板工艺技术开发	鞍钢股份有限公司
航空发动机用高温合金小规格棒材生产技术开发及应用	攀钢集团江油长城特殊钢有限公司
大型钢铁企业水资源绿色利用智能系统的开发与示范	鞍钢股份有限公司、东北大学、辽宁科技大学
全悬挂式转炉倾动系统高效检修技术研究	攀钢集团有限公司

（鞍钢集团有限公司科技发展部　张　颖）

【专利和专有技术】 2019年，鞍钢集团取得专利申请受理1811件，其中发明专利1173件，发明比例64.77%；取得授权专利1061件，其中发明专利563件，发明比例53.06%；拥有有效专利数量为8227件，其中发明专利4324件，拥有有效发明专利比率达52.56%。完成专有技术认定备案265件；完成106件重点技术领域专利申请并形成专利群。

鞍山钢铁完成专利申请发明比例55.0%，围绕运煤敞车用钢及制造、耐候栓钉用盘条、硅钢冷轧方法、ZLSJ用压制钢丝绳及其制造方法、异型轧制钛-钢复合板制备方法、超宽幅热轧不锈钢中厚板生产技术、高碳当量复合板生产工艺等7个技术领域开展专利布局，完成52件重点技术领域专利申请。攀钢集团完成申请发明比例72.8%，完成“钒的高端应用技术、高炉渣提钛技术和钛金属高端技术”专利专题研究，完成42件专利布局申请。鞍钢矿业完成申请发明比例56.8%，完成“数字化智能矿山建设、采矿自然崩落法”专利专题研究。在尾矿土壤改良领域布局申请12件专利。鞍钢众元申请发明比例60.0%，完成“微细铝粉生产技术”专利分析报告。鞍钢信息产业申请发明比例87.5%，完成“电机全生命周期管控系统”专利分析报告。北京研究院申请发明比例94.4%，完成“三稀金属铋在钢铁领域应用”专利分析报告。

攀钢集团“一种含钒物料钙化焙烧的方法”发明专利获得第二十一届中国专利优秀奖。攀钢集团在《中国钢铁企业专利创新指数（2019）》中位列“最具专利创新力企业”第2名。鞍山钢铁通过“国家知识产权示范企业”复核工作。鞍山钢铁“一种瘦焦煤参与的炼焦煤配煤方法”、矿业公司“一种散装防水乳胶重铵油炸药及其制备方法”发明专利获得第一届辽宁省专利奖优秀奖。

（鞍钢集团有限公司科技发展部　张　倩）

·军工业务协调管理·

【军工业务协调管理】 2019年，军工研发拓展取得新成绩。与海装沈阳局、水面局、武汉海工沟通协调，争取到216项目产品海装真实试验宝贵机会；同701所、719所交流，形成构筑建造重点型号颠覆性方案；与北京理工大学才鸿年院士开展钛及钛合金领域基础性、前瞻性研究合作，锁定中国钛装甲前沿技术领域；同中科院沈阳金属所、山东伊兰特合作开发重点型号构筑核心部件，跨越式提升海装舰船用钢使用性能；同中科院沈阳金属所合作的SLG项目，大幅改善关键材料指标，为国之利器提供核心保障；同泰豪集团交流推广阻尼钢。

（鞍钢集团有限公司科技发展部　龙承俊）

·国际标准化管理·

【国际标准化管理】 主导制修订国际标准两项：

（1）ISO22055《铁路道岔轨》项目。由攀钢牵头制定的道岔钢轨国际标准ISO22055《铁路道岔轨》正式发布。（2）ISO630-3《结构钢　第3部分：细晶粒结构钢交货技术条件》项目。参加2019年ISO/TC17/SC3技术委员会会议，推进ISO630-3标准修订到DIS阶段。参与制修订ISO630-2《结构钢　第2部分：一般用途结构钢交货技术条件》、ISO630-4《结构钢　第4部分：淬火和回火高屈服强度结构钢交货技术条件》、ISO4948《基于化学成分的钢的分类》等国际标准修订。

（鞍钢集团有限公司科技发展部　张　倩）

安全、环保与节能

·安全管理·

【综述】 2019年，集团公司深入贯彻落实党的十九大精神，以习近平总书记治国理政新理念、新思想、新战略为指导，进一步增强“四个意识”，牢固树立安全发展理念，弘扬以人为本、生命至上思想；坚守发展决不能以牺牲人的生命为代价这条不可逾越的红线和遏制重特大事故发生这条底线，坚持“安全第一、预防为主、综合治理”的安全生产方针；严格依法治安，进一步健全制度体系，强化安全生产主体责任落实；扎实做好重大安全风险防控，坚持问题导向，开展安全专项整治；提高政治站位，全力确保全国两会、国庆70周年重要历史时期安全稳定，安全生产形势持续向好。

2019年，集团公司杜绝较大及以上事故，发生全口径一般事故26起，同比上年事故起数、伤亡人数呈现“两个进一步下降”，其中：事故起数减少2起，减少比例为7.14%；伤亡人数减少2人，减少比例为6.90%；企业千人负伤率0.16‰；发生一般火灾事故1起。

【明确工作目标，强化责任落实】 以补短板、强管理为导向，明确2019年安全生产工作目标任务，年初召开安全生产工作起步会议，制定下发2019年安全工作要点。坚持“强激励、硬约束、严考核”，将安全生产指标细化分解到子企业，传递压力、催生动力，与13家子企业签订年度安全生产目标责任状；将安全指标纳入子企业领导人员契约化经营年度绩效考核。子企业层层签订安全生产责任状，全员签订安全生产承诺书，促进了安全生产责任的逐级落实。

【提高政治站位，坚决贯彻落实党中央、国务院决策部署】 2019年，集团公司党委分别召开三次常委会，专题学习和贯彻习近平总书记关于江苏盐城响水“3·21”爆炸事故重要指示精神、李克强总理重要批示要求，贯彻落实全国安全生产电视电话会议精神、国资委中央企业安全生产视频会议精神，从“提高政治站位，切实增强做好安全生产工作的政治自觉、行动自觉”高度，对切实做好“重大安全风险防控、安全生产责任落实和关键时期重点工作”作出部署。制定下发大检查、集中整治方案和重点工作安排，以危化生产、非煤矿山、金属冶炼、建筑施工等高危行业及重大风险管控、危险作业为重点，补短板、除隐患、强管理，全面开展安全生产大检查，排查整改事故隐患2497项，整改率为99.86%，提升了安全生产管控能力，确保了全国两会、国庆70周年重要历史时期安全稳定。以解决主体责任落实不到位、部门管业务与管安全脱节、设备设施隐患排查整治不到位等突出问题为重点，以坚决遏制重特大事故为目标，从12月开始开展为期3个月的安全生产集中整治。

高度重视应急管理部对鞍钢安全生产执法检查工作，戴志浩总经理、景奉儒副总经理全程参加对鞍钢集团总部的执法检查；谭成旭董事长对切实做好执法检查发现问题整改作出重要批示；集团总部及各子企业迅速行动，认真制定整改工作方案，明确总部部门及各子企业责任，举一反三，落实整改，截至2019年12月底，排查隐患、问题765项，整改683项，整改率89.29%。

【深刻吸取事故教训，有针对性开展专项治理】 一是结合“1·4”死亡事故教训，在全公司范围内开展为期两个半月的“皮带运输机安全大检查”。查设备，5382台（套）皮带运输机全部登记建档，排查安全防护装置不全、失效隐患2713项，整改2677项，整改率98.67%；查管理，完善规程、制度103项；查人员，将劳务用工纳人企业安全管理体系，有针对性地进行专项培训，提升了本质安全水平，提升了岗位人员安全意识和操作技能。

二是针对上半年分包方事故多发问题，开展分包方监管专项整治。组织子企业对344家分包方建立监管责任清单，依据分包方作业类型，明确分包方监管责任到职能部门、岗位人员，动态掌控分包方作业进程，落实作业前方案审核、安全交底、安全教育及作业全过程监管，查出并整改问题2721项，分包方事故多发态势得到遏制，事故起数由上半年的5起减少到下半年的2起。

【强化监管责任，促进工作落实】 一是公司领导率先垂范。领导班子春节前分5组，深入鞍钢股份炼铁总厂、矿业齐大山铁矿、攀钢钒炼铁厂等单位，进行督导检查，促进春节长假期间安全生产工作落实。董事长到任第二天就对鞍山钢铁、矿业公司重点单位进行安全生产调研检查；就朝阳钢铁“11·1”分包方事故约谈朝阳钢铁主要负责人，提出严肃批评，对事故整改及进一步落实安全生产责任、抓细抓实安全生产工作做出具体要求，并到朝阳钢铁调研督导事故整改工作。大检查期间，戴志浩总经理带队，分别对鞍钢化学科技、攀钢钒焦化、西昌钢钒焦化吸取“3·21”事故教训，开展大检查和隐患排查整治工作进行督导。景奉儒副总经理带队现场督导重伤、死亡事故的调查、处置及整改，约谈鞍山钢铁、工程发展、信息产业等单位相关负责人，对尾矿库、排岩场、井下矿、危化品生产等企业进行专项检查。二是强化部门监管责任。落实季度评价和专项监督检查，召开季度会议，总结工作，分析形势，通报问题，组织子企业落实整改，提升工作实效。全年共检查子企业及其所属单位41家，抽查逐级签订安全生产责任状、专项整治及大检查落实、安全生产费提取使用、标准化企业创建、安全风险管控、分包方监管等28项重点工作，督促工作滞后、不到位、不规范问题31项全部整改。

全国两会期间，配合辽宁省安委会对鞍钢股份炼铁总厂、化学科技公司、铸钢公司、矿业爆破公司、眼前山铁矿进行安全生产综合督查，跟踪督导30项问题全部整改落实。

针对2019年10起全口径重伤及以上事故，跟踪、督导事故的调查处理、责任追究及问题整改，下发领导责任者问责处理通报三期，问责处理副处级及以上领导责任人员31人次，考核事故单位工资总额137.5万元。

【完善规章制度，强化基础和重点工作管理】 一是规范和落实重大风险管控工作。制定《重大安全风险监督管理（暂行）办法》，进一步规范和强化重大风险分级管控；三季度开展新一轮危险辨识和风险评估，健全3142项较大危险因素、187处重大安全风险档案，完善落实管控措施和管控责任，确保安全风险在控、可控。二是规范和推进“一岗双责”落实。制定《关于实行管理者安全履职工作日志的（暂行）规定》，细化、量化安全履职指标，规范和促进各级管理者安全履职，推进“党政同责，一岗双责”落实。三是持续推进特种作业管理。制定《进一步加强特种作业人员培训取证工作管理的通知》，实施专项监督考核，特种作业人员取证、换证考试通过率由上年的87.08%提高到97.22%。四是深入推进标准化企业创建和职业健康工作。制定《安全生产标准化企业晋级、复审计划》《职业健康检查、检测计划》，推进安全标准化晋级、复审及职业健康工作落实，43家生产单位按计划完成晋级、复审申报；全年职业健康体检53985人、职业危害因素检测23050点，实现两个100%目标。五是扎实开展2019年安全生产月活动。以“防风险、除隐患、遏事故”为主题，并结合实际，把分包方、起重机械、落实操作牌制度整治纳入安全月工作，组织各单位推进落实。全公司共组织安全宣贯培训1279场，培训51230人次；各层级应急演练1723场（次），排查隐患、问题2323项，完成整治2298项，整改率98.92%；鞍山钢铁、矿业公司分别成功承办辽宁省生产安全事故大型综合应急救援演练、辽宁省民爆行业安全生产应急演练，获省、市好评。

【突出以防为主原则，持续提升消防管理水平】 组织子企业健全消防安全责任体系，逐级落实消防安全责任制，按季度监督推进消防重点单位、人员密集场所、易燃易爆单位健全防火责任清单，落实职责到岗、到人。在坚持常态化火灾隐患排查和电气火灾综合治理的基础上，结合季节特点，组织矿山、众元产业等涉及森林防火的单位加强春季森林防火管控工作，落实分片包保责任；组织涉及生产、储存和使用易燃易爆等物质的单位开展夏季专项防火工作，排查治理防雷设施、电气设备、电气线路隐患。深刻吸取义马气化“7·19”重大爆炸、兴华钢铁“10·24”烧结机皮带通廊及宝武集团武钢冷轧厂油库等火灾事故教训，严格落实动火审批和防火巡查、检查，开展皮带通廊、电缆、油库、储罐等重要区域部位及防灭火设施的隐患排查整治，全年排查整治各类消防隐患4079项，整改率99.78%，实现消防安全形势的持续稳定。

【严细部署，强化落实，切实保障汛期安全生产】 以确保重要设施安全度汛、厂矿不减产、不发生人员伤亡“三个确保”为目标，制定下发防汛工作安排，成立防汛领导小组，召开防汛工作会议，从落实属地管理、健全组织机构、开展隐患整治、完善应急预案、强化信息报告、加强监督检查六个方面对防汛工作进行部署。落实汛前、汛中检查，景奉儒副总经理带队，对矿业公司的4座尾矿库、鞍山钢铁的西大沟和北大沟防洪泵站等集团公司防汛重点区域、部位的设备、设施完好、防汛应急准备、值班、值守进行全面检查，督办问题整改，促进防汛措施落实和应对极端异常天气及突发汛情能力。全力做好台风“利奇马”的应对防御工作，按照国家防总、省市两级防指部署，启动防汛Ⅱ级应急响应，动态发布台风、暴雨预警信息，组织各子企业上下联动、严密布控，落实应急 24 小时值班和领导到岗带班，实现汛期安全生产和防台工作的全面胜利。

·环保与节能减排·

【综述】 2019 年，鞍钢集团以习近平生态文明思想为指导，深入贯彻落实党的十九大和十九届四中全会精神，以改善环境质量为核心，以打造“天长蓝、水长青、草长绿”的美丽鞍钢为目标，实践绿色发展理念，聚力生态环境保护。通过强化节能减排目标考核、推进实施重点污染防治及能源节约改造项目、全力推动污染防治攻坚战、完善节能环保基础数据统计，扎实推进各项环保节能工作全面开展，主要节能减排指标取得较好成绩，实现了重大环境污染事件为零的目标。鞍钢集团被国务院国资委授予“2016—2018 年节能减排突出贡献企业”称号；鞍钢股份获得中国节能协会节能减排企业贡献奖一等奖。

2019 年，鞍钢集团吨钢综合能耗同比降幅为 0.48%；吨钢耗新水同比降幅为 12.03%；万元产值能耗（可比价）同比降幅为 0.30%；二氧化硫排放量同比降幅为 10.23%；氮氧化物排放量同比降幅为 0.30%；COD 排放量同比降幅为 4.70%。

【加大节能减排投入，全力打好污染防治攻坚战】 坚决贯彻落实党的十九大和生态环境保护大会精神，根据集团公司“贯彻落实十九大精神，打好污染防治攻坚战”专项工作会议和“生态环境保护大会”工作部署及要求，持续加大节能减排投入，将打好污染防治攻坚战作为企业的政治责任、时代使命、发展之本、生存之需，取得阶段性成效。

2019 年，相继完成了鞍山钢铁北大沟污水回用改造、炼焦机侧除尘改造、灵山球团块矿及石灰石料场棚化封闭改造、180 兆瓦 CCPP 建设和攀钢集团攀钢钒江排口污水处理系统提质改造、西昌钢钒焦炉精脱硫改造、荷花池料场棚化封闭改造等节能减排项目。在此基础上又放行节能减排项目 40 余项，放行投资 20 余亿元，开展攀钢钒 5 号和 6 号焦炉整体环保治理、攀钢钒 2 号烧结机超低排放改造、攀钢钒发电锅炉脱硝改造、鞍山钢铁灵山喷吹煤料场棚化封闭、新建污染物在线监测系统及配套设施、铁运噪声治理等项目，持续提升节能减排装备水平，主要污染物排放量进一步降低，尤其是二氧化硫和 COD 在粗钢产量增加的情况下排放量仍大幅降低，助力区域环境质量不断改善。

【落实国家决策部署，大力推进超低排放改造】 为积极践行“绿水青山就是金山银山”理念，根据国家《关于推进实施钢铁行业超低排放的意见》（以下简称《意见》），鞍钢集团全面开展超低排放改造工作，组织相关子企业对照《意见》开展问题清单梳理、改造项目确定，结合地方政府要求和企业检修计划编制超低排放改造规划。同时，对超低排放改造完成时限提出要求，力争 2023 年底前提前 2 年完成超低排放改造，发挥央企表率作用。为推动超低排放改造迅速、有力开展，积累工艺技术应用与工程施工建设经验，率先在鞍山钢铁、攀钢集团启动了烧结机超低排放改造示范项目。

【深入开展无组织扬尘专项治理，效果显著】 坚持以问题为导向，针对不同区域无组织扬尘特点，通过抓管理、上措施等举措，继续加大无组织扬尘整治力度。鞍山钢铁通过区域化分解降尘考核指标、修复破损道路、加大物料存储场扬尘管控、定期评审等措施，鞍山钢铁本部厂区降尘量持续下降。攀钢集团持续系统开展散排点治理，厂区环境得到明显改善。矿业集团对尾矿库、料场和排岩场等重点产尘区域坚持采取铺设抑尘网、喷洒抑尘剂、洒水喷淋等措施防控扬尘，尤其是在冬季采用人工造雪方式抑制扬尘，开创扬尘治理新模式。

【积极推进固废资源化利用，发展循环经济】 积极推进废物资源化利用，牢固树立节约集约循环利用的资源观，大力发展资源高效、循环利用为核心的循环经济，提高资源有效利用率，推动生产过程资源循环利用。推动废油桶资源化利用项目工业化试生产，通过将废油桶空油、压实、包装后作为废钢进入炼钢转炉综合利用，减少产生固体废物的同时增加炼钢原料，在固废资源化利用方面迈出坚实一步。

【夯实基础，稳步推进碳排放各项工作】 开展碳排放量核算、自查工作，配合第三方机构完成2018年温室气体排放核查，按政府要求完成了温室气体排放报告和监测计划的编制与报送工作。

为参与全国碳市场（发电行业）模拟交易做准备。组织有自备电厂的鞍山钢铁本部、矿业集团、攀钢钒等单位报送全国碳排放权注册登记和交易系统开户材料，并参加生态环境部的碳市场配额分配和管理系列培训。

【开展节能宣传周活动，倡导低碳绿色发展】 为了牢固树立创新、协调、绿色、开放、共享的新发展理念，培育和践行节约集约循环利用的资源观，认真落实发改委《关于开展2019年全国节能宣传周和全国低碳日活动的通知》工作部署，组织开展了以“绿色发展、节能先行”为主题的2019年节能宣传周及低碳日活动。同时，开展了节能技术攻关和竞赛等活动，在全公司营造了节能降碳、勤俭节约、高质量发展的浓厚氛围。

【深入开展节能管理，推进节能技术进步】 组织推进能源管理体系建设，重点推进朝阳钢铁通过能源管理体系认证外部审查，完成鞍钢集团主要钢铁基地能源管理体系认证。积极推动节能技术进步，促进能源管理系统向智能化能源集控平台转型升级。借鉴鲅鱼圈分公司智能化能源集控平台运行的良好效果，大力推进鞍山钢铁本部、攀钢集团开展智能化能源集控平台建设，推动能源管理向智能化纵深发展。

【组织技术交流，推广节能减排技术】 组织子企业到宝钢股份、德龙钢铁等先进企业交流考察，对烧结烟气超低排放、余热回收、废水零排放、环保信息化建设等应用和实施情况进行了调研，进一步提升了节能减排管理和技术水平。

2019年10月22日至26日，承办了由中国节能协会冶金专委会主办的第二届冶金工业节能低碳培训会，中国工程院院士殷瑞钰、冶金工业规划研究院院长李新创、国家工信部和发改委相关领导等全国150余名专家和管理技术人员就工业节能与绿色发展进行政策解读、未来发展展望、先进经验介绍。

（鞍钢集团有限公司安全环保部　李　林）

法律事务

·法律风险防范与法律保障·

【法治鞍钢建设】 2019年，鞍钢集团积极推进第一责任人履行法治建设职责向各级经营实体全覆盖，全面提升管理人员法治思维，紧紧围绕鞍钢综合试点改革工作要求，加大法治工作考核力度，将法治建设主体责任、组织推动者责任压实到各级经营实体，实现法律事务专兼职岗位设置和专兼职人员配备全覆盖、重要决策和规章制度及经济合同法律审核率达到子企业层面“三个100%”全覆盖，加快形成上下贯通、有机衔接的法治工作体系，增强系统合力。

（鞍钢集团有限公司法律合规部　赵兴贵）

【风险内控】 2019年，鞍钢集团充分发挥董事会对全面风险管理与内部控制工作的领导和监督作用，按照分层分类的管理原则，全面风险与内部控制“三道防线”各司其职，加强对重大风险、重点单位、重要业务领域的风险管控。集团总部有效运行风险评估与合规“5+X”联合审查机制，嵌入投资并购、资产处置、合资合作等重大经营事项决策过程，各子企业着力提升自身对经营环境变化的敏锐度和适应能力，明确主体责任和风险应对方案，强化防控措施落实执行，实现对重大经营风险的动态管控和有效防范，在鞍钢集团综合改革试点工作全面启动、企业改革发展任务艰巨繁重、宏观经济形势复杂严峻的内外部环境下，坚守不发生系统性、颠覆性风险的底线，全年实现生产经营稳健运行。

（鞍钢集团有限公司法律合规部　朱　赫）

【深化改革】 2019年，鞍钢集团法治工作价值创造功能进一步发挥。将法律工作与企业中心工作深度融合。重点关注集团综合改革试点工作，深度介入混合所有制改革，充分依法论证改革方案的合法合规性，确保改革内容和决策程序依法合规。落实集团公司“三重一大”决策制度和重大事项法律风险审核规定，将法律审核嵌入决策审批流程。采取法律部门对决策事项出具书面法律审核意见，总法律顾问或法律部门列席相关决策会议等措施，依法保障决策合法合规。

【法治思维与法治能力】 2019年注重夯实组织基础，提升法治工作队伍综合履职能力。一是加强法治培训，提升领导及法务人员专业能力。下发《鞍钢集团领导干部法治学习培训考试大纲》，编制《鞍钢集团领导干部法治学习资料汇编》和领导干部法治培训考试题库，组织开展领导人员法治培训和考试，强化领导干部法治理念，促进依法决策。组织各重要子企业总法律顾问、部门负责人参加国务院国资委法律顾问履职能力专项培训，各级领导人员和法务人员的专业能力得到提升。二是落实“七五”普法，深入开展法治宣贯。组织开展集团公司党委中心组法治专题学习和直管领导干部法律专题培训，在《鞍钢日报》、公众号“摇篮鞍钢”开设法治鞍钢专栏，进行专题法治宣传。截至2019年，组织机关部门及各子企业相关人员参加国务院国资委共二十七期法治大讲堂。

（鞍钢集团有限公司法律合规部　汪　洋）

·合规管理·

【合规管理】 2019年是鞍钢集团“合规元年”，集团正式发布《鞍钢集团有限公司合规管理体系建设工作方案》(鞍钢政发〔2019〕35号)，全面启动合规体系建设工作。一是建立健全合规管理组织体系。明确合规管理分工，发挥董事会、监事会、经理层作用，组建与法治鞍钢建设领导小组合署办公的合规委员会，统一领导、统筹协调合规管理工作；坚持“业务谁主管、合规谁负责”原则，搭建合规管理“三道防线”，有效促进各部门协调联动，共同参与集团合规管理。二是建立完善合规管理制度体系。将合规管理相关内容纳入公司章程和规章制度，完善业务审批和授权委托流程，搭建以合规管理办法为基础，以授权委托权限与业务审批流程为保障，以相关重点领域合规管理专项指引为主要内容，以强化全员合规管理行为能力为核心的合规管理制度体系，促进合规管理在各领域、各部门、各级企业及决策、执行、监督各环节全覆盖。三是建立“六位一体”

合规管理运行机制。涵盖企业规章制度完善机制、合规风险识别预警和防控机制、重大事项合规审查机制、合规管理评价和报告机制、境外经营合规机制和考核追责及培训宣贯机制，并结合鞍钢集团多基地、跨区域大型企业集团的实际，以防范先行、管理跟进、控制把关为链条，形成组织保障有力、制度完备可循、工作联动有序、防范严密有效、监督问责有据的鞍钢特色合规管理运行机制。

（鞍钢集团有限公司法律合规部　王振东）

综合管理

·董事会工作·

【综述】 2019年，鞍钢集团以习近平新时代中国特色社会主义思想为指导，全面贯彻落实党的十九大和十九届二中、三中、四中全会精神，按照国务院国资委的要求，结合企业实际情况，加强集团公司和各级董事会建设，有效发挥了加快推进企业深化改革、高质量发展的重要作用。

【推进集团公司董事会有效运作】 1. 加强制度建设，完善制度体系。按照公司法的要求，以《鞍钢集团有限公司章程》为统领，进一步培育公司治理文化，加强董事会自身建设，不断完善各项规章制度及运行机制，为推进鞍钢集团董事会实现规范运作和有效运作，提供有力的支撑和保障。

一是党委在公司治理中的领导作用有效发挥。按照公司章程中关于党委职责的有关规定，充分发挥党组织的领导作用、董事会的决策作用、经理层的经营管理作用。坚持董事会讨论决定重大问题时事先与党委沟通，充分听取公司党委的意见。全年董事会审议的“三重一大”事项共20项，均经过党委常委会前置审议，既坚持落实党委事前参与公司“三重一大”事项决策的原则，符合国资监管要求，又与公司经营规范相融合，为党的领导嵌入企业法人治理结构、有效发挥党组织在公司治理中的地位和作用提供保障。

二是治理主体权责不断规范。按照《公司法》和国务院国资委有关规定，以及公司章程的要求，进一步清晰治理主体的权责边界，明确党委会决策事项23项、审议事项74项，董事会决策事项47项，总经理办公会决策事项49项，不断明确治理主体权责，完善运行机制。

三是董事会支撑制度持续完善。根据鞍钢集团授权体系的完善情况，以及《鞍钢集团总部业务审批权限》和《鞍钢集团核心业务权限规范》的修订情况，组织修订了《鞍钢集团董事会议事规则》和《鞍钢集团总经理议事规则》。制定规章制度“立改废释”工作计划，对现行的202项管理制度进行系统梳理和修订，不断完善规章制度体系，为鞍钢集团各部门及有关单位支撑服务董事会工作提供制度保证。

2. 推进规范运行，发挥决策作用。深入落实董事会在职权范围内决定的重大事项，促进出资人授予董事会各项职权有效落地，确保董事会科学决策的作用有效发挥，有力推动了企业高质量发展。

一是第四届董事会组建并运行。根据鞍钢集团主要领导的调整情况，11月13日召开第四届董事会第一次会议，鞍钢集团第四届董事会正式运行，实现了与第三届董事会工作的有效衔接，保证了董事会工作的连续性和有效性。

二是专门委员会构成不断完善。根据董事会成员的调整情况，及时健全董事会专门委员会构成。董事会成员由年初的8名董事增加到年末的9名，董事会运行更加规范。按照《鞍钢集团董事会议事规则》的要求，对战略与风险管理委员会、提名委员会、薪酬与考核委员会、审计委员会构成进行调整，满足了专门委员会的工作要求。

三是董事会会议制度得到有效落实。董事会会议是董事会行使职权的主要形式。严格按照规范的程序和流程召开会议，推进董事会和专门委员会依法合规稳步运行，为鞍钢集团各项工作顺利开展提供有效保障。2019年，董事会共召开会议8次，其中定期会议4次、临时会议4次，审议议题24项，听取汇报15项。董事会专门委员会共召开会议7次，审议议题12项，听取汇报1项，其中战略与风险管理委员会2次，审议议题4项；薪酬与考核委员会3次，审议议题5项；审计委员会2次，审议议题3项，听取汇报1项。

3. 强化决议执行，督办项目落实。

一是有效落实董事会决议。全年召开的8次董事会共形成24项决议。其中：董事会工作方面6项；战略风险方面3项；企业改革管理方面3项；投资捐赠方面5项；资产处置方面1项；财务管理方面2项；薪酬考核方面4项。董事会会议结束后，董事会办公室按照董事会决议的要求，积极组织各有关部门制定工作措施加快推进，确保了董事会决议有效落实，取得了明显的成效。

二是积极推进决定事项的落实。根据各位董事在董事会上提出的意见和建议，以及重点关注的事项，董事会办公室及时形成落实方案，明确责任领导和责任部门，经董事长审定后，以《落实董事会决定事项通知》的形式下发至责任部门认真落实。全年下发落实董事会决定事项通知4期，形成需要有关部门和单位落实的事项79项，事项的内容涵盖战略规划、改革管理、科技创新、风险管理、资本运作、处僵治困、企业文化建设等。

三是加强督办和反馈工作。董事会办公室定期将各责任部门的执行进展情况进行汇总，并向董事会或外部董事汇报。针对董事会关注的卡拉拉项目，通过采取股权收购、强化管理、综合施策，逐步往后期资本运作的方向努力。针对董事会关注的鞍钢联众项目，召开董事会沟通会专题汇报《鞍钢联众项目及生产经营情况》，听取外部董事对下一步工作思路的意见和建议。针对外部董事关心的科技创新进展，定期汇报北京研究院组建和二期项目规划进展情况。

4. 做好调研沟通，提升履职能力。进一步加强外部董事沟通和调研机制，创新方式方法，通过多渠道、多元化的交流调研，增强外部董事对企业生产和改革发展情况的了解，为外部董事科学决策提供支撑。

一是有针对性地进行调研。为推进外部董事调研工作走深走实，董事会办公室精心策划、细心组织，全年安排外部董事开展集体调研 2 次，根据外部董事个性化需求安排专题调研 2 次。集体调研安排各位董事先后到鞍钢博物馆、鞍钢股份炼铁总厂、炼钢总厂、冷轧厂、鞍神高强汽车钢板、鲅鱼圈钢铁分公司等单位开展调研。通过调研，外部董事对鞍钢的辉煌历程、企业文化及为中国经济社会发展作出的贡献有了深入了解，对钢铁生产的流程、鞍钢集团生产经营和改革发展的情况有了较为全面的认识。个性化需求调研安排董事到北京研究院进行了实地考察，对研究院的二期建设规划提出了很好的建议；到财务部进行专题调研，详细了解了鞍钢财务预算、决算等相关情况。通过有针对性的实地调研，为各位董事会科学决策打下坚实基础，创造有利条件。

二是拓展便捷沟通渠道。为了保证各位董事及时、动态了解企业的运行发展情况，董事会办公室持续做好信息报送工作，定期收集关于企业生产经营、技术和管理创新、改革发展等方面的重要信息，以及当期备受关注的重点、焦点事件，每周编制《鞍钢董事会信息》并通过手机微信报送外部董事。通过中国钢铁新闻网、《中国冶金报》等载体收集有关国家政策、国内外钢铁行业发展动态、企业改革发展的进展情况等，编辑《董事信息参考》4 期供董事会成员参阅，取得了较好的效果。同时，通过 OA 系统、邮寄等方式将鞍钢集团重要文件、会议记录、规章制度等及时报送外部董事。外部董事非常关注董事会办公室报送的信息，并根据信息内容在董事会上发表意见，对企业的相关工作提出指导性建议。

三是加强治理主体沟通机制。全力做好董事会与国资委、公司党委、经理层等治理主体的沟通工作，完善公司治理主体沟通机制，充分发挥董事会作用。党委在公司治理中的领导作用有效发挥，全年前置审议董事会重大决策 20 项。经理层与董事会的沟通更加畅通，全年向董事会正式报告工作 4 次，专题报告 1 次，汇报重大项目进展情况 3 项。全年共向外部董事报送党委会、总经理办公会会议纪要 46 份，鞍钢集团上报和下发文件 148 份，保证了董事科学有效决策。

四是不断提高科学决策能力。有效发挥董事会定战略、作决策、防风险的重要职能，不断提高各位董事履职行权能力。在会前全面了解、深入研究议案材料，对存在问题预先沟通、化解分歧的基础上，会上充分交流研讨，根据鞍钢集团目前发展的实际情况，结合自身深厚的专业知识和丰富的管理经验充分发表意见，积极为鞍钢集团高质量发展建言献策。全年董事应出席董事会会议 68 人次，实际出席 66 人次。全年各位董事应出席专门委员会会议 31 人次，实际出席 28 人次。

5. 抓好评价整改，提升工作水平。

一是认真贯彻落实评价规定。各位董事不断规范履职行为，提高履职能力。扎实做好基础工作，不断规范董事会和专门委员会会议记录的整理、报签、存档和查阅等工作。建立董事履职台账，详细记录并及时更新董事参加会议、发表意见、开展调研、与有关方面沟通、提出和咨询意见等，为国资委的年度评价工作提供了有效保证。

二是按要求完成年度评价工作。按照国务院国资委《关于开展 2018 年度中管企业董事会及董事评价工作的通知》要求，积极做好董事会和董事年度评价的各项工作。完成了董事会年度工作总结、董事履职台账、会议记录等的上报工作。各位董事按照通知要求起草年度履职报告，对董事会的规范运作和有效运作情况进行评价打分，参加中组部和国资委组织的考核评价谈话。按照

《董事会试点中央企业董事会年度工作报告制度实施意见（试行）》的要求，完成了董事会 2018 年度工作报告的编制和上报工作。

【强化子企业董事会规范运作】 1. 推进落实董事会职权试点改革，为充分发挥董事会在企业法人治理中的核心作用，进一步落实企业市场主体地位，提升企业发展质量和效益。按照鞍钢集团综合改革总体工作要求，推进落实董事会职权试点改革工作。

一是深入调研并征求机关部门及相关子企业的意见。为推动试点改革工作顺利开展，2 月中旬至 3 月上旬，集团董监办会同经研院采取上下结合的方式开展调研，多方了解情况及征求意见。一方面，与财务运营部、战略规划部、人力资源部等总部机关部门进行座谈交流，研究机关部门授权与放权的原则及边界，以及试点企业董事会权责界限。另一方面，到信息产业、工程发展、德邻陆港、积微物联和攀长特等单位进行调研，切实了解子企业董事会实际运行情况，以问题为导向征求意见和建议。同时，走访了宝武集团、国投、中车等中央企业，学习借鉴改革工作经验。

二是形成落实子企业董事会职权试点改革的指导意见。在多方了解情况及征求意见基础上，系统梳理了各级子企业董事会运作过程中存在的主要问题，围绕落实董事会职权提出了具体工作措施。4 月初形成了《鞍钢集团有限公司落实子企业董事会职权试点改革指导意见》(讨论稿)，主要围绕落实试点企业董事会各项职权和规范提升董事会运行管理两项核心内容展开。《指导意见》形成后征求了战略规划部、财务运营部、人力资源部、管理创新部、法律事务部等相关职能部门的意见，并在此基础上进行了修改完善。4 月中旬向鞍钢集团主要领导汇报了工作进展情况，并按照主要领导“在即将开展混合所有制改革的企业中选择试点企业”的工作要求，推进落实董事会职权试点改革工作。

三是选择落实董事会职权试点企业并组织制定实施方案。组织相关子企业在即将开展混合所有制改革的试点企业中，选择钢绳公司、积微物联、攀长特、工程技术有限公司、废钢资源有限公司等单元企业作为落实董事会职权改革试点企业。会同管理创新部，与鞍山钢铁、攀钢、矿业公司、工程发展、众元产业、信息产业等进行了沟通交流，并结合鞍钢集团综合改革总体要求，组织子企业和试点企业依据《指导意见》（讨论稿）制定落实董事会职权实施方案。6 月中旬将《指导意见》及试点企业落实董事会职权实施方案上报鞍钢集团主要领导。

四是持续深入推进子企业落实董事会职权试点改革工作。随着 9 月鞍钢集团总部机关改革调整，董事会办公室承接此项工作。一是密切关注试点改革企业混合所有制改革工作情况，全面了解试点企业混改工作进展情况及下一步工作计划，确保试点企业混合所有制改革与落实董事会职权同步推进。二是重新归纳梳理试点企业落实董事会职权实施方案。围绕试点企业董事会职权需求，对照《鞍钢集团核心业务权限规范》和《指导意见》的原则性规定，对试点企业的职权需求做了进一步归纳梳理。三是征求总部相关部门对试点企业实施方案的意见。由于各家试点企业董事会一些职权需求超出了鞍钢集团核心业务权限规范，因此，征求了战略规划部、科技发展部、人力资源部、管理与信息化部、法律合规部、财务部、资本运营部等的意见，进一步明确了试点企业董事会权限，推动各家试点企业结合混改工作稳步推进落实董事会职权。

2. 着力推进子企业董监事会建设。推动子企业完善公司章程。2019 年组织推动矿业公司、合谊地产、北京研究院、信息产业、资本控股、人力资源服务中心等 6 家子企业修改公司章程，不断规范子企业董（监）事会程序和内容。推动子企业规范有效地召开董事会会议，围绕董事会会议召集、会议议案、信息支撑、会议记录等方面进行指导；会后督促子企业推动落实董事会会议决策，并及时上报有关信息资料。清晰界定董事的权限，推动其充分行使表决权，围绕会议议题积极表态，提出意见和建议，并独立承担决策责任，实现权责的有机统一。

为深入推动各子企业董事会规范高效运作，分别对鞍钢集团下属 12 家子企业 2018 年董事会规范运作情况进行了反馈。一方面，系统总结了各子企业董事会制度体系建设、工作机构设置、规范有效运作等方面的工作成效；另一方面，针对董事会运行中存在的问题，提出改进意见，持续推动和支持各子企业规范董事会运作，力争在机制的有效运行、议案质量的提高、会议记录的完善、信息材料的支撑、董事会核心作用的发挥等方面实现更大突破。

依据子企业董事会运作评价办法，按照科学化、制度化和规范化的评价工作原则，组织开展2019年子企业董事会运作评价工作，并将各子企业董事会运作评价结果提交战略绩效管理考核小组办公室。

【加强派出子企业专职董监事履职管理】 1. 组织开展专职董监事集体研讨工作。组织专职董监事召开研讨会议，对子企业董事会拟决议的重要议题逐项进行研讨，形成集体意见供任职企业专职董监事参考。同时，协调相关职能部门采取会议研讨或书面建议等多种方式提供专业支撑，意见供专职董监事参考。

2. 组织开展专职董监事调研培训工作。组织全体专职董监事每月制定调研计划并撰写调研报告，拓展专职董监事调研的广度和深度，通过调研深入了解行业市场和任职企业实际情况，及时发现企业存在的风险和问题，促进专职董监事科学决策和有效监督，为企业发展提供参考、建议和支撑。根据专职董监事履职需要，有针对性地组织开展相关业务知识培训，并支持专职董监事参加有关行业领域培训，不断提升专职董监事业务水平，促使专职董监事更好地发挥职能作用。

3. 加强派出董监事履职支撑服务工作。制定并下发了《鞍钢集团加强派出子企业外部董事履职支撑服务工作方案》，完善鞍钢集团、子企业与派出董监事之间联动工作机制，建立健全支撑服务体系，为派出董监事履职创造良好条件，促进派出董监事履职尽责，有效贯彻出资人的意图。

为助力鞍钢集团改革发展，在征集专职董监事调研题目基础上，组织专职董监事按照各自选题方向，深入子企业及相关行业企业和机构开展专项调研，并撰写专项调研报告，紧密围绕推动企业高质量发展建言献策。同时，将所有专项调研报告汇集成册，形成了《鞍钢集团派出子企业专职董监事专项调研报告汇编》。

（鞍钢集团有限公司董事会办公室
赵　林　范泽刚）

·对外投资监管·

【综述】 2019年，鞍钢集团按照国务院国资委要求，完善境内投资企业监管体制机制，整合监管资源，优化运营监管方式，推进监管信息共享与动态监控，提高监管工作效率，促进了投资企业高质量发展，实现了投资收益稳步增长。

【合资企业基本情况】 1. 企业户数及经营状态。截至2019年末，鞍钢集团及各子企业共有合资企业154户，其中，控股企业32户，参股企业122户。在控股企业中正常经营29户，筹建2户，非持续经营1户；在参股企业中正常经营92户，非正常经营30户。

2. 企业投资及分红情况。154户合资企业投资总成本243.28亿元，其中控股企业投资成本143.41亿元，参股企业投资成本99.87亿元；实收分红3.2亿元，分红率1.32%，其中控股企业实收分红0.63亿元，投资分红率0.44%，参股企业实收分红2.57亿元，分红率2.58%。

3. 新增合资企业情况。2019年，鞍钢集团新增合资企业8户。其中，鞍山钢铁新增4户参股企业，攀钢新增1户控股企业，实业公司新增2户控股企业和1户参股企业。

【主要工作成效】 鞍钢集团及各子企业高度重视合资企业监管工作，在体制机制的完善、法人治理结构的规范、股东会与董事会议案的审核、派出人员的管理考核、合资企业的有效运营、投资分红的稳步增长、低效无效的股权处置、专项工作的调研等方面，取得了显著的成效。

1. 完善监管体制机制、夯实管理基础。2019年，鞍钢集团进一步完善了合资企业监管体制机制，夯实了管理基础。一是建立和维护有效的信息获取渠道，组织各子企业定期收集合资企业财务报表和其他相关信息，形成鞍钢集团合资企业运营监管信息总台账，实时动态了解投资企业经营状况，为有效运营监管提供保障；二是完善体制机制，集团董事会办公室作为合资企业统一监督管理平台，积极修订《鞍钢集团境内合资企业监督管理办法》，各子企业相应成立合资企业监管部门，制定相关制度，进一步完善了投资主体单位充分行权的监督管理体系，落实监督管理主体责任。

2. 推动合资企业法人治理规范运作。2019年，鞍钢集团不断推动各子企业完善投资企业法人治理规范运作。一是督促各子企业按照《公司法》要求，全面分析、梳理合资企业的公司章程和合资合作协议；二是督促各子企业依据《公司法》充分行使出资人参与决策权和表决权，推动和促进正常经营的合资企业法人治理规范运作；三是督促各子企业按照合资企业的公司章程规定推动股东会、董事会、监事会、经理层等各项会议及时召开，并通过派出人员或运营监管部门参加各项会议。如鞍山钢铁审议27户合资企业股东会、董事会、监事会会议议案173次；攀钢审议27户合资企业股东会、董事会、监事会会议议案113次。

（1）控股企业按照《公司法》、公司章程和其他有关法律法规的要求，设立董事会、监事会和经理层的法人治理结构，规范运作，形成科学有效的职责分工和制衡机制，建立较完善的法人治理制度和运行有效的内部控制体系。

（2）参股企业无实际控制权，各子企业按照投资企业的公司章程约定委派董事、监事、高级管理人员，由参股企业通知召开股东会、董事会、监事会，法人治理结构基本完整，运作基本规范。

3. 加强对合资企业派出人员的管理考核。2019年，鞍钢集团及各子企业向90户实际派出人员共207人，有效地行使出资人监督权并及时进行换届任免。同时，也加强了对派出人员的重大事项报告、述职报告和履职评价管理。一是围绕企业改革发展重大问题提出有价值的研究报告；对任职企业董事会、经理层提供专业监督指导和咨询服务。二是按规定参加任职企业董事会、监事会，对所议事项目深入研究，客观、充分地发表意见和进行表决，坚决反对和制止有损股东或者任职企业利益的决策行为。如鞍山钢铁对参股企业派出高管人员实施契约化管理，与参股企业外派高管签署了责任书，并对派出高管人员进行年终考核；攀钢集团按《派出董事、监事及高级管理人员管理办法》，对派出人员严格管理考核，督促派出人员更好地履职，切实保障企业的合法权益。

4. 充分行使出资人收益权。按照合资企业的公司章程和合资合作协议，充分行使出资人权益。一是加强各子企业主管部门管理人员业务学习与交流，增强对合资企业的经营状况及各种信息掌握能力，提升整体监管效能；二是督促各子企业对满足《公司法》分红条件的投资企业，依投资企业的公司章程及时履行投资收益权，减少资金占用，并跟踪落实投资分红到账情况。

5. 开展合资企业专项调研工作。为进一步推动控股企业和持股比例大于20%的参股企业董事会、监事会建设和规范运作，加强对投资企业运营监管，做好《鞍钢集团境内合资企业监督管理办法》等相关制度的宣贯和监督检查工作，任职的专兼职董监事积极开展实地调研，深入了解和准确掌握任职企业的基本情况、运营状况、分红情况、预算执行情况和重点项目实施等情况，及时发现存在的问题和风险，为投资企业提供参考、建议和支撑。实地调研鞍山钢铁、攀钢集团、鞍钢联众、信息产业、国贸公司、健康产业、实业公司、资本控股等重点投资的15户企业，全面了解投资企业情况、查找存在的问题，帮助投资企业制定整改措施，并定期督促、落实整改情况，有效维护股东合法权益。

6. 推进低效无效股权处置工作。针对长期亏损、扭亏无望、无回报和停业歇业股权加大出清力度。2019年鞍钢集团股权处置投资项目共34项，其中已处置8项、处置中8项、待处置18项。

（1）已处置股权投资项目。鞍山钢铁持股的鞍钢潍坊钢材加工配送有限公司等5户企业已注销或划转核销；攀钢持有的富源县龙蟒矿产品有限责任公司等2户企业已注销或划转核销；原健康产业持有的北京同仁堂鞍山中医医院有限公司已划转核销。

（2）正在处置股权投资项目。鞍山钢铁持有的大连船舶重工集团钢业有限公司等2户企业正在破产清算，攀钢持有的德阳新立特种耐材股份有限公司等3家企业正在处置，矿业公司持有的海南冶金矿山联合有限公司正在清算，实业公司持有的鞍山斯多伯格三一冶金材料有限公司正在处置，信息产业持有的辽宁大通智胜科技有限责任公司正在注销。

（3）待处置股权项目。历史遗留的待处置18户企业，其中鞍山钢铁持有9户企业、攀钢集团持有3户企业、矿业公司持有3户企业、实业公司持有3户企业。

（鞍钢集团有限公司董事会办公室
阎　强）

· 档案管理 ·

【综述】 2019年，按照《鞍钢集团有限公司2019

年档案工作安排》（鞍钢办发〔2019〕2号）要求，鞍钢档案工作在档案资源建设、数字档案馆建设等方面取得显著成就，档案管理水平进一步提高。其中，由鞍山钢铁办公室档案处编写的《弘扬“鞍钢宪法”精神　加强档案资源开发　助推鞍钢持续发展》和《档案助力胜诉美国“337调查”》获2019年度全国企业档案信息资源开发利用优秀案例奖，鞍钢集团获优秀组织奖。

【加强档案资源建设】 鞍山钢铁办公室档案处组织攀钢、矿业公司等18家子企业按照《企业文件材料归档范围和档案保管期限规定》(国家档案局令第10号）制定《文件材料归档范围和档案保管期限表》，并对照各单位职能文件进行修改审核。

落实重要投资项目归档。根据鞍钢集团下发的投资计划，落实归档鞍钢集团总部驱动的2014—2018年信息化项目、金融长期股权类项目、境外长期/产业类股权投资项目49项，归档457卷/件/张。

全年，鞍钢集团归档各类档案约28.1万卷/件，提供利用档案5.2万人次、18.3万卷/件，复印24.6万页，服务于巡视、审计、技术改造、法律纠纷、纪委办案、退休办理等。

【开展数字档案馆建设】 2019年，鞍山钢铁数字档案馆项目按照档案资源数字化、质量检查、档案管理系统升级改造3个项目招标，计划用30个月对2000万页档案进行数字化。截至年底，上传图像510.6万页（折合A4)、目录35.8万条。外聘监理公司完成数字化成品质量检查图像目录153.2万页（折合A4)，检查一致性255.3万页（折合A4)。

根据国家档案局《企业数字档案馆（室）建设指南》要求，对鞍钢集团档案管理系统实现功能扩展，新增电子归档“四性检测”、深入检索（数据钻取)、移动端档案查询等13项功能。

【开展进驻式检查】 为提高鞍钢档案管理水平，加强对下属单位档案工作的监督指导力度，2019年，结合国家档案局“双随机一公开”检查工作方案及鞍钢档案工作特点，开展“进驻式”检查。在受检单位、检查人员随机抽取的基础上，先后对鞍钢铸钢有限公司、鞍钢股份技术中心、鞍钢工程技术发展公司、鞍钢信息产业公司、鞍钢钢绳有限责任公司进行检查。每个单位利用3天左右时间对档案工作体制机制、制度标准规范等6方面进行全面或专项检查，有效避免了以往检查不深入不彻底等弊端。

【合理处置档案】 批复鞍钢集团（鞍山）健康产业有限公司、鞍钢总医院、千山温泉疗养院、劳动卫生研究所、上海鞍钢钢材加工中心档案处置方案，形成原鞍钢北京办事处档案处置意见，处置档案42694卷/件/盘/张/枚，其中接收进馆档案14418卷/件/盘/张/枚。攀钢职工总医院整体划出，处置文书档案、会计档案共6类约71.9万卷。

【强化档案验收】 2019年，鞍山钢铁办公室档案处组织召开鞍钢股份炼焦总厂焦炉烟气脱硫脱硝环保项目等9次归档会，验收鞍钢股份能源管控中心西大沟浓盐水管道改造工程等45个工程，竣工档案4985卷/张。鞍山区域29家单位对234项自管工程进行跟踪，验收通过210项，归档1869卷。攀钢档案馆全年完成40个工程项目58个小项的专项审查验收工作，归档6565卷/张。

全年跟踪鞍钢股份2018年结题的炼钢总厂260吨转炉炼钢连铸全工序铁素流控制技术集成与开发等科研项目58项，验收46项，归档115卷/张。

（鞍山钢铁集团有限公司办公室档案处　于安妮）

·保密与国家安全管理·

【保密管理】 2019年，鞍钢集团在国资委组织开展的中央企业保密工作对标管理中被评为“达标单位”。经鞍钢集团党委2019年第3次常委会讨论通过，下发《鞍钢集团有限公司2019年国安保密工作要点》，明确了年度重点工作任务。促进国安保密工作责任落实，将国安保密工作纳入集团公司党建工作考核评价、直管领导班子和领导人员综合考评、管理制度专项考核和战略绩效考核。加强保密规章制度建设，制定下发了《鞍钢集团有限公司定密管理办法》《2019年鞍钢集团有限公司保密工作目标管理考核评价标准》。落实国资委工作要求，组织参加了保密知识竞赛和保密宣传教育作品征集活动，共2505人参加网络知识竞赛，征集保密宣传教育作品79件。依托鞍钢党校、攀钢党校举办国安保密管理人员、涉密人员培训班，共培训2042人。

【国家安全人民防线建设】 2019年，鞍钢集团被评为鞍山市国家安全人民防线建设“标杆单位”。按照国家安全机关的要求和部署，鞍钢集团及子企业开展了“4·15”全民国家安全教育日系列活动，以军工科研生产单位为重点，组织了3场反间防谍形势任务报告会，以摇篮鞍钢（微信公众号）、鞍钢视讯和报纸为载体，开展国家安全意识教育。

（鞍钢集团有限公司办公室 任 海）

·信访管理·

【综述】 2019年，鞍钢集团信访办聚焦服务职工群众、保鞍钢稳定工作大局这一重要职责，提高政治站位，落实工作责任，不断建立完善并形成了“三维度”大信访工作格局和“六个方面”信访工作机制，解决了一些影响社会和企业稳定的矛盾和问题，信访维稳工作取得了一定成效。

1. 接待和受理职工群众来访共948批（案）次5571人次，同比分别下降14.2%、39.1%。其中，集体访139批次4669人次，同比分别下降52.4%、42.9%；个访809案次902人次，同比分别下降1%、7.7%。

2. 办理国家信访局、民心网网上交办案件1642件，同比上升308.5%；国家信访局、国资委交办信件557件，同比上升54.7%。

3. 处理职工群众到鞍钢集团（鞍山区域）重要部位上访共70批（案）次582人次，同比分别下降43.6%、62.5%。其中，群体访23批次480人次，同比分别下降57.4%、64.6%；个人访47案次102人次，同比分别下降32.9%、48.2%。

鞍钢集团职工群众到国务院国资委上访批次虽然排名第七，但信访总量排名仍是第一。主要原因是2019年4月健康产业公司（现已划归中国通用集团）部分医疗退休人员因养老金和医院分离等问题，组织103人集体进京上访，造成信访总量大幅上升。

【建立“三维度”大信访工作格局】 三维度：横向发挥集团各职能部门作用，纵向落实各级领导责任，对外与属地实施“双鞍”融合。

1. 发挥部门职能、实行信访联席会议制度，形成了解决信访问题的工作合力。集团公司主管领导为总召集人，成员单位由集团公司各业务部门组成，每季度或不定期召开会议，研究贯彻落实上级工作部署、国家省市重大政治经济活动、敏感时期信访维稳工作及群体性事件的预防处置、分析研究企业稳定形势、协调解决信访突出问题等。形成了矛盾纠纷排查、信息资源共享、矛盾调处协调联动、维权维稳齐抓共管的工作格局，增强了解决信访问题的合力，为企业和谐稳定提供有力支撑。2019年，鞍钢集团党委共召开信访联席会议10次，有效解决信访突出问题21件。

2. 压实各级责任、建立领导责任体系，保证了主体责任的有效落实。建立健全由各单位党政主要领导为第一责任人、分管领导直接负责、主管部门业务政策负责、重点领域区域包保、各级党组织融入进入的全方位责任体系。明确责任范围，细化工作措施，逐级落实责任，切实做到守土有责、守土负责、守土尽责。同时强化绩效导向，建立奖惩机制。将信访交办案件完成情况、群体和个人越级上访、到鞍钢重要部位上访、信访积案化解率等指标纳入党建绩效考核体系。2019年，15个单位被通报，5个单位被考核，表彰2018年度先进单位63个。

3. 实施地企联动、推进“双鞍”融合，促进了企业和社会和谐稳定。强化与属地党委政府、街道社区、公安等有关部门的联系联动工作，借助属地综治、信访部门的综合协调优势和政法委、公安机关的司法威慑作用，集成各方资源，形成信息灵通、协调顺畅、工作高效、保障有力的工作体系，有效地把各种信访稳定突出问题化解在初级阶段，遏制上访群体超出政策底线的缠访闹访行为。与街道社区建立了定期沟通协调机制，把“事要解决”作为共同工作目标，各司其职，各尽所能，形成合力，尽最大可能化解矛盾。2019年，与街道社区、公安召开信访协调会议10次，研究信访积案10案次，成功化解5件。与公安部门建立工作信息网和联动预警预防工作机制，共享信息，共同预警处置，对影响较大的信访案件成立专案组研究解决处置的方案。2019年，公安部门依法刑事拘留1人，依法治安拘留1人，依法训诫10人。鞍钢集团办公场所、重要部位缠访闹访批次、人次大幅度下降，信访秩序明显好转。

【建立完善“六个方面”信访工作机制】 1. 信息

排查机制。把信访工作的重心由事后处理转移到事前排查化解上来，坚持经常排查与集中排查相结合，及时了解掌握可能发生信访问题的领域和动态，通过领导干部大走访、下访、座谈等多渠道收集涉稳信息，建立信息报告制度，关键时点实行“零”报告制度。加强对苗头性、倾向性、预警性信息收集、汇总和分析研判，掌握工作主动权。做到发现得早、化解得了、控制得住、处理得好，切实把信访矛盾消化在萌芽状态。

2. 日常调处化解机制。严格落实“三到位一处理”信访工作要求，建立业务部门联合接待调处工作制度，对职工来信来访，由信访办组织协调业务部门共同接待，共同做好政策解答和思想疏导工作，诉求合理的尽快解决，不合理的做好思想疏导工作，确实困难的研究帮扶措施，做到既不欠政策账、也不欠感情账。在经费保障上，结合中央巡视整改要求，鞍钢集团党委常委会专题研究信访维稳专项费用列支渠道和使用管理。每年用于化解历史积案和困难帮扶费用约 80 万元。同时，在日常信访矛盾调处化解工作中，公司居退管办积极协助信访办做好居退人员的信息摸排和思想疏导工作，为鞍钢集团信访维稳工作作出了重要贡献。

3. 源头治理机制。建立完善源头排查、预警研判、风险评估、化解处置相统一的矛盾纠纷系统治理机制。开展经常性的信访矛盾再梳理、再协调、再推动、再化解活动，针对排查出的风险隐患，做到底数清、情况明、措施硬，把稳定风险评估作为重大决策的“前置程序”和“刚性门槛”，对改革措施出台衍生的风险进行评估，切实从源头上加以防范。

4. 应急处置机制。建立统一指挥、反应灵敏、协调有序、运转高效的信访突发事件应急处置机制，按照预防与应急并重、常态与非常态相结合的原则，建立了应急处置预案，强化培训和现场处置演练。如遇突发事件，相关单位、部门领导要在规定时间内赶到现场组织开展应急处置，最大限度地减少影响，妥善处理善后工作，防止事态扩大和蔓延。同时，如实向上级和有关部门报告。

5. 困难帮扶机制。对于家庭生活确实困难的上访人，无论上访是有理还是无理，困难帮扶是各级党组织应尽的责任。基于这一认识，与工会系统建立沟通机制，建立了困难职工档案，分析困难原因，建立帮扶对子，明确责任人，在生活上帮扶解决困难，在思想上帮扶拉近感情，实现“两个帮扶”相融合，取得化解矛盾的结果。

6. 督导工作机制。建立健全以信访部门组织实施，各部门共同参与的信访督导工作机制。采取听取工作汇报、实地检查、座谈走访、重点督办等方式，开展定期或不定期信访稳定工作“四督”检查，即督方案落实、督问题解决、督预案制定、督责任落实，有效推动信访稳定各项工作落地落实。

【信访维稳工作取得显著成效】 1. 提高政治站位，为党和国家重大政治经济活动创造稳定工作环境作出贡献。一是全国两会期间，鞍钢集团提前部署，防控结合，通过各方努力，实现了“五个确保”的工作目标，进京集体访、个人登记访为零。二是 2019 年中央巡视鞍钢期间，鞍钢与属地密切配合，落实“双鞍”融合，到驻地上访量同比 2015 年下降 48%，确保了巡视工作安全有序，赢得了中央巡视组的肯定和好评。三是为做好国庆 70 周年期间信访维稳工作，鞍钢集团党委先后 3 次召开了维稳安保工作会议，研究落实国务院国资委和属地省委市委部署的具体工作措施，举全集团之力做好国庆期间的信访维稳各项工作，实现了国务院国资委确定的“三个决不能”的工作目标，去国资委集体访、个人登记访为零，为新中国成立 70 周年大庆活动创造安全稳定的政治社会环境作出重要贡献。

2. 突出事要解决，为鞍钢改革发展提供了坚实保障。2019 年，鞍钢集团各级信访部门本着事要解决的工作原则，解决了大量信访突出问题，上访总量逐年下降。特别是到鞍钢集团（鞍山区域）重要部位上访批次和人次，同比下降 43. 6%、62. 5%。鞍钢集团信访积案得到有效化解，化解率（剔除剥离案件）达到 95%，全年共化解信访积案 190 件。

（鞍山钢铁集团有限公司信访办　常铁军）

企业文化与公共关系

·企业文化·

【弘扬“鞍钢宪法”精神】 组织召开了纪念毛主席批示“鞍钢宪法”59周年座谈会。开展“鞍钢宪法”精神研究与实践，阶段性成果得到“不忘初心、牢记使命”主题教育中央第34指导组的充分肯定。“鞍钢宪法”写入新中国成立以来70年大事记。

【丰富企业文化活动】 浙江卫视《奔跑吧》大型节目在鞍钢录制，鞍钢文化、产品等元素全程植入，节目首播收视率高，位列CSM55城市组晚间档第一，互联网媒体相关信息达28万条，主话题阅读量突破205亿人次，讨论量8815万条，提高了鞍钢品牌的关注度，收获了巨大的品牌效应。成功组织参加国务院国资委宣传局“放歌新时代·我和我的祖国”爱国主义歌曲展演。获评中央电视台“新中国成立70周年70品牌”。入选第七届中国慈善展并组织参展。参加“新中国成立70周年辽宁大型成就展”。“跟着郭明义学雷锋”活动形成广泛的社会影响，截至2019年底，全国有“郭明义爱心团队1300支，成员达到230万人。2019年中国500最具价值品牌排行榜中，鞍钢品牌价值比2018年提升了20.51%。

（鞍钢集团有限公司党委宣传部　佟　力）

·公共关系·

【开展新中国成立70周年、鞍钢开工70周年系列宣传】 加大对新中国成立70周年、鞍钢开工70周年的宣传报道力度，在《鞍钢日报》推出《脊梁——纪念鞍钢开工70周年纪念特刊》，邀请《人民日报》、新华社、中央广播电视总台、纪检监察杂志、中央及省级重点网络媒体报道鞍钢。央视巨制“新中国成立70年——《我们的征程》”纪录片、新华社推出的《一曲壮丽的钢铁史诗——鞍钢与共和国风雨同行70载实录》《鞍钢父子兵：您的事业我来接》庆祝鞍钢开工70周年系列报道和《三代鞍钢人诠释“咱们工人有力量”》，被广泛关注。开展《中国冶金报》“新中国钢铁工业的第一”、新中国成立70周年钢企网上展馆专题报道。

【提高新闻宣传力度】 大力宣传报道鞍钢贯彻落实习近平总书记对东北、辽宁、国有企业、鞍钢重要指示批示精神的生动实践，宣传报道鞍钢在“新时代东北振兴”过程中的最新成效。邀请新华社、彭博社等国内外媒体对鞍钢参加第二届进博会及论坛活动报道840多条次。开展鞍钢集团第二次党代会、“不忘初心、牢记使命”主题教育、助力精准扶贫等主题宣传。加强与外部主流媒体的沟通联系，2019年在《人民日报》、新华社等中央主流媒体，以及国务院国资委网站、“国资小新”和《中国冶金报》等各类媒体平台刊发稿件1.4万余篇。

（鞍钢集团有限公司党委宣传部　吴先明）

【落实网络意识形态责任】 根据《落实党委网络意识形态工作责任制责任分工方案》，对各子企业开展网络意识形态工作专项督查，重点对8个方面31项措施任务落实情况进行督导、检查，切实维护鞍钢网络意识形态安全。

【加强新媒体阵地管理】 强化对鞍钢内部网络媒体的统一管理，严格审建、严格使用、严格检查，确保网络媒体阵地始终在各级党委的管理之中。组织鞍钢集团官方网站和官方微信公众号、微博、抖音号及时发布信息，传播鞍钢集团文化，树立鞍钢集团品牌形象，2019年，鞍钢集团官方网站发布信息1431条，官方微信公众号发布信息695条，官方微博发布信息553条，官方抖音号发布短视频227个。

【强化舆情管控工作】 组织各子企业网络评论员做好日常舆情监测工作，负面舆情第一时间发现、第一时间上报、第一时间处置。2019年，累计发现、处置37条涉及鞍钢的网络舆情信息。累计编发52期《网络舆情简报》，分析、研判舆情动态。制定下发《鞍钢集团2018年度舆情报告》，总结分析2018年度舆情状况，研判2019年舆情应对重点工作。

（鞍钢集团有限公司党委宣传部　马明铭）

党群管理

·党建管理·

【党内统计】 截至2019年末，鞍钢集团共有党委213个，党总支132个，党支部2121个，党小组5360个；有党员74115名，其中在岗职工党员51789名、离退休职工党员17673名、居家休息职工党员3934名、其他方面党员719名。2019年，新发展党员902名，有入党申请人6711名，入党积极分子2204名。专职党务工作人员1241名。

【召开鞍钢集团第二次党员代表大会】 中国共产党鞍钢集团有限公司第二次党员代表大会于2019年3月18日至20日在鞍钢会展中心隆重召开。预选应到会代表319名，实到会代表311名；正式选举应到会代表319名，实到会代表312名。

党中央高度重视和关心鞍钢集团党委换届工作，派出由中共中央组织部干部五局副巡视员张向涛任组长，中共中央组织部组织一局一处调研员、副处长林剑，中共中央组织部干部监督局四处调研员、副处长车德家，中央纪委国家监委组织部企业干部处副处级纪检监察员郭磊，国务院国资委企干一局二处干部隋彦瑞等为成员的中管企业党委换届督导组到鞍钢督查指导换届工作。辽宁省委副书记周波；国务院国资委党建局副局长熊洁，党建局干部黄伟谦；辽宁省委组织部副部长赵建华，干部五处处长刘忠才，组织三处处长王建、副处长郭海强、主任科员张宪玮；鞍山市委书记、市人大常委会主任韩玉起等出席了开幕式。辽宁省委副书记周波代表辽宁省委、省政府发表讲话，对鞍钢集团有限公司党委的工作给予了充分的肯定，并对今后的工作提出了希望和要求。

鞍钢集团有限公司党委书记、董事长姚林代表中共鞍钢集团有限公司第一届委员会向大会作题为《铭记长子担当　做强做优做大　建设具有全球竞争力的世界一流企业》的工作报告。报告以习近平总书记重要讲话精神为指引，系统谋划未来发展，总结了鞍钢集团过去5年所取得的主要成绩和经验启示，明确了今后一个时期集团发展的指导思想、发展战略、奋斗目标和主要任务。

3月20日，中国共产党鞍钢集团有限公司第二次党员代表大会正式选举出中共鞍钢集团有限公司第二届委员会和第二届纪律检查委员会，通过关于中共鞍钢集团有限公司第一届委员会工作报告的决议和关于中共鞍钢集团有限公司第一届纪律检查委员会工作报告的决议。3月20日下午，中国共产党鞍钢集团有限公司第二届委员会举行第一次全体会议。出席会议的有中共鞍钢集团有限公司第二届委员会委员27人。全会选举产生了中共鞍钢集团有限公司第二届委员会常务委员会委员，中共鞍钢集团有限公司第二届委员会书记、副书记。全会批准了中共鞍钢集团有限公司第二届纪律检查委员会第一次全体会议选举产生的书记、副书记和常务委员会委员。

大会强调，新时代鞍钢的主要矛盾已经转化为经济社会高质量发展新要求和企业转型升级亟须提档加速之间的矛盾。鞍钢面临的挑战更加严峻，机遇更加难得。必须高举习近平新时代中国特色社会主义思想伟大旗帜，深入贯彻落实党的十九大和十九届二中、三中全会精神，增强“四个意识”、坚定“四个自信”、做到“两个维护”，以“凤凰涅槃、浴火重生”重要指示精神为指引，坚持和加强党的全面领导，践行新发展理念，全方位扩大开放，深化改革创新，加快转型升级，做强做优做大，以党的坚强领导引领鞍钢全面开启高质量发展新征程，在推动鞍钢高质量发展中提升党建工作水平，彰显党建工作质量。大会号召，全公司各级党组织、全体共产党员和广大职工，要更加紧密地团结在以习近平同志为核心的党中央周围，秉承“铭记长子担当，矢志报国奉献”初心，坚定“制造更优材料，创造更美生活”使命，聚焦“一条主线”，激发“三个动力”，构筑“三大事业”，实施“六项工程”，实现“三步走”目标，努力把鞍钢建设成为中国钢铁行业高质量发展的“排头兵”、具有全球竞争力的世界一流企业，为决胜全面建成小康社会、实现中华民族伟大复兴的中国梦作出新的更大贡献。

中共鞍钢集团有限公司第二届委员会委员名单

（按姓氏笔画为序）

于万源 王义栋 计 岩 龙 强 申长纯
付 伟 刘宝山 孙光辉 李 镇 杨 槐
张三健 张立芬 陈 勇 邵安林 林大庆
孟庆旸 段向东 姚 林 栗宝卿 徐世帅
郭明义 景奉儒 谢玉先 蔡恒君 戴志浩

中共鞍钢集团有限公司第二届纪律检查委员会委员名单

（按姓氏笔画为序）

王 琳 王伟任 王春明 王保军 王殿贺
刘 明 刘德勇 李 波 李 锐 李士涛
冷 松 张文彤 陈列希 孟庆旸 都兴开
景玉峰 路永利 谭克建 穆铁健

中共鞍钢集团有限公司第二届委员会书记、副书记、常委名单

书 记：姚 林
副书记：戴志浩 栗宝卿
常 委：姚 林 戴志浩 栗宝卿 于万源
王义栋 景奉儒 邵安林 段向东
孟庆旸

中共鞍钢集团有限公司第二届纪律检查委员会书记、副书记、常委名单

书 记：孟庆旸
副书记：陈列希 穆铁健
常 委：孟庆旸 陈列希 穆铁健 冷 松
刘 明 刘德勇 李 锐

【扎实开展“不忘初心、牢记使命”主题教育】按照党中央的统一部署，在中央第三十四指导组（组长何文波，副组长张宏，组员杨磊、李强强、杜德瑞、潘美琛）、中央第十三巡回督导组（组长王炳华，副组长赵立新，组员杨磊、蒋芳喜、李军、王清、刘虎辰、张健楠）的精心指导下，鞍钢集团党委自 2019 年 6 月 3 日起组织全公司各个党委、各个党支部（总支）、和广大党员按照两批次开展了“不忘初心、牢记使命”主题教育。集团公司党委坚持把开展“不忘初心、牢记使命”主题教育作为一项重大政治任务，牢牢抓住学习贯彻习近平新时代中国特色社会主义思想这条主线，始终聚焦“不忘初心、牢记使命”这个主题，按照“守初心、担使命，找差距、抓落实”总要求，紧盯“五句话”目标任务，坚持把“学习教育、调查研究、检视问题、整改落实”四项重点措施贯穿全过程，坚决扛起主体责任，统筹协调推进，狠抓工作落实，确保了主题教育高质量扎实推进。

1. 坚持精心谋划、压实责任，以从严从实的要求抓好组织领导。一是注重统筹谋划，健全工作机制。中央“不忘初心、牢记使命”主题教育工作会议后，鞍钢集团公司党委认真学习贯彻党中央精神，针对两批主题教育实际，形成“一个实施方案、一个领导机构、一个推进计划”的“三个一”工作方案，各级党组织结合实际细化推进方案或推进计划，确保主题教育各项要求贯到底、落到位。成立主题教育领导小组及办公室，下设组织指导组、调研秘书组、学习宣传组、督导整改组，建立领导小组、领导小组办公室会议制度，召开领导小组会议 5 次、领导小组办公室会议 14 次，定期分析研究问题，总结经验做法，推进主题教育扎实有效开展。注重抓实党支部主题教育，印发《关于进一步扎实做好第二批主题教育基层党支部各项重点工作任务的通知》，明确了党支部 13 项重点工作，确保规定动作做到位、自选动作有特色。二是注重示范带动，实施分类指导。鞍钢党委书记、董事长认真履行第一责任人职责，带头抓、亲自抓，组织召开 3 次主题教育推进会议，推动全公司主题教育深入开展。鞍钢领导班子成员直接深入基层党建联系点和三、四级企业进行督导，以点带面推动主题教育整体提升。集团总部机关部门结合分管业务及牵头负责的主题教育整改任务，深入基层推动整改落实。坚持抓早抓实，特别是对第二批主题教育提早谋划、迅速部署，通过举办培训班、印发文件汇编、编发工作手册，建立定期督导、经验交流、信息报送工作机制等方式，推动两批主题教育有机衔接。注重分类指导，针对第二批主题教育参加党员数量多、差异性大等情况，对劳务派遣党员、离退休党员等参加主题教育提出具体要求，主动送学上门，打通主题教育“最后一公里”。三是注重指导督导，层层传递压力。力戒形式主义、官僚主义，强化督促指导，配齐配强各级指导组，结合两批主题教育实际，抽调 15 名同志组成 5 个巡回指导组，对第一批主题教育进行全覆盖督导，对第二批主题教育采取“‘解剖麻雀’单位+重点关注单位”的点面结合方式进行巡回指导；二级单位党委抽调 160 名同志组建 66 个指导组，采取“点对点”督导；基层党委直插一线，对党支部进行直接指导、全面辅导，构建了上下贯通、多级联动的指导督导工作体系。坚持跟踪指导，及时答疑释惑，下发 8 期工作提示。四是注重宣传引导，营造浓厚氛围。《鞍钢日报》《鞍钢视讯》及“摇篮鞍钢”微信公众号等新媒体同步发声，设“主题教育进行时”等 3 个专栏，累计刊发稿件 460 余篇次，各子企业微信公众号刊发 240 余篇，编发主题教育简报 22 期，及时宣传党中央的部署要求和基层经验、党员干部学习收获，真正做到报纸有专栏、视讯有声音。加大对外宣传力度，外部各类媒体刊发鞍钢主题教育内容近 450 条，8 月 4 日《人民日报》头版头条刊发了郭明义爱心团队先进典型事迹，特别是郭明义救助“早衰女孩”的事迹被中央等媒体报道后，在社会上引起强烈反响，汇聚了向善向上的强大力量。鞍钢郭明义爱心团队助力精准扶贫项目获得全国“四个 100”志愿服务项目，孟泰、王崇伦、郭明义荣获全国“最美奋斗者”称号，房洪瑾被评为全国离退休干部先进个人。通过内部媒体宣传劳动模范、优秀共产党员等先进典型人物 68 人。开展评选“鞍钢楷模”、表彰“三先两优”等活动，深入挖掘身边典型，编印先进典型风采录，让广大党员学有榜样、赶有目标。

2. 坚持学深悟透、融会贯通，以持之以恒的作风抓好学习教育。一是聚焦主题主线，原原本本学。坚持把学习贯彻习近平新时代中国特色社会主义思想作为根本任务贯穿主题教育全过程，紧紧围绕习近平总书记关于“不忘初心、牢记使命”的重要论述来组织学习，及时为副处级以上领导人员配发《选编》《纲要》《汇编》，为全体党员配发《摘编》《纲要》，确保每名党员至少有2本以上学习书籍，全面梳理习近平总书记重要讲话精神，编发《习近平总书记重要论述汇编》《习近平总书记视察中央企业公开发表重要讲话和指示批示汇编》。党员领导干部积极开展自学，利用业余时间静下心来通读精读，逐句逐段领会、由浅入深理解，在理论层面寻找实践支撑。迅速组织传达学习党的十九届四中全会精神，通过专家解读辅导、领导班子专题研讨等方式，推进全会精神落地落实。各级指导组通过访谈问学、座谈交流等方式，检验党员干部自学效果，督促党员干部通读精读“必读篇”、跟进学习“最新篇”，推动真学深学。二是明确学习专题。各级党委聚焦主题主线，加大组织力度、研讨深度和学习频次，通过党委中心组学习、读书班、专题研讨等形式，列出学习专题，普遍采取班子成员领读领学方式，开展集中学习研讨5天以上，各级领导班子开展集体学习4174次、集中研讨3418次。基层党支部组织党员交流学习体会5110次。坚持把习近平新时代中国特色社会主义思想教育培训作为首要任务，开设培训班33期，对3645名副处级以上领导人员、党支部书记和统战人士进行分类分级轮训。举办《纲要》集中培训班，邀请中央党校、浦东干部学院等专家学者作专题辅导，全覆盖开展党支部书记集中轮训、新任职党支部书记上岗培训和软弱涣散党支部书记集中培训，营造了全面系统学、深入思考学、及时跟进学的浓厚氛围。三是创新学习载体。各级党委坚持把开展革命传统教育、形势政策教育、先进典型教育、警示教育及党史、新中国史教育作为学习教育的重要内容，通过参观“庆祝中华人民共和国成立70周年大型成就展”网上展馆、学习张富清同志先进事迹、观看《榜样4》、举办红色教育专题讲座等，教育党员在见贤思齐中砥砺初心、践行使命。通过召开全公司警示教育大会、观看警示教育片、编印《读书思廉》读本等，发挥反面典型警示震慑作用。注重结合案例开展教育，编发基层党建创新案例、党支部工作典型案例选编，形成的“传承文化基因、铸就钢铁脊梁”创新案例被收录到中组部编写的《基层党组织书记案例选编》，作为全国党员教育培训教材，拍摄的“小舞台、大作为”党员教育电视片荣获第十五届全国党员教育电视片优秀奖。

3. 坚持贴近一线、摸企情民情，以求真务实的态度抓好调查研究。一是坚持问题导向，带着问题走下去。各级领导班子成员按照“五个围绕”要求，结合学习研讨查摆的问题和分管工作，列出调研题目，既有加强党的建设、深化改革发展等重点问题，也有群众反映的热点问题，既抓大也不放小，推动企业高质量发展。鞍钢主要领导3次带队到中国宝武开展对标交流，通过全流程现场参观、“一对一”对口交流等方式，虚心问道、对标挖潜、认清差距，激发赶超先进的内生动力。二是各级领导班子成员坚持做到“两直三同”，即直奔基层、直奔现场，与职工同创新、同当班、同就餐，深入困难多、情况复杂、改革任务重的单位问计于干部职工，研究解决问题的思路和举措。鞍钢领导班子成员到基层调研天数同比提高50%。第一批主题教育期间调研基层单位35家，召开座谈会38次，访谈基层干部职工852人次，征集意见建议321条，现场答疑解惑107条。对鞍钢领导班子成员调研情况实行回访问效，广大职工普遍反映，这次的调研是心系发展、真切为解决基层问题而来的调研，也是一次情系职工、不断拉近与一线职工心灵距离的走访。三是深入研讨交流，解决难题出成果。鞍钢领导班子针对调研带回来的214条问题和意见建议，召开调研成果交流会，分析问题症结，切实把调研成果转化为解决问题、推动工作的具体举措。各级领导班子成员系统梳理调研查摆的问题，撰写调研报告1506份，召开调研成果交流会340场，进一步破解了改革发展的重点难点问题。四是坚持成果运用，结合实际讲党课。各级领导班子成员在深入学习理论和扎实开展调研的基础上，分别到基层党建联系点讲专题党课1443人次，做到讲清自己学习习近平新时代中国特色社会主义思想的认识和体会，讲清存在的差距和不足，讲清指导实践、推动改进工作的思路、措施，讲清守初心、担使命的感悟。党支部书记讲专题党课或交流心得体会2913次，使广大党员深切感悟了初心使命、强化了责任担当。

4. 坚持刀刃向内、深挖细查，以自我革命的勇气抓好检视问题。一是畅通意见渠道，查找群众反映的问题。坚持开门纳谏，通过印发征求通知、“网络问企”平台、设立意见箱等方式，广泛征求各级党组织、党员等的意见建议，“原汁原味”反馈给领导班子成员。二是对照党章党规，深挖自身存在的问题。各级领导班子成员采取“自学+集中学习”方式，逐段逐句学习党章、《准则》和《条例》，召开对照党章党规找差距专题会议，系统梳理检视违背初心使命的问题。鞍钢领导班子成员重点对照“18个是否”，逐条进行自我检视、深刻剖析，相互咬耳扯袖提出批评建议86条。基层党支部认真组织党员对照党员条件和义务权利，对照准则条例，对照群众提出的意见建议等，召开专题会议，查找自身不足，剖析思想根源，深化党员意识，进一步激发了党员立足岗位发挥先锋模范作用。三是勇于自我革命，剖析思想根子的问题。各级领导班子成员按照“四个对照、四个找一找”要求，高质量召开专题民主生活会，深入坦诚开展谈心谈话，系统梳理在学习研讨中查摆的问题、调研发现的问题、群众反映的问题、谈心谈话指出的问题，逐一检视剖析，从主观上、思想上挖根子，将存在问题细化分解为“一人一张表”，本着对党对鞍钢对同志对自己高度负责的态度，严肃认真开展批评和自我批评。强化对下督促指导，建立了由鞍钢领导班子成员牵头督导，纪委、党委组织部部门负责人联系督导，巡回指导组具体督导的“三位一体”督导工作机制，确保专题民主生活会高质量、有“辣味”。各级指导组把高标准严要求贯穿督促指导全过程，逐级审核会议方案、检视剖析材料，对不符合要求的提出修改意见，对批评和自我批评不深刻的当场叫停整改，根据会议情况作出实事求是的点评，对每名班子成员进行“点评画像”。鞍钢党委对党支部专题组织生活会和民主评议党员、民主评议党支部工作进行专题部署，2262个党支部以党员大会或党小组会形式召开了专题组织生活会，各级领导班子成员参加所在党支部和指导下级党支部专题组织生活会1751次，确保了会议质量和效果。

5. 坚持边查边改、立行立改，以钉钉子的精神抓好整改落实。一是坚持一体推进，不折不扣抓好整改落实。坚持把“改”字贯穿始终，向问题叫板，以整改成果体现主题教育实效。鞍钢党委坚持把主题教育问题整改和中央巡视反馈问题整改一同部署、一体整改，制定《“不忘初心、牢记使命”主题教育问“9+1”（9个专项整治+巡视反馈问题）整改清单》，上下联动、同向发力，列出两级党委上下联动整改清单，做到即知即改、应改尽改、全面整改。扎实开展第一批主题教育整改落实情况“回头看”工作，制定推进工作安排，召开整改落实推进会议。鞍钢领导班子成员对照整改措施，全面开展自查，逐条盘点梳理，确保每项措施都改到位、有成效。注重开门搞整改，召开整改落实座谈会，听取“两代表一委员”、基层职工群众等对整改整治工作的评价。鞍钢巡回指导组采取多种方式，对第一批主题教育单位整改落实情况进行全覆盖督促指导，严格审核整改方案、进度安排；各级指导组突出问题导向，督促所指导的单位及时建立问题整改清单，实行销号管理，防止虚假整改、纸上整改。二是强化上下联动，真刀真枪推进专项整治。坚持以专项整治为“龙头”，成立专项整治工作领导小组，制定《主题教育专项整治工作安排意见》，做到紧盯“两个维护”抓整治，确保党中央决策部署落实落地；紧盯群众的操心事烦心事揪心事抓整治，紧盯部分党组织和党员干部的病灶抓整治，紧盯制度短板抓整治。各级党组织制定专项整治措施8305项，明确责任主体、进度时限和工作措施，实行项目化推进，销号式管理。三是回应职工关切，落细落小解决热点问题。聚焦职工群众最急最忧最盼问题，各级党组织分级建立“为民服务解难题”项目清单，认真解决职工群众急难愁盼的事。坚决整治形式主义、官僚主义，切实为基层减负。集团下发文件、召开大型会议同比减少47%、42.5%；精简10家子企业经营者年度绩效考核指标63项，精简38.4%；精简基层上报材料、报表91项，精简22.75%，全公司上下呈现出开短会、讲短话、发短文、深入基层调研多、解决重点难点问题多的“三短两多”新气象。

通过开展主题教育，广大党员干部在学习教育中锤炼了党性修养，在调查研究中转变了工作作风，在检视问题中查找了差距不足，在整改落实中坚定了决心信心，达到了理论学习有收获、思想政治受洗礼、干事创业敢担当、为民服务解难题、清正廉洁作表率的目标任务，得到了中央主题教育领导小组办公室综合组和中央第三十四指导组、中央第十三巡回督导组的肯定评价。

【加强党的政治建设】 一是印发《鞍钢集团党委关于加强党的政治建设的实施意见》，明确政治任务、强化政治担当、提升政治能力。二是严格执行请示报告制度，向中央办公厅报送了年度党建工作情况报告。三是坚决贯彻两个“一以贯之”要求，开展“党建进章程”回头看，170家单位完成公司章程修订工作，做到“应进尽进”。四是全力配合中央巡视，坚持问题导向，抓好整改落实，做好政治体检。五是推荐的《习近平总书记关于全面从严治党的重要论述》获得中组部关于学习贯彻习近平新时代中国特色社会主义思想全国好课程推荐目录。

【压实党建工作责任】 一是制定党委书记专题会议议事规则、党委专职副书记专心专责抓党建、加强属地化企业党建工作领导和指导、加强境外单位党建工作等制度。二是召开鞍钢集团党委常委会议听取领导班子成员抓党建工作情况，建立鞍钢党委月工作计划制度，强化督查督办，推动责任落实，“严细实”的作风得到强化。三是充分发挥考核“指挥棒”作用，完善党建工作责任制考核评价办法，精简优化考核指标，实现“党建+生产经营”同保障。四是全面开展党委书记、党支部书记述职评议考核，对13家直管党委进行年度考核评价，并对4家排名末位的党委书记进行约谈，综合评价结果纳入领导班子、领导人员年度考核，激发党组织书记履职担当作为。

【严格党组织换届选举工作】 一是健全基层党组织按期换届提醒机制，印发《关于做好2019年基层党组织换届选举工作的通知》，建立基层党组织换届工作台账，督促各基层党委抓好本单位基层党支部的换届选举工作，做到“应换尽换”，真正使党组织任期制度、换届选举制度严起来、落下去。二是印发《鞍钢集团直管单位党委换届选举工作“两请示、一报告”审批流程》，统一规范了直管单位党委换届报请流程和鞍钢集团党委审批流程，明确了材料名称、具体内容、流转时限、审批程序等要求。

【抓实党支部标准化规范化建设】 一是创建鞍钢集团“样板”党支部66个、党支部工作示范基地8个，10个基层党支部被评为2019年辽宁省党支部标准化规范化建设示范点。二是坚决整顿软弱涣散党组织，制定加强基层党组织组织生活的指导意见，召开党支部建设研讨会，先进党支部作经验交流，软弱涣散党支部作改进表态发言，巩固整治成果。三是贯彻落实基层减负要求，对党支部工作记录进行规范、简化，防止过度留痕。四是开设党支部工作大讲堂，邀请中组部领导专题辅导解读《中国共产党支部工作条例（试行）》，举办8期党支部书记集中轮训班。五是举办新任职党支部书记培训班，分两批次对542名新任职党支部书记进行上岗培训，着力建设一支党性强、能力强、改革意识强、服务意识强、敢于担当的基层党支部书记队伍。六是强化党建工作指导，编发党委工作手册、党支部工作手册、基层党建创新案例选编等党建工作指导丛书，其中1篇创新案例被收录到中组部编写的《基层党组织书记案例选编》，作为全国党员教育培训教材。

【强化党员教育管理】 一是组织开展“牢记初心使命、永葆政治本色”系列主题实践活动，引导广大党员创先争优，第12年开展“共产党员工程”项目，1.3万余名党员群众参与的102项集团级“共产党员工程”累计增效创效2.26亿元，评选出100个党员先锋岗、100个党员责任区。二是制定《2019—2023年党员教育培训工作实施意见》，开展第七届“钢花奖”党员教育电视片评选活动，拍摄的1部党员教育电视片荣获第十五届全国党员教育电视片优秀奖。三是深入开展典型教育和党性教育，扎实推进“不忘初心、牢记使命”主题教育。编发《“不忘初心、牢记使命”主题教育先进典型风采录》，以图文并茂的形式展现了近年来全公司受到党中央、国务院国资委党委、辽宁省委、四川省委表彰的21个先进集体和优秀个人事迹。四是加强党内激励关爱帮扶，在七一、新中国成立70周年之际，走访慰问生活困难党员、老干部、老党员1600余人，发放慰问金100余万元。五是扎实开展“践行共享理念、关爱一线员工”专项服务行动，组织立项530项，让企业改革发展成果更多更公平惠及广大职工。

【党内表彰】 2019年6月30日，为庆祝中国共产党成立98周年，扎实推进“两学一做”学习教育常态化制度化，聚焦“一条主线”、激发“三个动力”、构筑“三大事业”、实施“六项工程”，充分发挥基层党组织的战斗堡垒作用和党员的先锋模范作用，集团公司党委召开了鞍钢集团庆祝中国共产党成立98周年暨“三先两优”表彰大会，授予鞍山钢铁集团有限公司党委、攀钢集团有限公司党委、鞍钢集团矿业有限公司党委等33个党委“先进党委”荣誉称号，授予鞍钢集团工程技术发展有限公司建设公司建材分公司搅拌一厂党支部、鞍钢实业集团有限公司现代城市服务公司公寓服务区党支部等100个党支部“先进党支部”荣誉称号，授予鞍钢集团管理创新部党支部改革创新处党小组、鞍钢集团教育培训中心（党校）政治理论培训党支部党建党小组等200个党小组“先进党小组”荣誉称号，授予熊将、杨明凯等265名同志“优秀共产党员”荣誉称号，授予赵广为、于丽娜等100名同志“优秀党务工作者”荣誉称号。

2019年6月25日，国资委党委在北京召开了庆祝中国共产党成立98周年暨中央企业“两优一先”表彰大会，鞍钢集团党委书记、董事长姚林，鞍钢集团党委组织部部长孙光辉，鞍钢集团矿业有限公司齐大山铁矿修路作业区党支部书记艾喜民出席会议。艾喜民作为基层党组织代表，上台接受现场颁奖。

出席中央企业先进基层党组织3个：鞍钢股份有限公司炼焦总厂党委，攀钢集团攀枝花钢钒有限公司提钒炼钢厂党委，鞍钢集团矿业有限公司齐大山铁矿修路作业区党支部。

出席中央企业优秀共产党员3人：鞍钢股份有限公司中厚板厂厚板线生产作业区轧机主操纵田宇，鞍钢矿业有限公司鞍千矿业有限责任公司生产技术室主任工程师王长艳（女），鞍钢工程技术发展有限公司重机公司灵山重装事业部灵机分厂新跨甲班班长、16米数控立车操作者陈世谊。

出席中央企业优秀党务工作者2人：鞍钢股份有限公司炼铁总厂党委书记、工会主席杨正文，攀钢矿业有限公司选矿厂磁选作业区党总支书记年青松（女）。

（鞍钢集团有限公司党委组织部　杨　松）

·宣传工作·

【加强政治理论学习】 认真学习贯彻习近平新时代中国特色社会主义思想和党的十九大精神，用党的创新理论武装头脑、指导实践、推动工作。

1. 抓好中心组学习。印发《2019年政治理论学习指导意见》《2019年鞍钢集团有限公司党委理论学习中心组学习安排》。抓好抓实领导带头学、集体研讨学、丰富方式学、联系实际学四种方式，分专题组织集团公司党委理论学习中心组集体学习24次、研讨114人次。强化对子企业党委中心组学习的检查指导，通报子企业党委中心组学习情况，督促有关问题整改。

2. 及时学习宣传贯彻党的十九届四中全会精神。鞍钢党委第一时间以党委中心组学习、党委常委会学习方式，传达学习全会精神。邀请中央党校教授对各级党委中心组成员进行专题辅导。印发了《鞍钢集团有限公司党委关于下发认真学习宣传贯彻党的十九届四中全会精神方案的通知》。在鞍钢党校开设党的十九届四中全会精神培训班，对全集团副处级以上领导干部进行轮训。

3. 大力开展网络学习。推广使用“学习强国”学习平台，完成覆盖鞍钢各党委、党支部的组织搭建。开展了评选表彰鞍钢集团“学习强国”学习平台“学习达人”活动。鞍钢党建网增设“学习在线”一级栏目及3个子栏目，刊发学习重点、学习资料等199条。

【加强思想政治工作】 推进思想解放。在全集团开展“解放思想、开放变革，建设高质量发展新鞍钢”大讨论活动。集团领导班子2次以党委中心组集体学习方式开展思想解放大讨论。《鞍钢日报》开辟了解放思想大讨论专栏，激发了职工学习一流、赶超一流的信心和勇气。加强思想政治工作研究。积极务实地开展思想政治工作研究，取得了一批有价值、有分量的研究成果，在中国思想政治工作研究会等上级政研会公布的获奖成果中，鞍钢共有13项成果获15个奖项。

（鞍钢集团有限公司党委宣传部　李　勇）

·纪检监察工作·

【召开2019年度集团公司党风廉政建设和反腐败工作会议】 2019年1月22日，召开党风廉政建设和反腐败工作会议。鞍钢集团党委书记、总经理姚林发表讲话；党委副书记、总经理戴志浩传达习近平总书记重要讲话和相关会议精神；党委常委、纪委书记孟庆旸提出工作要求。姚林在讲话中指出，要深入学习领会十九届中央纪委三次全会精神，切实把思想和行动统一到中央要求上来；要客观看待成绩，清醒认识不足，切实增强深入推进全面从严治党的政治责任感和历史使命感；要落实纪检监察体制改革各项举措，切实履行党委管党治党主体责任；要把握工作重点，推动鞍钢党风廉政建设和反腐败斗争不断取得新胜利。孟庆旸在讲话中要求，要以习近平新时代中国特色社会主义思想武装头脑，坚决把思想和行动统一到党中央全面从严治党的要求上来；要深刻认识中管企业纪检监察体制改革的重要意义，准确把握改革的精神实质和基本要求；认真履行监督职责，推动鞍钢纪检监察工作实现高质量发展；切实担负起管党治党政治责任，正确对待、自觉接受监督。

【坚持把政治建设摆在首位，政治监督得到新加强】 贯彻落实习近平总书记关于东北地区、辽宁和国企央企的重要讲话、指示批示精神和十九届四中全会精神，对照中央巡视反馈意见，深入查找问题、分析原因、制定措施，163 项整改措施已完成 99 项，取得阶段性成效 60 项。严明政治纪律，2019 年严肃查处违反政治纪律案件 7 件。在坚决查处党员违纪问题的同时，严肃追责问责，就落实两个责任不力等问题共问责 52 人，同比增长 373%，有效推动了管党治党责任层层落实。

【坚持主动监督、靠前监督，日常监督取得新进展】 集团党委主动接受监督，积极向中央纪委国家监委报告全面从严治党和中央巡视反馈问题整改情况。强化制度建设，制定了加强政治建设实施细则、主动接受监督制度、落实请示报告条例实施办法等 6 项制度。集团纪委切实强化监督职责，2019 年运用第一、第二种形态占比 89.8%，第四种形态占比 4.4%；督促指导基层纪委开展专项监督 176 项，发现问题 337 个，推动建章立制 32 项。

【坚持从政治高度破解形式主义、官僚主义问题，纠治“四风”收到新成效】 从讲政治的高度，深挖贯彻落实党中央重大决策部署不力、违规经营决策及安全生产事故背后的形式主义、官僚主义思想根源，给予 47 人次党政纪处分，通报了 7 起典型问题。盯住重要时间节点，特别是对中秋、国庆期间的“四风”问题开展监督检查，发现问题 33 个、线索 41 个，立案审查 11 件。2019 年查处公车私用、公款吃喝、公款旅游、收受节礼等违反中央八项规定精神问题 29 个，同比增长 93.3%，释放出了越往后执纪越严的强烈信号。关停注销 3 个驻京办事机构，2 家在京宾馆已实施市场化经营，较好地完成了清理驻京机构的任务。

【坚持以人民为中心的发展思想，整治群众身边腐败问题实现新突破】 狠刹基层歪风邪气，2019 年严肃查处群众身边的违纪违法案件 31 件。开展“带钱”问题专项治理，发现问题 1795 个，涉及金额 1563.6 万元，党政纪处分和组织处理 1241 人。为从源头上解决“带钱”问题，制定下发了《关于规范解决有关费用支出问题的指导意见》，指导督促基层单位妥善解决好合理开支需求。

【坚持纪法双施双守，审查调查打开新局面】 2019 年，各级纪检监察机构立案审查 206 件，同比增长 36.4%，其中自办案件 151 件，同比增长 24.8%；党政纪处分 195 人次，同比增长 17.5%。集团纪委立案 23 件，处分 17 人，其中对集团直管干部立案 7 件，党政纪处分 5 人，较往年相比均实现数倍增长，较好地解决了“抓下不抓上”问题。与辽宁省监委、鞍攀两地市级监委采用联合办案模式，适用留置措施调查职务犯罪案件 7 件。在严肃查处这些腐败案件的同时，立足标本兼治，惩处与教育并重，通过召开警示教育大会，在报纸、网络等平台点名道姓通报曝光等方式，做好查办案件的“后半篇文章”，实现“查处一人、教育一片、整改一方”的效果。

【坚持聚焦监督重点，巡视利剑作用得到新增强】 积极配合中央巡视，抽调 45 人组建配合中央巡视纪律审查工作组，巡视移交的 247 件问题线索，已办结 187 件，完成率 75.7%，纪律处分和组织处理 99 人。深化集团巡视机构改革，独立设置巡视机构，修订完善巡视工作制度，配齐配强巡视人员。以上下联动方式，对信息产业公司、矿业公司开展巡视，发现管党治党责任落实不力，形式主义、官僚主义问题突出，推进高质量发展差距较大，重点领域关键环节监管缺失等方面的问题 209 个，线索 19 个。

【坚持打铁还需自身硬，纪检干部队伍建设迈出新步伐】 集团纪委贯彻纪检监察体制改革要求，聚焦主责主业，建立健全工作制度 14 项，退出议事协调机构 6 个。坚持抓队伍建设，采取“请进来、送出去、岗位练、引人才、强内控”等方式，培训纪检监察人员3000余人次；开展岗位练兵模拟实战，积极推进从地方监委和公检法机关引进执法专业人员工作。坚持自我净化，及时处置反映纪检干部线索13件，对1人进行立案审查，对2人进行了谈话函询，严防“灯下黑”。

（鞍钢集团有限公司纪委　朱翰洋）

·统一战线工作·

【加强政治引导】 2019年7月8—12日，在鞍钢党校、攀钢党校开设党外代表人士学习习近平新时代中国特色社会主义思想培训班，对全集团142名党外代表人士开展为期5天的集中脱产培训。

【邀请党外代表人士列席鞍钢集团第二次党代会】 2019年3月19日，邀请高建山、刘宏舒、陈福成、宋安宁、肖振平、杨芳、李桂军、郭晓宏8名党外代表人士列席鞍钢集团第二次党代会开闭幕式。

【召开2019年鞍钢集团统战工作会议】 2019年12月6日，鞍钢集团党委召开2019年统战工作会议。会议学习了中共十九届四中全会精神，通报了鞍钢集团1—10月生产经营情况和党建工作情况，鞍钢集团党委副书记栗宝卿对进一步做好鞍钢集团统战工作提出要求，5名统战代表人士和攀钢党委组织部负责人交流经验。

【加强党外代表人士队伍建设】 推荐吕兴强、李剑萍、姜喆3名党外人士为第十四届鞍山市政协委员。九三学社社员、攀钢钒科技创新部部长李桂军当选九三学社攀枝花市委会主委。九三学社社员、鞍钢集团钒钛（钢铁）研究院材料工程技术研究所副所长李俊洪荣获“中央企业劳动模范”称号。无党派人士孙朝晖获2019年四川“最美科技工作者”称号。无党派人士郭晓宏、郑之旺荣获第二届“鞍钢楷模”称号。

【深入开展“爱鞍钢、献良策、做贡献”主题活动】 印发《关于开展2019年鞍钢集团“爱献做”优秀成果评比表彰工作的通知》《关于表彰2019年鞍钢集团“爱献做”活动优秀成果的决定》，评选表彰2019年鞍钢集团“爱献做”优秀成果43项。

（鞍钢集团有限公司党委统战部　秦永春）

·精神文明工作·

【精神文明建设】 持续提升鞍钢典型工作影响力。在中国冶金职工思想政治工作研究会会员代表大会上介绍鞍钢典型选树宣传工作经验。不断壮大先进典型群体，开展第二届“鞍钢楷模”评选表彰活动，评选出第二届鞍钢楷模17人、第二届鞍钢楷模提名奖18人。鞍钢楷模网络投票数为首届评选时的2.3倍，影响力不断扩大。积极推荐、宣传鞍钢典型，孟泰、王崇伦、郭明义获得全国“最美奋斗者”称号。大力组织志愿服务活动。鞍钢集团、郭明义分别受邀加入中国志愿服务联合会。推进志愿服务组织和省市级文明单位助力精准扶贫有关工作，开展“向祖国献礼——鞍钢郭明义爱心团队在行动”主题志愿服务活动。鞍钢郭明义爱心团队助力精准扶贫项目获得全国“四个100”志愿服务项目称号。高质量组织完成集团公司党政主要领导国企公开课活动。鞍钢集团党委书记、董事长姚林的“以责任赢信任”公开课，鞍钢集团总经理戴志浩的“以使命促担当”公开课，在东北大学师生中引发热烈讨论，赢得广大师生好评。加强精神文明建设阵地建设，“鞍山钢铁厂早期建筑”获评第八批全国重点文物保护单位，鞍钢集团博物馆获得国家一级文物修复资金1582万元，改建后的雷锋纪念馆更具影响力。

（鞍钢集团有限公司党委宣传部　曹德飞）

·党校工作·

【举行春季开学典礼】 2019年4月11日，鞍钢党校举行春季开学典礼。鞍钢集团党委书记、董事长姚林作动员讲话，鞍钢集团党委副书记、党校校长栗宝卿主持开学典礼。鞍钢汽运公司、德邻陆港总经理郭克，攀钢矿业选矿厂磁选作业区党总支书记年青松，在开学典礼上分别代表鞍、攀两地学员进行了表态发言。鞍钢党校党委书记、第一副校长聂洪林介绍了2019年鞍钢党校干部培训重点安排。鞍钢集团党委组织部部长孙光辉重申了中共中央组织部、办公厅下发的《关于在干部教育培训中进一步加强学员管理的规定》。集团公司机关部门负责人，集团公司、各区域、板块和直管单位负责培训工作相关人员、教师代表，鞍钢党校领导干部读书班、中共党史研修班及中外文化传统与企业管理研修班学员，攀钢党校党支部书记培训班学员共 340 余人，分别于主、分会场参加了开学典礼。

【发挥干部培训主渠道主阵地作用】 举办鞍钢集团习近平新时代中国特色社会主义思想专题轮训，完成了党委书记、部级领导人员、处级领导人员、党支部书记和统战对象培训共 23 期，鞍山区域轮训 2523 人，攀钢区域、广州联众轮训 1237 人。举办“不忘初心、牢记使命”集团公司党支部书记专题培训班 8 期，培训鞍山区域党支部书记 1100 人，其他区域参训党支部书记 800 多人。举办鞍钢集团领导人员习近平新时代中国特色社会主义思想学习纲要培训班 5 期，培训鞍山区域领导人员 460 人。开办了领导人员商业领导力提升研修班、领导人员质量经营与品牌管理研修班、领导人员产业结构调整与经济转型升级研修班、董事监事财务管理与金融创新高级研修班等高端培训班。

【发挥科研“智库”作用】 完成公司及以上科研课题 13 项，完成校级科研课题 52 项。发表论文 154 篇，其中省级论文 33 篇、市级论文 121 篇。《以创新工作室为依托 开发复合培训模式》获第八届冶金行业论文评选三等奖。《推动习近平新时代中国特色社会主义思想学习宣传贯彻向纵深发展研究》获中央企业党建思想政治工作研究会 2019 年度优秀课题研究成果三等奖。《鞍钢》杂志出版 4 期，发表文章 79 篇。《鞍钢日报》理论版编辑出版 18 期，刊登文章 72 篇，其中，与集团公司党委组织部联合开设的“支部党建实践”栏目，刊登支部党建实践交流文章 14 篇。《鞍钢培训》编辑出版 4 期，刊登文章 85 篇。

【积极拓展对外培训】 发挥培训资源优势，加大对鞍钢党校优秀培训师资、重点培训项目向集团外部的宣传推介，为鞍山市雨虹集团、中石油鞍山分公司、中石油铁岭分公司、海城后英集团等企业举办管理人员管理知识管理能力提升培训，提升办学知名度和影响力。

（鞍钢党校 刘允壮）

· 工会工作 ·

【民主管理】 规范召开各级职代会，职代会作用得到充分发挥。集团公司一届七次职代会选举了职工董事，一届八次职代会审议通过了企业年金管理方案。全年处理职工代表提案 21 项。各单位积极开展集体合同履行情况自检自查，推进基层厂务公开。

【职工思想引领】 鞍钢集团各级工会加强职工政治引领，职工思想风貌积极向上。2019 年，鞍钢集团 5 个单位荣获中央企业先进集体，8 名同志荣获中央企业劳动模范称号；3 个集体被评为全国工人先锋号；1 名同志荣获全国五一劳动奖章，7 名同志荣获辽宁五一劳动奖章，1 名同志被评为“四川工匠”。集团公司表彰了 2019 年度 20 个先进单位，203 名先进生产者，100 名 2018—2019 年度鞍钢劳动模范。在《鞍钢日报》开辟“讲工匠故事、展劳模风采”和“弘扬新时代劳模精神”专栏，引导发挥劳模的示范、引领、带动和桥梁作用。

【劳动竞赛】 鞍钢集团各级工会广泛开展“当好主人翁、建功新时代”劳动和技能竞赛，积极营造劳动光荣的良好风尚和精益求精的敬业风气。在中国机冶建材工会组织的“全国重点大型耗能钢铁生产设备节能降耗对标竞赛”中，鞍钢股份炼铁总厂 2 号高炉、西烧烧结机及炼钢总厂 D 转炉分别荣获冠军炉、优胜炉荣誉称号。鞍山钢铁的“大指标创优，小指标夺冠”主题竞赛，攀钢“推进‘五大平台’建设，促进高质量发展”主题竞赛，矿业公司“推进按质换油、降低油脂消耗”专项攻关竞赛，国贸公司“精英杯”英语竞赛等，都各具特色，效果突出。

【群众性自主创新】 鞍钢集团各类职工创新载体作用突出，立足一线创新创造蔚然成风。2019 年，完成群众性创新项目 904 项，创效 3.88 亿元。攀钢工程公司王洪彦的一项成果获得全国冶金科学技术奖三等奖，鞍钢股份热轧带钢厂曲晓东的一项成果获得辽宁省科学技术进步奖二等奖，鲅鱼圈炼钢部金百刚的一项成果获得中国发明协会 2018 年度发明创业成果二等奖。推进职工创新工作室建设，新命名 8 个集团公司级职工创新工作室，7个职工创新工作室新获得省级命名。开展创新项目评审，表彰优秀创新项目95项。通过把创新工作室评比验收和调研相结合，帮助基层解决创新工作室建设中遇到的问题。组织创新工作室带头人现场学习交流、创新沙龙等活动，安排2名同志参加全总组织的赴德国培训考察，5名同志参加省总组织的学习交流活动。参加第二十三届全国发明展览会，职工创新成果获金奖20项、银奖33项、铜奖36项。修订《鞍钢集团有限公司先进操作法管理办法》，鞍山钢铁开展先进操作法推广季活动，推广厂级先进操作法248项，跨区域推广培训32项。

【职工技能竞赛】 集团公司制定下发了开展职工技能竞赛的指导意见，2019年度职工技能竞赛共有精英赛4个工种、群英赛28个工种，涌现技术能手206名。在辽宁省职工技能大赛各项分赛中，承办炼钢技能大赛，鞍山钢铁包揽了全部三个竞赛工种的前3名；在“匠心杯”首届辽菜烹饪技能大赛中，众元产业公司城服公司获得一金三银一铜，接待公司获得三银三铜的好成绩。攀钢1名同志获得“2019成都·全国职业技能邀请赛”焊工组第三名。

【服务职工】 鞍钢集团各级工会协助党政开展大走访活动，全年走访慰问各类困难职工、离退休人员等35474人次，发放救济金1675.6万元。审核发放2018年度职工医疗救济金1075.46万元，2019年度第一批医疗救济金840万元在春节前全部发到职工手中。为11466名女职工办理团体安康保险。修订职工救济费管理使用实施细则，建立困难职工帮扶信息系统，为实现精准帮扶创造条件。各单位工会精心组织在职职工暑期度假、退休职工健康疗养、为会员过生日、“夏送清凉、冬送温暖”“金秋助学”、食堂优质服务竞赛等活动，打造工会服务品牌。

【活跃职工文化】 鞍钢集团职工文化体育生活更为丰富多彩。为庆祝新中国成立暨鞍钢开工70周年，组队参加国资委主办的中央企业歌咏展演，举办鞍钢集团“我和我的祖国”爱国主义歌曲展演。集团公司工会开通了“摇篮鞍钢”微信公众号工会专栏，攀钢工会改版了“攀钢职工之家”公众号，矿业公司工会组织“网上答题”和快闪活动，通过新媒体提高工会传播力和影响力。开展女职工“读书征文”活动，评选“最美家庭”。举办元宵灯谜会、“五一”长跑等职工文体活动，承办第六届全国冶金职工运动会“鞍钢杯”气排球比赛。鞍钢拔河队在2019年全国拔河锦标赛暨2020年世界室内拔河锦标赛选拔赛上赢得6枚金牌、1枚银牌，参加中国拔河俱乐部公开赛获2项冠军。

【女职工工作】 2019年，鞍钢集团女职工组织以巾帼建功、巾帼成才为重点，以提高女工素质、维护女职工权益为主线，加强女职工组织的自身建设，引导广大女职工围绕生产经营为中心，充分发挥女职工队伍“半边天”作用，在鞍钢集团高质量发展中发挥重要作用。鞍钢集团工会评选表彰10个“三八红旗手标兵”、100名“三八红旗手”和50个“三八红旗集体”，在《鞍钢日报》开辟“巾帼绽芳华 筑梦新时代”专栏，展现出新时代女性自尊、自信、自立、自强的良好精神风貌，为广大女职工树立了榜样。3000余名女职工参加鞍钢集团各层级职工技术竞赛，其中125名女职工获得技术能手称号，5名女职工在第23届全国发明展览会上获得1金2银2铜的好成绩。评选表彰10户“最美家庭”，37篇“书香女性”最佳征文作品，67名最佳悦读者。通过“三八节”“六一节”等节日及时救助1757名困难女职工，298名单亲困难女职工在“金秋助学”活动中得到救助。鞍钢集团女职工组织扎实做好女职工专项体检、大病互助、团体安康保险等工作，配合省市总工会积极组织女职工参加“两癌”筛查工作，共有1076名女职工参加第一批体检；为23名女职工办理保险理赔手续，赔偿金额达111万元。全年举办健康讲座95场次，为9000余名女职工开展心理咨询服务。各级女职工组织举办业务培训班79场次，1200名女工干部参加培训，推动女工干部的素质和能力得到显著提升。

【工会自身建设】 接待全国总工会王东明主席带队到鞍钢调研，鞍钢的创新工作室建设和企业民主管理等工作受到全总领导好评。集团公司工会下发《关于鞍钢集团（鞍山区域）工会内部主要业务权限规范的意见》，鞍山区域的工会工作权责更加清晰，协调共进效果良好。按照集团公司党委部署开展“不忘初心、牢记使命”主题教育，持续整治形式主义官僚主义，重点围绕创新工作室建设开展调查研究。工会牵头制定《关于规范解决有关费用支出问题的指导意见》，建立规范解决“带钱”问题长效机制。开展子企业工会经费收支情况审计和检查，对发现的问题及时完成整改。组织辽宁省工会会员管理信息系统数据收集录入工作。举办基层工会主席培训班，提升工会干部整体素质。

（鞍钢集团有限公司工会　杨　杨）

·共青团工作·

【青年思想理论教育】 坚持用科学理论武装青年。组织团员青年深刻学习领会习近平总书记在纪念五四运动100周年大会上的重要讲话精神，引导广大团员青年坚定不移听党话、跟党走，切实增强“四个意识”、坚定“四个自信”、做到“两个维护”。组织各级团组织认真学习《习近平在正定》，着力提高团干部政治站位，激发团员青年奋斗热情，推动习近平新时代中国特色社会主义思想入脑入心。在《鞍钢日报》刊发“五四专版”“周末专刊”，进一步引导鞍钢青年坚定理想信念、筑牢信仰之魂。坚持用实践活动教育青年。组织开展“青年大学习”行动，深入学习习近平总书记系列重要讲话精神，引导广大团员青年不忘跟党初心，牢记青春使命。组织开展“青春心向党、建功新时代”教育实践活动，引导广大团员青年大力弘扬爱国主义精神，汇聚实现鞍钢高质量发展的强大青春正能量。组织开展“纪念五四运动100周年”系列主题活动，举办“鞍钢青年五四快闪”大型特别主题团日活动，激励广大团员青年牢记“五四”历史、弘扬“五四”精神，用青春擦亮鞍钢品牌，为建设高品质鞍钢添彩。坚持用优秀文化培育青年。注重教育引导、实践养成和典型示范，评选鞍钢首届十佳最美青年志愿者，引导广大青年把正确价值观内化为精神追求，外化为自觉行动。以庆祝新中国成立70周年、“3·5”学雷锋纪念日为契机，开展“跟着郭明义学雷锋”鞍钢青年造血干细胞血样采集活动，引导广大团员青年践行社会主义核心价值观。充分发挥“青春鞍钢”微信平台宣传优势，推送多期青年喜闻乐见的原创新媒体作品，切实做到把握新导向、提供新服务、引领新文明、传播正能量。

【青年生产实践活动】 强化品牌管理，提升创新登高对企业的贡献力。召开第六届鞍钢集团纪念五四运动100周年暨创新登高发布大会。以问题导向和需求导向为原则，做好项目立项管理工作，将项目价值建立在解决生产经营实际问题、满足生产经营实际需求基础上，推动项目成为企业高质量发展基础性资源。聚焦企业新发展，着力推动项目结构性升级，2019年立项数量达1424项，实现立项数量“六连增”。强化项目集聚化管理，建立项目一体化管理平台，组织实施了一大批具有典型示范作用的创新登高项目，评选2018年度“创新登高”金牌项目50项，进一步加快项目孵化和成果转化。聚焦品牌塑造，激励青年岗位奉献。找准新时代立足点，植入青春时尚元素，深入开展“青”字品牌活动，引导“号手岗队”成为追求职业理想、岗位建功立业、积极服务社会的一面旗帜。在浙江卫视《奔跑吧》节目录制、“庆祝新中国成立70周年”纪念章颁发仪式等大型活动中，积极组建青年志愿服务组，用青春志愿擦亮鞍钢品牌。拍摄鞍钢青春系列轻喜剧《青春那旮瘩》第二季，以精彩的故事、幽默的情节和崭新的表现方式，讲好鞍钢故事、展现青年风貌、引领岗位奉献。实施建功行动，实现组织价值创造。在全集团内开展“青春建功高质量发展”共青团专项工程竞赛，调动和发挥基层团组织和广大青年的积极性和创造性，实现全年直接创效1800万元工作目标。发布《鞍钢共青团2019年工作规划》，将团组织服务大局的工作职能、总体目标和阶段任务量化为一个个具体项目，以项目化的形式管理、推进、考核和验收，提升组织直接贡献效率。组织开展第六届创新登高“双十佳”评选表彰活动，不断激发青年创新创效热情，助力企业构筑创新发展优势。

【服务青年成长成才】 密切联系青年，发挥桥梁纽带作用。组织开展鞍钢集团领导与优秀青年面对面交流座谈会，鞍钢集团党委书记、董事长谭成旭同志出席会议与8名优秀青年代表座谈交流，并寄语广大鞍钢青年。组织开展“走基层、访青友、聚团情”活动，推动团干部由手机“键对键”向现场“面对面”转变。赴鞍山钢铁、攀钢集团等子企业开展共青团工作调研，聆听青年心声、了解青年需求、解决青年问题。深入开展鞍钢人才公寓大走访活动，推动公寓青年之家建设。举办慰问住宿青年迎新春文艺汇演、第三届青年文化节等文体文化活动，为住宿青年职工送去团组织的关怀和问候。在春节、元宵节等重大节日期间，开展住宿青年职工联欢系列活动。组织开展鞍钢人才公寓青年交友联谊活动，下大力气做好住宿青年职工婚恋工作。指导成立鞍钢青年英语俱乐部、鞍钢人才公寓青年读书协会等组织，打造助力鞍钢高质量发展、切实服务青年职工的青春根据地。举办2019年鞍钢集团新入职员工文艺汇演。推荐优秀青年技能人才参加“振兴杯”全国青年职业技能大赛，在比赛中检验实力、激发斗志、促进成长。2019年，鞍钢集团团委共计获得省级及以上荣誉37个，其中国家级荣誉5个，省级荣誉32个。所获荣誉中，集体荣誉20个、个人荣誉17个，青年典型选树工作取得实效。深入推进团员“推优”入党工作，严格考核程序、严格控制增量、严格管好存量，为党输送新鲜血液，发挥好后备军作用。

【深化改革夯实基础】 召开团代会，奠定高质量团建基础。2019年9月10日召开了共青团鞍钢集团有限公司首次团代会，以无记名投票方式，选举王宁、王又翊、王相宇、曲明辉、刘铁、刘强、刘峻玮、宋安琪、张小军、金哲、郑雄、洪务波、郭忠尧、盛士鑫、梁峰、韩振宇、魏明琨等17名同志为鞍钢集团第一届团委委员，选举曲明辉同志为团委书记，王相宇同志为团委副书记。深化共青团改革，激发组织活力。以召开鞍钢第一次团代会为契机，以“高举团旗跟党走，青春建功新时代，团结带领鞍钢青年为建设具有全球竞争力的世界一流企业贡献青春力量”为主题，积极引导各级团组织和广大团员青年为建设高品质鞍钢、打造世界一流企业、实现中华民族伟大复兴中国梦贡献青春力量，全面开启鞍钢共青团高质量发展新征程。全面推进从严治团，夯实团建基础。以习近平新时代中国特色社会主义思想为根本指针，以学习贯彻党的十九大精神和团的十八大精神为主线，加强团的思想建设；以持续完善共青团活跃指数考核体系为支撑，加强团的活力建设；以做好“双推”工作、发挥团员先进性为主线，加强团的组织建设；以组织开展“整治形式主义、官僚主义”主题大讨论为关键，加强团的作风建设；以认真学习执行《团章》要求为基础，加强团的制度建设，全面提升鞍钢团建科学化水平。启动“钢铁之团园丁计划”，组织56名优秀团干部参加2019年度鞍钢优秀团干部井冈山培训班，组织276名基层团干部参加2019年度基层团委书记轮训班和基层团支部书记选训班，普遍提升团干部的政治理论素养。

（鞍钢集团有限公司团委　曲明辉）

鞍山钢铁集团有限公司

·生　　产·

【综述】 2019年，鞍山钢铁集团公司认真落实公司十届二十次职代会精神和公司“11365”工作目标，聚焦“变革、效率、品质”三个关键因素，强管理，控事故，求稳顺、抓均衡、提效率、打规模、保合同，注重系统协同和联动，加强鞍营两地生产互动，上下工序密切配合，刚性衔接，快速反应，克服原燃料价格上涨不利条件，生铁成本保持低位，产量规模保持高水平运行，部分成材产线创历史，两金占用符合预算，合同执行高水平运行，实现了公司整体生产的稳定和高效，在公司31项主要技术经济指标中，本部、鲅鱼圈分公司、朝阳钢铁分别有5项、7项、11项指标创历史最好水平。

1. 提效率，放产能，焦、铁、钢、材产量联动提升创新高。鞍山钢铁本部积极组织“焦、铁、钢、材规模提升联动推进”工作，坚持半月例会分析推进，月例会总结评价提高，并通过推动技术创新、提质提效、优化排产等多项措施，确保本部焦、铁、钢、材各工序稳顺高产，其中铁、钢、材均创历史新高。

炼焦：抓配煤，重调整，稳质高产。通过采取提质、降耗、优化配煤细度、减薄炉门、降低干熄焦烧损，多措并举组织焦炭稳产高产。焦炭M40、M10创历史最好水平。同时克服困难推进环保设施达标运行。为配合化学科技公司尽快稳定三回收脱硫塔工况，采取调整配煤结构、延长结焦时间等措施，调控配煤硫分、减少煤气发生量，将减产损失降到最低。全年本部焦炭产量完成762万吨，超过设计水平32万吨。

炼铁：抓精料，保稳顺，降耗控本。公司始终坚持以炼铁为中心，以高炉稳顺为重点。一是加强炉前炉内两个操作及过程管理，为保证高炉用料稳定性，提出“一机一炉”方针，保高炉稳顺。本部吸取个别高炉波动的教训，做好炉型，活跃炉缸，保证高炉群稳顺状态；鲅鱼圈分公司关注1号高炉调整装料制度后运行情况，及时做好生产应对；朝阳钢铁维护好高炉关键设备状态，保持高炉稳顺态势，高炉消耗指标三地最低，行业领先。二是做好原燃料保供工作。做好配煤调整，稳定焦炭产量和质量，原燃料质量建立红线机制。三是进一步做好优化配煤、配矿和焦、铁成本控制工作，在保证炼焦、烧结原燃料结构、质量稳定的基础上，不断提升铁前各项技术经济指标，确保焦、铁成本稳定受控。2019年，公司生铁成本2159元/吨，保持行业前列。

炼钢：提效率，放产能，咬定目标。通过优化生产组织，确保铁、钢生产平衡。克服转炉接续改造、检修、兑铁温度制限等困难，统筹考虑定修、品种和炉机状态。分区域灵活控制废钢单耗，确保铁钢整体平衡，做到不翻铁、不浪费产能，同时强化操作，力保废钢槽重。2019年，铁水单耗完成963.11千克/吨，废钢单耗完成160.16千克/吨，全部完成计划目标。加强铁水罐管理，兑铁温度保持高水平。加强铁水罐特别是薄皮罐罐重管理，罐重合格率由1—2月的22.6%提升至9月的66.49%，10月的80.03%，在满足炼钢KR脱硫的同时兑铁温度保持高水平，1—12月（7月末全部用KR罐运行）在炼钢一分厂和三分厂老线均实施KR脱硫的条件下兑铁温度完成1321℃，为炼钢提废增钢奠定了基础。本部钢产量完成1838万吨，创历史最好水平。

轧钢：抓市场，精调整，产量规模创历史。抓住市场机遇期，全力组织钢材产量释放，通过严格落实产线产能“1.05”倍组织生产，加强轧线生产过程管控，强化质量管理，精心操作，精细点检，遏制各类事故，进一步提高轧机作业率，优化排产，保持公司钢材规模最大化。全年本部完成钢材产量1758万吨，同比增加95万吨。特别是酸洗板产量实现新突破，通过全力组织酸洗板原料，鞍营两地协调供料，优化排产，提高轧线作业率，酸洗板产量持续创新高。全年产量完成46.35万吨，其中12月产量完成5万吨，相当于年产60万吨，创历史最高月产纪录。通过加强产销衔接，优化资源配置，加大质量攻关力度，提高产品一次合格率，合同执行率稳中有升，1—12月合同执行率累计完成95.62%，超计划1.62%。同时加大重点合同监管力度，实现硅钢家电用钢、汽车车轮用钢、热轧集装箱板等重点品种合同执行率达100%。

2. 注重全局，精细平衡，三地生产互动取得新突破。为充分发挥公司整体优势，精心组织鞍营朝三地生产互动，为公司整体规模提升和效益最大化提供强有力支撑。克服生产任务重、节奏快、原燃料紧张及三大节日生产组织困难等诸多不利因素，充分发挥公司整体优势，积极主动应对市场变化。为保证鲅鱼圈、朝阳用料需求，1—12 月本部供鲅鱼圈钢坯 53.58 万吨，供朝阳钢坯 0.86 万吨。为保证朝阳高炉稳产高产，克服矿山球团检修停机频繁、酸性料平衡紧张等困难，1—12 月本部矿山供朝阳球团 42.8 万吨。为保证矿山全负荷生产，全力优化鞍营两地精矿、粉矿平衡，1—12 月本部矿山供鲅鱼圈精矿 111 万吨，球团 5.4 万吨。为保证本部汽车钢、管线钢等品种钢生产，组织从鲅鱼圈调拨钢卷，缓解本部 RH 生产压力，调拨冷轧和硅钢原料 22.9 万吨，大大缓解本部热轧 1780 机组品种钢生产压力，为酸洗线等产线充分发挥产能做好了保障。

3. 完善机制，立项攻关，系统降本高位运行。一年来，全力组织系统降本攻关谋划、推进工作。完善攻关体系，夯实降本目标。利用冶炼成本优化决策支持系统，围绕物资流、能源流、成本流三个维度，按照不重复计算原则，归并项目课题，实体工厂和职能中心的项目课题不重复，兼顾上下工序和系统关联，并将“焦铁钢材”联动推进项目纳入系统降本，建立了全新的降本攻关体系。完善评价机制，发挥激励作用，全面落实系统降本课题负责人制。2019 年公司系统降本各个课题由主责单位负责人或主责部门负责人作为课题负责人，负责各个课题的跟踪推进、总结和评价，负责课题考核评价方案的制定，充分调动课题组的攻关积极性，推动课题指标的提升。通过内外对标找出差距和问题，寻求指标改进、提升和突破。1—12 月，系统降本 97 个指标，降本创效 27 亿元，折吨材降本 161 元。

4. 控库存，防风险，较好完成两金占用目标。大宗原燃料始终坚持低库存运行，从需求计划入手，控制大宗原燃料采购，最大限度降低高价物料库存，既保证生产需求，又完成压库目标。2019 年底，监管的大宗原燃料库存为 30.34 万吨，比定额目标低 4.66 万吨。全力组织轧钢钢坯在产品压库利库，克服备料、外部产线保产等影响，实现库存合理受控。2019 年底，监管的钢坯在产品库存为 55.77 万吨，比定额目标低 10.23 万吨。

5. 增渠道、重优化，成功克服进口煤通关问题。2019 年初，由于进口煤通关政策收紧，通关周期由 40 天延长到 70 天。为保证生产接续，鞍营两地对进口煤分步骤、有序减量使用：本部进口焦一日耗量由年初 5300 吨减至 1800 吨，为 2008 年以来最低；鲅鱼圈由 6000 吨减至 3200 吨。

6 月之后，公司通过转港报关、异地报关等渠道增加进口煤采购。三季度末，本部进口煤消耗量恢复到 6000 吨/日。鞍营两地生产部门不断优化配煤方案，统筹分配进口煤，将配煤调整对焦炭质量的影响降至最低，确保高炉生产稳顺。

（鞍钢股份有限公司制造管理部
徐岩松　张金栋）

【炼焦生产】 2019 年，鞍山钢铁集团公司生产焦炭 1115 万吨。

本部生产焦炭 762 万吨，超计划 2 万吨。焦炭质量 M40 完成 88.3%、M10 完成 6.18%、灰分完成 12.32%、硫分完成 0.77%、反应性完成 23.0%，反应后强度 65.6%、全焦耗洗煤完成 1294 千克/吨、干熄率 91.7%。

鲅鱼圈分公司生产焦炭 258 万吨。焦炭质量 M40 完成 90.16%、M10 完成 5.92%、灰分完成 12.19%、硫分完成 0.71%、反应性完成 20.24%、反应后强度 70.26%、全焦耗洗煤完成 1329 千克/吨、干熄率 86.9%。

朝阳钢铁公司生产焦炭 95 万吨。焦炭质量 M40 完成 89.56%、M10 完成 5.73%、灰分完成 12.23%、硫分完成 0.82%、反应性完成 20.70%、反应后强度 67.18%、全焦耗洗煤完成 1362 千克/吨、干熄率 94.2%。

1. 本部：

（1）年初，由于进口煤通关政策收紧，通关周期由 40 天延长到 70 天。为保证生产接续，鞍营两地对进口煤分步骤、有序减量使用。本部进口焦一日耗量由年初 5300 吨减至 1800 吨，为 2008 年以来最低水平。6 月之后，公司通过转港报关、异地报关等渠道增加进口煤采购。三季度末，本部进口煤消耗量恢复到 5000～6000 吨/日。公司多次优化配煤方案，统筹分配进口煤，将配煤调整对焦炭质量的影响降至最低，确保高炉生产稳顺。

（2）推进筒仓细化分组，有效控制单系统煤种数量不超过 15 种，降低焦炭质量指标波动幅度。

（3）开展铒车督查专项工作，实行“入厂管理”和“入仓管理”两级管理，严把准入关口，梳理洗煤接收环节，明确洗煤接收分两级对来煤质量进行管控，明确各级监督、管理职责，通过各项监督手段，实现来煤质量可追溯管理。

（4）强化焦炉调温工作，严格按照规程规范调整焦炉温度；消化吸收8号炉自动测温技术，积极推进全厂实施焦炉自动测温技术，提高焦炉调温稳定性；加强点检和维护，确保四大车稳定运行，确保K2系数，进而稳定焦炉温度。

（5）规范干熄焦操作，提高停电、爆管等应急操作培训，确保干熄焦稳定运行；加强干熄焦设备事故、生产事故管理，减少湿熄生产；强化湿熄管理，坚持湿熄申请、批准、报备程序，杜绝随意湿熄。

2. 鲅鱼圈分公司：

（1）开展焦炉生产竞赛，通过修改完善配合煤粉碎细度标准、加强装煤车操作、强化四大车系统维护、减少设备故障率，实现连续12个月超产，全年共完成257.68万吨，超设计产能2.68万吨。

（2）对焦炭振筛筛体实施定制化改造，将焦炭筛分品种由5种精简为3种，同时优化焦筛设计，改善筛分效果，使冶金焦炭平均粒径得到有效提高，实现大中块焦炭混合入炉。

（3）为解决外排焦炉烟气超标问题，规避焦炉停产环保风险，积极立项推进焦炉烟气脱硫脱硝项目。项目按照超低排放标准设计施工运营，率先实现2023年环保超低排要求，投运后外排污染物减排明显，环境危害有效降低。外排焦炉烟气中二氧化硫、氮氧化物、粉尘颗粒物污染物指标分别由50毫克/立方米、450毫克/立方米、30毫克/立方米处理至20毫克/立方米、120毫克/立方米、8毫克/立方米，全年二氧化硫、氮氧化物、粉尘颗粒物污染物减排量分别为157吨、1680吨、115吨。

（4）为解决焦炉机侧推焦作业无组织烟尘逸散、污染环境问题，积极立项推进新建焦炉机侧除尘项目，项目按照超低排放标准设计施工运营，率先实现2023年环保超低排要求，投运后机侧无组织烟尘逸散问题得到有效控制，厂区环境进一步优化、环保风险进一步降低。

3. 朝阳公司：

（1）坚持以保证焦炭质量为中心，严抓焦炭质量管理，针对质量控制的关键环节，通过用科学手段研判来煤质量，通过煤岩学分析、小焦炉实验等手段，确保煤质最优。严控加热制度等关键生产操作指标，保证焦炭成熟，落实精料方针。

（2）强化工序协作，保生产稳顺。强化工序间衔接，确保原料储量及使用周期，确保焦炉生产稳顺。合理利用好焦炉检修周期，强化对关键生产设备的维护、检修工作。严格执行工艺纪律，保证工序关键指标符合生产工艺标准。

（3）2019年强化重点指标攻关和过程成本管控。为应对严峻的市场形势，公司大力推进系统降本工作，焦化厂按照公司系统降本工作的整体要求，重点围绕公司下发的生产经营目标，在全厂范围内开展系统降本工作。全年上报系统降本项目5项，其中实际创效项目4个，创效302.2万元，创效项目占比80%。

（鞍钢股份有限公司制造管理部　陆　云）

【炼铁生产】 2019年，鞍山钢铁集团公司铁产量完成2586万吨，比2018年增产107万吨。其中本部1780万吨，同比增产23万吨；鲅鱼圈分公司590万吨，同比增产75万吨（2018年鲅鱼圈1号高炉大修）；朝阳公司216万吨，同比增产9万吨。

指标情况：本部综合焦比496千克/吨，入炉焦比332千克/吨，煤比144千克/吨，高炉矿耗1667千克/吨；鲅鱼圈综合焦比496千克/吨，入炉焦比346千克/吨，煤比140千克/吨，高炉矿耗1652千克/吨；朝阳公司综合焦比506千克/吨，入炉焦比339千克/吨，煤比139千克/吨，高炉矿耗1669千克/吨。

1. 鞍山区域：

（1）运营效率提升。以高炉稳顺为核心，遵循“做好炉型、活跃炉缸、看护铁口”操作理念及“冬病夏治、夏病冬治”的工作思路，实现对关键环节重点把控。5高炉利用系数实现单月2.525吨/(立方米·日)，达到国内先进水平。推动安全长寿技术的稳固发展，7高炉寿命达到15年，刷新了鞍钢长寿高炉纪录。强化工艺技术管理，提升“精经料”保供能力，烧结合格品率超计划2.63%，碱度稳定率超计划2.17%，球团矿一级品率超计划1.71%。全面优化配煤配矿方案，大幅使用经济料，全年降低生铁成本2.5亿元。强化能源动力系统管控力度，引进冷却水循环利用节能技术，创效231.62万元。

（2）创新能力提升。以创新驱动为引领，发挥“一厂一所一室”优势，完成三烧大四辊技术改造，破碎后燃料粒度达到85%以上。应用球团钠基复合黏结剂，使复合膨润土从1.4%降低到0.7%，提升了球团矿品位。成功应用二烧、三烧中压蒸汽预热混合料技术，混合料温度实现55℃以上。主皮带防撕裂检测装置、热风炉热像仪等在线检测监控技术得到应用，智能监测能力不断提升。完成“10高炉粒化主管线改进”等26项重大合理化建议与技术改进项目，技术创新能力持续提升。《鞍钢高炉优化操作炉型生产实践》等7篇学术论文获公司优秀科技论文奖。

（3）企业管理更加规范。完善管理点检标准及路径，强化关键点控制，建立常态化监督检查机制，促进各项工作全过程管理受控和有效改进，推动管理点检工作落实，实现精益生产、精细管理。发挥绩效评价导向作用，突出对可控成本考评，将动力成本等关键绩效纳入高炉、烧结绩效考评；对固体燃耗、电耗、漏风率等关键指标予以动态跟踪，实现精准激励。开展全口径人力资源优化工作，通过对标先进、岗位写实，系统核定全口径岗位及定员，相关方业务界面由11家压缩为4家，核减劳务用工1150人；管理和专业技术岗位编制定员减少了25个；合并相同区域及相似岗位，实施操检合一，集中管理，全口径劳动生产率同比提升了8%。

2. 鲅鱼圈分公司：

（1）鲅鱼圈分公司对2号高炉贯彻实施“双高双全”护炉法，控冶炼强度、保安全底线，炉缸环碳温度得到了有效控制。1号高炉在2月对高炉装料制度进行优化，后续逐步摸索出“以风为纲”的高炉操作理念。从实际运行来看，除了三季度1号高炉达到利用系数2.3的设计水平，其余时间运行欠顺，导致铁欠产较多。

（2）为给高炉顺行创造条件，坚持以焦炭高产、稳质为条件来组织配煤工作，实现焦炭M40、M10均创历史最好水平。在配矿方面，坚持高品位原则。通过提高巴西精矿配比，降低褐铁矿比例，提高烧结矿品位，烧结矿品位较上一年提高0.36%、转鼓提高0.09%。此外，为进一步提高烧结矿品位，降低烧结矿熔剂成本，从9月下旬开始进行白云石粉代替镁石粉的工业试验，烧结矿品位提高约0.05%，质量指标平稳，实验取得预期效果。通过努力，全年生铁成本为2153元/吨，比国内平均成本低50元/吨。

3. 朝阳钢铁：

朝阳炼铁继续坚持以“高炉长周期稳定顺行”为核心，以“保规模，降本增效”为手段，以实现“效益最大化”为目标，继续“高炉诊断模型”“高炉有害元素分析”“高炉炉缸管理”“高炉炉顶可视化技术”等技术措施，不断提升技术经济指标。通过合理使用含钛球团，高炉环炭持续保持稳定可控，高炉利用系数达到历史最好水平。

（1）强化生产运行管理，实现系统长周期稳定顺行。坚持以高炉稳定顺行为中心，突破原有认识，打破固有习惯，面对诸多技术难题，制定切实有效措施，高炉、烧结利用系数和生铁一级品率、烧结碱度稳定率均创历史最好水平。坚持与凌钢、武钢、承钢、唐钢等钢铁企业对标交流，掌握铁前配矿结构主流趋势及先进的理念，推进技术质量工作提升。

（2）强化成本管控，推进系统降本工作开展。通过周成本测算、铁前配矿一体化、燃料成本经济化等方式进行成本过程控制，达到生铁成本最优的目的。面对诸多技术难题，打破固有思维，敢于创新，降本工作取得新突破，截至11月累计创效7248万元。

（鞍钢股份有限公司制造管理部　孟超慧）

【炼钢生产】 2019年鞍山钢铁集团公司钢产量完成2714.1万吨，同比增产95万吨。其中本部完成1838.9万吨、鲅鱼圈分公司完成626万吨、朝阳公司完成249.2万吨，分别同比增产9.8万吨、79万吨、6.2万吨。本部日产纪录最高达5.68万吨，月产纪录最高达163.8万吨。

指标情况：本部、鲅鱼圈、朝阳公司钢铁料消耗分别完成1121千克/吨、1103千克/吨、1095千克/吨。

1. 优化生产组织，组织精益生产。在近两年来机组提效经验和设备升级改造基础上，严格执行“一机对一线”生产组织原则，加强生产—检修—改造全流程管控，落实重点工作日生产组织预案，提升生产运行“列车时刻表”信息化水平，各线因地制宜大力开展提高冶炼周期、提升液体容器寿命和周转率、铸机高速恒速等攻关，深挖内部潜力，不同程度地实现了新突破。

鲅鱼圈分公司生产效率持续提高。三台铸机

平均作业率比2018年分别提高15.47%、13.12%、9.75%，其中L、M铸机创历史最好水平。实施优化板坯下线规则等举措，为3800中板厂达产达效作出了突出贡献。通过操检合一和优化检修方式，为提升产量规模创造有利条件。加强点检与定修管控，设备开动率同比提升2.19%，主线事故时间同比减少9.7小时。以“效率和效益”为导向，大力开展“提废降铁、提升产能”专项竞赛。炼钢部通过提高废钢装槽速度、降低出钢温度等措施，克服困难、迎难而上，较好地完成了铁水单耗指标。针对厚板铸机和M炉共计11天年修及N炉35天年修，实施转炉铸机提效组织模式，并于9月27日创造了日产86炉、钢产量22334吨的新纪录。广泛深入地开展全员“提废降铁”竞赛，钢产量达到626万吨，同比增长14.5%，创造了日产86炉、钢产22334吨的历史新纪录，相当于年产钢720万吨水平。

朝阳钢铁建立“以连铸为中心，以转炉为基础，以设备为保障，以钢包为关键，以天车为重点，以温度为生命线”的生产组织方针，具备班产20炉，日产7000吨以上的生产能力。明确“连铸稳拉速，炼钢快节奏”的生产管理思路，夯实了生产顺行的基础工作。贯彻经济运行为先的生产组织理念，动态调控铁耗指标。强化过程管控，及时、准确、有效地发现生产环节出现的问题，发挥操作预案和生产组织预案的优势，做好事故预防，生产事故较上一年同期减少10次，降幅达到25%。

2. 强化工艺控制，提高质量水平。在质量控制方面，持续推行关键工艺节点管控体系，成立“降低汽车板钢夹杂缺陷攻关队”，梳理关键指标29项；全面实施技术质量“集中一贯制”管理模式，制定下发《质量管控能力评价管理办法》，开展以提升钢水洁净度和铸机功能提升精度等为核心的一系列质量立项攻关，2019年钢坯质量合格率完成99.69%，铸坯收得率达97.54%，一次合格率94.66%，为近两年最好。

鲅鱼圈分公司逐渐完善质量控制体系，建立质量关键绩效指标，按产线建立责任人跟踪评价机制，强化过程工艺管理和质量改进，质量保证能力得到提高。通过炼钢大数据智能分析平台快速诊断分析并及时纠偏，多措并举、上下互动，连铸坯合格率完成99.83%，钢坯一次合格率完成96.85%，重点质量指标全部完成计划，并进入国内同行业先进水平，共生产175个牌号281个钢质代码的钢种，其中专用材比例为92.76%。强化品牌建设，产品质量迈上新台阶，顺利通过GJB及莱茵河大桥外审，QEO、核电钢及IATF16949汽车钢体系复审，管线钢先后供货中俄东线、马坊支线、鄂安沧等项目。针对9Ni、管线X80等重点钢种进行个性化定制，实施全流程跟踪管控。吨坯质量损失同比降低3.32元，质量事故同比降低43%。荣获2019年鞍钢股份总经理质量奖鼓励奖。通过低合金钢直装裂纹研究，采取强冷直装工艺，实现了低合金钢种直装直送，直装率提高17%。识别质量风险，建立全流程质量控制关键点，使冷轧低碳钢夹杂异议率由2018年的0.12%降低到0.06%，降低幅度达到50%。

朝阳钢铁强化质量控制措施，提升产品质量。通过加强炼钢工艺管理，做到操作指标稳中求进，2019年铸坯质量合格率完成99.87%，比计划值提高0.37%。原品种合格率为99.95%，比计划提高0.65%。

3. 全面推进降本增效落实工作，降低工序成本。2019年，炼钢总厂开展了空前的对标活动，各产线积极对标行业领先水平、注重对标成果转化，关键技经指标均有大幅提升。在成本控制方面，成立6个降成本专项小组，全面推行三级成本点检模式，严格实施日点检、周预测、月分析的市场化成本管控机制。大力实施钢铁料结构优化、合金设计和使用优化等降成本措施，全年实现加工成本587.56元/吨，较2018年降低43.29元/吨，降低成本7.96亿元。综合能耗（以标煤计）完成-6.93千克/吨，吨钢能耗成本完成72.70元，继续保持全工序负能炼钢。

鲅鱼圈分公司深入开展降本增效工作。按照分公司提出的“全系统在2018年基础上降低成本2.46亿元”的目标要求，炼钢部承接并下发《关于2019年炼钢部实施降本增效攻关的决定》，推进降本增效工作。为保证系统降本目标的完成，围绕降低钢铁料、合金、熔剂消耗和能源动力等9大方面32个降本项目开展全员攻关，钢坯工序成本为668元/吨，比2018年降低118元/吨。

4. 搭建全员创新平台，形成创新工作体系。2019年，炼钢总厂有效开展公司级科研课题39项，质量提升课题35项，厂级创新课题200项；

提交专利和专有技术108件，20篇科技论文在全国各学会、期刊发表录用。在品种开发方面，大力开展新钢种新工艺尝试，突破多项工艺瓶颈。全年累计开发新钢种206个。一分厂板坯开发了耐磨钢；二分厂试制δ-TRIP钢，铝元素达到3.5%；三分厂成功试制模拟新能源汽车驱动电机用高磁感型硅钢；四分厂成功开发人工智能材料高导电性铜包钢盘条。管线钢X80确保中俄东线重大工程供货，高强汽车钢实现批量稳定生产。2019年多项科技成果获得荣誉："绿色高效转炉冶炼—干法除尘协同技术开发与应用"获辽宁省科学技术进步奖三等奖、鞍钢集团科学技术奖一等奖；"钢包智能定位及高效转炉炼钢技术开发应用"通过辽宁省金属学会组织的辽宁省冶金行业科学技术成果评价，达到国际先进水平。2019年群众性创新活动蓬勃开展，已注册QC小组21个，炼钢三作业区丁班D炉荣获辽宁省先进质量信得过班组称号，连检一作业区整备点检班荣获辽宁省质量信得过班组称号，炼钢四作业区"百炼成钢"QC小组、吊车三作业区QC小组、吊车四作业区操作QC小组荣获辽宁省优秀质量管理小组称号；炼钢总厂荣获辽宁省质量管理小组活动优秀企业称号。

鲅鱼圈分公司2019年科研成果丰硕。立项"钢包底喷粉精炼技术开发与应用"等9项，结转14项，结题"精炼渣优化研究"等2项。组织开展"船板、管线钢边线缺陷攻关""提高厚板高强桥梁探伤合格率攻关"等质量提升项目15项。知识产权方面，申报13项专利专有技术，发表科技论文5篇。炼钢作业区乙班QC小组被评为辽宁省优秀质量管理小组，荣获辽宁省科技进步奖三等奖1个、鞍钢集团科技进步奖三等奖1个，"一种减少高强度钢复合板裂纹的方法"荣获全国发明展览会银奖。品牌影响力不断增强，高质量完成中俄石油管线东线、冬奥会场馆、深中通道、高强耐磨钢、低温容器用钢、核电用钢、DYCT-3超纯净工业纯铁等重点工程用钢的生产。生产并交付用于我国首次自主设计制造的两艘20000箱超大型集装箱船使用的止裂钢，成功替代进口，填补国内空白。成功研发德国莱茵河桥梁钢，标志着"鞍钢制造"以全新姿态稳步踏进德国桥梁钢市场。以厚板特厚产品开发为依托，突破裂纹敏感钢种焊接瓶颈，实现同质复合连铸坯的量产，同时深入研究连铸坯异质复合技术，解决高端复合板系列生产难题，形成新的创效点，实现复合板产线总体盈利，复合坯产量超历史。

（鞍钢股份有限公司制造管理部　王文科）

【轧钢生产】 2019年，鞍山钢铁集团公司钢材产量完成2542万吨，比上年增产129万吨，增幅为5.34%。其中，本部完成1672.6万吨，同比增长9.4万吨；鲅鱼圈分公司完成646.9万吨，同比增长23.9万吨，朝阳公司完成248.6万吨，同比增长3.8万吨。

1. 抓住机遇，措施得力，实现钢材规模最大化。抓住市场机遇期，以市场为导向，把握窗口期，全力组织钢材产量释放。加强轧线生产过程管控，强化质量管理，精心操作，精细点检，遏制各类事故，进一步提高轧机作业率，优化排产，保持公司钢材规模最大化。

2. 克服困难保障合同执行。通过加强产销衔接，优化资源配置，加大质量攻关力度，提高产品一次合格率，合同执行率稳中有升，各月全部完成预定合同执行率计划，1—12月合同执行率累计完成95.62%，超计划1.62%。同时加大重点合同监管力度，实现硅钢家电用钢、汽车车轮用钢、热轧集装箱板等重点品种合同执行率达100%。

3. 屡创历史新高，小型线持续高产。2019年，螺纹钢筋效益始终处于高位。为提升公司盈利水平，全力组织小型线稳产高产，全年完成产量133.64万吨，创历史新高，达设计产能的133.64%。

4. 注重全局，精细平衡，三地生产互动取得新突破。克服生产任务重、节奏快、原燃料紧张等诸多不利因素，充分发挥公司整体优势，积极主动应对市场变化，精心组织鞍营朝三地生产互动，为公司整体规模提升和效益最大化提供强有力支撑。

其中为保证鲅鱼圈、朝阳用料需求，本部供鲅鱼圈钢坯53.58万吨，供朝阳钢坯0.86万吨。为保证本部汽车钢、管线钢等品种钢生产，组织从鲅鱼圈调拨钢卷，缓解本部RH生产压力，调拨冷轧和硅钢原料22.93万吨，缓解1780机组品种钢生产压力，为硅钢等产线充分发挥产能提供了保障。

（鞍钢股份有限公司制造管理部
张金栋　管正哲）

·经　　营·

【指标完成情况】 2019年，鞍山钢铁集团公司营销系统坚持以客户为中心，以市场为导向，以服务为手段，持续对标先进，不断深化改革，激发系统活力，发挥产品优势，加强直供直销，实现营销高质量发展。2019年，鞍山钢铁共销售钢材2592万吨，同比增加182万吨，增幅为7.5%；钢材销售价格同比降低255元/吨；东北核心销售区销量和重点工程中标量均完成既定目标；直供比例完成64%，同比增长2.4%；战略产品、独有领先产品、新产品分别为66.57%、27.87%、11.52%。

【紧随战略抓重点，工程中标持续增加】 坚持钢铁长子的定位与使命，聚焦行业发展，紧跟“一带一路”倡议，当好大国重器的钢铁脊梁。积极挖掘市场潜力，在重点工程销售领域，累计完成531项重点工程投标工作，中标206项。中标北京冬奥会滑雪场、雄安新区高铁站、沪通大桥、深中通道、“复兴号”高铁等国家重大项目。积极参与海外工程投标，新中标孟加拉国核电站、中海油俄罗斯钻井平台、中老铁路、几内亚铁路等项目，增强了鞍钢产品的国际影响力和知名度。

【推进融合拓市场，激发体系合力】 坚持以客户为中心，以营销为先导，推动营销与研发、营销与生产相互融合，打造企业核心竞争优势。营销人员与各品种技术人员开展常态化的深入交流，在市场信息及产品研发动态方面实现信息共享、资源共享。建立协同团队，共同走访直供客户及其科研院所，与客户共同探讨产品使用过程中出现的问题及下一步需求方向，为客户的需求提出一揽子解决方案，得到了客户一致好评。2019年，共同走访直供企业、科研院所380余家，签订技术协议320余份。坚持以销定产，加强合同组织，合理配置产线资源。完善产销协同机制，积极对接客户需求、沟通生产工序，有效支撑公司生产部门生产组织需要。确定用户满意的交货计划，优化排产，将航线、港口、库存因素纳入交付计划编制中，竭尽全力提升服务工作质量、效率，解决客户痛点。

【聚焦客户拓服务，增强客户黏性】 坚持以区域公司和钢加中心为平台，持续推进加工、配送等业务向高端化、系统化发展。西部公司在完成对澳柯玛彩涂供料的基础上，实现了冷轧和镀锌板供料，同时彩涂种类增加了压花板和炫金板。华南公司发挥近域优势，成功中标深中通道、深圳地铁和福州地铁等国家级大工程及梅州抽水蓄能电站的高牌号产品“水电用钢”工程。全年加工配送量超300万吨。进一步打通用户异议的投诉通道，专心、专注、专业地解决客户的投诉，异议处理结案率达到99%。

【做实宣传亮品牌，扩大品牌影响】 围绕21个行业，以客户真实需求为出发点，重新编制12类产品宣传手册。以中标重点工程为契机，向《中国冶金报》《世界金属导报》、新华网、冶金传媒、中国新闻网、辽宁电视台等新闻媒体投稿，宣传鞍钢产品，扩大品牌影响。参加2019世界交通运输大会暨交通科技博览会，举办“携手同行，钢好有你”主题客户交流会，进一步拉近了与客户之间的距离。鞍钢荣获2019年海尔集团优秀供应商“金魔方”奖、美的集团精诚合作奖。

（鞍钢股份有限公司市场营销中心
张　阳）

·技术改造·

【技术改造综述】 2019年，鞍山钢铁集团公司共完成投资43.32亿元，较2018年31.75亿元投资相比，增加投资11.57亿元，投资增加比率达到36.44%。

一、投资结构分析

在完成的43.32亿元投资中，固定资产投资完成39.98亿元，占总投资92.28%，长期股权完成3.34亿元，占总投资7.71%。

在完成的43.32亿元投资中，新开工项目投资7.36亿元，占总投资的16.99%，续建项目投资完成35.96亿元，占总投资的83%。

全部投资为主业投资，无非主业投资。

二、重点项目进展情况

1. 炼钢总厂一分厂板坯铸机大修改造工程。为解决关键产品缺陷突出、铸机控制精度低，铸机运行近20年设备功能落后的问题，公司决定对炼钢总厂一分厂板坯铸机进行升级改造，提高设备控制精度，改善铸坯内部质量、表面质量，满足中厚板厂品种开发要求。该项目 2017 年 8 月放行，总投资 1.7 亿元。2019 年完成投资 8777 万元。该项目于 2019 年 9 月 7 日热负荷试车，部分功能将于 2020 年测试。

2. 热轧带钢厂 2150 线升级改造工程。热轧厂 2150 线运行了 12 年，许多装备老化，严重制约了薄宽规格、高强度和高附加值品种的生产，公司决定对其进行升级改造，新增 F7 轧机等。该项目 2017 年 11 月放行，总投资 2.6 亿元。2019 年完成投资 6901 万元，计划在 2020 年与 2 号高炉大修工程同步完工。

3. 鞍钢股份化工事业部新建 4 万吨/年针状焦项目。为了延伸沥青类产品产业链，满足市场需求，鞍钢股份化工事业部新建一条 4 万吨/年的针状焦生产线。主要工程内容是针状焦原料预处理、延迟焦化、煅烧、附属设施和外围能源公辅设施等。该项目 2017 年 12 月放行，总投资 4.5 亿元。2019 年完成投资 22822 万元。该项目于 2019 年 8 月 27 日开始负荷试车，8 月 30 日出生焦，已完成工程验收。

4. 鞍钢股份鲅鱼圈分公司煤场增设储煤筒仓环保项目。为了实现环保达标排放，降低环保风险，公司决定新建鲅鱼圈筒仓备煤系统、汽车受煤系统、筒仓储煤系统（新建 36 个大型圆筒形储煤仓，单仓有效储量为 7000 吨，总储量约 25.2 万吨）、筒仓送煤系统、筒仓惰化保护系统及附属设施。该项目 2018 年 7 月放行，总投资 4.8 亿元，2019 年完成投资 22778 万元。该项目于 2019 年 10 月 29 日投产。

5. 鲅鱼圈智能化能源集控平台项目。鲅鱼圈智能化能源集控平台项目是为满足降低能源消耗、集约化管理、减人增效等方面的管理需求，对鲅鱼圈分公司能源生产调度管理系统进行自动化和信息化的技术改造和升级完善的项目。主要包括能源集中操控系统、在线数据采集监视系统、智能化应用系统、能源网络平台五部分。总体目标是实现鲅鱼圈分公司能源的集约化、自动化和智能化管理，实现能源流、铁素流和价值流的三流合一，最大化发挥智能化能源集控平台全局能源优化平衡的经济效益，使得鲅鱼圈分公司的能源管理达到国内钢铁行业的先进水平。该项目于 2017 年 12 月放行，总投资 1.2 亿元。2019 年完成投资 5735 万元，已竣工投产。

三、重点项目前期工作

1. 鲅鱼圈钢铁基地二期建设。鞍钢在鲅鱼圈基地建设时，采取了一次规划，分期实施的方式。一期项目规划已预留了 1000 万吨以上规模的建设条件，土地一次征用并平整完成，铁路、公路、码头及供水、供电等公辅配套设施大部分随一期工程建设完成。目前，鲅鱼圈基地生产经营形势良好，企业盈利能力处于行业领先水平，所以适时启动鲅鱼圈钢铁基地二期的产品升级改造工程十分必要，符合国家钢铁产业发展政策和规划。目前正在进行项目规划及可行性研究等前期工作。

2. 大型厂万能线质量提升改造项目。为了提高大型厂万能线重轨产品质量，保证钢轨达到国内领先水平，鞍钢股份拟对大型厂万能线实施质量提升改造，具体内容包括：BD1 轧机升级改造，新增 UF2 轧机，万能轧机主电机改造，步进式冷床出口取钢机区域改造等。该项目可行性研究报告已完成，开始对重点设备进行考察和技术交流，进行主体设备招标询价等前期工作，使该项目尽早具备放行条件。

3. 本部炼钢渣处理改造项目。鞍钢鞍山本部的钢渣目前采用热泼法进行预处理，即炼钢厂的钢渣罐通过铁路运输到矿渣开发公司厂区，然后翻到铁路下方的渣道中，打水冷却、陈化处理后，进行破碎磁选加工，其中金属物料进行回收，钢尾渣堆存。该工艺技术落后、占地面积大、处理周期长、产生蒸汽量大、污染严重，而且预处理后的钢渣粉化率低、渣铁分离效果差、安定性差，无法保证渣中的钢的选出率和尾渣的后续利用。因此，拟新建钢渣热闷处理生产线及配套设施，采用先进的有压热闷工艺，可快速处理钢渣，处理后钢渣中活性 CaO 含量符合标准，既满足环保要求，又提高了钢渣回收利用率。该项目正在进行可研审查等项目的前期工作。

4. 鞍钢股份信息化整体提升项目（L4 级、L5 级建设）项目。随着鞍钢股份近年来生产规模、业务内涵、管理要求不断发展，鞍钢现有 ERP 系统已经不能满足管理及业务发展需要，建设公司级智慧运营层的相关信息系统（L4、L5），主要包括决策支持系统、经营管理系统、制造管理系统、物流运输系统、设备管理系统等，覆盖采购管理、销售管理、销售物流管理、质量管理、生产管理、物流运输管理、成本管理、财务管理、工程项目管理、设备管理等核心业务领域。该项目正在进行可研审查等项目的前期工作。

（鞍钢股份有限公司科技与规划部 郑 勇）

【化工事业部新建4万吨/年针状焦项目】 鞍钢化学科技有限公司依据鞍钢集团“631”发展规划及鞍山钢铁2017—2020年“1+6”产业结构调整规划，通过对集团自身原料优势及针状焦市场发展的分析，新上4万吨/年煤系针状焦生产线项目。该项目实现了煤沥青精制技术的突破，延伸了煤化工产品产业链，完成了集团公司对非钢产业向下游炭材料产业延伸的要求。

项目主要产品是煤系针状焦，是超高功率石墨电极及锂离子负极材料的生产原料。用针状焦制备的石墨电极，耐热冲击性能强、机械强度高、电极消耗低及允许电流密度大，能够节电20%以上，缩短冶炼时间60%以上，节约单位成本10%以上。用针状焦制备的负极材料，结晶度高、层状结构好，适合锂离子的嵌入—脱嵌，吸液及循环性能高于天然石墨材料，充放电容量大。

工程总建筑面积6.9万平方米。工程主要建设内容包括：12万吨/年原料预处理单元、9万吨/年延迟焦化单元、4万吨/年煅烧单元、原料及成品罐区、空压站、循环水系统、软化水系统、总变电所、中央控制室、煤气加压站等。项目主要分3个生产单元：原料预处理单元、延迟焦化单元、煅烧单元。原料预处理单元使用萃取剂处理原料沥青，经过连续沉降分离，去除喹啉不溶物，经减压蒸馏，得到产品精制沥青；延迟焦化单元将精制沥青通过加热炉快速加热到高于焦化温度后，送入焦炭塔底部，精制沥青利用自身显热发生裂解、缩合反应，溢出轻组分，产出产品生焦；煅烧单元将生焦经过高温煅烧，排除其中的挥发分和水分，提高其真密度、机械强度、导电性能和化学稳定性，生成最终产品针状焦。

工程建设单位为鞍钢化学科技有限公司，工程设计单位是中国石油集团东北炼化工程有限公司，工程主要施工单位是中化二建集团有限公司。工程总包单位是中钢集团鞍山热能研究院有限公司。

工程计划总投资4.5亿元。工程于2018年3月15日开工，2019年9月30日竣工。

项目经理：薛占强。工程负责人：刘建秋。

【鞍钢股份鲅鱼圈分公司5500毫米轧机增加预矫直机改造工程】 鞍钢股份鲅鱼圈分公司5500毫米轧机增加预矫直机改造工程是为了适应提升产品质量和新产品开发的需要，保证钢板进入控冷系统的板形条件，提高钢板性能稳定性和均匀性，可以与特厚板热处理项目配套，形成完整的特厚板生产能力。同时也保持差异化生产，提升产品市场竞争力。需经过预矫直机组进行预矫直的成品设计产量为20万吨/年，约占总产量的10%。

工程主要建设内容：新建预矫直机一套：新增预矫直机入、出口辊道各3根，辊道架体重新设计制造，辊子装配利旧；新增预矫直机过桥辊道11根，辊道利用原辊道，辊道架体重新设计制造，辊道冷却和润滑利旧；新增七辊预矫直机，在精轧机出口位置，用于钢板矫直；新增矫直机换辊装置，用于上下矫直辊点检和更换；新增干油润滑系统，用于矫直区域设备自动干油润滑；水系统、压缩空气系统、润滑系统、液压系统等机上配管与车间管路的连接等。

工艺技术先进性：采用预矫直机+超快速冷却系统以实现高强度钢的在线淬火工艺应用，形成特有的极低内应力高强钢生产技术。

工程建设单位为鞍钢股份鲅鱼圈钢铁分公司厚板部。工程总包单位是鞍钢集团工程技术有限公司。

工程计划总投资0.8亿元。工程于2019年8月27日开工，2019年11月30日竣工。

项目经理：丛津功。工程负责人：宁继龙。

【鞍钢股份鲅鱼圈分公司煤场增设储煤筒仓环保项目】 鞍钢股份鲅鱼圈分公司煤场增设储煤筒仓环保项目位于鞍钢鲅鱼圈厂区西南部的原料场区域，北临焦化、高炉区，东依烧结区，南与铁路原料站隔路相望，西为辽东湾。原料场内各种物料堆放由西至东依次为煤场、矿石场、副原料场、混匀料场。料场内物料全部为露天堆放，风、雨、雪对料场生产影响较大，风吹造成料堆表面物料中的细小颗粒四处飘扬，堆取料机作业时产生大量扬尘，对周围环境影响较大，物料流失严重。夏季防汛、冬季防寒等给料场的正常运行和管理带来非常大的困难，增加了生产运行及维护费用。为了解决上述问题需要对原料场进行整体封闭改造。该项目是鞍钢股份鲅鱼圈分公司建成以来最大的改造项目，其投运将彻底结束露天煤场带来的物料流失和扬尘问题，是鲅鱼圈的重点蓝天工程，具有重要的环保意义。

项目可满足650万吨/年钢铁厂煤的受料、贮存、加工和供料。备煤系统对焦化、烧结、炼铁煤粉用煤进行统一管理、集中受料、贮存，统一输送到各使用车间，提高机械化、自动化生产水平，减少占地，减少劳动定员，改善生产条件，提高综合经济效益。

工程主要建设内容：新建36个贮煤筒仓及配套皮带输送系统，其中12个筒仓贮存烧结及炼铁煤粉用煤，另外24个筒仓贮存焦化用煤。主要包含三大系统：筒仓备煤系统、汽车受煤系统及筒仓送煤系统。筒仓单仓贮量7000吨，总贮存能力25.2万吨，满足鞍钢鲅鱼圈分公司原料场一期贮煤及供煤的需求。

工程建设单位为鞍钢股份有限公司鲅鱼圈钢铁分公司炼焦部。鞍钢工程技术有限公司是本工程EPC总包单位。工程主要施工单位是鞍钢建设集团有限公司。

工程计划总投资4.8亿元。工程于2018年10月20日开工，2019年10月29日竣工。

项目经理：王军。工程负责人：郝平。

【鞍钢股份炼钢总厂一分厂板坯铸机大修改造工程】 原炼钢总厂一分厂板坯连铸机是2000年3月建成投产的，与当今连铸机相比，无论是铸机技术应用还是产品质量方面，都存在明显差距，主要表现在铸机无轻压下功能、铸机对弧精度不高、二冷缺少幅切功能、变频器型号老化、PLC模板老化等。铸机到了大修周期，亟待改造、升级。

项目采用新型扇形段、动态重压下、多功能辊缝仪、全过程电磁搅拌、Diaface结晶器技术、拉速专家系统、混钢浇注专家系统、喷嘴专家系统等先进技术，达到国际先进、国内领先的技术装备水平。

设计产能为120万吨/年。改造后生产的板坯厚度为250毫米、300毫米、360毫米，宽度为1500~2000毫米；铸造速度范围0.4~1.5米/分。生产品种从中碳钢到高碳钢、微合金钢、低合金钢、合金钢和高合金钢。

工程主要建设内容：钢包回转台液压滑环改为20通道，中间包改为塞棒控流、45吨大容量；结晶器采用白钢水箱与支撑板，增加结晶器电磁搅拌，漏钢预报升级，振动方式采用液压、参数在线调整；扇形段细辊密排，采用重压下技术，动态调整辊缝；二冷水系统具备动态幅切功能，采用高效防堵喷嘴；辊式电磁搅拌升级改造；附属设备改造，包括火切机自动切割、输出辊道激光定尺、去毛刺机改为锯齿式、增加铸坯自动喷号装置等。

工程建设单位为鞍钢股份有限公司炼钢总厂。工程设计单位是鞍钢工程技术有限公司。工程主要施工单位有鞍钢建设集团有限公司、鞍钢集团自动化有限公司等。

工程计划总投资1.7亿元。工程于2019年8月1日开工，2019年9月7日竣工。

项目经理：秦旭。工程负责人：徐大海。

【鞍钢股份炼钢总厂三分厂新增铸坯表面清理装置项目】 鞍钢股份炼钢总厂三分厂新增铸坯表面清理装置项目是为了生产对表面质量要求极高的高附加值产品而建设的项目，高附加值产品如汽车面板、家电用板、DI材、镀锡板、高级管线钢等，日本、韩国的钢铁企业及国内宝钢、首钢、本钢等均配备连铸坯表面清理装置。该项目可以提高鞍钢产品的市场竞争力。

炼钢总厂三分厂2台板坯连铸机，每年为1780生产线提供100万吨生产汽车面板、家电用板等用连铸坯。原为人工清理，人工操作受环境及手法影响，造成板坯清理质量不可靠，导致产品质量不稳定。考虑到处理周期对生产能力的影响，以及场地紧张、清理流程短的现状，拟在现有生产工艺流程中增设铸坯表面清理装置。

项目建设立足于拓展高强钢品种、实现汽车钢品种全覆盖，全面提升产品质量。冷轧轧后夹杂废品比率降低40%，处理能力120万吨/年。

工程主要建设内容：在炼钢总厂三分厂1号板坯铸机南侧新增1套4面铸坯清理机，设计处理能力120万吨/年；配套建设1套除尘器，采用湿电除尘方式，与旋流井一并拟建在现三分厂办公楼位置；新建水处理系统，在现有耐火厂新旧竖窑之间；区域内管网动迁及管廊加固。

工程建设单位为鞍钢股份有限公司炼钢总厂。工程设计单位是鞍钢工程技术有限公司。工程主要施工单位有鞍钢建设集团有限公司、鞍钢集团自动化有限公司等。

工程计划总投资1.48亿元。工程于2017年5

月15日开工，2019年4月20日竣工。

项目经理：田勇。工程负责人：薛军发。

【鞍钢股份炼钢总厂四分厂A、B、C转炉一次除尘改造项目】 鞍钢股份炼钢总厂四分厂A、B、C转炉按建设时的标准，一次除尘系统设计粉尘排放浓度（标态）为80毫克/立方米。C转炉建成投产至今，未经过环保验收。依据《炼钢工业大气污染物排放标准》（GB 28664—2012），自2015年1月1日起，企业转炉一次烟气排放颗粒物限值（标态）为50毫克/立方米。因此，对A、B、C转炉一次除尘系统进行提标改造，是满足现行环保法要求、通过环保验收的必要条件。从2003年开始，宝钢、莱钢、包钢等钢铁公司也先后采用了干法除尘。目前，国内约有三分之一的转炉采用了干法除尘工艺，尤其是新建的大型转炉，大多数采用干法除尘工艺。干法除尘工艺技术先进、工艺成熟，转炉煤气干法除尘技术已被工信部在《钢铁工业“十二五”发展规划》中列为炼钢节能减排技术推广应用重点项目。后经过规划部组织炼钢厂、设计院多次方案论证、考察，确定A、B、C转炉一次除尘由湿法提标改造为LT干法除尘。

项目改造后，实现回收烟气含尘量（标态）不大于15毫克/立方米、放散烟气含尘量（标态）不大于20毫克/立方米，低于不大于50毫克/立方米新环保标准要求。

工程主要建设内容：新建静电除尘器，包括高压电源系统、除尘器本体、细灰输灰系统、干油站等；拆除现有的塔式除尘系统、提升泵站等设施，安装蒸发冷却塔及粗灰输送储存设施；采用变频控制方式的轴流式风机；新建煤气切换站，切换站配套液压站作为动力源，主要包括煤气放散杯阀、煤气回收杯阀及杯阀液压站；增加煤气冷却器，煤气回收时喷水冷却，用于将150～180℃的高温烟气降至70℃以内，以满足转炉煤气入煤气柜的需要；煤气管道进行改造，部分利旧。

工程建设单位为鞍钢股份有限公司炼钢总厂。工程设计施工总包单位是中冶京诚工程技术有限公司。

工程计划总投资1.6亿元。工程于2018年7月15日开工，2019年12月23日竣工。

项目经理：田勇。工程负责人：薛军发。

【鞍山钢铁集团有限公司钢铁智慧物流一期（冶运）项目】 鞍山钢铁集团有限公司钢铁智慧物流一期（冶运）项目是以协调铁钢平衡、指挥运输生产、确保公司生产稳定顺行为目标，通过岗位重组、流程再造等方式，结合信号通信、机车定位、数据整合、指令传递、信息反馈等技术手段，实现铁路运输调度指挥的集中化管理、信号操纵智能化控制，确保铁水等冶金车辆运输调度指挥科学、协调、顺畅。

项目建成后，能实现高炉炼铁、转炉需铁和铁水转运的全面受控；实现调度管理的信息化，缩减调度、信号岗位人员，提高劳动生产率；充分挖掘作业机车潜力，减少作业机车投入，提高运输生产效率；优化信息沟通与联系，提高工作效率，缩减铁水传搁时间及温降，能带来可观的经济效益。在鞍钢厂内可实现冶金运输的调度集中控制、车的图形化管理和定位追踪、作业进路的智能化选排和铁路生产作业的全流程指挥控制等，在国内钢铁行业处于领先水平。

工程新建铁路运输生产指挥中心楼建筑面积2856平方米。工程主要建设内容：炼铁站6502信号系统改造、炼铁站室外道口信号改造、铁路运输生产指挥楼体建设、铁路运输生产指挥中心电力通信线路、冶金工艺铁路信号远程控制改造、冶金运输调度指挥系统等。

工程设计单位：鞍钢集团工程技术有限公司、中铁二院工程集团有限责任公司。

工程建设单位为鞍钢股份有限公司冶金运输厂。工程主要施工单位有中铁八局集团电务工程有限公司、鞍钢建设集团有限公司、鞍钢实业集团有限公司、鞍钢附企铁路设备工程公司等。

工程计划总投资：0.5亿元。工程于2018年2月14日开工，2019年8月30日竣工。

项目经理：张海涛。工程负责人：刘奇毅。

【鞍钢股份新建EPS生产线项目】 鞍钢股份新建EPS生产线项目建设的目的是利用物理方法替换传统酸洗工艺去除热轧板卷表面氧化铁皮，以达到在满足环保要求条件下生产出替代酸洗板的产品，用于客户直接冲压、冷轧等，并在保证产品质量的同时，降低运营成本和占地面积，提高企业效益。该生产线建在鞍钢股份热轧带钢厂原二分卷厂房内，总占地面积约8800平方米。主要产品为汽车用钢、低碳钢、碳素结构钢、低合金结构用钢等。产品厚度1.8～12.7毫米，产品宽度

900~1800毫米，钢板最大屈服强度780兆帕，最大抗拉强度为780兆帕。生产能力为年产EPS钢卷30万吨。

工程主要内容：1条EPS生产线以及相应的公辅配套设施。与传统酸洗工艺相比具有以下优势：生产效果良好，产品表面质量优于酸洗板；铁损量低，吨钢损耗约为酸洗板一半；无废酸处理及排放，也无相关的安全生产环境污染问题；产线用水循环使用，无废水处理及排放，也无相应的环境污染；生产线长度短、占地面积小，比相同产能的酸洗线减少50%的占地面积；运营成本低，比酸洗线减少40%；整体投资低，额外维护费用低，投入产出比高，且产线兼容性强、适用于处理各种钢材；处理高碳钢及合金钢时，几乎不需降速，而酸洗线需要降速30%。

工程主要工艺：原料钢卷由车间吊车从原料库吊运至储料台上，再由上卷小车将钢卷经对中后送入开卷机开卷，经过切头进入破鳞机和矫直机对表面进行预处理，然后带钢进入EPS处理单元，EPS对带钢表面的氧化铁皮进行完全除鳞处理，除鳞后的带钢经过清洗，通过挤干辊挤掉表面水分，再通过气刀风干、检测、涂油后由卷取机收卷，之后由下卷小车将钢卷从卷取机运至储料台，进行打捆及包装，之后由车间吊车运至成品库存放。

工程建设单位为鞍钢股份有限公司热轧带钢厂。主体工程设计施工总包单位是中冶京诚工程技术有限公司，公辅工程设计单位是鞍钢集团工程技术有限公司，其施工单位有鞍钢集团建设总公司等。

工程计划总投资0.75亿元。工程于2018年10月20日开工，2019年5月30日热负荷试车。

项目经理：程愉。工程负责人：毕利强。

（鞍钢股份有限公司科技与规划部　郇全海）

· 科技发展 ·

【科技创新工作综述】 2019年，鞍山钢铁科技创新工作以国家重大产业技术需求、行业未来发展、公司战略发展规划为指引，围绕生产经营的关键点、扭亏增效的切入点、环保减排的发力点，以推进2025科技领军计划为载体，以强长板、补短板、解决关键领域“卡脖子”问题为导向，以实现对下游产业全覆盖为目标，以开发高品质、高附加值、市场引领作用强的产品和明显提升工艺质量的技术为重点，以加快行业前沿、关键、重大、核心、引领、节能减排和绿色制造技术研发进程为根本要求，全面加快“战略性、前瞻性、颠覆性”技术研发步伐，为公司依靠科技占领市场、降本增效、提高产品差价、提升核心竞争力、推进高质量发展，作出了突出贡献。

1. 科技创新规划形成完整布局。完成《鞍山钢铁集团有限公司2019—2021年科技创新发展规划》编制，涵盖炼铁、炼焦、炼钢、热轧、冷轧、中厚板、资源利用与节能环保、智能制造与信息化8个工艺和汽车、造船、海洋工程、桥梁、管线、核电、重轨、铁路车辆、电工、家电与涂镀、线材、无缝管、化工产品13个产品领域，包括148个关键支撑项目，共301个项目。

2. 重点科技工作得到全面加强。国家重点项目得到全面推进。科技领军计划攻克的采用连铸工艺生产出高铝钢合格铸坯的难题实现了国内首创。有25项科技成果获得冶金行业、省、鞍钢集团科技奖励，其中“鞍钢30万吨焦油深加工典型工艺技术和装置研发与应用”等2项成果获得冶金科学技术奖一等奖。下发3批科技降本增效计划，实施项目596个，创效15.23亿元。“产学研检用”活动得到加强，EVI活动效能显著提高。

3. 高效完成科研管理系统开发。通过加强与宝信公司合作，开发形成了包含科研项目、科研外协、科研零固、新产品、政府项目五大内容的科研管理模块，包含专利、专有技术、成果、软件著作权四大内容的知识产权模块，技术贸易管理模块，覆盖了鞍钢股份及其下属的二级单位。

4. 知识产权运营效果日益突出。获得国家授权专利601件，其中发明331件，发明专利申请比例达到55%；获得国家授权专利456件，其中发明专利216件。认定专有技术104件。申请15项计算机软件著作权保护。在“运煤敞车用钢及制造”等11个技术领域申报专利申请82件，形成专利群，强化了重点领域核心专利布局。

5. 科协学会工作成果更加丰富。组织1000余人参加“第8届钢铁模拟及仿真国际会议”等30多个国内外学术会议，组织评选优秀科技论文125篇、“讲、比”活动项目120项，组织24个项目获得辽宁省自然科学学术成果奖，组织“鞍钢涌动式高效扒渣系统开发与应用”等14个项目完成科技成果评价，组织2人获中国金属学会冶金青年科技奖、1人获辽宁青年科技奖。

【2019—2021年科技创新发展规划】 鞍山钢铁坚持规划引领，组织完成《2019—2021年科技创新发展规划》编制。规划涵盖炼铁、炼焦、炼钢、热轧、冷轧、中厚板、资源利用与节能环保、智能制造与信息化8个工艺和汽车、造船、海洋工程、桥梁、管线、核电、重轨、铁路车辆、电工、家电与涂镀、线材、无缝管、化工产品13个产品领域，共包括148个关键支撑项目，项目总数301个。

《2019—2021年科技创新发展规划》与《2025科技领军计划》《2018—2020科研项目规划》互相协同，在工艺领域围绕工艺完善与降本增效、资源环保、智能制造、装备集成等技术，在产品领域围绕产品全覆盖、产品质量提升等技术，形成了领先工艺、高端产品、资源环保、智能制造、智慧装备技术研发完整的科技领军体系。组建科技创新管理委员会和科技创新专家委员会，在发展定位、重点领域、战略品种、科技与战略承接、重点项目构成、研发团队协同、科研精准管理上形成了完整管控体系，使科技领军布局更加科学，管控链条更加完整、高效。

【科技领军计划推进】 围绕强化科技规划和战略规划项目一体化统筹，制定了科技领军重点行动3年计划，在2019年形成“桥梁用钢研发国内领先、国际一流产品”等14项行动计划，在2020年形成“核电用钢研发国内领先、国际一流产品”等12项行动计划，在2021年形成“开发高性能镀层技术”等8项行动计划。年度组织下发3批领军项目计划，共涉及10个领域，包括81个课题。组织各领军人围绕国家战略及重点工程，结合自身工艺技术和产品实际，系统梳理出关键核心技术32项。明确了后续重点10项工艺类和7项产品类关键技术。

科技领军计划的推进，形成一批创新成果。轻质双相钢DP980-LITE实现全球首发。90毫米超厚超宽止裂钢实现国内首发，独家中标4条23000箱船止裂钢全部合同。在世界上首次采用连铸工艺生产出高铝钢合格坯，形成世界首套焦化尾水资源化回用与近零排放工艺技术。完成鞍钢QU100贝氏体钢轨生产供货，实现国内首创，填补国内该钢种在该领域应用空白。实现在DNV最新标准下，海洋平台用超高强特厚产品FO460国内首发。（大方坯）二冷区螺旋电磁搅拌设备上线运行，成为国际首台（套）装备。配煤专家系统上线运行，成为国内首套装备。

【科协工作】 2019年，鞍山钢铁科协坚持科协宗旨和职责定位，积极发挥学会桥梁和纽带作用，组织开展学术交流、科技普及、创新方法推广、学术成果申报、优秀科技人员推荐、优秀科技论文评选等活动，动员和组织广大科技人员为鞍钢创新发展贡献力量。

1. 以学术活动为中心，积极开展多种形式交流活动。2019年，组织开展各类学术活动30多次，1000多名科技人员参加，会议录用200多篇，50多篇论文在会场交流。

（1）组织参加国内外冶金行业重点学术会议。一是组织9人参加“第8届钢铁模拟及仿真国际会议”和“第十届环太平洋先进材料与工艺国际会议”。二是组织34人参加第十二届中国钢铁年会，会议录用论文125篇、宣讲交流论文33篇、墙报交流论文19篇。三是组织30多人参加“第二届中国电炉炼钢科学发展论坛”“钢铁行业能源管理中心建设、运行与升级技术研讨会”等10多个全国性专题学术会议，投稿论文50多篇。

（2）组织开展专项业务和技术培训活动。组织2人参加行业“钢铁产品生命周期评价方法培训班”，举办“产品质量缺陷统计方法及质量统计工具的应用”“做好专利策划助推科技创新”“专利挖掘的创新思维方法、专利文献检索”等专项培训，200多人参加。

（3）组织举办工程师论坛活动。发挥各单位首席工程师、技术骨干带头引领作用，先后举办“热轧带钢自由规程轧制技术”“油井管发展方向”“冶金企业铁路智慧物流的发展趋势”等10场论坛活动，相关单位800多人参加。

2. 组织推进创新方法培训活动，促进创新方法在企业推广。

（1）有序开展TRIZ创新方法推广培训。完成TRIZ创新方法普及培训6期180人，完成TRIZ创新项目实践指导培训1期，30人参加培训，完成项目指导实践成果16项。

（2）组织参加辽宁省创新方法大赛。在辽宁省创新方法大赛中获奖 12 项，其中一等奖 3 项、二等奖 1 项、三等奖 8 项。3 个一等奖项目入围全国创新方法大赛决赛，其中获一等奖 1 项、三等奖 1 项。

（3）承办辽宁省参加全国创新方法决赛项目辅导特训班，10 个入围全国创新方法大赛决赛项目组成员，20 多人在鞍钢教育培训中心参加为期 3 天的特训班。承办辽宁省创新方法高级研修班（鞍山站），省内、鞍山和鞍钢 50 多人参加，鞍钢 32 人参加，完成技术问题训练 18 项。

3. 发挥广大科技人员的创新力，开展“讲、比”群众性科技创新活动。积极动员和组织广大科技工作者立足本职工作岗位，面向生产一线，开展了“讲理想、比贡献”群众性技术创新活动，在新技术开发、节能降耗、产品质量提高、工艺技术改进等方面积极发挥作用，营造职工关心企业发展，参与技术创新的科技创新氛围。组织对 2018 年各单位完成的“讲、比”项目共 200 多项进行评审，表彰优秀项目 120 项，评出一等奖 25 项、二等奖 40 项、三等奖 55 项。

4. 服务科技工作者，组织好评选和推优。

（1）组织申报辽宁省自然科学学术成果奖 67 项，获奖 24 项，其中一等奖 3 项，二等奖 6 项，三等奖 15 项。

（2）组织评选表彰鞍山钢铁优秀科技论文 125 篇，其中特等奖 4 篇、一等奖 25 篇、二等奖 40、三等奖 56 篇。

（3）组织推荐 2 人获中国金属学会冶金青年科技奖，1 人获辽宁青年科技奖。

（4）组织完成中国科协基层调查站任务，提交有效调查信息 6 篇，提前超额完成全年指标任务，完成“我国科研诚信建设现状调查问卷”。组织完成《辽宁省科技工作者状况调查问卷》332 份。

5. 开展多种形式的科普活动，倡导文明健康生活，提高职工综合素质。

（1）参加 2019 年冶金科技周展览。组织“资源化绿色化焦化生产体系的构建”“鞍钢水资源利用体系信息化智能化的研究与实践”“新一代铁路车辆用耐蚀钢全流程关键技术创新及应用”和“铸坯火焰清理系统关键技术的开发与应用”4 个项目参加冶金科技周展览。

（2）组织开展系列科普专题讲座。利用科技工作者日，邀请鞍钢总医院和鞍山心理咨询协会专家，到鞍山钢铁基层单位作专题科普讲座 3 期，160 多人参加。

（3）发放科技书籍和科普书籍。为各基层单位科协订阅了《科协论坛》《鞍山科普》和《辽宁科技界》等刊物，购买科技书籍和工具书籍，让科普知识传送到基层科协组织，传达到广大科技工作者。

6. 承担辽宁省金属学会工作。

（1）主办地方金属学会学术会议。联合吉林、黑龙江省金属学会在沈阳召开“炼钢护炉技术专题研讨会”，鞍钢、本钢、建龙、通钢、东北大学等单位的 60 多名专家和代表参加会议。联合山东、河北等八省市金属学会在鞍山召开“2019 年全国烧结智能化生产技术交流会”，来自全国 60 余家钢铁企业和设备厂商共 160 多人参加会议。

（2）参与跨区域地方金属学会学术会议。组织向“2019 年六省金属学会炼钢生产新工艺、新技术、新产品研讨会”“六省金属学会钢带质量控制技术研讨会”“第 26 届十省市冶金矿业学术会议”和“第四届冶金渣固废回收、节能减排及资源综合利用高峰论坛”投稿论文 55 篇，23 人参会，宣讲交流 7 篇，1 人作特邀报告。

（3）开展科技成果评价工作。组织完成鞍钢“鞍钢涌动式高效扒渣系统开发与应用”和本钢“特大型高炉 TMT 液压泥炮国产化关键技术与应用”14 个项目的科技成果评价。

（4）参与辽宁省创新驱动助力示范区建设。按照辽宁省科协安排，参加朝阳市“建平创新驱动助力示范区”和本溪市“溪湖区创新驱动助力示范区”技术需求对接交流会。

【产学研检用工作】 年度与东北大学、北京科技大学、钢研集团等高校院所、单位签订技术开发合同 22 项，完成“炼钢总厂一分厂板坯二冷三维动态配水在线控制研究”“550 级超低温管件用钢及配套可热处理焊材的开发及应用推广”等对外开发合同结题验收，完成“奥氏体不锈钢和大单重结构钢扁锭电渣重熔成套技术开发”等对外开发合同中期及阶段验收。完成南方电网包括耐候角钢、耐候钢板及螺栓全品种耐候铁塔供货。组织完成委托“钢铁材料计算设计与仿真技术”等 9 个技术开发项目合同签订。依托国家重点实验室，强化与重点院校所、下游企业合作交流，与哈尔滨工业大学、天津大学等高校签订《焊接技术联合实验室章程》，举行了焊接技术联合实验室挂牌仪式。

【国家重点实验室建设】 海洋装备用金属材料及其应用技术国家重点实验室秉持“开放、流动、联合、竞争”的方针，聚焦国家重大战略需求，强化基础科学、关键共性技术研究，科研成果加速形成。解决了大型集装箱船用高强度厚板应力强度因子的演化规律等4项科学问题，形成隔水管用钢多相复合组织精细化调控及其全流程一体化稳定化生产技术等10余项关键核心技术，舰船、海工等领域一批重点研发产品实现重大装备应用。国家重点实验室2016—2020年建设期运行方案得到全面落实，提前完成五年建设期目标。至2019年末，申报国家课题26项，制定国家行业标准15项，获省部级以上科技成果奖8项，获授权专利112件，发表论文（国内外）116篇，聘请客座教授5人，培养硕士及以上研究生22人，引进重点院校毕业生12人，培养各级有突出贡献的专家9人，实验室建设投入8599万元。

（鞍钢股份有限公司科技与规划部 李维兵）

【节能减排绿色制造技术研发】 公司始终把节能减排、绿色制造作为优先研发战略。通过加强基于节能减排绿色钢铁技术研发，取得了一批节能减排成果。“鞍钢余热资源市区供暖工程技术研究”项目，充分挖掘和利用鞍钢企业内部中低温余热资源，协助鞍山市减少了58台燃煤锅炉，年分别减少二氧化碳、二氧化硫、氮氧化物排放量20余万吨、6千余吨、3千余吨，腾地8万余平方米，直接效益5千余万元，社会效益巨大，形成地企联合控污治污的双赢格局，获得鞍钢集团科学技术奖三等奖。“绿色高效转炉冶炼—干法除尘协同技术开发与应用”项目，研发了具有自主知识产权的尘灰回收技术，实现尘灰零排放，提高了煤气回收量，经济效益上亿元，获得鞍钢集团科学技术奖二等奖。“鞍钢1780线平流池油泥在线除油技术研究”项目是自主研发的独有新技术，突破了热轧油泥因含油率高无法利用、污染环境的难题，降低了二氧化碳排放量，明显改善了排场周边环境，解决了油泥占地倒逼生产，油泥污染土壤、水源和空气，异味等问题，极大地改善了料场周边环境，被列入辽宁省节能减排重点推广名录，获得鞍钢集团科学技术奖二等奖。

（鞍钢股份有限公司科技与规划部 王忠润）

【科技成果】 通过持续优化科技研发及成果管理工作，2019年度获得各级科技奖励共计25项。有6个项目获得冶金科学技术奖，其中：“鞍钢30万吨焦油深加工典型工艺技术和装置研发与应用”和“微合金钢板坯表面无缺陷连铸新技术研发与应用”项目获得一等奖。有5个项目获得辽宁省科技进步奖，其中，二等奖2项、三等奖3项。“焦化生产节能环保关键技术的开发与应用”获得中国石油和化学工业联合会科学技术奖三等奖。有13个项目获得鞍钢集团科学技术奖，其中，一等奖5项、二等奖3项、三等奖5项。

2019年度获得冶金科学技术奖情况

序号	获奖项目名称	获奖等级
1	鞍钢30万吨焦油深加工典型工艺技术和装置研发与应用	一等奖
2	微合金钢板坯表面无缺陷连铸新技术研发与应用	一等奖
3	焦炉烟气SDS干法脱硫联合SCR低温脱硝技术研发	二等奖
4	大型干熄焦装置长寿化关键技术研发与产业化示范	三等奖
5	特厚板工艺技术开发	三等奖
6	大型钢铁企业水资源绿色利用智能系统的开发与示范	三等奖

2019年度获得辽宁科学技术奖情况

序号	获奖项目名称	获奖等级
1	高品质系列转向架用钢再创新研制与应用	二等奖
2	热轧带钢宽度高精度控制技术	二等奖
3	高品质汽车用高强热轧酸洗钢板系列产品开发	三等奖

续表

序号	获奖项目名称	获奖等级
4	绿色高效转炉冶炼—干法除尘协同技术开发与应用	三等奖
5	优特钢热卷开发及应用技术研究	三等奖

（鞍钢股份有限公司科技与规划部　白玉璞）

【知识产权】 制订鞍山钢铁知识产权策略和年度知识产权工作计划。年度专利申请受理量601件，其中发明专利331件，发明专利申请比例达到55.1%；获得国家授权专利456件，其中发明授权专利216件，发明专利授权比例达到47.4%；公司累计拥有有效专利3009件，其中发明专利1497件，发明专利比例达到49.8%。提出专有技术申报591件，完成专有技术认定备案104件。申请15项计算机软件著作权保护。开展公司专利技术核心竞争力分析，确定几大领域为公司核心专利布局重点，并开展专利申报，其中在"运煤敞车用钢及制造""耐候栓钉用盘条""硅钢冷轧方法""钢丝绳压制部位××为××的ZLSJ及其制造方法""ZLSJ用压制部位为××××的钢丝绳及其制造方法""异型轧制钛-钢复合板制备方法""超宽幅热轧不锈钢中厚板生产技术""高碳当量复合板生产工艺"技术领域分别申报专利申请8件、6件、6件、7件、7件、4件、6件、8件，在重点技术领域形成专利群，为公司专利技术合理布局奠定基础。全年完成知识产权培训10期，400人。组织完成"一种瘦焦煤参与的炼焦煤配煤方法"专利项目获得第一届辽宁省专利奖。组织完成15项专有技术获得公司优秀专有技术奖。2019年累计签订技术输出合同59项，合同金额916.9万元。通过国家知识产权示范企业复核。

2019年获得授权发明专利情况

序号	申请人	发明名称
1	鞍钢股份有限公司	一种烧结生石灰消化装置及方法
2	鞍钢股份有限公司	一种避免中高碳钢复合焊接裂纹生成的方法
3	鞍钢股份有限公司	一种利用电除尘灰提取高纯度氯化钾系统及方法
4	鞍钢股份有限公司	一种中、高硫肥煤参与的炼焦煤配煤方法
5	鞍钢股份有限公司	一种热连轧机工作辊辊型的简便计算方法
6	鞍钢股份有限公司	一种低碳铝钢钢水上小方坯铸机的处理方法
7	鞍钢股份有限公司	一种检测氮压罐电磁阀是否出现故障的方法
8	鞍钢股份有限公司	一种彩涂板有机涂层聚合性能的评价方法
9	鞍钢股份有限公司	实现单独供电、完全停电的UPS在线热备份切换装置及切换方法
10	鞍钢股份有限公司	一种矿渣棉用熔渣引流装置及其使用方法
11	鞍钢股份有限公司	一种超细晶铁基合金粉的制备方法
12	鞍钢股份有限公司	一种焦炉装煤孔盖密封材料及其制备方法
13	鞍钢股份有限公司	一种钢包烘烤装置及烘烤方法
14	鞍钢股份有限公司	一种潜艇用铁锰阻尼钢及其生产方法
15	鞍钢股份有限公司	一种潜艇用高强度复合型高阻尼钢板及其制造方法
16	鞍钢股份有限公司	一种钢铁联合企业煤气的平衡及调度方法
17	鞍钢股份有限公司	一种电机车空气系统防冻装置及使用方法

续表

序号	申请人	发明名称
18	鞍钢股份有限公司	一种横管初冷器查漏方法
19	鞍钢股份有限公司	一种确定连铸钢坯皮下夹杂缺陷位置的检验方法
20	鞍钢股份有限公司	一种快速检测镀锌钢板镀层中铅、镉含量的方法
21	鞍钢股份有限公司	一种管线钢热轧卷板屈服强度的测试方法
22	鞍钢股份有限公司	一种防止宽规格钢板边部产生折叠的方法
23	鞍钢股份有限公司	一种鼓风机连锁控制方法
24	鞍钢股份有限公司	一种稳定焦炉集气管压力的方法
25	鞍钢股份有限公司	一种降低 LF 炉电耗的方法
26	鞍钢股份有限公司	一种制酸吸收塔内壁修复方法
27	鞍钢股份有限公司	一种转炉渣热态循环利用方法
28	鞍钢股份有限公司	一种中碳高锰钢的冶炼方法
29	鞍钢股份有限公司	一种应用电场进行铁矿还原炼铁方法
30	鞍钢股份有限公司	一种含磷钢磷合金化方法
31	鞍钢股份有限公司	一种 960 兆帕级高强度金属粉型药芯气保焊丝
32	鞍钢股份有限公司	一种提高转炉炉后铝收得率的装置及使用方法
33	鞍钢股份有限公司	一种双金属热浸镀层钢板制造方法及其钢板
34	鞍钢股份有限公司	一种热模拟试样喷碳膜位置选取方法
35	鞍钢股份有限公司	一种净环水体系减量化运行的方法及系统
36	鞍钢股份有限公司	一种低碳低硅铝镇静钢转炉精炼生产工艺
37	鞍钢股份有限公司	转炉低温出钢条件下精炼生产低硅铝镇静钢的处理方法
38	鞍钢股份有限公司	一种焦炉烟气含氧量与氮氧化物浓度检测系统及方法
39	鞍钢股份有限公司	一种不锈钢复合板的生产方法
40	鞍钢股份有限公司	一种制氧机组纯氮气倒换污氮气装置及方法
41	鞍钢股份有限公司	一种减少微合金化板坯角部裂纹的装置及方法
42	鞍钢股份有限公司	一种连续热镀锌气刀刀距自动控制方法
43	鞍钢股份有限公司	一种转炉出钢口外口砖破损的修补方法
44	鞍钢股份有限公司	冷轧硅钢边部减薄反馈滞后控制方法
45	鞍钢股份有限公司	一种连铸过程中铸坯角部保温的方法及装置
46	鞍钢股份有限公司	一种准确控制高速拉伸试验速度的方法及装置
47	鞍钢股份有限公司	一种转炉炉内合金化生产低磷高合金钢的冶炼方法
48	鞍钢股份有限公司	一种汽车衡限位自动调节装置及方法
49	鞍钢股份有限公司	一种超厚复合钢板中间层钢坯的生产方法
50	鞍钢股份有限公司	一种 650 兆帕级中温中压锅炉钢板及其生产方法
51	鞍钢股份有限公司	一种耐高温热采井用油井管及其制造方法

续表

序号	申请人	发明名称
52	鞍钢股份有限公司	一种低成本高韧性低温容器用厚钢板及其生产方法
53	鞍钢股份有限公司	一种优良低温韧性的160毫米特厚钢板及其生产方法
54	鞍钢股份有限公司	一种高强高韧非调质型低温压力容器用钢及其制造方法
55	鞍钢股份有限公司	一种防止精炼过程钢包粘渣的方法
56	鞍钢股份有限公司	一种利用高铁赤泥回收铁的方法
57	鞍钢股份有限公司	一种50钢冷硬卷的生产方法
58	鞍钢股份有限公司	一种热连轧带钢精轧辊缝调节过程辊缝学习系数修正方法
59	鞍钢股份有限公司	一种它动力源驱动的移钢装置及方法
60	鞍钢股份有限公司	一种AP1000核电项目用A36钢板的生产方法
61	鞍钢股份有限公司	一种薄规格管线钢轧制方法
62	鞍钢股份有限公司	一种改善轧制前中间坯板形的薄规格钢板轧制方法
63	鞍钢股份有限公司	一种快速更换干熄焦锅炉锅筒安全阀的方法
64	鞍钢股份有限公司	一种用于控制焦炉定修前后温度的方法
65	鞍钢股份有限公司	一种烧结料输送皮带用分合料装置及使用方法
66	鞍钢股份有限公司	一种高强Ni-Cr耐腐蚀钢绞线用盘条及其生产方法
67	鞍钢股份有限公司	一种以兰炭作为部分燃料的高炉喷煤方法
68	鞍钢股份有限公司	一种夹取圆柱形物体的管夹
69	鞍钢股份有限公司	一种火焰清理机烧嘴靴块耐磨块固定方法
70	鞍钢股份有限公司	一种航母核反应堆支撑结构用钢及其制造方法
71	鞍钢股份有限公司	一种厚规格航母核反应堆支撑结构用钢及其制造方法
72	鞍钢股份有限公司	一种特厚规格航母核反应堆支撑结构用钢及其制造方法
73	鞍钢股份有限公司	一种控制30CrMnSiA钢Si含量的电渣重熔方法
74	鞍钢股份有限公司	一种高炉冲渣水余热利用系统及方法
75	鞍钢股份有限公司	一种高延伸率高强热轧酸洗钢板及其制造方法
76	鞍钢股份有限公司	调质型800兆帕级低成本易焊接厚钢板及其生产方法
77	鞍钢股份有限公司	一种极地海洋平台用E36特厚钢板及其制造方法
78	鞍钢股份有限公司	一种耐低温和抗层状撕裂的特厚钢板及其制造方法
79	鞍钢股份有限公司	低成本550兆帕级热轧集装箱用耐候钢及其制造方法
80	鞍钢股份有限公司	一种混凝土搅拌车罐体用钢板及其生产方法
81	鞍钢股份有限公司	一种高强耐腐蚀钢绞线用盘条及其生产方法
82	鞍钢股份有限公司	高强耐腐蚀钢绞线用盘条及其生产方法
83	鞍钢股份有限公司	一种正火-50℃低温用钢及其制造方法
84	鞍钢股份有限公司	一种经济型具有耐腐蚀性能J55无缝管及其制造方法
85	鞍钢股份有限公司	一种恒流量阀门及其工作方法

续表

序号	申请人	发明名称
86	鞍钢股份有限公司	一种设有空气除尘除水装置的油箱及其工作方法
87	鞍钢股份有限公司	一种基于烟气分析的 RH 动态脱碳优化方法
88	鞍钢股份有限公司	一种薄规格花纹板平整方法
89	鞍钢股份有限公司	一种防止低碳含硼钢表面裂纹的方法
90	鞍钢股份有限公司	一种转炉二文喉口的调节方法
91	鞍钢股份有限公司	一种转炉碳脱氧工艺的合金化方法
92	鞍钢股份有限公司	一种改进电工钢产品电磁性能各向异性的生产方法
93	鞍钢股份有限公司	一种变频特性优良的高牌号电工钢产品的生产方法
94	鞍钢股份有限公司	一种低成本高效率生产高牌号电工钢产品的方法
95	鞍钢股份有限公司	一种缓解炉辊结瘤程度及炉辊结瘤后处理的方法
96	鞍钢股份有限公司	一种提高冷轧电工钢产品层间电阻的方法
97	鞍钢股份有限公司	一种热轧线精轧阶梯垫自动定位方法
98	鞍钢股份有限公司	一种热轧产品宽度的计算机模型控制方法
99	鞍钢股份有限公司	一种热轧产品头尾宽度短行程的控制方法
100	鞍钢股份有限公司	一种异型无缝钢管的滚压制造方法
101	鞍钢股份有限公司	一种轧辊孔型站校正方法
102	鞍钢股份有限公司	一种 NM600 高强度耐磨管及其制作工艺
103	鞍钢股份有限公司	耐延迟断裂性能优异的含硼贝氏体钢轨及其生产方法
104	鞍钢股份有限公司	一种降低铝电解阳极钢-炭压降的结构及方法
105	鞍钢股份有限公司	一种钢包出钢末期抑制涡流卷渣的方法
106	鞍钢股份有限公司	一种利用转炉钢渣余热预热废钢与合金的装置及使用方法
107	鞍钢股份有限公司	一种加工性能优异的园艺工具用钢及其生产方法
108	鞍钢股份有限公司	屈服强度 700 兆帕级耐大气腐蚀热轧钢带及制造方法
109	鞍钢股份有限公司	一种火电站热交换器壳体用特厚钢板及其热处理工艺
110	鞍钢股份有限公司	一种微合金钢直装轧板裂纹的控制方法
111	鞍钢股份有限公司	一种含铝冷镦钢的生产方法
112	鞍钢股份有限公司	一种连铸结晶器及其连铸方法
113	鞍钢股份有限公司	一种低碳含铝冷镦钢连铸方坯网状裂纹的控制方法
114	鞍钢股份有限公司	一种改善钢锭冷却条件的方法
115	鞍钢股份有限公司	一种裸装耐候钢锈液流挂程度测量方法
116	鞍钢股份有限公司	一种冷轧机换辊推拉车定位控制方法
117	鞍钢股份有限公司	一种不锈钢复合板的组坯焊接方法
118	鞍钢股份有限公司	一种 LF 精炼高效利用电石的方法

续表

序号	申请人	发明名称
119	鞍钢股份有限公司	一种 175T-RH 密封段气囊更换专用工具及更换方法
120	鞍钢股份有限公司	一种转炉风机分级控制节能运行的方法
121	鞍钢股份有限公司	一种转炉生产高镍钢时回收镍的方法
122	鞍钢股份有限公司	一种转炉铁水脱氧过程控制出铁量的方法
123	鞍钢股份有限公司	一种高硅铁水的转炉单渣冶炼方法
124	鞍钢股份有限公司	一种铁水直接连铸成钢坯的方法
125	鞍钢股份有限公司	一种燃烧炉人孔内衬砌筑结构及砌筑方法
126	鞍钢股份有限公司	一种转炉采用硅系合金脱氧生产低硅铝镇静钢的方法
127	鞍钢股份有限公司	一种防止高裂纹敏感指数钢板产生边裂的生产工艺
128	鞍钢股份有限公司	一种 250 毫米特厚高强海洋平台用钢的生产方法
129	鞍钢股份有限公司	一种生产超厚钢板的复合坯料制作方法
130	鞍钢股份有限公司	一种提高顶装焦炉入炉煤堆密度的压实装置及方法
131	鞍钢股份有限公司	一种顶装焦炉平煤压实装置及方法
132	鞍钢股份有限公司	一种提高焦炉装煤堆密度的压实装置及方法
133	鞍钢股份有限公司	一种舰船用低磁性钢板的制造方法
134	鞍钢股份有限公司	一种抗拉强度≥1150 兆帕的靶板及其制造方法
135	鞍钢股份有限公司	一种适应低温裸露环境的 X80 管线钢板及其生产方法
136	鞍钢股份有限公司	一种压水堆核电站结构模块用特厚钢板及其制造方法
137	鞍钢股份有限公司	一种压水堆核电站压力容器支承用钢及其制造方法
138	鞍钢股份有限公司	一种厚壁调质深海管线用平板及其生产方法
139	鞍钢股份有限公司	一种微合金钢厚板及其正火轧制方法
140	鞍钢股份有限公司	一种用锌渣制造热镀用锌合金的方法
141	鞍钢股份有限公司	一种顶装焦炉装煤压实杆及压实方法
142	鞍钢股份有限公司	一种顶装焦炉煤压紧装置及压紧方法
143	鞍钢股份有限公司	一种提高顶装焦炉装煤量的装置及方法
144	鞍钢股份有限公司	一种顶装焦炉装煤压实一体装置及装煤压实方法
145	鞍钢股份有限公司	一种轨道轮止动装置及止动方法
146	鞍钢股份有限公司	一种转炉冶炼提高烧结矿收得率的方法
147	鞍钢股份有限公司	一种利用转炉烟气还原球团替代废钢的装置及方法
148	鞍钢股份有限公司	一种以旋流井沉泥为原料的转炉化渣剂及制备方法
149	鞍钢股份有限公司	一种带钢宽度测量中的振动误差校正方法
150	鞍钢股份有限公司	一种烧结机分级分层布料方法
151	鞍钢股份有限公司	一种中包镁质涂料再利用的方法
152	鞍钢股份有限公司	一种蒸汽加湿热风混匀装置及方法
153	鞍钢股份有限公司	一种在钢包钢液内产生弥散气泡的方法

续表

序号	申请人	发明名称
154	鞍钢股份有限公司	一种烧结混合料制备方法及其布料方法与装置
155	鞍钢股份有限公司	一种烧结过程匀质性检测系统及方法
156	鞍钢股份有限公司	一种连续热镀锌气刀喷吹压力自动控制方法
157	鞍钢股份有限公司	一种降低管线钢 C 类夹杂物的方法
158	鞍钢股份有限公司	一种高硅硅钢薄带的制备方法
159	鞍钢股份有限公司	一种对称球扁钢自动探伤装置
160	鞍钢股份有限公司	一种 Q345B 厚板铸坯组织控制方法
161	鞍钢股份有限公司	一种包晶钢板坯连铸结晶器铜板及水冷方法
162	鞍钢股份有限公司	铠装移开式交流金属封闭开关柜的盖帘开合机构及方法
163	鞍钢股份有限公司	一种极低温、超高硫铁水转炉炉内脱硫的方法
164	鞍钢股份有限公司	一种风冷辊道装置及线材分路冷却方法
165	鞍钢股份有限公司	一种 235 兆帕级 LP 钢板及其生产方法
166	鞍钢股份有限公司	一种 345 兆帕级 LP 钢板及其生产方法
167	鞍钢股份有限公司	一种 420 兆帕级 LP 钢板及其生产方法
168	鞍钢股份有限公司	一种 LP 钢板的生产方法
169	鞍钢股份有限公司	一种转炉放冷及二次开炉方法
170	鞍钢股份有限公司	一种低屈强比的高强度调质型容器钢及其生产方法
171	鞍钢股份有限公司	具有优良低温韧性的 FH550 级厚板及其制造方法
172	鞍钢股份有限公司	无表面条纹缺陷 590 兆帕级冷轧双相钢及生产方法
173	鞍钢股份有限公司	一种热轧卷取自动优化时序的助卷辊跳步控制方法
174	鞍钢股份有限公司	一种轧制力系数限值分规格控制方法
175	鞍钢股份有限公司	一种热轧加热炉动态炉温控制方法
176	鞍钢股份有限公司	一种回收固体颗粒物余热资源的方法
177	鞍钢股份有限公司	一种含铅除尘灰物理脱铅方法
178	鞍钢股份有限公司	一种含铅除尘灰资源化再利用的方法
179	鞍钢股份有限公司	一种含锌除尘灰再利用方法
180	鞍钢股份有限公司	一种烧结烟气除尘灰干选脱除钾、钠、氯的方法
181	鞍钢股份有限公司	一种利用热态转炉渣制备高炉用铁碳复合团块的方法
182	鞍钢股份有限公司	一种利用热态转炉渣为黏结相制备烧结矿的方法
183	鞍钢股份有限公司	一种用热态高炉渣制备硅铁及铝酸钙材料的方法
184	鞍钢股份有限公司	转炉余热回收系统蓄热器蒸汽节能利用方法
185	鞍钢股份有限公司	一种热坯角部裂纹在线清理装置及方法（双报）
186	鞍钢股份有限公司	一种非调质预硬塑料模具钢钢板及其制备工艺
187	鞍钢股份有限公司	一种高强度高屈强比核电站机械模块用钢及其制造方法
188	鞍钢股份有限公司	一种超高强度精细钢丝用盘条及其生产方法

续表

序号	申请人	发明名称
189	鞍钢股份有限公司	一种超厚料层富氧烧结生产方法
190	鞍钢股份有限公司	一种高温拉伸试验真应力的获取方法
191	鞍钢股份有限公司	一种高硅钢及生产方法
192	鞍钢股份有限公司	一种540兆帕级热轧酸洗钢板及其制造方法
193	鞍钢股份有限公司	一种高强度冷镦钢盘条及其生产方法
194	鞍钢股份有限公司	一种复合板的低成本高效组坯生产方法
195	鞍钢股份有限公司	一种转炉渣改质用的铁碳硅双层复合球团及其制备方法
196	鞍钢股份有限公司	一种熔态转炉渣改质中降低终渣FeO含量的方法
197	鞍钢股份有限公司	一种提高转炉氧枪寿命的方法
198	鞍钢股份有限公司	一种无取向高牌号硅钢轧制方法
199	鞍钢股份有限公司	热轧加热炉板坯温度自学习控制方法
200	鞍钢股份有限公司	一种冷轧热镀锌钢板横向镀层均匀性控制方法
201	鞍钢股份有限公司	低温断裂韧性良好的海洋工程用钢及其制造方法
202	鞍钢股份有限公司	一种高品质合金工具钢板及生产方法
203	鞍钢股份有限公司	一种确定锅炉给水变频调节系统最佳母管压力的方法
204	鞍钢股份有限公司	一种连续带钢热镀锌气刀段带钢跑偏量测量方法
205	鞍钢股份有限公司	一种汽车用复合微合金化中锰钢及其制造方法
206	鞍钢股份有限公司	具有优良高温性能厚规格核电安注箱用钢及其制造方法
207	鞍钢股份有限公司	一种低温韧性优异的L555M管线钢及其制造方法
208	鞍钢股份有限公司	大口径单道直焊缝压力管道用铬钼钢板及其生产方法
209	鞍钢股份有限公司	用于制备全精矿烧结混合料的含碳团块及混合料制备方法
210	鞍钢股份有限公司	超宽规格高强高韧性能的海洋工程用钢及其制造方法
211	鞍钢股份有限公司	高强韧性低屈强比热煨弯管用宽厚钢板及其生产方法
212	鞍钢股份有限公司	一种提高烧结机抽风系统稳定性的方法
213	鞍钢股份有限公司	一种汽车用低碳热轧酸洗板及其制备方法
214	鞍钢股份有限公司	一种超高强度冷轧相变诱导塑性钢及其制备方法
215	鞍钢钢绳有限责任公司	防止钢丝绳整绳破断拉力试验灌头时绳芯熔化的方法
216	鞍钢铸钢有限公司	一种中注管砖安装方法

（鞍钢股份有限公司科技与规划部　仉　勇）

·管理创新·

【企业改革】 2019年，鞍山钢铁按照鞍钢集团综合改革试点相关工作部署，坚持市场化改革方向，紧紧抓住“效率、效益、品质”三个关键要素，强化顶层设计，以“市场机制有效、宏观调控有度、微观主体有活力”为目标，系统推进市场化体制机制改革，在组织机构变革、“放管服”改革、混合所有制改革、“三项制度”改革、建立完善中长期激励约束机制、科研体制创新等方面进行了积极探索与实践，企业内生活力和发展动力进一步增强，为推动鞍山钢铁高质量发展，推动鞍钢集团成为具有全球竞争力的世界一流企业提供了保障。

1. 推进组织机构改革，重塑管理架构。制定《鞍山钢铁集团有限公司组织机构改革方案》，开展组织资源优化和业务流程再造。

一是系统优化机关部门设置和职能设计，精简机构、精干编制。改革后，机关部门机构数量由20个压缩至14个，压缩比例为30%；编制定员总量精减9.7%，过渡编制全部取消。

二是全面实施营销和制造领域业务流程再造与运营模式变革。制造管理部对生产过程实施集中一贯管理，推进钢铁主业多基地统筹协同；强化行业营销，实行管操分离，推进区域协同。

三是对中厚板产品生产体系、营销体系、研发体系、质量体系进行全面整合，组建中厚板事业部，实现中厚板产品从市场开发到产品送达及售后服务实施全流程集中科学管理。

四是推进基层单位组织机构改革。共计优化机关机构36个，优化比例17%；取消全部过渡编制；优化基层作业区52个，优化比例16.8%。

2. 深化市场化运营机制改革，落实企业市场主体地位。以“构建市场机制有效、微观主体有活力、宏观调控有度的经济体制”为目标，健全完善市场化运营机制，激发企业活力。

一是稳步推进承包经营工作。按照公司承包经营工作总体要求，对朝阳钢铁、铸钢公司、钢绳公司和无缝钢管厂4家单位，以及大型厂/中型线、小型线、万能线，冷轧厂彩涂线、鞍营两地4条中厚板产线共计8条产线开展承包经营，通过配套建立指标体系、政策支持体系、统计体系、考核评价体系和奖惩问责体系，推进基层生产经营组织市场化体制机制变革。

二是出台《鞍山钢铁相关产业市场化改革配套方案》。落实“创新、协调、绿色、开放、共享”五大发展理念，以做大做强相关产业为目标，坚持市场化方向，坚持科技为先，坚持“管”“放”结合，在产业发展规划和年度预算制定、固定资产投资项目审批、内部市场、经营者契约化管理、市场化用工、薪酬分配、编制管理、采购、销售等方面对相关单位“一企一策”适当放权，推动钢铁相关产业市场化、专业化、产业化发展。

三是优化设备资材采购中心运行机制。制定下发《关于优化设备资材采购中心运行机制的决定》，对设备资材采购中心重新定位，在自主经营、财务管理、自主分配、机构设置和选人用人等方面充分授权，并对经营层实施承包经营，推动其在确保公司低成本、优质高效采购的同时，尽快由保产保供职能服务型向经营服务型转变，成为市场竞争主体，增强社会化经营创效能力。

3. 优化保卫管理体制机制，提升国有资产监督效能。对巡视发现的问题即知即改。以加强党的建设为主线，以优化组织架构和岗位设置为关键抓手，规范保卫、交通、武装管理体系建设，强化管理职能。对保卫部实施改革，构建反应快速、监管到位、保障有力、运行高效的管理体制与运行机制。改革后，保卫部机构数量由原4个部门、1个交通大队、3个内保大队及2个中心、16个中队调整为3个部门、2个内保大队及5个室（含工会）、2个中心；编制定员精简10人。

4. 积极推进混合所有制改革，切实转换企业经营机制。选取钢绳公司、铸钢公司、炉材科技公司及能源科技公司4家企业实施混改。截至2019年底，鞍山钢铁已与龙煤物流及山西凯嘉就钢绳公司实施混改，与空气化工产品（中国）投资公司就能源科技公司与其合资成立新公司签署合资合作框架协议；炉材科技也已征集到7家意向投资者；鉴于铸钢公司自身资产和劳动用工情况复杂、历史遗留问题多，同时又是军工企业，在股权结构上受国家相关政策限制等原因，经研究决定，暂不实施混改。

5. 建立投资项目激励约束机制，落实项目主体责任。制定下发《鞍山钢铁集团有限公司新设项目公司跟投管理办法（试行）》及鞍山钢铁/鞍钢股份两级公司《投资项目契约化管理实施方案》。选择EPS项目和针状焦项目，开展项目契约化管理工作。确定了契约化管理的周期、评价指标、履约保证金额度、奖罚办法等，组建了项目管理团队，并签署了契约化管理合同。

6. 完善科研管理体系，提升创新驱动能力。充分发挥科技研发的“集中一贯”管理优势，及时解决生产现场的重大技术问题、技术瓶颈，系统优化产品工艺设计和路径，促进科技降本，在技术中心相关研究所成立12个驻厂技术研究室；在鲅鱼圈分公司成立钢铁研究院鲅鱼圈分院，组建了热轧、冷轧、中厚板、能源技术委员会。

7. 推进“总部机关化”问题整改，转变机关工作作风。深入贯彻习近平总书记重要指示批示精神，按照鞍钢集团的工作部署，制定鞍山钢铁和鞍钢股份两级公司机关的“总部机关化”问题专项整改工作方案，确定包括重塑组织架构和优化机构职能、构建“多基地统筹协同、基地内集中一贯”的管控模式和完善授权体系、加强行权监管和评价、改进工作作风、加强人才队伍建设等六类17个整改项目、34项工作任务，从根本上解决公司机关的“总部机关化”问题，深入推进市场化改革，完善市场化体制机制。

8. 妥善解决历史遗留问题，减轻企业负担。

（1）推进厂办大集体改革。按照鞍钢集团部署，组织提供鞍山钢铁所属集体企业基本情况及有关数据；收集沈阳市厂办大集体改革政策资料，对沈薄金属制品厂职工医疗保险和养老保险的接续和一次性了断成本进行测算；组织相关单位对集体企业基本情况进行摸底调查，对企业性质进行办定，对职工身份进行认定，并对中央财政专项补助资金进行初步测算后上报鞍钢集团。

（2）妥善解决“三供一业”分离移交收尾问题。按计划推进相关房屋实物资产的移交；积极组织推进无证资产办证工作，并配合接收单位办理资产更名手续。配合各接收单位开展施工改造。配合鞍钢集团申请2019年度国有资本经营预算。将鞍山地区第三批24853.2万元及营口地区1571.94万元分离移交费用拨付到相关接收单位账户。对目前存在问题进行梳理，加强与地方政府及相关接收单位沟通与协商，协调解决存在问题；定期向鞍钢集团报送月度工作进展情况报表。

（鞍山钢铁集团有限公司企业管理部
王　茹　王恩家）

【绩效考评】 2019年，鞍山钢铁绩效考评工作以习近平新时代中国特色社会主义思想和党的十九大精神为指导，贯彻落实习近平总书记在深入推进东北振兴座谈会上的重要讲话精神和全国国有企业改革座谈会精神，紧密围绕公司战略目标，坚持和加强党的全面领导，不断优化与“经营者、管理人员、企业职工”紧密对应的“重精准、强激励、硬约束、严考核”激励约束机制，推动公司实现质量更高、效益更好、结构更优的发展。

1. 深化企业改革，落实主体责任。以效益最大化和最优化为导向，深化供给侧结构性改革和生产经营组织变革，打造各级市场主体，将市场压力和契约精神进一步融入各级市场主体，实现市场压力层层传递，主体责任层层落实，充分激发各级市场主体活力。

2. 持续开展对标提升，推动公司高质量发展。以科技创新为引领，以全面提升企业竞争力为目标，进一步强化行业对标，借鉴行业先进单位优秀管理经验，研究新思路、新举措，加快赶超步伐，通过选标找差距、追标补短板、越标扩优势，深挖潜力，推动公司高质量发展和业绩提升。

3. 持续优化品种结构，做强做优钢铁主业。根据市场需求变化，加快“1+6”产业结构调整，做强做优钢铁主业。调结构、提品质、创品牌，走差异化、特色化、专业化精品路线，做好产品结构调整和销售战略调整，提高市场占有率，引领钢铁产业转型升级。

4. 加强党的全面领导，强化党建主体责任落实。深入贯彻落实新时代党的建设总体要求，增强“四个意识”、坚定“四个自信”、做到“两个维护”，落实管党治党主体责任和监督责任。坚持党的领导，加强党的建设，充分发挥企业党委把方向、管大局、保落实作用；坚持生产经营和党建工作同奖同责考核，不断提升党建工作质量，把党建工作优势转化为企业发展优势，为实现公司高质量发展提供坚强政治保证。

（鞍山钢铁集团有限公司企业管理部
李　莉　王洪涛）

【规章制度体系建设】 为进一步规范公司管理行为，构建内控有效、合法合规的规章制度体系，提高规章制度体系的运行质量和水平，筑牢不发生重大风险的底线，开展了规章制度“立、改、废”工作。通过开展内控自评、合法合规审查，对规章制度进行梳理，并开展制修订工作。2019年共制修订规章制度93项，规章制度体系管理水平进一步提升。

【采购管理】 进一步深化采购管理工作，以持续构建采购质量效益新模式为目标，以采购质量效益关键环节管控为重点，通过开展加大互联网采购力度、推进物资全生命周期管理、优化供应商准入标准、强化供应商评价考核、实施物料规范等工作，不断提升采购管理水平。为提高采购效率，充分利用采购信息系统数据，对计划审批和采购实施各节点的工作时限进行统计分析，查找出影响采购效率的主要问题，制定相应的改进措施，并进行跟踪评价，采购效率得到明显提升。

【风险管理】 2019 年，鞍山钢铁认真贯彻落实中央经济工作会议“继续打好防范化解重大风险攻坚战”的要求，全面落实鞍钢集团第二次党代会和一届六次职代会工作部署，以强化企业风险管控主体意识为着力点，加强风险管理和内部控制体系建设，抓好重点领域、重点单位、重要业务的风险防控，全面完成了年度经营任务。

1. 完善风险管理体系，不断提升运行效果。积极发挥各级董事会对风险管理工作的领导和监督作用，固化了“集中、分类、分层”风险管理模式，强化了“三道防线”建设，落实“业务谁主管，风险谁负责”的主体责任。成立了资金风险管理委员会，强化了对资金风险的组织管理。建立健全内部控制体系，制、修订内控制度 58 项。

2. 全面系统梳理风险，精准实施风险防控。根据鞍钢集团防范化解重大风险工作推进会议的安排，鞍山钢铁紧密结合自身的行业特点和企业实际，准确研判所面临的风险挑战。针对辨识出的涵盖 8 大方面的 43 项重大风险，研究制定了应对措施，进一步明确责任，建立长效机制，统筹推进，综合施策，防范化解重大风险，制定了防范化解重大风险工作方案。

3. 落实风险防控措施，确保重大风险可控。开展年度风险评估工作，确定 8 项重大风险、7 项重要风险和 4 项一般风险，制定了重大风险管理解决方案。坚持“业务谁主管、风险谁负责”的原则，严格推进重大风险防控措施的落实，实现了重大风险的可控在控。

4. 推进专项风险评估，提升科学决策水平。组织完成渤钢系重整计划表决同意事项、广汽宝商二期项目等项目的专项风险评估与合规审查工作，独立出具风险报告，并在提交公司审核、决策前，提交“5+X”联审部门审查，为重大事项科学决策提供了强有力支撑。

【管理创新成果】 为及时总结推广各单位通过变革创新所取得的管理创新经验，优化固化改革创新成果，持续增强和激发企业创新驱动发展新动力，提升企业管理水平，积极引导和组织各单位围绕公司战略目标和企业管理的重点难点问题，开展了 2018 年度管理现代化创新成果的申报与评审工作。鞍山钢铁共申报 2018 年度管理现代化创新成果 34 项，反映了各单位为实现公司战略目标，开展管理创新、强化企业管理所取得的最新成就。其中，荣获鞍钢集团级管理现代化创新成果 13 项（一等奖 1 项，二等奖 2 项，三等奖 10 项），荣获辽宁省管理进步成果 6 项（一等奖 1 项，二等奖 5 项），荣获冶金企业管理现代化成果 5 项（一等奖 1 项，三等奖 4 项），获国家级管理成果二等奖 1 项。

（鞍山钢铁集团有限公司企业管理部
陈　雷　杨新兵　徐长维）

【管理体系认证】 2019 年，鞍山钢铁进一步深化新版 GB/T 19001—2016 质量管理体系、GB/T 24001—2016 环境管理体系、IATF16949：2016 质量管理体系有效运行，不断夯实管理体系基础，持续改进管理体系。制定并下发《鞍钢股份有限公司 2019 年 QEO 管理体系内部审核方案》《关于下发鞍钢股份有限公司 2019 年 QEO 管理体系目标的通知》《QEO 管理体系法律法规及其他要求清单》《鞍钢股份有限公司 2019 年 QEO 记录清单》等体系管理文件，为管理体系有效运行提供基础文件保障，发挥管理体系对公司管理提升的推动作用。热轧耐蚀钢首次通过中铁 CRCC 认证，通过重轨 CRCC 年度认证，高端压力容器钢完成容标委技术评审续证，热轧带肋钢筋通过换证审核取得生产许可证。

完成国军标质量管理体系标准换版及认证工作。按照国军标 9001C 版质量管理体系标准要求，结合公司实际，梳理并优化管理过程，对管理体系文件进行优化、完善，修订下发《GJB 质量手册》，制修订 5 个程序文件，确保管理体系文件系统、完整、规范、有效。实现体系标准要求的有效转化和落实，2019 年 3 月顺利通过装备承制单位资格（两证合一）换版后第二次监督审查，保持承制资格。

按照《鞍山钢铁集团有限公司规章制度立改废释工作方案》的通知，创新构建与公司功能定位相适应的系统完备、科学规范、运行有效的规章制度管理体系，并组织开展公司规章制度立改废释工作。

重启鞍钢股份总经理质量奖评选活动。以鞍钢股份“总经理质量奖”评选活动为抓手，在外部咨询机构的专业支持下，通过开展卓越绩效模式相关培训、总经理质量奖自评报告编写、文件资料评审、现场评审、表彰奖励等措施，大力推介卓越绩效系统管理思维和方法，帮助基层单位管理者掌握专业的管理工具，并运用其进行自我诊断，探索生产经营改进路径，坚持创新与持续改进，推动公司生产经营绩效及管理水平全面提升。

（鞍山钢铁集团有限公司企业管理部　郭淳璞）

【对外投资监管】 1. 完善管理制度体系建设。为进一步规范鞍山钢铁及所属各单位对外投资控股、参股企业派驻人员管理，提升派驻人员综合素质及履职能力，维护国有股东利益，根据鞍钢集团相关规定，2019年，组织修订、完善了《鞍山钢铁集团有限公司国有资产交易监督管理办法》（鞍山钢政发〔2019〕11号）、《鞍山钢铁集团有限公司违规经营投资责任追究实施办法》（鞍山钢政发〔2019〕19号）、《鞍山钢铁集团有限公司对外投资企业派出人员履职管理办法》（鞍山钢政发〔2019〕46号）。

2. 投资参股企业运营监管。

（1）“三会”运作。对投资企业股东会、董事会、监事会拟审议议案组织调研、论证、提出处理意见，同时针对调研发现的问题提出补充议案。2019年度，共审议33家投资企业股东会、董事会、监事会会议75次，议案共计198项。

（2）盘活股权。根据鞍钢集团对鞍山钢铁持有山西物产进出口公司股权的处置意见，完成在上海联合产权交易所挂牌转让持有的山西物产进出口公司30%股权，且股权转让款已进入鞍山钢铁指定股权转让专用账户。按照鞍山钢铁党委常委会及董事会批准的向山西物产国际能源公司增资入股意见，与山西物产集团签订增资入股协议，2019年8月完成参股投资。

（3）收购股权。根据鞍山钢铁董事会审议批准的《关于鞍山钢铁收购合资方持有的鞍钢维苏威50%股权项目的意见》，董监办组织起草《股权购买协议》及公司《章程》。2019年3月召开鞍钢维苏威公司董事会、股东会议，同意由鞍山钢铁收购维苏威中国公司持有的鞍钢维苏威50%股权事项，3月20日签署《股权收购协议》。2019年6月完成股权收购工作。

（4）破产清算。大连船舶重工集团船务工程有限公司（以下简称大船船务）为鞍钢股份对外投资参股企业，出资额为15120万元，股权比例为15%。由于葫芦岛经济技术开发区北斗综合厂起诉，2018年12月11日，大连市中级人民法院正式向大船船务发送《民事裁定书》及《选定管理人决定书》，指定辽宁恒信律师事务所为大船船务管理人。2019年1月4日，大船船务正式进入破产清算程序；12月23日，被大连市中级人民法院正式裁定破产；12月24日，管理人在全国企业破产重整案件信息网上发布了大船船务破产财产拍卖公告。大连船舶重工集团钢业有限公司（以下简称大船钢业）为鞍钢股份对外投资参股企业，出资额为6900万元，股权比例为15%。由于大船钢业被大船船务管理人以不能清偿到期巨额债务，且明显缺乏清偿能力为由起诉，直接导致大船钢业被大连市中级人民法院裁定启动破产清算程序。2019年2月25日，大船钢业收到大连市中级人民法院的《受理通知书》《民事裁定书》《选定管理人决定书》，法院明确受理大船船务管理人对大船钢业提出的破产清算申请，以及指定大连永通会计师事务所和北京融商（大连）律师事务所担任大船钢业管理人。截至2019年底，两家参股公司还处于破产清算中。

3. 投资参股企业风险排查。为进一步提升鞍山钢铁对外投资企业风险管控水平，持续抓好重大风险防控，筑牢不发生重大风险的底线，实现国有资产保值增值，组织对16家控股企业和重点监管的参股企业开展了风险排查专项工作。由董监事管理办公室会同企业管理部、计划财务部、法律事务部、安全环保部、设备保障部、产品制造部、产品发展部等业务管理部门，主要针对投资企业的法人治理结构、风险与内控管理、规章制度建设、财务运营管理、法律事务管理、安全环保管理、设备运行管理、生产运行及质量管理等方面的风险进行全面排查。另外，要求投资参股企业对党建管理、干部管理、人力资源管理、薪酬管理、纪检监察等方面开展自检自查。此次风险排查专项工作以预防整改为主要目的，全面提高对外投资企业的风险控制能力。

4. 派驻高管的契约化管理。为落实国务院国资委及鞍钢集团公司关于健全灵活高效的市场化经营机制的指示精神，根据公司对外埠经营单位经营者实施契约化管理的工作安排，董监事管理办公室会同计划财务部、产品制造部、市场营销中心、中厚板营销（服务）中心、物流管理中心、技术中心等部门和单位，按市场化标准设计了鞍钢维苏威耐火材料有限公司、鞍钢广州汽车钢有限公司、梅州广汽汽车弹簧有限公司、山西物产集团进出口有限公司、大连船舶重工集团船务工程有限公司、鞍钢股份-大船重工大连钢材加工配送有限公司、营口新港矿石码头有限公司、金蒂鞍（杭州）科技有限公司、广州南沙钢铁物流有限公司等9家参股企业派驻高管的契约化管理指标及对应薪酬标准，并组织签订了2019年度《责任书》。

（鞍山钢铁集团有限公司企业管理部 许国林）

·战略管理·

【编制发展战略和规划】 做好顶层设计，谋划企业长远发展，完成《鞍山钢铁3~5年发展战略和规划》的编制工作。制定了公司总体发展战略、目标、实施路径和主要措施，明确了公司“1361”发展战略和目标，进一步优化空间、产品和产业布局，致力于提升效率变革、成本变革、服务引领、技术领先、智慧制造以及生态融合六大能力，并综合考虑投资方向、投资额、效益、投资速度的关系，集中保优、有保有压，做到精准投资。着力推进产业结构调整、转型升级、科技创新和国际化经营等重点工作，打造产品、成本、服务模式等独特的竞争优势，注重质量、效益、效率，不断改善经济增加值、净资产收益率等关键指标，提升企业竞争力，严控战略风险。

（鞍山钢铁集团有限公司科技与规划部 赵 利）

【实施对外股权投资管理】 2019年鞍山钢铁按照企业发展战略和规划，适应战略结构调整和产业重组需要，积极拓展对外投资项目，完善战略布局。鞍钢股份公司对南沙物流项目、广汽宝商钢材加工有限公司增资。为推动相关产业的发展，鞍山钢铁收购维苏威中国持有鞍钢维苏威50%股权。为更有效地加强对铸钢公司治理，鞍山钢铁收购重机持有铸钢公司的49%股权，铸钢公司成为鞍山钢铁的全资子公司。

【推进困难企业治理工作，促进企业扭亏脱困】 2019年鞍山钢铁以完成国务院国资委要求的所属“僵尸”特困企业治理的填平补齐任务、完成集团公司认定的特困企业治理任务为目标，对各困难企业亏损原因进行了系统梳理、研究，考虑各困难企业实际、按“一企一策”原则制定了《困难企业治理方案》及治理推进计划；完善了困难企业监控体系，按月分析、汇总困难企业治理进展情况；定期召开困难企业治理推进协调会议，通报治理工作进展情况，协调解决困难企业治理过程中存在的问题，并每月形成困难企业治理进展情况报告。圆满完成“处僵治困”任务。

（鞍山钢铁集团有限公司科技与规划部 夏红斌）

【实施精准扶贫，圆满完成公司扶贫任务】 2019年，鞍山钢铁认真贯彻党中央、国务院关于精准扶贫、精准脱贫的要求，针对新疆塔什库尔干塔吉克自治县、鞍山市岫岩县石灰窑镇、鞍山市岫岩县石灰窑镇石灰窑村、葫芦岛市建昌县、朝阳市双塔区桃花吐镇上桃村等帮扶对象，从实际出发，在民生发展、产业扶贫、乡村集体经济、教育、医疗、消费扶贫等方面，积极探索多渠道、多层次、多形式的帮扶措施，有序推进精准扶贫工作。2019年鞍山钢铁实施扶贫项目41项，投入扶贫资金1508.06万元，助力4个帮扶点全部脱贫摘帽，切实履行了央企社会责任。

（鞍山钢铁集团有限公司科技与规划部 代显明）

·信息化管理·

【概述】 为实现企业由“钢铁制造”到“钢铁智造”、“制造型”到“服务型”的转型升级目标，2019年鞍山钢铁集团有限公司深入强化信息化管控，持续完善信息化规章制度，有序开展信息化项目，全面保障信息化设备稳定运行，努力提升企业整体信息化水平。

【夯实管理基础，健全制度体系】 为进一步适应企业的管理需要，构建内控有效、合法合规的规章制度体系，2019年鞍山钢铁集团有限公司结合鞍钢集团有限公司信息化管理相关制度和公司实际情况，修订完善了《鞍山钢铁集团有限公司信息化项目建设管理办法》等7个管理办法，新制定了《鞍山钢铁集团有限公司信息化资产管理办法》并正式发布执行，同时，废止了《鞍山钢铁集团公司计算机软件资产管理办法》等4个管理办法。通过信息化规章制度的修订完善，有力地推进了鞍山钢铁信息化管理制度体系建设，为更好地开展信息化职能管理工作奠定了坚实的基础。

【强化顶层设计，促进企业长远发展】 为贯彻党中央、国务院提出的“加快发展先进制造业，推动工业互联网、大数据、人工智能和实体经济深度融合”的指示精神，按照鞍钢集团有限公司发布的《智慧鞍钢发展规划》方向，2019年鞍山钢铁集团有限公司编制了《鞍山钢铁推进智慧制造指导意见》《鞍山钢铁2019—2021年信息化（两化融合）滚动规划》。同时对标国内外先进企业，分析了公司自动化、信息化、智能化现状及与先进企业的差距，研究了未来技术发展方向和趋势，明确了公司在竞争中的优劣势，科学论证发展新方位，统筹布局信息化投资项目。

【申报国家级、省级试点示范项目】 2019年鞍山钢铁集团有限公司申报了工信部、国资委、辽宁省工信厅发起的多个工业互联网、智能制造试点示范项目，其中，“钢铁全流程质量大数据集成应用项目解决方案”被工信部确定为工业互联网优秀解决方案示范项目，“汽车钢智联云平台供应链系统”成功入选2019年度辽宁省企业技术创新重点计划项目。

【推进智能化建设，加大项目投资与实施力度】 为推进工业化和信息化深度融合，加快智能制造，2019年鞍山钢铁集团有限公司放行了信息化、智能化类固定资产投资项目40项，总投资6.06亿元，重点实施无人行车改造12台（套），机器人应用51台（套），炼铁、炼钢、能源等集控中心5个，全流程质量管控大数据应用及工艺模型改造3项；实施信息化、智能化类项目66项，投运26项，全流程质量管控大数据应用（一期）、大型轨梁数字化车间，鲅鱼圈能源集控、西区智能化料场、汽车钢供应链系统一期、科研管理系统等重点项目按期投入运行。

【加强重点项目对外合作，全面加速智能制造发展】 为加强信息化项目对外合作，2019年鞍山钢铁集团有限公司与国内钢铁行业IT服务商进行对接，对鞍山钢铁整体信息化水平予以评估，开展了管理与信息化整体提升项目建设。同时，系统分析了鞍山钢铁与国内先进钢铁企业之间存在的差异，完成了《鞍山钢铁管理与信息化整体提升规划方案》。

【完善技术规范及工具平台，提升专业技术能力】 2019年鞍山钢铁集团有限公司基于国家、先进企业和行业的信息化规范标准，持续推进IT规范标准体系的构建工作，逐步完善了详细设计、程序开发、数据库设计、服务器设备运维管理等技术规范；完善了DevOps开发运维一体化平台，逐渐形成项目建设的管理协同、文件版本控制、软件自动化构建、代码质量检查等集成开发环境，提高了软件集成及部署效率；通过自主研究，搭建了基于Spring及Ext技术栈的业界先进的集成开发框架X-framework，实现运维预警机制、单点登录、多级缓存、自动生成代码、业务微服务化、前端业务组件库等等功能，极大地缩短了软件开发及运维的整体时间；完成了青云云平台管理的POC验证，MySQL集群部署，OracleRAC的虚拟化环境搭建，华为网络平台、超融合及云平台部署等技术革新测试验证工作，公司信息化技术能力得到有效提升。

【保障信息系统运维，实现系统稳定运行】 2019年鞍山钢铁集团有限公司努力提高信息化工作质量和效率，为个人所得税改革、国家增值税税率调整、鞍朝营三地ERP系统功能完善、板坯金属损失系数校核、承兑贴息、简化采购审批流程等业务提供了有力支撑，全年共计实施各类信息系统变更1090项，其中功能类变更127项、业务数据变更417项、权限变更263项、系统配置变更283项。

【加强信息安全管理，提高信息风险防控能力】 为提升企业整体信息安全和网络保障水平，2019年鞍山钢铁集团有限公司完善了信息系统安全管理体系，完成37个等保二级（含）以上信息系统的网络安全自查，开展了网络安全攻防实战演习，实现了重大活动期间鞍山钢铁网络和信息安全的零事件；推进统一规范的网络终端防病毒体系的建立，完成鞍山钢铁范围内7000余台内部服务器和终端杀毒软件的安装部署。

（鞍山钢铁集团有限公司信息化管理中心 王述千）

· 设备管理 ·

【设备管理】 2019年，设备系统以点检定修为中心，落实“四抓四提”，严执行、重问责，不断提升设备管理综合能力，提高设备功能精度，助力产品质量的持续提升，擦亮鞍钢品牌。

紧紧围绕管控细致精益、流程优化减量，提高设备功能精度，主要经济技术指标均取得较好成绩，主要指标完成情况如下。

设备事故：2019年，鞍钢股份有限公司本部事故频次月均13.25起，比上年降低47.36%（低于减半目标11.67%）；事故时间月均32.01小时，比上年降低51.42%（低于减半目标1.51%）。事故频次、时间均完成减半目标。

修理费：2019年，鞍钢股份有限公司本部修理费实际发生18.36亿元，实现了预算全面受控。

库存指标：2019年，鞍钢股份有限公司本部备件库存实绩6.74亿元，生产工具库存实绩5.58亿元，完成12.5亿元目标。

1. 管控规范，促工作质量提升。

（1）落实状态维修。一是推进点检、定修标准化作业。刚性执行点检、定修计划，及时发现设备隐患并采取有效措施，有效避免49起较大事故发生。如2150线点检员及时发现R1连杆定位套串出，立即调检修处理，避免重大事故；严格定修过程控制，完成定、年修1200次，定修实现率98.35%，设备可开动率95.38%；圆满完成二烧烧结机、7高炉、A转炉、四工区板坯铸机、热轧2150机组、冷轧1/4镀锌、硅钢3号连退机组等重点机组、产线年修，保设备功能、提精度，保产品质量、提规模；推进重要设备周期管理，定修周期管理项目比例达到77.9%。二是抓实状态监测，加强A类机械设备和大电机运行状态监测，监测A类机械设备323台次，发现问题设备62台；周期监测大电机13224台次，共发现故障问题电机176台次，绕组测试81台次，及时安排检修，避免事故。三是夯实设备功能精度管理。不断完成功能精度月报表，完成“一名录一明细三清单”修订（修改270项，增加644项，删减353项）；畅通质量信息，工艺技术点检及设备挂牌问题的整改率达到99%；按周开展52次设备管理专项检查，发现并曝光典型问题377项，督促整改。四是严格现场整治。落实公司“规范标准，严格要求，重在问责”的要求，开展周检查、月评价，发现问题345项，考核4.85万元，落实整改135项；完成三孔桥区域整治，西南门丁字路口道路、立山桥洞道路、柳西路道路维修，二烧防空洞等区域及15万立方米焦炉煤气柜、发电冷却塔亮化；整治废旧及断头管道410条，46709米，其中，拆除367条、38154米，整治43条、8555米；打造美丽鞍钢。

（2）强化风险防控。一是严控设备事故。按照“重事前、控事中、抓事后”原则，落实“四不放过”“事故三抓”“PDCA+责任+落实”，强化六类事故考核，追溯基础管理的不符合项，及时下发57起典型事故通报，严肃责任追究，严控整改措施的落实，杜绝重复事故。二是加强备机及应急设备管理。全要素排查评估、落实责任，重点关注能源动力设备、环保设备、自动消防、特种设备、备机管理、安全连锁、UPS电源、柴油泵等，消除各类隐患，使设备运行真正稳定。

（3）强化备件管理。一是制定库存管理三年规划，明确责任，挖潜盘活，严控“两金占用”，完成公司库存指标。分解、下达指标（库存、消耗、采购），源头抓起，根据设备功能精度要求，严把计划关，对库存中有新品备件的优先消耗库存备件，不放行备件计划；备件修复过程中需更换零部件的，先核定库存中有无此备件，有则甲供；组织各单位逐一确认5年以上库存备件的可用性，制定利库计划。同时核定实施“修、配、改、代”等手段后可再利用的备件项目，充分盘活库存备件；消耗5年以上库存备件4986万元，占新品消耗6.02%。二是在推进备件ABC分类采购基础上，全面开展优化备品备件采购品种、压减品牌。以排查ERP历史采购数据为切入点，完成50万条通用物料数据梳理，规范3.45万条物料主数据，废除2528条一物多码和4645条码段错误、名称和型号错误的物料主数据。完成58万条专用件物料数据梳理，完善物料主数据98780条，废除重码物料18373条。三是修订机旁备件储备定额（5.1万条、66万件），对炼铁、炼钢等生产厂逐厂开展交叉检查，并监督问题的整改封闭，规范机旁备件管理。严格过程管控，按季度组织各单位对超3个月未上机使用的新品机旁备件组织集中退库，拟定考核条款并纳入月管理行为评价。四是梳理优化17个管理流程，进一步核定各管理时点45个，对各时点的具体时限提出要求并监督执行，提高采购效率。五是推进降库工作。完成股份本部轴承、液压件、水泵类备件库存结构分析，设备资材采购中心组织供方回购151万元；组织一重、邢台、重机调研、盘点公司现有轧辊周转情况，2019年完成轧辊库存回购3118万元。六是强化修复管理，严格过程控制，确保修复质量。组织完成A类备件清单和储备定额修订工作，同时组织核定下发了关键备件返原厂修复清单，保证了此部分要害部位备件修复质量；规范备件修复过程中行为，明确了责任界面，确保关键、重要备件修复质量可控；修订备件修复公开采购"招标委托书基本信息"填报要求（模板）；拟定了备件修复综合评标法实施方案（通用模板），定期汇总、总结综合评标法采购项目，规范执行，防控风险。

（4）强化采购管理。一是按照"能招尽招、公开招标、严控邀请招标及单一来源"原则，严格招标采购，严控单一来源，推进性价比采购，规范过程，计划准确率、流标率、定标及时率等采购指标均控制在目标值内。二是结合新版招标平台上线，组织培训5次，规范流程，提升采购效率、质量。三是按月汇总备件质量异议，及时跟踪处理情况，监督问题整改及评价。受理质量异议82起（新品50起，修复32起），落实封闭。

（5）强化资产管理。一是全面梳理无证房屋信息，完成鲅鱼圈分公司283栋、52.28万平方米房屋办证工作，确保产权清晰，有效避免国有资产损失。二是配合法人压减、票据风险防范，确保资产变动有序。三是股份公司资产对外租赁年创效231.10万元，承租鞍山钢铁资产支出176.49万元。

2. 管理优化，促工作效率提升。

（1）优化定修模型。结合炼钢模型调整及110%产能目标，本部炼钢全产线推进；结合生产实际动态调整，提高适配性。

（2）优化业务流程。以流程规范为控制目标，优化工作流、信息流、资金流、审批流，完成备品备件、生产工具计划审批从七级优化到三级工作，提高效率（ERP系统11月初投入使用）。

（3）优化经济管理。一是增加系统降本、质量提升、节能降耗维修类项目，坚持状态投入，在低预算中优化维修成本。二是优化采购及审价流程，实施系统内审批，实现无纸化审价。

3. 技术引领，促全员素质提升。

（1）加强油脂品管理。一是长效坚持漏油整治、按质换油、清洁度控制管理，一次检验合格率94.7%，复检后合格率98.6%，保障液压润滑系统稳定运行。二是加强漏油相关方责任追究，共扣款22.8万元，挽回经济损失。三是联合公司工会开展"精心运维，争创'星级液压站'"专项劳动竞赛，评选出"星级液压站"30个，"标杆液压站"10个，进一步激励广大职工立足岗位，创先争优，保障设备稳定运行。

（2）加强水质管理。一是规范取样，系统跟踪分析浓缩倍数，按月下发通报，浓缩倍数稳定在2.7，完成2.5~3.0目标值。二是提升与产品表面质量直接相关的炼钢二冷水、热轧层流水水质，热轧厂1780浊环水质提升项目已于10月投入运行；炼钢总厂二冷水水质提升项目已完成部分设备安装，其余2020年2月末完成设备安装。

（3）推进技术攻关。一是梳理制约设备稳定运行的关键环节、找出瓶颈及重复发生的问题，推进大电机和变压器、炉窑、供配电等8个专业化技术小组活动，长期坚持，解决实际问题；查明广州汽车钢汽车板细密振纹质量问题原因，助力产品质量提升，擦亮鞍钢品牌。二是加大、加快新技术应用，开展冷轧硅钢厂轧辊激光熔覆、冷轧卷取带头定位改造、离心式净油机、加热炉玻璃合金垫块推广应用，完成国产化项目43项，经济效益346万元，增强公司经营创效的核心竞争能力。三是加强电网整治，确保系统稳定安全。

（4）完善标准，精准培训。一是不断完善设备"四项标准"，结合设备运行实际，完成5个生产厂的28个标准的新增和修订工作。二是组织开展8期363人次点检员参加的"液压设备基础管理培训""热工仪表基础管理培训"，广泛提升点检员素质，为设备稳定运行提供技术支撑。组织1318名点检员参加36期"典型设备事故案例培训"，举一反三，杜绝重复、责任事故的发生。

4. 严管细控，促资本收益提升。

（1）完善内控体系。修订下发鞍山钢铁集团有限公司《固定资产投资项目工程管理办法》及鞍钢股份有限公司《大修理项目实施细则》等7

项鞍山钢铁/鞍钢股份投资项目管理制度，为鞍山钢铁投资项目科学管控提供强有力的制度保障。

（2）严格项目论证。以投资计划为控制目标，从释放产能、稳定产品质量、调品增效、降低成本角度去策划“逢修必改”，围绕功能精度、产品质量提升，推进工艺装备改进、检测装备改进、质量改进项目的实施，系统论证、科学策划大修理、零固投资项目的放行，共放行炼钢 A、B、C 转炉大修等大修理及零固资产投资计划 7.49 亿元。

（3）严格项目管控。一是以项目的工期、质量、投资为控制目标，严审方案、精细组织、严控进度、严把质量，全面落实责任，推进 106 个大修理、206 个技改项目的实施，按月评价未按节点进度完成单位 32 次，全面落实责任，确保受控。二是加强工程安全管理，开展 KYT 危险源预知训练、安全检查，确保施工安全。三是推进“十项质量陋习”“八方面问题”的整改落实，确保工程质量受控。其中化学科技公司针状焦项目、鲅鱼圈炼铁部新建筒仓项目、鲅鱼圈 5500 毫米轧机增加预矫直机改造、炼钢二分厂新增 RH 工程等重点项目的投产运行，为公司高质量发展提供保障。四是推进四类、30 项关爱员工项目的实施，增强广大职工的归属感。

（4）严格资金管控。与设备资材、国贸、财务共享、计划财务部，共同成立大修理、技措及零固项目资金计划评审小组，下发《关于对设备保障部资本性投资项目付款业务实施集中管控的通知》，确定资金计划平衡原则、资金计划申报审批流程，确保投资项目支付现金流有效受控。

5. 创新驱动，激发内生动力。

（1）强化对标评价。聚焦“世界一流、行业前三”，按照“三对、三找、三抓”原则，积极开展内部产线及行业对标。对标首钢，探索库存备件处置，降低资金占用。对标宝钢本部与湛江（设备管理）、首钢曹妃甸（备件库存）、攀钢西昌（倒角结晶器、水处理），全面查找不足，提升管理水平。

（2）推进一体化、信息化项目。一是推进西大沟除盐水、炼钢方圆坯铸机、火清机等产线承包，实现由点检、检修、备件单一管理向一体化管理转变，做好过程评价，防范风险。二是推进实施 125 项 20%修理费用于智能化、信息化项目。三是推进皮带无人值守项目的实施。

（3）强化相关方管理。一是以行业大中型骨干企业为主，其他企业为辅，特殊单位为补充的原则，建立数量适宜、管理规范、诚信经营、价格合理、质量可靠，适应公司经营发展需要，稳定且有竞争力的合格相关方管理体系。2019 年，共审批准入工程相关方 58 家、修复项目相关方 76 家，评审不合格未准入相关方 2 家；全年调整优化修复项目相关方物料组 159 家、254 个物料组，冻结修复项目相关方 64 家，冻结工程相关方 141 家，为打破垄断，营造有效竞争环境提供了条件，实现了相关方队伍的不断优化。二是加强相关方过程评价，全年对 270 家违约相关方进行处罚，考核金额达 692.17 万元。另外，在年初对鞍钢矿山建设有限公司、鞍钢附企工业工程公司、鞍钢实业集团铁发机电安装有限公司、鞍钢电气有限责任公司、鞍钢建设集团有限公司、辽宁鞍矿建筑总公司、辽宁讯雷检测有限公司 7 家警告并限期整改及取消辽宁华云检测有限公司资格基础上，分别对鞍钢民企二炼钢福利厂、鞍山市环宇建设工程有限公司、辽宁利鑫冶金设备制造有限公司、铁岭隆达线桥工程有限责任公司给予暂停资质 3~6 个月的处罚。

（4）统一设备管控标准。对莆田冷轧、钢绳、铸钢等单位，采用设备管理综合评审的方式，从制度体系的有效承接、设备标准的有效执行、设备运行管控、固定资产管理、工程资材采购、备件存货管理等方面进行系统评价，规范管理，提升管控水平。

【设备年修工程】 2019 年，鞍钢股份有限公司本部共 51 条主体生产线实施年修，其中 4 月、7 月、8 月、10 月实施了各工序相互配合的集中同步年修工程。

2019 年鞍钢股份有限公司主体生产线同步年修基本情况表

序号	生产厂	机组名称	计划开工时间	计划工期/时	实际开工时间	实际工期/时
1	冷轧厂	3 号线连退机组	1 月 6 日	144	1 月 6 日	138.33
2	炼钢总厂	7 号转炉	1 月 18 日	384	1 月 18 日	354.83

续表

序号	生产厂	机组名称	计划开工时间	计划工期/时	实际开工时间	实际工期/时
3	炼钢总厂	E 转炉	2 月 9 日	168	2 月 9 日	155.17
4	炼钢总厂	6 号转炉	2 月 16 日	384	2 月 16 日	368
5	炼钢总厂	5 号转炉	3 月 5 日	384	3 月 1 日	332.27
6	冷轧厂	4 号线连退机组	3 月 17 日	144	3 月 14 日	143.77
7	炼钢总厂	4 号转炉	3 月 22 日	168	3 月 20 日	171
8	炼钢总厂	D 转炉	3 月 29 日	168	3 月 29 日	148.18
9	大型厂	中型 580 线	3 月 23 日	240	3 月 23 日	240
10	炼铁总厂	西区 1 号烧结机	4 月 8 日	144	4 月 8 日	140
11	炼钢总厂	C 转炉	4 月 8 日	840	4 月 8 日	883.17
12	冷轧厂	3 号线连退机组	4 月 14 日	144	4 月 14 日	131.32
13	冷轧厂	4 号镀锌线	4 月 19 日	288	4 月 19 日	288
14	冷轧硅钢厂	3 号连退机组	4 月 20 日	960	4 月 20 日	926
15	冷轧厂	1 号镀锌线	4 月 25 日	1080	4 月 25 日	920
16	炼铁总厂	分厂 1 号烧结机	5 月 13 日	192	5 月 13 日	192
17	大型厂	1150 机组	5 月 13 日	168	5 月 11 日	152.97
18	冷轧厂	3 号镀锌线	5 月 14 日	192	5 月 16 日	191.87
19	炼钢总厂	9 号转炉	5 月 16 日	384	5 月 16 日	362.22
20	大型厂	小型线	5 月 20 日	240	5 月 20 日	229.97
21	炼钢总厂	A 转炉	6 月 3 日	144	6 月 3 日	179
22	冷轧厂	4 号线连退机组	6 月 9 日	144	6 月 9 日	143.57
23	炼钢总厂	8 号转炉	6 月 11 日	384	8 月 13 日	342.33
24	线材厂	线材 1 号线	6 月 24 日	720	6 月 24 日	719.43
25	炼钢总厂	3 号转炉	6 月 28 日	360	6 月 30 日	503.7
26	炼铁总厂	二烧烧结机	7 月 5 日	288	7 月 5 日	288
27	炼钢总厂	4 号转炉	7 月 5 日	1680	7 月 5 日	1567
28	炼铁总厂	新 1 号高炉	7 月 6 日	192	7 月 6 日	169.35
29	冷轧厂	3 号线连退机组	7 月 7 日	144	7 月 7 日	143.98
30	炼钢总厂	一工区 1 号方坯连铸机	7 月 14 日	168	8 月 4 日	168
31	大型厂	950 机组	7 月 14 日	192	9 月 12 日	191
32	无缝钢管厂	ϕ177 机组	7 月 22 日	432	7 月 1 日	432
33	炼钢总厂	一工区板坯连铸机	8 月 1 日	960	8 月 1 日	736
34	炼铁总厂	分厂 2 号烧结机	8 月 2 日	192	8 月 2 日	191
35	炼铁总厂	7 号高炉	8 月 2 日	528	8 月 2 日	645.07
36	炼钢总厂	三分厂 E 转炉	8 月 2 日	168	8 月 2 日	160.92
37	中厚板厂	2450 机组	8 月 5 日	336	8 月 5 日	343.83

续表

序号	生产厂	机组名称	计划开工时间	计划工期/时	实际开工时间	实际工期/时
38	炼钢总厂	三分厂 D 转炉	8 月 10 日	288	8 月 10 日	287.82
39	中厚板厂	4300 机组	8 月 21 日	240	8 月 21 日	223.73
40	炼钢总厂	B 转炉	10 月 5 日	888	10 月 5 日	878.83
41	炼钢总厂	四工区 2 号板坯连铸机	10 月 9 日	240	10 月 9 日	239.97
42	热轧带钢厂	2150 机组	10 月 15 日	240	10 月 15 日	224.5
43	炼钢总厂	四工区 1 号板坯连铸机	10 月 17 日	240	10 月 17 日	234.18
44	冷轧厂	2 号线联合机组	10 月 19 日	192	10 月 19 日	192
45	大型厂	大型 800 线	10 月 21 日	480	10 月 21 日	480
46	炼钢总厂	四工区 3 号板坯连铸机	10 月 28 日	312	10 月 28 日	297.55
47	炼钢总厂	A 转炉	11 月 16 日	888	12 月 8 日	834
48	冷轧厂	3 号线连退机组	11 月 24 日	144	12 月 22 日	143.75
49	炼钢总厂	一工区 2 号方坯连铸机	12 月 2 日	168	3 月 23 日	164.35
50	大型厂	1150 机组	12 月 2 日	168	10 月 12 日	168
51	冷轧厂	4 号线连退机组	12 月 22 日	240	12 月 22 日	222.6
52	炼钢总厂	三分厂 E 转炉	12 月 25 日	144	12 月 25 日	143.52

（鞍钢股份有限公司设备保障部　李　哲）

·质量能源管理·

【标准工作】 参与修订国际标准 ISO630-5《结构钢　第 3 部分：细晶粒钢交货技术条件》并已完成 FDIS 版。完成《汽车用高强度冷连轧钢板和钢带　第 14 部分：低密度钢》等 22 项国家、行业、团体标准制修订项目申报。立项成功《船舶及海洋工程用双相不锈钢钢板》等 8 项标准。开展 18 项国家行业团体标准制修订工作，已完成《绿色设计产品评价规范　桥梁用结构钢》等 9 项标准。鞍钢股份主导或参与制修订的《船用高强度止裂钢板》《热轧纵向变厚度钢板》等 16 项国家标准已发布实施。完成 120 多项国家、行业标准的识别确认，发布实施 25 项。完成 100 多项国外标准的识别确认以及 60 项国外标准的翻译，发布实施了 79 项。完成鞍山钢铁 232 项企业标准复审工作。修订了 148 项标准，废止了 30 项标准。通过复审修订，改版升级生产标准，助力产品质量提升。完成《轧制钛-钢复合板》等 53 项标准的制修订，有力支撑了公司新产品的研制生产及销售、出口认证、满足了用户的个性化差异化的使用需求。发布实施《冷轧厂工艺技术规程　第 1 部分：1 号线工艺技术规程 A01 机组工艺技术规程》等 83 项工艺规程，及时固化工艺、技术和设备的改造成果，保证生产的顺行。完成 45 项产品标准国标委网上自我声明公开，保证公司生产标准的合规合法性。整合修订《钢铁产品质量缺陷图谱》《产品包装质量缺陷图谱》，发布了 2019 版《产品质量缺陷图谱》。开展国家课题“辽宁省鞍山钢铁物流服务标准化试点”，顺利通过省市场监督管理局中期评审。完成“核电用钢国外标准研究”等 8 项标准公司课题的结题验收。完成修订国家标准《耐硫酸露点腐蚀钢板和钢带》等 4 项标准公示课题立项论证。组织新发布国家标准的宣贯培训工作，各单位近百人参加。完成成材厂及炼钢总厂标准执行情况专项评审，提高了生产厂标准化管理水平。鞍钢股份申报的《桥梁用结构钢》获得第一届钢标委、生铁及铁合金、铁矿石及直接还原铁三大标委会技术标准优秀奖一等奖，《连铸钢坯枝晶分析方法》系列国家标准获三等奖。

2019 年发布实施的国家、行业标准一览表

序号	标准编号	标准名称	标准类型	公司主编或参与	备注
1	GB/T 1816—2019	苯类产品中性试验	国家	主编	修订
2	GB/T 25832—2019	搪瓷用热轧钢板和钢带	国家	主编	修订
3	GB/T 37800—2019	热轧纵向变厚度钢板	国家	主编	制定
4	GB/T 11253—2019	碳素结构钢冷轧钢板及钢带	国家	主编	修订
5	GB/T 1815—2019	苯类产品溴价和溴指数的测定	国家	主编	修订
6	GB/T 38277—2019	船用高强度止裂钢板	国家	主编	制定
7	YB/T 4761—2019	连续热镀锌铝镁合金镀层钢板及钢带	行业	主编	制定
8	GB/T 708—2019	冷轧钢板和钢带的尺寸、外形、重量及允许偏差	国家	主编	修订
9	GB/T 709—2019	热轧钢板和钢带的尺寸、外形、重量及允许偏差	国家	主编	修订
10	GB/T 12754—2019	彩色涂层钢板及钢带	国家	主编	修订
11	GB/T 13448—2019	彩色涂层钢板及钢带试验方法	国家	主编	修订
12	GB/T 20564. 12—2019	汽车用高强度冷连轧钢板及钢带　第 12 部分：增强成形性双相钢	国际	参与	制定
13	GB/T 37592—2019	中间相炭微球	国家	参与	制定
14	GB/T 223. 88—2019	钢铁及合金　钙和镁含量的测定　电感耦合等离子体原子发射光谱法	国家	参与	制定
15	GB/T 13448—2019	彩色涂层钢板及钢带试验方法	国家	参与	修订
16	GB/T 37599—2019	石油天然气输送管用抗酸性宽厚钢板	国家	参与	制定

（鞍钢股份有限公司产品发展部　管吉春）

【推进质量攻关管理】 2019 年针对公司前期质量攻关项目，进一步落实责任，深入推进，主要通过公司质量会议等方式，按计划推动攻关项目有效实施，全年组织完成 70 余个项目的结题验收，其中系统降低超低碳钢全氧、降低冷轧 D11 机组轧辊印缺陷等一大批攻关项目实施效果明显。同时，2019 年继续通过聚焦重点客户体验，对标先进，针对公司的重点和难点质量问题，组织完成新一轮质量攻关项目立项评审，新确立 60 余个项目发布实施。

【完善客户质量体验指标】 进一步完善公司重点客户质量体验指标体系，新增汽车钢缺陷 PPM 值、客户要求船板标识合格率等新指标，共设立 12 项重点客户体验量化指标，每月按用户反馈评价结果持续改进，全年各项指标完成率控制在较好水平。

【提升质量设备功能精度】 持续推进公司工艺技术点检及设备挂牌管理，全年完成质量设备挂牌及摘牌 400 余次，摘牌率达 99%；以品种质量为中心，组织协调现场紧急迫切的工艺装备改进需求落实，并实施重点产线年修或改造效果评价，通过设备功能精度提升，促进了公司质量水平的持续提高。

【提升公司质量管控能力】 通过细化公司质量管控能力评价标准，从领导作用、质量工作落实、物流及质检计量管理、质量持续改进等 12 个维度，组织完成各季度质量管控能力评价工作，进一步提升了公司全员质量意识、质量执行力和质量管控能力。

【推进六西格玛质量管理】 经质量专家立项评审，选择对公司生产经营影响较大的质量、流程、效率等方面重点难点问题，充分发挥六西格玛黑带、绿带人力资源优势，组织完成第 10 期共 23 个六西格玛质量管理项目的培训、实施及评审，其中提升热轧酸洗板宽度控制精度、降低耐蚀油井管夹杂缺陷等一大批攻关项目实施效果明显。持续的六西格玛管理项目推进，为公司质量效益双提升作出了应有贡献。

【推进产品质量认证管理】 2019年，全面组织完成公司桥梁钢、热轧耐蚀钢、重轨钢、螺纹钢、船板及海工钢等各类产品认证工作，实施了客户二方认证、国家许可证、中铁CRCC、日本JIS、欧盟CE、德国HPQ、印度BIS、泰国TISI、马来西亚SIRIM等国内外认证50余项，产品认证证书范围持续更新，为公司拓展更为广阔的国内外市场和高端客户开发奠定了坚实基础。

【三项产品获评质量“金杯奖”】 2019年，公司“高速铁路用钢轨”产品荣获冶金产品实物质量“金杯特优”奖，冷轧无取向电工钢、焊接气瓶用钢板和钢带两种产品荣获“金杯优质”奖。

2019年荣获冶金产品实物质量“金杯奖”产品一览表

企业名称	产品名称	获奖类别	牌号	规格	生产线
鞍钢股份有限公司	高速铁路用钢轨	金杯特优	U75VG、U71MnG	60千克/米	大型万能线
鞍钢股份有限公司	冷轧无取向电工钢	金杯优质	50AW350-50AW1000，65AW470-65AW800	0.5毫米×(1000~1250）毫米	冷轧硅钢厂
鞍钢股份有限公司	焊接气瓶用钢板和钢带	金杯优质	HP295	(2.0~6.0)毫米×(1000~1410)毫米	鲅鱼圈热轧线

（鞍钢股份有限公司产品发展部　都青山）

【能源管理】 2019年紧紧围绕公司“集约、减量、智慧@客户”的经营理念，根据全年生产经营目标，进一步夯实能源基础管理，强化生产运营管控，推进节能项目实施，开展科技创新攻关，积极推进各项能源管理工作有效落实，努力提升各项能源指标和能源管理水平。注重高效利用煤气多发电、充分发挥余热余能发电潜力，合理安排能源系统经济运行，强化经营能源理念，追求能源成本最经济运行，积极拓展能源外销创效，实现能源创效最大化目标。加强节能基础管理，重视节能项目管理，持续组织能源监察，保证能源使用规范受控，杜绝各类能源损失浪费或能源流失。加强节能技术交流，推动节能新技术应用，促进节能项目实施创效，深化节能对标，能源消耗进一步降低，能效利用水平得以提升，节能降耗效果显著。强化行业对标、固化三地对标、细化内部对标，促进管理提效和指标提升。2019年各项能源指标继续保持较好水平，其中鞍山钢铁吨钢综合能耗（以标煤计）完成569千克/吨，同比降低2千克/吨；吨钢耗新水2.0吨，同比降低0.3吨；吨钢转炉煤气回收117立方米，同比升高3立方米。股份本部吨钢外购能源成本完成254元，同比降低6元，以上指标均实现历史最好水平。自发电比例、吨铁TRT发电、余热蒸汽回收等指标也继续保持较好水平。节能效果显著，为公司盈利增效提供了可靠能源基础保障。

科学制定规划，引领未来能源发展。加强顶层设计，构建以总体规划为统领，以子规划为支撑的“1+3+N”的能源发展规划体系。在节能环保领军、非钢产业（清洁发电）及智能制造三个方面不断推进落地，实现科研领军项目结题14项，清洁能源发电产值突破25亿元，能源集控平台项目放行，6台巡检机器人上线运行。

对标行业先进，深化能源挖潜提升。强化外部对标，与宝武集团等行业先进企业进行全面对标，查找体制机制、能源管理、指标效率等方面存在的差距，制定20余项措施并推进实施。推进三地能源对标工作，三地共复制“热风炉利用废气换炉”等9项先进节能技术，推进实施能源回收增量、消耗减量等降本项目8项，全年实现降本1.67亿元。

推进集约减量，能源优化运行。推进水系统优化，通过南山储水槽、大伙房生活水、北大沟污水处理等项目实施，取水量同比下降10%，外排水实现阶段性零排放。推进煤气系统优化，实施燃煤锅炉增烧焦炉煤气改造项目，发挥煤气柜和煤气管网调节能力，有效控制煤气放散。推进污氮开发利用，实现制氧机组“1+4”运行，氧气电耗、放散率指标有效改善，低温液体销售量创历史新高。推进电力系统经济运行，结合生产变化，动态调整电网运行，全年降低购电成本4590万元。推进站所、管线优化，关停各类站所25座，停运各类管线约231千米，减少供电线路42千米。

加强科技攻关，推进创新成果实施。科研项目成果丰硕，“鞍钢水资源利用体系信息化智能化的研究与实践”获辽宁省科技进步奖二等奖，“大型钢铁企业水资源绿色利用智能系统的开发与示范”获冶金科学技术奖三等奖；在研科研课题30项，具备结题条件14项，年创效1.17亿元；重大合理化建议和技术改进成果获奖28项；4项QC成果分获冶金行业、辽宁省、鞍钢优秀成果。三级创新体系持续完善。征集厂级全员攻关项目1563项，累计创效9000多万元。职工创新工作室建设成效显著，继刘加纯创新工作室获得全国冶金行业优秀职工创新工作室之后，钟山创新工作室被评为鞍山市劳模创新工作室，田作为创新工作室获得了鞍山钢铁的命名；刘加纯和郭凌开发的创新项目，分获第23届全国发明展览会银奖和铜奖。

强化节能管理，打造绿色厂区。一是创新节能监察模式。将常规检查、自检自查与专项监察相结合，检查并整改问题1209项；对297处外部用能点进行系统排查，巩固了规范管理外用户的工作成果。二是推动节能技术交流。推进节能项目实施23项，持续开展项目后评价工作，全年新增节能创效1.26亿元。三是践行“绿水青山就是金山银山”理念。对西大沟暗渠全覆盖，对大伙房生活水及新建六制氢项目现场进行绿化，对12格、5水站、15水站蓄水池进行回填和绿化，共回填土方近12万立方米，绿化5万平方米，“六点一线”规划得以实现。

（鞍钢股份有限公司能源管控中心　杨　东）

·安全环保·

【安全工作综述】 2019年，鞍山钢铁杜绝较大及以上生产安全事故，发生生产安全事故5起，造成5人轻伤，千人负伤率0.13‰，实现了重伤及以上事故为零。同比2018年，事故起数和伤害程度呈现“两个进一步下降”。

【主要工作】 2019年初，鞍山钢铁与各单位负责人签订了《安全生产责任状》，逐级分解、细化安全目标、指标和责任。

持续强化“双重预防”体系建设，鞍山钢铁下发《关于进一步规范“双重预防”体系建设的通知》，制定安全风险管控清单，有效推动“双重预防”体系建设持续开展。

继续加大安全生产投入，强化隐患治理。鞍山钢铁开展了起重机械、防洪防汛、防触电、危险化学品、煤气排水器等专项检查32次，共计检查、整改各类问题2200余项。累计放行安全投资项目8132万元，实施安全投资立项152项，有力消除了安全事故风险，提升了本质化安全水平。

对相关方实行严格安全准入管理，组织实施了相关方安全资质能力及安全生产条件评审；持续开展安全管理评审，全年共计评审相关方单位296次，发现问题381项，考核13.9万元；督促相关方单位严格执行规章制度，认真履行危险辨识及安全交底，努力提高自主安全管理能力。

修订完善了安全生产综合应急预案，进一步健全了应急预案体系。2019年7月，鞍山钢铁与辽宁省应急管理厅联合举办了大型综合生产事故应急救援演练，检验和提高了企业与地方政府的应急联动能力。

（鞍山钢铁集团有限公司安全环保部　刘宏舒）

【环保工作综述】 鞍山钢铁以习近平生态文明思想为指导，深入学习贯彻党的十九大及十九届四中全会精神，坚持绿色发展理念，通过完善环保管理体系、大力推进实施环保改造，严格管控环境风险。2019年，实现了较大环境污染事故为零的目标，污染物总量指标全面完成，建设项目环保“三同时”执行率、危险废物合规处置率、放射源安全使用率均100%，污染物排放总量同比进一步下降，厂区美化绿化水平进一步提升，钢厂与城市进一步融合发展。

【持续改进环境管理体系】 下发了《2019年环境保护工作要点》和《污染物排放限值和总量管控指标》，明确了环保工作目标和计划；组织修订了股份环境管理程序和突发环境事件应急预案，增加土壤污染防治要求，规范了环保管理。

【科学规划、缜密组织，全力打好污染防治攻坚战】 1. 编制环境保护规划，持续开展环保设施提效达标改造。鞍山钢铁完成了生态环境保护规划编制工作。共投资1.4亿元，放行了灵山料场煤棚和二烧脱硫噪声治理等7项环保改造项目。

2. 深入开展扬尘专项治理，完成降尘量管控目标。制定考核指标，落实整改措施；加大料场扬尘管控，料场物料全部苫盖；加强无组织扬尘管控，对扬尘作业采取有效抑尘措施。

3. 实施废水处理工艺改进，提升外排废水管控水平。完成了西大沟深度处理二期工艺改进工作，确保该系统得以正常运行，外排水达标排放。

【依法规范管理行为，消除环境风险】 1. 全面推动中央环保督察案件整改工作，按期完成整改任务。灵山料场已建成焦炭抑尘网、固废混匀封闭料场、球团澳矿封闭料场和石灰石封闭料场，料场扬尘问题得到有效控制。化工区域8个异味治理项目建成投运，厂区异味治理取得明显成效。

2. 强化建设项目“三同时”管理，杜绝新风险产生。2019年，鞍山钢铁修订了《环评管理办法》，强化了对环评工作的管理，新、改、扩建项目均依法开展了环评工作，环保“三同时”执行率100%。

3. 加强放射源管理，消除辐射风险。鞍山钢铁采取日常检查和重大节日专项检查相结合的方式，对全部放射源和射线装置安全使用实行全覆盖检查；对643名辐射工作人员进行辐射安全培训，提高了辐射工作人员应急能力。

4. 加强危险废物管理，确保合规处置。2019年，鞍山钢铁共产生危险废物24.4万吨，其中外委合规处置0.4万吨，内部回收利用24万吨。

5. 强化排污许可证规范管理。鞍山钢铁以污染物总量管控为核心，对台账管理、总量管控、排污口规范化管理、自行监测等工作进行日常监管，保证了污染物排放总量全面满足排污许可证要求。

【积极推进厂区绿化美化工作】 鞍山钢铁组织完成了厂区外南环及中央大道、和木大道等主干道的绿化栽植，形成多层次、高密度的绿化格局。完成了正门至三孔桥、和平桥等重点区域园林景观建设和灵山料场的防护林建设，共栽植乔木3.43万株、灌木13.91万株、绿篱104.5万株、草坪8.2万平方米。

（鞍山钢铁集团有限公司安全环保部
李文博）

·财务管理·

【发挥预算引领，提升管控能力】 一是充分用好预算管理“指挥棒”，结合经济形势编制、分解下达年度、季度及月度经营滚动预算；二是按鞍钢集团价格指数考核要求，强化数据收集、分析、研判，及时跟踪测算2019年各月利润指标完成情况，完成跑赢大盘目标；三是推动预算和绩效管理一体化，完成2018年契约化和承包经营单位财务指标评价。

【坚持问题导向，提升精细管理】 一是服务基层，为热轧新建EPS产线、线材新建精品钢绳产线成本核算进行设计；二是对三地炼焦联产品系数及高炉煤气、转炉煤气、蒸汽和废钢价格调整测试，首次实现三地统一标准、统一价格，成本核算进一步实现标准化、规范化；三是以鞍山钢铁“6+1”对标体系建立为契机，看行业、找标杆，与10家企业开展4次系统对标，为挖潜增效指明方向。

【攻坚克难，资金指标跃上新台阶】 一是扎实推进资金管理方案，压实分解去杠杆、降两金、提两率相关指标；二是去杠杆减负债，压缩有息负债规模119亿元，鞍钢股份资产负债率降至40.41%，鞍山钢铁降至59.69%；三是合理调整负债结构，长、短期借款比为1∶1.3，有效降低财务风险；四是经营性现金流完成比率为161%；五是融资成本大幅降低，财务费用同比降低4.76亿元；六是制定清库、利库、降库措施，流动资产周转率、存货周转率分别达2.83次和7.49次。全面完成鞍钢集团下达的指标任务，迈入全国先进行列。

【强化风险管控，应对票据风险】 一是成立票据风险应对小组，制定风险对策；二是动态调整票据收款政策，大幅调整票据收款范围；三是强化信息监督，对发现存在票据解付困难的出票方及时反馈；四是与相关部门通力合作，对逾期票据实施积极止损，防范和化解票据风险。

【夯实会计基础，促进规范运营】 一是积极应对准则变化，做好会计准则变化衔接；二是顺利实现钢加子公司成本核算软件上线运行，子公司成本核算进入信息化时代；三是对公司下属单位开展会计信息质量检查；四是组织修订、实施管理制度，进一步完善两级公司财务管理制度体系和工作程序；五是夯实核算基础，规范SAP成本参数权限管理，确保成本核算标准化、统一化。

【研究税收新政，筹划风控并重】 一是充分利用税收减免优惠，鞍钢股份共减免企业所得税0.9亿元，创近年新高；二是落实国家减税降费税收新政，做好财务衔接，将增值税改革红利留在公司；三是准确采集个人信息，确保广大职工共享个税改革红利；四是开展“夯实计税基础、防范纳税风险、充分利用优惠政策”主题活动，提高全员依法纳税意识。

【秉承创新驱动理念，实现财务增值服务】 一是设计、制定鞍山钢铁供应链金融实施方案，增强鞍山钢铁对上下游产业链掌控力度，实现产业链降本增值目标；二是完成鞍山钢铁成立以来首单8.8亿元应收账款无追索权保理业务；三是完成首单DFI（债务融资工具）和储架式公司债券招标工作；四是明确资本收益规则，强化资本运营意识，制订并实施两级分、子公司利润收缴方案。

（鞍钢股份有限公司财务运营部　张晓红）

·审计监察·

【概述】 1. 审计项目情况。根据职责范围，完成各类审计项目16项，其中：经济责任审计9项，后续审计1项，工程审计6项。审计发现和披露各类问题61个，提出审计意见和建议73条。

2. 内部控制评价情况。完成了2018年度鞍山钢铁和鞍钢股份两级公司的内部控制评价工作。

3. 固定资产投资项目后评价情况。完成了3个固定资产投资项目的后评价工作。

4. 违规投资违规经营投资责任追究工作。制定了管理办法，成立违规经营投资责任追究工作小组，落实责任追究。

5. 圆满完成各项配合工作。

【开展离任经济责任审计，切实发挥监督、评价作用】 根据职责范围，2019年完成经济责任审计项目9项，审计发现问题及披露事项28个，提出审计建议28条，挽回损失15.64万元。通过经济责任审计，增强领导干部的经济责任意识，促进企业完善基础管理，加强对领导干部履职情况的监督，为公司评价和考核任用领导干部提供参考依据。

【加强工程投资审计，揭示工程管理中存在的问题和风险】 2019年完成工程审计项目6项，审计发现各类问题33个，提出审计建议45条，审计工程投资额7.95亿元，审减施工单位工程费421.78万元，调整工程投资额326.91万元。通过审计揭示工程管理中存在的问题和风险，防弊纠错，堵塞管理漏洞、防范企业风险、提高企业投资效益。

【加大工程跟踪审计力度】 2019年对2个工程项目实施跟踪审计。通过对工程项目的全过程跟踪审计，及时发现、纠正工程管理过程中存在的问题，堵塞管理漏洞，消除隐患，促进企业提高风险防范能力，实现由事后审计向事中、事前审计的转变。

【坚持开展后续审计】 2019年对2017年7月至2019年6月完成的35个审计项目进行了后续审计。从后续审计的结果看，被审计单位对审计提出的问题和建议高度重视，认真整改，措施到位，整改效果良好。通过审计整改，被审计单位举一反三，查找管理经营中的不足，不断完善各项管理制度，堵塞管理漏洞，强化风险防范和内部控制，提升了管理水平。

【完成内部控制评价工作】 2019年完成对鞍山钢铁、鞍钢股份两级公司2018年度内部控制评价工作，通过内部控制评价促进两级公司内部控制体系持续改进与优化，有效规避公司经营风险，提高企业风险防范能力，提升了管理水平。

【做好固定资产投资项目后评价工作】 2019年完成了3项固定资产投资项目后评价。通过项目后评价，指出了项目管理中存在的不足，提出了具有可操作性的管理建议，总结了经验，为以后进一步提高项目决策水平、加强施工过程管理及后续工作提供了有价值的参考。

【做好违规投资违规经营投资责任追究工作】 鞍山钢铁高度重视违规经营投资责任追究工作，制定了相关管理办法，成立鞍山钢铁/鞍钢股份违规经营投资责任追究工作小组，通过推动责任追究相关工作，促进各级管理人员规范履职、勤勉尽责，做到违规必究、追责必严，把追责成果转化为促进企业健康发展的监管效能。2019年鞍山钢铁违规经营投资责任追究事项1件，系鞍钢集团审计部分类处置移交，涉及资产损失金额220万元，为一般资产损失，按职责由子公司负责责任追究工作，实际责任追究4人，扣减薪酬4人。

【圆满完成各项配合工作】 1. 鞍山钢铁高度重视

配合审计署工作。安排专人协调配合审计署开展的中央企业及地方政府落实国家稳增长政策措施跟踪审计。

2. 鞍山钢铁审计部高度重视配合集团审计部、审计中心开展各项工作，充分发挥承上启下的作用。通过会议、电话、邮件等多种方式，积极协调各部门、单位，及时、准确提供相关审计资料，对集团审计报告中问题定性不准、事实描述有误等客观情况与集团审计部进行充分沟通交流，并取得了较好的结果。2019年配合集团审计部、审计中心开展的各类审计项目共计55项，同时积极配合集团审计部完成其他各项工作。

（鞍山钢铁集团有限公司审计部　孙　齐）

·人力资源管理·

【人力资源管理】 2019年，鞍山钢铁集团有限公司人力资源管理工作进一步加强。

1. 人力资源优化。2019年，鞍山钢铁全面推进全口径人力资源系统优化工程，对标先进企业，深挖人力资源潜力，充分激发员工工作动力。开展全口径人力资源盘点，组织鲅鱼圈先行推进人力资源优化改革，通过装备自动化升级改造、业务区域化及专业化整合等方式提高作业效率和管理水平。打造协力用工集中管控平台，优化劳务管理能力，实现全口径人力资源的系统管控。

2. 毕业生引进及管理。2019年，鞍山钢铁集团有限公司引进毕业生43人，其中，博士生3人、硕士研究生19人、本科生21人。制定并实施了《2019年新入职毕业生培养考核计划》，全方位培养适应企业发展需要的高素质人才，并编制了《鞍山钢铁集团有限公司2020年毕业生引进计划》。

3. 人力资源配置。按照鞍钢集团有限公司要求以及鞍山钢铁实际情况，形成了人力资源现状分析报告。按照公司要求，组织并指导股份炼焦总厂、鞍山钢铁保卫部、股份中厚板（营销）服务中心完成人员配置工作；修订《鞍山钢铁集团有限公司退休人员返聘管理办法》，规范退休返聘人员返聘流程。

（鞍山钢铁集团有限公司人力资源部　张娜斯　任佩剑）

【薪酬管理】 1. 建立市场化薪酬分配机制，完善工资能增能减机制。严格按照鞍钢集团要求，继续实行在岗工资总额与公司效益联动机制，完善考核机制，加强工资总额调控机制，全年工资发放水平与企业效益状况相匹配。挖掘存量人力资源潜力，对于主动压减劳务的单位，按照压减劳务费的35%核增工资总额。

2. 加强薪酬分配管理，深化薪酬制度改革。修订了《鞍山钢铁集团有限公司薪酬管理办法》，构建科学合理的薪酬分配关系，确保以岗定薪，岗变薪变，引导职工提升能力，建立收入靠贡献的薪酬分配机制，突出对关键绩效指标的考核，真正实现收入能增能减。制定了《鞍山钢铁集团有限公司企业年金方案实施细则》，将年金缴费由“系数法”变更为“比例法”，提高职工退休后的待遇水平，增强企业的凝聚力和吸引力，激励职工长期稳定地工作。修订了《鞍山钢铁集团有限公司各单位负责人履职待遇、业务支出管理办法》及《鞍山钢铁集团有限公司机关工作人员履职待遇、业务支出管理办法》，进一步规范领导人员及机关管理人员履职待遇、业务支出管理。制定了《鞍山钢铁集团有限公司各单位负责人综合考核评价及薪酬管理办法》，进一步完善企业负责人考核评价及薪酬管理体系，有效激发企业负责人积极性和创造性。

3. 健全工资增长机制，共享企业发展成果。贯彻落实《关于落实“践行共享理念 关爱一线员工”专项服务行动有关薪酬福利待遇方面的意见》，建立职工津补贴增长长效机制，继续提高中夜班、班组长等津贴标准，体现收入分配向一线岗位职工倾斜。继续实施职工基本岗薪奖励晋级，根据企业效益状况及人工成本承受能力，依据上一年度职工个人岗位绩效考核结果，对一定比例职工实施奖励晋级，引导广大职工通过不断争创佳绩，实现薪酬稳步晋升。

（鞍山钢铁集团有限公司人力资源部　杨　澈）

【领导人员管理】 1. 深化干部人事制度改革。制定下发《鞍山钢铁/鞍钢股份领导人员任职试用期管理办法》，对领导人员在试用期间考核评价标准及评价结果的运用进行了详细说明，明确延长和提前结束试用期的条件，进一步规范领导人员试用期管理。制定下发《鞍山钢铁/鞍钢股份领导人员从事专项工作的实施意见》，优化领导班子结构，充分发挥各年龄段领导人员作用。下发《关于鞍山钢铁集团有限公司/鞍钢股份有限公司机关非直管管理和技术人员选拔任用工作的实施意见》，促进加强公司机关人员队伍建设，不断提升公司机关人员队伍整体素质和专业化水平，充分激发队伍活力。

2. 高标准选拔配备领导人员。坚持党管干部原则，高标准选拔配备领导人员。2019 年，鞍山钢铁/鞍钢股份党委常委会议共集中讨论干部任免事项 18 次，涉及 275 人次，其中，提拔任职 34 人，平职重用 9 人。组织完成鞍山钢铁印尼项目组副组长、广州南沙钢铁物流有限公司总经理、炼铁总厂高炉指挥长的面试答辩和朝阳钢铁等 13 家单位、产线承包经营者的方案评审工作等工作。针对领导人员空岗、改进班子结构、同一岗位任职时间较长、过渡编制等情况，研究制定干部调整方案，按要求、按标准对领导人员进行调整任用。在领导人员选拔任用过程中，严格执行任前审核制度，对选拔任用各个环节的主要工作和重要情况如实记录，确保纪实工作统一规范。

3. 加强专业技术人才队伍建设。坚持党管人才原则，着力人才队伍建设，为鞍钢高质量发展提供人才保证。开展首席工程师的评聘工作，全面梳理各单位首席工程师岗位分布情况，根据有关规定按权限和有关流程开展评聘工作，共评聘首席工程师 52 人。做好各类技术荣誉的申报工作，选拔推荐 5 名优秀职工获评 2018 年度国务院政府特殊津贴。选派技术中心 26 人带着课题到生产厂开展驻厂工作，外聘专家 1 人。修订完善《鞍山钢铁采购销售岗位等级序列的实施意见》和《鞍山钢铁研发岗位等级序列的实施意见》。

4. 加大年轻干部培养使用力度。坚持选育并举，着力年轻干部队伍建设，建立“248”鞍山钢铁优秀年轻干部库，建立成长档案，从集中脱产培训、开放式团队学习、实践锻炼、配备兼职助理等方式多角度全方位进行培养锻炼，明确时间点、路线图，按计划有序推进。根据《鞍山钢铁集团有限公司“春苗”人才培养工程实施方案》的总体安排，科学合理的制定了“凌云班”和“凌志班”班次培训计划，组织到辽宁省委党校、东北大学、大连理工大学等进行培训，先后选派 200 余名年轻干部参加中央党校、省委党校、鞍钢集团中青年干部培训班等各类培训；选派 40 余名 C 级干部到生产厂、销售系统、研发岗位、信访办等挂职锻炼；选派 5 名年轻干部开展援疆扶贫工作；为 10 余家基层单位班子充实配备了年轻干部。

（鞍山钢铁集团有限公司人力资源部
范吉瑞）

【劳动合同管理】 截至 2019 年 12 月 31 日，鞍山钢铁集团有限公司在职职工 42757 人，劳动合同签订率为 100%。2019 年办理解除劳动合同手续 133 人。

（鞍山钢铁集团有限公司人力资源部
张娜斯　赵敬言）

【职工培训工作】 2019 年，鞍山钢铁培训工作精准对接，多措并举，进一步适应市场变化，以优化产品结构、提高产品质量、增进服务意识、加强企业管理为架构，困中求变，难中取巧，有效提升企业培训竞争力，助推企业可持续发展。公司目标计划组织完成年度公司专项培训 17585 人次，基层单位岗位知识和岗位技能培训 32603 人次，全员计划完成率为 93%。截至 2019 年 12 月末，计划完成率实际完成 98.6%。职工特种作业持证上岗人员安全资质培训 8250 人次，计划完成率 100%，全面完成培训计划任务。

1. 创造条件、搭建平台、引导方向，不断夯实和强化领导力学习培训。强化政治引领，围绕习近平新时代中国特色社会主义思想和党的十九大精神，深入推进依法治企、管理创新和国际化经营等前沿培训，通过选派培训、调研考察、高端论坛、案例研讨等功能模块，持续提高党员干部的党性修养、理想信念和经营管理人员履职能力提升。

2. 针对需要，重视引领，不断创新，推动专业技术人员国际化领军人才培养。强化国际化人才培养，为全面打造行业领军人才奠定基础。选送一批首席工程师及以上专家赴外参加技术管理者专题培训；选派专业技术人员参加国资委、中钢协及优秀培训机构举办的研修班、技术论坛等。围绕国家“一带一路”倡议，委托培训机构开办国际化人才英语培训，加快“鞍钢英才”和鞍山钢铁“春苗”人才培养能力提升。

3. 智能制造，绿色发展，加强管理，不断强化三化建设能力提升。强化“三化”建设能力（自动化、信息化、智能化）、全面质量管理能力、新型设备控制能力等专业技术培训，通过在线专家讲堂、专业特训营、企业进修、挂职学习等功能模块，持续推进工程岗位专业技术人员智能制造、质量管理和绿色发展能力提升。

4. 夯实基础，适应常态，合作共赢，进一步加强研发和卓越智能上台阶。强化基础理论、应用理论、新型技术及前沿科技等培训，依托国家重点实验室及“一厂一所”协同研发模式，通过“0距离”专家讲堂、校企联合培养、课题共建等功能模块，持续推进研发岗位专业技术人员知识更新、工艺技术研发和卓越智能领军能力提升。

5. 注重市场，多种渠道，促进成效，进一步加强采销人员能力提升。强化现代物流、互联网钢铁电商、客户沟通等研修培训，通过先进企业调研进修、模拟实训、技巧汇编等功能模块，持续推进采销运岗位人员市场感知能力、需求发掘能力、客户问题解决能力和成本管控能力提升。

6. 岗位练兵，学以致用，资源共享，不断加强职工岗位技能操作培训。强化岗位标准化操作、岗位创新能力等培训，通过名师传帮带活动，技师论坛，创新微课堂，高级技能内训师讲座、三基地对口支援等功能模块，持续推进操作岗位员工操作水平、工匠技艺和岗位创新能力提升。

（鞍山钢铁集团有限公司人力资源部
张娜斯　成　强）

【博士后工作站】 博士后科研工作站坚持以“培养和使用相结合”的理念，按照国家、辽宁省和鞍山市各级主管部门的要求，根据鞍山钢铁研发战略和科技需求发布研究课题，充分利用网络信息平台加强对外宣传，并赴多地高校组织博士后招收工作。2019年，鞍山钢铁博士后科研工作站招收博士后研究人员2人，分别从事“低锰含量、微合金化Mn-TRIP980钢的研究及工业化路线探索”和“基于焊接性设计的纳米复合强化高强钢成分优化及HAZ调控机理”的研究工作。博士后科研工作站以科研计划书为载体，开展贯穿博士后研究人员开题、中期、结题和年度的全流程考核工作，对科研项目推进情况、主要完成的技术工作内容等实施动态评价跟踪，对发现存在的问题及时提出意见和建议。同时，发挥合作导师在博士后研究人员招收、培养、质量管理过程中的主导作用，明确合作导师在博士后培养过程中的权利和责任，形成齐抓共管、齐抓共育的良好态势，助力鞍山钢铁实现高质量发展。

（鞍山钢铁集团有限公司人力资源部
顾　香）

·企业内保工作·

【开展“雷霆行动”】 2019年，为全面落实中央巡视组关于打击偷盗、维护国有资产安全专项整改工作要求，遵照鞍钢集团党委总体部署，鞍山钢铁党委开展了“打击偷盗、维护国有资产安全专项整治行动”（代号“雷霆行动”）。鞍山钢铁党委成立“雷霆行动”领导小组，党政主要领导亲自挂帅任组长，全面领导专项整治行动。根据厂区布局，实施“网格化”管理，将保卫区域划分为64个责任区域。强化警企协作，实施重点打击。抽调81人组建5个突击组，开展24小时联勤联防和6次大规模集中突击行动，共查获盗窃问题39起。其中，移交公安机关25起，治安拘留23人，收缴各类车辆15台、物资8.3吨，查处违规人员150人次、违规车辆70台。厂区治安环境全面净化，各类盗窃案件发案率明显下降。

【开展“黄赌毒”和“黑恶势力”整治行动】 排查涉毒人员10人、其他违法犯罪8人，联合公安机关打击“厂棍厂霸”2人。出色完成中央巡视组进驻鞍钢期间和重要来宾入厂参观、新中国成立70周年国庆安保等任务，全年实现重大案件、治安灾害事故为零目标。

【推进技防物防智能升级改造】 完成鞍山钢铁主厂区10个主要门岗门禁管理系统升级改造，实现对进出厂人员面部识别和车牌自动识别，车辆进出厂实现一车一杆管理。在西北门、北门相继建成百米长混凝土捣制墙和2.2千米长钢板墙，安装了17台红外探测双目热成像摄像机及智慧云广播系统，指挥中心可直接对防区喊话，震慑驱离不法分子。完善视频监控网络平台建设，保卫部新增视频监控点362个，鞍山钢铁27家治安重点单位安装视频监控点2393个，覆盖重点防范区域291处，技防物防智能化水平持续提高。

【交通管理和道路扬尘治理】 在路面监管、环境治理、隐患排查、宣传教育等重点环节持续加大工作力度，全年纠正各类违规车辆3276台次，纠正散流体扬尘飘洒、冒黑烟车辆418台次，督促相关单位整改路面隐患33处，下发交通安全通报12次。长年开展车辆超限超载和大型车辆右转弯交通安全风险性教育，广大职工交通安全意识和自我保护意识进一步提高，全年实现重伤以上交通事故为零，创历史最好水平。

（鞍山钢铁集团有限公司保卫部　蒋　珅）

·法律事务·

【推进依法治企工作，促进企业合规经营】 2019年，鞍山钢铁法治工作组织体系进一步健全。设立专职总法律顾问岗位，总法律顾问到岗履职；法律事务部更名为法律合规部，增加合规管理职能；法律合规部内部设置进一步完善，法律与合规管理业务与职能清晰明确。承接鞍钢集团法治工作考核文件，制定下发《2019年度鞍山钢铁集团有限公司法治工作考核评价办法》及《责任分解表》，在上年度指标基础上优化考核内容及标准，明确责任主体，进一步推动法治工作的开展及落实。构建政企联动服务机制，为畅通鞍钢与行政审批部门的沟通渠道，提升工作效率，助推企业发展，组织与鞍山市行政审批局签署《关于建立行政审批调研服务联系点的协议》，为今后双方在事项审批及突发问题解决等方面打下坚实的工作基础。制定合规评价工作方案，组织对公司300余项规章制度进行合法合规性评价，形成合规专项评价报告，为依法合规经营奠定基础。2019年4月，鞍山钢铁被评为2018年度“辽宁省依法治企示范单位”，法律事务部三名同志分获“辽宁省优秀企业法律顾问”和“辽宁省企业法律管理优秀成果论文”奖项。

【介入重大涉法事项，提供有力法律支撑】 2019年，法律合规部全面介入公司多项重大涉法事项处置，依法评估论证法律风险，积极寻求解决措施，研究制定工作方案，为公司决策提供法律支撑，排除或规避法律风险，在依法维护企业权益方面发挥了重要作用。全程参与票据风险应对工作。针对海航、力帆及天物票据陆续出现逾期兑付问题，从法律角度提出应对措施，落实公司专项工作领导小组各项要求，配合有关部门积极与对方就还款方案、资产抵押等事项进行磋商，起草、审核并推进签署相关协议。全面收集、梳理票据及合同等证据材料，制定诉讼工作方案，截至12月末，所有到期未兑付票据全部起诉，查实资产的案件均采取了诉讼保全措施。参与天冷破产重整应对工作。就债权认定与管理人积极沟通得到确认。会同财务部门研究化解银行担保问题，办理广发银行信贷资产回购。研究制定《渤钢系破产重整案后续工作安排》，明确工作内容及责任主体，同时对风险进行分类预判并形成应对方案。积极与天津市国资委及管理人沟通，协调解决后续债权变更登记、行使股东权益、变更抵押登记及抵押资产监管等问题。同时，参与研究签署留债协议所涉法律风险。此外，法律合规部还参与微标公司软件侵权、钢材产品侵权维权、铁路工程资质办理、潍坊钢加破产清算债权申报、沈薄注销等重大涉法问题处置工作。

【落实项目法律服务，保障项目安全推进】 2019年，法律合规部全程参与公司重大项目。按照从项目启动、全程跟踪介入、整体审核、分项研究风险排查、严格履职把关的工作模式，围绕项目投资环境、法律政策研究、可行性研究、尽职调查、股权模式、风险防范等重要环节，全程参加项目会议及谈判，及时提出法律意见和建议，起草、审核修改合作意向书、合资合同、公司章程等各类法律文件，为项目顺利推进提供了法律支持。其中，参与印尼镀锌铝合资项目，审查土地协议并提出修改意见，参加项目风险评估。参与闪铁项目，指导业务部门签订合作意向书，并组建法律团队参与项目谈判。参与废钢合资项目，研究修改章程及合资协议。参与参股全国煤炭交易中心项目，审查风险评估报告。参与研究铸钢公司铸坯产线合作经营，指导起草合同并完善配套协议，提示风险。此外，还为广汽宝商、蒂森高风塔、金固等项目提供法律保障。

【强化纠纷案件管理，实现依法维权创效】 法律合规部坚持将案件预防控制与补救相结合，重点落实案件提前介入、案件统管备案、全程监管基层办案和畅通司法联系渠道四项制度。在全面妥善处置法律纠纷案件过程中，集中力量应对重大案件，及时制定应诉方案，全面收集、提供证据材料，全程跟踪督导律师办案，做好与法院的协调工作，使案件取得较好结果，有效维护企业合法权益。其中，鲅鱼圈在岗职工劳动争议案，阶段结果均胜诉，保障了企业运营稳定。积极应对天利、天誉等重大案件，深入挖掘补充证据，及时申请鉴定评估，力争最大限度保障企业利益。天利案经法院撤裁，最终以本方胜诉结案。天誉撤裁案正积极挖掘新证据，力争取得有利结果。对王栋专利纠纷案，积极寻求最佳解决方案，在法院主持下达成和解结案，妥善化解矛盾。深入推进依法清欠债权清收工作，加大执行力度。同时，拓宽创效渠道，尝试在鞍钢电商平台公开竞价出售债权，充分发挥法律创效功能。2019 年，依法清欠收回货币 70.8 万元，通过诉讼避免损失达 2000 余万元。

【严控合同法律风险，提供企业运行保障】 严格执行常规合同基层单位初审、专业部门复审和法律部门终审的三审制度，在法律信息系统内履行审签。对无签订依据或依据不明确的合同，一律不予审签。对合同条款完备性、可操作性和规范性存在问题的，提出意见返回承办单位修改，确保每份合同有据可依、文本规范、约定明晰、合法公平，最大限度降低了合同法律风险。全面审查送审的重大合同，针对存在的问题出具法律意见，确保公司利益得到保障。为加强基层单位合同管理，对物流管理中心 43 份合同文本进行全面审查，结合其业务实际修改完善，确保合同条款完备、公平。全年审核鞍山钢铁、鞍钢股份常规合同共 1274 份，金额 26.32 亿元。审查重大合同 177 份，出具法律意见书 135 份。

【依法支持维稳工作，化解矛盾确保稳定】 为妥善应对鞍山区域居家群体系列劳动争议案件，维护大局稳定，定期组织应诉工作组研究案情，针对案件所处的不同诉讼阶段及其具体问题制定应对措施，及时与审理法院沟通，确保案件顺利结案。截至目前，法院立案 552 件，一、二审全部胜诉，未出现败诉情况。辽宁省高院已驳回申诉案件 140 件，鞍山市检察院已驳回抗诉申请 95 件。

【加强普法宣教工作，提高全员法律素质】 全面落实鞍钢集团关于开展法治宣传教育的第七个五年规划要求，深入推进企业法治文化建设。会同党委宣传部开展各种形式的法治宣传。充分利用 OA 平台宣贯宪法等重要法律文件，传达上级关于依法治国、依法治企相关精神。在“12·4”宪法日，会同保卫部联合开展法治宣传活动，向职工赠送《宪法》和《治安管理处罚条例》等法律书籍。为配合打击偷盗行为的“雷霆行动”，购买 800 余册《治安管理处罚条例》，发到每一个班组进行学习。此外，还采用网络、微信等新媒介方式开展法治宣传教育，拓宽职工学习渠道，整体法律素质有所提升。

（鞍山钢铁集团有限公司法律合规部　史广娟）

·医疗卫生·

【通用鞍钢医院管理有限公司正式启动运营】 通用鞍钢医院管理有限公司于 2019 年 3 月 18 日在鞍山市行政审批局获准注册，其注册资本为人民币 98367 万元。其中，鞍钢集团有限公司以其所属的原鞍钢健康产业公司和鞍钢总医院的资产，经双方认可的第三方评估机构的评估价值合计为人民币 48200 万元（最终出资额以评估报告为准），依法转让给通用鞍钢医院管理有限公司，出资比例为 49%，通用环球医疗集团以货币出资认缴通用鞍钢医院管理有限公司注册资本，出资金额为人民币 50167 万元，出资比例为 51%。2019 年 6 月 22 日，在鞍钢集团会展中心，通用鞍钢医院管理有限公司举办了隆重的揭牌仪式，标志着通用鞍钢医院管理有限公司正式启动运营。

【工作要点及制度管理工作】 2019 年，为突出新时期爱国卫生、食品安全、计划生育和红十字会工作特点，落实市爱国卫生运动委员会、市红十字会和鞍钢集团有限公司精神，制定下发了《2019 年鞍山区域计划生育工作重点》《2019 年爱国卫生工作要点》和《2019 年红十字会工作要点》。依据国家相关政策法规，修改完善了《鞍山钢铁集团有限公司公共卫生管理办法》《鞍山钢铁集团有限公司计划生育管理办法》《鞍山钢铁集团有限公司突发公共卫生事件应急处理预案》《鞍山钢铁集团有限公司食品安全应急处理预案》。

【医疗费审核工作】 1. 及时审核鞍钢职工医疗费。全年累计审核鞍钢职工住院及门诊医疗费 39 万人次，审核异地职工门诊及职工异地门诊急诊医疗费总计 994 人次。全年累计审核离休人员门诊医疗费16万人次，审核离休人员住院医疗费2049人次。

2. 加强定点医院管理工作。一是为控制医疗费用过快增长，坚持合理施治，规范定点医院医疗行为，加强对定点医院抽查力度，有效监管不合理收费。二是召开离休人员定点医院工作会，对2018年存在的问题提出整改意见，对做好2019年离休人员医疗费的管理提出要求。三是与定点医院签订医疗服务协议，规范定点医院医疗行为。

【职工健康体检工作】 截至2019年11月30日，鞍钢集团鞍山区域累计组织职工健康体检8.29万人。体检结果为正常的1.96万人，占总体检人数的23.7%，有指标异常职工人数为6.32万人，占总体检人数的76.3%。异常前三位项目，男职工为尿常规异常、轻度脂肪肝和血压偏高；女职工为乳房增生、子宫肌瘤和乳房包块结节。

【食品安全工作】 1. 开展两节期间食品安全抽查工作。2019年春节前夕，按照公司关于做好两节期间食品安全检查的通知要求，对接待服务公司、乳业公司和现代城市服务公司等单位21个食品经营场所的食品安全工作进行了检查，并就食品采购、储存、加工和销售存在的不足提出整改要求。

2. 开展宣传和培训工作。一是结合两节期间食品安全情况，开展《餐饮服务食品安全操作规范》宣传工作。二是结合食品安全管理现状，按照《餐饮服务食品安全操作规范》要求，对餐饮服务单位食品安全负责人进行培训。三是分别对现代城市服务公司、接待服务公司及矿业公司生产服务中心等四家规模较大餐饮服务单位的从业人员有针对性地进行了专题培训4次，累计培训从业人员近400人次。

3. 完善食品安全考核标准。在征求餐饮服务单位及鞍山市食品安全监督部门意见的基础上，依据国家《餐饮服务食品安全操作规范》，完善《食品安全检查考核标准》，对有关从业人员、有害生物、环境卫生、食品采购、食品加工、销售及就餐管理等内容进行较大幅度的调整，修改及撤并38条，新增46条。

4. 加强重要点位食品安全管理。一是在食品安全事故易发季节，对职工度假餐厅、早餐车、面食和副食加工中心、鞍钢人才公寓餐厅及食品一条街的食品安全进行检查。二是对相关专区的食品安全进行检查。对食品采购、储存、留样、加工等环节存在的8项问题，向管理单位下发了限期整改通知书并进行了复查。三是实行就餐报备管理，对百人以上会议、重大活动、重要接待的就餐安全管理实施报备制度，并及时督导检查。截至2019年12月10日，共计报备12次，就餐人数4855人次，未发生一起食品安全事故。

5. 开展暑期食品安全大检查活动。2019年6月5日，召开了暑期食品安全大检查启动会，传达《中共中央 国务院关于深化改革加强食品安全工作的意见》，就如何做好暑期食品安全工作提出要求，并对相关人员进行《餐饮服务食品安全操作规范》培训。6月26日至8月1日，围绕管理制度、环境及个人卫生、食品采购、储存、加工和销售等6个方面，共检查职工食堂（含餐厅）173个，检查覆盖率近98.8%。针对存在的对食品安全工作重视不够、硬件设施投入不足、日常管理不严格的问题，迅速反馈信息，下发限期整改通知，对存在问题较多的6家单位进行考核。通过检查，从业人员食品安全意识进一步加强，硬件设施投入进一步加大，食品安全管理整体水平进一步提高。

6. 食品安全监督抽检情况。2019年10月11日和10月16日，协助鞍山市市场监督局餐饮服务检查大队，到现代城市服务公司的炼铁服务区、炼焦服务区和接待服务公司天座宾馆，抽取熟食、面食、复炸油和餐具共14个样品进行监督抽检，所抽取的样品经检验全部合格。

7. 食品安全采购管理。2019年11月8日，召开了食品采购安全专题会议，就新的《食品安全检查考核标准》中食品采购8条规定进行培训，围绕食品采购的索证、资料留存、进货查验记录的填写、采购协议中食品安全相关措施、供货商评价和退出机制的建立提出要求，并于2020年元旦前对上述工作进行了督导检查。

【计划生育工作】 1. 开展计划生育科普知识宣传月活动。与鞍钢总医院联合开展以“健康鞍钢”为主题的健康大讲堂活动，为基层单位的近1000名职工安排健康知识讲座16场。

2. 各单位累计举办庆祝六一儿童节活动100余次。其中趣味活动21次，幸福家庭活动12次，游园26次，书画摄影展22次。

3. 组织以“新时代新面貌、我健康我幸福”为主题的计划生育宣传活动。开展“10·28”男性健康日活动。举办健康讲座30余场。对计生干部进行《辽宁省人口与计划生育条例》培训。

4. 向鞍山市卫生与健康委申请、领取计划生育药具100箱，折合人民币42000元。为有需要的单位发放计生药具50箱。

5. 依据《计划生育工作考核评比标准》，开展计划生育年度总结评比工作。

【爱国卫生工作】 1. 开展爱国卫生清洁月活动。召开鞍山区域春季爱国卫生清洁月启动会，传达《关于开展2019年春季爱国卫生清洁月活动的通知》精神，对做好清洁月期间环境卫生、防灭鼠、控烟等重点工作提出具体要求，进行要害场所防灭鼠知识培训。开展春季爱国卫生清洁月大检查，累计抽查厂级机关办公场所56个、分厂或作业区办公场所40个、浴池39个、食堂44个和要害场所32个，提出有关环境卫生、控烟及要害场所防灭鼠工作的整改意见37条。爱国卫生清洁月中各单位组织义务劳动483次，参加人数1.25万人次，清理卫生死角848处，清理垃圾836吨，打扫清洁浴池282处、卫生间852处，维修生活设施167处，粉刷墙壁1.44万平方米，平整场地3.69万平方米。累计培训防鼠人员3877人次，投放鼠药2002箱，设置毒饵站4431处，维修防鼠设施398处。

2. 手足口病预防工作。为有效防止手足口病在鞍钢幼儿园的发生和蔓延，鞍钢幼教中心召开专题会议，部署手足口病的预防工作，采取措施加大了手足口病的防范力度。对全体工作人员进行了手足口病的防治知识培训。以园为单位对幼儿家长进行手足口病防控知识的宣传。全面落实晨午检制度及卫生消毒制度等。截止到2019年11月底，仅在3所幼儿园发现4名幼儿被确诊为手足口病，未发生手足口病大面积爆发流行，达到了预期效果。

3. 开展秋季爱国卫生检查活动。为进一步提高鞍山区域的公共卫生管理水平，实现要害场所鼠媒停电事故为零的工作目标，组织人员重点对鞍山区域主厂区所属单位各级机关、浴池更衣室的环境卫生（包括控烟）、秋季统一灭鼠投药和要害场所防灭鼠工作进行了抽查，累计抽查鞍山区域所属单位36家。其中机关办公场所63个，职工浴池更衣室34个和要害场所45个。对机关、浴池更衣室的环境卫生、秋季统一灭鼠投药和要害场所防灭鼠工作提出整改意见83条。

【红十字会工作】 1. 开展红十字会博爱送万家活动。根据省、市红十字会关于开展红十字博爱送万家活动的指示精神，鞍山钢铁红十字会组织救助困难职工41人，救济金额达1.32万元。会员单位开展红十字博爱送万家活动，救助因病致贫特困职工1319人，发放慰问金和米面油等救济物品，折合人民币60余万元。

2. 开展无偿献血活动。所属41家单位有988名职工参加了无偿献血活动，累计献血30.97万毫升，献血人数和献血量均创历史新高，为保证鞍山市急需救治患者的临床用血作出突出贡献。

3. 两名职工成功实施造血干细胞捐献。鞍钢第八例和第九例造血干细胞志愿者鞍千矿业职工付丽娜、弓矿公司井下铁矿职工许宏刚成功实施造血干细胞捐献，集团公司副总经理景奉儒到付丽娜和许宏刚家中进行走访慰问，送去红十字会的关怀和温暖。截止到2019年，鞍钢已有9名职工成功捐献造血干细胞。

4. 对无偿献血工作进行总结表彰。总结2019年鞍山区域无偿献血工作。对2019年度鞍山区域无偿献血表现突出的汽车公司等47个先进集体及谢新范等58名优秀组织者进行表彰。

（鞍山钢铁集团有限公司办公室卫生处 徐静滔）

·组织工作·

【党内统计数据】 2019年末，鞍山钢铁集团公司有党委57个，党总支部36个（离退党总支部2个），党支部589个（居休党支部19个，离退休党支部42个），党小组1866个。有党员22261名，其中离休党员277名、退休党员1146名、居家休息职工党员1598名、其他方面党员155名。全年发展党员291名，申请入党人282名，入党积极分子617名。党务工作人员909名，其中专职党务干部359名，兼职党务干部550名。样板党支部141个，党支部工作示范基地17个，样板空白党委为零，无党员班组为零。

【"不忘初心、牢记使命"主题教育】 一是坚持真抓实干，组织强力推动。切实履行党委主体责任，成立主题教育领导小组及工作机构，针对两个批次，制定了"1+2+2"实施方案。分层级成立了

17 个指导组，明确了党委书记、班子成员、支部书记、普通党员 4 类责任，形成了责任闭环。各级指导组参加基层单位各类专题会议 180 余次，把关审核各项材料 1000 余份，提出修改指导意见 3000 余条，做到了精准指导和有力推动。二是坚持学思践悟，突出学以致用。各级领导班子共召开党委理论学习中心组学习 859 次、举办读书班 106 次、开展专题辅导 2 期，各基层党支部以“三会一课”为主要形式开展集中学习 1786 次。三是坚持调查研究，突出求真务实。各级党委班子聚焦企业改革发展难点、职工反映热点问题，确定调研专题，深入基层一线调研 561 次，讲专题党课 324 次，征集意见建议 707 项，撰写调研报告 315 篇。扎实开展“践行共享理念，关爱一线员工”专项服务行动，投入资金 4700 余万元，实施鞍山钢铁级专项服务行动项目 42 项，切实解决了一批职工急难愁盼的热点问题。四是坚持即查即改，突出刀刃向内。制定下发了主题教育“9+1”问题整改工作方案，实施“定期例会推动、专项调研指导、随机抽查纠正”的督导机制，确保从严从实落实整改。解决鞍山钢铁层面问题 73 项，基层单位问题 982 项。

【基层组织建设提升年】 按照国资委党委“中央企业基层党建推进年”和鞍钢集团部署要求，深入开展党支部建设提升年活动。按照“组织健全、制度完善、运行规范、活动经常、档案齐全、作用突出”标准要求，树立大抓基层的鲜明导向，围绕“五个基本”（基本组织、基本制度、基本队伍、基本活动、基本保障）着力夯实基层党建工作基础。坚持开展党支部“达标创先”活动，采取月打分、季考核、半年初评、年终总评的考评方式，对党支部建设情况进行评价，坚持抓两头带中间，促进基层党组织建设全面进步、全面过硬。实施“党建工作管理三级点检制度”，基层单位从下至上分别由党支部、党群部门、党委负责实施，逐级按照三个层面的检查标准，对生产经营重点工作落实情况、党支部建设情况、党支部书记和支部委员履职情况等方面进行检查督导，填写点检卡，及时发现和分析解决存在的问题，形成一级抓一级的责任体系。针对部分基层党委党建基础薄弱、巡视问题较多的现状，开展“送课到基层”活动，点对点对基层单位开展党建业务培训；注重“抓两头带中间”，一方面积极发挥现有鞍钢集团党支部工作示范基地的引领作用，另一方面集中整顿软弱涣散党组织，坚持基层党委自主整改与公司党委督促指导相结合，建立旬报告制度，动态掌握整改推进情况，27 个党支部全部整改到位。2019 年，获评鞍钢集团党支部工作示范基地 1 个，鞍钢集团样板党支部 20 个；荣获中央企业优秀共产党员 1 名，优秀党务工作者 1 名，先进基层党组织 1 个；大型厂《传承文化基因 铸就钢铁脊梁》典型案例入选中组部《基层党组织案例选编（国企版）》，鲅鱼圈分公司拍摄的电视片荣获中组部全国党员教育电视片优秀奖。

【完善党建工作责任制考评】 按照《中央企业党建工作责任制考核评价暂行办法》和《中央“不忘初心、牢记使命”主题教育领导小组、中共中央组织部关于优化改进基层党建考核工作的通知》相关要求，制定下发了《鞍山钢铁集团有限公司直管单位党委党建工作责任制考核评价办法》，按照 6 个维度、20 个具体指标，对 33 家直管党委（党总支）并开展了 2019 年度党建工作责任制联合考评，并反馈了综合评价意见，肯定成绩、指出不足、提出要求，对评定为“一般”的 3 家单位主要领导进行了约谈。同时全面开展基层党委书记、党支部书记抓党建工作述职评议考核，评价结果作为评先评优、选拔任用的依据。

【党委书记抓基层党建工作述职】 按照集团公司党委《关于开展 2019 年度党委书记抓党建工作述职评议考核的通知》要求，围绕述职评议内容，依据述职评议流程，完成了三级党委书记抓党建述职工作。对 32 家述职单位反馈了综合评价意见。通过党委书记抓党建述职考评，查实查准了存在的问题，压紧压实了党建工作责任，营造了全面从严治党的氛围。

【全面开展党支部书记述职】 借鉴党委书记述职评议的经验做法，2019 年全面开展党支部书记述职工作，扎实组织好党支部书记述职评议工作，进一步压实党支部书记的党建责任，真正述出导向、述出责任，评出压力、评出干劲。

【加强业务培训和服务指导】 结合鞍钢集团下发的鞍钢集团基层党委工作规则、鞍钢集团基层党支部工作细则等文件精神，修订完善了鞍山钢铁党建基础工作基层党支部“三会一课”常项工作模板、基层党委委员日常履职工作清单、党支部委员日常履职工作清单，为提升组织生活会质量，保证基层党委委员、支部委员履职尽责到位提供了有力指导。坚持开展“送课到基层”服务，对党建考核评价排名靠后的党委，针对反馈问题，点对点进行党建业务培训，加强指导、服务力度。积极组织党支部书记全员参加鞍钢集团党委举办的基层党支部书记集中轮训，及时督导新任职党支部书记进行上岗培训，做到全覆盖。

【党建工作进章程】 落实党建工作进章程，明确党组织在决策、执行、监督各环节的权责和工作方式，开展了党建工作要求进章程“回头看”，重新梳理了鞍山钢铁所属设置法人治理结构的单位党建工作要求进章程情况，对所属法人治理结构的企业章程进行了全面规范，做到了“应进尽进”；及时明确或调整德邻陆港、质计中心等8个单位的党组织建制和隶属关系，切实做到“四同步四对接”，确保党的领导、党的建设在国有企业改革发展中得到加强。

【规范党组织工作经费使用管理】 根据上级文件要求，制定并下发了《鞍山钢铁集团有限公司党组织工作经费使用管理办法》，同时召开了基层组织部长、组织员专项培训会议。对基层单位集中反映的问题进行深入研究并提出解决办法，使党组织工作经费使用更加高效合理，有效保障党建工作开展。

【党内政治生活】 召开了鞍山钢铁领导班子年度民主生活会，班子成员认真撰写发言提纲，严格对照检查，诚恳相互批评，切实抓好整改，达到了“团结—批评—团结”的目的。同时成立3个督导小组，实现对下督导全覆盖，采取提前介入、全程参与、从严把关、认真点评等方式，保证民主生活会开出高质量高水平。紧密结合各单位生产经营痛点难点和党建工作突出问题向33家直管党委（党总支）反馈意见96条。总结梳理了各单位检视剖析材料普遍存在的“5项问题”，审阅各单位材料200余份，提出修改意见1000余条，对材料差距较大的3家党委令其整改完善，为高质量召开专题民主生活会打下了坚实基础。各级党委领导班子成员在专题民主生活会上，深刻查找差距和不足，严肃认真开展批评和自我批评，批评意见直指要害，被批评的同志都能正确对待、虚心接受，切实达到了锤炼党性、统一思想、凝聚合力、解决问题的良好效果。

【制度体系建设】 鞍山钢铁党委坚持把加强党的领导与完善公司治理相统一，在组织架构上坚持“双向进入、交叉任职”。修订完善了党委工作规则和党委全委会、常委会、董事会、总经理办公会议事规则，明确了党委常委会讨论是董事会、经理层决策“三重一大”事项的前置程序，实现了党组织监督、参与决策等职能的组织化、制度化、具体化；鞍山钢铁所属法人治理结构单位党委书记、董事长均为“一肩挑”，对进入董事会、监事会、经理层的党委委员，在参与决策时，明确了“必须在会上表态发言，必须贯彻执行党委会的决议，及时向党委会反馈董事会和经理层的决策情况”的要求，有效保障了党建工作要求和生产经营中心任务的双落实。修改完善了“一模板两清单”，以现行有效的文件制度为基础，梳理提炼出了“基层党支部‘三会一课’常项工作模板”“基层党委委员日常履职工作清单”“党支部委员日常履职工作清单”。

【深化主题实践活动】 坚持找准党建工作与生产经营的结合点和发力点，深化党内主题实践活动，充分发挥党组织的战斗堡垒作用和党员干部的先锋模范作用。以鞍钢集团系列主题实践活动为依托，深入开展共产党员工程、共产党员“挑战项目”攻关、党员先锋岗、党员责任区评选等主题实践活动，将生产经营目标、市场化改革任务、重大科技攻关实施项目化、目标化、责任化，组织引导党员迅速响应，带头攻坚，实现党建工作与生产经营深度融合，做到两手抓，两促进。2019年，实施共产党员工程25项，共产党员“挑战项目”攻关126项，创效近亿元。同时总结提炼了炼钢总厂“五五”工作制、炼铁总厂“三个一”工作法、中厚板厂“党建工作管理三级点检制度”等10个基层党建工作品牌，不断激发基层党组织创新活力，使党建工作与生产经营融会贯通，共促共进。

【专项服务行动】 持续开展“践行共享理念 关爱一线员工”专项服务行动，围绕改善工作环境、完善生活福利设施等六个方面，立项实施42项，投入资金4700万元，解职工之所难、办职工之所想、干职工之所急，以实际行动让职工共享企业的发展成果，切身感受党组织的温暖和关心关爱。

【党建联盟活动】 围绕开拓市场、服务用户、密切上下游企业关系，签署了党建联盟协议25份，为企业间交流学习、互促共进、擦亮鞍钢品牌搭建了有效平台。

【党建课题研究】 以“课题就是问题、成果就是办法、研究就是服务”为理念，以“重质量、出成果”为原则，通过点题订制、专题承包、课题攻关等方式，确定了鞍钢级党建课题25个、鞍山钢铁级党建课题43个。

（鞍山钢铁集团有限公司党委组织部　关贵威）

【老干部工作】 2019年，鞍山区域共有离退休老干部3283人，其中，离休607人、退休2676人。

2019年，鞍钢老干部工作以习近平新时代中国特色社会主义思想和党的十九大精神为指导，以新中国成立70周年和鞍钢开工70周年为契机，以“不忘初心、牢记使命”主题教育为抓手，认真贯彻落实全国老干部局长会议精神，紧紧围绕庆祝新中国成立70周年、鞍钢开工70周年和集团公司二次党代会精神，开展了“礼赞中国70年 讴歌鞍钢70年·共筑中国梦”主题系列活动，牢固树立精准理念，落实好老干部“两个待遇”，进一步推进“三项建设”，积极引导老同志为党的事业增添正能量发挥余热，不断强化老干部工作部门自身建设，为鞍钢集团振兴和高质量发展作出了新贡献。

1. 以习近平新时代中国特色社会主义思想为引领，进一步加强离退休干部“三项建设”。

（1）加强领导，及时部署。分别召开了鞍钢集团老干部工作会议和基层单位的党支部书记和关工委常务副主任会议，学习传达全国老干部局长会议精神并总结部署工作。攀钢也召开了老干部工作会议，总结部署工作，做经验交流。

（2）加强政治建设，提高政治站位。下发了《2019年鞍钢老干部工作要点》和《2019年鞍钢老干部政治理论学习安排意见》，每季度举办一次形势报告，作政治理论学习辅导讲座和鞍钢生产经营形势通报，确保老同志能及时了解国内、国际和鞍钢生产经营形势，掌握上级文件精神。2019年，各单位组织形势报告会150场，有4714人次参加；鞍钢关工委组织了6次骨干培训和法制讲座等，学习传达上级文件精神。

（3）加强思想建设，引领思想常新。5月，举办了鞍山区域老干部党支部书记培训班，并进行经验交流和研讨，不断提升党支部书记的政治理论水平，推动了党支部建设工作上水平。铁运公司老干部张英凯在“七一”党的生日交纳特殊党费3000元；矿业公司机关老干部党支部作为鞍钢集团鞍山地区唯一的离退休老干部党支部示范基地，有效发挥了新时代党员群众讲习所的作用，迎接了3批次、40余名离退休老干部党支部书记的对标学习；鞍钢老干办组织鞍山区域基层单位老干部党支部书记、关工委常务副主任、各协会会长、秘书长70余人参观了鞍山市委主办的“不忘初心、牢记使命”主题教育图片展览，观看后举行了重温入党誓词仪式。攀钢各单位以座谈会、重温入党誓词、参观攀枝花中国三线建设博物馆、大渡口十三栋、大田会议会址等多种形式开展“不忘初心、牢记使命”主题教育活动，共计32次，1400余人次参加，引领和促进离退休干部思想常新。

（4）加强党组织建设，永葆政治本色。贯彻落实《中国共产党支部工作条例（试行）》，引导离退休干部党员离岗不离党、退休不褪色，加强“三会一课”制度建设，深化“不忘初心、牢记使命”主题教育常态化，开展主题党日活动。大多数单位做到了老干部党组织建设与在职人员党组织建设工作同部署、同规划、同考核、同表彰。2019年，基层单位有22个离退休干部党支部、26个离退休干部党小组、241名老党员受到厂以上层级的表彰。基层党组织共上党课239次，有6579人次参加。托管中心86岁老干部胡玉珍，经过一年的考验，如愿成为正式党员。部分单位老干部党支部进行了党支部换届工作，如教培中心、汽运公司、质检计量中心等单位。

2. 以庆祝“两个70周年”为契机开展主题活动，为老同志为党和人民的事业增添正能量搭建平台。2019年，以新中国成立70周年和鞍钢开工70周年为契机，开展了“礼赞中国70年 讴歌鞍钢70年·共筑中国梦”主题活动，通过开展主题征文、书画摄影展、参观座谈、文艺演出等系列主题活动为他们释放正能量搭建了平台。

（1）在离退休干部党支部中开展“共和国的记忆、老鞍钢的回忆——不忘初心、牢记使命”参观座谈活动。各单位将“不忘初心、牢记使命”主题教育与参观座谈会相结合，与青年职工开展座谈交流，充分发挥出党支部和关工委组织的作用。教培中心、铁路设备制造、矿业公司、建设托管中心等单位分别组织参观了烈士山纪念馆、鞍钢博物馆等并开展座谈。托管中心举办了“祖国在我心中”主题党日活动暨文艺演出，老干部们受到了一次深刻的爱国主义教育，纷纷表示要永远跟党走。攀成钢公司组织部分老干部到乐至县陈毅故居开展“不忘初心、牢记使命”参观学习活动，缅怀陈毅元帅的丰功伟业，传承红色基因，接受革命传统教育。

（2）开展了以“礼赞中国70年·讴歌鞍钢70年”为主题的征文活动。各单位精心组织，广大离退休老干部积极响应，参与征文的离退休干部大多数都在80岁以上。共收到征文124篇，公司老干办对优秀组织单位和优秀征文进行了表彰。攀钢也开展了征文活动，共收到征文60篇，并进行了表彰，其中老干部朱凤才创作的《在祖国的怀抱里成长》文章被推荐参加攀枝花市委老干部局组织的“我和我的大三线”老干部征文活动，获得一等奖。

（3）在离退休干部中开展了“感受中国70年·鞍钢70年——我们一起逐梦”书画、摄影作品征集活动。共征集书画、摄影等作品104幅，精选了部分优秀作品进行展览。攀钢共征集到书法、绘画、摄影作品122幅，在攀钢大剧院进行了展览，其中郑孟华的《贺国庆、颂盛世》书法作品被中国书画艺术家创作中心评为金奖。

（4）开展一次“我看——鞍钢与新中国同行70年的新成就”参观畅谈活动。各单位积极组织离退休老同志参观祖国新貌、市容市貌、鞍钢厂区新貌等，基层单位组织各种参观61次，1348人次老干部参加。组织各类座谈会163次，参加2806人次，提合理化建议118条，采纳40条。矿业公司部分单位、炼钢总厂、钢铁研究院等单位组织老干部回厂看变化，攀钢老干办组织部分老干部代表及自管会委员参观了攀钢高炉渣提钛、氯化钛白生产线及钛产业展厅。

（5）在离退休干部中开展“唱响新时代·共筑中国梦”大型文艺演出活动。9月24日，举行了鞍钢老干部“唱响新时代·共筑中国梦”文艺演出。整台节目由鞍攀两地老干部共同合作、倾情奉献。时任鞍钢集团党委书记、董事长姚林，鞍钢集团党委副书记栗宝卿；鞍钢老领导、关工委常务副主任闻宝满及鞍钢集团党委组织部、党委宣传部、工会、团委负责人，鞍山钢铁相关领导和相关部门负责人，鞍钢各基层单位老干部党支部书记、关工委常务副主任、部分老干部代表和老干部工作部门负责人等400余人观看了文艺演出，反响热烈。各单位还组织了答题竞赛，基层单位共组织各类学习答题竞赛66次，参加答题人数3196人。

3. 践行社会主义核心价值观教育，强化关工委工作，发挥老同志余热。

（1）开展形式多样的社会主义核心价值观教育。一是开展向雷锋、郭明义学习活动。3月5日，鞍钢关工委与鞍钢共青团召开了“弘扬雷锋精神、助力鞍钢发展，做新时代的追梦人”座谈会，老干部学雷锋先进典型和青年学雷锋先进典型共话践行雷锋精神，助力鞍钢高质量发展。齐大山选矿厂关工委为青年职工送上郭明义撰写的《幸福就这么简单》并将雷锋、郭明义及鞍钢英模先进事迹制作了17块展板，在厂内展览，供青年职工学习。二是开展理想信念教育，筑牢青年职工人生坐标。钢铁研究院、炼钢总厂、工程技术公司等单位每年坚持对新入厂的青工进行开篇教育。铁西医院党支部在支部书记刘徐丽的号召下捐资为青年在岗职工购买了健身器材和学习资料，激励在岗职工积极向上、勇担重任。国贸公司始终坚持通过网络给驻外青工发送电子信，对他们进行教育和寄予希望，收到良好效果。矿业公司选派了8名老技术专家与青年创新登高项目负责人签订了帮带协议，让老专家以技术顾问的形式直接参与指导青年创新登高项目，帮助青年成长成才。齐矿关工委与矿团委开展“帮扶结对”活动，共结成15对，并举行了结对仪式，老同志为青年职工成长传授经验，青年职工为老同志提供志愿者服务。三是积极参与社区公益活动。能源管控中心90岁高龄的赵熙良，配合社区对未成年人进行爱国主义教育。附企公司退休干部韩永宝，在新华街小学做校外辅导员，坚持护送小学生过马路，受到学校及学生家长的一致好评。铁运公司吴建中兼任长甸街道办事处的关工委副主任，协助街道走访、帮教等各项活动，被街道评为先进个人；质检中心赵德仁创建的爱心义工服务队成员2019年资助唐家房小学12名困难学生，他本人资助了4名，并对帮助的家庭跟踪服务，他们的义工队也被市评为先进义工队。大型厂退休干部马福斌担任所在街道办事处报告团宣讲员，对青少年进行爱国主义教育、还参与“小红帽”执勤等志愿服务，深受居民欢迎，并受到市区的表彰。四是发挥教育基地作用，开展红色基因教育。充分发挥鞍钢展览馆、孟泰纪念馆、雷锋纪念馆、弓长岭矿三道沟“万人坑”青少年爱国主义教育基地作用，使之成为青少年“四史”教育的好课堂、爱国主义教育好素材。炼焦总厂、炼铁总厂、弓长岭矿发挥自身基地优势，始终坚持对青工进行“四史”教育，炼铁总厂关工委常务副主任、炼铁总厂孟泰研究会顾问杨兴业作为孟泰事迹的见证者，多次被中央、地方媒体采访，他多年研究孟泰故事和孟泰精神，并弘扬和传承孟泰精神。钢铁研究院关工委在纪念五四运动100周年之际，与青年科技工作者参观了孟泰纪念馆，并在展览馆开展了“青春心向党、建功新鞍钢”主题座谈会。

（2）开展讲《鞍钢人的故事》活动。2019年是新中国成立70周年，也是鞍钢正式开工生产70周年，鞍钢关工委抓住有利时机，在老同志和青年职工中开展两项活动。一是开展“三大讲”活动，推动爱国主义教育向纵深发展。一讲国家70年取得的辉煌成就，激发青年职工的爱国热情；二讲鞍钢70年取得的巨大成绩，激发青年职工爱鞍钢、做主人，勇于担当的信心；三讲个人和家庭的成长变化与进步，激发青年职工积极向上的决心和祖国同呼吸共命运。二是在离退休老同志中开展讲《鞍钢人的故事》活动。7月《鞍钢人的故事》一书由冶金工业出版社发行，全书57篇文章，26万字。老同志以自己亲身经历和所见所闻，从不同角度生动地描述了老一辈鞍钢人艰苦创业、开拓进取的画面，翔实地记录鞍钢工人阶级的历史功勋。对于青年职工了解鞍钢历史，继承鞍钢传统，发扬鞍钢精神，促进鞍钢发展都将起到重要作用。7月9日，鞍钢党委举行了《鞍钢人的故事》首发仪式。大型厂、炼钢总厂在纪念鞍钢开工70周年《鞍钢人的故事》发行后广泛宣传，与厂团委联合组织青年座谈活动，以亲身经历宣讲老一代鞍钢英模故事，激励青年爱岗敬业奉献鞍钢。

4. 注重典型引领，发挥余热创佳绩。2019年，鞍钢评选离退休干部先进集体22个，先进个人38名。房洪瑾同志荣获“全国离退休干部先进个人”和“辽宁省最美五老”称号。2019年老同志共捐款5.3万元，资助了45名学生和特困青工。到2019年末，关工委老同志共累计捐款130多万元，资助困难职工子女1600多名。鞍钢关工委副主任王延绵和集团组织人事部部长等一行分别走访看望部分困难家庭子女代表，把老同志的关怀送到他们的心坎上。矿业公司关工委累计捐款19800余元，资助9名困难职工子女就学；钢铁研究院拿出捐款的1250元资助岫岩县石灰窑镇李堡小学，为孩子们购买学习用品。炼钢总厂老干部为两名患病困难青工子女，组织捐款2000元；房产物业关工委捐资助学活动在中国火炬网和辽宁省关工委网发表。89岁的老典型房洪瑾，至2019年累计捐款8.7万元，资助困难学生100名。攀钢综合服务中心密地退管所党总支书记赵忠玲拍摄《筑梦70年 我与祖国共成长》系列视频，讲述与共和国同龄老同志的追梦、筑梦、圆梦的故事。攀枝花市推荐的视频《攀枝花赵忠玲——投身三线建设的攀钢守护者》于9月28日在四川新闻网发布，9月30在《学习强国》四川学习平台上推送。

5. 精准服务、精细管理，用心用情做好老干部各项工作。

（1）领导重视，推进老干部工作上水平。重大节日，集团公司领导带头走访慰问公司老领导及遗属，公司老干办代表公司对部分党支部书记、关工委常务副主任及困难患病老干部代表进行走访慰问。各单位党委领导带头走访慰问困难老干部和患病住院、去世的老干部，全年走访慰问903人次，共发放慰问金49.96万元。

（2）认真落实“两个待遇”，做好精准服务。把牢固树立精细管理、精准服务的理念始终作为老干部工作的重中之重，用爱心、细心、贴心、耐心、热心“五心”做好服务工作，及时落实办理医疗、特需费、活动经费等各项待遇，及时为离休干部办理提高护理费待遇和医疗待遇。9月24日，鞍钢集团党委举行“庆祝中华人民共和国成立70周年”纪念章颁发仪式，时任鞍钢集团党委书记、董事长姚林，鞍钢集团党委副书记栗宝卿为8名老战士、老同志代表现场颁发、佩戴纪念章，并发放慰问金。各单位领导按照集团组织部的要求及时颁发了新中国成立70周年纪念章和慰问金。修改完善了困难老干部、老党员信息库，为精准帮扶提供了可靠依据。安排了430余名老干部健康疗养；每个季度结合季节变化和老年疾病举办一次保健讲座和咨询服务，受到老同志普遍好评。矿业公司充分发挥“心灵港湾老年工作室”作用，开设卫生保健、心理保健课，邀请知名专家举办健康知识讲座；铁路设备制造公司在领导安排下，组织全体老干部进行健康体检；攀钢组织645名老干部参加攀枝花地区、成都地区的健康体检。

(3)开展各项活动，丰富老干部晚年生活。全年组织开展了乒乓球、台球、重阳节登山等十余项大型文体活动，共有1820人次参加活动。有2名老干部被太平洋保险公司评为“健康老人”称号。进一步完善活动室设施建设，加强协会管理。对鞍山区域的两处乒乓球室安装了空调及十四条活动室更换了窗帘、麻将室安装了电动麻将机等，为各协会老干部的活动创造了条件，京剧协会、舞蹈协会调整充实了班子成员。青年志愿者定期为老干部活动场所进行卫生大清理和除草，加强了设施建设，改善了活动场所的环境。矿业公司建立了老年文化长廊，设立了文艺作品展示、传统文化展示、先进典型展示、活动成果展示四个展示区，并组织开展了“优秀艺术作品征集活动”，通过集中宣传老干部的文化风采，体现了文化养老的浓厚氛围。

(4)加强老干部工作人员队伍建设，不断提升工作水平。加强鞍攀两地对标学习交流，不断创新老干部工作方式方法，努力适应新时代的要求，充分利用信息平台开展工作。利用“为老干部服务”微信群年发信息量达1万余条。矿业公司、建设托管、工程技术、托管中心等单位建立了老干部微信群，提供交流信息的平台。攀钢老干办编发两期攀钢老干部工作专刊供老干部工作者学习，切实提高攀钢老干部工作质量。攀枝花市召开老干部工作会议，攀钢作为老干部工作突出单位进行了经验交流发言。攀钢老干办被攀枝花市委老干部局评选为老干部主题活动优秀组织奖。2019年，鞍钢表彰了近两年来涌现出的一批老干部工作先进集体16个和老干部工作标兵13人、老干部工作先进工作者15人。

(鞍山钢铁集团有限公司人力资源部老干办 李　伟)

· 宣传工作 ·

【深入学习贯彻习近平新时代中国特色社会主义思想，在加强理论武装上取得新成效】 一是加强了党委理论学习中心组学习。印发了《2019年鞍山钢铁政治理论学习安排意见》《2019年鞍山钢铁党委理论学习中心组学习计划》《鞍山钢铁党委认真学习宣传贯彻党的十九届四中全会精神工作安排》，深入学习研讨习近平新时代中国特色社会主义思想、习近平总书记重要讲话、党的十九届四中全会精神和周新建在中央巡视组巡视鞍钢动员大会上的讲话、集团公司二次党代会精神、集团公司大讨论活动等内容。全年共组织鞍山钢铁党委中心组集体学习23次，开展学习研讨19次，编发中心组学习参考与动态20期，政治理论学习要点11期。各基层党委开展中心组集体学习研讨930余次。公司在全集团“学习强国”平台学习积分超过10000分的人员占比将近50%。

二是扎实开展了“不忘初心、牢记使命”主题教育。把开展主题教育与开展解放思想大讨论相结合，紧扣学习贯彻习近平新时代中国特色社会主义思想主线，采取精研细读深学、丰富载体促学、理论转化融学、学习指导督学、持续跟进常学的方式，推动了主题教育学习往深里走、往心里走、往实里走。截至2019年底，公司党委中心组开展集体学习研讨18次、读书班学习研讨会5次，参加集团公司辅导报告会5次。各基层党委开展中心组集体学习研讨690余次，并通过组织参观红色展馆、观看党史故事和时代楷模纪录片、编发学习资料等形式，强化“四项教育”，引导激励党员干部进一步坚定了理想信念。公司各级党委坚持聚焦本单位目标任务和改革发展的难点重点问题开展学习研讨，做到了直面问题、找准症结、整改有力。扎实开展了第二批主题教育学习教育，制定下发了《鞍山钢铁集团有限公司党委关于开展第二批“不忘初心、牢记使命”主题教育学习教育的实施方案》，举办2场专题辅导报告会，高标准完成了学习教育任务。在此基础上，制定下发了《鞍山钢铁集团有限公司领导班子“不忘初心、牢记使命”主题教育持续深入学、及时跟进学学习研讨方案》《关于在“不忘初心、牢记使命”主题教育中加强爱国主义教育、弘扬爱国主义精神的工作安排》，持续巩固学习教育成果，推动了学习教育常态化。

【加强职工思想政治工作，在推动鞍山钢铁高质量发展上取得新进展】 一是深入开展了大讨论。根据集团公司党委统一安排，广泛开展了“解放思想、开放变革，提效率、提质量、降成本、强品牌，建设高质量发展新鞍钢”大讨论活动，针对各系统各单位存在的明显差距，结合鞍山钢铁干部职工思想和工作实际，制定下发实施方案，紧紧抓住解放思想、开放思维、深化改革，组织广大职工围绕提效率、提质量、降成本、强品牌四个方面开展了专题讨论，促进了职工思想解放和工作质量、工作效率提升。

二是积极开展了形势任务教育。印发 2019 年形势任务教育安排意见，全年编发形势任务教育宣传提纲 4 期、《班前五分钟教育宣讲材料》14 期，持续教育和引导广大干部职工认清形势，振奋精神，凝聚了为完成公司生产经营目标多作贡献的行动共识。

三是广泛开展了思想政治工作课题研究。组织 2019 年度鞍钢集团党建思想政治工作研究课题立项 8 项，其中 2 项为鞍钢集团重点立项课题，鞍山钢铁党委《解放思想，开放变革，担当作为，为企业高质量发展提供坚实思想保障》课题论文被评为鞍钢集团一等奖、全国冶金政研会三等奖。

【强化对外宣传和自媒体、舆情管控，在提升企业形象和品牌传播力上取得新突破】 一是企业形象的塑造力得到了提升。加强新闻宣传，抓住庆祝新中国成立 70 周年的有利契机，广泛借助各级各类媒体宣传鞍钢品牌，累计接待省级以上媒体 40 多次。其中，新华社报道了鞍钢发展七十年成就，《人民日报》刊发了鞍钢诞生的新中国第一根重轨，中央电视台播发了鞍钢生产的无缝钢管、汽车用钢。围绕贯彻落实集团公司第二次党代会精神，加强公司新成果、新业绩的对外宣传，在省级以上各级各类媒体刊发有关公司各方面工作的宣传报道 1000 余篇，塑造了鞍钢矢志报国奉献的良好形象。

二是鞍钢品牌的传播力得到了提升。加强品牌建设，制作了 2019 年公司质量大会电视专题片《强化忧患意识，奋力擦亮品牌》，提高了各单位对品牌重要性的认识。拓宽品牌传播渠道，完成了第十九届中国国际冶金工业展和 2019 中国汽车用钢展（重庆）展陈的具体工作。深化品牌宣传，抓住鞍钢供货国内外重点工程的关键时间节点，在各类媒体推出公司重点产品的报道 200 余篇（条）。特别是协助国内知名电视综艺节目《奔跑吧》剧组拍摄制作的鞍钢特辑，通过展现鞍钢为共和国发展作出的巨大贡献和新时代鞍钢工人的精神气质，播出后在全国激起强烈反响，极大地提升了鞍钢品牌的知名度和美誉度。

三是网络舆情的管控力得到了提升。加强网络宣传，全年在鞍山钢铁官方网站发布资讯 670 多条，在鞍山钢铁微信公众号发布信息 500 余条，其中原创信息 100 余条，单篇文章最高阅读量超过 12000 人次，关注微信平台的用户 30000 余人。加强舆情监控，做好百度鞍钢吧和“鞍钢”“鞍山钢铁”“鞍钢股份”舆情监控工作，确保舆情及时掌握，全年撰写网络舆情简报 12 期。鞍钢股份承兑汇票到期未获偿付的信息公开发布后，加强网络舆情监控，撰写专题动态 12 期，为公司有效应对、及时化解此次舆情危机提供了重要保障。

【深化精神文明创建活动，在培育和践行社会主义核心价值观上取得新成果】 一是深化了文明单位创建活动。重新修订下发了《鞍山钢铁集团有限公司文明单位考核评比办法》，开展了 2019 年度文明单位总评工作，46 个基层单位申报参评优秀文明单位、文明单位。鞍钢股份技术中心、大型厂、中厚板厂、无缝钢管厂、鞍钢汽车运输有限责任公司等 5 个单位被评为 2018 年度鞍山市文明单位。强化文明单位创建的外延，组织 5 个获得市级文明单位的基层单位开展了结对帮扶，对口帮扶了岫岩县牧牛镇 4 个贫困村镇，展示了鞍山钢铁充分履行社会责任的央企风采。

二是加大了新时代先进典型选树宣传力度。推荐孟泰、郭明义荣获“最美奋斗者”荣誉称号，鞍钢股份能源管控中心职工刘家纯获评辽宁省“岗位学雷锋学郭明义标兵”，鞍钢股份线材厂被授予鞍山市“学雷锋学郭明义活动示范点”。完成了第二届“鞍钢楷模”申报工作，鞍山钢铁 5 人获评“敬业爱岗楷模”、3 人获评“崇德向善楷模”，5 人获评提名奖，在全集团各单位中获奖楷模人数最多。全年宣传各类先进典型 100 余名。特别是 8 月 4 日，《人民日报》在头版头条位置，大篇幅刊发了鞍钢和全国各地的郭明义爱心团队认真学习贯彻习近平总书记给郭明义爱心团队回信精神，不断书写新时代雷锋故事的感人事迹。

三是开展了主题志愿服务活动。结合纪念习近平总书记给郭明义爱心团队回信五周年，老一辈无产阶级革命家为雷锋题词 56 周年和庆祝新中国成立70周年，组织开展了“向祖国献礼——鞍钢郭明义爱心团队在行动”主题志愿服务活动，各单位开展各类志愿服务活动200余项，参加活动的志愿者5000余人次。鞍钢股份热轧带钢厂“美丽鞍钢”志愿服务项目荣获鞍山市“最佳志愿服务项目”，鞍钢化学科技有限公司职工毕野平荣获鞍山市“最美志愿者”荣誉称号。

【积极打造企业文化建设品牌，在增强鞍钢文化软实力和竞争力上取得新提升】 一是开展了《鞍钢集团文化宪章》宣贯。根据集团公司工作安排，下发了《鞍钢集团文化宪章》挂图，在和平桥文化长廊更换了规范的宣传标语，加强企业文化体系规范建设。指导各基层单位全面贯彻落实《鞍钢集团文化宪章》的要求，推动了标识规范化使用观念入脑入心。

二是推进了美丽鞍钢建设。根据主厂区森林化绿色工厂建设工作安排，下发了《打造绿色生态厂区，共建和谐美丽鞍钢，鞍山钢铁主厂区森林式绿色生态工厂规划实施宣讲提纲》，为推进美丽鞍钢建设营造了浓厚氛围。

三是夯实了文化建设载体。强化文化阵地建设，完成了雷锋纪念馆升级改造，提升了展示功能。制作了年度电视专题片《创造辉煌业绩，争做钢铁旗舰》，全面记录了公司创造工作佳绩的奋斗历程，鼓舞和激发了广大职工的工作热情。坚持有效的文化建设载体，持续开展退休职工离职仪式等特色企业文化活动，提高了对职工的向心力和凝聚力。

【全面落实意识形态责任制，在牢牢把握意识形态工作的主动权和领导权上取得新进展】 一是加强了对意识形态工作的领导。公司党委常委会专题研究讨论部署意识形态工作，制定印发了《落实党委网络意识形态工作责任制责任分工方案》，强化网络意识形态监管，建立完善了信息收集、科学分析、工作保障的工作运行机制。

二是落实了意识形态责任制。明确了党委的主体责任和各部门的工作职责，在各单位建立了网络舆情监控和评论微信群，进一步健全了组织领导、责任分工、分析研判、监督考核、责任追究的意识形态工作体系，科学分析研判多方收集的思想状况、舆情动态、网络信息，强化了网络意识形态的管控。

三是完成了意识形态工作任务。向集团公司党委报送了鞍山钢铁2018年、2019年上半年意识形态工作报告，向公司党委报送了2019年上半年网络意识形态重要情况重大事项报告和2019年网络意识形态督查工作报告。

【扎实做好统一战线工作，在促进统战人士作用发挥上取得新业绩】 一是加强了对统战工作的领导。落实公司党委常委会议专题研究统战工作会议精神，推进统战工作机制建设，进一步完善了公司统一战线工作的各项管理制度，为做好统战工作提供了基本遵循和根本保障。

二是开展了统战人士意见建议征集活动。召开了重点统战人士座谈会，全面回顾过去一年的工作，征求对做好鞍山钢铁2019年各项工作的意见和建议，确保统战人士融入企业，建言献策，发挥作用。

三是开展了统战成果表彰活动。总结“爱献做”活动成果，对2018年度“爱献做”活动183项优秀成果进行了表彰，推荐17个项目获集团表彰。启动2019年“爱献做”活动，搭建了统战人士为企业再作新贡献的载体。

此外，高质量完成了2017《鞍钢年鉴》出版印刷及2018《鞍钢年鉴》编辑工作，文字量超过85万字。全面启动了2019《鞍钢年鉴》征稿工作。向国资委、中国钢铁工业协会、鞍山市史志办等史志部门协会提供鞍钢史志资料10余篇，共计2万字。

（鞍山钢铁集团有限公司党委宣传部 黄 辰）

·纪检监察工作·

【深化管党治党责任】 召开鞍山钢铁党风廉政建设和反腐败工作会议，明确任务分工和工作指引，统筹安排部署年度工作；组织层层签订党风廉政建设责任状1360余份，促进压力逐级传导、责任层层落实；有序推进鞍山钢铁监防平台建设，全面总结平台建设情况，系统梳理业务流程，规范推进监防平台功能优化完善工作；持续深化廉洁地图建设，积极推进廉洁地图信息系统使用，排查出325项廉洁风险及管理问题，制定整改举措437项，有效净化了政治生态。以高度的政治自觉和行动自觉持续推进问题整改，协助公司党委形成了包含83项问题的公司党委主题教育“9+1”问题清单和25项问题的主题教育“上下联动”清单，坚持“定期例会推动、专项调研指导、随机抽查纠正”的督导机制，承接集团28项问题，完成整改26项，鞍山钢铁党委83项问题完成整改76项。

【深化巡视整改和巡察工作】 持续深化巡视反馈问题整改。按照集团公司党委持续深化巡视整改要求，逐项梳理近年来巡视反馈问题，持续深化整改工作落实。2014年8月以来，中央、国资委和集团公司党委对鞍山钢铁进行7次巡视和1次党建工作专项督查，共反馈问题344项，已整改完善339项，正在整改5项。规范巡视整改工作台账，建立巡视整改证明材料档案，完善巡视整改大事记26条，确保高质量完成整改。以政治建设为统领开展巡察工作。根据集团公司纪委统一部署，按照公司五年巡察工作规划，从“六围绕一加强”、贯彻落实五大发展理念、廉洁地图建设等方面，对铁运公司、线材厂等5家单位党委开展了两轮常规巡察工作。

【强化党员干部作风建设】 按照集团公司纪委《关于紧盯中秋、国庆期间“四风”问题开展专项检查的通知》要求，联合审计、财务成立3个检查组对9家重点单位开展检查工作，发现业务招待费使用不规范、套取公务用车费用及出差补助、领导人员办公室面积超标等方面问题，共处置问题线索5件，发现管理问题2项，给予党内警告4人，提醒谈话1人，批评教育6人。提高教育的针对性、实效性。组织开展“严守纪律 永葆清廉”主题教育，组织36家所属单位党委书记及党总支负责人上廉洁党课，进一步强化党员干部纪律规矩意识。完成鞍钢反腐倡廉教育展览馆内容更新工作，组织所属30家单位4400余人次参观鞍钢反腐倡廉教育展览馆。紧紧围绕落实中央八项规定精神、纠正“四风”问题，在重大节日期间开展监督检查，强化婚丧事宜报告制度执行的提醒和监督，全年各级纪委共发送提醒短信、微信7801条，发送提醒邮件770个，开展警示教育1779次，开展检查1345次，专项治理106次。

【全面加强内部监督】 党内监督把紧政治关。全面审查鞍山钢铁各单位评选各级先进模范、优秀代表等候选人廉洁情况，确保政治合格；对所属单位党组织换届选举进行监督，实施廉政审查157人，确保候选人廉洁从业；加强选人用人全过程监督，严格把好领导人员选拔聘任每一道关口，规范选人用人程序，完成71名拟提拔调整领导人员廉政审查；严格落实“纪委书记、副书记提名考察以上级纪委会同组织部门为主”要求，对8名纪委书记、6名副书记选拔聘任进行考核评价。专项治理把好廉洁关。推进“带钱”专项治理，共收到31个单位报告“带钱”行为901起，涉及金额625.4万元，实施提醒谈话、批评教育等459人，给予党内警告4人、党内严重警告1人、留党察看1人。持续推进“五违反”深化治理，工作重心下移，治理成效在基层显现，鞍山钢铁基层单位纪委全年共发现有关问题28项并全部整改，查处违规问题2项、立案1件，共对8名责任人进行处理。专项监督把严管理关。充分发挥各级组织监督作用，围绕原燃材料管理、备件资材管理、合金管理确定公司级专项监督项目3项，开展专项检查206次，整改问题139项，修订制度24项。2019年度，共开展专项监督120项，挽回经济损失6141万元。

【严肃开展纪律审查】 实施问题线索分类处置。下发《问题线索处置流程要点》，规范问题线索的受理、处置工作。处置中央巡视转办问题线索65件，查结42件。针对“巡视反馈基层单位纪委长期无自办案件”等问题，强化转办问题线索的跟踪指导，加强对各单位纪律审查的复查复核。截至目前，共有11家单位纪委书记就27件问题线索核实情况向公司纪委进行了报告。提高重点案件查办质量。聚焦违反中央八项规定精神问题线索，严肃查处了铁路运输分公司工会开展征集合理化建议活动流于形式，以活动之名变相发放福利的问题；加大查办损害企业和职工利益案件力度，查处了鲅鱼圈分公司炼铁部职工李志宇谎报疾病骗取救济金案；查处营口水业违规套取工资案。通过严格纪律审查，避免经济损失578万元。正确运用监督执纪“四种形态”，积极落实“三个区分开来”。2019年通过纪律审查、专项治理等，给予党政纪处分45人，运用诫勉谈话、批评教育、提醒谈话等“第一种形态”处理101人次。严肃开展追责问责，25名各级责任人受到问责处理。

【加强纪检队伍自身建设】 强化纪检系统学习。

开展纪检系统大研讨活动，组织召开鞍山钢铁纪检系统“不忘初心、牢记使命”主题教育研讨会。所属单位纪委书记就增强“四个意识”、坚定“四个自信”、做到“两个维护”，将学习成果融会贯通，有效落实到工作中的尝试，以及工作思路等进行了深入研讨。同时，分层次开展专题研讨、交流学习体会，强化纪检干部政治素质、坚定政治方向，做到坚守初心使命，锤炼对党绝对忠诚的政治品格。强化纪检系统练兵。实施“三个结合”，即做到与日常监督、专项治理相结合，与问题线索处置相结合，与执纪审查相结合，切实提高纪检干部业务能力水平。2019 年共抽调 41 名基层单位纪委书记、副书记、纪检干部参加实战演练。组织召开了“大练兵”工作体会座谈会，设备资材采购中心等 5 家单位纪委书记、13 名基层纪检干部从“不忘初心、牢记使命”主题教育成果运用角度出发，交流了各自的学习、实践体会。强化纪检系统考核。召开纪委书记述职述廉工作会议，朝阳钢铁公司、鲅鱼圈分公司等 14 家单位纪委书记进行了现场述职述廉，促进监督责任落实。贯彻落实集团公司纪检监察体制改革要求，鞍山钢铁公司层级纪检工作改革已基本完成。

（鞍山钢铁集团有限公司纪委监察部 许 博）

·工会工作·

【鞍山钢铁集团有限公司第十届职工代表大会第二十次会议】 鞍山钢铁集团有限公司第十届职工代表大会第二十次会议于 2019 年 1 月 25 日在鞍钢会展中心召开，会议由公司党委副书记、工会主席杨槐同志主持，鞍山钢铁/鞍钢股份党委常委、副总经理（主持工作）李镇同志作行政工作报告，公司党委书记、董事长王义栋同志讲话。会议主要议程为：审议公司行政工作报告、2018 年福利费使用情况和 2019 年福利费使用方案（草案）、2019 年绩效与薪酬评价考核办法（草案）、2018 年企业年金运行情况报告、2018 年集体合同履行情况报告、2018 年社会保险缴费情况报告、2018 年业务招待费使用情况报告、第十届职工代表大会第十八次会议提案处理情况报告、2018 年教育经费提取使用情况报告、2019 年员工教育培训实施计划、2019 年财务预算报告；投票表决公司 2019 年福利费使用方案（草案）、2019 年绩效与薪酬评价考核办法（草案）；选举鞍山钢铁集团有限公司职工董事 1 人；民主评议、民主测评鞍山钢铁集团有限公司领导班子和领导班子成员；审议通过关于鞍山钢铁集团有限公司行政工作报告的决议（草案）。

【鞍山钢铁集团有限公司第十届职工代表大会第二十一次会议】 鞍山钢铁集团有限公司第十届职工代表大会第二十一次会议于 2019 年 6 月 6 日召开，表决通过《鞍山钢铁集团有限公司薪酬管理办法（草案）》《鞍山钢铁集团有限公司企业年金方案实施细则（草案）》。

【鞍山钢铁集团有限公司工会第九届委员会第二十八次全体会议】 鞍山钢铁集团有限公司工会第九届委员会第二十八次全体会议于 2019 年 1 月 11 日召开，会议通过了替补、增补鞍山钢铁集团有限公司工会第九届委员会委员、常务委员的决定。选举鞍山钢铁集团有限公司工会第九届委员会主席。

【鞍山钢铁集团有限公司工会第九届委员会第二十九次全体（扩大）会议】 鞍山钢铁集团有限公司工会第九届委员会第二十九次全体（扩大）会议于 2019 年 2 月 25 日召开，鞍山钢铁集团有限公司工会第九届委员会委员、经费审查委员会委员，鞍山钢铁所属单位工会主席参加了会议。鞍山钢铁集团有限公司党委副书记、工会主席杨槐同志作工会工作报告，全面总结了 2018 年工会工作，部署了 2019 年工会重点工作，对加强工会组织自身建设提出了明确要求。

【专门委员会工作】 2019 年 4 月 10 日，召开鞍山钢铁集团有限公司第十届职工代表大会提案审查委员会会议，对鞍山钢铁集团有限公司第十届职工代表大会第二十次会议职工代表提案进行了审查，共立案 25 件。按照职工代表大会有关规定，转交公司相关部门答复处理，并将提案处理情况提交职代会审议。

【集体合同】 按照《关于开展集体合同履行情况自检自查的通知》要求，2019 年 7 月 17 日至 7 月 30 日，公司工会开展《集体合同》履行情况自检自查和集中检查工作。对照集体合同具体内容，在劳动用工、劳动报酬、工作时间和休息休假、劳动安全卫生、女职工特殊保护、职工教育和培训、保险和福利待遇等方面逐条进行自检自查。对在自检自查中发现的问题，整改措施的落实情况，以及对现行《集体合同》具体内容提出意见及建议，形成集体合同履行情况报告提交职代会审议。

【民主评议工作】 按照集团公司工会关于开好年度职工代表大会的要求，各单位严格按照《鞍钢民主评议干部办法》规范操作，并实行了民主评议工作事先、事后报告制度，保证了评议工作质量。各级评议委员会成员参加民主评议的全过程，对被评议干部述职、职工代表民主测评、评议结果反馈等关键环节进行严格把关，民主测评则全部采取无记名投票的方式进行。在鞍山钢铁职代会期间，组织开展民主评议公司领导班子和领导班子成员，领导班子和领导班子成员进行述职，接受职工代表的评议。鞍山钢铁领导班子综合评价为“好”的436票，占95.61%。召开公司民主评议干部委员会会议，审议公司领导班子及成员民主评议材料，通报民主测评情况。基层单位及其所属单位开展了民主评议领导班子工作，实现评议率100%，评议副处级以上领导干部486人，评议率94.92%；评议科级领导干部827人，评议率88.26%。民主测评厂务公开职工满意率高于或等于90%的有28个单位，占84.85%。

【工会组织建设】 深入开展“建家”活动。按照辽宁省总工会《关于开展基层工会组织和工会会员实名制基础数据统计工作实施方案》的有关要求，开展基层工会组织和工会会员实名制信息采集和录入工作。加强基层工会工作考核，完善基层工会工作考核评价细则。按照《鞍山钢铁集团有限公司党建工作考核评价办法（试行）》要求，开展鞍山钢铁基层单位工会工作考核评价，考核结果纳入公司经营绩效考核评价体系。按照鞍钢集团公司工会《关于鞍钢集团公司工会系统2018年度总结评比工作的通知》要求和《鞍钢集团公司工会系统绩效考核办法》规定，评选推荐16个基层工会为2018年度鞍钢集团公司先进工会，推荐58名工会干部为鞍钢集团公司2018年度优秀工会工作者、469人为鞍钢集团公司2018年度工会积极分子。各单位在职代会期间，开展了会员评家工作，职工满意率高于90%的有30个单位，占93.75%。炼铁总厂党委书记、工会主席杨正文获得辽宁省“优秀工会工作者”称号。

【网络问企】 大力弘扬“鞍钢宪法”精神，深入持续推动“网络问企”活动。按照鞍钢集团公司统一部署，在全公司范围内开展推进“网络问企”工作，健全活动组织机构，制定活动方案，积极营造活动氛围，完善激励机制，动员和引导广大职工积极参与到活动中来。2019年鞍山钢铁职工提出并通过初审的意见建议30442条，已答复和解决27614条。

（鞍山钢铁集团有限公司工会　项东生）

【群众性建功立业劳动竞赛活动】 深入开展“当好主人翁、建功新时代”主题劳动竞赛。积极探索拓展竞赛领域，创新竞赛形式，提升职工参与率和贡献度。聚焦改善重点经济技术指标，持续推进“大指标创优，小指标夺冠”专题竞赛及热轧、冷轧、型材等重点产线综合成材率提升竞赛；聚焦深化治理设备漏油，启动“星级液压站”评比竞赛；推进降本和“雷霆行动”，开展回收废钢铁竞赛；聚焦重点工程建设，组织炼钢总厂转炉改造大修工程“四保一创”竞赛。在中国机冶建材工会、中钢协等组织开展的“全国重点大型耗能钢铁生产设备节能降耗对标竞赛”中，炼铁总厂2号高炉荣获“冠军炉”。全年广大职工参与实施双增双节项目1453个，创效超1亿元。

【群众性经济技术创新活动】 命名鞍山钢铁第六批职工创新工作室5个。有4个工作室晋升辽宁省级职工创新工作室。用好鞍山钢铁职工创新支持资金，支持工作室立项攻关119个；72个职工创新工作室全年实现各类攻关成果1458项。热轧带钢厂曲晓东荣获辽宁省科学技术进步奖二等奖；炼钢总厂刘铁荣获辽宁省职工技能大赛暨全省职工创新大赛第一名，被全总选派赴德国培训考察两周。在第23届全国发明展览会上，获金奖12项、银奖20项、铜奖19项。全年推广先进操作法248项。开展职工技术竞赛，686名职工参加了12个工种的竞赛。

【先进操作法推广评审和职工技术竞赛活动】 积极搭建职工技能提升平台，组织开展第六个年度先进操作法推广季活动，共推广厂级先进操作法248项，培训职工8687人次，会同公司人力资源部组织32项先进操作法开展跨区域推广培训。积极开展了2019年度鞍钢集团公司（鞍山赛区）职工技术竞赛，共有686名选手参加了12个工种的技能竞技。在2019年鞍钢集团职工技术竞赛“精英赛”中，包揽了转炉炼钢工、轧钢工—冷轧及维修电工3个工种的前第2名。承办了辽宁省职工技能大赛暨全省炼钢技能大赛，包揽了全部3个竞赛工种的前3名。

【工会劳动保护工作】 2019年，鞍山钢铁集团有限公司工会加强职工劳动保护工作，注重加强源头参与，充分发挥工会劳动保护工作监督作用，深入开展“安康杯”竞赛活动，强化班组安全责任意识，通过在全公司推广班组长手写方式填报“安康杯”竞赛参赛班组报名表的方式，实现一线班组100%参赛。开展“送清凉、保安全、促发展”活动，结合生产一线职工的实际需要，购买了价值近70万元的风扇、药品、饮料等防暑降温品送到生产一线。

【典型选树与劳动模范管理服务工作】 加大先进典型选树工作力度，2019年，鞍山钢铁有1个集体荣获“全国工人先锋号”称号，1名职工荣获“全国五一劳动奖章”，3名职工荣获“中央企业劳动模范”称号，1个班组荣获“辽宁省工人先锋号”称号，4名职工荣获“辽宁省五一劳动奖章”；15个单位被评为集团公司先进单位，236名职工荣获集团公司先进生产（工作）者称号，14个班组荣获集团公司标杆班组称号，5名职工被评为集团优秀班组长标兵。加大劳模服务工作力度，以“弘扬劳模精神·聚力鞍钢发展”为主题，组织各单位开展劳模走访慰问活动，共走访、慰问各级劳模548人次，组织40余名市级以上劳模参加鞍山市劳模疗休养活动。

（鞍山钢铁集团有限公司工会　王剑峰）

【职工思想教育活动】 把统一思想、凝聚力量作为工会思想政治工作的首要任务。持续推进“中国梦·劳动美”主题教育活动。以庆祝新中国成立70周年暨鞍钢开工70周年为契机，举办“建功新时代，为高品质鞍钢添彩”主题职工演讲比赛、庆祝新中国成立暨鞍钢开工70周年“我和我的祖国”爱国主义歌咏展演、庆祝共和国成立70周年有奖征文等系列宣传教育活动，突出社会主义核心价值观教育，弘扬劳模精神、工匠精神、鞍钢精神，讲好职工故事。评选表彰鞍山钢铁第二届“比翼争先、携手共进”最美职工家庭20个。

（鞍山钢铁集团有限公司工会　张金玲）

【困难职工帮扶工作】 2019年，鞍山钢铁工会不断完善帮扶制度，持续拓宽帮扶渠道，完善帮扶措施，加大帮扶力度，建立分级负责、上下联动、全方位覆盖的职工帮扶体系。以三大节日为重点，持续深入开展“温暖送万家”大走访活动，全年共走访、慰问救济困难职工、困难退休人员25105人次，发放慰问金1085万元。建立困难职工帮扶系统，制定一户一策的精准帮扶方案，针对每名困难职工制定详细的解困脱困实施计划，明确责任人和解困脱困时间。全面推进“一帮一”“群帮一”帮扶活动，充分发挥领导干部、职工群众以及工会组织等多方力量，不断提高帮扶工作的针对性和实效性，建立“一帮一”帮扶对子131个，“群帮一”帮扶对子111个，实现在职建档困难职工帮扶结对全覆盖。

【医疗救济】 为做好鞍钢职工医疗救济资金审核发放工作，确保救济金及早发到住院职工手中，鞍山钢铁各单位工会、居退管办工作人员深入住院职工和退休人员家庭，宣传政策，搜集医疗救济需要的相关材料。鞍山钢铁工会、卫生处、居退管办的有关人员组成专门审核小组，全面审查住院就医自负医疗费情况及收入情况，确定救济人员和救济金额。在医疗救济金初审后，各基层单位工会对救济人、救济金额、救济原因张榜公示。2019年，全公司向1382名符合救济条件的职工发放医疗救济金583.04万元。

【金秋助学】 以不让一名困难职工子女因家庭困难上不起学为目标，坚持开展“金秋助学”活动。各单位工会采取逐一入户走访的形式对困难职工家庭及子女上学情况进行摸底调查，做到学生考试情况清，家庭收入情况清，困难程度清，确保了助学对象的准确性，不漏一户、不忘一人。2019年“金秋助学”活动共救济困难职工子女56名，发放救济金9.3万元。

（鞍山钢铁集团有限公司工会　赵　贺）

【女职工工作】 各级女工组织认真贯彻落实《妇女权益保障法》《劳动法》等国家法律、法规，切实履行维护职能，努力为女职工办实事、解难题。2019年为4422名女职工办理女职工团体安康保险，有10名女职工出险，共获得赔偿金48万元。组织女职工进行专项体检，普查率达100%。组织2016—2018年亏损企业（中厚板、无缝、线材和铸钢）262名女职工参加市总开展的关爱女职工

“两癌”筛查体检，降低女职工妇科癌症发病率，有效维护女职工身体健康。在三八节组织开展走访慰问单亲特困女职工活动，走访慰问特困女职工6人次，发放救济金3000元。以“巾帼建新功、共筑中国梦”为主题，积极开展读书、摄影、手工制作、书法和绘画等活动，选树和宣传女职工先进典型。开展“书香女性”读书系列评选活动。召开鞍山钢铁纪念三八国际劳动妇女节109周年大会，评选表彰鞍山钢铁三八红旗集体50个、三八红旗手120人。能源管控中心发电分厂汽机作业区化学化验班荣获全国巾帼文明岗称号，炼焦总厂煤焦研究中心作业区煤焦试验分析岗位荣获全国五一巾帼标兵岗称号，二发电厂化学作业区化验班和炼铁总厂李珊分别荣获鞍山市三八红旗集体和三八红旗手称号。

（鞍山钢铁集团有限公司工会　刘　飞）

【职工体育文化活动】 2019年，以“健康鞍钢振兴发展”为主题，持续开展多项有益职工身心健康的职工文体活动，相继组织了羽毛球、篮球、乒乓球、长跑、拔河、气排球、足球、登山等体育活动。组织鞍钢书法家协会开展了“送万福，进万家”活动，为一线职工写福字送春联6200余副。举办了2019年“元宵灯谜会”活动，4000名职工参加此项活动。启动了“我和我的祖国”纪念新中国成立70周年暨鞍钢开工70周年鞍山钢铁职工“一起走”全员健身活动。全年共有13000多名职工参与了竞赛、知识答题及抽奖活动。2019年，在参加国内、行业、省、市各类比赛中，共获得22金3银的优异成绩。

（鞍山钢铁集团有限公司工会　冯　昶）

【居家职工、退休人员管理服务工作】 加强居退职工思想建设，2019年各单位举办形势政策辅导报告59场，组织居退职工座谈会493次，组织居退职工回厂参观26次，受教育面达3万余人次。满足居退职工精神文化需求，举办鞍钢集团（鞍山区域）第三十一届退休人员门球赛、第二十九届退休职工乒乓球比赛和第十四届居家职工乒乓球比赛以及居退职工象棋赛。开展“余热建功”活动，制定《老年志愿者互助服务活动实施办法》，组建老年志愿者互助服务小分队214个，成员1742人，为企业捐献小布垫51万块，帮助有实际困难的居退职工解难事、办实事4682件，帮助处理丧事1011次。加强自身建设，组织居退管工作人员和居退职工片组长开展“学理论、学政策，保稳定、促和谐”知识答题活动。

（鞍山钢铁集团有限公司居退管办　关炳刚）

· 共青团工作 ·

【强化思想引领，提升青年政治素质】 1. 注重顶层设计。制定鞍山钢铁团委“青春心向党建功新鞍钢”主题教育活动方案。通过强化网络引领、文化传承、仪式感召、榜样带动、氛围营造、敬业奉献等6个方面的工作，引导青年职工不忘初心、牢记使命，以奋发向上的精神状态和高度的行动自觉履行好岗位职责，为实现鞍山钢铁高质量发展注入青春正能量。

2. 发挥新媒体作用。积极发挥新媒体在青年中的影响力，将党的十九大精神、团的十八大精神、鞍钢集团第二次党代会精神、企业发展战略、改革创新和生产经营形势等内容及时传递给广大青年。全年共推送“鞍山钢铁青春舞台”71期，刊发稿件315篇，其中，以“一图看懂”的方式解读了公司全委会和职代会工作报告，阅读量达到6300余人次。

3. 深入开展志愿活动。深入开展“跟着郭明义学雷锋”主题实践活动。公司团委组织200余名青年志愿者先后对鞍钢与辽宁省企业深化合作交流会、鞍钢老干办迎宾服务中心、鞍钢老干部大学开展志愿者服务活动。所属各级团组织围绕厂区环境美化、工程垃圾清理、废钢铁回收、帮扶困难家庭子女等方面，开展了形式多样的敬业奉献活动，全年共开展敬业奉献活动681次，参与人数达6514人次。与公司工会共同完成鞍山钢铁首届职工“最美家庭”评选工作，并进行现场参观，营造爱岗敬业、爱岗如家的浓厚氛围。

【强化事业引领，畅通青年成长渠道】 1. 以制度支撑职业发展。全面推行青年人才成长积分制，在先期试点、广泛调研的基础上，联合公司党委组织部（人力资源部）共同制定下发了《鞍山钢铁集团有限公司青年人才成长积分制指导意见》，并在全公司范围内推行，共有381名青年职工进行了岗位挂职，64名青年得到了岗位提升或职级晋升。

2. 以项目带动价值创造。2019年鞍山钢铁各级团组织共确立青年创新登高项目714项。将148项具有推广价值的青年创新攻关成果整理完善成《青年创新登高项目成果》电子书，在基层团组织范围内开展成果推广共享，进一步促进成果转化工作。全年共开设“青年创客讲堂”495次，培训4834人次。

3. 以典型引领青年创新。组织召开鞍山钢铁纪念五四运动100周年暨第四届青年创新人才表彰大会，表彰杰出创新人才10名、优秀创新人才17名。发挥公司各级职工创新工作室带头人、核心成员的“传、帮、带”作用，确立师徒对子297对。

【强化服务引领，丰富青年文化生活】 1. 提升青年文化素养。组织开展“读万卷书·行万里路”活动，引导青年学习党的十九大精神，阅读专业知识方面的书籍或品读经典名著，并进行心得分享，激发了青年的学习热情，提升青年的知识水平和文化素养。

2. 丰富青年文体活动。组织开展鞍山钢铁青年篮球赛、羽毛球赛、气排球赛和拔河赛等活动，丰富青年职工业余文化生活，增强青年集体荣誉感和团队凝聚力。与党委组织部、党委宣传部共同组织开展了“五四百年继薪火 青春奋进新时代”知识竞赛活动，进一步加强青年职工对党的十九大、团的十八大和鞍钢集团第二次党代会精神的学习。与工会共同组织完成了“庆祝新中国成立70周年爱国主义歌咏展演活动”。

3. 关爱住宿、单身青年。组织开展了住宿青年正月十五“元宵节”观影活动，参与青年达598人。组织115余名单身青年参加大型联谊活动3次，开展单线介绍222次，为单身青年搭建联谊交友平台。

4. 坚持节日走访慰问。以春节、元宵节、五四青年节和中秋节等节假日为契机，开展走访慰问活动，全年各基层团组织共走访慰问青年928人次，让青年感受到了企业的温暖和关怀。

【强化组织引领，加强团的自身建设】 1. 夯实团建基础。以习近平新时代中国特色社会主义思想为指导，以学习贯彻党的十九大精神和团的十八大精神为主线，加强团的思想建设；以认真学习执行《团章》，修订下发《2019年共青团工作考核评价办法》，建立与工作业绩密切联系的考核评价体系为基础，加强团的制度建设；以做好“双推”工作、发挥团员先进性为主线，加强团的组织建设；以组织开展“整治形式主义、官僚主义”主题大讨论为关键，加强团的作风建设，全面提升团建科学化水平。全年共嘉奖基层团组织32个，考核基层团组织9个。

2. 锤炼团干部队伍。以“每日一题、每月一测、每季一考”为主要形式，开展团干部党务知识学习活动，进一步提升团干部业务能力。组织13名优秀团干部参加2019年鞍钢集团井冈山团干部培训班，提升团干部党性修养和综合素质。与长春一汽团委、大连起重·重工集团有限公司团委、中国铁路沈阳局集团有限公司团委和太钢团委进行团建对标交流，提升自身工作水平。

（鞍山钢铁集团有限公司团委 王诏静）

·人民武装工作·

【民兵工作】 2019年完成了以鞍钢民兵为主体的鞍山军分区民兵应急营编兵整组工作，组织开展了270人参加、为期12天的军事训练工作。严格按照军事训练大纲施训，应急营官兵政治素质、军事素养均得到较大提升。组织四期民兵专业分队赴火箭军参加训练。2019年鞍钢民兵参训人数、训练时间、训练质量、后勤保障均为近几年最好水平。2019年鞍山钢铁保卫部（人民武装部）获得鞍山市、鞍山军分区联合授予的“民兵工作先进单位”荣誉称号，王智勇同志获得“民兵工作先进个人”称号。

【人防工作】 2019年人防工程管理取得新突破。与法律事务部配合，先后在铁西法院申请对7407案强制执行，在立山法院起诉并胜诉7012-4侵权者，全年先后收回3处被侵占人防工程。全面完成人防指挥系统干部培训工作，完成“9·18”警报器鸣放工作。2019年鞍山钢铁保卫部（人民武装部）武装人防处获得鞍山市人防办授予的“指挥通信系统先进单位”称号。

【基地建设】 2019年加大基地建设力度，有效利用军分区100万元投资，先后完成了高炮武器库、物资库、民兵之家、应急营营部等建设。目前鞍钢武装部已经建成鞍钢民兵训练基地、鞍山军分区民兵训练基地、鞍山市人防训练基地和疏散基地，已具备接待军事训练、团队拓展训练、人防指挥训练等能力，综合保障水平进一步提升。在辽宁省军区组织的应急营检验中，总成绩名列前茅，得到辽宁省军区动员局首长高度评价，民兵整组工作获得辽宁省军区通报表扬。

（鞍山钢铁集团有限公司保卫部（人民武装部）吴洪刚）

· 所属单位简介 ·

全资子公司

冶金炉材料科技有限公司

【概况】 截至 2019 年末，冶金炉材料科技有限公司有在岗员工 267 人，其中管理和专业技术岗位人员 108 人；办理正式退休手续 23 人。公司设置生产部、技术质量部、销售部、安全监察部、设备部、采购部、财务部、综合管理部、研发中心、党委工作部、工会。公司有不烧砖、铝硅质不定型、镁质不定型、铝硅质预制件、镁质预制件、透气砖六条生产线，主要生产转炉、钢包、中间包及炼铁用各种定型及不定型耐火材料，产品主要销往鞍钢股份公司。固定资产原值 1.44 亿元，净值 0.14 亿元。主要设备 60 米隧道干燥窑、DDWK-1000 全自动配料车、HC2100 液压压砖机、J67 系列摩擦压砖机、R19 倾斜式混炼机、RV15 倾斜式混炼机、干式筒磨机等。

【生产经营】 2019 年，该公司共生产耐火材料 13.79 万吨，其中机压耐材制品 5.63 万吨，散料产品 7 万吨，预制产品 1.16 万吨。全年实现销售收入 9.2 亿元。在内销方面，2019 年该公司在 2018 年市场份额的基础上，新增加了鲅鱼圈转炉耐材整体承包，鲅鱼圈 RH 耐材承包由 50%市场份额扩大到 100%市场份额，从而对三分厂、四分厂和鲅鱼圈的铁水罐、转炉、钢包、中间包均实现了整体承包。在新 5 号高炉出铁场耐材承包的基础上，新增了新 2 号、新 4 号高炉出铁场耐材承包，并对新 2 号，10 号高炉炮泥承包，填补了公司炮泥市场空白。在外销方面，该公司向海城市峰驰耐火材料总公司、鞍山市神佳耐火材料公司、鑫源公司等厂家销售高耐磨耐碱浇注料等品种 160 余吨，实现销售收入 150 万元，外销市场正在逐步打开。

【安全管理】 该公司 2019 年继续贯彻落实“0123”安全管理模式，坚持以安全生产标准化建设为主线，以落实安全生产责任制作保障，持续完善安全生产责任体系、制度体系、防控体系和保障能力体系建设，实现安全生产、事故为零；环保工作取得新成效，为公司生产经营起到了保驾护航作用。

【项目规划】 该公司按照鞍山钢铁对冶金炉材产业发展规划的要求，围绕“做冶金炉材全产业链供应商”的目标，以市场化为原则，制定冶金炉材产业未来发展规划，主要包括用后耐火材料深加工项目、不烧砖生产线升级改造、炮泥、新型熔剂等多个规划项目。2019 年该公司与鞍钢耐火公司合作共同实施了不烧砖分厂升级改造项目，新增电动螺旋压砖机 6 台及相关配套设备 15 台，其中数控电动螺旋压砖机具有自动化程度高、生产效率高（操作人员少一人），产品质量稳定、节能、结构简单、设备故障率低等优点，大大提高了该公司的不烧砖生产能力。此外，该公司窑炉砌筑服务正在有序开展，2019 年 1—10 月，该公司共砌筑了 8 座转炉，使用效果良好，其中在砌筑鲅鱼圈转炉过程中，该公司克服人员少、工具短缺、施工环境复杂等诸多困难，首次完成异地转炉砌筑工作，所有砌筑工程均一次性试车成功。

【科研攻关】 该公司转炉碳氧积双 20 攻关是配合钢厂开展的提质降本的重大攻关项目，通过引进炉底底枪技术，合理配套熔池、耳轴、炉身等各部位衬砖，在钢厂 D 炉试验取得成功，实现了碳氧积双 20 攻关目标。针对鲅鱼圈铁水包渣线频繁掉砖的情况，该公司通过调整技术方案，提高渣线砖性能，解决了产品使用过程中的问题，铁水罐寿命达到 1000 次以上，超过了 800 次的使用要求，在技术上取得了突破。

（刘翰林）

耐火材料有限公司

【概况】 2019 年，耐火材料有限公司有职工 872

人，在岗职工中有干部 117 人（高级职称 11 人，中级职称 44 人，初级职称 48 人），工人 591 人（高级技师 4 人，技师 30 人，高级工 166 人，中级工 159 人，初级工 161 人）。离退休职工 3000 人。公司下设生产部、设备部、财务部、销售部、综合管理部、党委工作部、工会 7 个部室。有冶金石灰第一作业区、冶金石灰第二作业区、机电作业区、检修作业区、原料运输作业区、生活服务作业区 6 个基层单位。居退管办 1 个实体单位。拥有固定资产原值 7.71 亿元，净值 3.55 亿元，厂区占地面积 21.83 万平方米，建筑面积 10.02 万平方米。主要设备有 4 座机械化石灰竖窑、4 座气烧石灰竖窑、4 条活性石灰回转窑，具有年产一级冶金石灰、三级冶金石灰等熔剂材料 196 万吨生产能力。

2019 年，该公司生产冶金熔剂 154.6 万吨，其中炼钢用冶金石灰 63.1 万吨，炼铁用冶金石灰 78.4 万吨，轻烧白云石 13.1 万吨；实现销售收入 7.7 亿元，实现利润 4650 万元；实现污染因子合格率 100%。

【勇挑重担，助力鞍山钢铁高质量发展】 2019 年，耐火材料有限公司积极落实鞍山钢铁“1+6”产业规划部署，加速推进服务钢铁主业和冶金熔剂规划建设，将新品种开发作为主攻方向，不断提升市场竞争力，努力打造一流冶金熔剂生产基地。2018 年末，鞍山钢铁提出使用低价轻烧白云石替代高价轻烧镁球，改善钢水造渣性能、降低炼钢成本。此项任务时间紧，工期急，耐火材料有限公司着眼大局，勇于担当，成立攻关团队，考察白云石原料基地寻找优质原料，召开专项会议研究轻烧白云石生产试验方案，根据不同原料指标和粒度范围制定相应的生产技术方案，各相关部门都全力以赴向前推进。石灰一作业区在正常保供炼铁用石灰的同时，挤出两座机械化竖窑生产轻烧白云石，克服了原料场地狭小、没有成品料仓、没有筛分系统等诸多困难，确保了轻烧白云石的保产保供。同时作业区不断优化焦比、鼓风压力、出料量等参数，使产品钙镁指标逐步达到 70% 以上。轻烧白云石全年累计生产供应 13.1 万吨。

【聚焦降本，确保超额完成利润指标任务】 全体干部职工以效益中心，凝心聚力、团结协作，部门与作业区共同分析实物消耗、费用支出、超支原因，眼睛向内找问题，聚焦指标降成本。财务部定期召开经济活动分析会，对成本逐项详细分析，眼睛向内找问题；作业区手中有账，做起降本工作来有的放矢，效果显著。石灰一作业区以强化设备预防管理为发力点，努力减少设备非计划性抢修，压缩备件费、材料费、维修费约 379 万元；石灰二作业区通过调整生产工艺、改善炉窑透气性、缩短推杆间隔时间、更换节能烧嘴等措施节约能源费用近 56 万元；原料作业区狠抓火车满载率，降低运输费用 330 万元；机电作业区对吨袋回收再利用制定奖惩制度，回收吨袋 1.8 万余条，价值 81 万元；检修分厂依靠自身力量对空压机进行清洗，节约维护费 10 万元。众人拾柴火焰高，耐火材料有限公司全年超额完成利润 550 万元，超幅达 13.4%。

【攻坚克难，确保冶金溶剂生产供应】 2019 年，耐火材料有限公司按照鞍钢股份年度钢、铁产量计划，精细组织生产，发挥最大产能，优化配置设备，始终把冶金熔剂保产保供作为工作的第一位，保全局促生产，克服了设备超期服役的不利因素。在紧张的保产中挤出时间确保设备的检修和保养，完成了 2 号回转窑烧嘴更换、4 号回转窑年修、1 号气烧窑的膨料处理、1 号回转窑清透、3 号回转窑大修、3 号机械化竖窑大修项目。2019 年大连新矿优质石灰石供货始终不足，到达量只有计划量的 70%，严重威胁生产，部门和作业区不等不靠，积极寻求其他资源，先后从阜新、本溪寻找石灰石补充不足，克服了品种需求与供给能力不匹配的不利因素。

【拼搏奉献，保质保量完成关键大修项目】 解决设备历史欠账问题，顶住保产巨大压力，对 3 号回转窑、3 号机械化竖窑进行了大修，对 4 号回转窑进行了年修，并进行了多项设备改造，有力地改变了设备制约产能发挥的不利局面。3 号回转窑大修是 2005 年窑炉建成以来首次大修，窑内情况复杂，无大修经验可寻。为了按期完成大修任务，设备部与作业区的专业技术人员放弃国庆休假，进行旁站式管理，出现问题马上着手解决，保证了 3 号回转窑按期完工。在大修 3 号回转窑的同时，进行了 3 号机械化竖窑的大修工作，为更好地保证安全施工，部门精心编制了安全网络图，根据施工阶段做出相应安全防范提示，有效避免了窑内拆除和处理截溜时易发生的高空坠落、窑体坍塌、物体打击等安全事故，保证了大修的顺利进行。4 号回转窑年修克服了实际年修工程量比预计大幅增加的困难，最终提前 4 天点火烘窑。

【创新驱动，技术攻关取得新成果】 耐火材料有限公司围绕质量、设备、窑炉工艺、新品种开发等方面存在的问题，开展专项技术攻关活动。针对原石来料品种变化大、粒度和化学成分不稳定、焦炉煤气压力波动造成的质量问题，对生产工艺方案进行创新调整。工程技术人员与现场主烧工共同对每种原石的特性、煅烧的方式方法进行确认，集思广益，进一步优化操作制度，提升操作质量，同时定期组织主烧工开展座谈，分享工作经验。通过不断的努力，炼铁、炼钢用石灰实物质量较 2018 年有了较大的提高，全年优质优价增加销售收入 385 万元。以赵恒起创新工作室为依托，积极发动职工开展提合理化建议、小创新、小改造活动，全年共降本 436 万元，并上报集团 1 项专有技术，完成 2 项实用新型专利。石灰一作业区 QC 小组“提高气烧窑石灰活性度”课题有效解决了气烧窑石灰活性度较低的“卡脖子”问题，该 QC 小组被评为鞍钢集团优秀质量管理小组。

【绿色发展，建设美丽耐火新环境】 从绿化到美化，从治理浓烟到治理扬尘，耐火材料有限公司的环境越来越美丽，道路越来越整洁。公司不断深入抓好环保项目的建设，抽调精兵强将对重点环保项目进行跟踪，全面介入项目设计和施工管理，通过重点环保项目的实施从根本上解决了困扰公司环境的问题。石灰二作业区原料电除尘改造、石灰一原料系统除尘改造等 6 个重点环保项目均已完成，现场粉尘污染得到治理，粉尘排放浓度、岗位粉尘浓度环保指标达到要求。在日常环保维护方面形成了“环保隐患自查、管理责任自负、部门依规监督、职工积极参与”的工作格局，把环保工作水平提高到一个新的高度。

（高慧楠）

房产物业公司

【概况】 2019 年末，房产物业公司共有在职职工 986 人，其中干部 208 人（高级职称 25 人，中级职称 121 人，初级职称 47 人）。离退休职工 4244 人。设党委工作部、纪委（监察审计部）、工会、综合管理部、财务部、安全环保部、规划部、物业管理部、供暖管理部、物资保障部、工程管理部、经营管理部、资源治理部 13 个部室，下设 22 个基层单位。负责对鞍山市供热集团 625.62 万平方米各类房屋、9.3 万服务用户进行冬季供暖维修服务工作，对 938.48 万平方米房屋、17.64 万服务用户进行维修。

【生产经营工作】 2019 年，完成网点租金收入 3535 万元，收缴历年陈欠 492 万元，工程产值 2600 万元，物业和供热服务费收入 5680 万元，维保业务合同金额 480 万元，其他收入 158 万元，实现利润 141 万元，超额完成了鞍山钢铁下达的预算盈利 100 万元生产经营指标。

【企业管理工作】 组织开展“管理提升年”活动，完善房产物业公司管理体系。修订薪酬分配管理办法并经职代会讨论通过，制定清欠收费、拓展创效等奖励办法，初步构建科学合理的薪酬分配体系；制定下发《2019 年安全工作要点》，签署安全生产责任状，修订《生产安全事故应急预案》，配合做好预案风险评估和预案报审工作，全年实现了安全事故为零的目标；重新修订《工程施工管理办法》和《物资采购管理办法》，制定了《互联网采购管理办法》，工程施工的效率大幅提高，工程利润率明显提升。按鞍山钢铁全口径人力资源优化要求，推进岗位优化，全年共压缩冬季劳务用工 82 人，减少劳务费支出 98 万元。

【转型发展工作】 成立 8890 投诉平台，与市供热集团公司密切对接，及时处理用户报修及投诉，全年共处理民心网和 8890 投诉 4000 余件，收到表扬信 6 封、锦旗 12 面，受到广大住户好评。规范定价标准，开展第三方评估机构对商用房屋基础价格的评估工作，确保租金价格公平合理。开展商用房屋租赁面积测绘工作，实现增收 130 余万元。对闲置房屋分批公开网络竞租，实现增收 89.15 万元。创新工作思路，推动跨界思维，多维度盘活现有资源，开拓北京未来钢铁研究院等运维项目，以及鞍钢幼教中心、鞍钢日报社和鞍钢铸钢公司等维保项目，为物业公司多元化转型打下了坚实的基础。

【和谐企业建设】 开展形势任务教育，结合转型发展重点工作，编发《季度形势任务教育提纲》四期，引导全体职工了解改革发展形势，把企业转型发展带来的压力转化为做好本职工作的动力，树立只有依靠自己的力量才能实现盈亏平衡是房产物业公司生存关键的理念，主动投身到转型发展中。加强一线操作人员队伍建设，适应转型发展的人员需要，引导、支持、鼓励职工学习新技术、提高新技能，培训保安、保洁和特种作业人员50余人，办理保安、电工、电气焊等证书32个，转型服务鞍钢厂内的职工近百人。

【维护职工利益】 强化宗旨意识，实施“践行共享理念、关爱一线员工”项目7项，改善职工休息、洗浴和用餐环境；为职工更新换发劳动保护用品；职工收入稳步增长；加大对各类困难职工的救助力度，走访特困职工，发放救济金18.06万元；实施“金秋助学”，发放金秋助学款1.3万元；发放职工生日补贴，开展职工度假，组织开展登山、羽毛球等喜闻乐见的文体活动。

此外，房产物业公司在精神文明建设、综合治理、计划生育、保密、档案、内部审计、厂务公开、依法治企等方面也取得了新的成绩。

（李军良）

劳动卫生研究所

【概况】 截至2019年末，鞍山钢铁劳动卫生研究所（以下简称“劳研所”）共有在职职工81人，在岗职工79人。其中，管理及专业技术人员67人（高级职称20人、中级职称32人、初级职称15人）。下设综合管理部、运营管理部、财务部等3个职能部门，以及评价科、检测科、安培科、考试科、编辑部等5个业务科室。固定资产原值2850万元，净值799万元。占地面积4293万平方米，建筑面积3432万平方米。

劳研所业务范围可概括为“3+1”。“3”即三大主营业务，职业卫生（含放射防护）技术服务、安全评价与标准化、特种作业及特种设备作业人员培训与考核；“1”即编辑出版《工业卫生与职业病》杂志。

劳研所业务资质：国家职业卫生技术服务机构（甲级）资质证书、国家军工涉密业务咨询服务安全保密条件备案证书、辽宁省检验检测机构资质认定证书、职业卫生技术服务机构（乙级/工业放射）资质证书、放射卫生技术服务机构（乙级/医用射线）资质证书、辽宁省安全评价机构（乙级）资质证书、辽宁省制造业行业安全生产标准化二级企业评审单位备案、辽宁省特种设备作业人员考试机构备案。

【内部管理不断完善】 2018年11月，劳研所与原鞍钢职业病防治院分立，划入鞍山钢铁管辖。2019年初，结合分立后的具体情况，劳研所对组织架构进行全面调整，设立3个职能部门和5个业务科室，科室数量削减50%；制定出台万余字的《鞍钢劳研所综合管理制度》，集职责分工、业务管理、绩效考核为一体，使制度执行更加清晰可查。承接制定上级下发的行政管理、财务、保密等各项规章制度共30项。加强企业文化建设，组织制定劳研所标识及战略定位。

【主营业务加速推进】 2018年5月劳研所搬至现址后，按照有关规定需对资质条件进行重新审核，在认真准备各项复审检查材料的基础上，克服人员少、任务急、工作多的实际困难，完成百余个职业卫生评价档案归档工作。2019年4月15日，辽宁省卫健委组织专家组对劳研所进行职业卫生技术服务机构地址变更后的资质审查，专家组对工作场所、实验室、仪器设备等情况进行全面评审并顺利通过。9月25日，国家卫健委到劳研所进行职业卫生相关立法调研，该所作为被国家卫健委选定的唯一一家甲级机构，与调研组进行了广泛交流，并提出修订法条内容的多项参考建议，受到国家卫健委法规司领导和调研专家的充分肯定。

2019年，评价科完成职业卫生项目评审119个，职业卫生专篇评审84个，安全评价项目评审29个，安全验收评价项目23个，应急预案评审4个，标准化项目5个，双重预防项目1个，安全专篇评审28个。检测科完成鞍钢内外部101个单位的定期检测，完成鞍钢内部95个单位的检测任务，出具职业卫生检测报告219份。完成鞍钢内外部67个单位的辐射防护评估及报告，46个单位的放射防护定期检测，以及202个单位个人剂量监测，出具报告635份。积极承担社会责任，组织专人完成鞍山市卫健委安排的80家企业监测工作。安培科举办安全教育培训班 64 个，累计培训 7399 人次，完成特种作业实操提纲编制工作，完成特种设备作业人员题库的整理工作，完成特种设备操作考核机构换证复审工作。考试科配合应急管理局进行特种作业考试 29 场次，累计 1397 人次。按期完成特种设备作业人员考试工作。编辑部完成 6 期《工业卫生与职业病》杂志出版工作，完成 2018 年度辽宁省新闻出版局和国家新闻出版总署期刊年检工作。

【技术力量持续提升】 1 月，完成英特尔半导体（大连）有限公司非易失性存储器（一期改造）项目安全评价，为劳研所获得安全评价乙级资质后首个外部市场安评项目。3 月，理化检验室在国家认监委组织的全国职业卫生技术服务机构实验室间比对中获得最高评价等级。4 月 18 日，劳研所通过辽宁省应急管理厅专家组对制造业行业安全生产标准化二级企业评审单位资质现场审查。5 月 28 日，正式取得辽宁省制造业行业安全生产标准化二级企业评审单位资格，业务范围包括冶金、有色、建材、机械、轻工、纺织、商贸等七项。

实施“导师带徒”工程，结成 11 对师徒对子，在评价、检测、理化检验、安全培训等各个专业领域搞好传帮带。适应国家卫健委和应急管理部对职业卫生和安全评价机构提出的新的人员配备要求，选派人员参加各级各类培训班，加快专业人才储备。13 人次参加冶金等工贸行业安全生产标准化培训，7 人次参加军工涉密资质培训，3 人参加放射防护检测与评价能力培训，均获合格证书。8 人取得安全培训教师资格。21 人全力备考安全评价师。1 人入选第八届国家职业健康标准专业委员会委员，1 人入选省级检验检测机构资质认定评审员库。

【后勤保障有效落实】 以保障全所工作正常运行为宗旨，做好常规采购和后勤保障工作。围绕安全保卫工作重点，制定安全消防工作预案，做好职工安全教育，预防重大安全责任事故；积极配合公司开展“雷霆行动”，做好安全保卫工作；完成办公楼楼体标识安装、楼内通风设施改造、档案室密集柜配备、门禁系统改造等工作。

【群团工作蓬勃开展】 组织开展迎“三八”女职工跳绳比赛、建所 68 周年趣味运动会，参加鞍山钢铁举行的五一健步走活动，参加鞍山钢铁机关工会主办的羽毛球比赛获混双第四名、团体第六名成绩。开展“国旗在我心中”快闪活动，展示爱国情怀。积极参加扶贫献爱心活动，认购捐款 9745 元。参加“不忘初心跟党走，牢记使命作表率”主题书画摄影展活动，15 人获奖。

【关爱员工工作生活】 妥善解决职工午餐问题，为员工提供咖啡、豆浆等饮品；本着发展成果共享的理念，先后三次提高职工公出补贴。工会和党支部联合开展“向下厂员工送清凉”活动，共同感受一线员工的艰苦与不易。做好困难、病残职工的帮扶救助工作，发放救济款万余元，救济 30 人次。国庆前夕探望走访 8 名离休老干部，送去党的关怀和爱护。

（曾骁令）

辽宁远东船用产品质量检验有限公司

【概况】 辽宁远东船用产品质量检验有限公司是鞍山钢铁集团有限公司出资的有限责任公司，注册资本 30 万元。设置执行董事 1 人和监事 1 人，执行董事为公司法定代表人，由出资人鞍山钢铁集团有限公司任免；设置总经理 1 人，由执行董事兼任。

该公司挂靠在鞍钢股份有限公司技术中心，按照市场决定资源配置的原则，建立市场化的资源配置机制、内部运行机制、用人用工和分配机制。主要经营船用冶金产品的质量检验和焊接工艺、腐蚀、保护测试和检验。

该公司通过实施公司制改革后，建立起以企业法人制度为主体、以有限责任制度为基础的现代企业制度，健全和规范法人治理结构，公司真正成为产权清晰、权责明确、自主经营、自负盈亏、自我约束、自担风险、自我发展的独立市场主体。

（梁慧智）

冶金工业工程质量监督总站鞍钢监督站

【概况】 2019 年冶金工业工程质量监督总站鞍钢

监督站（以下简称“监督站”）以相关法律、法规、强制性标准为依据，不断加强自身建设，切实提高质量监督管理与服务的工作质量，进一步完善监督管理模式，加强巡查力度，稳定推进鞍钢集团（鞍山区域）建设工程质量监督管理工作；克服人员和资金等困难，认真履行冶金工业工程质量监督管理职能。在全体职工的共同努力下，圆满完成了监督站的各项管理工作。

【生产经营】 2019 年监督站主要监督的建设工程项目共计 139 项，其中鞍山本部工程项目 119 项、外埠工程项目 20 项。对存在比较严重质量问题的施工单位下发工程质量整改通知单 16 份，工程质量通报 3 份。

1. 加强对建筑法规宣贯和五方责任主体质量行为的管理。以质量监督的工作强制性促进工程质量管理的标准化，以监督检查的全过程督促施工操作的规范化。根据国家“谁执法谁普法”的精神，对重点项目进行了《中华人民共和国建筑法》《建设工程质量管理条例》《房屋建筑和市政基础设施工程质量监督管理规定》《冶金建设工程质量监督实施细则》《建筑工程五方责任主体项目负责人质量终身责任追究暂行办法》《鞍山钢铁集团有限公司建设工程质量管理办法》《鞍山钢铁集团有限公司建设工程质量监督实施细则》和《鞍钢工程质量 2019 年工作要点》等相关工程质量管理的法律法规宣传和推动工作。要求参与工程建设各方在法律法规的范围内进行工程质量活动。

在 2018 年以前，有的建设单位对工程质量监督委托手续的办理重视不够。经常出现工程已经施工多日，不但监督委托没有办理，工程开工报告也没有办理的情况。2019 年，监督工程师跟踪项目，督促建设单位依法依规办理工程质量监督委托手续，做到了无委托不办理开工报告。

2. 加强对施工单位资质、主要管理人员资格的管理。施工单位（包括总承包单位）必须在资质允许的范围内承揽工程项目，施工企业资质也是企业综合实力的体现，对工程质量有重大影响。在影响工程质量的诸多因素中，人员素质是决定因素。2019 年，监督站对监督的全部项目中施工单位资质和主要管理人员资格进行了系统检查。总的情况是单位资质基本符合要求，主要管理人员资格问题较多，其中，监督工程师在审查管理人员资格时明确指出问题，要求施工单位更换资格合格的管理和技术负责人。

3. 加强工程质量保证资料的检查。近年来，在鞍钢的工程管理中建设单位和相关单位对工程资料工作逐渐重视起来。但是施工单位还是不够重视，尤其是鞍钢附企的施工单位，多数没有资料员，质量保证资料的管理混乱，问题比比皆是。为了提升质量保证资料的合规性，监督工程师在工程施工过程中要求施工单位质量保证资料与工程同步完成，并视工程进展情况检查其真实性、准确性、完整性。对 24 项重点工程和两个专项检查项目组织了集中检查，其他项目也适时进行了抽查。审核（评定）单位工程资料 106 项。

4. 积极开展“质量月”活动，增强质量意识。围绕“质量月”活动主题，结合集团公司工程建设项目的实际情况，监督站扎扎实实地开展 2019 年的“质量月”活动。要求各施工企业认真做好“质量月”活动的宣传，努力营造“以质取胜”“质量为先”“质量至上”的理念，把“共创中国质量建设质量强国”的活动月主题宣贯到每一个人心中，确保“质量月”活动有声有色，取得成果。“质量月”期间组织开展了多次在建工程质量专项检查，对在检查过程中发现的质量问题一一列为整改对象，并制定出有针对性的整改措施。

5. 召开建设工程质量观摩会，组织参观优秀施工现场。观摩项目是化工事业部新建 4 万吨/年针状焦项目。2019 年该项目整体完工，一次试车成功，产品质量优良。项目实体及外观质量均符合要求。

（李　嵩）

铸钢有限公司

【概况】 截至 2019 年 12 月末，鞍钢铸钢有限公司职工总数 698 人（其中全民职工 633 人，集体职工 65 人），管理岗位人员 87 人（高级职称 7 人，中级职称 57 人），生产操作人员 389 人（其中高级技师 9 人、技师 21 人、高级工 120 人、中级工 179 人、初级工 55 人）。公司下设生产技术部、设备部、营销管理部、计划财务部、安全环保部、综合管理部、党委工作部和工会。有三个工区：炼钢作业区、铸造作业区、设备作业区。

【生产经营】 2019年，公司坚持稳中求进，深入推进市场化经营，全年盈利1028万元，完成鞍山钢铁公司下达的挑战目标，比年计划多完成28万元，实现持续盈利的目标。公司实现轻伤以上事故为零、环保事故为零、安全隐患整改率100%的工作目标。

【深化改革】 在铸造作业区承包经营试点成功的基础上，铸钢公司陆续对电渣工序、炼钢作业区、设备作业区全面实行承包经营，取得了明显效果，为铸钢公司完成全年盈利目标作出了突出贡献。炼钢作业区按照没有预算就没有制造的理念，先算后干，动态跟踪，过程调整，2019年5月至12月完成承包边际利润9800万元，为公司完成全年利润指标作出了突出贡献。设备作业区承包后，充分调动全体人员的积极性，在保证主体设备稳定运行的基础上，对设备进行改造创新，他们自制二号炉白灰储罐，解决了生产难题，提高了生产效率。电渣工序承包后，优化生产组织，提高生产效率，在生产及工艺方面大胆创新，取得了良好效果。

【技术创新】 实施精品战略，提高产品质量，建立TG900评价体系。对特殊钢种的钢锭生产过程及各项关键点进行评价，将抽象的控制点具体化和数字化，使现场生产技术人员充分了解操作差异对质量影响的程度，提高全员质量意识；完善控氧方案，稳定产品质量。2019年，精炼炉出钢全氧含量已经达到0.0018%，并通过总结形成精炼控氧操作的先进操作法。

以科技引领电渣重熔生产，打造盈利增长点。电渣重熔生产是2019年铸钢公司新的盈利增长点，铸钢公司抓住主线，与鞍钢股份公司进行技术合作，开发了316H、H13芯棒等产品；与线材厂合作，研发高性能钢绳，2019年共生产9个品种131炉，产量2341吨，成为铸钢公司新的盈利增长点。

【企业管理】 一是生产部门针对鞍钢内部废钢资源有限，外部铸坯合同量有所下降等因素，及时调整生产计划，实行“躲峰”生产，建立合理的启停机制，降低能源消耗费用。二是经营采购部门积极把握市场导向，开拓营销市场，大型船用铸钢件占领了国内主要市场，并取得美国、德国、英国、法国等五大国际知名船级社资格认证。三是财务部门深入推进市场化运营工作，实施强激励、硬约束、严考核，调动部室及作业区干部职工的积极性、主动性和创造性，成为内部承包工作的有力补充。四是综合管理部门持续完善人力资源SAP系统管理，与鞍钢集团公司接轨，为各项工作稳定顺行提供保障。顺利完成QEO体系认证工作，标准化管理工作取得新进展。

【职工生活】 持续开展和推进“共享发展理念，关爱一线员工”专项服务行动，新建设备作业区值班室等4项惠民工作全部完成。投资1844万元进行除尘系统改造，改善职工作业环境。推广员工自助平台建设，为公司员工提供更加高效、便捷、贴心的自助服务。关心困难职工生活，2019年，救助困难职工151人次共84800元，救助困难党员23人次18500元。

（杨永宏）

电气有限责任公司

【概况】 2019年，鞍钢电气有限责任公司在岗职工246人，其中管理和专业技术人员89人（高级职称6人，中级职称49人，初级职称33人）。公司机关设置运营管理部、综合管理部（党务工作部、工会）、财务会计部3个部门，下设电机修理事业部、电机制造事业部、变压器事业部、电控事业部、工程公司、鲅鱼圈公司、广州分公司、销售公司8个基层单位。公司2019年全年共签订销售合同396项，合同金额1.74亿元，实现销售收入1.61亿元。

【主要工作】 2019年，电气公司以习近平新时代中国特色社会主义思想为指导，全面贯彻落实党的十九届历次全会精神，全面完成各项经营指标。公司各项工作得到全面提升，效益进一步增长，呈现出稳步发展的新局面。全年完成电机修理1万余台次/容量96.3万千瓦，电机制造157台/容量13.7万千瓦，变压器修理460台/容量165万千伏安，变压器制造30台/容量2.5万千伏安，电控柜新制413面，电控柜两定维保200余面，电机检测4.9万台次，电气工程110项，全年完成应急抢修任务150余次。

电气公司开拓新兴业务领域，以广州分公司为立足点，大力开拓华南市场。拓展与先进企业合作空间，与西门子签订中压柜授权合作协议后，又与施耐德、ABB 等先进企业签订了服务合作协议。

（郭吉成）

控股子公司

鞍钢股份有限公司

【概述】 2019年，鞍山钢铁/鞍钢股份党委以习近平新时代中国特色社会主义思想为指导，深入学习贯彻党的十九大和十九届二中、三中、四中全会精神，以及习近平总书记重要指示批示精神，全面落实鞍钢第二次党代会和一届十四次全委（扩大）会议工作部署，不断加强党的建设，紧紧抓住“变革、效率、品质”三个关键要素，团结带领广大干部职工，攻坚克难，真抓实干，各项工作取得了新成效。铁、钢、材产量分别达到2586万吨、2723万吨、2542万吨，同比增长4.3%、3.8%、5.3%，实现销售收入1054亿元，实现利润16.5亿元。鞍钢股份荣登“2019年中国上市公司百强排行榜”，位列第68位。

1. 理想信念更加坚定。切实增强“四个意识”、坚定“四个自信”、做到“两个维护”。以学习贯彻习近平新时代中国特色社会主义思想和党的十九大及十九届历次全会精神为重点，开展公司级专题讲座8场，组织各级党组织集体学习930余次。贯彻落实习近平总书记重要指示批示精神和鞍钢第二次党代会工作部署，分解制定192项措施，确保任务落地见效。全力做好中央巡视及专案配合工作，对中央、国资委和鞍钢党委反馈的344项问题，已完成整改339项，推进整改5项。高质量开展“不忘初心、牢记使命”主题教育，组织各级党委开展集中学习研讨710余次，查找检视“9+1”整改问题83项，制定措施254条，切实把主题教育成果转化为企业发展动力。

2. 运营效率显著提升。坚持以对标为导向，成立炼铁、炼钢、热轧等6个专业委员会，明确了44项、147条赶超措施。全力推进“焦铁钢材”联动，鞍山本部、朝阳钢铁的铁、钢、材产量创历史新高，鲅鱼圈分公司持续提升生产能力，炼焦、热轧产量均超设计产能，炼钢产能达到720万吨/年。围绕“三表两本一目标”，持续降本增效，实现系统降本27亿元，吨材降本161元。优化采购策略，创新采购模式，原燃料降采19.9亿元，设备资材降采3.9亿元。加强设备、物流、能源管理，事故频次、事故时间同比分别降低47%、51%，物流、外购能源成本同比分别降低5元/吨、5.6元/吨。

3. 产业升级步伐加快。制定公司3~5年发展战略和鲅鱼圈二期项目规划，谋划企业长远发展。围绕“调品提质、节能环保、工艺优化、智能制造”，加快设备改造升级，全年投资43.4亿元，按期完成炼钢总厂一分厂板坯铸机大修、鲅鱼圈5500毫米增加预矫直机改造等11个重点项目。围绕“1+6”产业规划，加快发展现代物联、绿色能源、化学科技、清洁发电、冶金炉材、高端汽车零部件产业，成立鞍钢汽车部件科技有限公司、鞍山钢铁冶金炉材科技有限公司，针状焦、EPS生产线、嘉里粮油蒸汽供给等项目按期竣工投产，相关产业实现收入259亿元。成立系统创新部，明确“12345”智慧制造顶层设计框架。使用20%的维修费进行智能化改造。皮带无人化、鲅鱼圈分公司能源集控平台等项目按期投运。《钢铁全流程质量大数据集成应用项目解决方案》入选工信部工业互联网优秀解决方案试点示范项目。

4. 综合改革稳步推进。制定综合改革实施方案，明确了7个方面93项改革任务。优化机构设置，公司机关部门由20个减至14个，压缩30%，编制定员压减9.7%，基层单位机构精简17%。深化契约化管理，对以小型线为代表的4家单位和8条产线实施承包经营，对EPS和针状焦项目实施跟投管理。以24家企业为试点，实施外埠单位市场化改革，做到经营者“全体起立”，公开竞聘上岗。积极探索混合所有制改革。推进设备资材采购中心、电商中心公司化改革。完善相关产业市场化改革配套政策，在投资与发展、财务与资金等8个方面适度放权。深化“处僵治困”，钢绳公司、天津钢加等单位实现扭亏脱困。实施全口径人力资源优化，钢铁主业劳动生产率达到942吨/（人·年），同比增长8%；劳务用工人数减少6980人，同比降低30%。

5. 打造核心竞争力。完善“1+4+N”营销模式，强化“行业+区域”营销，直供比例同比增加2.4个百分点，东北区域销量达到860万吨，重点工程中标量同比增加53.3%，军品市场占有率稳定在70%以上。桥梁钢中标世界最大跨度三塔自锚式悬索桥；独家供货世界在建最大载箱量集装箱船，其中最大厚度90毫米止裂钢，打破国外垄断。建立汽车钢协同平台，形成鞍钢汽车钢品牌合力，钢加中心智联云平台上线运行，实现了与用户信息互联互通。设立成本工程师，开展成本测算，为产品定价提供有效支撑。推进产销研协同，全年走访科研院所及重点用户383家，签订技术协议320份。新产品、独有领先产品、战略产品比例分别达到11.52%、27.87%、66.57%。举办“携手同行，钢好有你”客户交流会，利用媒体宣传鞍钢品牌291篇次，提升了鞍钢品牌美誉度。强化创新驱动，开展国家级科研项目33项，签订对外技术开发合同28项。完善科研体系，成立钢铁研究院鲅鱼圈分院，实施“一厂一所一室”制改革。成功开发的316H不锈钢应用于600兆瓦级示范项目核岛关键设备；轻质双相汽车钢DP980-LITE和连铸工艺成批次生产高铝钢合格坯等产品（技术）全球首发；“铁水脱硫扒渣与扒损的革新”项目荣获中国创新方法大赛一等奖。全面落实三年质量提升规划，狠抓质量管理主体责任和过程管控，综合成材率同比提高0.56个百分点。桥梁用结构钢热轧宽厚钢板等13项产品获冶金产品实物质量奖。

6. 企业管理得到加强。完善风险防控体系，制定防范化解重大风险工作方案。规范票据管理，动态调整收款政策，制订30家金融机构“白名单”。启动追索到期未付票据法律诉讼程序，加大清欠力度。解决历史遗留土地税问题，化解税收风险。推进依法治企，强化审计问题整改，促进合规经营。加强军工科研生产国家秘密事项管理，实现全年失泄密事件为零。做好信访维稳工作，实现全国两会等重点时期职工群众越级进京群体访“为零”目标。全面整改应急管理部执法检查时发现的问题，扎实开展“百日攻坚战”等专项整治工作，排查和治理安全隐患115项，强化相关方管理，持续推进安全生产标准化建设。落实中央巡视整改要求，治安综合治理体系日趋完善，开展“雷霆行动”，入厂人员和车辆信息化验证更加高效，企业资产保护得到加强，全年抓获不法分子28人，移交案件34件，职工群众安全感倍增。坚持“防风险、降杠杆、减负债”，有息负债减少119亿元，资产负债率降至59.98%，比年初降低5.6个百分点，流动资产周转率、存货周转率比上年加快0.35次和1.23次，完成既定目标。加快环保设施改造升级，完成焦炉脱硫脱硝、“三棚一网”等75个环保项目，鞍山钢铁荣获辽宁省第三批“绿色工厂”称号，鞍钢股份荣获中国节能协会节能减排企业贡献奖一等奖。

7. 政治保障作用充分发挥。夯实党建基础，完善“一模板两清单”，推进基层党支部标准化规范化建设，新增鞍钢党支部工作示范基地2个、样板党支部20个。深入开展共产党员“挑战项目”攻关活动，完成挑战项目126项。鞍山钢铁党委荣获鞍钢集团先进党委称号。加强干部队伍建设，打通行政、技术岗位人员转换通道，严格契约化考核评价，对9名领导干部进行了调整。实施“春苗”人才培养工程，组织180名年轻干部开展集中培训。注重思想文化引领，落实意识形态工作责任。深化形势任务教育，编发宣传材料18篇。扎实开展“解放思想、开放变革，建设高质量发展新鞍钢”大讨论活动。加大企业宣传力度，在省级以上各级各类媒体报道1000余篇，完成雷锋纪念馆等文化阵地修缮工作。强化纪检监察和作风建设，对铁运公司党委等5家单位开展巡察，检查反馈问题211项，整改完成55项。全面开展套取工资奖金和有关费用等突出问题专项治理，集中整治形式主义、官僚主义。运用监督执纪“四种形态”，查结问题线索93件，党政纪处分44人。共享发展成果，夜班津贴、班组长津贴连续三年提高。深化“践行共享理念、关爱一线员工”专项服务行动，完成公司级项目42项。开展劳动竞赛，推进职工自主创新，新增公司级职工创新工作室5个，获第二十三届全国发明展览会金奖12项、银奖20项、铜奖19项。加大帮扶救济力度，走访慰问困难职工、退休人员25105人次，发放救济金1085万元。实施青年人才成长积分制，组织381名青年职工进行挂职锻炼。履行央企责任，拨付扶贫资金1500万元，实施帮扶项目41项，选派16名扶贫干部开展精准扶贫工作，荣获2019年喀什地区脱贫攻坚奖协作扶贫先进单位。加强地企合作，成功举办鞍钢与辽宁省企业深化合作交流会。推进“双鞍融合”，达成“双鞍”融合框架协议，促进共同发展。

（鞍山钢铁集团有限公司办公室　华玉佳）

【市场营销中心】 2019年末，鞍钢股份市场营销中心共有职工310人，其中在岗职工302人。在岗职工中，具有高级职称48人、中级职称230人、初级职称44人。该中心承担着对全公司钢铁产品的营销管理职能、大部分品种的销售单元职能、市场化运作的区域销售平台职能，也是客户服务中心，是鞍钢股份有限公司重要且主要的销售力量。销售产品涵盖热轧系列产品、冷轧系列产品、型材产品、线材产品、重轨等。该中心下设人力资源部（党委工作部）、监察部（纪委）、工会3个党群管理部门；运营管理部、营销管理部、客户服务部3个业务管理部门；热轧销售部、冷轧销售部、长材销售部3个专业产品销售部；东北区域公司、华北区域公司、华东区域公司、华南区域公司、中西部区域公司5个国内区域公司；在天津设有1条钢材加工线，在广州设有1个物流园，在部分城市设有办事处，营销业务实现国内市场全覆盖。一年来，中心把深入学习习近平新时代中国特色社会主义思想和党的十九大精神作为行动指南和方向指引，坚决贯彻落实两级公司的决策部署，站稳“前锋”定位，担起“龙头”使命，高质高效完成各项经营任务目标。

主要指标完成情况。2019年，销售钢材2592万吨，同比增加182万吨，增幅为7.5%；东北核心销售区销量超850万吨，重点工程中标量超200万吨，均完成既定目标；直供比例完成64%，同比增长2.4%；战略产品、独有领先产品、新产品分别为66.57%、27.87%、11.52%。

聚焦四个转变，切实转变观念。聚焦“从量销向质销转变，从惰销向勤销转变，从平庸化销售向特色化营销转变，从流于表观认知向深挖潜在需求转变”四个转变，深入开展“守营销初心、担龙头使命，找工作差距、抓直供落实”大讨论活动，解放思想，转变观念，“直供就是企业生命线”的理念已深入人心，“坐销”现象从根本杜绝，职工更有干劲，干部更加担当。

深化营销改革，激发系统活力。坚持开展对标，先后组织多次赴宝武集团对标交流，推进营销转型。完善以客户为中心的产品经营机制，制定并实施管操分离工作方案，进一步明确管理部门、品种部与区域公司之间职责界面。简政放权加码区域市场，在产品经营、市场化用工等方面给予更多权利，五大区域公司活力得到有效激发，累计实现利润1.9亿元，同比提升62%。推进契约化管理，五大区域分公司全部市场化选聘。建立健全“销售等级序列”，为营销人员拓展职业发展通道。坚决打破平均主义，市场化绩效评价机制作用凸显，一线销售员工最高工资收入达到了平均工资的3倍。

围绕直供补短板，渠道建设持续改善。坚持问题导向，加大直供力度，优化营销渠道。组织制定《鞍钢股份客户管理办法》，明确直供客户定义，实现了直供数据的真实、准确。全面梳理业务需求，完善销售子系统订货管理、客户管理等环节功能，实现了直供客户营销跟踪的全过程管理。将区域公司作为新直供客户开发的主责单位，制定了品种部有效协同的新客户开发机制。修订月度绩效考核评价指标，提高直供比例考核权重。同时，加强能力建设，组织多家专业培训机构，完成了对营销系统全体人员直供专项业务轮训，职工素质能力得到提升。

擦亮鞍钢品牌，提升品牌影响力。完成鞍钢产品12大类系列手册的设计工作，为鞍钢品质融入文化传播新意；召开“携手同行 钢好有你”股份客户交流会，作出“为客户而变”的庄严承诺；联手海尔集团等3大家电品牌举办品牌互动职工内购会，销售总额达403万元，扩大品牌合作空间；全年报道数达291篇次，其中外部媒体127篇次，总量较上一年提高60%。

发挥核心作用，打造营销特色党建。紧扣抓好意识形态工作的“根”和“本”，主动担负起意识形态、网络意识形态、网络安全工作三个主体责任，实现全年重大舆情零报告。推动干部队伍实现整体功能的有效发挥，把青年骨干充实到营销锋线。首次对全体营销一线人员进行销售资质培训；全年引进新生力量27人，为改革提供人力保障。党内建功立业活动立项52项，创效9874万元。组织首届党建知识竞赛等特色党建活动。党建联盟扎实推进，新签联盟单位7家，总数达36家；建立互访机制、青联机制和研学机制，各层级互访40次，取得了在大幅减采背景下热轧产品仍连续16年保持中车采购量国内第一等众多喜人业绩。

注重文化兴企，凝聚发展合力。深化“家”

文化，联合鞍钢总医院组织免费义诊，4个“关爱项目”全部完成；践行“三必知，四必谈，五必访”制度，走访困难职工344人次，发放慰问金13.7万元。下发《驻外分公司企业文化工作方案》，丰富营销精神新内涵；拍摄完成天津公司商务宣传片，视频《25小时》获优秀党员教育电视片一等奖。开展“寻找最美营销人”摄影展和“最美家庭”评比，在分公司设立共享图书角，塑造健康有益的生活方式。全年评选“出彩营销人”75人次，成立1个鞍山钢铁级创新工作室。中心团委获鞍山钢铁“五四”红旗团委。

践行从严治党，提供纪律保障。深化“以协同创新为导向的钢铁企业营销系统运营监督体系建设”管理创新成果的运用，构建大监督格局。加大对信访举报问题线索的了解核实力度，深入开展“带钱”、领导人员违规经商办企业、利用名贵特产资源谋私利等专项整治工作。注重警示教育，在重要节日前及时发出廉洁过节提醒及要求，开展各类监督检查5次、专项治理4次。注重日常廉洁从业教育，组织召开警示教育会，通报9起营销系统发生的典型案例；组织营销系统关键重要岗位人员参观鞍钢廉政教育展览馆。注重扩大宣传影响，反腐倡廉工作被多次报道得到广泛关注。

（张　阳）

【原燃料采购中心】 2019年末，鞍钢股份有限公司原燃料采购中心有在职职工51人，其中管理和专业技术岗位43人（高级职称10人，中级职称32人），生产服务岗位5人，居家休息职工3人；离退休职工5人。中心下设综合管理部、商情部、矿石废钢采购部、煤炭焦炭采购部、合金有色采购部5个部门。2019年，鞍山钢铁三地实现原燃料采购总量6085万吨，中心实现外购原燃料与同期市场相比差异化降采20亿元，全品种战略采购率81%，采购核心竞争力明显增强。全面完成两级公司下达的各项绩效考核任务，煤炭采购成本在行业重点钢厂中排名第3位，进口粉矿采购成本在行业重点钢厂中排名第5位。获评鞍山钢铁先进党（总）支部、鞍山钢铁2019年度文明单位称号。

树立供应链思维，推动物资保障能力建设。高效响应供应链下游生产需求，中心克服进口煤通关受阻和台风等不利因素影响，配合炼焦总厂积极调整配比，开发国内资源替代进口焦煤。高效响应炼铁总厂的降库需求，将进口矿库存规模始终控制在合理区间。对接炼钢总厂废钢单耗和提高槽重的需求，按照“小批量、快节奏”的采购节奏，积极调整废钢料型和品种，推进废钢战略采购。不断优化供应链上游渠道质量，推进全品种战略采购，推动强强合作，实现供应链企业互惠共赢。与部分重点战略供方签署党建联盟协议，全方位深化与战略供方的合作。加强供方动态管理，持续优化准入条件，修订完善合格供方增项和年度评审标准。全年引入供方66家，淘汰供方75家，年末合格供方数量达209家，通过优胜劣汰，供应链上游渠道的总体实力得到显著提升。实施供应链全过程质量监管，充分利用供方第二方审核的机会，及时了解供方生产、质量变动情况。加强与物流部门的沟通协调，在港口、站台对原燃料进行不定期质量抽查。制定《原燃料质量管理实施细则》及水运废钢港口分离废物处置质量文件，进一步明确质量管控职责，细化监管操作流程。完善不合格原燃料登记等各种质量基础台账，加强质量数据分析。2019年组织质量动态抽查156次，处理质量异议149起，质量异议同比下降30%。原燃料重点品种洗精煤灰分均值9.69%，原燃料质量达标率均值96.90%，废钢合格率完成99.96%，合金合格率完成98.61%，优于公司下达的质量目标。

强化市场研判，推动系统降本增效。深化市场信息大数据研判，及时跟踪市场变化信息，通过“七钢采购信息交流会”等平台，及时掌握同行业采购动态信息，选择性吸收其运营优势。强化与宝钢的对标调研，对市场大数据进行系统挖掘，充分分析配矿结构、物流费用和成本构成等降本潜力。利用市场信息研讨会、配煤配矿会及各种市场专题会等方式，不断优化采购策略。跟踪网站信息，捕捉市场热点，定期更新发运资讯，有效提升采购决策能力。加强采购成本管控力度，合理安排长协矿与现货矿的采购比例，灵活调整采购周期及定价方式，并充分利用各种金融衍生品，实现最大限度降低进口矿采购成本。积极拓宽煤炭战略主渠道，利用规模优势和付款优势争取差异化的优惠价格，拓宽二组焦煤采购渠道，开发中铁汇丰1.3焦煤等国内优质新品种，择机采购进口现货无烟煤，综合降本效果显著。全面推进合金品种替代工作，用低碳锰铁、高碳铬铁分别替代金属锰、低碳铬铁等原有品种，实现降本5765万元。实现多种经营模式创效，规避现货市场波动带来的减值风险，探索各种金融工具的实战应用。进一步扩大创效增长点，完成公司级课题“大宗原燃料外销创效项目”，全年外销进口矿23万吨，创效1669万元。

提升制度建设水平，推动员工激励机制优化。完善《原燃料采购管理实施细则》《原燃料供方管理细则》等采购制度，使采购供应链职责清晰，业务协同高效运行。加大保密工作体系建设，强化保密工作的部署和落实。定期对采购业务进行合规性检查，使采购业务不断规范，工作效率不断提高。利用质量体系外审和产品认证外审机会，促进各管理体系提级工作协同推进，实现工作依据制度化、管理措施规范化、工作流程标准化、队伍建设专业化的“四化”经营模式。结合公司绩效契约化管理及党政同责要求，进一步完善绩效与薪酬管理整体方案，对员工绩效实施强激励、硬约束、严考核。将契约化运营指标层层分解，调动全体员工的市场参与意识。组织员工参加冶炼、保密、制度、法规、金融等技能培训121人次，员工整体业务水平进一步提高。

加强党的建设，全力提高政治站位。中心组织深入学习贯彻落实习近平新时代中国特色社会主义思想、党的十九届历次全会精神，不断增强“四个意识”、坚定“四个自信”、做到“两个维护”。扎实开展“不忘初心、牢记使命”主题教育，加强组织领导，抓牢学习教育，抓实调查研究，抓严检视问题，抓好整改落实，检视问题9项，推进整改措施31条。认真贯彻落实习近平总书记关于东北振兴等重要指示精神，整改保供观念不够开放等短板问题；与辽宁省企业深化合作交流会参会企业深入交流，与辽宁省推荐的2家供方建立合作关系。认真贯彻落实鞍钢集团第二次党代会精神，制定了任务分解及责任分工方案，落实推进措施83项，确保任务落地见效。落实领导班子成员党建联系点和联系服务基层制度，帮助解决实际问题。落实意识形态工作责任制，开展形势任务教育，做好正向宣传和舆论引导。深入开展党建对标交流工作，中心党总支与2家供方党委进行了党建对标交流，并与其中1家供方党委签订了《党建共建备忘录》。完成5项共产党员创新攻关项目，全年创效39968万元。贯彻公司党风廉政建设相关制度，细化中心党风廉政建设和反腐败工作相关制度、考核办法，明确领导班子成员党风廉政建设和反腐败工作职责分工。加强廉洁文化建设，召开警示教育大会，通报公司违规违纪案件。规范运用监督执纪“四种形态”，对发现的苗头性、倾向性问题，组织集体提醒谈话1人次，诫勉谈话1人次。坚持问题导向，围绕中心采购重点工作、重要领域和关键环节开展专项监督，强化验收过程监督，通过多部门沟通协作，持续提升工作效率及实物质量，避免采购与廉洁风险。

（李井杰）

【设备资材采购中心】 2019年末，鞍钢股份有限公司设备资材采购中心有在岗职工203人，其中管理和专业技术岗位120人（高级职称20人、中级职称85人、初级职称15人），生产服务岗位83人（工人技师4人、高级工22人、中级工23人，初级工28人）；市场1人，居家休息职工49人，编外2人，离退休职工515人。机构设置为“六部、一会、一作业区”。拥有固定资产原值4999.32万元，净值1282.87万元。仓储用库房22座，大型露天货场2个，总计仓储面积22万平方米，主要设备有各类吊车32台、货运电梯4部。

降采保供成果显著。优化采购策略，坚持应招尽招，增强竞争强度。全年，设备备件采购综合降采6.74%，吨钢资材消耗比目标值减少4.34元。落实保供责任，强化现场服务，在做好公司“两化”项目采购的同时，优质完成了炼钢一分厂板坯铸机改造、炼铁4号转炉、热轧2150同步年修等95项重点工程供应。

变革创新取得进展。学习借鉴先进经验，聚焦保供降采创利，激发内在活力与内生动力，形成了“保供降采+经营创利”的运行机制改革方案，并得到公司批准。转变采购方式，推进质量效益型采购，综合评标法采购占比40.12%。推进互联网采购，扩大品种范围，网采1.37亿元。推进联合采购，加大采购规模，与本钢达成了联采共识。

管控能力不断增强。聚焦采购效率提升，完善制度体系，优化流程时限，压减审批层级，修订新建采购制度11个。搭建“钉钉”移动办公平台，达到了交流互动、信息共享、响应及时的效果。坚持日常评价与年度评价相结合，年度淘汰供应商5.1%。统筹采购质量日常抽检与外委检测，全年组织抽检、外委检测185次，不合格品同比降低21.26%，对有质量问题供应商扣款530万元。

控库降库不断推进。克服困难，开展库存备件回购，完成回购150万元，协同公司主管部门完成外卖3100万元。采取按消耗预算控制入库、现场点交直付等措施，有效降低备件库存。截至年末，备件库存较年初降低15.96%。

安全生产常抓不懈。关注职工安全，落实安全生产责任，组织安全防火检查43次，隐患排查治理128项、维护维修24项，全年实现安全轻伤及以上事故为零。扎实开展“雷霆行动”和“蓝天行动”，履行区域管理责任，加大技防投入，确保了国有资产安全。

主题教育阶段成果显著。对照“不忘初心、牢记使命”主题教育总要求，牢牢抓住学习贯彻习近平新时代中国特色社会主义思想这条主线，坚持把“学习教育、调查研究、检视问题、整改落实”贯穿始终。副处级以上干部撰写发言材料15份、学习体会117份。班子成员调研检视问题38项，制定整改措施63条。深化主题教育形式，开展“四项教育”，引导广大党员干部进一步增强“四个意识”、坚定“四个自信”、做到“两个维护”，党员干部的理论素养进一步提高，增强了运用新思想、新理念、新方法破解工作难题的能力，尤其是形成了变革发展共识，运行机制优化方案通过公司批准。目前，已完成主题教育问题整改19项。

党建基础管理不断夯实。完善党建工作考核评价办法，按月打分，按季排序，并与行政工作同考核。聚焦“变革、效率、品质”三个关键要素，开展“我为党旗添光彩、降采增效创一流”活动，完成共产党员工程项目23个。深化党支部建设提升年活动，围绕13个方面开展工作大检查，整改问题129项，促进了党支部工作标准化规范化。深化党建品牌建设，签订党建共建协议2份，开展“党员政治生日”被公司评为“党建工作品牌”。严格执行“三会一课”制度，加强专兼职党务人员专项培训，班子成员以双重身份参加组织生活，确保了“三会一课”质量。开展党支部书记工作述职评议，覆盖面达100%，强化了支部书记履职担当意识。

思想政治引领不断增强。认真学习贯彻集团公司第二次党代会精神，班子成员带头开展集中研讨，带头上专题党课，宣讲党代会精神。坚持党委中心组学习制度，强化政治理论武装头脑。开展“解放思想、开放变革”大讨论，确定22个讨论专题，改进工作作风，创新工作方法。组织搭建“学习强国”APP平台组织架构，在岗党员全部注册，学习积分达10000分以上的占36.43%。牢牢掌握意识形态主导权，加强网络舆情监控，设置10名兼职评论员，利用“设采同声”微信群等媒介，发送学习材料40余份，凝聚发展正能量，有效避免了负面舆情事件发生。

全面从严治党持续深化。压实“两个”责任，明确任务分工，签订党风廉政建设责任状11份、关键岗位廉洁承诺91份。紧盯贯彻落实中央八项规定，坚决纠正“四风”问题，开展“以案说法、廉洁提醒”等活动，教育引导职工知底线守规矩，把好洁身自好第一关。推进廉洁地图建设，排查确定风险防控点65个。开展专项监督，冻结相同法人供方2家，处理串通投标1起。开展形式主义、官僚主义集中整治，整改问题表现11项。开展“带钱”问题专项整治，主动上报先垫付再加奖问题8起。严格执纪问责，提醒谈话3人、通报批评3人，对负有领导责任的领导干部诫勉谈话2人，形成“管业务、必管廉政”的工作机制，推动了党风廉政建设从严开展。

宗旨服务意识持续强化。开展“践行共享理念”专项服务活动，调整了部分人员岗位职级系数，完成“作业区供应大厅建设”等7个项目。开展群众性精神文明创建活动，聚焦关键指标，组织专项劳动竞赛，调动了干部职工积极性和创造性，促进了目标任务完成。开展“一月一课堂”活动，促进了职工队伍业务能力提升。关心职工生活，在机关开设早餐。实施精准帮困，发放救济款6.68万元，帮扶职工183人次。抓好信访稳定，化解信访积案3起。发挥群团组织作用，郭明义爱心分队到市老年公寓开展义务劳动2次。开展群众性文化体育活动，陶冶情操，传导正能量。

（李永华）

【物流管理中心】 物流管理中心是鞍钢股份有限

公司国内物流业务的管理和运行平台，是协调铁路、公路、港口的归口管理部门。该中心下设综合管理部、物流计划部、运输管理部、发货中心，代管鞍钢营口港务有限公司和营口新港矿石码头有限公司。2019年末在岗职工247人，其中，干部117人（高级职称9人，中级职称68人，初级职称40人），工人130人。

2019年物流管理中心以习近平新时代中国特色社会主义思想为指导，全面贯彻党的十九大和十九届二中、三中、四中全会精神，深入落实习近平总书记重要讲话精神，解放思想，开放变革，聚焦高质量发展重点和难点任务，聚焦经营短板和物流服务突出问题，以对标先进为抓手，以减量化工作为重心，将“强服务、高效率、高品质、控成本”等工作落到实处，取得了优异成绩。2019年物流成本完成372元/吨，创历史最好水平；营口港务公司盈利6248万元，超计划123%；管理创新成果获国家级二等奖，物流信息平台建设获优秀案例奖，物流管理中心各项工作扎实推进。

强化理论学习提高素养。物流管理中心党委扎实推进“不忘初心、牢记使命”主题教育，确保教育见实效。建立健全党组织机构，物流管理中心党委按时换届，选举产生了第二届党委委员和纪委委员。不断丰富学习形式，组织党员干部充分利用“学习强国”平台开展学习，实现党员学习全覆盖。全年党委中心组集中学习研讨22次，组织在新时代党员群众讲习所上党课1次，培训党员32人次，学习交流560人次，专题研讨190人次。全力推进党建联盟，物流管理中心党委与中铁沈阳局本溪货运中心党委签订了《党建工作合作框架协议》，构建了“资源共享、优势互补、共同提高”的党建工作新格局。

发挥党支部战斗堡垒作用。物流管理中心各党支部认真学习贯彻落实《中国共产党支部工作条例（试行）》，严格按照流程按时换届，党支部书记均由部门主要领导兼任。深入推进党支部建设提升年活动，全面加强党支部标准化规范化建设，按照公司下发的“一模板两清单”，规范党支部基础工作，检查、整改问题20项。加大培训力度，组织党支部书记培训10人次，支委培训56人次，党小组长培训38人次。扎实开展共产党员工程和共产党员“挑战项目”攻关，全部实现预期目标。将党务活动经费下拨，促进了党支部党日活动形式和党内实践活动效果的提升。物流计划部党支部在每周一的例会上，开展“每周一课”活动，支委向全体党员宣贯公司党委、中心党委的文件精神，定期学习党史、党章等基础知识，有效促进党员提高思想认识，遵守党规党纪，时刻以党员身份要求自我，创优争先，发挥党员先锋模范作用。

坚持从严管党治党。认真执行“三重一大”制度，年度物流服务采购方案经物流管理中心党委会讨论通过后上报公司。推进“五违反”深化治理工作，对物流全供应链进行共3大类17项业务自检自查，共检查涉及物流业务、采购物流管理的各类业务协议/合同212项。推进采购物流管理专项监督工作，共自查、检查涉及采购物流供应商42家，采购物流管理的各类业务招标文件、协议/合同110项，价格执行情况110项，检查采购物流管理制度4项。扎实推进廉洁文化建设，继续编发《物流管理中心纪检监察简报》，向公司纪委微信平台推送宣传稿件，不断创新廉政教育形式，增强党员干部廉洁从业自律意识。

不断提升物流服务水平。在采购物流环节，做好海运卸船及铁路、公路卸车计划组织，提高接卸船、车效率，缩短采购周期，确保厂内原燃料供应。在生产物流环节，跟踪生产检修计划，动态调整物流运输路径，以短周期、短流程运输保厂内生产供应；在销售物流环节，为重点客户做好个性化、柔性化、定制化物流菜单式服务，扩大目的港集港业务范围，增加班轮运输，全年目的港交货比例达到54.4%，提高了过驳直驳率，华东、华南方向海运物流效率均实现7天以内离港。在售后环节，简化物流异议处理流程，将理赔时限延长至180天，做好重点客户代表跟踪服务机制，增进了客户黏度。

推行标准化提升物流品质。在原燃料交接环节，加强水尺检测标准，规定水尺与汽车衡偏差不超过3%，对7家不严格实行标准的相关方进行了处罚，起到了警示作用，确保了原燃料的足量交付，全年原燃料途耗降至0.96%。发挥职能监管作用，利用物流保产车辆信息平台、BDS定位系统对不符合标准的车辆进行核查，累计清退、劝退、核减运输车辆111台，查处并整改不合格车辆54台，实现了运输车辆运行轨迹受控、运行效率受控、运行成本受控。在产成品入库环节加强质量监管，严格控制包装破损、标识不清、塔形、锈蚀等质量异议产品入库，不合格产品严禁发出，减少残次品回运量；加强装车作业监管，返厂车比例降至1.6%。针对运输和港存过程中的质量问题，制修订质量管理规定4项，作业标准344项，在德邻陆港物流园区、鲅鱼圈中铁铁龙库增设室外存放产品防护设施，减少锈蚀产品，与49家相关方签订《物流质量、效率责任状》，提出整改项目56项。2019年物流运输质量全面提高，客户投诉次数同比下降78次，物流异议量同比减少了4.28万吨，异议量降比达67%。

有效降低物流运营成本。年初以来共确立减量化攻关项目20余项，重点开展了压缩局车一次作业时间项目，通过合理计算各环节作业时长，合理调配运输资源，局车一次作业时间由36小时降至28.7小时。开展了降库压库工作，通过结合各生产厂轧制品种产量计划，动态掌握产成品库存结构，合理控制成品集中缴库，合理配置装车计划，合理组织成品发车，有效提高成品装配车效率，降低了运输和仓储成本，同时协助各生产厂消除冗余库存和长周期库存，将厂内成品库存量严格控制在15万吨内，有效控制了资金占用。加快推进球扁钢“散改集”工作，有效降低了球扁钢产品在物流运输过程中的损伤。开展了“一线一厂”调整策略，减少了坯料二次倒运。2019年采购物流费用同比降低3.8%，生产物流费用同比降低8.2%，销售物流费用同比降低6.6%，资金占用同比降低4.3%，总计降低物流成本4.2亿元。

用心打造绿色智慧物流。推广绿色运输，加大“公转铁”运输比例，铁运物流量同比增加140万吨，铁路发运量同比提升31.25%；加快推进多式联运工作，实施山东方向滚装运输，年运量达2.9万吨；在鞍山—大连TAGAL运用大吨位台架式集装箱进行批量化铁路运输，减少了草支垫的应用，控制了汽车运输污染，保护了生态环境。推进绿色仓储，在灵山料场实施原料混匀、球团和烧结矿进棚式料仓的绿色仓储，做好料场封闭管理工作，减少粉尘污染。严格控制原燃料港口回运量，减少二次倒运及原燃料堆存，直付率实现95.8%。

（朱　宏）

【能源管控中心】 2019年末，能源管控中心有职工2039人，其中管理和专业技术岗位272人（高级职称32人，中级职称169人，初级职称63人），生产、服务岗位1767人。离退休职工4508人。中心机关设置党委工作部（综合管理部）、生产技术部、节能管理部、产品销售部、设备保障部、安全环保部、工会（含居退管办公室）、调度中心。基层机构设发电分厂、供电分厂、氧气分厂、燃气分厂、给水分厂，分厂设置汽机作业区、变电一作业区等23个作业区。厂区占地总面积2757435平方米，固定资产原值78.38亿元，净值27.47亿元。拥有发电机组18台，锅炉10台，鼓风机组81台，制氧机组7套，各类气体压缩机91套；49个水站；3套湿法高炉煤气洗涤系统。5套干法高炉煤气除尘系统，8套TRT发电装置，8座煤气柜；管辖运行变电所50座。设备总质量500214吨。

聚焦主要指标，生产经营再创佳绩。以习近平新时代中国特色社会主义思想为指导，深入学习贯彻党的十九大和十九届二中、三中、四中全会精神，全面落实鞍钢集团第二次党代会和两级公司职代会的工作部署，团结带领广大职工凝心聚力，攻坚克难，各项工作取得显著成效。全年吨钢外购能源成本完成254元，同比降低6元，实现降本增效1.07亿元；吨钢取水量降至3.9立方米，中心发电量达到19.5亿千瓦时，均创历史最好水平；吨钢综合能耗等其他8项指标实现较好水平。中心荣获国家“节能减排企业贡献奖”一等奖、辽宁省安全文化示范企业、鞍钢集团先进单位、鞍山钢铁先进党委、鞍山钢铁优秀文明单位、鞍山钢铁安全防火先进单位等荣誉称号。

制定规划体系，引领未来发展方向。加强顶层设计，构建以总体规划为统领，以子规划为支撑的“1+3+N”的发展规划体系。在节能环保领军、非钢产业（清洁发电）及智能制造三个方面不断推进措施落地，实现科研领军项目结题14项，清洁能源发电产值突破25亿元，能源集控平台项目放行，6台巡检机器人上线运行。

深化对标挖潜，赶超行业先进水平。强化外部对标，与宝武集团等行业先进企业进行全面对标，查找体制机制等方面存在的差距，制定20余项措施并推进实施，促进了能源系统高效运行和指标提升。固化三地对标，三地共复制“热风炉利用废气换炉”等先进节能技术9项。细化机台对标，不断提升发电效率，中心发电量同比增加3%。深化成本对标，推进实施能源回收增量、消耗减量等降本项目8项，全年实现降本1.67亿元。

着力集约减量，实现系统管理优化。实现水系统优化，北大沟BOT及南山储水槽等项目实施，取水量同比下降10%，外排水实现阶段性零排放。推进煤气系统优化，实施增烧焦炉煤气改造项目，发挥煤气柜和煤气管网调节能力，实现焦炉煤气零放散。推进制氧机组“1+4”运行，低温液体销售量创历史新高。实现电力系统经济运行，全年降低购电成本4590万元。推进站所、管线优化，关停各类站所25座，停运各类管线约231千米，减少供电线路42千米。

强化科技引领，推进创新成果实施。科研项目成果丰硕，“鞍钢水资源利用体系信息化智能化的研究与实践”获辽宁省科技进步奖二等奖，“大型钢铁企业水资源绿色利用智能系统的开发与示范”获冶金科学技术奖三等奖；在研科研课题30项，具备结题条件14项，年创效1.17亿元；重大合理化建议和技术改进成果获奖28项；4项QC成果分获冶金行业、辽宁省、鞍钢优秀成果。三级创新体系持续完善，征集厂级全员攻关项目1563项，累计创效9000多万元。职工创新工作室建设成效显著。继刘加纯创新工作室获得全国冶金行业优秀职工创新工作室之后，钟山创新工作室被评为鞍山市劳模创新工作室，田作为创新工作室获得了鞍山钢铁的命名；刘加纯和郭凌开发的创新项目，分获第23届全国发明展览会银奖和铜奖。

实施节能减排，建设绿色生态厂区。创新节能监察模式，将常规检查、自检自查与专项监察相结合，检查并整改问题1209项；对297处外部用能点进行系统排查，巩固了规范管理外用户的工作成果。推动节能技术交流，推进节能项目实施23项，持续开展项目后评价工作，全年新增节能创效1.26亿元。践行“绿水青山就是金山银山”理念，对西大沟暗渠全覆盖，对大伙房生活水及新建六制氢项目现场进行绿化，对12格、5水站、15水站蓄水池进行回填和绿化，共回填土方近12万立方米，绿化5万平方米，“六点一线”规划得以实现。

夯实设备管理，筑牢转型发展基石。构建科学管理体系，实现设备基础管理提升。成立专业攻关组，固化设备定修模型，有效控制鼓风机事故13起。建立缺陷治理机制，实现设备功能精度提升。全年处理设备缺陷561项，设备大中修投入资金1.03亿元，全年设备事故频次和时间较上年分别降低15%和60%。规范库房管理，实现账物一致。压减库房81%，库存资金占用比年初预算压减55%。提升设备智能化水平，实施“两化项目”12项。加大技术改造投入，完成了9号电动鼓风机、西区除盐水站增容改造等多项重点工程项目。

推动综合改革，激发企业发展活力。创新干部考核评价机制，开展目标履职多维考评，评定C级、D级干部55人次。加强年轻干部培养使用，选派参加公司“摇篮”“春苗”人才培养工程7人次，提拔40岁以下干部9人；实施新入职大学生“基薪+”激励机制。推动专业化复合型干部队伍建设，开办业务技能大讲堂，培训2000余人次。完成全口径人力资源优化任务，全年压减劳务用工203人，压减劳务费用312万元。推动组织机构变革，精简机关部门11%，精简作业区18%。整顿会风文风，全年整合、优化会议共195次，同比压缩48%；优化公文流程，公司文件批复由4级压减为2级。

严控各类风险，促进企业稳定和谐。严控安全防火风险，树立“五全”安全管理理念，建立451个岗位的安全生产责任制，实现全员安全管理；完善31项重大风险控制清单，制定控制措施264条；排查安全隐患1242项，全部得到有效整治或管控。加强相关方管理，全年签订安全协议210份，签订率100%。严控环保风险，大气、废水污染物达标排放，危废、固废合规处置。严控内保风险，开展“雷霆行动”，维护国有资产安全，组建专职巡防队，排查库房110个，取消废钢铁临时存放点38个，确定易发案部位67处。严控薪酬风险，开展套取工资奖金和有关费用等突出问题专项治理，制定整改措施，建立长效机制，维护职工利益。

强化政治站位，主题教育取得实效。系统谋划，精心组织“不忘初心、牢记使命”主题教育，使党员干部进一步增强“四个意识”、坚定“四个自信”、做到“两个维护”。读原著学原文，深学细悟，推动学习往深里走、往实里走，累计开展领导班子集中学习研讨11次、读书班2次。开展四项教育，组织党员参观主题教育展览馆、雷锋纪念馆等18次，参加800余人次。组织开展“八个一”活动，累计上专题党课34场，党内主题实践活动参加1100人次；党员查安全隐患或反违章1000余次，提合理化建议800余条。组织党员开展义务劳动29次，为身边群众办好事200余件。

强化组织建设，党建质量不断提升。高质量开展党委政治理论学习中心组学习，全年组织学习研讨23次。下发《关于规范能源管控中心党总支、党支部政治理论学习的通知》，规范基层党组织政治理论学习。强化宣传报道，在内外部媒体宣传报道190篇。创建内部电子宣传载体《奋进能源》，跟进“不忘初心、牢记使命”主题教育、“雷霆行动”等重点工作动态，编发13期。严格落实意识形态工作责任制，无负面舆情发生。开展党支部建设提升年活动，安排“结对共建”党支部3对，整改问题58项。修订完善《党支部工作标准》，淡化痕迹管理，突出实际效果。开展软弱涣散党支部集中整顿工作，定期跟踪3个支部的整改并做好评估验收。围绕庆祝建党98周年，新中国成立和鞍钢开工70周年开展八项系列活动。成功创建“样板”党支部1个。加大党建课题研究力度，“关于基层党组织标准化建设的实践研究”等3个党建课题分别获鞍钢集团公司一等奖、鞍山钢铁公司一等奖和二等奖。开展“戴党徽、亮身份、树形象、作贡献”和共产党员工程、共产党员“挑战项目”攻关活动，完成党员工程112项、挑战项目124项，表彰党员先锋岗348人次、责任区141个次。

强化正风肃纪，管党治党有效落实。明确中心41项党风廉政建设和反腐败任务分工，压实工作责任，实现预期工作目标。组织71名部门长、分厂及作业区党政负责人签订了《党风廉政建设责任状》，并将履行党风廉政建设“一岗双责”情况纳入中心干部月目标履职考核评价，推动党风廉政建设责任落实。认真推进“五违反”深化治理，梳理排查整改“五违反”问题及风险15项。加强对重点领域、关键环节、敏感岗位等管理风险和廉洁风险监督，开展公司级专项监督1项、中心级专项监督5项。推进廉洁地图建设，排查、整改廉洁风险和管理问题22项。深入开展形式主义、官僚主义集中整治，查摆8个方面18项问题，其中完成整改17项，另有1项正在推进中。扎实推进“严守纪律，永葆清廉”主题教育，召开警示教育大会1次，组织197名党员领导干部和关键重要岗位人员参观鞍钢集团反腐倡廉纪念馆。深入开展“带钱”行为专项治理，对涉及51个问题的28名责任人进行提醒谈话。

坚持以人为本，践行共建共享理念。切实回应职工关切，收集职工意见5327项，并全部办结。维护职工利益，在公司工资基数及公司效益系数下降的情况下，中心努力保证职工年平均收入不降低；坚持基本岗薪奖励晋级向一线倾斜，一线职工占89.6%。关爱一线员工，为班站增配空调26台，修缮卫生间21处，为一线班组配备血压计、血糖仪等健康检测仪器。发挥竞赛活动的引领示范作用，评出中心级技术状元及能手78名，获得鞍山钢铁公司级技术状元1名、技术能手3名。开展扶贫帮困，走访慰问困难职工1066人次，发放救济金超41万元，发放慰问品569份，并超额完成了消费扶贫任务。丰富职工业余生活，组织开展了登山、游园、球类等比赛，以及书画和摄影作品评比等活动。

（赵春华）

【资源储运经营中心】 资源储运经营中心（以下简称中心）有职工555人，其中生产和服务岗位384人，管理和技术岗位72人（高级职称5人、中级职51人、初级职称16人），居家职工91人，列编外6人，人力资源市场2人。机构设置为“五部一会一队”、五个作业区和一个代管单位（原料回收加工厂）。固定资产原值39120万元，净值28103万元。主要设备有1250吨液压冷剪机、1000吨液压打包机，吊车59台（其中桥式起重机33台、门式起重机14台、抓钢机12台），龙门吊车2台，储油罐33个、酸罐2个、卤水罐3个、解冻库系统1台。

2019年，该中心坚持高举习近平新时代中国特色社会主义思想伟大旗帜，以扎实开展“不忘初心、牢记使命”主题教育为政治出发点，以深入贯彻落实党的十九大、鞍钢集团第二次党代会和中心二次党代会精神为指引，紧紧依靠广大干部职工，积极构建党建、生产、设备、安全、管理、防流失的六位工作体系建设，推动企业高质量发展，全年实现了人身伤害事故和重大生产、设备、质量、火灾、环境污染事故为零的目标。输出和加工废钢分别达到266.24万吨、77.69万吨，分别超计划10.84万吨、5.69万吨；水渣实现销售收入83364万元，比上年同期多创效22716万元。各类废旧物资实现销售收入5279万元，原燃料收发1073.28万吨，材料入库金额6585.34万元。

生产运行平稳高效。中心紧盯公司各项生产指标，通过找差距，补短板，不断加强生产管控，提升废钢产量输出规模。制定全优生产组织方案，合理调剂废钢资源，全力组织外购废钢铁接收工作，适时调整废钢铁接收过衡、卸车地点，降低排队待分配车流，提高运输效率。累计接收外购废钢958834.03吨，其中，铁运外购废钢289881.7吨，汽运外购废钢34893.7吨，外购破碎料494093.9吨，外购生铁53180.52吨。优化废钢入槽模型，保证槽重，实现废钢单耗159.75千克/吨。强化中心同公司和钢厂沟通协调工作机制，最大限度地满足炼钢所需槽子数量、槽子单重。主动对接提高"废钢+单耗"需求，实现了生产稳顺高效。废钢加工和输出质量显著提高，槽子单重合格率98.41%，比计划提高0.41%。合理安排原燃料货位，高效完成原燃料装卸工作。提高材料配送效率，实行零库存管理，优化流程，实现了配送准确率、及时率和用户满意率三个100%的目标。

环境治理取得新进展。环保工作刚性推进，落实扬尘污染监管责任，规范灵山料场管理，采取苫盖、喷洒固尘剂、植树绿化控制扬尘。完成灵山块矿、球团、石灰石料场棚化和东台隔音屏环保项目，增加封闭料场面积9.27万平方米、隔音屏0.36万平方米，及时消除环保风险。全面排查噪声污染源，进一步规范装卸作业操作，定期监测，最大限度降低噪声污染源。做好水渣飘洒和渣场扬尘治理工作。中心采取对渣场进行苫盖，对装载水渣车辆经过的道路进行清扫等具体措施，有效解决了水渣飘洒和扬尘的问题。

营销管理和服务成效显现。认真履行公司再生资源管理职责，精准制定再生资源的销售计划，协调、组织招标销售，积极拓展盈利空间，充分挖掘市场渠道，创造新的效益增长点。一是统筹了矿渣产品的业务职能，实行市场化销售。通过物流发运的精细化管理，加强市场信息调研，用实际竞价销售价格与河北钢厂及本地区钢厂销售实际价格相结合的方法，对矿渣公司实行价格定位，并且应用鞍钢电商平台，精准把握外埠市场的需求，竞价销售水渣，溢价率达30%以上，水渣实现销售收入83364万元，比上年同期多创效22716万元。二是通过回收各类废电缆、电线等各类废旧紫杂铜制品加工成废铜制品压块和铜米颗粒二项产品，通过替代电解铜，有效降低钢厂生产成本。三是在危险废物的销售上，秉承严格守法、合规操作、利益最大的原则，积极组织危险废物的销售，保证了股份公司各产线废油品及废旧电池的及时输出。特别是能源管控中心北大沟工艺技术改造后，各家水浮油一律不准在北大沟油水分离处理后销售，改为水浮油各家单独招标销售，从各家直接提货，有效解决北大沟因油桶储存、二次加工可能造成的环境污染问题。2019年各类废旧物资实现销售收入5279万元。

设备管理水平稳步提升。大力推进点检标准化管理，夯实设备基础管理工作，落实主体作业区与相关方管理责任、优化业务流程，提高工作效率。持续推进专项管理内审评价方式，提高设备规范化管理水平。通过日常基础管理检查和专项审核相结合的方式，重点对日常点检、定修、备件、特种设备、液压润滑、信息化、固定资产等管理进行专项内审，提高设备管理质量和水平。为满足公司2019年提高钢产量、增加废钢单耗工作要求，实施设备设施更新改造，设备状况明显改善。充分发挥"创新工作室"作用，推动设备小改小革，完成了23号、28号、31号、32号、40号五台小车改造工作。新购LIEBHERRR934C抓钢机1台、新安装42T桥式起重机2台，为10台起重机安装了断电保磁系统，完成了5台桥式吊车小车改造工作。组织开展了严控电机烧损专项活动，设备故障率持续降低，全年烧损电机台数同比下降14%，12月首次实现月电机烧损为零的目标。全年设备故障停机率为0.3%，同比下降0.19%。

安全环保工作得到强化。严格落实"党政同责""一岗双责"的安全管理职责，建立了"安全履职档案"，提升了领导人员安全履职意识。推行安全管理点检，健全网格化安全责任体系，有效落实安全管理责任，实现安全生产责任体系

"横向到边""纵向到底"的全覆盖。层层签订安全责任状，全员签订安全承诺书。认真吸取朝阳钢铁"11·1"死亡事故教训，组织对设备设施安全装置开展了专项排查，完成整改55项。对新项目投入运行前作业风险进行预警提示，实施了旁站式安全监管。开展隐患排查治理，消除控制危险。全年对排查出的211项安全隐患，全部实施封闭整改处理。完成了39台起重机安装视频监控设备、水渣区域东侧火车线新增1处铁路声光报警、在合金库内安装一套氢气报警器和一套磷化氢报警器等项目，累计投入183万元。每季度采取文本资料审核、岗位人员抽检询问、现场实际查证等方式对各作业区进行了安全管理绩效评价及组织安全互检，对于评价过程中发现的问题，实施闭环管理。开展安全标准化红旗班组评选活动，全年中心有92个班组被股份公司评为安全标准化红旗班组。集中组织开展安全主题教育活动，共进行应急培训35场340人次，495人参加安全知识答题。做好季节性防火工作，组织对重点区域防火隐患进行处理，累计清除杂草4万余平方米，清理可燃物及易燃物约1吨。全年实现安全生产事故为零的目标，保持了国家安全生产标准化二级企业的称号。

防范保卫能力进一步提高。完善防范国有资产流失管理体系，落实防范责任；推进技防升级，结合中心灵山区域多个技改工程项目，同步实施技防设施新增工程，安装全覆盖式监控设备；巩固发展"人防"网络，落实区域责任，分片结网、板块布阵，做到动态防护，主动出击，全面提高防范能力。全年共截获被盗废钢铁17.5吨，挽回经济损失3万余元。规范人员、车辆、物资管理，严把"门卫出入关"。深入开展"雷霆行动"，以中心安全保卫巡逻队为核心，组建了一支"雷霆行动"联勤联防小分队。推行厂区网格化管理，落实各类物资存放地定置定位管理和重点管控。规范了废钢区域夜间倒料作业，强化夜间运输车辆管理，在新建东台隔音屏技改项目中，同步安装视频监控设备。通过开展"雷霆行动"，共排查出治安防范隐患22项，处置偷盗事件52次。

党建思想政治工作取得新成效。中心党委坚持"融入中心强党建，服务中心助发展"的工作思路，狠抓"五个提升""五个保障"，凝聚高质量发展新合力。在党委层面，认真贯彻落实鞍山钢铁第二批"不忘初心、牢记使命"主题教育工作安排，制定实施方案，开展12次专题研讨，组织2次读书班学习，共查找到31项问题，坚持边查边改、明确责任人，2019年底已完成整改8项。从强化"四好"班子建设入手，制定完善《党委会议事规则》《党委工作规则》，提高党委决策的科学性。在党支部层面，以开展党支部建设提升年活动为契机，认真贯彻落实《中国共产党支部工作条例（试行）》，强化"五个基本"建设，修改完善了《党支部"达标创先"活动实施方案》，不断加强党支部标准化、规范化建设，全面提高党支部建设质量。在党员层面，坚持标准，严格程序，做好发展党员工作。扎实开展党内"双评""党员责任区""党员先锋岗"系列主题活动，完成22项共产党员工程、党员挑战项目，仅"细化装槽模型，提高槽重合格率，提升废钢铁增值效益"一项共产党员工程就实现创效4100万元。

企业管理不断加强。不断提升企业管理水平，构建制度体系，在中心范围内组织开展了规章制度的"立、改、废"工作，全年修订制度10个，废止管理制度2个。规范原始记录清单管理，制定记录清单的保管年限、方式、方法和原则。保管期限由3年调整为10年。防范法律风险，配合公司解决了劳动争议、合同纠纷案件各1起。加强保密管理，推进保密制度建设，强化保密检查。重视人力资源基础管理，人力资源基础管理工作得以强化。认真履行党风廉政建设监督责任，围绕企业生产经营管理中心工作，组织实施公司级、中心级专项监督工作，围绕监督设计、工作部署、督促检查三个关键环节推动专项监督工作深入开展。全年共避免经济损失337.3万元，实现了国有资产保值增值。

职工队伍和谐稳定。组织职工代表参与企业改革、生产经营、用工制度等重大决策事项审议，做到审议率100%。不断推进厂务公开工作，接受职工监督。组织开展职工代表视察活动，共收到意见和建议19项，落实相关部门及时整改解决。深入开展群众性建功立业活动，分解落实"双增双节"项目23项，全年实现"双增双节"创效49.44万元。紧紧围绕保产保供的重点、难点，组织开展了"保输出、增单耗、提废降铁、创优夺冠"主题劳动竞赛活动，有效解决了生产经营中的难题。进一步推进刘万文创新工作室建设，获得公司创新支持资金项目2项，完成公司创新支持资金项目1项，创效12.8万元。其中“降低起重电磁铁烧损技术”项目获评鞍山钢铁职工创新工作室优秀创新项目三等奖。进一步落实《资源储运经营中心先进操作法管理办法》，中心解明顺吊车电机点检“五步”操作法推广到股份炼钢总厂。切实关心职工，深化“安康杯”竞赛活动，充分发挥工会劳动保护检查员作用。全年走访慰问职工949人次，发放救济金31.88万元。高温季节和严寒冬季慰问一线职工，发放防暑降温用品和防风脖套、保暖热贴、充电暖宝。跟踪评价食堂服务，提高职工的就餐质量。丰富职工业余文化生活，组织职工参与鞍山钢铁公司工会开展的“一起走”团队健身活动，广泛开展职工登山、投篮、三人篮球、跳绳等体育比赛及心心相印、珠联璧合、鸣金开锣等趣味活动，有力增强了企业凝聚力。

（马文莉）

【汽车钢营销（服务）中心】 2019年末，汽车钢营销（服务）中心有在岗职工76名，其中高级职称13人、中级职称52人、初级职称11人。汽车钢营销（服务）中心是鞍钢汽车钢产品的专业销售服务平台，集鞍钢汽车钢产品市场布局、市场开发、客户管理、产品销售、技术服务、新产品研发与应用推广、加工配送服务为一体，统筹协调资源优化配置，统一面对汽车客户，建立以客户为中心的快速反应机制与贴近服务体系，进一步提升汽车钢产品竞争优势。该中心统一管理鞍钢汽车钢产品销售、客户服务、计划、价格、合同评审、产品认证、EVI管理及加工配送等相关业务；协调ANSTEEL、TAGAL、AHK、攀钢等与汽车钢相关的技术研发、产品发展、加工配送及客户服务等相关业务。该中心下设销售与市场部、供应链管理部、客户服务部、综合管理部等四个部门和长春钢加、一汽鞍钢、沈阳钢加、大连钢加、天津钢加、郑州钢加、武汉钢加、合肥钢加、杭州钢加、鞍钢金固、广州钢加、广汽宝商、长沙钢加等十三个钢加中心。

2019年，实现鞍山钢铁汽车钢销量147万吨，荣获江淮汽车“合作共赢奖”、东风商用车“最佳供应商奖”、广汽传祺“优秀合作奖”和“品牌推广奖”等多个客户奖项。

1. 理想信念更加坚定。该中心各级党组织及全体党员深入学习习近平新时代中国特色社会主义思想和党的十九大、十九届二中、三中、四中全会精神，开展“不忘初心、牢记使命”主题教育，认真学习党的政治理论和方针政策，学习鞍钢集团第二次党代会精神，组织该中心党总支委员会政治理论学习26次，各基层党支部学习48次，开展形势任务教育12次，开展领导班子基层调研12次，组织专题研讨10次、读书班2次，专题发言12次，广大干部职工进一步坚定“铭记长子担当，矢志报国奉献”初心使命和责任担当。

2. 国际化综合能力大幅提升。成功开发海外汽车用户特斯拉，10月实现首次正式供货，鞍钢集团作为唯一受邀钢企，参加特斯拉上海超级工厂首次供应商高层会议；取得马来西亚宝腾汽车、印尼加工中心PT. Inometal Mitrabuan公司、泰国TIS销售新进展，大幅提升鞍钢汽车钢的国际化体系综合能力。

3. 信息化建设取得突破。汽车钢智联云平台成功上线运行，实现同汽车用户系统对接，用数字化实现了供应链前置，形成汽车钢中心、钢加中心销售网络一体化，推动实现质量、供应链及组织管理的高效率和低成本，以强体系、强直供、强服务的智能服务，进一步提升了客户体验。

4. 市场占有率持续提高。对标宝武，2019年实现市场占有率达19%。强化开发重点主机厂、小微客户、车型发包、新产品和新能源汽车，实现9个重点主机厂的深度开发，首次供货广汽菲克；完成15家小微客户开发，新增订货量超1万吨；获得9个车型供货份额，一汽轿车两款车型内制冷轧件供货达100%；实现了新产品EPS小批量试模和长城汽车整车基地高扩孔材料切换；实现5家新能源汽车的开发；加速认证，完成20个主机厂产品认证。

5. 服务能力不断深化。实施基于车型全生命周期管控，全面推广QCDDS管理体系，年度开展项目91个，实现东风日产PPM值大幅降低；EVI服务模式探索由项目制向平台化转变；推动实现鞍钢集团-华晨集团-东北大学联合实验室成功建成；深化全流程供应链服务管控，建立“用户需求—钢加服务—生产制造—物流储运”的全流程联动的供应链风控体系，实现合同交付90%；深化高标准技术质量服务管理，制定4个质量体系管理制度，有效解决3个顾客痛点问题，走访29

家主机厂和主要配套企业进行技术交流与推介。

6. 鞍攀协同不断强化。建立 TAGAL 和 AHK 供应链体系无缝对接的统一协同平台，实现鞍攀两地四大品牌供应链全流程一体化协同服务。在技术一致、认证协同、同一销售平台、培训交流方面开展一体化工作 15 项，依托智联云平台建设，形成鞍钢汽车钢品牌合力，提高市场竞争力。

7. 品牌影响力继续扩大。举办东风日产—鞍钢大型联合车展活动，售车成交 306 辆，获赠鞍钢汽车钢组装拼焊的白车身一辆；与广汽乘用车联合开展员工内部优惠购车活动，售车百余辆；为一汽大众员工家属开放日制作《钢铁是这样炼成的》宣传片；参加重庆全国汽车用钢年度展览会；制作鞍钢汽车钢产品手册。通过多种方式讲好鞍钢汽车钢品牌故事，赢得客户信赖，提升品牌价值和影响力。

8. 市场化契约化稳步推进。建立各钢加中心经营者市场化选聘、契约化管理和退出机制。明确经营者经营期限、经济责任指标，实行“年度薪酬”的分配办法，切实推动经营者身份由行政化向市场化转变。引进优秀成熟人才，为长春钢加选聘职业经理人，采取内外结合的双通道，推动现有经营管理者与职业经理人身份转换机制，与市场接轨。

9. 党建联盟成效显著。持续开展鞍钢—广汽创新工作室联盟活动、鞍钢——汽五支部党建共建活动、鞍钢—东风日产党建交流等党建联盟活动，开展参观生产现场、博物馆、郭明义爱心工作室等互访交流 50 余次，有效推动高层互访。2019 年，建立党建联盟 20 余家，形成了遍布全国的党建联盟网络格局，将党建工作充分融入业务工作，有效黏合客户，创造汽车钢品牌价值。

10. 纪检监察工作扎实推进。开展进一步整治形式主义、官僚主义问题专项治理工作，共检查出问题 13 项。保持查办案件高压态势，配合公司纪委查办餐饮发票违规报销和违规办理消费卡案件各 1 起，开展钢加中心公开招标采购行为监督检查，对采购方式错误和技术指标把关不严问题进行及时制止和纠正。全年留党察看和行政撤职 1 人，党内警告处分 1 人，批评教育 5 人，绩效考核 4 人。全面落实整改，修订管理制度 2 个，开展招投标管理制度培训，组织全体员工参观鞍钢反腐倡廉纪念馆，提高廉洁从业意识和工作能力。

（刘媛媛）

【鞍钢化学科技有限公司】 2019 年，化学科技有限公司共有职工 1154 人，其中在岗职工 1062 人，居家职工 74 人，编外人员 18 人。在岗管理及专业技术人员 159 人（高级职称 30 人，中级职称 94 人，初级职称 35 人）。该公司机关设有产品制造室、综合管理室、设备保障室、安全环保室、财会室、工会、党委工作室（人力资源室），基层设有 12 个作业区和 1 个营销中心。该公司主要产品有针状焦和焦油系列、萘系列、苯系列、酚系列、吡啶系列等品种。

2019 年，化学科技有限公司以习近平新时代中国特色社会主义思想为指导，全面贯彻党的十九大和十九届二中、三中、四中全会精神，深入落实集团第二次党代会精神，坚持以“开放变革，转型升级”为工作主线，主动应对化产品市场下行压力。全年化产品处理量 58.3 万吨，其中，苯处理量 18 万吨、焦油处理量 40.3 万吨，同比分别增加 0.53 万吨、1.1 万吨；产品销售量 65.2 万吨，同比增加 1.3 万吨；实现营业收入 81 亿元，实现利润 4.8 亿元。

优化调整产业布局，提升多元化经营能力。做强现有业务。20 万吨焦油升级改造项目按期投产，具备了全面优化焦油类产品结构的能力，形成改质、中改、中温和软沥青四大沥青品种的合理调配能力。延伸产业链。4 万吨/年针状焦项目按期投产，生产出合格生焦 4821 吨、熟焦 2037 吨。碳微球项目完成单体试车、联动试车。活性炭项目完成可研设计。

改革体制机制，提升发展动力。召开了公司第一次董事会，通过了相关议案。完成工商登记备案，企业信用信息、经营信息公示，保障公司依法合规经营。完成东区设备维保界面置换及职工竞争上岗安置，实现置换过程平稳过渡。完成老产线人员结构优化及新建产线人员配置。落实公司 2019 年全口径人力资源优化指标，完成全民岗位 77 人、劳务岗位 204 人的优化任务。强化考核跟踪，落实事故考核 10 项，7.2 万元；专项考核 102 项，12 万元，确保责任落实到位。

加强营销采购管理，提升市场竞争力。优化销售渠道结构，增加产品区域外投放，平衡区域内供需，全年精萘、蒽油等产品累计出口7300吨，纯苯产品向华东地区投放7.2万吨。纯苯直供占比达78%，改质沥青直供占比达64%。加强电商平台销售，扩大鞍钢品牌知名度，共计进行108次竞拍，成交4万吨。加强采购渠道建设，全年粗苯直采比例72%，煤焦油直采比例84%，同比均有提高。全年外购粗苯4.2万吨、煤焦油4.5万吨。

开拓创新思维，提升科技引领力。“鞍钢30万吨焦油深加工典型工艺技术和装置研发与应用”项目获2019年度冶金科学技术奖一等奖，4项科研成果获鞍钢股份重大合理化建议一等奖，4项QC成果被推荐为辽宁省成果。推进与大连理工大学、中科院及辽宁科技大学两个项目技术合作，完成阶段验收。深入开展“网络问企”“两室一会”“一日厂长”等活动。完成技术攻关课题42项，创效584万元；提出合理化建议1111项，解决635项。

（周　赫）

【鞍钢科技发展有限公司】 2019年，鞍钢科技发展有限公司在经营上挖渠道，在管理上下功夫，克服各种困难，圆满完成公司下达的年度500万元年利润目标。

促进先进技术鞍钢内部高效移植，提升鞍钢整体技术水平。汽车用钢研发团队通过与长期客户鞍神、蒂森的合作，产生明显成效，技术和服务得到用户的认可，并带动与鞍钢广州汽车钢有限公司连年签订技术服务合同。针对攀钢有先进汽车钢产品生产设备，但技术储备不足的问题。通过技术服务和输出缩短了攀钢汽车钢品种的研发周期，赢得了用户占领了市场。随着汽车钢产品竞争的加剧，用户对汽车钢EVI技术的要求愈发强烈，鞍钢技术的输出充分满足攀钢需求，有助于其占领市场，实现双赢。以此带动公司整体产品升级与质量提升，完成应用技术的成果转化。

重点培育高附加值、高技术含量的产品。定制化及高精尖业务更受现在科技市场的青睐，也更为国家政策导向所倡导。为转变技术贸易形态，提升科研人员对科技创新的积极性，需拓宽产业化项目的覆盖面，并提升创新的含金量。对辽宁科技大学输出3D打印技术“喷头3D打印制作服务项目”，为攀钢集团江油长城特殊钢有限公司完成“攀钢集团江油长城特殊钢有限公司加热炉（均热炉）能耗诊断”，与未来研究院合作“增材制造用丝材性能分析与研究”等。

积极推广“技术+装备”的产品销售。“脱硫过程动力学优化技术研究之脱硫吹气辅助扒渣技术开发”成功移植攀枝花钢钒有限公司，该技术此前已经根据不同用户需求成功移植多套。为满足用户需求，在短时间内开发出满足客户需求的产品，并配套服务，根据不同项目开发出个性化产品，并根据客户反馈意见不断提升产品质量。研发人员以互惠互利为前提，以科技创新向成果转化为主线，提高了鞍钢的知名度。

完善技术贸易平台，提升管理效率。为积极配合2019年股份公司建立的新的科研管理系统上线，科技公司认真组织、积极反馈意见，为制定科学高效规范的管理流程献计献策。针对实际运行中出现的问题对流程进行规范、修改，有效地简化了技术输出流程，有针对性的管理放权，从而提升了业务效率。建立的科技公司网站即将发布运行，为科技公司打造品牌做出有力宣传。

（许寒冰）

【鞍钢集团朝阳钢铁有限公司】 鞍钢集团朝阳钢铁有限公司前身是由鞍钢集团与凌源钢铁集团有限责任公司共同出资组建的合资公司。该公司占地面积367万平方米，企业注册资本28亿元，鞍钢和凌钢分别持有75%和25%股份。2014年9月15日凌源钢铁与鞍山钢铁签署了《国有股权无偿划转协议》，凌源钢铁将其拥有的25%全部股权无偿划转给鞍山钢铁。2014年9月26日，经鞍山钢铁党政联席会议讨论决定，“鞍钢集团朝阳鞍凌钢铁有限公司”更名为“鞍钢集团朝阳钢铁有限公司”，简称“朝阳钢铁”。朝阳钢铁作为鞍山钢铁全资子公司管理。

截至2019年末，企业总资产52.63亿元。有在职职工2111人，其中管理技术岗位人员309人，岗位操作人员1802人；居家及列编外人员52人，退休职工人数110人。朝阳钢铁机关设9个职能部门，分别为综合管理部（党委工作部）、市场营销部、物资采购部、生产制造部（安全环保部）、科技质量部、设备保障部、计划财务部、纪委（监察部）和工会。下设7个基层单位，分别为焦化厂、炼铁厂、炼钢厂、热轧厂、能源动力厂、加工储运中心、计量化检验中心。规划规模年产400万吨钢，一期产能200万吨热轧板材。

现拥有1座综合原料场，2座50孔焦炉及干熄焦等配套设施，1台265平方米烧结机，1座2600立方米高炉，2座120吨顶底复吹转炉及2座LF炉、2台单流板坯连铸机，1条1700ASP连轧生产线，3台1万立方米/时制氧机，1座容量为3×25兆瓦的热电站，以及供电、供排水、燃气、热力、制氧、石灰、总图运输等配套设施。

2019年，是朝阳钢铁建设最具成本竞争力钢铁基地的起步之年。朝阳钢铁全面贯彻党的十九大、十九届二中、三中、四中全会精神，认真贯彻落实鞍钢集团二次党代会、朝阳钢铁三次党代会决策部署，加强党的建设，扎实开展“不忘初心、牢记使命”主题教育，聚焦“变革、效率、品质”三个关键要素，广大干部职工主动作为，抢抓机遇，各项工作取得了显著成效。全年生产铁215.9万吨、钢249.4万吨、材248.6万吨，同比分别增长4.2%、3.9%、1.5%，皆创历史最好水平；利润8.2亿元，销售利润率全年完成9.4%，前11个月达到行业平均的2.2倍，全行业排名第10；主体人员轻伤以上事故、火灾事故和环保事件为零。

1. 坚持精细管理，生产管控能力显著提高。以高炉为中心，外抓原燃料稳定保供，内抓规范化标准操作，高炉利用系数创历史最好水平。不断提高规模掌控力，利用效益模型，动态调整废钢比，7月铁水单耗达到831千克/吨，刷新历史纪录。大力推进单加热炉生产模式，铸坯直装率提升30.2%，吨材电、煤气单耗分别降低8.7%、13.8%，创历史最好水平。开展在线设备精密点检和状态监测，推广36要素事故分析法，进一步夯实点检定修制，开展管理点检升级活动，点检体系建设趋于完善，事故管控能力显著增强，设备可开动率提升1.71个百分点，创历史最好水平。实施基础自动化、状态监控、站所室集控、遥控定位、机器人等智能制造项目17项，显著提升了全公司自动化、数字化、智能化水平。

2. 抓住降本增效，成本变革能力显著增强。围绕六大类59项课题，开展系统降本工作，吨钢降本98元，全年降本2.8亿元。以财务为主线，贯穿产采销，将配煤、配矿、铁钢比、生产组织、销售、费用等7个子模块，整合到财务平台，建立了公司级经营模型，将市场与现场连通，精准指导降本方向。完成能源体系贯标建设，规划节能项目逐一落地，吨钢综合能耗、吨钢耗电、吨钢耗新水、吨钢取水量同比分别降低4.3%、4.6%、4.6%、3.3%，都达到历史最好水平。全年焦炭、生铁成本保持行业领先，钢坯、钢材成本进步显著。

3. 高效对接市场，创效保障能力不断提高。精准研判市场，合理把握节奏，利用效益测算模型，实施性价比采购，开发RTX粉、FMG粉、印粉、惠安粉等非主流矿，累计降本4000余万元。加强市场研判，四季度大宗原燃料库存降幅19.3%，有效防控市场价格风险。全年综合降采1.2亿元。以市场为导向，华东、华南普碳资源投放量提升13.4%，辽西近域开平板市场销量同比提高36.7%，创效1757万元。强化公司、厂、工区三级质量管控体系建设，狠抓实物质量提升，质量异议率、吨钢质量损失同比分别降低40%、33.3%，创历史最好水平。品牌形象持续改善，以解决客户痛点为着力点，提供一站式管家服务，大幅降低客户沟通成本；提升产品交付能力，到货期准确率达到82.1%，客户黏性显著增强。

4. 落实管控责任，安全环保管控能力不断提升。树牢安全发展理念，大力推进安全生产一级标准化企业建设，安全管控水平显著提升。分解目标责任，逐级签订责任状、承诺书，管理者履职进一步夯实。围绕相关方教育培训、自主管理及主体监管等三个方面7个问题，制定整改措施10项，阶段性要素213个，相关方管控水平显著改善。开展“六有六必”“转作风、提标准”等活动，全年整改隐患1062处，现场本质安全水平进一步提升。落实央企环保责任，编制生态环境保护规划、超低排放改造工作方案，并有序推进。推进焦炉机侧除尘、炼铁厂喷雾抑尘、高炉杂矿仓除尘等项目，无组织排放得到有效治理。强化环保设施运行管理，环境污染因子合格率达到100%。获评“绿色发展二十大优秀企业”荣誉称号。

5. 坚持管理提效，持续发展动能显著提升。以“干什么，考核什么”为原则，实施差异化绩效考核，管理者与成本、效益挂钩，生产者与产量、质量挂钩，重精准、强激励、硬约束、严考核，绩效考核的导向性显著增强。突出精准激励，定向重点激励系统降本，引导全体职工与企业同心同向同行。严控存货资金占用、强化资金平衡筹划，提高资金效率，经营性现金流完成122%，存货周转率同比提高1.17次，达到行业领先水平。资产负债率降低6.24个百分点，实现了有息负债为零。大力推进人力资源优化改革，在岗劳动生产率和全员劳动生产率分别提高6.1%和26.7%。着力为基层减负，全年各类会议同比减少46.2%。

6. 落实共建共享，企业发展合力不断凝聚。坚持依靠职工办企业，打造工匠团队，开展劳动技术竞赛，涌现了10名状元和19名能手，其中4人分获辽宁省职工技能大赛第二名，鞍钢集团群英赛第三、六、七名。开展“双增双节”活动，立项983项，创效6894万元。支持全员创新创效，创新工作室立项79项，创效1888万元；青年创新登高立项105项，创效3591万元。不断提升服务职工质量，深入开展“践行共享理念、关爱一线职工”专项服务行动，完成项目7个，职工操作室、休息室等生产生活环境得到进一步改善。全面落实困难职工帮扶责任，帮扶困难职工、党员763人次，发放救助金47.77万元。落实上级扶贫攻坚工作部署，扎实推进扶贫项目落地落实，切实履行社会责任。

【焦化厂】 2019年末，焦化厂在职职工244人(居家人员3人)，女职工3人，管理技术岗位17人，生产操作人员227人。下设4个工区，即备煤工区、炼焦工区、煤气净化工区、检修工区。拥有一套炼焦煤输送系统，年输入和输出能力各为147.2万吨；2座6米50孔焦炉，1套125吨/时干熄焦装置，年生产焦炭100万吨；1套焦炉煤气净化系统，处理能力48000立方米/时。

2019年，该厂坚持以公司“提规模、降成本、调结构、控风险、增效率、强党建”工作方针为工作主线，以全面完成公司下达的生产经营任务为工作目标，继续坚持“一手抓组织队伍建设，促党建工作质量全面提升；一手抓安全生产模式，保生产焦炭优质稳定供应”的工作思路，确保党员、职工队伍和谐向上，生产运行安全稳定，焦炭、副产品产质量稳步提升。该厂通过实施创新化管理模式，完善组织构架责任体系，强化基础管理；深入开展技术创新，解决制约生产瓶颈问题，提高生产工作效率；强化设备维护保养，保证系统生产稳顺，延长设备使用寿命；严格考核激励机制，提升职工爱岗敬业的责任意识，实现在创新化管理模式上的大踏步前进。全年全面完成了公司下达的产量、质量和成本指标任务，全焦成本指标始终保持“三地（鞍山本部、鲅鱼圈、朝阳）”较低水平，实现了生产指标最优，产品质量最好，消防安全生产事故为零，各项指标创历史较好水平的目标。

1. 坚持以焦炉为中心组织生产，强化创新管理措施落实。通过对干熄焦系统的精细管理、精准操作和精心维护，坚持以“定风、稳排、调温、保压”为干熄焦系统操作方针，干熄焦生产作业率和吨焦产蒸汽量两项指标同创新高；通过新增焦炉炉头补充加热装置，有效地提升了炉头温度，降低了炉头焦产出量，并且在保证炉头温度和焦炭成熟度的前提下，大幅度降低了焦炉标准温度，焦炉生产能源消耗下降明显。通过多举措严抓焦炉生产管理，焦炉煤气发生量显著提升，吨焦产煤气量较去年同期比增加5.9%。建立副产品入库质量监控、储罐产品质量分析、出库产品质量关注的全流程质量管理体系，确保副产品质量合格率稳定实现100%。针对循环水系统存在的易渗漏、难发现和难处理问题，将原地下循环水系统改造至地上，在保证水系统正常供应的前提下，利用“搬眼”和局部停产的方式进行管道连接。新管道投入运行后，生产新水消耗降低了455立方米/天，既保证了生产稳定顺行，又降低了能源消耗。全年由于外部原因导致焦炉置换煤气作业12次，焖炉作业11次，总结行业先进的操作方式，确保焦炉生产安全平稳过渡，焦炭质量无大幅度波动，为全系统平衡提供了有力的保障。全年实现生产事故为零，全年实现生产焦炭95.6万吨，干熄焦率94.15%；化产品产量完成硫铵1.07万吨、焦油3.12万吨、粗苯0.98万吨。

2. 夯实设备基础管理，为生产稳顺保驾护航。该厂完善设备各项管理制度、修订“四大标准”、制定岗位操作规程。强化设备点检维护，保证设备稳定、安全、长周期运行。强化设备流程管理，科学有效延长设备使用周期；强化点检定修管理，提高备件保供能力；强化特种设备管理，形成管理体系，实现厂级管理、点检级管理、设备所在区域管理三级管理，做到“三层管控一机一卡”，确保特种设备功能完备和精度达到100%；树立全员设备管理理念，从设备缺陷治理入手、从设备管理细节着手，依靠技术创新和新技术引进，提升设备管理水平，严控事故发生，不断追求“功能完善、精度最佳、事故为零、费用最少”的管理目标，为实现生产经营目标提供强有力的设备保障。通过不断研究探索技术创新，提升设备工作效率，6 米焦炉四大车走行、对位和连锁功能基本实现了自动化；顺利完成技改工程、缺陷治理和“日定年”三修工作；修订设备“四大标准”，做到点检更精准、给油更标准、维修更规范、技术更科学。针对设备跑冒滴漏问题制定《机台“6S”管理细则》，并按照“PDCA+责任”的管理模式开展推进工作。完善设备人员培训体系，减少形式化、增加专业化，有效提升设备维护水平。全年实现三级以上事故为零。

3. 加强技术质量管控，提质增效双管齐下。该厂围绕吨焦耗洗煤、单孔产量、焦炭质量等重点生产指标，着重深抓内部挖潜工作，将大指标细化分解为 16 项小指标，提出降本增效项目 11 项，同时成立 QC 攻关小组 7 个，集中技术力量逐个击破。通过“冠军炉”“生产指标提升”等劳动竞赛，“青春之焦化”创新工作室、科技创新攻关等创新平台，提质增效工作高效高质量进行。通过来煤质量的科学研判，料场存煤的强化管理，焦炉试验等方式，全年共对 3 个外来煤种进行综合性分析，将 1 个优质煤种加入配煤结构中，使配煤结构得到优化，确保配煤比变更过程中焦炭质量的“0”波动。在降本增效方面，该厂多措并举严抓焦炉生产管理，焦炉煤气发生量显著提升，吨焦产煤气量较去年同期比增加 5.9%，降本增效成绩明显。在成本攻关方面，该厂充分调动广大专业技术人员的积极性、主动性和创造性，积极开展焦炭质量攻关工作，全焦耗洗煤 1362 千克/吨，热反应性 20.77%、热反应强度 67.12%。

4. 强化安全管理责任落实，推动安全生产稳定顺行。该厂以“增强安全意识，加强安全教育”为主导思想，以推行安全生产制度，加强安全检查，消除各种安全隐患为安全生产管理方针，以深刻剖析和整治既往发生在身边的违章典型案例为重点，采取抓班组长从而带动班组成员的形式不断推进安全管理。一是以推行安全生产制度，加强安全检查，消除各种安全隐患为安全生产管理方针，以实现长周期安全生产为目标，在安全管理“0123”的基础上，制定完善安全管理制度 20 项。依托全员安全生产责任制，进一步细化各项制度管理责任，实现责任分工全覆盖。二是深入细致开展安全检查工作。开展安全隐患排查工作，做到预防为主，发现问题迅速处理。对需要协作处理问题，按照“五定”工作模式即定整改措施，定方案、定整改时间、定负责人和定验收标准，确保隐患在“安全期”整改完成。2019 年全年共计开展综合检查 12 次，专项检查 27 次，发现治理隐患 437 项，整改率 100%，形成闭环管理。三是利用多种形式增强职工安全意识。强化安全例会制度，广泛宣传各类案例，利用微信平台、电子屏幕、宣传橱窗等为职工掌握安全知识提供便利，使职工的安全知识能够入脑入心。四是实现安全一体化管理。开展相关方单位资质审查工作，提升协力单位安全管理水平。组织区域内 17 家相关方单位，按照主体标准建立统一的安全规程、班组记录、安全培训记录、安全管理点检记录等，规范协力单位班前会、周安全工作模式，实现安全一体化管理。五是开展安全培训工作。全年开展全员持证上岗，春节安全教育、职业卫生、法律法规制度培训等 12 项专项培训工作，累计培训 2413 人次，签订承诺书 217 份。六是强化危险作业管理。对动火作业安全措施执行模板化，危险性不同的作业进行措施补充填写。强化二级以上动火作业、危险作业的现场检查跟踪工作。修订危险作业管理制度，按照《化学品生产单位特殊作业安全规范》（GB 30871—2014）要求，规范安全措施落实。全年实现轻伤以上事故、消防事件为零。

5. 强化环保缺陷整治工作，确保系统环保达标运行。该厂通过实行环保“1+2+3”模式，有效提升污染防治能力和环保管理水平，持续改善厂区环境，开创了环保工作的新局面。修订各项环保管理制度，其中，承接制定环保制度 6 项，执行公司环保制度 7 项，自定环保制度 2 项，完善了环保管理标准化制度体系。2019 年，该厂环保工程项目陆续开启，特别是 JN60-6 型焦炉机侧除尘项目。作为公司关注的重点环保项目，在工期紧、指标重、作业空间紧凑等情况下，该厂制定环保工程项目的施工网络图，严格按照时间节点推进工程进度，设立工程管理组、质量监督组和安全督查组，确保施工项目在按期、保质、安全的前提下顺利完成。焦炉机侧除尘装置投入运行，有助于高效捕集焦炉机侧阵发性生产烟气，区域内空气颗粒物含量将低于10毫克/立方米，排放指标完全满足国家环保标准要求。此外，为防止粉尘污染，对干熄焦除尘地面站进行分段改造，确保各除尘点吸力满足工艺要求；为防止二次扬尘，对焦炭落地点、回装点加装密封设施；开展绿植工作，全年累计种植各类树木710余株；改造二次回用水管线，增设喷洒点30余处，在绿化现场的同时降低现场粉尘含量。

6. 强化党团建设，争创先进团队。该厂党委持续推进“两学一做”学习教育常态化制度化，坚持以公司“提规模、降成本、调结构、控风险、增效率、强党建”工作方针为主线，紧紧围绕生产经营中心任务开展党建工作，引领广大党员职工增强“四个意识”、坚定“四个自信”、做到“两个维护”，全面贯彻执行党的理论和路线方针政策。该厂召开第二次党员大会，完成各级党组织换届工作，细化党组织结构，优化党组织建设，发挥基层党组织作用。健全、完善党建工作制度，制定党委、支部、党小组党建工作规划。全面梳理党员信息，制定发展党员计划，规范发展党员流程，强化基层党组织凝聚力和战斗力。开展“达标创先”“基层党支部建设提升年”“开展‘学习党代会精神，建设高品质鞍钢’体会文章征集活动”“征集党员书画、摄影作品”、共产党员挑战项目和共产党员工程等党组织活动。其中共产党员工程立项8项、创效386.62万元，共产党员“挑战项目”立项15项、创效334.9万元；在鞍山钢铁集团公司团委举办的党团知识竞赛中，该厂团委代表公司参赛，最终获得冠军。广泛开展“不忘初心、牢记使命”主题教育、“解放思想、开放变革、提效率、提质量、降成本、强品牌，建设高质量鞍钢”大讨论活动和学习张富清等同志先进事迹工作，组织全体党员撰写学习体会、提报合理化建议，提高党员政治站位，发挥党员带头作用。全面开展以“提升党员红色意识领会鞍钢发展蓝图”为主题的“七个一”党建系列活动，促进广大党员勇于担当作为，以求真务实的作风将“新思想、新精神”落到实处。开展向港珠澳大桥建设者学习活动，通过活动选树焦化厂“榜样”人物4名，起到了良好的示范引领作用。持续开展“戴党徽、学党章、背誓词”活动，鼓励和引导全体党员在工作中发挥先锋模范作用和帮带作用。强化党委、支部班子政治思想建设，提高党委、支部班子的综合素质和能力，着力建设政治素质好，经营业绩好，团结协作好，作风形象好的“四好”班子。着力开展宣传工作，全年向《朝阳钢铁之窗》报刊投稿110篇，通过《鞍钢日报》、朝阳钢铁之窗、公司微信平台发表稿件60篇，全面展示了该厂深入学习贯彻党的十九大精神、鞍钢集团有限公司第二次党代会精神、“两学一做”学习教育常态化制度化、生产经营动态、安全知识宣传和技术创新攻关的开展和落实，充分彰显了良好的工作氛围。适时更新宣传橱窗、电子大屏幕，方便职工及时了解企业动态、职工风采。开展党委书记、党委委员讲党课活动，全年党委书记、党委委员给党员讲课6次，参与党员累计210人次。开展党委、党支部各类党课14次，参与党员累计550人次。

7. 关心职工，营造和谐发展氛围。通过“践行共享理念、关爱一线职工”专项服务活动，修缮职工休息室和浴池，改善职工休息、洗浴环境。为离退休职工办理离职仪式、发放新工装、退休纪念品，让离退休职工感受到企业温暖。建立帮扶救济制度，建立困难职工档案，定期对困难职工家庭进行走访慰问，让职工感受企业的温暖。开展职工慰问工作，为生病住院、直系亲属去世的职工申请慰问金，体现对职工的关怀。深化“网络问企”活动，全年共收集建议500余条，创效170万余元。组织“一站到底大PK”竞赛答题、安全消防竞赛等活动，营造“比、学、赶、帮、超”的良好学习氛围，强化职工的学习意识。以建功新鞍钢为主题开展“春季健身跑”“五一趣味体育竞赛”“五四青春故事会”“六一亲子绘画活动”“十一团队拓展竞赛”等活动，丰富职工业余生活，缓解职工工作压力，展现职工才艺，增加职工间的友谊；在公司组织的文体类、竞赛类活动中，该厂职工展现出非凡的精神风貌，足球、拔河比赛获得亚军，羽毛球比赛获得团体第三名，职工棋类、演讲比赛获得个人第三名，获得荣誉的同时提升了团队凝聚力。建立“红旗评比”机构，每月对红旗岗位、红旗班组人员进行奖励，全年评选出焦化厂“红旗班组”24个，“红旗岗位”12个，提高职工的工作积极性。广泛开展“安康杯”竞赛活动，该厂工会主席谭明鑫荣获辽宁省“安康杯”竞赛先进个人荣誉称号，王健撰写的《做好工会劳动保护工作的探索和研究》论文荣获全国钢劳联第35届年会理论研讨论文优秀奖和鞍钢集团优秀论文二等奖，还有多名同志在各层级的论文评选中获奖。深入开展群众性生产工作，深化大指标创优、小指标夺冠“冠军炉”竞赛、“生产指标提升竞赛”，为该厂生产稳顺运行提供了强有力的保证。深入开展“双增双节”活动，全年累计创效1157万元。开展先进操作法评选工作，评选出厂内先进操作法4项，创效227万元。通过“青春之焦化”创新工作室立项14项，创效423万余元。

在荣誉方面，该厂荣获“辽宁省模范职工小家”“鞍山钢铁优秀精神文明单位”“鞍山钢铁安全优胜单位”“防火优胜单位”，炼焦工区团支部荣获“鞍山钢铁五四红旗团支部”，调火班荣获“朝阳市优秀班组”“鞍钢集团优秀班组”。

【炼铁厂】 拥有1台265平方米烧结机，年生产能力为262.35万吨；1座2600立方米高炉，年生产能力为200万吨。2019年末，炼铁厂职工总数283人，其中，在职职工275人，居家7人，列编外1人；管理和专业技术岗位人员23人，生产操作岗位人员252人；本科及以上学历80人，大专学历76人，其他学历127人；高级工程师职称6人，工程师职称31人，助理工程师职称22人，员级14人；高级技师1人，技师4人，高级工68人，中级工92人，初级工79人。该厂下设8个工区，分别是：高炉工区、喷煤工区、运转工区、原料工区、高炉检修工区、烧结工区、配料工区、烧结检修工区。

1. 强化生产运行管理，安全生产实现生产经营目标。坚持以高炉为中心的生产组织原则，优化各工序生产组织，突破原有认识，打破固有习惯。面对诸多技术难题，制定切实有效措施，使高炉、烧结操作规范化、标准化水平有了明显提高，高炉生产实现了长周期稳定顺行。全年铁、烧结矿产量较2018年分别增加8.74万吨、14.36万吨。高炉、烧结利用系数、生铁一级品率、烧结碱度稳定率均创历史最好水平。安全生产实现轻伤及以上人身伤害事故为零、火灾事故为零、环保事件为零及职业健康禁忌证为零的总体目标，安全生产管理水平得到明显提升。

2. 强化设备运行管理，提升设备保障能力。加强设备运行管理，对关键设备实施互检和巡检制度。结合设备事故及点检需求，对28套“四大标准”进行重新修订。严抓点检及定修质量，严控设备事故发生，按照“四不放过原则”做好事故封闭管理，严肃追究事故责任，避免重复事故发生，通过优化定修模型及减少事故时间，高炉、烧结设备可开动率均创历史最好水平。

3. 实施对标和创新，降本效果显著。建立周成本测算制度、铁前配矿一体化模型、燃料成本经济化等方式进行成本过程控制，达到生铁成本最优的目的。通过提高产能、精细化操作、优化配矿结构、提高厚料层操作、降低烧结漏风率、提高料温等措施不断降低生产成本，累计创效7248万元。生铁成本月平均完成2042元/吨，连续创“三地”最低，优于同行业平均水平249元，在全国56家重点钢铁企业排名前列。

4. 夯实基础管理，管理水平明显提升。不断推动QEO体系的全面有效运行。按计划推进现行规章制度、标准和规程的修订，保证制度完整有效，通过QEO体系认证。进一步完善经济责任制考核体系，重新优化三级绩效考核评价指标，推行职工绩效每班次评价打分和公示制度，加大成本考核力度。认真履行综合治理责任制，加大治安、保卫管理力度，职工队伍稳定，职工上访率、职工犯罪率为零，实现综合治理目标。

5. 加强职工队伍建设，职工综合素质显著提高。加强培训管理，不断优化培训方式，开展职工业余自学活动。参加公司一类培训29项、培训205人次；组织开展自主培训36项、611学时，培训职工1553人次；组织开展集团级“双增双节”项目8项，创效98.52万元。开展公司级双增双节项目187项，创效1116.56万元。积极做好困难帮扶工作，救助困难职工2人，发放救助金3000元。职工综合素质和技术素养得到提高。

6. 加强党群基础工作建设，不断提升党建工作水平。该厂党委下设3个党支部，8个党小组，共有党员124名，其中：正式党员119名、预备党员5名。该厂党委坚决贯彻落实新时代党的建设总要求，把党的政治建设摆在首位，旗帜鲜明讲政治，认真开展“不忘初心、牢记使命”主题教育，增强“四个意识”、坚定“四个自信”、做到“两个维护”，在政治立场、政治方向、政治原则、政治道路上同党中央保持高度一致。紧紧围绕“一个坚持”“五个落实”“六个加强”的工作目标，带领广大党员干部职工，全面完成上级交给的各项任务，为公司发展作出应有贡献。积极开展系列主题实践活动，开展主题党日活动6次，组织“跟着郭明义学雷锋”主题志愿者服务活动7次；组织实施共产党员工程9项，已结题8项，创效1396.75万元；党员挑战项目9项，创效1419.5万元。开展“关爱一线员工”专项服务行动，立项1项，解决高炉炉前职工生活水使用问题，党建工作质量明显提升。

该厂荣获2019年度鞍山钢铁安全生产先进单位、2019年度朝阳钢铁先进单位、2019年度鞍山钢铁先进单位、2019年度鞍钢集团先进单位及全国工人先锋号。

【炼钢厂】 2019年，炼钢厂有在职职工296人。女职工6人，管理技术人员19人，生产操作人员277人。下设四个工区，分别为炼钢工区、连铸工区、钢包精炼工区、吊车工区。配置设施有2座120吨顶底复吹转炉、2套单喷颗粒镁脱硫扒渣装置、2座120吨LF钢包精炼炉和2台135/150×900~1550毫米一机一流中薄板坯连铸机。主要生产的钢种有：碳素结构钢、优质碳素结构钢、低碳钢、花纹板用钢、低合金结构钢、管线钢、集装箱用钢、刃具用钢等。

2019年，炼钢厂认真落实公司职代会工作部署，开拓进取，稳中求进，全面实现了生产经营目标。全年钢产量较2018年增加了9万吨；工序成本实现586元/吨，全年钢铁料完成1095千克/吨，铸坯质量合格率99.98%，原品种合格率99.95%，钢水收得率99.09%，全年生产低碳含硼钢4.2万吨，高碳含硼钢476吨，用户反馈质量良好。

1. 强化生产组织，稳中求进，产能实现新突破。以“连铸稳拉速，炼钢快节奏”为生产方针，大尺度释放炼钢产能，实现稳定班产20炉，日产达7000吨以上。动态调控铁耗指标，针对废钢价格上扬和回落两个时期，适时调整入炉废钢结构，动态调整废钢投放量，生产实现经济运行。加强各工序生产时间管控，加大对影响生产时间因素的考核，细化了转炉、精炼、连铸生产准备时间，建立了非生产时间的考核机制，固化了考核层级及模式。依据公司生产计划，统筹各生产要素的有机结合，优化计划编排，使工序生产更加顺畅，组织更加合理，做到运行效率最高，工序成本最低。

2. 开展科技创新，指标创效，降本方式实现新转变。该厂组织各工区制定降本项目，共设立降本项目7项，其中物质流3项、能源流4项，有效降本2484万元。对标先进企业，探索耐材降本新模式，转炉工序耐材、熔剂由单独采购改为捆绑采购，工序成本降低5.95元/吨；钢包工序由钢包、滑板、引流剂单独采购改为捆绑采购，工序成本降低1.28元/吨；连铸工序将11个耐材品种整合到中间包整体包保中，工序成本降低2.69元/吨。进行人力资源优化，通过岗位合并优化重组、在岗主体替代、在岗协力替代等方式，降低生产协力费189万元。精减物料结构，探索经济炉龄运行新模式，取消两种物料的使用，降低工序成本1.7元/吨。

3. 夯实安全环保基础管理，风险防控能力实现新提升。依托安全管理网及隐患信息平台，做到隐患排查治理活动常态化，持续开展“隐患治理随手拍”活动。针对安全生产工作的新情况、新问题，及时完善监管办法，落实监管措施，做到月月普遍排查，周周重点排查。坚持“狠抓落实，动态精准考核，重奖重罚”的原则，全年共检查考核8万元，隐患排查奖励1.6万元。完善安全管理制度体系，重新评审编制了《炼钢厂安全技术规程》，新增钢包加盖、摇篮整备等安全技术规程132条、修订121条、删除235条。修订《有限空间安全管理细则》《相关方安全管理细则》等管理制度14个，新编《应急管理细则》等管理制度15个。针对安全标准化模拟评审提出的热修坑等问题，实施安全立项整改，先后投入1000多万元进行安全治理，根除安全隐患。

4. 强化设备升级改造，保产实现新支撑。推进三级列车时刻表升级改造，新增板坯跟踪及坯场库存管理系统；完成连铸专家系统改造及连铸液位检测系统改造立项申请；完成热修坑移位工程并已正式投入使用；完成火切机节能改造，新型火切机已上线使用；完成转炉副枪改造工程，两座转炉副枪正式投产并试验达标；完成转炉一次除尘提标工程，1号转炉风机后水封逆止阀及三通阀均更换完毕并投运；利用高炉同步检修时间将部分吊车操作室玻璃更换为防爆形式。完成节能水泵改造，年创效141万元。持续开展节能停机，实现节能降耗。精心制定《年修工程管理设计》，包含了详细的工程施工管理、质量管理、安全管理、保卫防火管理等内容，通过2019年年修彻底解决了近年来设备运行中所暴露出的与生产不协调等诸多问题。圆满完成年修任务，共完成56项缺陷项目，为炼钢厂生产稳定顺行打下了良好的基础。

5. 落实全面从严治党，开创党建工作新局面。制定党委和党支部主题教育实施方案，按照时间节点完成工作内容。全方位开展思想教育，通过理论学习中心组集中学习、专题读书班、集中研讨交流等方式，实现思想升华和理论提升。通过问题整改，提升了党组织和党员在职工中的光辉形象，密切了党群和干群的关系，增强了凝聚力。在公司党委的大力帮助和支持下，对5个支部的基础设施进行修缮，其中，连铸工区党支部实现进位升级，被评为鞍钢集团党支部工作示范基地。认真落实“一岗双责”，开展党支部工作季度评比，按照从严要求的原则，完成党员转正6名，发展预备党员2名，确定发展对象4名。全年开展共产党员工程和共产党员挑战项目共21项，完成15项，创效680万元。落实“党管人才”主体责任，拓宽人才发展通道、加强高技能人才队伍建设，全年共选拔各工种岗位技术能手18人。该厂党委与所属各支部签订责任状，厂领导班子、管理技术岗位人人签订《廉洁承诺书》。注重培育廉洁文化，在办公楼设置党风廉政文化长廊，营造廉洁从业氛围。设立重大节日廉洁提醒机制，时时提醒职工节日期间自觉遵守廉洁自律各项规定，筑牢拒腐防变的思想道德防线。为丰富职工业余生活，培养团队精神，开展以“低碳绿色，拥抱春天”为主题的健步走活动，三八妇女节组织女职工开展“红透半边天，诗词朗诵会”，团委开展“青春心向党，建功新鞍钢”主题知识竞赛，培养青年职工积累知识和团队协作能力。

【热轧厂】 2019年末，热轧厂共有职工228人，其中，女职工17人，管理技术岗位22人，生产服务岗位206人。下设机关、轧钢工区、精整工区、设备工区、检查工区。2019年，热轧厂获得鞍钢集团2019年度信访维稳先进单位、鞍山钢铁2019年文明单位、朝阳钢铁2019年先进单位。

该厂拥有1套完全自主知识产权的1700ASP热轧生产线和1套年处理能力30万吨平整分卷机组。主要包括2座步进式加热炉、1架粗轧机、1台热卷箱、1台切头剪、7架精轧机、2台卷取机及平整分卷机组、1套横切机组等相关的辅助配套设施。全线由鞍钢自主设计、自主集成、自己施工，设备国内制造，从规划设计到建设投产的全过程，遵循经济效益与环境效益、社会效益的和谐统一，融入了现代循环经济的崭新理念，配套了当今世界最先进的环保设施和能源回收设备，是高效、紧凑、节能和生态保护型的现代化短流程生产线，设计年生产钢材200万吨。

2019年，面对竞争激烈的市场环境和必须完成的成本、产量指标，该厂领导班子认真分析形势，积极采取应对措施，在生产组织上大胆探索新方式，在成本控制中努力实现新突破，在产品质量上不断提升新指标，各项基础工作均取得了可喜成绩。全年生产钢材248.6万吨。

1. 加强基础管理工作，提高责任心和执行力。2019年，该厂基础管理工作以QEO体系建设为框架并逐步展开，以承接公司各级管理体系文件、制（修）订厂级管理体系文件为重点，以工作实际需要为原则制定管理细则，最终形成厂级管理体系文件53个，实现了管理制度为生产实际服务的宗旨。

安全工作以开展安全标准化为契机，以“安全、现场、操作”三个标准化为框架，建立了危险辨识与风险评价的机制。签订各级《安全生产责任状》，要求各级管理人员必须严格履行“一岗双责、管业务必须管安全”的安全职责，明确了安全管理责任，实现安全承诺全覆盖，2019年，该厂实现轻伤及以上事故为零。

2. 强化降本意识，细化工序间成本控制。结合公司系统降本攻关，加大正激励力度，充分调动主要指标负责人的积极主动性。逐步推进单加热炉生产、降低辊道爬行速度、对大功率备用设备进行系统优化、降低在炉时间等管理、技术改进措施。通过努力，轧钢工序成本完成265.22元/吨。

3. 建立健全质量体系，各项指标实现新突破。为保证产品质量，该厂制定了9个关键工艺质量控制点，64项管理规定，有效的保证了工序质量。轧钢系统各项主要精度指标在集团名列前茅，其中CT温度指标达到了行业一流水平。

积极组织开展调品攻关，共调试新产品规格3293个，产品族系高达10个，钢牌号79个，产品厚度规格覆盖1.5～12.7毫米，高效材比例达7.98%。

4. 深入开展党建和群团各项活动。加大“共产党员工程”和“共产党员挑战项目”工作力度，共立项30项，创效1500多万元；充分发挥“汇智”创新工作室的引领作用，立项10项，创效110多万元。围绕热轧厂中心工作，广泛开展青年生产实践活动，申报青年创新登高项目21项，创效459万元。把开展“双增双节”主题活动与生产经营和精细化管理工作结合起来，鼓励职工全员参与，进一步将“双增双节”引向深入。2019年，“双增双节”集团级项目立项5项，创效50万元；公司级项目立项183项，创效600余万元。该厂党委高度重视，切实提高政治站位，把开展“践行共享理念，关爱一线员工”专项服务行动作为推动实现全年生产经营任务目标的重要保障，为职工办实事、做好事。对天车玻璃进行更换，改善操作环境，使职工能够更加全心的投入到工作中。

【能源动力厂】 2019年末，能源动力厂共有在职职工404人，其中，女职工40人，管理技术人员32人（高级职称3人、中级职称27人、初级职称2人），生产操作人员372人（技师14人、高级工74人、中级工159人、初级工110人）。组织机构包含机关、发电工区、供电工区、制氧工区、燃气工区、给水工区。该厂荣获了2019年度鞍山钢铁集团公司消防安全先进单位称号。

1. 各系统主要设备及生产能力介绍。发电系统：2台JG-130/5.30-Q型次高压煤气锅炉，2台C25-4.90/0.981型抽凝式汽轮发电机组，1台N25-4.90型纯凝式汽轮发电机组，1台高炉鼓风机，额定送风量6255立方米/分。供电系统：建有炼铁、炼钢、热轧、制氧66千伏总降压变电所4座，由220千伏柳城一次变供电，龙城一次变提供一路保安电源。燃气系统：由高焦加压站、转炉加压站、煤气净化和TRT系统及各类煤气管网组成。其中，15万立方米高炉煤气柜、5万立方米焦炉煤气柜、8万立方米转炉煤气柜各1座，TRT发电机组1台，额定发电能力为16兆瓦。给水系统：建有新水站1座（负责工业新水、软化水、生活水的生产与制备）、污水站1座（负责生产废水处理及二次回用水配送），生产规模为工业新水6.0万立方米/日，生活水1200立方米/日，软化水9000立方米/日，二次回用水900立方米/时。制氧系统：3套10000立方米/时制氧机组（其中，3号万立为板式流程已停运），氧气生产能力2.2万立方米/时，氮气生产能力4万立方米/时，氩气生产能力为640立方米/时，普压空气生产能力1740立方米/分，高压空气生产能力为60立方米/分。

2. 稳定生产运行管理，实现保产保供。发电系统通过夯实汽轮机增发各项管理措施，强化狠抓外部条件、电网运行调整、设备点检定修、煤气和发电操作调整等四方面工作，实现机组作业率明显提升，发电量稳中有升。燃气系统强化TRT机组运行监管，按照既保证TRT机组长周期稳定运行，又兼顾经济效益为原则，强化操作与协调齐抓共管，并重视技术改造，形成了机组稳定与增发共赢良好局面。制氧系统克服外购外销等生产因素，加强制氧机组稳定运行管控，有效地保证公司各用户稳定使用。电力系统全预案，强演练，严执行，快行动，实现安全效益双保障。给水系统确保管网运行稳定，做好均衡排水等基础工作，提高反渗透产水量。2019年，汽轮机发电量完成6.1亿万千瓦时，TRT发电量完成1.1亿千瓦时，合计发电量7.19亿千瓦时。

3. 加强系统经济运行，降本增效。一是加强运行管理，保证系统经济运行。通过合理调整压缩空气管网运行压力、同步检修期间合理安排设备启停时间、动态进行能源介质平衡调整等方式降低耗电。2019年，动力吨钢耗电较计划降低5.89千瓦时，节电1349万千瓦时，创效654万元。采取严控发电循环系统浓缩倍率、上水管线漏点排查治理、反渗透系统运行优化等措施降低耗水，2019年动力吨钢耗水完成1.55吨，较计划降低0.09吨，节水20.61万立方米，创效89.04万元。电力系统操作万余次，避免影响发电263万千瓦时，创效127.6万元。动态调整电网运行方式，综合功率因数始终保持在0.95以上，创效59.25万元。动态根据炼钢吹炼节奏，合理控制液氧泵启停、氧气球罐压力调整等，节约液氧消耗和减少氧气放散，减少外购液氧量4601吨，创效276万元。二是有序开展系统降成本工作。2019年，组织开展氮压机节能改造、高炉煤气放散塔零泄漏、降低锅炉送引风机电耗、提高反渗透产量等4项系统降成本项目，累计创效1204.51万元。三是强化质量管理，提质增效。组织开展QC质量小组活动，严格把关，注重实效，确保了QC

活动成果的质量和水平。全年共开展8项质量活动，结题3项，累计创效219.15万元。

4. 创新攻关，突破瓶颈难点。一是发电系统克服外部影响，强化内部管控，小改小革不断，机组作业率明显提升，发电量稳中有升。燃气系统强化操作与协调齐抓共管，并重视技术改造，形成了机组稳定与增发共赢良好局面。给水系统严肃废水处理工艺纪律与技术改造相结合，废水利用率明显提升，废水处理系统运行日趋稳定，形成新常态。二是强化设备管理，为长效发展补足动力。理顺设备点检定修管理，完善设备技术档案，强化设备基础管理，实施设备漏油治理。完成液氩储槽更新、增加转炉煤气回收系统、供电系统配网综合故障管控系统、发电电缆隧道增设防火设施等项目实施。三是正在实施高炉鼓风机机前富氧项目、氩球罐技术改造项目、1万氧气透平压缩机大修理项目、供电变电所视频监视及消防改进项目等项目。

5. 开展降本增效措施。一是克服外部煤气波动影响，强化锅炉操作管理，主蒸汽参数维持上限运行，提高热效率；二是酸洗汽轮机凝汽器，提高真空度，降低汽耗率；三是增设1号锅炉尾部烟道屏式省煤器，降低锅炉排烟损失，提高锅炉效率；四是动态电力系统运行方式调整，降低电网限电影响。

6. 坚持思想政治工作与生产经营的有效融合，为生产经营提供保障。持续推进“两学一做”学习教育常态化制度化，认真贯彻落实鞍钢集团第二次党代会精神、朝阳钢铁第三次党代会精神，以学习效果展现生产经营成绩，实现能源动力系统保产保供安全稳定运行。在抓好党建项目化的同时不断加大共产党员工程和共产党员挑战项目的实施与创效，2019年，共产党员工程完成8项、创效186.63万元，共产党员挑战项目完成15项、创效543.93万元。

7. 党风廉政建设取得优异成绩。加强党员干部作风建设，严守政治纪律政治规矩，落实党委主体责任和纪委监督责任，严格执行中央八项规定。开展“五违反”深化治理活动，签订廉洁承诺71份，走访调研下发调查问卷91份、专项检查2次、走访调研82人。签订承诺书45份，家庭助廉承诺书51份，完善廉洁档案并实施动态管理；每月组织开展党风廉政警示教育、党章党规党纪教育，2019年共开展教育13次；开展进一步整治隐形变异“四风”问题，重大节假日前进行廉洁提醒教育，开展专项监察立项2项，开展“带钱”专项治理及防“偷盗”“雷霆行动”，并取得实效。

【加工储运中心】 加工储运中心正式成立于2013年11月，截至2019年底，共有在职职工197人，其中，男职工181人、女职工16人；管理技术人员19人，生产操作人员168人，居家职工10人；大学及以上学历67人，大专学历59人，其他学历71人，大专及以上学历占总人数的63.96%。下设4个工区，即料场工区、加工工区、铁运工区、仓储工区。

该中心承担朝阳钢铁冶金石灰、磁选、原料场和铁路运输生产作业及各种资材备件的实物验收、仓储、保管、配送任务。负责废钢、可利用含铁物料加工工作；负责冬储物料防寒工作；负责原燃材料、设备资材等物资的实物状态验收和统计核算工作；负责各类存储物资定置定位、保养、盘点管理等工作。拥有1座机械化综合原料场，配备2台翻车机和4台堆取料机，年吞吐物料量1181.8万吨，输入和输出能力分别为590.9万吨；建有年产20万吨冶金石灰回转窑生产线。

1. 夯实基础管理，落实“一岗双责”，完成安全工作目标。2019年加工储运中心深入贯彻落实“一岗双责”，不断强化安全生产主体责任，提高安全生产管理水平，认真落实各项安全措施，强化现场监督监管，深化隐患排查治理，严格执行各项规章制度，加强对职工安全教育培训工作，有效夯实安全生产的基础管理工作。全年签订安全生产责任状28份，安全承诺书765份；组织全员持证上岗培训考试765人次；开展各专项检查196次，排查整改隐患612项；开展事故讨论活动19场次、讨论人数479人次；签订安全管理协议40份，实现了人身轻伤及以上事故为零、火灾事故为零的目标。

2. 深入挖掘自身潜能，提升保产保供能力。一是回转窑系统加强工艺管理。通过优化热工制度、规范生产操作等工艺管理措施，保证生产稳定，产品质量稳步提升，活性度、灼减、CaO三项操作指标合格率为分别较2018年提高2.15%、2.24%、4.15%。二是原料系统重点抓料条及库存管理。所有入堆的原燃料统一进行鳞状堆积，减少成分波动，矿线料条坚持“一吃一备一堆”的管理方式，做到有组织供料，煤线对区域内重点的部位设专人进行检查，制定混煤防范措施，库存管理做到了日统计、周分析、月盘点，数据及时更新，为生产经营决策提供准确依据。三是铁路系统强化运输组织。坚持以炼铁为中心、成品输出为重点的运输组织原则，抓好基础管理工作，优化运输组织，实现安全运输目标。与2018年同期相比，铁水罐运输增加6.1%，其中单罐运输量增加68.9%。新增铁运MES系统，通过车号识别系统自动采集车号代替了人工抄车号，提高了铁路运输现代化管理水平。四是废钢生产系统加强过程管控和日数据分析，按炼钢需求动态调整，满足了公司系统降成本的需要。

3. 提升设备运行管理，为生产稳定提供有力支持。一是完善中心内部各项设备管理制度。修订完善了《维修工程质量管理细则》《设备专项考核细则》等8项制度及设备“四大标准”，进一步规范了中心设备管理流程，强化制度的约束作用，提高作业指导性和执行力。二是加强设备隐患排查，确保设备安全稳定运行。每周组织设备系统管理人员进行典型事故案例分析，并对照案例进行专项排查，做到举一反三，坚持“三抓四不放过”，根据季节变化开展季节性大检查活动，全年排查整改设备隐患438项。三是严抓维修工程管控，降低维修工程费用。严格审核维修工程项目，确保能自己干的项目工作绝不申报，杜绝重复维修、过度维修。

4. 夯实党建基础工作，落实全面从严治党主体责任和监督责任。加工储运中心领导班子深入学习贯彻习近平新时代中国特色社会主义思想和党的十九大精神，认真学习习近平总书记系列重要讲话精神，全面贯彻执行党的理论和路线方针政策，增强“四个意识”、坚定“四个自信”、做到“两个维护”，在政治立场、政治方向、政治原则、政治道路上同以习近平同志为核心的党中央保持高度一致。该中心党委以“不忘初心、牢记使命”主题教育为抓手，通过中心组理论学习、专题读书班、集中研讨交流、基层调研、开展“践行共享理念关爱一线职工”等方式，扎实改进工作作风，密切了党群和干群的关系；以党支部建设提升年、整顿软弱涣散党组织、“结对共建”等活动为契机，组织广大党员学习支部工作条例、党员教育管理工作条例等文件，组织党务管理人员进行党内业务培训，推进支部规范管理、均衡发展；以“严守纪律、永葆清廉”为主线，有效开展党风廉政建设和反腐败工作，筑牢了党员干部拒腐防变的防线，对加工储运中心生产经营指标完成起到了有力的助推作用。

【计量化检验中心】 计量化检验中心成立于2013年11月。2019年末，共有在职职工170人，其中，技术管理人员13人（高级职称2人，中级职称5人，初级职称6人）；生产操作岗位149人（技师1人，高级工21人，中级工54人，初级工73人）；居家职工8人，实际在岗位职工162人，退休2人；协力劳务63人；员工平均年龄35岁；管理技术岗位人员占员工总数7.6%；女职工56人，占员工总数32.9%；全日制本科45人，占员工总数26.5%。计量化检验中心领导班子共2人，设中心主任（兼党委书记）1人，设党委副书记、纪委书记、工会主席1人。下设5个工区，即计量工区、中化工区、煤焦工区、钢化工区、原料工区。

计量化检验中心党委成立于2016年2月25日，于2019年3月21日完成换届。下设5个党支部，8个党小组。2019年末，共有党员115人，其中预备党员3人，党员占员工总数的67.6%。计量化检验中心共有设备955台（套），其中计量设备607台（套），化检验设备348台（套），包括汽车衡、轨道衡、阵列秤，以及光谱和荧光等大型精密仪器设备。固定资产总额8457.12万元，其中，设备费用5649.54万元，设施工具费用2807.58万元。2019年，新增金属落锤式冲击试验机、移动式红外烟气分析仪等15项设备，费用总计564.79万元。

计量化检验中心负责公司出入厂物资及厂际间产品的计量管理；负责公司压力表、电三表、电能表和热电偶等检定工作；负责公司采购的各类物资的产品质量检验管理；负责公司中间产品的物理和化学检验管理。化检验主要业务范围共十大类、涉及62个品种、407个检验项目。十大检验类别有合金检验、铁矿检验、熔剂检验、煤炭检验、副产品检验、水质检验、油脂检验、煤气检验、钢铁成分检验和物理性能检验。计量主要业务范围，包括出厂物资和转序产品的检斤，厂际间的风、水、电、气等能源计量，以及压力表、电三表、电能表和热电偶等检定工作。

2019 年，该中心强化生产组织指挥，确保生产稳顺、有序和高效运行，精心谋划和组织，实施精细化管理，工作追求卓越；落实责任，实施岗位和区域化责任制，任务明确，责任清晰，追究到位；强化生产调度指挥系统，完善调度信息传递，发挥视频监控系统的作用，加强抽查考核管理，加大指挥的穿透力和执行力；实施一岗双责管理组合模式，注重管理过程链接，加强管理过程控制，特别是对各岗位关键控制点的周期点检控制；将中心管理与工区深度融合，把服务送到工区，使中心生产高效有序运行，及时率和准确率达 99%以上。

1. 计量化检验中心将保“两率”作为全年生产经营的核心工作，扎实开展一系列基础管理工作，做得细、抓得实。一是周期校准，按中心下发的校准周期进行；二是强化抽查力度，实现样品抽查全覆盖，增加抽查项目 18.5%，对样品进行复验，确保数据准确重现；三是建立“三地”对标工作制，积极自主到股份质量计量中心、鲅鱼圈等多家同行单位进行求学请教，认清差距，寻找看齐经验；四是加强设备维护，实施设备“0123”管理模式，强化全系统设备管理，实施设备星级达标活动，提高设备精度；五是加速技术改造，配合公司能源管理系统，推进铁水、废钢自动检斤信息化工作，配合能源动力厂生活水管网改造工作；六是强化员工培训，定向分层培养各类岗位人员外出学习和内部培训；有针对性地开展内部系统培训；搭建人才成长通道和平台；鼓励和树立学习和创新人才，营造学习氛围；开展项目实际练兵。

2. 不断完善、优化生产组织和劳动组织，打管理的“组合拳”，实现企业高效运行。一是扎实推进大工种作业工作，打破岗位壁垒，实现一岗多能，使人员在岗位上有效流动。实行岗位轮动交流，工区内部优秀人员轮转，工区之间流动，为中心培养全面复合型人才搭建平台，增加岗位间的业务协作和班组间的业务协同。对业务相近的班组重新进行整合，打破班组间条块分割，集中力量，整合资源，提高工作效能。在岗位职级设计上、内部分配上重新进行系统优化，使人员流动和大工种作业的实施得以实现。二是系统地开展人才队伍梯队建设，加强各类员工培训，为员工搭建多种成长表现平台。通过各类人员系统地、有针对性地培训和培养，计量化检验中心各层级管理人员和各类技能人员梯队基本形成。有 5 人获得职业技能晋级，有 9 人获得专业技术职称晋级；有 17 人荣获公司及以上荣誉，其中赵忠朋荣获鞍钢集团优秀共产党员荣誉称号，赵忠朋创新工作室荣获朝阳市职工创新工作室荣誉称号；有多人次荣获国家部委、省、市和鞍钢集团的各项荣誉，职工整体素质进一步提高。三是完善分配制度，激发员工工作的积极性。该中心在内部分配上坚决贯彻多劳多得、少劳少得、不劳不得的按劳分配原则。原料工区实行按工作量连产计酬分配制度，把绩效分细化到每项活上，按绩效累计分去分配岗位绩效奖。另外，针对岗位缺员，工区实行把岗位缺员工资留在班组的做法，通过强激励，调动员工潜能。该中心针对计划外公司新指派的工作任务，实行额外劳动报酬奖励，增强了员工的担当意识和工作干劲。四是克服困难，完成改革目标。2019 年，计量化检验中心多措并举，通过信息化、优化岗位职责、简化作业流程和提高员工技能等手段，实现全年清减协力 30% 的人员和费用目标。

3. 抓住机遇，加速改造，谋求发展。计量化检验中心通过信息化改造实现铁水无人检斤，在公司率先成功实现信息化集中集控项目，大大提高了工作效率。为满足公司钢种开发，该中心技术人员不断对检验方法进行探索、创新和突破，为炼钢等主线生产提供了技术保证。开辟检定新业务，为公司填补检定业务空白。着力推进“两化”融合项目向纵深开展，简化操作程序和业务流程，提高工作效率。现已逐步实现了“量质合一”，信息自动量传，规范管理，提高效率。着力落实 200 吨汽车衡、落锤撕裂检验项目、4460 直读光谱仪等重大投资项目，新增设备已投入生产作业，不断提高设备保障能力，为公司后续发展做好了扩容扩项准备。大力参与公司完善能源系统改造项目，强化电、水、气等系统的计量功能，为公司能源深度管理打下基础，同时求得自我改造和发展。员工技术创新能力为中心发展增加强大动力。2019 年，获授权国家发明专利 1 项，荣获鞍山钢铁重大合理化建议二等奖 1 项、鞍山钢铁“讲、比”活动优秀项目三等奖 1 项、QC 评比成果奖 4 项；员工技术革新和发明创造 10 余项。

这些创新项目全部成功地应用到生产实践中，解决了生产和管理诸多难题。计量化检验中心创新工作的开展，已成为中心凝聚力量、激发活力的有效企业文化。

4. 党建工作。计量化检验中心党委结合中心实际，坚持“一张蓝图绘到底”的精神，提出2019年党建工作全年总体思路，继续围绕“明、硬、带”这三条主线来开展工作，把党建工作深深地嵌入生产经营工作主线上来。坚持党的领导，加强党的建设，筑牢企业的“根”和“魂”。“明”，即强化履职，明确目标，明确措施，明确责任；“硬”，即夯实基础，铸“硬”堡垒，保证党支部坚强有力；“带”，即发挥党员先锋模范带头作用，特别是党员领导干部的示范引领作用。

5. 纪检工作。一是针对计量和检验职业风险，结合“雷霆行动”，计量化检验中心全年持续开展“三个一”廉洁警示教育活动，即一季度开展一次“中心级”警示教育大会，一个月开展一次“工区级”警示教育大会，一周开展一次警示教育班前会。把防盗工作列入重点教育工作内容，强化中心员工的廉洁从业意识，持续筑牢思想防线，将廉洁自律内化于心、外化于行，不断深化计量化检验中心廉洁体系建设。二是深入开展“三级督查、四级过滤”系统防范工作，效果显著，全年未发生违法违纪事件，净化了计量化检验中心发展环境，对中心生产经营起到了强有力的保障作用。

6. 持续开展企业文化建设。计量化检验中心非常注重企业文化建设，全体员工牢固树立“客观公正、及时准确、创新务实、精益求精”的企业精神和“打铁必须自身硬”的发展理念；注重打造“向改革要动力、向创新要活力、向危机要压力、向困难要能力”的企业发展引擎；为员工创新提供平台，为员工成长提供通道，员工展示有舞台，体现价值有平台。以人为本成为计量化检验中心企业文化建设的核心。企业文化建设的开展，增强了员工对企业的向心力和凝聚力。这些理念和精神的长期树立和坚持，已深深地融入计量化检验中心整体生产经营工作之中，为中心登高创先提供不竭动力。

7. 生产运行及技术质量管理。2019年，计量化检验中心“两率”完成均在99%以上，全年实现安全、环保、生产、设备、质量和防范管理等各种事故为零。已连续6年未发生任何事故。被鞍山钢铁公司评为文明单位，朝阳钢铁唯一一家被评为鞍钢集团先进内保单位。

（王　莹）

【鞍钢能源科技有限公司】 鞍钢能源科技有限公司是鞍钢股份有限公司控股子公司，主要业务是城市能源服务、能源输出、发展气体产业，推进新能源产业发展，是集研发、生产、市场营销、专业服务、危险化学品运输等为一体的新业态科技型企业。内设机构为：机关部门设党委工作室（综合管理室、纪检监察室、工会）、市场开发室、安全运行室、计划财务室4个管理部门；基层单位设液化气体（医用氧分公司）、氢气、特种运输3个事业部和鞍山、鲅鱼圈2个分公司。

1. 生产经营情况。2019年，实现销售收入1.84亿元，同比增加了67%，实现利润867万元，超额完成全年指标。该公司坚持从市场出发、从客户需求出发，通过关注供需变化，采取逆周期调节策略，准确把握市场动态，年销售量同比增长21.30%，直供比达到34.70%，同比增长24.70%，特别是1—4月低温产品淡季销售实现44211.97吨，同比增长79.54%，创历史新高。

2. 重塑管理体系。2019年，该公司对标鞍钢股份贯标制度体系，加强制度体系建设，全面开展管理流程梳理、优化工作流程，结合公司业务实际，制修订各项规章制度、办法，形成内容科学、程序严密、配套完整、运行有效的制度体系，确保了生产、安全、营销、绩效等管理工作有规可依、有章可循。完成《全面风险管理与内部控制管理办法》《安全责任制》等33个管理制度。根据公司特点制定了《安全教育管理细则》等5项管理细则，逐步构建起公司制度管理体系。

3. 落实重点项目。坚定贯彻“产品产线产值”发展思路，推进重点项目落地。2019年，公司重点项目有序推进。三工区丙烷站供气项目投产稳定运营；嘉里粮油（营口）蒸汽供给项目于2019年9月建成投入运营；完成2号制氢站收购。

4. 推进混改进程。自2019年6月确立能源科技为综合改革试点单位以来，公司围绕企业发展战略，找准发展短板和弱项，精准发力，引入战略合作伙伴，高速推进混改工作进程。与美国AP公司签署了战略合作框架协议，完成组建合资单位的相关协议谈判及可研报告。

5. 科技创新成果。2019年以来加大了氢能开发和推广力度，该公司与市政府一起组织5次氢能发展推进会，积极推动氢能源公交示范线路和加氢加油站项目建设，同时积极开发冷轧罩式炉氢气回收项目，增加氢能产业资源量，为鞍钢集团打造氢能全产业链奠定基础。该公司还与中科院紧密合作，共同开发切割气助剂，力争在关键领域取得突破，解决"卡脖子"问题，增强产业核心竞争力。2019年，该公司累计科研经费投入983.5万元，完成了"氮中二氧化碳气体标准物质（二级）研制"等17个科研项目结项，其中开发了《液态氧气在线监测系统V1.1》和《液氮冷却控制系统V1.1》2项计算机软件著作权，并于2019年11月成功通过高新技术企业认证。

（余 菲）

【电子商务中心】 2019年末，鞍山钢铁集团有限公司电子商务中心（以下简称鞍钢电商）在岗职工18人、其中高级及以上职称11人、中级职称6人，平均年龄41岁。鞍钢电商下设综合管理部、业务运营部、服务支持部3个部门。

2019年，鞍钢电商始终坚持以鞍山钢铁为核心企业，整合钢铁、非钢、物流、仓储、金融、加工配送等资源，为上游供应商与下游客户提供面向服务的整体解决方案；将供应链服务能力向行业拓展，推动了钢铁产业转型与发展，实现了对鞍钢内部整体业务流程进行梳理和规划；明确了鞍钢电子商务平台销售、采购、物流、金融有机结合的服务模式，建立了与内、外部系统无缝衔接的接口体系，完成了搭建生态型电子商务平台的战略目标。

1. 平台数据。一是电商平台实现期货、现货网上销售3540.97万吨，贸易总额达1479.77亿元。其中，通过电商平台实现网上期货订货2282万吨，贸易额1068.53亿元，满足了期货客户在线期货订货、生产进程跟踪、物流跟踪、资金状况、异议处理及质保书下载等自助服务，简化了客户的采购流程，提高了工作效率；通过电商平台实现现货钢材销售1257.99万吨，销售额411.77亿元。其中：挂牌模式销售钢材650.34万吨，销售额243.35亿元；竞价（打包竞价、单卷竞价、单卷延时竞价）模式销售钢材607.65万吨，销售额168.42亿元，比原挂牌模式多增效益1.31亿元。二是在非钢领域，认真贯彻"631"产业结构调整思路，积极探索非钢产业内在活力和内生动力，依托现有循环、化工、气体等平台，通过挖掘和拓展新的业务模式，在非钢领域创新了"互联网+"的新型绿色销售模式，充分发挥了平台经济价值，为公司多创造了上亿元的效益。非钢贸易规模达到14.5亿元，实现交易量1236.15万吨，多增效益1.63亿元。

2. 聚拢采购。基于"互联网+采购"模式，发挥央企聚拢采购优势，搭建鞍钢采购商城，实现了工业用品和办公用品的在线采购。与业界知名大型电商平台实现强强联手，提供工业品和办公用品共计几十万种商品，支持按需采购和按商品采购两种模式，让鞍钢各级采购组织体验高效、透明、快捷、省心的购物服务。2019年，实现鞍钢内外部单位网上采购金额约2000万元。

3. 电商扶贫。为确保鞍钢集团指定扶贫点新疆塔县和贵州盘州早日脱贫致富，鞍钢电商充分发挥互联网平台经济价值，依托现有鞍钢电商采购商城和采购商城小程序，开展线上线下融合的"互联网+消费扶贫"新模式，帮助扶贫点销售新疆帕米尔雪菊、黑枸杞、盘州菜籽油、刺梨果汁等农副产品，实现了以购代捐、农超对接，探索出一条可持续发展的消费扶贫新路子。

4. 发展潜力及综合示范能力。鞍钢电商平台有着巨大的发展潜力，未来将依托电商平台与钢铁产业转型升级有机结合，充分引入社会资源，扩大合作的广度和深度，积极探索差异化发展路径，不断聚拢资源，砥砺前行，开拓进取，应用互联网、大数据、云计算、物联网、区块链、人工智能等新技术，围绕钢铁主业和非钢产业，深耕钢铁销售、采购、物流、金融等领域的新业态，探索新模式在工业互联网的发展与深度应用。

（刘 熹）

【鲅鱼圈钢铁分公司】 2019年末，鲅鱼圈钢铁分公司有职工4345人，其中在岗职工4000人；管理及专业技术人员共686人（高级职称143人，中级职称627人，初级职称339人），工人3314人；居家职工296人，编外人员14人；离退休职工1206人。该公司机关设置综合管理部、人力资源部（党委工作部）、工会、监察部（纪委）、安全环保部（武装保卫部）、制造管理部、技术质量部、计划财务部、设备保障部9个部门；设置炼焦部、炼铁部、炼钢部、热轧部、厚板部5个事业部；设置能源动力部、物流运输部、设备检修中心、化检验中心、信息化管理中心5个职能中心。厂区占地总面积8.32平方千米。固定资产原值为332亿元，净值为165亿元。拥有能源动力、焦化、烧结、炼铁、炼钢、轧钢及公辅配套设施。主要装备有6.98米52孔焦炉4座、405平方米烧结机2台、4038立方米高炉2座、260吨顶底复合吹炼转炉3座、双流1450毫米板坯连铸机2台、单流2300毫米板坯连铸机1台、1580毫米热轧带钢生产线1条、5500毫米宽厚板生产线1条、3800毫米中厚板生产线1条，以及原料仓储、成品码头、铁路运输、化检验等辅助设备，其中5500毫米厚板轧机为世界之最。

2019年，该公司深入学习贯彻习近平新时代中国特色社会主义思想及党的十九大、十九届二中、三中、四中全会精神，认真落实公司各项工作部署，以“不忘初心、牢记使命”主题教育为指引，积极发挥政治优势和政治保障作用，坚定“三个一流”发展目标，克难求实，积极进取，各项工作取得了显著成效。分公司被授予“中央企业先进集体”荣誉称号。

生产经营实现稳中有进，盈利能力位居前列。全年实现销售收入247亿元，盈利14.6亿元，净资产收益率达到4.72%，钢材销售利润率达到6.24%，在中钢协重点企业名列前茅。成本控制效果显著。着力推动与宝武、朝阳钢铁、营口中板等企业对标，找差距、补短板、抓落实，工序成本比预算降低8.54亿元，为企业盈利奠定坚实基础。建立39项系统降本攻关课题，实现吨钢降本228元。全年铁水成本达到2153元/吨，比肩优秀民营钢铁企业水平。多元经营量效齐升。外销化工副产、球团、钢渣等各类产品增收9.47亿元。设备检修中心开展备件修复、工程创效工作，增收513万元。资金费用高效管控。坚持以收定支，强化费用管控，筹划资金调配，吨材期间费用同比降低14%，再创历史最好水平。

运营效率持续攀升，产量规模经济高效。坚持“按效益组织合同、按合同组织生产”原则，研判市场行情，优化资源分配，差异化组织各线生产，实现市场与现场有效对接。年产焦、铁、钢、材分别为258万吨、590万吨、626万吨和647万吨。生产能力稳步提升。炼焦、热轧产量超过设计产能，达到历史最好水平；炼铁1号高炉利用系数由2.0提高到2.33，探索实践了2号高炉添加废钢工艺；炼钢铁水单耗最低降至917千克，具备年产720万吨的能力；中厚板开展集约化生产，厚板、中板小时块数同比分别提高10%、28%。事故得到有效遏制。强化事故风险管理，稳定设备功能状态，各工序实现平稳运行。生产、设备事故频次分别同比降低53%、58%，全面完成事故减半目标。系统效率全面提升。粉矿直通率达到96%，全年外调钢坯50.5万吨；提升资金效率，流动资产及存货周转率分别提高到3.76次和11.75次。

品牌影响力不断增强，定位发展彰显优势。1580产线巩固提升热轧精品基地的行业地位，超低碳、窄规格等高效产品比例持续提升，吨材利润达到319元，处于行业一流水平。5500产线充分体现国之重器“钢铁脊梁”担当，在装甲用钢、核电钢等关键领域实现了替代进口和换代升级，在管线、工程机械等用钢领域实现新突破。3800产线发挥低成本、快节奏优势，打规模、调结构，产线竞争力显著增强。产品质量稳步提升。坚持以问题为导向，强化现场基础管理，实施质量提升项目28项，有效解决质量管理的难点和痛点问题。产品质量取得较大改善，获得国内外客户的广泛赞誉。技术创新硕果累累。新增股份级以上科研课题13项，受理专利88项，认定专有技术11项，申报辽宁省自然科学学术成果奖15项，“特厚板工艺技术开发”荣获2019年冶金科学技术奖三等奖，分公司技术实力和品牌美誉度不断提升。

生态钢厂建设取得新成效，能源效率大幅提升。全面运行能源集控平台，实现了国内钢铁行业“四个首创”，有效提升能源利用效率，年创效5000余万元。坚持项目牵引，实施原料总降增容改造、空压机节能改造等7项重点节能项目，全面挖掘节能创效潜力。吨钢综合能耗达到558千克，处于行业先进水平；吨钢外购能源成本降至127元，同比降幅17%。环境保护提标升级。着力打赢“蓝天、碧水、净土”三大保卫战，持续推进提标改造项目，组织实施烧结烟气脱硫脱硝、煤场增设储煤筒仓等重点项目。实施排污总量管控模式，对固定污染源实施全过程管理和多污染物协同控制，环境保护税同比降低8%。开展扬尘专项治理，每平方千米月均降尘量7.5吨，优于辽宁省城市降尘 8 吨的标准。大力推动美丽厂区建设，设置景观绿地，建设雕塑广场，并组织义务植树，变“钢渣山”为“绿洲”。

改革创新大力推进，体制变革持续深化。实施组织机构、管理职能和岗位配置优化，压缩管理技术编制定员，试点厂管作业区模式，全面提高管控效率。实施设备检修协力集中管理新模式，建设一支主体与劳务协同、精干高效的相关方队伍。机制创新探索突破。推进市场化改革、契约化管理，在厚板产线、复合坯工序拓展推广承包经营，厚板产线实现利润 2.3 亿元；复合坯工序实现产量 1.03 万吨，同比减亏 1276 万元，创历史最好水平。按照“三类三种三个不一样”的原则，建立差异化的经营管理绩效评价体系，充分激发微观主体活力。基地发展持续推进。按照公司部署，继续推进了二期项目谋划工作，推动分公司向做强做优做大目标迈进；按照“整体策划、先易后难、分步实施，点面结合”的原则，推进建设 11 项智能制造项目，中厚板可视化智能拼板系统等 4 个项目已投运，智慧透明工厂建设持续向前迈进。

企业管理水平稳步提升。全面夯实基础管理。进一步完善了制度体系和管控流程，落实风险防范机制；研究推进精益管理，推行项目 17 项，板材检验室工艺优化等 5 个项目已取得阶段性成效。开展了专项监督项目 18 项，避免和挽回经济损失 608 万元，有力堵塞管理漏洞。安全消防平稳运行。持续推进安全生产标准化工作，强化安全消防责任体系建设，开展“一月一主题”、专项隐患排查、应急预案演练等活动，贯彻落实“三大行动”工作部署，实现了安全消防事故为零目标。维检能力扎实改进。高效完成以 2 号高炉为中心的 11 个机组同步年修工作，处理缺陷项目 1366 项，完善功能提升项目 106 项，为生产经营提供了坚实保障。

幸福企业建设持续深化，汇聚职工发展力量。开展群众性建功立业活动，搭建群众性创新平台，有效激发现场潜能。全年完成 849 个职工创新项目，同比增加 30%，累计创效 2.28 亿元。群团组织作用充分发挥。大力弘扬劳模精神、工匠精神，培养和选树各层次先进典型，路瑞飞、周刘健等 8 名同志分别荣获省市劳动模范，涌现出省市和鞍钢技术状元 10 名和技术能手 55 名。职工幸福感获得感不断增强。投入 1147 万元，实施 27 个关爱项目，职工工作环境和生活福利设施得到显著改善。健全职工帮困扶贫长效机制，走访慰问职工 868 人次，发放救济金 58.75 万元。开展庆祝新中国成立 70 周年大合唱比赛、“书香女性”、健康疗养等活动，职工自豪感和凝聚力明显提升。

（乔秀权）

【炼焦总厂】 2019 年末，炼焦总厂共有职工 1580 人，其中在岗职工 1372 人，管理及专业技术人员 139 人（高级职称 12 人，中级职称 96 人，初级职称 29 人），生产操作人员 1233 人；居家休息职工 175 人，离退休职工 2800 人。总厂机关设置生产技术室、安全环保室、设备管理室、党委工作室（综合管理室）和工会。基层设 10 个作业区。炼焦总厂现有大型焦炉 12 座，其中 6 米焦炉 8 座，7 米焦炉 4 座，处理能力为 190 吨/时的干熄焦装置 2 座，处理能力为 140 吨/时的干熄焦装置 4 座，以及与之相配套的配煤系统。焦炭设计生产能力 730 万吨/年，干熄焦蒸汽回收 1012.5 万吉焦/年，年消耗洗煤 1020 万吨。主要产品是为炼铁生产焦炭，回收焦炭显热产生蒸汽用于发电，同时为鞍钢化学科技有限公司提供荒煤气。

2019 年，面对巨大的生产经营压力和挑战，炼焦总厂全面落实公司各项工作部署，全厂干部职工不忘初心、开拓创新、攻坚克难，圆满完成了公司下达的各项任务，实现了各项工作的新发展。全年生产焦炭 762.3 万吨，超设计产能 4.41%，全焦单位成本比公司下达计划降低 32.7 元/吨，降低成本 2.5 亿元。

安全管理体系逐步完善。层层签订安全生产责任状，全员签订安全承诺书。实施“双重预防”和“双零”机制，全年检查纠正不安全行为 1393 人次，排查整改隐患 537 项；开展煤气系统专项检查 20 余次，检查整改相关方问题 82 项。强化安全风险管控，对 117 个场所、部位进行风险辨识评估，有效管控动火 552 次，起重作业 205 次。推进安全生产标准化建设，修订 10 个安全管理制度；推进皮带无人化值守改造，提高本质安全水平；持续开展安全标准化红旗班组评比活动，提升班组安全管理水平。不断深化安全风险管理，获评鞍山钢铁防火先进单位；环保管理水平明显提高，实现重大环境污染事故为零；设备保障能力稳步提升，全年三级以上设备事故为零；企业管理能力持续增强，荣获鞍山钢铁管理现代化创新成果三等奖。

环保管理能力明显增强。强化重大环保风险管控，建立应急处置机制，开展焦炉放散应急演练300余次；强化现场扬尘整治，加强通廊、转运站的管理，减少炉体冒烟等问题，不断改善厂区环境；根据污染物排放变化趋势，及时做出相应调整，实现有组织污染物达标排放；不断提高环保装备水平，完善焦炉机侧除尘装置、推进脱硫脱硝设施缺陷整治，实现焦炉污染物合规排放。

生产和设备实现稳定运行。以服务炼铁为中心，密切关注炼铁高炉运行情况，为高炉稳定运行提供支撑。推进筒仓细化分组，有效控制单系统煤种数量，稳定焦炭质量指标。加强关键技术指标分析、评价，及时修正、调整生产工艺参数，强化炼焦关键控制点管控。锁定设备“零缺陷”目标，整改封闭缺陷3890项，有效提升设备功能精度。认真落实设备预修定修，全年组织定修49次，完成1210项检修项目；实行A级设备三级点检，设备开动率月平均达到99.45%。

企业管理水平持续提升。实施契约化管理，确保各项工作完成。完善《绩效与薪酬考评办法》，重新修订管理细则26项、应急预案3项，保持制度的时效性。平稳推进全口径人力资源优化和组织机构改革，压缩劳务用工30%，全面完成人力资源优化目标。成立“雷霆行动”炼焦分队和联防小队，实施厂区24小时治安巡查，驱赶无证人员7人、可疑车辆5辆，整改偷盗隐患14处，有效防范盗窃风险。

职工权益得到切实维护。落实职工代表大会制度，深化厂务公开、“一日厂长”、职工代表视察活动；持续改善职工就餐和洗浴环境，不断更新岗位桌椅、饮水机等设施；组织1364名职工暑期度假，安排1681名职工健康体检，全年走访慰问困难职工264人次，发放救济金12.97万元；加大粉尘、噪声等职业危害的治理力度，组织职工职业病健康检查。职工生产生活条件得到进一步改善，职工满意度不断提高。

切实提高政治理论水平。坚持以学习贯彻习近平新时代中国特色社会主义思想和党的十九大及历次全会精神为重点，制定《2019年炼焦总厂政治理论学习安排意见》，总厂党委中心组学习24次，集体研讨10次，基层党支部政治理论学习108次。落实党代会精神，严格执行《关于贯彻落实鞍钢集团第二次党代会工作报告各项任务的通知》要求，细化具体工作措施126项，确保各项任务落实。深入推进“两学一做”学习教育常态化制度化，两级领导班子成员带头讲党课，推动新思想、新理念融入总厂生产经营实际。扎实开展“不忘初心、牢记使命”主题教育，增强“四个意识”、坚定“四个自信”、做到“两个维护”。坚持学深悟透，深研细查，查找检视“9+1”整改问题28项，制定措施45条，推动将主题教育成果转化为总厂高质量发展的动力。

全面提升组织建设能力。深入开展党支部建设提升年和“三查三改三提升”活动，制定下发《关于炼焦总厂深入推进党支部建设提升年活动加强党支部标准化规范化建设的通知》，推进“4+1”党支部工作考核体系，实现党支部工作的量化管理。严格党内制度执行，落实《关于党的基层组织任期的意见》，完成15个基层党支部换届改选工作。扎实开展党内各项活动，全年确立完成共产党员工程项目90项，挑战项目35项；评出党员先锋岗220个，模范党员责任区44个；围绕庆祝建党98周年，实施7个活动项目，有效增强广大党员责任感和使命感。

激发干部干事创业活力。不断完善从严管理干部的体系，强化年轻干部培养，推进转变干部工作作风，打造高素质专业化干部队伍。修订完善《炼焦总厂基层班子和管理技术岗位人员年度考核评价工作管理办法（试行）》，细化民主测评、增加机关与基层互评，并对全厂18个作业区、室班子和130名在岗管理技术人员进行年度考核评价，客观准确反映干部履职能力。全面推行日常管理评价，充分发挥“三条线”、三种处理方式的作用，强化对干部的日常监管。加强干部交流，规范关键环节，严格执行全程纪实、廉洁谈话、任前公示等要求，全年对6个干部岗位进行了公开招聘、对8人进行了平职交流、对1人进行了试用期转正考核，激发了广大干部干事创业的活力。加强年轻干部培养，制定下发《炼焦总厂“春苗成长积分制”人才培养工程实施方案（试行）》，29名职工入选总厂“优秀青年人才库”，9人实施挂职锻炼，不断激励年轻干部履职担当、真抓实干。深化干部服务基层意识，深入开展“践行共享理念，关爱一线员工”专项服务行动，确定完成鞍山钢铁级项目1项，总厂级项目5项。

凝聚职工团结进取合力。强化思想引领，2019年11月5日，重新修建后的全国唯一一座企业雷锋纪念馆——鞍钢雷锋纪念馆再次开馆，对深化雷锋文化建设，发挥典型示范引领作用，凝聚总厂高质量发展合力起到了强有力的推动作用。落实意识形态责任制，制定《炼焦总厂党员干部网络行为负面清单》《鞍钢股份炼焦总厂意识形态领域重大问题应急处置预案》等制度，建立炼焦总厂网络舆情监控和评论微信群，牢牢掌握意识形态领导权、话语权。深化雷锋文化建设，组织召开以“弘扬雷锋精神，推进总厂高质量发展”为主题的学雷锋座谈会，命名表彰第七届“我身边的雷锋—六最佳”先进个人14名和先进集体3个；充分发挥“郭明义爱心团队”“郭明义敬业奉献团队”作用，组织开展志愿服务活动20余次；积极推进雷锋纪念馆修缮，充分发挥雷锋纪念馆红色教育作用，深化总厂雷锋文化品牌。加大先进典型选树力度，总厂职工张允东、郭代义分别荣获第二届鞍钢“敬业爱岗楷模”“崇德向善楷模”荣誉称号。深化形势任务教育，扎实开展“解放思想、开放变革，建设高质量发展新鞍钢”大讨论活动，引导广大职工为鞍钢高质量发展作贡献。加大总厂宣传力度，共在中国钢铁新闻网、学习强国APP、《辽宁日报》《辽宁职工报》《鞍山日报》《千山晚报》《鞍钢日报》共刊发总厂报道78篇，利用“炼焦雷锋号”公众号传播总厂“好声音”，全年共推送49期、291篇文章，职工的凝聚力不断增强。

营造风清气正政治生态。深入贯彻落实党的十九大和十九届中央纪委三次全会精神，落实全面从严治党要求，一体推进“三不”机制建设。落实管党治党责任，制定《鞍钢股份炼焦总厂党风廉政建设责任考核与追究实施细则（试行）》和《鞍钢股份炼焦总厂2019年党风廉政建设和反腐败工作任务分工》，组织签订党风廉政建设责任状27份、廉洁从业承诺书160份、严守“十五个严禁”纪律要求承诺138份，层层压实责任。深化党风廉政教育，以“严守纪律、永葆清廉”主题教育活动为契机，召开警示教育大会，开展党规党纪知识答题，强化重要节日前廉洁提醒，组织190余名干部参观鞍钢反腐倡廉展览馆，强化廉洁从业意识。深入开展专项监督和治理，围绕备品备件、来煤卸车等7个方面开展专项监督，检查发现并督促整改各类问题35项，完善制度5个，累计创效438.6万元；开展“带钱”问题专项整治，对4名责任人进行批评教育，对16名责任人进行提醒谈话。紧盯“五违反”行为，针对总厂两次生产服务岗位招聘工作，实施全过程跟踪督导，实现了招聘工作的公平、公正、公开。集中整治形式主义、官僚主义，针对职工反映会议多、时间长等8个方面问题，通过督导精简会议文件，整合现场记录等措施，使问题得到解决。开展“雷霆行动”监督，督导安装监控设施，有效避免偷盗问题的发生。持续开展纪律审查，精准运用“第一种形态”处理33人次，切实将纪律和规矩挺在前面。2019年，处置公司纪委转办及自收线索4件，立案1件。

持续推动科技创新建设。总厂厂长王明国作为国家科技进步奖一等奖项目参与方代表，参加央视《对话》节目分享科技应用成果，也是近年来总厂职工首次登上央视平台。组织完善《炼焦总厂科技创新管理细则》，召开科技创新大会，命名表彰“炼焦工匠”3人、科技领航人和优秀创新工作者7人。总厂获评国家科技进步奖一等奖1项，国家冶金科学技术奖2项，全国发明展金银铜奖3项，集团重大科技奖1项、技术成果10项，科技创效8000余万元。

着力提升职工满意度。积极组织劳动竞赛，开展卸煤保产、“安康杯”和“星级液压站”等6项劳动竞赛，有力推动保产降耗工作。深入开展群众性技术创新活动，大力弘扬工匠精神，推动“两室一基地”的创新成果转化，“李晏家创新工作室”及实训基地获评辽宁省职业技能培训基地，“张允东创新工作室”晋级为鞍钢集团级创新工作室，西部炼焦作业区“付秋田创新工作室”基本完成建设。深化民主管理工作，审查处理了职工代表提案14件，解释或解决了“一日厂长”提出的问题55项，解释解决率100%。提升服务职工水平，实施《炼焦总厂工会会员集体福利支出实施方案》，为职工购买生活慰问品，为85人次办理相关福利待遇，为108名职工举行离职仪式，职工满意度和幸福感大大提升。青年“创新登高”活动完成攻关项目38项，创效211.95万元。

（张宏伟）

【炼铁总厂】 2019年末，鞍钢股份炼铁总厂共有职工3173人，其中在岗职工2680人；管理及专业技术人员293人，生产操作人员2387人；居家休息职工432人，离退休职工4644人。该厂机关设置为“六室一会”，即生产管理室、技术管理室、安全环保室、设备管理室、综合管理室、党委工作室和工会，下辖24个作业区。固定资产原值为110亿元，净值为51亿元。主体设备有大型现代化烧结机6台、带式球团焙烧1台、大型现代化高炉8座。主要产品是人造富矿和制钢生铁，副产品主要有水渣、高炉煤气、炉尘等。

2019年，炼铁总厂紧紧抓住“变革、效率、品质”关键要素，以保规模、降成本为主线，全面推进企业改革，提高全要素劳动生产率，各项工作都取得了显著成效。全年完成生铁产量1780万吨，同比增长23万吨；人造富矿产量2264万吨，同比增长263万吨，均创历史最好水平。三级及以上安全和火灾责任事故为零，环保指标实现达标排放。

运营效率显著提升。以高炉稳顺为核心，遵循“做好炉型、活跃炉缸、看护铁口”操作理念及“冬病夏治、夏病冬治”的工作思路，以周研讨的方式，及时梳理生产限制性环节，实现对关键环节重点把控。5高炉利用系数实现单月2.525吨/(立方米·日)，达到国内先进水平。推动安全长寿技术的稳固发展，7高炉寿命达到15年，刷新了鞍钢长寿高炉纪录。强化工艺技术管理，提升“精经料”保供能力，烧结合格品率超计划2.63%，碱度稳定率超计划2.17%，球团矿一级品率超计划1.71%。全面优化配煤配矿方案，大幅使用经济料，全年降低生铁成本2.5亿元。强化能源动力系统管控力度，引进冷却水循环利用节能技术，创效231.62万元。

设备运行更加可靠。强化定修、大修刚性管控，实施重点项目作业网络图化管理，精化作业线条，大幅提高检修效率。11高炉炉顶除尘提标达效等43个项目，工期提前21.6%，全部实现安全优质一次性送风成功。实施备件精细化管理，梳理A类关键备件209项，按备件关键等级核定储备定额，完善主皮带滚筒等232项质量考核红线。完成炉顶、热风炉、主皮带等设备的储备定额核定。推进智能化工厂建设，完成高炉集控一体化中心方案设计，实现西烧堆取料机智能作业、精矿吊车无人作业、西区高炉智能点检，建立了电机智能库房，设备智能化水平显著提升。

安全环保再创佳绩。以本质化安全为抓手，运行“零隐患、零违章”和“安全风险管控和隐患排查治理”机制，开展精准培训，提升全员隐患辨识整改能力。推行“三会”闭环评价，压实整改责任，全年共排查整治安全隐患3000余项，厂控隐患由170项减少为66项，整改率达97.8%。实现安全、火灾事故为零目标。坚持绿色低碳发展，完成10矿焦槽、烧结电除尘改布袋等8个环保项目的技术改造，解决了超标排放、粉尘污染等历史遗留问题。开展厂区环境治理行动，拆扒废旧建筑9座，新建停车场4个，对26条主次干道周边设施进行了粉刷亮化，改善了职工作业环境。

创新能力持续提升。以创新驱动为引领，发挥“一厂一所一室”优势，完成三烧大四辊技术改造，破碎后燃料粒度达到85%以上。应用球团钠基复合黏结剂，使复合膨润土从1.4%降低到0.7%，提升了球团矿品位。成功应用二烧、三烧中压蒸汽预热混合料技术，混合料温度实现55℃以上。主皮带防撕裂检测装置、热风炉热像仪等在线检测监控技术得到应用，智能监测能力不断提升。完成“10高炉粒化主管线改进”等26项重大合理化建议与技术改进项目，技术创新能力持续提升。《鞍钢高炉优化操作炉型生产实践》等7篇学术论文获公司优秀科技论文奖。

企业管理更加规范。完善管理点检标准及路径，强化关键点控制，建立常态化监督检查机制，促进各项工作全过程管理受控和有效改进，推动管理点检工作落实，实现精益生产、精细管理。发挥绩效评价导向作用，突出对可控成本考评，将动力成本等关键绩效纳入高炉、烧结绩效考评；对固体燃耗、电耗、漏风率等关键指标予以动态跟踪，实现精准激励。开展全口径人力资源优化工作，通过对标先进、岗位写实，系统核定全口径岗位及定员，相关方业务界面由11家压缩为4家，核减劳务用工1150人；管理和专业技术岗位编制定员减少了25个；合并相同区域及相似岗位，实施操检合一，集中管理，全口径劳动生产率同比提升了8%。

发展合力更加凝聚。持续深入推进“惠民工程”和“关爱一线职工”项目，完成了“解决十高炉炉前休息室屋面漏水及上下水问题”等公司级“惠民工程”项目4项，厂级“惠民工程”项目15项。开展劳动竞赛、双增双节活动，推进职工自主创新，5名职工的发明成果在第23届全国发明展览会上摘金夺银。加大困难职工帮扶力度，共走访职工108人，救助困难职工1105人次，发放慰问金61.4万元。开展青年创新登高活动，二烧点检组获“全国青年安全生产示范岗”荣誉称号。

党建思想政治工作卓有成效。把开展“不忘初心、牢记使命”主题教育作为重大政治任务，制定“1+1+3+7”方案，聚焦主题主线，高质量完成了主题教育各项工作。教育期间，领导班子检视问题86项，制定整改措施173条，立行立改50项。践行为民初心，19项专项服务项目全部落地落实，职工“幸福指数”持续攀升，切实感受到了主题教育带来的变化。作为鞍钢唯一一家单位，中央第十三巡回督导组现场督导领导班子专题民主生活会并给予充分肯定。落实中央第十三巡回督导组工作要求，深化主题教育成果，将总厂五次党代会绘就的发展“蓝图”转化为高质量发展“施工图”。深化党支部建设提升年活动，推进党建基础工作上新台阶，3个党支部获公司先进党支部称号，1个党支部晋升“样板”党支部。持续深化自主创新的“五比五看五争当”党内主题实践活动，按季度评选表彰“红旗党员责任区”“最佳党员先锋岗”和“明星党员”，得到广大党员的积极响应、参与，党支部战斗堡垒作用和党员先锋模范作用得到充分彰显。全体党员干部紧盯安全、生产、成本等关键控制环节，实施共产党员工程、挑战项目120项，创效11001万元。创新提出“三个一”工作法，并制定下发《关于按“三个一”工作方法全面落实全年工作目标的通知》，以项目为引领落实全年工作，162个项目的立项实施使各项生产经营指标创历史新高。“对提升‘五力’筑牢党建‘强企’根基的实践研究”入选第五届全国基层党建创新典型案例。“加强基层组织建设，提升党组织组织力的实践研究”获集团公司党建课题二等奖，3个课题项目获鞍山钢铁表奖。炼铁总厂党委荣获两级公司先进党委称号。该厂获两级公司2019年度先进单位称号。

该厂计划生育、教育培训、保密、档案、防火、武装、道路交通安全工作获得公司年度红旗单位和先进单位称号。

（姚　晔）

【炼钢总厂】 2019年末，炼钢总厂共有职工4580人，其中管理及专业技术岗位324人（高级职称69人，中级职称185人，初级职称54人）；在职职工4073人。总厂机关设五室一会，即综合管理室、党委工作室（含纪委、团委）、生产技术室、安全环保室、设备管理室、工会；划分四个分厂、下设二十三个作业区。

鞍钢股份有限公司炼钢总厂成立于2011年4月23日。由原第一炼钢厂、第二炼钢厂、第三炼钢厂及第三炼钢连轧厂的炼钢——连铸部分整合组建而成，具有年生产1800万吨钢、坯能力，是世界上单体规模最大的炼钢厂，生产能力占全国粗钢产量的2%。主体装备有公称90吨转炉6座、150吨转炉2座、180吨转炉3座、260吨转炉3座、8台板坯连铸机、5台方（圆）坯连铸机、LF精炼炉10台、RH精炼炉6台、VD精炼炉1台，ANS-OB精炼炉2台，形成了“铁水预处理—转炉—炉外精炼—连铸”装备一流的现代化生产工艺格局。

2019年，面对市场形势急转直下的不利局面，该厂广大干部职工深入学习践行习近平新时代中国特色社会主义思想，增强“四个意识”、坚定“四个自信”、做到“两个维护”，不忘初心、牢记使命，前所未有地打规模、降成本、保品种、速改造、减劳务、改结构，全面落实“两改两保两降低”工作举措，在市场与竞争、改革与发展的各种困难和考验面前，实现了企业的高质量发展。

产量规模再创新纪录。面对市场节奏变化快、生产任务繁重、铁水供应不均衡、小浇次计划多等不利因素，该厂严格执行“一机对一线”生产组织原则，加强生产—检修—改造全流程管控，落实重点工作日生产组织预案，提升生产运行“列车时刻表”信息化水平，各线因地制宜大力开展提高冶炼周期、提升液体容器寿命和周转率、铸机高速恒速等攻关，深挖内部潜力，不同程度地实现了新突破。全厂平均铁水单耗最低达到947千克/吨；一分厂板坯10月完成产量11.9万吨，最高日产达5489吨，达到年产140万吨设计水平；二分厂2号方圆坯铸机单中间包连续浇钢59

罐，最高月产12.04万吨，超设计产能75%，4号、5号板达到年产273万吨的水平；三分厂创下单转炉班产18炉的纪录；四分厂改造后转炉冶炼周期明显下降，最高班产达到30炉。该厂2019年共产钢1838.9万吨，再创历史新高。

关键技术经济指标实现新突破。2019年，在公司总体策划下，该厂开展了空前的对标活动，各产线积极对标行业领先水平，注重对标成果转化，关键技术经济指标均有大幅提升。成本控制方面，成立了6个降成本专项小组，全面推行三级成本点检模式，严格实施日点检、周预测、月分析的市场化成本管控机制，全年实现加工成本587.56元/吨，降低成本7.96亿元。综合能耗（以标煤计）完成-6.93千克/吨，能耗成本完成72.70元/吨，继续保持全工序负能炼钢。质量控制方面，持续推行关键工艺节点管控体系，成立“降低汽车板钢夹杂缺陷攻关队”，梳理关键指标29项；全面实施技术质量“集中一贯制”管理模式，开展以提升钢水洁净度、铸机功能精度为核心的一系列质量立项攻关，钢坯质量合格率累计完成99.69%，铸坯收得率达97.54%，一次合格率94.66%，为近年最好。品种开发方面，大力开展新钢种新工艺尝试，突破多项工艺“瓶颈”，全年累计开发新钢种206个。一分厂板坯成功开发耐磨钢；二分厂试制δ-TRIP钢，铝元素达到3.5%；三分厂成功试制模拟新能源汽车驱动电机用高磁感型硅钢；四分厂成功开发人工智能材料高导电性铜包钢盘条。管线钢X80确保中俄东线重大工程供货，高强汽车钢实现批量稳定生产。

安全绿色发展呈现新局面。不断完善安全生产责任体系，组织修订《安全生产责任制》301条、安全管理细则7个，规范有限空间作业22项，更新规程105条。深化双重预防机制，开展专项、综合安全大检查14次，整改隐患8986项，1号、2号、3号线厂房综合整治工程，消除了屋面板锈蚀脱落、厂房屋架变形等重大安全隐患；11台超期服役的铸造吊车完成改造，确保了液体罐吊运的安全。加强安全教育培训，以“领导干部上讲堂”“钢厂事故汇编”等形式开展安全培训1034场，组织应急演练74场，43835人次参加。加强相关方管理，叫停工程6次，约谈相关方管理人员2次，考核40.5万元。持续推进安全标准化建设，通过国家安全标准化一级企业抽检、应急管理部钢铁行业专项检查。加快推进绿色钢厂建设。重新修订《突发环境事故应急预案》，编制《三年环保设备升级改造规划》，建立环保设备设施数据档案，所有国控级污染源排放口实施GPS定位管理。加强日常管理，严格规范生产操作，继续推行“环保管家”管理模式，实现环保设备稳定运行。投资2.91亿元先后完成1号、2号、4号线转炉一次除尘提标改造等8个环保升级改造项目，减少粉尘排放800多吨/年。“绿色高效转炉冶炼—干法除尘协同技术开发与应用”获辽宁省科学技术进步奖三等奖。

加快推进综合试点改革。实施技术质量“一贯制”管理模式，有效实施全口径人力资源改革，加大岗位优化整合，推进劳务用工统一归口管理，最大限度挖掘内部潜力，全年岗位调整1269人，撤销和替换外委劳务924人，全口径劳动生产率提高到3100吨/(人·年）以上。大力开展技能提升活动。举办“岗位技术规程”基本技能班1453个、“纯净钢冶炼新技术”等关键、重要岗位人员培训班24个、“Solidworks软件高级应用”等高技能人才培训班6个、创立“炼钢技能”公众订阅号，开展各层级、多形式、多样化技术培训4.1万余人次。全年晋级教授级高级工程师4人、高级工程师10人；高级工以上人员占职工总数的54.6%。掀起群众性创新热潮。依托“创新网”平台，全年提出创新建议2500多条；充分发挥林学斌、李新林创新工作室引领作用，确立完成“方坯自动加料机”等创新项目144项，获授权实用新型专利20项、专有技术9项。

装备保障水平再上新台阶。强化设备基础管理工作，修订下发《三分厂新增火清机四大标准》等制度文件27个。全面提升设备功能精度，以板坯扇形段辊缝管理为切入点，成立板坯铸机功能精度管理小组，对板坯铸机功能精度实施总厂集中管控。持续推进“以铁定修、以质定修、设备轮修”和三级点检管理，提高设备在线运行能力。设备事故频次、事故时间同比分别降低41.4%和66.7%。加快设备升级改造，投资8.99亿元实施提质增效技改、大修项目20项。其中一分厂KR脱硫改造和转炉系统改造，从根本上提升了冶炼效率、能源回收和品种钢保障能力；厚板坯铸机大修改造，采用重压下、干式拉钢等前沿技术，达到国际一流装备水平；四分厂干法除尘改造、副枪改造、增设滑板挡渣装置及全工序全程钢包加盖，有效提高了冶炼效率和钢水清洁度，为再造西区奠定了坚实基础。信息化、智能化建设取得长足进步，组建成立智慧制造办公室、打造智慧制造团队，制定《炼钢总厂智慧制造中长期发展规划》。投资8718万元完成皮带无人化、电极自动接长等智能化项目16个。全力打造5号线智能“样板”产线，一期完成D、E转炉，连铸机及其公辅站所室集控，二期完成铁水预处理、钢水精炼、铸坯精整集控，实现了控制系统画面优化，数据传输网络化，打通了一、二、三级信息壁垒。

平安和谐钢厂焕发新面貌。大力开展“雷霆行动”，成立专门组织机构，制定下发《打击偷盗，维护国有资产安全专项整治行动方案》，组建专兼职治安巡防队开展夜间巡防。加强技防、物防，自筹资金240万元，新增监控38部、安装照明108套、防盗锁罩122个、新建围栏2350米、修补围板5000余平方米。三级管控、网格管理、24小时巡防、全方位防范的“平安钢厂”长效管理体系和机制已然形成。践行共享理念，深入推进“惠民工程”建设，先后对总厂生活服务区进行修缮；新建三分厂浴池、食堂；整治站所室127个；修缮现场卫生间26个；为高温岗位配置特种空调150台。持续开展“面对面、心贴心、实打实服务职工在基层”活动，完成职工提出的改善休息环境、厂房修缮等意见建议29项；做好困难职工帮扶工作，发放救济金66.4万元，848人次受到救助。

落实全面从严治党总体要求，扎实开展“不忘初心、牢记使命”主题教育，深入学习践行习近平新时代中国特色社会主义思想。坚持研究部署，深入推进指导。制定总厂主题教育工作方案，适时开展党支部主题教育督导检查，召开主题教育工作交流推进会。坚持围绕主线，深入学习研讨。通过配发理论学习书籍、组织全体党员应知应会知识测试、编发党员教育宣传片、开展红色教育、重温入党誓词等形式，掀起全员学习热潮。先后开展中心组集中学习研讨15次、读书班2次；党支部理论学习214次，坚持问题导向，深入调研剖析。采取“两直三同”方式，开展专题调查研究20次，形成调研报告7篇，上专题党课6次。坚持刀刃向内，深入检视剖析，形成总厂级“9+1”问题清单80条，制定整改措施228项；党支部召开专题会议111次，支部上党课32次，形成问题清单258条，制定整改措施816条。坚持注重实效，深入整改落实。坚持把主题教育与钢厂中心工作紧密结合，助推总厂高质量发展，围绕系统降本、提高效率、智能制造、服务职工等方面，完成整改项目88项。

坚持加强党的建设，为钢厂高质量发展提供坚强保证。全面践行国有企业党组织“把方向、管大局、保落实”要求，将党建工作和钢厂中心工作一起谋划、一起部署、一起考核。持续深化《炼钢总厂领导班子成员严密组织生活，履行党建责任的若干规定》，全面落实“党政同责”“一岗双责”，深化“55”工作制和“五个参加”活动，推动党建工作全面落地。夯实党支部基础工作。深入推进党支部建设提升年活动，严格党支部日常管理、年度述职评议、“双评”等工作，连检一作业区党支部被命名集团公司“样板”称号；整顿晋级为“达标”党支部2个。加强干部队伍建设。加强干部日常管理，完善干部选拔、任用、考核管理办法，注重目标导向，加大优秀年轻干部的选拔力度，定向交流搭梯子、克难攻坚压担子。全年共交流调整中层及以上领导人员38人。深化共产党员立项攻关、责任区、先锋岗、“争创‘六个最优’争当‘六个先锋’”等立功竞赛活动，让党员亮身份、展形象、起作用。实施共产党员工程181项，评选表彰“六个先锋”共产党员211名。

2019年，该厂“炼钢转炉设备先进技术的研发与应用”等项目荣获第二十三届全国发明展金奖2个、银奖4个、铜奖2个。刘铁、王振奎荣获辽宁省创新技能大赛第一名和第五名；陈柏宇、费启星、柴帅勇夺辽宁省技能大赛、鞍钢集团技能精英赛炼钢工、连铸工状元。

（宋　扬）

【热轧带钢厂】 2019年末，热轧带钢厂共有在职职工1628人，在岗职工1370人，其中管理及专业技术岗位160人（具有高级职称23人，中级职称107人，初级职称28人），生产及服务岗位1203人；离退休职工2083人。全厂设“五室一会”（生产技术室、安全环保室、设备管理室、党委工作室、销售服务室、工会）和14个作业区。厂区占地总面积52.84万平方米，建筑面积34.04

万平方米。固定资产原值73.87亿元，净值16.53亿元。拥有1780、1700、2150三条热轧带钢生产线。

主要生产设备有：

（1）1780线：步进梁式加热炉4座，板坯高压水除磷箱1台，定宽侧压机1台，E1立辊轧机1架，R2四辊可逆粗轧机1架，保温罩1套，边部加热器1台，转鼓式切头飞剪1台，精轧高压水除磷箱1台，精轧立辊轧机1架，四辊精轧机7架（F2-F4为PC轧机），ORG在线磨辊装置4套（F4-F7），层流冷却装置1套，地下卧式卷取机3台，检查线2条，分卷平整机组1套，横切机组1套，以及相应的辅助配套设施等。

（2）1700ASP线：步进梁式加热炉2座，板坯高压水除磷箱1台，大立辊轧机1架，二辊可逆粗轧机1架，四辊可逆粗轧机1架，热卷取箱1台，转鼓式切头飞剪1台，精轧高压水除磷箱1台，四辊精轧机6架（F3-F6为可窜辊轧机），层流冷却装置1套，地下卧式卷取机2台，以及相应的辅助配套设施等。

（3）2150ASP线：步进梁式加热炉3座，板坯高压水除磷箱1台，带有前后立辊的四辊可逆粗轧机1架，保温罩1套，转鼓式切头飞剪1台，精轧高压水除鳞箱1台，四辊精轧机6架，层流冷却装置1套，地下卧式卷取机3台，分卷平整机组1套，以及相应的辅助配套设施等。

三线可生产集装箱、管线钢、汽车梁、船板等24个系列、479个品种、一万多个规格的钢板产品。

1. 提效率、增品质，提升市场竞争力。释放产量规模，实现持续盈利。在优化品种结构的基础上，产量完成1160万吨，比2018年增产58万吨，超公司计划18万吨。三线作业率分别完成77.99%、83.46%和77.17%，同比分别提升2.14%、5.5%和5.36%。加工成本258元/吨，同比降低23元/吨，降幅8%，三线分别下降7%、11%和6%。全口径劳动生产率达到5186吨/(人·年)，同比提升23%。在钢铁市场下行的情况下，实现利润7.07亿元，连续41个月盈利。

调整品种结构，实施精品战略。1780线成功研发优质钢铝复合用钢，推广量达到3000吨。汽车悬架用钢Q355B/Q550D开发成功，实现首批试模料供货。2150线为中俄东线天然气管道工程提供X80M卷板14万吨，占工程用钢总量的20%。EPS生产线一次试车成功，通过一汽解放公司产品审核，实现一汽解放和安徽华菱试验供货，获得用户好评。

2. 保质量、稳运行，提升基础保障力。聚焦客户抱怨，推进质量攻关。全年质量指标保持稳定，综合合格率和一次合格率同比分别提升0.21%和0.23%，综合成材率和原品种成材率同比分别提升0.48%和0.11%，吨材质量损失降低了0.51元/吨。此外，围绕下游客户质量痛点开展技术攻关，1700线出口材边部破损下降37%，1780线冷轧材孔洞缺陷率下降50%、酸洗板硌印废品率下降54%，2150线冷轧材精轧拉窄率下降50%。

强化设备管理，总体趋势向好。在设备管理方面，以“带好两支队伍、达标三项精度、提升四个能力”为抓手，针对中层管理者掌控能力不足，趋势性问题应对不及时，问题解决不彻底的情况，精准施策。设备运行总体趋稳，事故时间同比下降12.5%。

3. 促创新、控风险，提升运营管控力。注重科技进步，加强创新引领。全年提出专利申请25件，专有技术8件，完成重大合理化建议20项，开展领军项目9项、科研课题3项、质量攻关课题15项，完成QC成果4个。获得辽宁省创新方法大赛一等奖1项，获得23届全国发明展览会金奖2项、银奖2项、铜奖1项；获得2019年度职工技术竞赛“精英赛技术能手”2人、“群英赛技术能手”4人；荣获“中央企业劳动模范”1人，“辽宁工人先锋号”班组1个。

诊断体系风险，提升运营效率。顺利通过QEO管理体系内审和GJB体系内、外审，完成了TIS认证、特斯拉审核、日本久保田、EPS一汽解放等二方审核和产品审核。组织识别QEO管理体系适用法律法规及其他要求596项、运营风险25项，对质量风险、生产运营风险和安全风险实施重点管控。持续完善修订管理细则30项，进一步加强涉密人员和秘密载体管理，确保国家秘密和鞍钢商业秘密安全。

4. 抓安全、重关爱，提升员工凝聚力。健全安全体系，推进绿色发展。树立安全发展理念，坚持依法治安，实现生产安全事故、火灾事故及造成的人身伤害事故为零；职业病危害因素检测和职业健康体检完成率100%；新、改、扩建项目安全及职业健康“三同时”合法合规，被评为鞍山钢铁安全生产先进单位、消防安全优胜单位。重拳打击偷盗行为，“雷霆行动”取得阶段性进展。

培育和谐文化，汇聚发展合力。组织1732名在职、居家职工体检，按时足额发放职工一卡通就餐补贴218.2万元。走访慰问职工134人次，发放慰问金8.9万元；救助困难职工384人次，发放救济款17.8万元。成功举办第二届职工家属开放日活动，联通“大家”“小家”，把家庭梦汇成企业发展梦。组织职工无偿献血，被评为鞍钢集团无偿献血先进单位。

修缮1700、1780食堂和三线浴池，修建1700、1780停车场，为现场配备座椅518把、卷柜148组、办公桌31张、饮水机28台、微波炉28台，极大地改善了职工就餐、洗浴和工作环境。

5. 守初心担使命，党建工作取得骄人成绩。各级党组织以习近平新时代中国特色社会主义思想为指导，全面学习党的十九大、十九届二中、三中、四中全会及习近平总书记关于国有企业和鞍钢的指示批示精神等，全力落实鞍钢集团第二次党代会精神，强弱项补短板，强组织聚合力，为完成1160万吨产量、实现7.07亿元利润提供了有力的政治保证和组织保证。

(1) 以开展“不忘初心、牢记使命”主题教育为契机，提高政治领导力。一是在顶层设计上，着眼整体高效，系统推进，建立“初心·使命”主题教育工作群，充分发挥本级4个工作组作用，保时间保质量保效果。二是在学习研讨上，着力集中研讨，重点推进。党委理论学习中心组集中学习研讨5次、读书班6次、辅导讲座3次。三是在调查研究上，着眼问题导向，担当推进。班子成员聚焦“五个围绕”“四个讲清”，特别针对机关部门职能建设和作风建设、形式主义官僚主义和职工群众最关心关切的热点难点问题，进行了“强党建、找差距、作贡献”专题调研，在总厂分厂机关和中层干部中开展了“走在前、作表率，见贤思齐，以机关带系统，建设让党组织放心、让职工满意的模范机关”主题党课教育。四是在检视整改上，着眼思想洗礼，坚定推进。通过自己找、群众提、互相帮、集体议，系统梳理学习研讨中查摆的问题、对照党章党规找出的问题、调研发现的问题、群众反映的问题等，共计发现5类40项问题。五是在人才培养上，着眼优秀青年，提拔锻炼。先后组织推荐鞍钢集团摇篮计划“成材工程”“种子工程”5人，入库鞍山钢铁“春苗人才”6人；组织开展了2019年度优秀青工挂职助理评选，对10名优秀青工实施岗位挂职助理锻炼，并举行了挂职助理启动仪式。新提拔任用17名干部，其中年轻干部14人，占比82%；231名业绩突出的职工获得了晋升一级的资格，68名职工被评聘为工人技师，真正让职工体会到干好干坏不一样。

(2) 以开展“强党建、找差距、作贡献”主题实践活动为抓手，提高组织推动力。一是以讲促学，创新开展主题实践活动。全年以党群例会为平台，采取党务干部上讲台方式，开展主题党建项目对表对标讲习35人次，力促“党政同责”“一岗双责”和支委党内履职。二是深入推进“支部共建”活动：作为主汇报单位，参与了“鞍钢·一汽”产销研用五支部共建2019年交流年会，从支部层面，作了《服务市场服务用户，用支部共建引领高质量合作共赢》主题汇报；从创新工作室层面，作了《擦亮热轧品牌，彰显劳模创新引领》的主题汇报，收到了很好的效果，共同见证了鞍钢股份首条EPS处理线一次热负荷试车成功。三是深入推进党支部建设提升年活动，落实落准党支部工作评价，以“六维度”评价为抓手，以关键党建效果为评价杠杆，颁发“四好”领导班子流动荣誉杯，抓紧抓实两级班子成员聚焦主业，主动履职；严实“三会一课”和党日活动；组织开展了第二届职工家属开放日活动；聚焦年修服务、环境治理等，组织开展民“美丽热轧”志愿者服务行动。全年下拨党组织工作经费13.65万元，组织开展“党员工程”“挑战项目”攻关116项，累计创效8000多万元。扎实开展党内“双评”工作；全年发展党员9人；新增样板党支部1个；党员活动室全覆盖。

(3) 以建设“热轧之声+支部e生活+50先锋”为载体，提升思想引领力。一是系统规划3个现行有效微信公众号：总厂层面的“热轧之声”，东区一二分厂层面的“支部e生活”，西区三分厂层面的“50先锋”。二是实施新闻宣传目标值管理：制定每个支部在“热轧之声”“支部e生活”和“50先锋”发布宣传稿件计划，全年累计分别发布了73篇、43篇、31篇。三是加强形势任务教育，内树典型，外塑形象：组拍了《2018热轧职工家属开放日记忆》和《热轧是我家》宣传片，选树“中央企业劳动模范”1人、鞍钢劳动模范1人、鞍钢集团和鞍山钢铁级先进党支部2个、先进党小组4个、优秀共产党员4人、优秀党务工作者3人。对外宣传报道27篇，其中国家级4篇、辽宁省级3篇、鞍钢级20篇。其中《鞍钢股份首条EPS处理线落户热轧》被《中国经济导报》转载，《我是热轧党员》被人民网选宣。四是落实意识形态工作责任制：厂党委会专题研究意识形态工作，坚持不管思想、管不好思想的领导干部是失职的工作导向，并把网络意识形态列为专题研究的重要内容。

（4）以深推“2019关爱项目”为切入，提升职工凝聚力。一是八项关爱项目如期完成：新建1780、1700两个停车场，新增停车位115个；修缮机关二楼半会议室和部分现场操作室、值班室、休息室，更换道路路灯189个、现场天井照明544个；增设门禁系统27个；配置办公桌31个、各类操作椅办公椅会议椅518把，较好解决了职工停车难、照明难等亟待急盼问题，改善了食堂就餐和工作休息环境，职工的获得感更加增强、行为更加文明。二是推动关爱活动纵深行：组织开展“争8保24，实现中夜班零事故”倡议活动，号召全体党员干部职工积极行动起来，立足本岗本责本位，自我加压，苦练内功，集中精力8小时，力保产线稳定运行24小时，少抢修，少加班，提升“大家、小家”幸福感。三是聚焦生产经营难点开展劳动竞赛：组织开展了“大指标创优，小指标夺冠”“精心运维，争创‘优秀液压站’”“开展岗位练兵，大力降低煤气消耗”“治理设备漏油、实现清洁生产”等专项劳动竞赛。四是发挥劳模引领作用开展技术创新：以张福多技能大师创新工作室为引领，曲晓东“热连轧高强钢内应力关键控制技术的研究与实践应用”获辽宁省科学技术进步奖二等奖；2150线设备作业区加粗点检班被授予“辽宁工人先锋号”；参加第二十三届全国发明展览会·“一带一路”暨金砖国家技能发展与技术创新赛，获得两金两银一铜。五是强化服务意识开展人文关怀，全年共走访慰问困难党员和职工435人次，发放救助费和慰问金22.82万元；为122名退休职工举办了退休职工离职仪式，提升了归属感、自豪感和责任感。

（5）以深入“五违反”专项治理和集中整治“形式主义、官僚主义”为牵引，提升纪律保障力。一是从各类事故事件中，深挖履职不到位等官僚主义不担当问题，通过降职使用、平职交流、点名道姓通报曝光等问责52人次，凡被考核问责的，均逐级安排谈心谈话，达成“严管+厚爱”。二是从专项督查监察中，深挖管理不到位问题，通过设备资材、质量体系、能源体系、关爱项目、动态排查廉洁风险和集中整治形式主义官僚主义等9项专项监察，提出监察建议22项，已整改13项。三是从制度方案设计中，深挖干部不担当问题，系统策划了《2019年纪委工作计划》《关于开展“严守纪律、永葆清廉”主题教育活动实施方案》《关于运用监督执纪“第一种形态”的实施细则》；项目化实操性发布了《关于开展备件资材专项监督的通知》《关于开展质量和能源体系管理专项监察的通知》《关于开展集中整治形式主义、官僚主义和动态排查廉洁风险专项监察的通知》等，聚焦企业基础管理，加强对重要关键岗位人和事的监督，强化重点环节的管理监督，发挥好专项监督“管理的再管理、监督的再监督”的独特作用。四是深入开展“业务监督式调研”，通过组织纪委全委（扩大）会议、纪检委员业务交流、相关方党风廉政建设座谈等，梳理内部问题清单18项。通过走进分厂总支支委会，开展了总支层面“三重一大”事项上会情况的调研；通过走进分厂作业区班组，对各类会议会风、文件文风情况进行了调研。五是创新纪检监察形式和内容，开展了新提职人员“一句廉洁警句+一个廉洁故事”的廉洁警示教育活动，开展了研读信念纪律书籍《苦难辉煌》活动，对工程备件材料等资金密集、问题多发环节，开展事前监督，提前预警。六是召开“严守纪律，永葆清廉”主题座谈会和重要关键岗位及相关方的廉洁恳谈会，不断强化党员干部不忘初心、牢记使命，守住道德“底线”，不逾纪律“红线”，不碰法律“高压线”。

（刘　晟）

【冷轧厂】 2019年末，冷轧厂在岗职工总数2319人，其中干部372人（高级职称25人，中级职称269人，初级职称62人，员级13人，无职称3人），工人1947人；居家职工278人，列编外职工22人，市场人员25人，离退休职工1575人。

冷轧厂设四室一会，5个分厂，3个工区，2个直属作业区；党委下设4个党总支，23个党支部，党员1271人；团委下设团支部15个，团员70人。2019年，冷轧厂以习近平新时代中国特色社会主义思想和党的十九大精神为指引，全面落实两级公司各项工作部署，将“不忘初心、牢记使命”主题教育贯穿于党的建设和生产经营全过程，以“抓变革、提效率、促品质”为工作主线，严控运营风险，形成生产经营、改革改造、智能工厂三大战线齐头并进的良好发展势头，各项工作取得显著成绩。2019年，完成商品材629万吨，同比增长3.1%；酸洗机组实现达产达效；牵手特斯拉等高端用户，提升冷轧“朋友圈”质量；完成锌铝镁机组改造，成为国内少数具备生产锌铝镁产品能力的产线之一，进一步提升了冷轧产品的市场竞争力。

变革创新迈出新步伐。稳步推进改革，全面对标先进企业，引入先进管理理念，推进实施全口径人力资源优化、差异化绩效模式、专业设备功能包保，通过劳务用工置换、改变作业方式等举措，有效提升管理效率，全口径劳动生产率提高23%，进一步缩短了与同行业先进水平的差距。

释放创新动能。持续加大创新步伐，充分发挥科技创新管理委员会和技术专家委员会及创新工作室作用，通过推进领军项目的立项与实施、搭建与先进企业及知名院所交流平台等渠道，形成全员创新氛围，解决了磷化斑迹等重大技术瓶颈问题，18件专利获国家授权，在第二十三届全国发明展上获得1金2银1铜的好成绩，全年实现创新创效5106万元。

运营能力得到新加强，生产成本不断降低。推进效率降本，构建起“物流有序、生产准时、协同高效”的生产组织模式，产量规模连续4年保持增长态势，多个机组产能创历史新高。全面对标找差，确保措施落地，通过开展系统质量降本活动、推进节能项目及效果评价等举措，产品库存下降10%，全年实现降本1214万元，吨钢降本1.35元。

实物质量保持稳定。坚持以用户为中心，不断完善质量体系，深化质量攻关活动，产品一次合格率同比提升0.26%，O5板原品种成材率同比提升5.1%，本田及日产缺陷率分别降低56%和91%，全年调品增量40万吨，持续保持汽车板市场第二大供应商，家电板市场第一大供应商的地位，获东风日产郑州工厂技术服务最佳单位奖，东风商用车最佳供应商奖。

设备管控持续加强。以“夯基础提精度、防事故防风险、系统提效提质”为主导，实施工艺改进项目16项，设备运行效率和设备功能精度持续改善，全年三级及以上事故次数创历史最低，主线机组作业率实现历史突破；推进智能工厂建设，加快实施信息化平台升级及“3D”岗位机器人应用项目，进一步拓展了未来发展空间。

和谐建设取得新进展，安全环保平稳受控。践行“生命至上，安全发展”理念，以安全生产标准化建设为主线，落实全员安全生产责任，全年三级及以上安全、火灾事故为零，获安全、防火先进单位、“安康杯”竞赛先进单位。推进“雷霆行动”，整改问题270项，查获盗窃问题2起，有效防止国有资产流失。推进绿色发展，建设美丽冷轧，以循环利用、源头减量为主线，实施6项环保改造项目，实现重大环保事故为零，荣获清洁生产优秀单位称号。

以人为本共建和谐。通过“春苗”人才培养工程、岗位交流、管理层契约化等举措加快人才培养，取得成效。其中刘炳刚荣获“辽宁省技能专家”称号，田宇等7人包揽集团公司冷轧轧钢工精英赛前7名。深化关爱职工服务行动，全年发放救济金29余万元，着力修缮152个吊车操作室，维修现场6个卫生间，完成浴池食堂维修。举办了首届职工厨艺交流大赛、心理健康及中医保健“大讲堂”等活动，赢得职工广泛赞誉。

充分发挥党委核心作用，构建高质量发展新格局。提升政治能力。着力开展“不忘初心、牢记使命”主题教育，组织领导班子成员和各级领导人员深入学习习近平新时代中国特色社会主义思想和党的十九大精神，坚持读原著、学原文、悟原理，进一步坚定了中国特色社会主义共同理想，进一步增强了对党的初心使命的认识，提高了运用党的创新理论指导实践、推动工作的能力，增强了“四个意识”、坚定了“四个自信”、做到了“两个维护”。通过召开高质量民主生活会，得到了政治锤炼，锻炼了政治本领，提升了政治能力。

加强理论武装。理论学习中心组利用5个整天时间，系统学习了《选编》《纲要》等重要论述，围绕牢记初心使命等10个方面进行深入研讨，共90人次作了重点发言和交流研讨，整理出建设性建议28条，达到了找准问题、明确方向、凝聚共识、提高能力的目的，为实现“弯道”超车、快速发展，增强了信心、提升了底气。组织党员干部自学、研读指定书目，组织党员干部参观鞍钢廉政教育馆，组织中层干部观看《苦难辉煌》等党史学习教育片，组织党员干部为岫岩扶贫点捐款捐物，聘请党史专家进行主题教育专题授课4次。各党（总）支部开展集体学习22次，专题学习讨论103次，党支部书记参加轮训8人次。

聚焦核心关键。抓好班子，践行“白天走干讲、晚上读写想”工作理念，实现“三共”，即共识、共鸣、共振；充分发扬民主，关注重点和难点问题，以“质量提升年”“改革创新年”“现场整治年”为工作主向，为变革创新、生产稳顺、团队和谐奠定了坚实基础；秉持开放中寻求变革，市场中找准定位，积极与新日铁、浦项、宝钢、首钢等先进企业全方位对标，找出在管理、技术、质量、效率等方面的差距，提出“以客户需求为导向，聚焦质量、成本，兼顾服务，借鉴国内外先进做法，重视基础理论技术，借力集约减量、智慧化手段，打造集约高效、技术领先、最具影响力的企业”的下一步工作规划。

强化意识形态工作。严格落实意识形态工作责任制，严禁党员干部网络行为负面清单行为发生，牢牢把握住舆论宣传引导权和主动权。围绕学习习近平新时代中国特色社会主义思想、形势任务、理想信念、改进作风内容，创新宣传形式和内容，积极利用新媒体，通过“冷轧新视点”微信公众号，传递好声音，弘扬正能量，在全国、省市级报刊及电视媒体刊发、播出新闻稿件20余篇，在公司级媒体发布新闻稿件60余篇。建立学习型组织，倡导“书香冷轧”，深化读书协会、英语俱乐部活动，进一步拓展了学习渠道和空间。

充分发挥干部表率作用，选准用好干部。坚持党管干部原则，始终保持正确的用人导向；坚持严管和厚爱相结合，激励和约束并重，开展干部年度考核评价，对优秀干部进行奖励，对排名靠后干部给予提醒谈话；加强干部交流，始终保持干部队伍积极向上的精神风貌。今年以来调整干部51人次，其中，提职14人次、交流23人次。加快年轻干部培养，强化中青年干部培训和锻炼，选派优秀人才挂职锻炼，积极向外输送各类人才。完善优秀年轻干部后备队伍建设，实施青年人才成长积分制，对50名35岁以下优秀青年职工挂职各类助理，进一步加快年轻人才成长。

管好用好人才。加快专家型人才培养，围绕技术创新，搭平台、定指标、立项目，实施创新资源分级管理，完善机制、体制，发挥技术人才作用；加快操作型人才培养，发挥技能大师工作站和职工创新工作室等平台作用，进一步畅通生产操作和点检系统人员的职业晋升发展通道，培育和造就工匠型高技能人才。建立完善了优秀人才库。二分厂联合机组电气点检组、三分厂连退乙班、四分厂连退电气点检组被分别授予中国企业班组文化建设与管理标杆班组、先进班组称号；姜长虹、李义、马怀斌分获中国企业班组文化建设与管理标兵班组长及优秀班组长称号。

转变工作作风。坚持刀刃向内自我革命，把形式主义、官僚主义存在的问题作为集中整治的重点，列出清单，制定措施，坚决整改。进一步打破“官本位”，破除“等靠要”。组织党员领导干部及关键重点岗位人员参观鞍钢廉政教育馆，聘请党史专家进行专题授课4次，300余人次参加，在全体党员中开展《强化危机意识》征文活动，激发起党员干部勇担职责使命的工作激情。

充分发挥党支部战斗堡垒作用，激发高质量发展新活力。强化支部建设。深入开展基层党支部提升年活动，完善党建工作考核评价办法，结合实际细化考核评价细则，采取月自评、季互评、年总评的方式，推动党支部达标创先，2019年以来，每季度评出“四好班子”10个、样板党支部5个、党员先锋岗100个。认真学习贯彻落实《中国共产党支部工作条例（试行）》，促进党支部规范化建设，建立并完善党支部“三会一课”等11个制度、建立好组织生活等9个台账，修缮党员活动室12个。

加强党支部书记能力建设。为推动全面从严治党，探索基层党支部工作的新思路、新方法、新途径，提升党支部书记思想认识和工作主动性，开展“党建+月讲堂”活动，举办了“党支部换届选举工作”“发展党员工作”“‘三会一课’制度落实”和“加强党支部建设，提升党支部规范化水平”等专题讲座。坚持“书记抓、抓书记”，开展了党支部书记述职评议考核，推动党建工作责任向基层延伸。

深入开展大讨论。深入开展“解放思想、开放变革，建设高质量发展新鞍钢”大讨论活动，引导全员聚焦高质量发展的重点和难点任务、聚焦短板和突出问题、聚焦体制和机制障碍、聚焦“变革、效率、品质”三个关键要素，聚焦影响效率、质量、成本、品牌的关键节点，着力解决企业深化改革、创新发展的难点、重点问题，推动冷轧厂实现高质量发展

充分发挥党员先锋模范作用，展现高质量发展新作为。强化教育管理。按照《中国共产党党员教育管理工作条例》规定，坚持“三会一课”、主题党日、民主评议党员等党内生活制度；扎实推进“两学一做”学习教育常态化制度化，引导党员夯实思想根基、牢记初心使命、从严自我管理，更加自觉听党话、跟党走，把集团第二次党代会提出的重点任务落实到岗位、落实到日常工作中。在全体党员中开展“十个一”系列活动，迎接建党98周年和新中国成立70周年。

深化实践活动。坚持把党员作用发挥与完成生产经营目标、降本增效任务挂钩，围绕降本增效、调品提质等扎实开展“共产党员工程”和“挑战项目”攻关等活动。2019年实施项目152项，创效3997万元。各党支部围绕生产经营，在提高运营效率、提升设备保障能力、挖掘降本潜力、提升创效能力、激发创新活力等方面，深入开展立功竞赛活动，切实解决了制约生产顺行的疑难问题，提高了企业的管理水平。

促进作用发挥。开展“戴党徽、亮身份、树形象、作贡献”活动，把身份亮出来，把作用显现出来，充分发挥表率示范作用，在思想上领先、在行动上领先、在业绩上领先，以实际行动带动身边职工群众，做出一流的工作成绩。发挥李超等先进典型的先进性和导向性作用，引导广大党员立足岗位，攻坚克难，汇聚起改革发展的正能量。4名一线党员获鞍钢优秀共产党员称号，1人获鞍钢优秀党务工作者称号。

（于　游）

【冷轧硅钢厂】 截至2019年末，冷轧硅钢厂职工总数1094人，其中在岗923人，管理及专业技术岗位94人（高级职称9人，中级职称75人，初级职称8人），生产及服务岗位829人（高级技师25人，技师74人，高级工403人，中级工237人，初级工69人，其他21人）。下设综合管理室（党委工作室）、生产技术安全室、设备管理室、工会（居退管）三室一会。东区生产作业区、西区生产作业区、机械作业区、电气作业区、公辅轧辊作业区、检修作业区、运转作业区等7个作业区。

2019年，冷轧硅钢厂主动求变革谋发展，全力推进冷轧硅钢“五个品牌”建设，取得了显著成效。全年完成产量96.05万吨，其中：东区89.3万吨，盈利0.17亿元；西区6.75万吨，亏损2.21亿元。东区成材率92.59%，创近年来最好水平。异议率0.009%，为历史最好水平。

生产组织管理采取新举措，取得新成效。优化生产组织模式，产线效率提升明显。通过强化生产计划管理，充分释放产能，酸轧机组效率达到170吨/时以上；连退2号、3号、4号线速度提升至150米/分。西区优化生产组织模型，以轧机提产能为引领，充分释放高牌号和取向硅钢产能，施行月份内集约生产，降低生产成本。推行指标分解落实，系统降成工作效果明显，将预算指标层层分解并以项目为抓手，持续开展周推进、月评价工作，保证指标受控。通过采用轧机提速生产、优化排产、避峰生产、降低事故停机、提高成材率、提升机组运行效率、降低能源消耗等措施，实现硅钢厂工序加工成本持续降低。强化调度管理职能，提升响应速度效果明显。强化调度系统核心作用，在信息收集反馈、事故处理、非常规作业等工作中组织协调到位，现场管控能力得到全面提升，确保了生产顺行。

质量管理采取新举措，产品实物质量明显提升。强化质量分析，质量管控能力明显增强。构建日质量分析、周质量总结、月汇总评价质量管理体系。强化产品质量风险防控管理机制，坚持24小时动态跟踪关键工艺参数、重点设备功能状态、产品性能指标、调度信息反馈等，质量控制得到加强。强化质量攻关，实物质量提升效果显著。聚焦关键质量问题，依托创新攻关平台，实现主要品种同板差不大于8微米的合格率达到90%以上，涂层0.8~1.2克/平方米厚度命中率90%以上，剪边毛刺高度小于0.020毫米，边部齐整度达到行业领先水平。持续改观钢板外观质量，解决团雾状、水冷辊辊印等色差缺陷，产品

实物质量持续提升，2019年荣获冶金产品质量金杯奖。强化售后服务，客户黏合度显著提升。建立以客户需求为导向的服务管理机制。先后解决了美的盐雾性能、大洋电泳性能、格力凌达分切性能等问题。全年走访服务客户86次，其中厂领导带队走访8次，管理技术人员走访21次，共计115人次，产品赢得卧龙、美的、格力等多家客户肯定，授予鞍钢硅钢最佳（战略）合作伙伴称号。

推进品种开发，重要品种开发实现新突破。全力支持取向硅钢产品试制。初步掌握了生产高端取向硅钢产品全套工艺技术，23AG090产品被河北高晶认证通过。全力协调高端无取向硅钢研发。新能源汽车驱动电机用高磁感型产品35ADG1800试制成功。空调压缩机用钢更新换代，薄规格低铁损高端产品30AW230、35AW230、35AW250产品相继开发成功。全力推进东区品种结构优化。实现了东区酸轧、连退机组生产35/50系列高牌号硅钢产品，并初步具备批量生产条件。宽幅1242毫米产品实现稳定供货。高端C5无铬涂层产品和自黏结涂层产品利用彩涂装备顺利打通了工艺路径。

设备运行效率和设备功能精度大幅度提升。运行效率大幅提升，通过强化状态点检、逢修必改，东区酸轧和连退工序标准作业率同比提升2.3%和0.8%，主线月均设备事故时间同比降低13.3小时。功能精度显著改善，利用定修恢复酸轧圆盘剪尺寸和支持辊磨削、装配精度，有效解决了制约生产的难题。智能化建设见成效，积极推进智能化、信息化项目建设，实现了连退线入出口二三级通信功能改进、3号线入口上卷数据自动下发、出口生产数据自动上传等功能。改造项目有序实施。全年共完成3号连退线冷却段大修、1号连退线涂层机大修改造、酸轧机组感应加热项目实施及自动上套筒装置改进等9项大修技改项目、13项零固类项目。

推进环保、节能降耗，圆满完成全年既定目标。环保问题整治效果显著。实现2019年重大环保事故为零，辐射事故为零，周边群众信访事故为零。完成了环保税季度申报、钢协对标、土壤普查及生态规划编制、厂专项应急预案修订等工作。争创“星级液压站”和推进“治理设备漏油”专项活动，获得了1个公司标杆液压站和4个公司星级液压站的好成绩。液压油HFI指数低至0.44，处于公司领先水平。

加强企业管理，人力资源保障功能不断强化。强化体系运行管理，按照QEO管理规范要求，修订完善厂级管理制度，保证制度的有效性和体系的科学运行。修订完善厂绩效管理办法，建立了差异化绩效评价体系。严格清理不规范劳动关系。对硅钢厂成立以来和生产协力、设备协力划拨以来产生的48名特殊历史遗留人员群体按公司政策标准，全部进行了薪酬和劳动关系规范清理。

共建共享，队伍凝聚力不断增强。落实领导干部直接联系群众制度，“四个一”联系点、厂领导接待日制度全面落实，全年征求意见50项，答复率100%。做好困难党员帮扶，共救济困难党员34人，发放救助金2.6万元，为突发困难党员紧急捐款4.7万元。“践行共享理念，关爱一线员工”，完成东区生产作业区四个重卷操作室修缮公司级项目1个，厂级项目24个，职工归属感、幸福感显著增强。强化日常技术练兵和人才培养，全年5个项目获集团公司职工创新工作室优秀奖，2个项目获第23届全国发明展铜奖，3人次获鞍钢集团精英赛第一名和鞍山钢铁技术状元，3名职工获鞍山钢铁技术能手。

（高　瑞）

【中厚板厂】 2019年末，中厚板厂职工总数1081人，其中，在岗916人；管理及专业技术岗位114人（高级职称16人，中级职称65人，初级职称31人，其他2人），生产及服务岗位802人（高级技师32人，技师82人，高级工322人，中级工217人，初级工127人，其他4人），离退休1050人。该厂下设一会、四室及9个作业区。固定资产原值23.16亿元，净值4.81亿元。厂区占地面积41.01万平方米，建设面积17.56万平方米。

主要设备有：（1）厚板线。最大轧制力可达8000吨的4300四辊可逆轧机1台，额定矫直力达3400吨的热矫直机1台，额定矫直力达2700吨的预矫直机1台，最大矫直力达4200吨的冷矫直机1台，推钢式、步进式加热炉各1座，4300毫米轧辊磨床1台，组合剪1台，2座罩式炉，直燃式常化炉1座和无氧式常化炉2座，淬火机2座，还有抛丸机1套，切头剪1台，喷打字机2套，千吨压力矫直机1台，年探伤20万吨钢板探伤机

1台，高压水除鳞设备1套，自动控制层流冷却设备和超快冷设备1套。目前生产工艺及产品质量达到国内一流、国际先进水平，成为国内最先进的宽厚板生产企业之一。现生产能力达到120万吨/年。（2）中板线。推钢式汽化冷却加热炉3座，二辊可逆式轧机1套，四辊可逆式轧机1套，矫直机3台，切头剪1台，圆盘剪1台，滚切剪1台，辊底式常化炉1座，喷打字机1台，高压水除鳞设备1套，自动控制层流冷却设备1套，X射线测厚仪设备1套。现生产能力达到90万吨/年。

主要产品分为十二大类：普通碳素结构钢、低合金高强度结构钢、锅炉板容器用钢、优质碳素结构钢、造船用钢、桥梁钢、工程机械用钢、管线钢、军工钢、汽车钢、刃模具钢、新成品等。广泛应用于军工、造船、桥梁、工程机械、锅炉压力容器制造、电站、海洋采油平台、石油与天然气输送和军工等行业。产品规格为厚度4～180毫米，宽度1200～3950毫米。所能生产的钢板品种规格可达1000多种。

2019年该厂主要生产经营指标完成情况：全年实现人身伤害事故和重大生产、质量、环保事故为零的目标。实现利润0.65亿元；完成产量175万吨，超额完成产量指标；一次合格率、综合能耗等关键经济技术指标均完成公司计划。

筑牢安全基础，提升企业本质安全水平。推进“双零”工作机制，开展“安全风险自问提醒制、KYT活动”“安全隐患和违章行为大排查大整改”专项活动，治理安全隐患972项、纠正管理缺陷186项，实现长周期安全生产。开展分包方安全管理专项治理，分包方纳入安全管理体系，实施“旁站式”管理，有效落实了安全过程管控，实现了相关方安全事故为零的管理目标。

优化生产组织，提升生产效率。通过提高坯料单重、调整品种结构、优化生产计划、突出经济杠杆作用等多项措施，两线年产量达175万吨，厚板线11月产量达102116吨，创历史新高。优化生产管理系统，细分产品结构，分阶段管控制造过程，有效提高了物流效率，努力满足用户对交货期的个性化需求。

树立品质卓越，用户至上的质量理念。精准产品定位，强化技术攻关，完善控冷程序、提高温度精准控制能力，进一步提高产品实物质量。改进不锈钢除鳞模型，严把过程质量控制，不锈钢修磨比例降低50%，产品表面质量显著提高。扎实推进21个降低现货和废品攻关项目，两线现货率同比分别降低28.85%和44.40%，一次合格率同比分别提高0.48%和2.62%，关键质量指标大幅提升。实施科研创新项目21个、协同创新项目4个，加快创新驱动发展战略落地。

聚焦调品升级，擦亮鞍钢品牌。海工钢FH36首次实现了80毫米厚度规格批量生产，独家供货中集来福士船厂FPSO项目，提升了鞍钢品牌影响力；高端桥梁钢成功应用于深中通道、武穴长江公路大桥等5个国家重点项目，使中国桥再次印上“鞍钢名片”；机车钢再获新突破，合同量7325吨，为中国高铁事业再添新动力；不锈钢复合板和军工产品市场份额逐步扩大，形成新的效益增长点。

设备管理扎实有效，功能精度稳步提高。按照“强点检、抓定修，压日修，控事故”管理原则，强化点检责任落实，加强周期管理，提升检修质量，节省定修时间；与生产充分结合，压缩日修次数和时间；按照“三抓”的原则强化事故管理，两线作业率稳步提升，中板线平均作业率达到89.44%，11月作业率达到92.91%，厚板线3月作业率达到91.12%，创历史最好水平。

着眼长远发展，加快技术改造步伐。完成了两线轧机除尘项目、厚板线等离子切割机大修项目、厚板线液压站远程操作、中板线热处理炉及新增探伤机改造项目，实施了厚板线高压水除鳞机大修项目，推进了轧机、缓冷坑、组合剪、1号加热炉、中板线2号冷床等技改项目的前期准备工作，为可持续发展奠定重要基础。

深挖对标潜力，提升企业竞争力。实施设备维修费用精细管理、修配改代等措施，不断降低设备运行成本。系统推进技术节能、工艺节能、管理节能、操作节能，全面降低能源消耗，两线降低成本1239万元，中板线加热炉煤气单耗保持在历史最好水平。通过优化坯料设计方案、开展技术攻关，提高产品一次合格率，厚板线综合成材率同比提高1.47%。

推进变革增动力，企业内生活力得到不断激发。以市场化运营为导向，持续深化生产经营契约化管理，深化收入分配制度改革，积极推进管理变革。认真落实公司关于中厚板市场化体制改革的工作要求，组建承包团队，制定配套文件，充分赋予承包团队绩效分配、选人用人的权利，有效激发了企业内生活力。大力开展“雷霆行动”，通过完善和加强技防、物防、人防等多种措施，防止国有资产流失。

坚持用企业文化提升品牌价值。全体职工积极参与，提炼形成了“忠诚担当 厚德精业”企业的文化理念，厚植了“忠厚品格”企业文化内涵，增强了职工对企业的认同感和自豪感，塑造和提升了鞍钢股份中厚板厂的企业形象。中厚板厂被中国企业文化研究会评为“改革开放40年中国企业文化优秀单位”。

（张　璐）

【无缝钢管厂】 2019年末，无缝钢管厂共有职工1349人（在岗1010人），其中干部123人（在岗89人，高级职称15人、中级职称87人、初级职称18人、无职称3人），工人1177人（在岗885人）；离退休职工2168人。该厂设有营销服务中心、生产技术室、综合管理部、党委工作部、工会、159分厂、177分厂和检查站。固定资产原值14.64亿元，净值5.41亿元。厂区占地总面积28.19万平方米，建筑面积18.39万平方米。该厂现拥有2条热轧生产线和2条管加工生产线，即ϕ159MPM限动芯棒五机架连轧管机组、ϕ177PQF三辊五机架连轧管机组、管加工一生产线和管加工二生产线。设备总质量2.86万吨，具有46万吨年设计生产能力。

ϕ159MPM限动芯棒五机架连轧管机组主要设备有：YJQ-270数控硬质合金卧式圆锯床、环型加热炉、小角度锥形辊穿孔机、德国西马克米尔公司MPM五机架连轧机、三辊机架方形脱管机、中频电感应再加热炉、十四架微张力减径机、步进式冷床、奥地利MFL排管锯、ϕ168七辊矫直机、ZGL68液压快开式十辊矫直机、涡流与漏磁探伤机及辅助设备。

ϕ177PQF三辊五机架连轧管机组主要设备有：2台YJQ-270数控硬质合金卧式圆锯床、环型加热炉、锥形辊穿孔机、德国西马克米尔公司PQF五机架连轧机、三辊机架方形脱管机、中频电感应再加热炉、十四架微张力减径机、步进式冷床、奥地利MFL排管锯、JGLC-180十辊矫直机、漏磁+四探头超声波测厚探伤机、双径通经机、测长称重机、7×80兆帕2台水压机、涂油机及辅助设备。

管加工一生产线主要设备有：日本KY-4012N接箍车丝机、沈阳及埃马克接箍车丝机、日本5B矫直机、油管外加厚机、比利时高力耐MPM-T7管体车丝机、法国克立丹NO-TUBING管体车丝机、美国OMC拧接-通径机、日本山本水压机、7×110兆帕水压机、淋涂方式SZT型涂油机、SI-184切管机、CH-013接箍镗孔机及辅助设备。一套感应热处理线、超声探伤机及辅助设备。

管加工二生产线主要设备有：一整条由西安重型研究所设计的热处理线，主要设备含淬火、回火加热炉、高压水除鳞、水淬设备、5台冷床、热矫直机、端头及在线超声波探伤机及辅机。比利时高力耐RPP07-5管体车丝机2台、NJJA-7拧接机、140兆帕高压双管水压机、自动测长称重、喷字、涂色环设备、淋涂方式涂油机、蒸汽烘干机、PACD钢管自动倒棱机及辅助设备。

主要产品分为四大类、18个系列。四大类即：油井管、管线管、合金管、普碳管。18个系列产品即：油井管8个系列（API油井管系列、隔热石油管系列、非API热采油井管系列、非API抗H_2S腐蚀油井管系列、非API经济型抗CO_2腐蚀油井管系列、非API高抗CO_2腐蚀油井管系列、特殊扣油井管系列、石油钻杆料）、管线管4个系列（API管线管系列、酸性服役条件管线管系列、高强结构管系列、起重机臂架管系列）、合金管6个系列（地质钻探管系列、非开挖钻杆用管系列、高压气瓶管系列、油缸管系列、耐磨管系列、军工管系列）。

销售市场不断拓展。2019年以来，该厂面对市场急剧下滑的严峻形势，不断优化品种结构，战略产品订货量为222573吨，同比增加2689吨，直供销售量232519吨，占比63.48%，平均售价4215元/吨。全年合作客户数量达到107家，同比增加4家，其中新开发客户38家。进一步优化品种结构，开发具有鞍钢自主知识产权的特殊螺纹接头产品，中高强度密封特殊扣的开发已完成初步设计，高强度起重臂架管供国内龙头企业三一重工高附加值起重机臂架管2040吨。在市场价格持续走低情况下，以质量和交货期为支撑，不断实施品牌增效，经市场价格后评估，鞍钢无缝产品到岸价比市场价格高255元/吨，实现品牌增利3000万元。

运行效率稳步提升。产量规模在上年首次达到设计产能的基础上又创新高，其中5月轧制量达到39669吨，创历史最好水平，全年实现了轧制量415484吨，商品量362910吨，扣除待料因素影响，相当于年产38万吨水平。完成管二区域和177机组年修，恢复设备功能精度。落实日修定修计划执行率及准确率，加强设备点检与维护，事故率大幅降低。对站所室等值守岗位实施智能化管控，在177产线新增管坯定心，加热炉实现了智能烧钢。159分厂职工金鑫的“热轧防降温及保温的设备改进”项目获第二十三届全国发明展览会·“一带一路”暨金砖国家技能发展与技术创新大赛铜奖。

安全管理进一步夯实。全面落实安全生产责任，签订安全承诺书810份。强化隐患排查与治理，全年共查改违章、隐患1113项，曝光问题271项、考核60900元。开展安全教育培训，先后组织了260余人次参加的12场应急预案演练，同时把相关方纳入厂安全防火工作管理体系。成立防偷盗专项整治领导小组，厂级领导多次带队检查，对易流失的废钢铁及时回收，有效地杜绝了国有资产流失。

企业管理不断加强。全面清理整顿劳动关系，排查清理不规范劳动关系26人，解除劳动关系4人，返岗4人，18人按相关规定执行病假制度。优化人力资源配置，压缩劳务费用138万元，优化74人。加强成本管控，吨钢加工成本为1207元，同比降低12.8%，降本创效6430万元。完善质量管控体系，重点解决了影响质量提升问题71项，梳理排查出235个问题点，对排查出的问题有针对性地实施科技攻关。全年实施科技攻关17项，获公司质量攻关奖6项。

职工生活持续改善。日常走访帮扶救助和“四大节日”走访帮扶救助相结合，共走访慰问职工444人次，发放救助金20.45万元，发放慰问品价值1.32万元；先后开展乒乓球、羽毛球、游泳比赛等丰富多彩的文体活动，提升了职工的幸福感和归属感。落实公司“践行共享理念 关爱一线职工”专项服务行动要求，为各区域新增空调13台，建立安全通道700米，为一线机台和班组配置了微波炉、应急药箱等用品，完成了159分厂职工浴池的改造工作。

（王　旭）

【大型厂】 2019年末，大型厂在岗职工892人，其中管理、技术岗位119人，具有教授级高级职称1人，高级职称的17人，中级职称71人，初级职称30人；生产、服务岗位773人。下设党委工作室、工会、综合管理室、生产管理室、技术质量室、设备管理室、安全环保室等7个部门及轨梁分厂、连轧分厂、型材分厂、小型分厂、轧辊作业区、热处理作业区等6个基层单位。固定资产原值总值为28.37亿元，固定资产净值总值为13.80亿元。

2019年，是大型厂全面深化改革、对接市场、释放产能、提升企业竞争力和创效能力的关键之年。一年来，该厂认真贯彻落实两级公司职代会精神，围绕“巩固、深化、创新、提升”主线，坚持质量第一、效益优先，着力增强企业发展动力、激发企业内在活力。全年完成产量293万吨，利润2.68亿元，实现了重大安全、火灾、环保、生产、质量和设备事故为零的目标。大型厂荣获“中央企业先进集体”称号。

生产组织有的放矢。坚持“效益优先”的原则，一是科学评价各品种生产及盈利能力，根据各产线盈亏状况，合理匹配产线产能，采取产线专业化生产、集中开停生产等方法，提升产线创效能力。小型分厂月产量屡创新高，7月月产量达到130215吨，创历史最好水平。二是通过紧凑安排检修项目和工艺调整，牵动解决瓶颈问题，不断提高各条产线设备运行效率。

调品、螺纹钢销售见成效。围绕市场需求，进一步通过调整品种结构提升鞍钢型材产品品牌价值。着力在产品个性化、差异化方面下功夫，万能线成功开发了欧标出口钢轨、60AT1道岔轨、QU100贝氏体吊车轨等产品，其中出口泰国54E1钢轨7975吨、出口孟加拉国60E1钢轨6043吨；出口纳米比亚SAR48钢轨试轧成功，并进行了50米装载方案实验。中型线开发了弹簧扁钢、耐候铁塔角钢，完成了规格为6.3~12.5号的“南网”耐候铁塔角钢生产与供货，并且自主集成两座铁塔用钢，铁塔已在贵州落成。不断加强市场开发，拓宽销售渠道，积极参与重点工程项目投标，加大螺纹钢销售力度，2019年1—9月，累计销售95.6万吨，创效1.72亿元。

成本控制科学合理。多措并举，做好成本费用分析，全力压缩成本费用。一是加强成本管理体系建设和过程控制，持续降低生产运营成本。通过每月两次成本预测分析、合理控制费用等管理措施，精算费用开支。二是找准降本关键点，加快系统降本步伐。针对综合成材率、百米合格率提升及带肋钢筋合金减量化生产三个课题开展攻关，其中小型线通过控轧控冷工艺，对螺纹钢成分进行优化，减少合金比例，吨钢成本降低30元左右。通过优化坯料长度、降低过程切损、加强负公差利用率等措施，螺纹钢成材率平均提升1.13个百分点。

守红线、保底线、筑防线，做实安全、环保、保卫工作。全面开展安全管理制度周审核活动，共审核制度44个，发现问题172项，全部进行了整改，使安全管理制度体系更为完善。积极组织开展“双重预防”活动，加大现场作业危险源辨识活动的力度，共排查、辨识1458个危险源，通过岗位评价，制定了重大、较大风险管控方案，规范了各类作业行为。积极开展应急培训和应急演练，组织各分厂作业区开展演练活动，共组织车间级和班组级应急演练41场次，参加人次368人，普及了岗位人员的应急知识，提高了应对突发事故的应急能力。强化相关方安全管理，全年共签订长、短期相关方《安全协议》108份，严格审核企业资质和特种作业资质，不断跟踪相关方安全管理制度的建立和健全工作，实施统一管理，并加大对相关方作业的检查力度。污染源管理工作从生产的各个环节抓起，识别环境因素129项、重要环境因素27项，全年环保设施运行率100%，二氧化硫、氮氧化物排放均达到公司污染物排放总量标准，各产线轧机塑烧板除尘器运行良好。在“雷霆行动”中，快速响应公司部署，成立了治安巡防队，实施厂区24小时巡防，打击偷盗专项整治行动取得了阶段性效果。

强化设备管控。2019年9月，“大型厂备件管理系统”正式上线。实现了备件消储定额管理，使备件需求计划编制更加合理，备件储备量得到有效控制，备件库存资金利用率得到提高；实现了备件全寿命周期管理，通过加强出库管理及备件更换，有效降低了备件消耗，减少维修成本，提高了经济效益。坚持“逢修必改”原则，从提升检修质量和保证设备功能精度入手，组织完成了日修、定修、年修等检修任务，完成了万能线步进炉垫块周期性更换、1150除鳞项目升级改造、检测中心平直度设备升级改造；大型线800轧机摆动台传动系统解体检修、800主电机和1100主电机检修项目；中型线两台主电机大修、600矫直机控制系统升级改造、原料跨两台起重机隐患整治项目；小型线轧机主减速机和主电机周期性更换、冷剪设备大修、自主设计新增分钢器项目；连轧线950轧机主电机检修、950轧机人字机和推拉床周期性更换、三架连轧机机械传动系统检修项目，有效提高了装备水平，提升了设备保障能力。

产线自主管理成效显著。随着各产线自主管理水平的不断提高，内生活力动力不断加强，小型线设备事故处理时间大幅缩短，作业效率提高到88.52%，全年产量133.6万吨，成材率指标达99.89%，工序吨钢成本大幅度降低，指标为107.8元/吨，同行业内具有领先优势，实现了企业增效、员工增收的“双赢”目标；大中型线分别实现了班达产，班产量分别达到384吨、420吨；连轧线单炉生产效果显著，7月产量达到7.42万吨，提高了成材率，降低了成本。

科技创新取得新成果。轨底涡流检测设备开发及应用取得初步效果，解决了闭口缺陷人眼不易发现的难题，检测准确率比人工提升2~3倍，填补国内空白，对人力资源优化提供极大帮助；通过采取钢轨全万能工艺试验和万能轧机五道次轧制试验，万能线钢轨高点研究攻关取得初步成效；冶金产品实物质量认定中，热轧螺纹钢筋和60U75V高速轨获得“金杯奖”荣誉；“螺纹钢产品降低成本攻关”项目，获辽宁省优秀质量管理项目；获得专有技术1件，发明专利6件，实用新型专利11件，张金明的“高速铁路钢轨轧制轨腰孔型凹向设计”项目、马东的“一种钢轨轨头双侧上圆弧与下颚区超声探伤方法及装置”项目分别获得第23届全国发明展金奖和银奖。在集团公司举办的技术竞赛中，邢尚武获得了集团公司技术竞赛轧钢工技术能手称号。

产线智能化项目有效推进。数字化重轨生产线于2019年5月投入试运行，智能制造模式覆盖了工艺、制造、设备、监控、质控、物流等生产流程及精益生产管控系统，让过去每个独立的生产节点被打破，成为一个全新的数字产线基础支撑平台。目前，经过几个月的试运行，该数字化系统运行良好。另外，小型线、中型线、大型线、万能线工业机器人项目也陆续完成安装、调试，工业机器人对大型厂各产线智能化技术进步有着重要的促进作用，可以优化岗位配置，减轻岗位劳动强度，提升生产效率和生产安全系数。

关爱行动有力推动。继续深入开展“践行共享理念、关爱一线员工”专项活动，在作业环境、后勤保障等方面，为基层和职工解决实际问题。更换或安装生产现场空调58台，更换轴流风扇20个，更换食堂就餐桌椅93套，新装空调3台，亮化车场200余平方米。

发展合力不断凝聚。以“总动员，广覆盖，普遍帮，保重点，进千家门，暖万人心”为目标，结合困难职工的实际，制定帮扶措施，完善帮扶形式，用务实的行动落实帮扶，努力做到“救急济难、保障生活”。“爱家基金”救济4人次，发放5000元；走访在职、退休困难职工508户，发放慰问救济金17.49万元，让职工充分感到组织的关怀；“老年志愿者”团队继续发挥余热，服务职工、服务社会。

（陈　杨）

【线材厂】 2019年末，该厂职工总数432人，在岗职工323人，生产及服务岗位268人。设四室一会、五个作业区。固定资产原值13.11亿元，净值6.25亿元。厂区占地面积12.58万平方米。主要设备：摩根高速线材轧机1套，达涅利高速线材轧机1套，步进梁底组合式加热炉1座，步进梁式加热炉1座，PC-2500打包机2台，PHC-4SBH5/5500打包机2台。2019年，该厂完成产量140.6万吨，其中1号线完成产量90.2万吨、2号线完成产量50.4万吨；创利润1.91亿元，其中1号线创利润1.12亿元、2号线创利润0.79亿元，实现了每月持续盈利目标。

生产运营稳中求进。生产组织不断精准化。完善自循环管理，从优化工艺、缩短停机时间、减少事故时间、控制废品等方面进行系统评价，加大过程管控力度、奖惩力度，保证生产节奏逐步平稳，作业效率有效提升。调整圆架次孔型宽度，降低各规格产品调整时间。增加原料长度、提高轧机轧制速度，将ϕ6.5毫米、ϕ8.0毫米、ϕ10.0毫米、ϕ12.5毫米等规格产品提速提产2%~4%。2019年11月、12月，3次破日产纪录、6次破班产纪录，为完成全年生产经营任务创造了有利条件。成本控制持续系统化。挖掘全要素内在潜力，将指标层层分解、压实，通过厂级、部门（作业区）级、岗位等三级管控，全方位、全体系查找影响成本的问题点，开展攻关活动，实现降本效益最大化，全年加工成本控制在322元/吨。产品质量逐步稳定化。利用工艺三级点检及质量看板管理等质量管控工具，对影响工艺质量的关键设备进行挂牌管理，全年解决质量问题22项。制定大规格冷镦钢生产控制预案，ML40Cr等合金冷镦钢盘条的合格率大幅提升。优化2号线打包工艺，采用8道打包，使盘条散卷问题明显改善。设备保障体现功能化。持续完善设备四大标准、设备使用操作说明书，使定修项目周期性管理从60%提升到77%；加大逢修必改力度，完成140个设备改进项目。强化设备基础管理的监督检查，通过趋势分析，避免了多起事故，150项体系运行问题得到了封闭。开展“治理设备漏油、创建清洁工厂”活动，排查渗漏点150个，全部整改，使设备保障能力得到逐步提升。

竞争实力显著增强。科研创新成果显著。承接公司领军科研项目，深化弹簧钢55SiCr质量、2号线多介质冷却工艺等方面的研究，持续提升了核心科技竞争力。通过与鞍钢股份技术中心等科研院所合作开发研究新产品、有效利用科研创新平台、发挥技师技能优势等途径，使冷镦钢等核心产品生产得到稳定控制。积极开展科研创新创效工作，立项总数达118项，申报专利3项，专有技术5项。以创新打造企业高质量发展的动力为引擎，新产品开发得到市场认可。军工舰船专用钢绳实现批量生产、ϕ11~17毫米规格弹簧钢产品用于生产1700~1900兆帕级别弹簧，ϕ15毫米以上规格弹簧疲劳测试大于20万次，使用情况较好；LX86B产品在青岛高丽使用，与进口产品效果接近；35Si2Cr产品在衡水橡胶、沈阳超力进行评价使用，效果良好；预应力用盘条实施产品分级管理，成功推广到天津区域，提升了鞍钢线材品牌的市场占有率。服务能力明显提升。建立异议档案、厂内异议反馈措施回复表，使全年异议率控制在0.047%，月异议率完成0.11%的计划指标；内贸异议平均结案周期控制在16.9天，全部异议平均结案周期控制在23.3天。走访客户79次，其中，冷镦客户46家、帘线客户14家、钢绳客户8家，提升了客户满意率。钢帘线用盘条获2019年辽宁省名牌产品称号，该厂被评为2019年度“辽宁省用户满意企业”。

管理效率明显增强，企业管理能力持续提升。

不断完善市场化经营绩效评价体系，形成关键、管控、过程三方面管控体系，将指标层层分解落实，实现精准激励。建立健全职工工资正常增长机制，发挥岗位绩效工资制的结构性优势，50人享受职工基本岗薪奖励晋级。优化相关方管理职能，实现业务界面调整平衡过渡。员工技能提升全面激活。转变培训思维方式，引入微课堂、岗位技术练兵、动态岗位操作技能考评模式，适应职工素质提升需求。28名职工通过技能鉴定并取得资格等级证书，16名职工申领技能提升补助金20500元，创近年来职工培训最好水平。

风险管控能力增强，安全管理不断夯实。持续推行“0123”安全管理模式，深入落实安全生产责任制，健全网格化安全责任体系，完成《安全生产责任制》《安全技术规程》《防火管理细则》《火灾爆炸事故应急救援预案》等制度修订工作，修订条款129条。推进安全风险分级管控和隐患排查治理双重预防机制建设，梳理固有风险39项，确定一般风险1项、较低风险38项。建立常态化、全方位隐患排查治理机制，实现隐患治理率100%。完成2号线修剪平台制作安装等安全投资项目13项，投入资金100.98万元。严格执行相关方安全生产资质评审和准入制度，全员持证上岗率为100%，实现1号线改造、2号线年修等工程施工事故为零目标。环保水平持续提升。实施固体废物存放等环保治理项目6项，圆满完成中央环保督察“回头看”期间的环保整治任务。采用智能烧钢，控制空煤比等措施，实现烟尘、二氧化硫、氮氧化物等排放符合国家标准。资金风险全面降低。挖掘加工成本潜力，与鞍钢股份市场营销中心、鞍钢股份炼钢总厂等“上下”工序对接，加速库内坯料、产品的周转，组织原料钢坯、成品线卷冷回收840余吨，完成鞍钢股份有限公司下达的两库库存资金占用1.5万吨目标。综合治理逐步深化。下发《线材厂打击偷盗维护国有资产安全专项整治行动方案》，按属地和系统管理要求层层落实责任，排查备件库房33个、废钢铁存放地2处，重要物资五类。送缴非生产废钢775.47吨，完成视频监控画面迁移等13项治安隐患整改，实施厂区24小时巡逻，职工治安防范意识明显增强，国有资产管控体系逐步建立。

职工幸福感持续增强，关爱行动推动有力。深入开展“践行共享理念、关爱一线员工”专项服务行动，完成公司级项目2项、厂级项目28项。深入推进“网络问企”活动，鼓励全员建言献策，解决改善现场作业、工作环境，完善生活福利设施及职工关心关注热点难点问题27项。实施厂区环境美化工作，组织植被修剪600余株，修缮、铺设水泥路面共2842平方米。食堂、浴池大修改造于2019年10月投入使用；为一线职工操作室、休息室更换了座椅、配备了饮水机及电水壶等，改善了职工工作及生活环境，提高了职工幸福指数。职工主体作用充分体现。开展走访、帮扶活动，走访困难职工221人、发放慰问救济金8.56万元，帮扶结对12对。开展健步走、跳绳、篮球等一系列丰富多彩的业余文化健身活动，满足了职工文化生活需求。

（刘　丹）

【技术中心】 2019年末，技术中心在岗职工414人，干部376人（教授级高工62人，高级142人，中级129人，初级36人，无职称7人），工人38人；有博士37人，硕士179人（全日制硕士168人，工程硕士11人），本科144人。按照鞍山钢铁《钢研深化鞍钢集团钢铁研究院（鞍钢股份技术中心）体制机制改革的决定》，技术中心形成“一室、两中心、三部、十所”组织机构，分别为：海工钢国家重点实验室办公室；汽车与家电用钢研究中心（冷轧产品研究所）、研发保障中心；综合管理部、科研管理部、人力资源部（党委工作部、工会）；炼铁技术研究所、炼钢技术研究所、海工用钢研究所、热轧产品研究所、厚板产品研究所、长材产品研究所、军工产品研究所、冷轧硅钢产品研究所、环境与资源研究所、焊接与腐蚀技术研究所、化工技术研究所和科技信息研究所12个基层单位。

2019年，该中心全年承担科研课题722项，同比增长8%，其中，国家课题50项，创历史新高；合同收入2.63亿元，同比增长18%；技术贸易实现利润538万元；新产品推广量182万吨；科研创效1.24亿元；申请发明专利251件，认定专有技术31件；SCI、EI收录论文35篇；新产品全球首发1项，国内首发2项；6项科研成果获得省部级科技进步奖，8件专利分获第23届全国发明展览会金、银、铜奖；入围世界钢协年度创新奖1项，荣获中国创新方法大赛一等奖1项。鞍钢汽车用钢工业设计中心被认定为省级工业设计中心。耐蚀钢联盟获得首批国家科技部试点联盟网员资质。

重点品种研发实现突破。新一代高强轻质双相汽车钢 DP980-LITE 全球首发；90 毫米超宽止裂钢国内首发，独家供货 9 条世界最大 23000TEU 集装箱船；68 毫米大厚度超高强低温钢 FO460 钢板国内首发，供货我国首次承建的壳牌公司 FPSO 项目；316H 不锈钢应用于 600 兆瓦级示范项目核岛关键设备；极寒地区高性能耐候钢 Q420qFNH 供货中俄大桥黑河桥工程；军工产品实现重点型号用材全覆盖，多型新式武器装备亮相国庆 70 周年阅兵，彰显了鞍钢长子风采；钛-钢复合板供货池州长江大桥防撞桥墩示范应用工程。

工艺技术攻关成效显著。基于大数据基础的专家配煤系统，建立了炼焦生产智能化、信息化管理平台，应用在炼焦总厂西部；高效换热器实现轧钢加热炉上的应用，热效率较传统换热器提升显著；新型绿色纳米混凝土制备技术完成工业试制，本部、鲅鱼圈改扩建等工程应用混凝土 2000 立方米。

技术服务卓有成效。汽车 EVI 团队完成广汽 A20 等 3 款整车轻量化正向设计项目及广汽 A55 车型的逆向解析项目，达到国内领先水平；厚板 EVI 团队完成超宽规格异质复合钢板 EVI 项目，为鞍钢参加海水淡化项目竞标提供强力支撑。通过特斯拉新能源汽车认证，5 个零部件材料取得供货资质；新一代耐蚀钢 S350AW、S450AW 和 S550AW 通过 CRCC 认证。

国家重点实验室建设稳步推进。秉持“开放、流动、联合、竞争”的方针，全面落实 2016—2020 年建设期运行方案，提前完成五年建设期目标。至 2019 年末，申报国家课题 26 项；制定国家行业标准 15 项；省部级及以上科技成果获奖 8 项；授权专利 112 项；发表国内外论文 116 篇；聘请客座教授 5 人；培养硕士及以上研究生 22 人；引进重点院校毕业生 12 人；培养各级有突出贡献的专家 9 人；实验室建设投入 8599 万元；聚焦国家重大战略需求，解决了大型集装箱船用高强度厚板应力强度因子的演化规律等 4 项科学问题，形成隔水管用钢多相复合组织精细化调控及其全流程一体化稳定化生产技术等 10 余项关键核心技术，舰船、海工等领域一批重点研发产品实现重大装备应用。

企业的凝聚力持续增强。先进典型再展风采，于淑娟、林利同志分获“全国五一劳动”奖章、“辽宁省五一劳动”奖章称号；央视、新华社、《辽宁日报》等媒体报道青年科研人员、桥梁钢团队等事迹，展现了钢研院科技工作者及创新团队锐意进取、砥砺奋进的精神面貌。

（梁慧智）

【质检计量中心】 质检计量中心成立于 2018 年，由原鞍钢股份质量检验中心和原鞍钢股份计量厂组建而成。2019 年末，中心有在职职工 974 人，其中在岗职工 837 人（管理人员 52 人，专业技术人员 71 人，生产操作岗位职工 712 人，普通专项人员 1 人，见习 1 人），居家休息职工 127 人，人力资源服务中心职工 3 人，列编外职工 7 人。党员 576 人，其中在岗党员 486 人，居家休息党员 43 人，老干部党员 40 人，长病列编外党员 7 人。共有 15 个党支部，其中在岗党支部 12 个，居家休息党支部 1 个，老干部党支部 2 个；53 个党小组，111 个党员责任区。组织机构设置为“四室一会”，即党委工作室（综合管理室）、生产技术安全室、设备管理室、质量督查室和工会；下设 6 个实验室 5 个作业区，即原燃料化验室、炼铁化验室、炼钢化验室、中心化验室、成品检验一室、成品检验二室、集控作业区、冶炼仪表作业区、轧钢仪表作业区、检修作业区、量传作业区；84 个行政班组。主要负责股份公司大宗原燃料入厂质量检验及验收、厂际间半成品质量检验、生产厂内部部分工艺流程控制检验和出厂产品质量检验；股份公司各生产厂仪表、衡器、过程控制系统等计控设备的点检维护、检修和校准、检定工作，负责进出鞍钢集团物资和各生产厂之间流转物资的计量、各类能源介质的计量及其数据采集、统计和管理工作，负责鞍山钢铁集团有限公司范围内各类计量器具的周期检定、校准和量值溯源工作，为鞍钢集团生产运营提供专业化保障。检验涵盖钢铁产品、铁合金、冶金辅料、焦炭、煤、生铁、精矿粉、人造富矿、炉渣、药剂、水质、油质、煤气、含铁废料、成品材等十五大类，校准项目涵盖长度、热学、力学、电学、化学、流量、无线电、时间频率、安全环保等 9 个专业，106 项国家实验室认可检验校准项目；维护各类仪表 8 万余台、衡器 140 余台、过程控制系统 160 余套，每年校准检定各类计量器具 1.6 万余台。

现有工作面积约6.36万平方米，拥有冶金企业最大的洗精煤全深度取样车、国家二等标准测力机、水流量室、冲击试样加工中心、各类先进光谱仪、ZWICK全自动拉伸试验机等取制样、计量化检验设备1100余台（套），其中具有国际先进水平的进口检测设备200余台（套）。固定资产总值3.78亿元。

生产经营。2019年各项指标均创历史新高。全年完成检验件数1372万件，超计划460万件；检验抽查准确率99.9%，检验及时率98.7%，用户满意率100%。化检验收费完成18163万元，超计划913万元；计量收费完成9776万元，超计划705万元。完成利润9183万元，超计划1957万元。全面完成公司给定的在岗、协力劳务人员优化指标。计控设备事故公司考核频次与时间为零，创历史最好水平；计量计控设备准确运转率99.88%，比计划提高0.08%；仪表抽查合格率100%，比计划提高2%；计量器具周检计划完成率100%。

管理体系融合。根据中心机关部门、实验室、作业区整合后的工作实际，重新定义管理职责，梳理工作流程，界定业务范围，明确责任界限，制定《质检计量中心QEO管理组织机构及职责权限》。共修制订管理细则99个，应急预案等25个，四项标准447个，设备使用维护规程161个，逐步形成层次清晰、内容完整、覆盖生产经营各环节的制度体系。强化对制度执行情况的检查、考核，确保各项制度的有效落实。完成调度管理系统整合。实现了统一平台、统一文化、统一标准、统一调度，提高了工作效率，提升了管控能力。

生产组织优化。原燃料检验方式不断完善。优化合金、耐火白灰、外购石灰石粉取样标准，调整取样地点，改进取样方式，取样代表性大幅提高。通过对耐火白灰制样、化验流程进行梳理规范，引进全自动活性度分析仪，加强质量抽查比对，建立化检验异常数据审核制度，提高了检验准确性。

中间产品检验控制力不断提高。加大铁前物料检验管控，增加荧光分析曲线比对频次；完成炼铁二烧自动取样、制样一体机及炼焦C5全自动转鼓系统投产，制定实施了J306、C5和西区三个自动化转鼓系统远程集控运行方案，为炼铁生产提供高质量保障。2019年9月，北区炼钢化验室顺利投产，标志着鞍钢结束了无自动化炼钢化验室的历史，实现三分厂五号线炼钢样品自动接收、自动制样。岛津光谱自动化系统已安装调试成功，部分钢种实现光谱自动化分析，五号线检验的准确性和及时性将全面提升。同时也为南区自动化炼钢化验室建设积累大量的经验，成为炼钢在线检验质量提升的开路先锋。

加强产成品过程管控，保证检验周期。特别是X80管线钢生产，合理安排检验室人力、设备资源，及时发出检验数据，圆满完成检验任务。配合公司产品结构变化和新钢种开发，扩大检验能力，增加检验项目，重点解决核电不锈钢、复合板、导电钢丝等一系列检验难题。通过美国特斯拉、德国HPQ、中车CRCC、热轧EPS等认证。全年参与处理天津丰田、武船907钢板等物理性能质量异议10起，无质量检验责任异议。

加强物资计量、能源计量管理。持续修订《物资计量管理细则》，确保计量管理全过程合规可控。完善集中计量管理系统，实现1780分卷秤远程操控，衡器全部实现无人值守；推进降低汽车衡坐席人工求助率，实现求助率同比降低12%。加大能源数据三级审核力度，整治能源仪表缺陷17项，修改完善能源计量信息系统32处，保证能源仪表结算数据准确。加强计量信息平台对质量检验的支持作用，运用集中计量系统提前获知耐火产品运输车辆信息，为督查人员取样提供帮助。

推进整合检测校准实验室。制定《质检计量中心校准检测实验室整合计划及方案》，对照17025新版认证准则要求，整合编制实验室程序文件。完善质检计量器具台账管理，统一计量器具管理方式及流程。完善校准实验室管理信息系统，修改程序10项。通过市局法定计量技术机构评审，获得压力表强制检定授权，满足公司特种设备管理需求。

运用新思维、新理念系统谋划未来发展。对标宝钢股份等先进企业，制定化检验设备升级改造五年规划，实现化检验设备整体水平的提升，逐步实现自动化、信息化、智能化，全面提高劳动效率。

加强质量督查。利用质检、计量整合后机关人员增加的有利条件，加强质量督察队伍建设。对外购原料地方煤、焦炭、炼钢辅料、耐火原料及成品、炼铁熔剂等取样实行全流程督查。扩大督查工作范围，将能源计量、物资计量等涉及公司内外部利益关系的关键工序纳入督查工作范畴。通过实施专项督查，全年发现不合格洗精煤2306批，262.64万吨；烟煤6批，10.2万吨；动力煤86批，3.37万吨；外购合金42批，2259吨；炼钢辅料107批，1605.79吨；外购石灰石21批，2.96万吨，发现问题并予以退货16批，涉及供货单位7家。为公司避免和挽回经济损失3227.8万元。2019年，共处理外购煤质量异议18批，胜诉率83%；合金质量异议47批，胜诉率66%；炼钢辅料质量异议73批，胜诉率85%。

夯实设备管理。建立有效的设备管理制度标准，可靠的设备管理组织，必要的设备专项协力，有一定支撑能力的点检定修队伍。制定制度17个，修改补充四项标准280个，制定完善各类预案7个。建立健全了设备台账和机旁备件台账，明确运行设备缺陷并进行运行设备ABC分类，有计划进行缺陷整治，统一进行机旁备件管理。外请设备厂家对荧光仪、光谱仪、拉伸试验机等18类设备进行维护技能培训，配置了相应的技术资料。

开展点检定修工作。仪控系统针对上网的关键点和能源点开展远程数据点检，提高了点检效率。按照定修计划、定修模型有计划有目的实施预防性定修。重点管理仪控设备关键控制点4876点，建立相关作业调试程序1255个，全年完成关键点测试1571次。完成仪控系统自主定修模型4245项、定修项目3077项，实施现场设备整治47项。针对铁化一体机、北区炼钢自动化实验室、自动转鼓、采煤大车等大型自动化设备和荧光仪、碳硫仪、光谱仪、拉伸试验机等大型精密仪器以及数控加工设备开展了尝试性自主维修，修复设备30余套。

严控设备事故发生。开发调度管理系统故障信息模块，建立统一的质检、计量故障信息管理平台。坚持每周召开典型故障分析会，全年通报典型事故28次。按照“四不放过”、事故“三抓”和“PDCA+责任+落实”等原则，强化关键设备故障的原因分析、措施落实、持续改进、责任追究。实现了2019年公司考核设备事故频次、事故时间为零，中心设备故障总次数下降约35%，提高了设备使用效率。

人才培养体系。2019年，公开选聘工程技术岗位等级序列28人，高技能等级序列48人。延伸设置并选聘区域工程师15人、技术协理18人。制定中心《质检计量中心青年人才成长积分制实施办法》，选拔2名专业技术青年，9名生产岗位青年挂职锻炼，1名青年由班长助理岗位晋升为班长。举办工程师、技师论坛和管理、技术融合系列培训15期，培训850余人次。完成“核电用双相不锈钢配套化检验能力开发”等2项公司级科研课题结题，完成“拉伸试验机网络传输功能应用”等3项公司级科研课题立项。获公司重大合理化建议和技术改进成果一等奖4项、二等奖10项，获“讲理想、比贡献”活动项目优秀项目一等奖1项、二等奖3项、三等奖3项。完成编写22个冶金行业计量技术校准规范。实施科技降本增效项目35项，创效212.58万元，中心级创新项目110项。全年申报专利13项，申报专有技术8项。

维权管理。完成二级安全生产标准化达标复评。制修订中心《安全生产责任制》等安全管理制度30个、安全技术规程287项。

强化风险防控能力。组织辨识、评估安全风险385项，全年排查各类隐患652项，完成治理645项。加强相关方管理。零星作业推行KYT管理，确保相关方人员作业安全。定期对相关方进行安全评价，提高其安全自主管理能力。

吸取“8·9”事故教训，开展实验室、作业区安全管理绩效评价，提升安全基础管理水平。推行管理人员安全包保班组制度，提高班组安全管理水平。

开展“雷霆行动”，承接和修改有关管理细则6项，修理防盗门窗7处，安装防盗监控录像设施3处，开展对资材、备品备件库房盘点清理工作，规范废钢运送工作，使中心防盗工作得到进一步加强和升级。

开展“践行共享理念，关爱一线职工”专项服务行动，为基层一线作业点和休息室安装空调92台，完成公司级项目1项、中心级项目2项，进一步改善职工工作和生活环境，让职工共享企业发展成果。关注、关心困难群体，春节、五一、十一三大节日期间，救济在职困难职工176人次，发放救济款11.08万元。为2019年考入大学的20名职工子女发放奖励和纪念品。中心举办职工徒步健身、乒乓球、羽毛球比赛等活动，丰富了职工业余文化生活，增强了企业的凝聚力。

开展“星级员工”评选活动。2019年共评出“业绩星”222人次、“安全星”110人次、“明星班组长”64人次。开展职工技术竞赛，专业涵盖18个技术工种，选拔技术状元13人，技术能手57人。推进自主创新，马森普创新工作室、潘杰创新工作室2019年共计立项30项，创效206万元。马森普创新工作室被评为鞍山市职工创新工作室。深化“双增双节”，攻关项目立项14项，创效70.36万元；鼓励职工建言献策，“网络问企”职工建言献策466条。

党建工作。深入学习贯彻落实党的十九大及十九届二中、三中、四中全会精神，习近平总书记系列重要讲话精神和集团二次党代会精神，召开中心第一次党代会。严格落实两级公司党委各项要求，围绕党建工作和生产经营任务，充分发挥党委“把方向、管大局、保落实”领导作用，为中心高质量发展及各项工作任务落实提供强有力的政治和组织保证。

加强政治建设。按照“守初心、担使命、找差距、抓落实”总要求，坚持把“学习教育、调查研究、检视问题、整改落实”贯穿全过程，共梳理出6大类34项具体问题，制定整改措施94条，完成整改82条。坚持“三重一大”集体决策制度，全年共召开党委（党委筹建组）会39次，研究、审议、解决党政重大工作事项；召开主任办公会议38次。修订《质检计量中心党委工作规则》等4项党委制度，重新划分领导班子责任分工，规范日常管理，明确责任清单。

加强组织建设。落实《中国共产党支部工作条例（试行）》，完成15个党支部换届工作，实行“双向进入，交叉任职”。深化党支部建设提升年和党支部“达标创先”活动，落实“一模板两清单”，开展“大学习、大检查、大规范、大提升”活动，强化“三会一课”基础、基本制度建设、党内常项活动三项标准化建设，量传作业区党支部通过集团公司样板党支部验收。严格执行党支部党建工作季度检查评价和党支部书记述职评议考核制度。开展党支部建设经验分享4次，党支部管理水平得到提升。重视党建及思想政治工作课题研究，完成鞍钢集团党建和思想政治工作课题2项。

（朱婉桐）

营口市鞍钢水业有限公司

【概况】 2019年末，营口市鞍钢水业有限公司在岗职工71人。公司设有综合管理部（党务工作部）、生产运行部、技术设备部、财务部和经营规划部五个部门及玉石水库、杨家店净水厂两个基层单位。玉石水库位于盖州市矿洞沟镇，2019年汛限水位201米，最大库容8852立方米；杨家店净水厂位于盖州市徐屯镇，设计日净化水能力为12.6万立方米。水库水厂自2003年6月开始向营口市及鲅鱼圈区供水，2019年平均日供水12.25万立方米，满足了营口市及鞍钢股份鲅鱼圈钢铁分公司的用水需求。2019年实现销售收入7107万元，至年末水库蓄水达到6639万立方米。

【保产保供工作】 保产保供一直是该公司各项工作中的重点，2019年保产保供能力不断增强，加强对输配水管线的看护管理，对主要输水管阀门定期养护；加强供水调配，调测最大供水能力，深入挖潜，确保供水运行平稳；对供水管线及老旧设备进行维修维护，实施零固更新项目，做好供水保障工作。加强水质监测保证达标，提高化检验水平，合理配置化检验设备，及时提供化检验器具、药品，保证供水质量。对国家相关部门有要求的检测项目，委托有资质的机构进行检测，出厂水质全部达到国家饮用水标准。

【度汛防洪工作】 根据水库现阶段的运行情况及对2019年以来水量及雨情的分析，编制2019年《玉石水库防洪抢险应急预案》和《玉石水库调度规程》。强化设备的点检、维护与检修，保证全部设备完好率100%。对防汛所需的物资提早储备，提高对突发事件的应对能力。2019年水库主汛期降雨主要受台风利奇马外围影响，从8月11日到20日，水库水位从193.06米涨到了199.36米，库容增加了2886万立方米，达到了6806万立方米。由于组织得当、措施得力、方法科学，水库水位控制在汛限水位以下，达到市防汛指挥部的要求，安全度过了汛期。

【设备的日常管理】 日常管理落脚点就是设备的岗位日常点检，通过点检发现设备存在的问题，立足于自己解决，做到随时发现、随时解决问题。

全年发现并解决问题41次，预防和防止设备发生技术故障，消除设备隐患，达到保产的目的。对于公司自身无法处理的情况，及时安排专业维修。

【知识产权】 公司包装饮用水“钢泉”商标获国家知识产权局商标局批准，“钢泉”商标受法律保护，是公司第一件自主知识产权商标。包装饮用水产品二维码获中国物品编码中心批准的二维码，使公司的包装饮用水具备了市场销售的条件。

（张媛媛）

鞍钢冷轧钢板（莆田）有限公司

【概况】 鞍钢冷轧钢板（莆田）有限公司（以下简称莆田公司）成立于2010年2月5日，当时注册资本8亿元，为鞍钢股份有限公司（以下简称鞍钢股份）独资设立，2011年增资至12亿元。2012年莆田市国有资产投资有限公司、福建三钢闽光股份有限公司进行了增资、入股，增资后注册资本为15亿元，其中：鞍钢股份出资12亿元，占比80%；莆田市国有资产投资有限公司出资1.5亿元，占比10%；福建三钢闽光股份有限公司出资1.5亿元，占比10%。2012年11月20日鞍钢股份将股权转让给鞍钢国贸，2015年4月28日鞍钢国贸又将股权转让给鞍山钢铁集团公司。

莆田公司现有酸轧联合机组、冷轧连退机组、热镀锌机组各一条，生产用于家电、汽车行业的高质量冷轧和镀锌产品，产能规模100万吨/年，其中冷轧70万吨/年、镀锌30万吨/年。2014年1月正式投产。2015年7月末，鞍钢集团决定莆田公司实施重大技术革新于2015年8月起暂停生产，只保留极少数人员留守。2017年1月，鞍钢集团决定莆田公司恢复生产经营。

截至2019年12月末，莆田公司在职职工人数204人，其中管理技术岗位人员100人，岗位操作人员104人；公司组织架构设有5个部门、2个分厂，分别为：综合部（党务工作室、工会）、设备部（安环部）、产品部、生产部、财务部5个部门；生产分厂、设备分厂2个分厂。

2019年，主要产品冷轧、镀锌产品共完成85.67万吨，主要应用于家电、汽车、五金冲压件、焊管、制桶、工程结构等领域。全年经营利润为亏损2394万元，同比上年减亏602万元。

【提高政治站位，筑牢思想根基】 一是坚持学深悟透，全面增强实践本领。莆田冷轧党支部坚持以学习贯彻习近平新时代中国特色社会主义思想和党的十九大及十九届历次全会精神为重点，组织开展党支部集体（扩大）学习5场，参加了10次冷轧厂党委理论学习中心组集体学习研讨（扩大）会，党支部书记汇报学习体会10次，在党员大会上讲授党课4次，引导广大党员干部增强“四个意识”，提升干事担当的能力。

二是坚持问题导向，深入推进自我革命。莆田冷轧党支部通过持续深入检视问题，整改落实，按照习近平总书记“四个对照”“四个找一找”的要求，找准思想和工作中的不足，集中力量精准整改、靶向施策。领导班子每周到基层调研，组织党员职工结合各自思想和工作实际，谈认识体会、找差距不足、提改进措施。累计梳理出问题清单18项，全部整改完成。按照冷轧厂党委的要求，党支部开展了形式主义、官僚主义等八个方面的专项整治，严格控制会议数量，全面规范文件管理，文件数量同比上年压缩53.6%，会议数量同比上年减少37%。

三是坚持真抓实干，有序开展主题教育。自鞍钢集团党委第一批主题教育启动会后，莆田冷轧党支部高度重视、不等不靠，积极跟进学习和掌握主题教育的背景意义和目标要求。以庆祝建党98周年为契机开展“七个一”系列党建活动，如参观古田会址红色实践基地、开展党员突击责任区、党员谈心谈话等特色活动；开展集中研讨学习10次；对照国务院国资委《处置“僵尸企业”和开展特困企业专项治理工作完成标准》，达到“基本完成”认定标准，2019年9月通过国务院国资委专项检查，切实把主题教育成果转化为企业发展动力。

【优化生产组织，促进产品产量创新高】 一是生产效率持续提升。莆田冷轧持续开展机组产能标定工作，定期对每条主产线生产能力进行比对和标定，更新小时产量能力表用于次月生产能力的指导，明确次月生产产能平衡、机组启停安排，并且严格按照要求组织生产。同时细化生产效率管理，建立以班为单位的评价机制，每班分析效率达成情况，对存在影响生产效率达成和提升的问题进行曝光和协调处理，保证每班产量完成、以班产保日产，以日产保月产。

二是合同交付得到有效保障。坚持以客户需求为导向，细化客户需求，制定省内客户按旬交付、省外客户均衡发货的生产组织模式。在现有ERP系统功能不完善的条件下，线外设计全流程跟踪体系，与客户实时对接，让客户了解合同执行进度。明确职责分工，实行分工序专项管理，促进合同执行率的提升；对外积极协调正式订单下发、调整生产量与合同量的比例，持续推进按旬交付组织方案，将合同执行率由上年年均70%提高到2019年年均91.25%，最高达到96.33%，完成指标93%的有6次。

【攻关技术质量，增强市场竞争新动能】 一是质量管理体系进一步完善。莆田冷轧坚持夯实质量基础管理工作，持续深入推进质量管理体系建设，适时修订优化工艺技术规程，严格落实工艺四级点检制度，确保过程工艺合格；建立工艺设备故障挂牌管理制度，推进工艺设备故障修复20余项，提升设备保障能力。大力开展IATF16949质量管理体系培训，建立质量管理体系内审员队伍，自主开展内部审核工作，质量体系管理能力进一步提升，管理体系进一步完善。

2019年莆田冷轧通过质量管理体系的不断夯实完善，5月公司顺利通过了珠海格力二方审核认证，并于9月正式恢复供货珠海格力。8月、12月分别通过ISO9001:2015质量管理体系和IATF16949:2016质量管理体系年度监督审核。

二是质量控制水平显著提升。莆田冷轧持续、深入引导员工提升工作效率及工作质量。通过开展“百日质量创效”“质量月”活动，实施质量管理对标活动，取得了19项成果；确定“1+10+N”技术质量攻关项目18个；召开供应商大会，针对双方管理中存在的问题进行充分沟通，提升工作效率、保证机组的稳定运行；走访重点客户23家，针对反馈的20余项问题制定、落实改进措施。

2019年全年冷轧产品综合成材率、原品种成材率最高分别完成94.37%、93.71%，镀锌产品综合成材率、原品种成材率最高分别完成95.16%、91.19%，较上年有大幅度提升，其中镀锌综合成材率指标连续11个月完成股份带料加工协议指标。从经营效益上看，2019年结算成材率考核191.15万元，对比上年同期实现降本844.31万元。

三是自营销售工作取得新突破。莆田冷轧为充分发挥设计能力，提高产量规模。全面推动冷硬卷带料加工订单组织，通过与客户的尝试合作，不断摸索性价比较高的原料资源，5月同福州宝井签订自营轧硬订单100吨，实现利润1.85万元，同时完善了线下带料加工流程，为后期轧硬代工自营订单的组织奠定了基础。9月再同厦门建发金属签订轧硬自营代工订单200吨。通过两次试验，补充了公司对外来原料资源的质量认知，为后期批量合作奠定了基础。10月完成销售系统混合销售功能的改造及系统调试，为下阶段公司自营提供了强有力的保障。

【加快科技创新，营造科技发展新环境】 一是科研创新和知识产权工作成果显著。2019年完成研发经费2000万元投入目标，较鞍山钢铁集团下达的科研费用指标600万元超额完成233%，完成技术创新项目共78项，创效114万元，较上年项目创效46万元增长148%。同时对上年研发经费651万元申报补助，目前已通过福建省科技厅审计，预计可获补助32.55万元。在创新项目上，突破以往仅在质量管理人员中征集的局限，其中基层员工项目占比45%，有效调动了全员参与创新的积极性，为公司生产经营指标的提升起到了重要作用。

二是品种开发取得新突破。大力推进冷轧、镀锌产品新品种开发工作，通过连退窄料平整液残留缺陷攻关，成功实现冷轧极限窄规格品种具备批量生产能力。冷轧焊管钢、家电板、高级精度制桶钢、SPCD家电用冲压钢生产能力不断提升，累计供货量达到4万吨。镀锌产品成功开发了供耐指纹表面处理镀锌板，已通过富士康、展志、格兰仕（烤箱面板）等用户的前期测试，顺利进入小批量试用阶段；供美的超高级厚度精度家电板冲压等级开发到DX54D+Z，顺利通过美的试用；同时新开发直供客户拾比佰、海信，均已进入小批量供货阶段；通过品种钢生产能力的不断提升，实物质量不断改进，镀锌产品直供用户品种钢比例达到30%，较比上年提升10%。

三是用户满意、市场开发取得突破。深入用户现场了解产品质量反馈，倾听用户声音，既解决了镀锌摩擦黑斑等影响用户使用的大问题，也改善了成品标签粘贴位置优化等小问题，切实履行“以顾客为关注焦点”的承诺，改善用户体验，提升用户满意度。

【深改革提效能，激发内生发展新活力】 一是工作效率显著提高。2019 年一季度，莆田冷轧在全公司范围内开展“百日效率提升”活动，将“要事第一、以终为始”“经营十二条”“六度时间管理法则”等工具方法集中学习，坚持一切工作“焦点向内、责任在己”，崇尚“结果文化”。通过开展系列活动项目，确保公司核心的经营理念、经营文化入心入脑，内化于心、外化于形，指导、推动日常工作。深化夯实 5R 结果管控模式的作用，激发了全员时间、效率意识，凝聚了员工共识，增强了员工干事激情，实现公司一季度经营开门红。

二是改革发展取得新成效。莆田冷轧为充分适应市场化变革，与集团公司实施一体化变革。在公司内部推动组织机构、职责职能、流程授权、绩效薪酬等七项综合改革。按照效率优先、内部控制等要求，对采购业务、销售业务、能源业务、非主线设备管理等业务进行优化整合，将市场压力传递到企业内部，划小核算单元，培养小组织经营者，激活员工动力，激活发展动能，助推公司生产经营高质量发展。

三是人才队伍素养进一步提升。莆田冷轧始终坚持打造公司“182 平台”，通过开设领导大讲堂/青年大讲堂 35 次课程，分享者达 150 人次；外请教师 6 人次到企业内授课；选派 45 人次参加外部培训，其中在 136 期、140 期外派学习团队荣获管理铁军 PK 冠军；组织 5 名员工参加本年度技能鉴定，26 名员工申报中级职称；深化创新人才班培养模式，开办四期班、五期班、六期班加大培养力度，同时为公司储备人才 25 人。建立相关方一体化管理模式，组织召开现场服务保障单位负责人座谈会，系统总结了 2017—2018 年的现场服务保障工作，提出了改进要求；开展了相关方第三届“比作风、作表率、我为党旗添光彩”活动，在质量体系管理、对标提升、培训等与主体“同布置、同培训、同检查、同进步”。公司学习型组织建设提升到新的高度，人才的培养、储备、选拔建立了良性机制。

【强化财务管控，增强公司盈利能力】 一是融资压力得到缓解。莆田冷轧有效利用鞍山钢铁平台融资，相继完成鞍山钢铁 7.9 亿元借款资产抵押工作、鞍钢财务公司 3.9 亿元续贷资产抵押工作，缓解了借款到期偿还的资金压力，同时保障公司的正常生产运营。

二是风险因素得到有效防控。加强企业财务风险防控管理，提高防控能力。完善风险防控体系，制定了系列防范化解重大风险制度。根据鞍山钢铁集团下达处理民营企业前欠的文件，公司与供应商协商解决前欠债务 1334 万元，实际支付 1273 万元，维护了公司的良好声誉。为规避存在的诉讼风险与供应商签订债务折让（处置）协议。

三是预算把控度有效提升。围绕生产经营数据，进行按周经营数据评价，对锌锭消耗、吨钢变动成本、能源等重要指标进行评价分析。通过阶段性预测监控预算指标执行情况，逐步提升预算的精确度，发挥财务预算导向性。

【深挖降本潜能，提升公司整体效益】 一是节能降本成效显著。2019 年莆田冷轧在节能降耗方面开拓思路，狠抓落实，取得一定成效。通过开展“节能宣传周”活动提升全员节能意识，注重过程监管，现场共查处及纠正 85 项能源浪费问题；完成 3 项创效措施（细化峰谷排产、镀锌天然气降耗等）共创效 62 万元；多次走访能源供应方和政府部门，争取能源供应降本措施及节能惠企政策，全年共实现氢气降本 3.6 万元，争取政府能源惠企政策 5 项，全年降本 453 万元，其中已到账 366.06 万元。全年累计创效 431.66 万元。

二是包装创效取得新进展。通过合理规划分卷种类以及优化拆包流程，2019 年相比上年，减少拆包量 0.75 万吨，降本 22.5 万元；通过优化原料单重、优化成品分卷重量，2019 年包装单位成本相比上年降低 5.92 元/吨，增利 556.69 万元。在各部门共同努力下，2019 年包装业务共创效 579.19 万元。

三是采拍创效稳步提升。2019 年莆田冷轧采购持续推进与供应商实施年协长期合同模式，经过多次议价谈判，协议价整体较上年降幅 1%～5%，全年共签订 40 项年度协议，累计降本 97.71 万元；同时利用集团电商平台优势，拍卖废旧物资，提高成交价格，全年完成废钢销售 5.49 万吨，创效 2392.64 万元；以及锌渣销售创效 910.45 万元、铁红销售创效 132.8 万元，总计创效 3435.89 万元。

【坚持以人为本，汇聚共建共享新能量】 一是职工幸福感明显提升。莆田冷轧坚持按照“幸福型企业”发展目标，努力提高员工幸福感。2019年结合公司年轻化特点，工会坚持月月有活动、节日有福利、困难有温暖，增强员工的凝聚力、获得感、幸福感。全年累计组织联谊交友会、三八妇女节活动、清明节踏青活动、第二届篮球赛等10余项工会活动。为患病职工温尚波、王振各送去2000元慰问金，为王振筹划水滴筹公众募捐8295元。职工住院慰问累计看望职工10人次，发放慰问金10000元。改善职工宿舍、通勤、食堂环境，修缮职工宿舍106间，166人改善了住宿条件。关心冷轧厂及硅钢厂技术支持人员的生活和成长，2019年5月举办了第二期技术支持总结表彰大会，为12名“优秀技术支持人才”颁发荣誉证书，对第三期技术支持41人，按照每人每季度1500元增发放探亲假补助，为探亲家属解决“幸福房”，为患病职工解决就医医院。

二是精准扶贫取得新进展。2019年组建公司学雷锋志愿者服务队，常态化开展环保护河行动。5月发动公司员工及相关方员工爱心捐款5万元，为新疆塔县班迪尔乡波斯班迪尔村幼儿园、新迭村幼儿园捐建室内活动室一间及学习活动设施一批。此次活动于2019年6月录入“全国扶贫开发信息系统”。全年先后四次采购莆田市秀屿区振兴乡村有限公司节日慰问品，采购金额达14万元，为乡村振兴工作作出贡献。

【狠抓安全环保，提升企业公众影响力】 一是安全标准化建设取得新突破。莆田冷轧按照《冶金企业安全生产标准化评定标准（轧钢）》要求开展各项安全工作，对13项A类要素和179项B类要素安全生产工作，按照安标化标准要素逐步开展。于2019年5月通过二级安全标准化企业晋级达标评审会。

二是施工作业进一步规范。通过监督各单位业务负责人落实“一岗双责制”，对危险作业实施“全程旁站式”安全监管；重新梳理出98处有限空间，挂出193张有限空间告知牌；依据《安全标志操作牌管理办法》制作三牌369个；依据《冶金企业安全生产标准化评定标准（轧钢）》《鞍山钢铁集团有限公司安全风险分级管控和隐患排查治理双重预防机制建设工作实施方案》增加4种材质的标识牌共1531个。

三是消防管控能力进一步增强。通过更换及增设消防器材1687件、应急疏散器材627件，使消防安全设施得到全面完善，人员疏散安全得到有效保障；完成消防重点单位备案，整理公司重点消防单位备案材料，共计2类4项13条117份材料；完成重点部位消防设施的增设，实现轧机按机架（共5架）单独的水喷雾灭火，实现打毛机机头罩内、机身、罐区自动报警和灭火，进一步有效地增强了公司整体的火险控制能力。

四是实现全年环保零事故。坚持以科学发展观为指导，强化环保目标责任制，企业环境管理能力进一步提高，各项工作取得长足进步，未发生环境污染事件，公司形象得到进一步提升。顺利完成中央环保督察组督察期间全部工作，确保了工作零投诉、零事故。

（王绍华）

鞍钢钢绳有限责任公司

【概况】 2019年，钢绳公司全面落实集团公司职代会和鞍山钢铁职代会工作部署，紧紧围绕“扭亏脱困”中心任务，以实施契约化管理为抓手，以改革创新为引领，凝心聚力，开拓进取，生产经营取得较好水平。2019年，钢绳产量2.45万吨，同比提高10.61%；实现收入2.54亿元，比上年同期提高6.98%；实现利润108万元，完成考核目标。

【优化体制机制】 推进机构改革，管理机构设置按职能分工调整为2个中心、5个部室。优化股权结构，推进混合所有制改革，积极寻求战略投资，寻求经营发展新途径。推进契约化管理，优化内部承包和外部包保工作，钢绳产量同比增长10.61%。

【推进混合所有制改革】 优化股权结构，寻求经营发展新途径，激发企业活力，积极寻求战投企业，初步形成合作意向。

【持续降本增效】 强化财务基础管理，系统降本成效显著。镀锌钢丝采购单价同比降低1.9%，限额材料降低12.4%。专项治理循环水站系统，每月节约用水约1.33万立方米，全年降本约89.4万元。

【强化基础管控】 完善管理制度61个，加强安全环保工作力度，实现全年轻伤以上事故、火灾事故和环保事故为零的目标。强化质量管理，修订工序质量控制点，强化过程控制，钢丝绳综合合格率同比提高 0.33%。强化设备管理，完善设备定修模型，重点解决“重复维修”。开展打击偷盗“雷霆行动”，排查隐患 16 项并予以整改。安装了排装识别门禁系统，建成全厂保卫和生产监控系统。

【持续创新发展】 新型索道钢丝绳开发取得新进展，工艺稳定，产品性能达到进口产品水平。气保焊丝产品工艺研制成功，用户试用良好。新型股涂油产品通过工艺优化，满足用户需求。全年取得科技创新成果 2 项，获授权发明专利 1 项、实用新型专利 4 项，起草国家标准 1 项。

【维护职工利益】 积极“践行共享理念，关爱一线员工”，改善职工办公和生活条件，全力为职工谋福祉。深化帮扶机制，全年走访慰问职工 202 人次，发放救济金 6.96 万元。审核发放职工医疗救济金 3.44 万元。关心职工生活，对职工浴池、新区厂房和停车场进行了修缮，加大了绿化面积，进一步改善职工工作和生活环境。

（时　研）

鞍钢汽车运输有限责任公司

【概况】 鞍钢汽车运输有限责任公司是由鞍山钢铁控股的专业化大型冶金道路运输企业，注册地址为鞍山市铁东区和平路 8 号。公司机关设八部一会，即企业规划部（办公室）、人力资源部（党委组织部）、市场营销部、安全保卫部、设备技术部、物资采购部、计划财务部、企业文化部（党委宣传部）、工会。下属单位有：鞍钢汽车检测有限责任公司（法人单位）、中石油鞍钢油气销售有限公司（法人单位）、鲅鱼圈分公司（独立账户单位）、第一运输分公司、第二运输分公司、第三运输分公司、朝阳分公司、修理一场、修理二场、综合服务站、广达发展分公司、天津分公司。截至 2019 年底，汽运公司（含德邻陆港）共有在岗职工 3514 人。完成运量 5892 万吨，较上年增加 6.52%；完成周转量 10.3 亿吨 · 千米，较上年增加 7.57%；实现营业收入 45.23 亿元，较上年增加 23.17%；实现利润 6301.86 万元。运量、周转量、营业收入三项主要经营指标再创历史新高。

鞍钢汽运公司目前股权结构为鞍山钢铁集团公司 48%、大连中远海运集装箱运输有限公司 20%、鞍钢国际贸易有限公司 17%、营口港务集团有限公司 15%。经过多年不懈地探索与实践，鞍钢汽运公司已发展成为以公路运输业为主，集物流策划、仓储配送、货运代理、设备维修、物流商贸、汽车检测、油品经销等相关服务功能为一体的综合性物流企业。

【“三位一体”融合发展模式初见端倪】 2019 年，鞍钢汽运/德邻陆港/鞍钢电商按照“三位一体”发展总体设想，强化线上线下业务协同运营，充分发挥云计算、大数据、物联网等技术优势，积极搭建“物流+互联网+大数据”相融合的一体化智慧供应链服务平台，为物流运输、仓储加工、商品贸易、金融服务等业务提供一站式、全方位服务，为鞍钢提升品牌价值、实现企业由制造型向服务型转变积极贡献力量。年初以来，鞍钢电商充分发挥平台品牌优势及自身资源整合能力，在工业品竞价销售、网络扶贫产品推广、集采商城采购等方面精准发力，创新平台商业营销模式，受到社会各界广泛关注和充分认可；德邻陆港积极将电子商务、金融结算、物流策划和仓储配送业务融为一体，推进线上线下业务的有效对接和经营联动；鞍钢汽运紧紧围绕鞍钢电商、德邻陆港两个资源平台，在做好区域终端配送业务同时，抢抓商业机遇，发挥自身在物流商贸领域积累的竞争优势，在物流园区面向社会客户开展整车维修、配件销售、油品供应等汽车后市场服务，与园区业务实现有效的商业联动，积极为培育新商圈新业态做实线下服务场景。经过三方共同努力，以电商、物流为主线的供应链服务体系已基本形成。

【企业经营管理要素优化成效显著】 2019 年，受内外部经营环境影响，各种不利因素接二连三，“公转铁”“蓝天保卫战”“公路治超”等政策给生产经营带来较大难度。面对困难与挑战，公司通过优化经营管理要素，抓效率、控成本、强管理，有效应对市场变化。夯实运输管理，优化运力配置。为了实时有效掌握公司运力状况，提高运输设备运行效率，汽运公司通过建立运力电子调度运行台账，完善车辆运营监控系统，强化行车系统管理。年初以来，通过与德邻畅途平台动态对接，将二公司、三公司闲置运力投入周边区域配送，大幅提升了车辆运行效率，边际效益得到充分显现；一公司、朝阳分公司、鲅鱼圈分公司通过优化运力配置，车吨日产指标较以往均有大幅提高。下半年，针对“公转铁”政策导致疏港货源减少，公司另辟蹊径，通过承接鞍山宝得等周边大型工矿企业疏港散货，既解决了货源短缺问题，又拓展了外部市场。完善规章制度，深化管理提升。通过持续开展制度建设、质量体系管理、战略绩效管理工作，提升企业管理水平，全年共制定完善规章制度28项；在全公司范围开展危险源辨识工作，在此基础上，与管理咨询公司共同完成了ISO 45001职业健康安全管理体系的建立。11月底，通过了莱茵公司对ISO 9001和ISO 45001管理体系的整合审核；按照集团要求，加强采购与招投标管理，全年利用鞍钢招标平台完成委托招标126项，其中利用网络平台采购191万元，全年招标额降低采购成本2387万元；通过明晰执行层责任绩效，强化KPI刚性考核，确保了管理目标有效落地。推进技术创新，挖掘降本潜力。针对甩挂运输设备短板，公司技术团队对码头牵引车进行了专项改造，提高了车辆使用效率；启用电喷柴油机共轨泵和喷油器调校试验台，使公司具备了豪沃T7发动机高压泵及喷油器的维修能力，大幅降低了维修费用；强化物品修旧利废管理，全年共修复备件280件，可降本增效约219.5万元。10月，“王逢龙创新工作室”被鞍山钢铁正式授牌，集团级创新工作室的建立为企业开展技术攻关和创新，解决生产技术难题，提供了良好的平台。实施集约管理，提升协同效率。为完善经营模式，规避管理风险，提升协同效率，公司有效推进实施集约化管理。将汽运、德邻各加油站业务集中划归油气公司管理，统一行标、统一规范、统一配送，全面提升了安全及专业化管理水平；上半年，克服重重困难，承接冷轧叉车保产业务，以集约为原则纳入特修区域管理，收到较好成效；下半年，鉴于集团对汽运公司和德邻陆港实施一体化管控，为提高经营决策效率，公司将职能管理实施集成调整，既提升了管理效率，又增强了内部协同，实现了经营管理互补。加强团队建设，完善人力管理。公司坚持“人才强企”战略，完善用人制度，通过引入竞争机制，不断优化干部队伍建设，形成领导干部有为才有位、员工职业通道畅通的公平竞争环境。全年汽运德邻共进行中层管理岗位竞聘5人次；按照经营需要和制度规定，适时调整中层干部23人次。加强职称晋级管理，全年有11人晋升中级，26人获得初级职称。通过定期开展“四好班子”评比，强化对中层领导干部履职尽责考核，提高责任担当意识和业务管理能力。针对生产岗位人力缺乏情况，通过扩宽用工宣传渠道、调整用工方式等，弥补部分岗位人员不足问题。强化项目管理，确保经营顺行。按国家环保标准要求，公司对广达机电维修和钣金喷漆车间进行了升级改造，引进安装了先进的车辆保养设备；对广达室外足球场进行了半封闭改造，解决了排水不畅和雨雪天无法使用问题，大幅提高了场地使用效率；为解决部分老旧设施破损严重、日常维修量大等问题，公司对供暖管道、职工浴池进行了维修改造，对广达备件库及二公司办公楼加装了彩板屋顶；针对鲅鱼圈分公司冬季无法洗车及废旧品摆放存在隐患等问题，公司新建了配备取暖设施的洗车间及废旧物品存放库。四季度，为配合鞍山钢铁“蓝天行动”，克服时间紧、任务重，按期完成了德邻陆港园区机动设备尾气检测线建设，确保了集团公司相关工作的有序推进。注重信息建设，提升应用能力。通过开发车辆运营动态管理系统，将BDS、MIS系统基础信息进行数据化分析，为管理人员提供车辆实时信息，强化动态管理；在全公司范围内为323台车辆安装了视频监控装置，实现了对驾驶员及行车状况动态监管，强化BDS辅助管理作用；对公司OA高清会议系统进行了升级改造。配合集团安装人脸识别系统，强化考勤管理；按照“雷霆行动”要求，及时为八家子、二公司厂区、德邻园区等库房安装配备了高清监控系统。

【对外经营稳中有进品牌效应初显】 2019年，德邻陆港、油品经销和广达发展业务板块在对外经营管理方面突破藩篱，取得了可喜的业绩。德邻智慧供应链服务发展势头迅猛，拓展供应链金融服务领域。德邻陆港新增了现货产品采购代理及中厚板、线材产品供应链金融业务，同时依托平台资源优势，开发了铁海联运集港供应链金融新模式，还将业务拓展到山东、华东等地；推进园区智慧化管理。为解决传统园区业务流程繁琐、手续复杂等问题，德邻陆港运用智能硬件和物联网技术，对传统仓库进行升级改造，提升了园区智慧服务能力。上半年，智园平台上线运行，实现了现场调车、自动配单、仓容管理、在线预约、货位变更等管理功能；提升园区钢材加工能力。5月，德邻云嘉加工线通过引进新产线，实现了对管线用钢、汽车大梁钢、刃具用钢等高强度、高韧性钢的全品种加工，成为鞍山地区唯一具备此加工能力的企业。油气业务实现优势互补效益稳步攀升。油气公司坚持以市场为导向，以经济效益为中心，通过持续优化营销渠道，控制油品采购成本，提高创效能力。2019年，依据油品市场形势变化，汽运公司通过与股东方中石油辽宁公司洽谈协商，积极为中钢油气争取采购优惠政策，促进了油品零售业务的开展，经营效益得到有效保障。针对上半年汽运保产车辆LNG供应渠道呈现紧张局面，油气公司积极协调中石油供应渠道，确保了LNG供应安全可靠。下半年，与德邻陆港密切配合，完成了德邻园区LNG加气站的咨询、设计、立项、审批等相关工作，为拓展LNG对外零售业务奠定了良好基础。此外，“三人之家”“昆仑好客”等非油经营项目还将服务延伸至鞍钢电商、厂矿企业、广达汽服园区等用户，收到了较好的经营成效。广达产业借助品牌优势拓展营销渠道。年初以来，广达发展分公司充分利用自身品牌和区位优势，以汽车后市场服务为主线，积极拓宽营销渠道。3月至11月，汽车服务产业园先后与中国人保、东风日产、中国一汽合作，举办三次大型车展和一次小型车展，既拓展了车展经济营销，又促进了产业联动经营。8月，广达汽车服务与阿里巴巴旗下专营汽车后市场服务的“天猫车站”完成签约并上线运行，成为鞍山区域唯一一家官方授权店。通过深化与中国人保合作，其事故定损中心如期落户广达汽车服务产业园，实现了园区内“定责—保险—理赔”一站式服务；广达车辆检测充分发挥自身品牌优势，检车数持续走高，全年共检车辆38601台，创效能力不断增强。广达汽贸面对整车销售业务新国标出台、金融风险增加、业务量萎缩等不利局面，及时调整以防控风险为主的经营策略，将业务重心转向轮胎、电瓶、机油备件等品牌代理，在实现内部降本同时，拓展对外营销渠道。通过加强与德邻畅途平台合作，赋能园区综合服务，推进线上线下业务融合。经共同努力，在不利因素增多情况下，汽贸业务全年实现营业收入10950万元。广达体育通过完善设施，深化业界合作，积极承办赛事，市场知名度和区域影响力全面提升。

【企业文化内涵丰富筑牢发展根基】 汽运公司德邻陆港以打造“国内一流现代物流企业”为宗旨，坚持“依靠职工办企业”原则，倡导以和谐的人文环境，凝聚企业发展正能量，将企业发展红利惠及全体职工。公司继续加大对困难职工的救济力度，全年走访慰问困难职工1755人次，发放各类救济金合计55.9万元；继续对考入大学的在岗职工子女提供优教奖励，其中向5名困难职工子女发放“金秋助学金”7000元，向59名职工发放优教奖励2.55万元。关心职工身心健康，继续为特殊工种人员进行了职业病健康检查，为全体在岗职工进行了健康体检，并为在岗女职工进行了专科体检。针对夏天出现的罕见高温天气，工会积极开展送清凉活动，为每名职工发放清凉包及防暑降温用品，共计79.97万元。通过和中钢油气公司三人之家合作，为所有职工发放了生日蛋糕券。向光荣退休的职工发放了《职业生涯鉴定》和退职纪念品。工会通过组织开展形式多样、健康向上的文体活动，丰富了职工业余文化生活。公司员工王永文凭借多年的先进事迹，被国家交通运输部评为“全国最美司机”称号。公司气排球队多次代表鞍钢集团和冶金体协参加全国行业比赛，并获得了较好成绩。信访工作总体处于较为稳定状态，一些历史遗留问题得到有效缓解。公司继续发挥宣传工作舆论导向作用，利用《汽运通讯》、微信公众号等载体，建设体现企业特色、反映职工愿望、具有丰富内涵的企业文化，汇聚发展正能量，助力企业转型升级。

【德邻陆港（鞍山）有限责任公司概况】 德邻陆港（鞍山）有限责任公司由鞍钢汽运公司和鞍山市经济开发区政府于2016年8月共同筹划组建而成，最初为鞍钢汽运公司的全资子公司。

德邻陆港致力于打造线上线下深度融合的“互联网+物流企业”运营模式，与社会各界联手构建“共创、共享、共赢”的物流生态圈。凭借强大的货运组织能力和车辆整合能力，以及较为完善的物流信息平台与业务相适应的信息数据交互及处理能力，德邻陆港无车承运平台于2016年

12月成为交通运输部全国首批283家试点单位之一，也是辽宁省唯一拥有大量货源支撑的无车承运企业。

2017年12月30日，为整合鞍山钢铁物流资源，实现物流规模效益最大化，经鞍钢集团、鞍山钢铁批准，鞍山钢铁收购了汽运公司持有的德邻陆港100%股权。目前，德邻陆港在鞍山管理2个物流园区，占地面积36余万平方米，年钢材吞吐量800余万吨。

秉承“智慧物流、绿色物流”的理念，依靠对物流业的深刻理解和自身强大的技术研发能力，公司不断完善平台服务功能，目前已开发出10大服务产品：分别为德邻畅途、德邻智园、德邻云仓，德邻e宝、德邻玛特、德邻云嘉、德邻钢铁、德邻循环、德邻化工及德邻大数据。截至2019年底，德邻陆港物流园区已入驻包括圆通在内的各类商户69家。开发公海联运、公铁联运客户120家，在服务鞍钢内部用户的同时，也不断把配送服务向外沿扩展。作为国家首批无车承运试点平台，德邻畅途通过与园区的电子商务、供应链金融、钢材加工等业务联动，业务量不断增加，互利共赢的物流生态圈已经初见成效。

【德邻畅途：互联网+高效运输】 德邻畅途以无车承运作为货源入口和业务管理，积极推进当地专线加盟与线下管理，可充分发挥互联网在客户体验、服务管理、资源整合方面的优势。

德邻畅途旗下的“德邻管家”“德邻伴旅”，为货主和司机提供全方位定制服务，追溯整个订单的运行轨迹，第一时间接收订单发货量、成交量等信息，实时监控货物在途运输情况，并为货主与司机间打通高效沟通渠道，实现移动化办公。

德邻畅途运行的另一大亮点是通过提高“车辆实载率”“降低货物破损率”“减少货损货差”等服务水平实现降本增效。如结合系统资源，德邻畅途构建远超两点之间运输的物流服务网络，形成货运物流的“实网”，一定程度上减少车辆返空的现象，达到“重去重回”，降低单位运输成本。

【德邻云仓：互联网+智能仓储】 德邻云仓运行以来，手机微信端收发货物、智能盘点、信息在线查询、远程智能监控可随时为客户传递货物信息，客户可以足不出户时时了解货物的物流动态，让物流变得更加可视透明。其中，“微信理货”功能体现在通过手机微信端理货员可以快速扫码完成入库、出库、库存盘点等业务。例如：库存盘点，理货员只要输入库区、库位等信息，通过手机微信端即可查询系统中具体货物信息，可以与实物进行核对快速完成库存盘点功能。出库同样通过手机扫描二维条码，系统自动比对实物信息与出库指令是否符合，减少异议发生。“大屏展示”功能体现在通过大屏直观展示所辖和加盟各仓库存储率、品类、客户等信息实时掌控库位的使用情况、年吞吐量、客户数量、当日入库量、总库存量、配送量、当日出库量、当日吞吐量、库房利用率分析、品种占比分析、最受欢迎品种分析、库位利用率分析、订货单位分布图等信息。“数码监控”功能体现在平台通过PC端、手机端对管理人员、货主及监管机构提供对物料的实时监控。

【德邻云嘉：互联网+钢材全自动剪切加工】 德邻云嘉剪切加工流水线定位于服务钢铁产业链上的加工用钢终端用户群，为用户提供加工及制品交易服务和用材技术支持等一站式钢材加工服务。

【德邻智园：互联网+智慧园区】 德邻陆港智慧园区，依靠在仓储管理行业积累的丰富经验，以“园区+互联网”为理念，融入社交、移动、大数据、云计算，运用现代计算机信息技术，结合智能硬件设备和物联网设备，对传统仓库进行全面信息化改造，集合了智能化现场管理、自动配单、仓容管理、在线预约、快速货位变更等业务和管理功能。实现24小时远程监控，对货物的流转进行全过程跟踪的特征。经数字化、信息化、智能化改造后的智慧园区可使仓库管理更加标准化、精细化、透明化、智慧化。系统实现的功能有监控集成、智能到厂预约、智慧停车、智能闸口、综合服务大厅等全新功能。

【德邻e宝：互联网+供应链金融服务】 德邻e宝是以德邻陆港线下运营实体为支撑，采用互联网手段探索产业链金融发展的金融平台，为上下游客户提供在线结算、在线支付、融资、借贷等多项服务。德邻e宝可以提供优质的SAAS服务，为物流平台、采购平台、仓储平台提供货款的在线支付、退款等服务；目前德邻e宝已对接德邻畅途、德邻玛特，未来将继续扩宽市场，为更多的平台提供金融保障。

【德邻玛特：互联网+网上产品销售】 包括汽车销售，机动车配件批发兼零售，轮胎经销，房屋设备出租，工程机械修理（起重设备修理除外），车辆维修，汽车装饰用品，日杂用品，电瓶，车载通信设备，音像制品，电子产品，通信产品，数码产品，皮具箱包，户外用品，家用电器，二手车（除报废汽车外）零售，洗车美容，汽车救援服务，餐饮，住宿；润滑油、防冻液销售，成品油零售（仅限分公司经营），易燃液体批发（无储存），煤焦油、粗苯、洗油、煤焦沥青等功能。

【德邻大数据：互联网+物流大数据挖掘、分析】 德邻大数据对产业链上丰富的生产数据、交易数据、库存数据、物流数据、用户数据、资金数据进行采集、加工和分析，进一步提升数据的价值。对于上游钢厂，以产业大数据指导，帮助传统企业从规模化、大批量的生产制造理念转化为小批量、定制化和专项化的服务，进而“两化融合”为物联网形态，最终实现生产服务化。对于下游经销商和终端客户，提供价格、运输、库存等趋势的预判，为下游用户的生产经营提供数据支撑。统计的现货交易数据有销售情况分析、客户情况分析、库存情况分析、销售区域流向分析等；物流数据有全国物流流向分析、当天/总发车统计、各品种运输占比前十、线路运量前十、车辆运输轨迹跟踪、在线成交统计等。

【鞍钢汽车检测有限责任公司概况】 该公司是鞍钢汽运公司全资子公司，注册资本500万元，固定资产总值546.7万元。2019年在岗职工35人，有主要检测配套设备58台，总占地面积18000余平方米。2019年检测站共检测车辆38601台次；实现产值567.26万元。主要经营项目：汽车综合性能检测，汽车软件设备的软件开发与维修，机动车安全技术性能检测，机动车环保尾气检测。

2019年，广达车辆检测业务充分发挥地理位置与服务品牌优势，积极倡导“行为公正、方法科学、结果准确、真诚服务”的经营宗旨，严厉禁止“黄牛”，明确质量管理，强化导检培训，通过不断提升专业化服务管理，检车数呈现持续走高态势，口碑效应凸显，区域知名度和影响力大幅提升。

【中石油鞍钢油气销售有限公司概况】 中石油鞍钢油气销售有限公司由鞍钢汽车运输有限责任公司与中国石油天然气股份有限公司合资成立，分别持有51%和49%股份。公司注册资本600万元，截至2019年末，该公司有职工57人，运油车辆9台。公司设有运营部、计财部和综合部三个管理部室；下设两个加油站：铁东区和平路加油站、鞍钢厂区内外运路矿渣加油站；一个危险化学品运输车队；一个昆仑好客超市，一个三人之家蛋糕店。经营业务有成品油、润滑油、压缩气体和易燃气体甲烷（工业用）日用品、烟、酒、轮胎、防冻液、烘焙品。截至2019年底，油气公司共发展直营客户36家、零售客户59家、个人会员卡3200张，实现成品油直销6.43万吨。直销加零售总计7.8万吨。

（郭家铭）

分公司/分支机构

第二发电厂

【概况】 2019年末，第二发电厂共有职工580人，其中干部90人（高级职称7人、中级职称63人、初级职称20人），工人490人；离退休职工646人。下设党委工作部、综合管理部、生产技术部、设备部、工会5个职能部门，北部、运行、机械、电气、燃料、热工、化学7个作业区。

2019年，第二发电厂在鞍山钢铁党委和鞍山钢铁的正确领导下，坚持党要管党、全面从严治党，融入生产、服务大局，以党的政治建设为统领，认真开展“不忘初心、牢记使命”主题教育，推进各项工作取得新成效。全年完成发电量40.29亿千瓦时，超计划1.66亿千瓦时。全年实现利润1076万元，为鞍山钢铁高效利用煤气资源、降低吨钢能源成本作出了重大贡献。

【扎实开展“不忘初心、牢记使命”主题教育，与电厂实际“三结合”，为全年扭亏增效提供坚强政治保障】 学习教育：规定动作不折不扣，自选动作深度拓展。严格按照两级公司党委主题教育工作部署，制定《第二发电厂党委开展“不忘初心、牢记使命”主题教育实施方案》及学习研讨计划，组织召开推进会6次，领导班子集中学习17个半天、17次研讨，读书班学习2次、研讨2次，学习研讨梳理问题12项；撰写发言提纲，围绕研讨主题，结合电厂实际，查不足、找差距，为电厂改革发展献计献策。

调查研究：实现两个“全覆盖”。一是职工关注的难点、热点问题全覆盖；二是调查研究从作业区、机关部门到班组实现全覆盖。重点聚焦“五个围绕”，班子成员先后调研了12个单位，与干部职工代表座谈12次、与专业技术骨干座谈5次，征集建议意见共计5大类、43项；深入走访调研，广泛听取意见，与职工同探索、同创新、同就餐，拉近了与职工群众的距离；严肃落实班子成员讲专题党课的要求，厂党委委员围绕“四个讲清”到包保党支部开展主题教育专题党课6次；认真梳理调研情况，撰写调研报告，召开调研成果交流会，切实将调研成果转化为解决问题的具体行动。

检视问题：举一反三，剖析到位。对在主题教育学习研讨中查摆出的问题、对照党章党规找出的问题、调研发现的问题、群众反映的问题、专项整治的问题、谈心谈话指出的问题及上级党组织对电厂检查、考核中所反馈的问题等，进行了归纳总结和系统梳理，共计81项。

问题整改：一人一表，责任落地。组织召开问题整改推进会4次，将所有问题进行分类，编制清单，“一人一表”逐项落实到每名班子成员，逐项明确到责任部门、整改措施和整改时限，厂主题教育领导小组成员定期跟踪督导，确保每项问题整改有行动、有反馈、有推进；其中，对照鞍钢集团党委“9+1”问题整改清单，举一反三，自检自查问题70项。

三个结合，精准发力，推动电厂扭亏为盈。针对电厂生产经营实际困难，厂党委坚持主题教育“三个结合”，解决电厂面临的突出问题。即：与形势任务教育相结合，做好宣传和职工思想政治工作，引导职工树立对电厂未来发展的信心和攻坚克难的决心；与干部作风转变相结合，党员干部带头履职尽责、强化学习、转变作风，以饱满的工作热情和忘我的奋斗精神，投入工作；与完成全年生产经营目标相结合，制定有效措施，全力扭亏增效、保产保供，勠力完成全年生产经营任务。主题教育“三个结合”效果显著，不但超额完成了全年发电生产任务，而且一举扭转了电厂前三季度连续亏损的不利局面，实现了全年扭亏增盈。

【贯彻落实鞍钢集团第二次党代会精神，秉承“一个支部一个主题、一名党员一面旗帜”党建工作思路，充分发挥党支部的战斗堡垒和党员的先锋模范作用】 落实鞍钢集团第二次党代会精神。认真学习贯彻落实习近平新时代中国特色社会主义思想和党的十九大精神，以及两级公司党代会精神，制定2019年第二发电厂政治理论学习方案与党委理论学习中心组学习计划，全年组织中心组集体学习12次，其中专题研讨4次；结合电厂实际，承接制定了第二发电厂《贯彻落实鞍钢集团第二次党代会工作报告任务分解及责任分工表》，为完成鞍钢集团第二次党代会确定的工作目标，按时间进度、责任分工扎实推进各项分解任务。

围绕“一支部一主题”创新开展基层党支部建设。结合党支部的各自工作特点、难点及生产经营目标，确立支部党建工作主题，创建各具特色的支部党建工作品牌，充分发挥了党支部的战斗堡垒和党员的先锋模范作用。如北部党支部的“六心”主题党建工程、燃料党支部的“两保两重双提升”主题党建工程、机关党支部的“五抓五促进”主题党建工程等，将支部工作融入生产经营进行创新探索尝试，使党支部战斗堡垒作用和党员先锋模范作用得到充分发挥，有效促进了基层支部党建工作水平整体提升。

强化制度建设夯实基础工作。组织开展基层党支部书记抓党建工作述职，促进提升基层党支部书记党建工作水平；组织开展第二发电厂生产经营工作论坛，为电厂生产经营总结经验、献计献策、凝聚力量，促进生产经营顺行；制定《第二发电厂2019年党建工作月考核评价实施办法》，修订完善《第二发电厂基层党支部季度工作评价考核办法》，规范健全党支部工作考核评价体系，为全面提升党支部工作水平奠定了坚实基础。

认真开展党内主题实践活动。围绕降本增效、减少事故、爱岗敬业、提升管理等方面，在全体党员中开展“敬业爱岗、共克时艰”专题讨论，收集整理设立目标值60余项，逐项制定实施方案，凝心聚力，助力电厂扭亏增盈；持续开展

“共产党员工程”“共产党员挑战项目”等攻关活动，重点围绕生产经营、改革改造、强化管理等方面组织攻关，征集确立攻关项目26项，发挥了为生产经营保驾护航的积极作用。

加强青年人才培养。制定下发了《第二发电厂青年人才成长积分制指导意见》，选拔确定35周岁以下青年人才12人，其中管理及专业技术岗位青年人才6人、生产操作岗位青年人才6人，建立青年人才成长积分档案，并分别安排至管理岗位或生产岗位挂职锻炼，派任务、压担子，为青年人才成长搭建展示平台，促进青年尽快成长成才。

【扎实开展“解放思想，开放变革”大讨论活动，推进“两学一做”学习教育常态化制度化】 按照两级公司党委工作部署，稳步推进“解放思想、开放变革”大讨论活动，制定下发了《第二发电厂“解放思想、开放变革，提效率、提质量、降成本、强品牌，振兴电厂，建设高质量发展新鞍钢”大讨论活动实施方案》及大讨论活动展开表。按季度下发《开展“两学一做”学习教育常态化制度化方案》。全年，厂党委委员上党课12次，上课率100%。制定下发了《迎接新中国成立70周年、鞍钢开工70周年、建党98周年系列活动的通知》，组织开展“党建、党史、鞍钢厂史及廉政建设”知识微信答题、参观鞍钢博物馆及反腐倡廉教育展览馆、“党史”专题党课等系列活动，增强广大党员爱党爱国、爱岗敬业和廉洁自律的行为意识。推进党务公开，制定《第二发电厂党委党务公开目录》。持续推进“践行共享理念，关爱一线员工”专项服务行动，共征集意见建议59项，其中确定立项公司级项目2项、厂级项目9项，投资468.5万元。

【扎实开展党风廉政建设，筑牢拒腐防线】 深化落实主体责任。落实党风廉政建设责任制，组织召开了厂党风廉政建设和反腐败工作会议，制定了《第二发电厂2019年党风廉政建设和反腐败工作任务分工》及工作指引。落实“两个责任”及“一岗双责”，层层签订责任状；组织16名作业区、部门党政负责人签订党风廉政建设责任状，组织130名关键重要、敏感岗位人员签订《廉洁承诺书》。监督落实中央八项规定精神，严格执行党员干部操办婚丧事宜报告制度，强化党员干部参加婚丧事宜监管工作，督促党员干部带头文明节俭操办婚丧事宜。

深化党风廉政教育。制定了《2019年第二发电厂党风廉政教育项目化推进计划表》，有序推进廉洁教育活动；召开厂警示教育大会，传达公司违法违纪案例通报；开展廉洁提醒谈话，强化全面从严治党主体责任，提升领导干部廉洁从政意识，推动党内监督端口前移，将廉洁提醒谈话纳入党支部季度工作检查，各党支部对关键敏感岗位人员进行廉洁谈话提醒160人次。

持续推进作风建设。在春节、端午、中秋和国庆节等重点时期，组织开展廉洁教育，营造风清气正的节日环境，检查督导贯彻落实中央八项规定精神和反“四风”工作情况。推进廉洁地图、廉洁档案及监防平台建设，发现风险问题及时组织整改。

严格开展纪律审查工作。以工程建设、资产管理为重点，深入开展“五违反”专项治理工作。组织召开专题会议，研究治理内容、明确责任主体、细化推进步骤、严格标准要求、建立排查台账，不断完善管理、堵塞漏洞。开展集中整治官僚主义、形式主义。通过座谈、走访调研等方式，共查摆出官僚主义、形式主义突出问题3项，现已完成整改2项，另1项已完成阶段性整改。深入开展“带钱”等突出问题专项治理工作，通过自检自查主动报告，发现“带钱”等行为共20起，没有发生个人据为己有的情况，将持续做好相关整改及督查工作，防止问题重复发生。运用好监督执纪“第一种形态”，注重抓早抓小，突出早治快治，发现苗头立即告诫，轻微问题及时处理，普遍问题主动纠正，充分发挥纪律的惩戒警示作用。

深入开展专项监察工作。2019年，围绕燃煤管理，确定了厂专项监察项目3项，制定了专项监察实施方案；全年共查出不合格煤45批次、新增入厂煤含氮量指标检测2批次、清理回收车底煤2900吨，年增效306.4万元。自查“带钱”行为20起，查出金额11.36万元；开展“伴热带”专项督查，提升安全防火管理工作水平；四季度，在全厂范围内开展打击偷盗“雷霆行动”，回收废钢铁255吨，没有发生偷盗事件。

【加强宣传思想工作力度，做好形势任务教育】 积极拓展宣传主渠道，利用《鞍钢日报》和动态资讯等媒介平台，及时宣传电厂生产经营、技术改造、创新创效、亮点工作、惠民项目和党员工程等攻关成果，提高电厂形象，鼓舞职工士气，在各大媒体网站报道稿件共51篇；按时完成“学习强国”组织架构搭建工作，参与党员261人，在岗党员参与率87.6%。通过引领学习公司《形势任务教育宣传提纲》《政治理论学习要点》《班前五分钟教育宣讲材料》《动态资讯摘要》等内容，提升思想政治工作覆盖率和有效性，提高形势任务教育覆盖面和精准度；厂党委定期召开意识形态工作会议，研究部署电厂意识形态领域相关工作，制定《鞍山钢铁第二发电厂党委意识形态工作责任制实施细则》，夯实电厂意识形态制度基础；承接建立《第二发电厂党员干部网络行为负面清单》，组建了第二发电厂网络舆情监控和评论团队，规范党员干部网络行为。

【加强和改进工会、共青团工作，进一步发挥群团组织作用】 广泛开展群众性生产实践活动，为完成生产经营目标建功立业。开展“同舟共济保增长、建功立业促发展”主题实践活动，如运行作业区“飞灰含碳竞赛”活动、北部作业区“值际多发电竞赛”活动，促进提升机组效率和多发满发。开展职工技术创新和技术攻关活动，发挥职工“创新工作室”技术引领作用，切实解决生产难题；创新工作室确立并完成攻关项目14项，创效500余万元。落实“百岗百法创效、万人技能登高”总体要求，征集先进操作法13项，推广先进操作法4项。开展“双增双节纵深行”活动，创效363.05万元。李兵荣获“2018—2019年度鞍钢集团劳动模范”，王隆荣获“2019年度鞍钢集团先进生产者”；第二发电厂荣获鞍山钢铁“2019年度消防安全先进单位”，运行作业区电气甲班荣获鞍山钢铁“十佳安全生产标准化班组”。

关心职工思想和生活，促进职工队伍和谐稳定。坚持定期救济与突发性临时救济相结合，切实为困难职工家庭排忧解难送温暖，建立困难职工档案和困难边缘职工档案。走访慰问困难职工166人次，发放困难救济金10.07万元。开展“书香女性·悦读电厂”读书会活动，参赛女职工40人，丰富职工业余文化生活，陶冶职工情操。开展向单亲、困难儿童献爱心活动，走访慰问单亲困难女职工9人，发放慰问金0.3万元。关心居家、退休职工生活，走访慰问居、退职工114人次，发放救济金4.0万元。

深化民主管理，开展丰富多彩的职工文体活动。事关企业发展和涉及职工利益等重要事项的职工代表审议率达到100%，职工代表评议测评副处级以上领导干部3人，民主评议副科级以上干部20人。组织开展了乒乓球、羽毛球、毽球、气排球及全员登山等主题鲜明、内容丰富、形式多样的系列文体活动，为凝聚职工力量、推进企业文化建设发挥了重要作用。

夯实团组织建设，发挥生力军作用。围绕新时代共青团的任务和使命，加强团组织基础建设，夯实“三会一课”基础工作。以“五四”系列活动为契机，组织开展“学雷锋活动”，利用休息日慰问养老院老人等义务奉献活动，全年，组织青年团员义务奉献活动25次，参与青年团员171人次。以围绕提升技经指标、降低成本消耗、增强设备性能、完善安全标准等内容为主线，组织开展青年团员“创新登高”活动，立项并完成9项，创效226万元。

【筑牢基础，增强安全管控能力】 修订完善安全生产责任制，引导干部职工认真履行“一岗双责”。开展领导干部上讲堂和安全知识竞赛，鼓励职工参加特种作业资格考试，提高全员安全素养。对应急预案进行修订完善并完成备案，开展应急演练18次，在公司应急救援演练中获得第二名的好成绩。组织对全厂工艺系统进行风险评价，开展隐患排查，形成风险辨识管控在前、隐患排查治理在后的“两道防线”。推进“双零机制”，实现隐患排查由简单排查向追根溯源式整改转变，隐患数量较上年下降49.4%。组织职工参加职业健康体检，开展危害因素检测和警示教育，保证职工身体健康。强化相关方资格审查、教育培训、安全交底、作业过程监管，严格执行积分、考核、约谈制度。加大消防设施改造投入，消除火灾隐患，全年实现火险、火灾事故为零。

【科学统筹，提升企业创效能力】 针对动力煤种类少、燃烧特性不同的实际，根据负荷情况动态调整上煤，合理配烧，飞灰含碳量下降到4.51%，创近3年最好水平。强化机旁备件管理，严控新品备件采购。开展修旧利废、废旧物资回收，创效500多万元。对定连排进行回收再利用，最大程度减少热量损失；充分发挥热源优势，在积极履行企业社会责任的同时实现热值的最优化利用。

【精心组织，完成机组计划性检修】 针对非标项目多、工期紧、任务重的实际，精心组织第九次大修，克服检修跨越春节假期、施工人员流动大等困难，按期完成大修检修任务。对1号机组局部前墙水冷壁进行更换，调整四角燃烧器喷口角度，解决火焰刷墙引发水冷壁频繁爆管、严重制约生产的难题。对2号机组进行扩大性检修，对损毁严重的动叶转子进行更换修复，彻底解决汽轮机高压缸胀差大的难题；对腐蚀严重的吸风机烟道进行更换处理，为锅炉运行调整创造条件。

【重点关注，环保工作取得新成绩】 认真总结中央环保督察“回头看”工作经验，严控排放指标，全年实现环保3级事故以上为零。响应雾霾天气应急预案，履行企业社会责任；对雾霾天气应急预案进行完善，提升预案的可操作性。强化运行操作调整，实行压线运行管理。2019年大气污染物实现日均超标次数为零，小时均值超标次数创有记录以来最好水平，荣获节能减排先进单位。根据危废特点进行合规存放，实现危废100%合规处置。强化运输车辆管理，严惩冒黑烟、飘洒等行为。

【落实要求，企业管理取得新进展】 与鲅鱼圈进行对标学习，积极推进班组核算，提升企业精细化管理水平。推进全口径人力资源优化，全年实现减员38人、压缩劳务费350万元、压减劳务人员158人。对全厂规章制度进行梳理，制定立改废工作规划，定期总结推进。力戒形式主义，压会议、减流程，提高工作效率。以“带钱”专项整治为契机，规范绩效分配。建立逐级检查机制，防范“带钱”行为发生。对全厂围墙围栏进行排查整治，增加技术手段，组建巡防队伍，形成打击偷盗的强有力威慑，“雷霆行动”开展以来清理无证人员29人，发现并制止偷盗未遂案件2起。

【全力配合，新建机组按期投产】 积极配合180兆瓦CCPP机组项目实施，在设计审查、主要设备采购、工程施工等阶段全方位对接，协调解决相关问题。与节能公司签订运维合同，明确费用及管理界面。开展多专业理论培训，使职工“一专多能”；开展同类型机组轮换实习，提前熟悉机组操作、调整的方法、技能；参与联调联试，编制运行、检修规程，为正式接收奠定基础。

【创新驱动，发挥科技创效潜力】 发挥集体智慧力量，成功解决澳大利亚煤种配烧难题，降低发电成本1300万元。利用大修机会，首次成功实现CCPP机组励磁系统国产化改造，节约近700万元费用，为CCPP机组备件国产化做出了重大探索。充分发挥创新工作室辐射带动作用，2019年完成13项攻关，创效500余万元。创新成果不断涌现，申报专利1项，获评公司级合理化建议一等奖4项、二等奖8项，推广厂级操作法9项，征集先进操作法13项，粉煤灰取样装置荣获全国发明展览会金奖。

（齐金龙）

铁路运输分公司

【概况】 鞍山钢铁集团有限公司铁路运输分公司始建于1949年，是鞍钢集团钢铁紧密协作板块大型物流企业。根据公司制改革要求，2017年2月27日，鞍山钢铁集团有限公司决定对所属相关机构名称进行相应变更，“鞍山钢铁集团公司铁路运输公司”更名为“鞍山钢铁集团有限公司铁路运输分公司”，简称“铁运分公司”。2017年5月2日，鞍钢股份有限公司冶金运输厂纳入鞍山钢铁集团有限公司铁路运输分公司管理。

截至2019年12月末，铁运分公司在职职工3782人，其中，管理和专业技术人员313人，生产和服务人员3010人，居家职工426人，列入编外管理30人，列入劳动力市场管理3人；退休职工6337人（含冶运厂1131人）。铁运分公司机关设6个职能部门，分别为生产经营部、安全环保部、设备保障部、综合管理部（党委办公室）、党委工作部（纪检监察）和工会。下设4个基层单位，分别为运输总站、机车厂、修建厂、机械化装卸厂。

【安全生产】 2019年，普通车运输量计划5915万吨，实际完成5929万吨，货物周转量计划71155万吨·千米，实际完成71542万吨·千米，运输收入计划49980万元，实际完成50038万元；冶金车运输量计划5360万吨，实际完成6420万吨，货物周转量计划34112万吨·千米，实际完成41282万吨·千米；装卸量计划695.2万吨，实际完成692万吨，装卸收入计划4200万元，实际完成4240万元；仓储收入计划648万元，实际完成878万元；料场拓展收入计划716万元，实际完成928万元。

【技术设备】 铁运分公司现有电力机车37台（含冶金运输厂6台）、内燃机车95台（含冶金运输厂57台），各种车辆2391辆（含冶金运输厂258辆）。其中，2019年新增铁路车辆85辆（含SJ5型车辆35辆、K18型车辆25辆、CF60型车辆25辆）。冶金车辆33辆（冶金运输厂），液压挖掘机12台（含2019年有偿调入挖掘机2台、装载机14台、推土机8台、振动筛2台），公铁两用车4台（含2019年新增公铁两用车2台）。铁路线路625千米，铁路桥涵259座，调车场33座，自动化驼峰一座。电力、通信线路828.1千米，接触网256.83千米，自动化调度指挥中心一处，集装卸仓储配送于一体的灵山物流园（一期）。

【科技创新】 2019年，完成了新型烧结车研制与应用项目，解决烧结车门漏料问题，提高车辆耐腐蚀性能，增加车辆构造强度，解决了拉杆无自锁和变形问题。

2019年，智慧物流一期项目建成投入运行，该项目采用了信息与控制一体化技术，大幅度提高了运输作业效率和劳动生产率，该项目在全国冶金企业铁路运输系统尚属首例。

【组织建设】 2019年，修建厂党委通信作业区党支部晋升为鞍钢集团样板党支部；荣获鞍钢集团第八届“钢花奖”优秀党员教育电视片优秀奖1项；鞍钢集团“共产党员工程”立项2项，获得一等奖1项。

（苑晓川）

【运输总站】 2019年12月末，铁运分公司运输总站在职职工1161人，其中，管理及专业技术人员71人，生产服务人员971人，居家106人，列入编外管理11人，列入劳动力市场管理2人；退休职工1306人。下设四部一会和9个车站。运输总站是铁运分公司运输保产主体单位，主要承担鞍钢各生产厂矿所需原燃材料的输入、产成品输出及部分厂矿工序链接任务。

2019年，完成普通车运输量5929万吨，超计划14万吨，完成周转量71542万吨·千米；完成冶金车运输量6420万吨，超计划1060万吨，完成周转量41282万吨·千米；销售收入50038万元；利润5180万元，超计划681万元；实现局车在厂停留时间28.9小时，厂车一次作业时间20.2小时；用户满意率100%。

2019年，智慧物流（一期）项目施工期间，运输总站优化岗位人员，提高工作效率，保证了集控系统按期实施，实现“简约、集中、高效”的运输指挥。

降低路局车辆在鞍钢厂内停留时间，运输总站积极组织，制定了压缩上行场停留时间的实施方案，局车在鞍钢厂内停留时间不断压缩，创历史最好水平。

健全安全责任和评价考核体系，通过“四不两直”方式开展安全检查，强化安全责任的有效落实。建立隐患宣贯和提报制度，提升全体职工的红线、责任、风险、规则“四种意识”和风险防范能力。采取高技能人才、工程序列、领导干部登讲堂等方式，全面加强安全教育培训。开展了家属座谈会、安全知识竞赛、谈身边事说身边险等安全文化活动，促进职工提升安全意识，提高按章作业的自觉性。落实相关方调车协力工安全准入制度，择优上岗，重点督导，实现安全生产事故为零的目标。

智慧物流（一期）项目集控系统试运行期间，充分利用三方定期协调会，协调处理使用过程中暴露出的各类问题，并与中铁八局联合开发“压号出车”“炉下倒配罐”等应用程序，使集控模式更加贴近现场实际作业。加强技术改造和设备更新，增加具备防脱钩功能的无线平面调车设备6套；3个冶金车站更换了新型设备11套；为提高各岗位作业效率，更新计算机13台，打印机16台。组织重新修订技术管理规定7项。完成了铁运分公司ERP系统扩展项目方案的功能设计和两次系统升级，各成品库实现使用铁运分公司ERP系统提报装车计划和网上填制货票的功能。

运输总站党委获得2019年度鞍山钢铁文明单位称号。

（马　微）

【机车厂】 2019年12月末，机车厂在职职工1367人，其中，管理及专业技术人员72人，生产和服务人员1118人，居家职工168人，列入编外管理8人，列入劳动力市场管理1人；退休职工1815人。下设四部一会和8个作业区、54个行政班组。主要承担着炼铁、炼钢、炼焦、精矿、球团、烧结、原燃料输入和成品输出的铁路运输任务。

积极推行“一人乘”工作，实现了4个运用作业区乘务员的合理流动和跨区域保产。制定并实施《内燃机车大中修产线契约化管理实施办法》，修改完善了《部室、作业区班子绩效评价管理办法》。在运用作业区成立了打破班制界限的保产小组，共有488人次参加非班保产，确保机车运输保产任务顺利完成。建立和完善了机车厂质量体系，制定了质量追查制度，完善了机车及车辆大中修质量检查验收内容，制定了质量联检标准；完成鞍钢“双革一化”项目5项，国家实用新型专利1项，鞍钢专有技术1项，完成QC质量成果1项，完成厂内小改小革55项。强化危险辨识与风险管控，持续推进非常规作业KYT管理。以安全风险防控AB类管理为基础，调动职工开展安全隐患辨识的积极性和主动性。推进隐患立行立改，实现安全生产隐患闭环管理。推进全员性隐患排查，排查整改隐患463余项，整改闭环率达100%。承修鞍钢股份公司机车大中定修等相关业务，收入1239.4万元；炼铁总厂、轧辊公司租车收入284.9万元；加强“爱车”工作，防止车辆破损增收63万元。货运收入分成19957.55万元，经营收入2046.55万元，实现利润4157.1万元，完成利润指标103.27%。

开展“践行共享理念，关爱一线员工”专项服务行动，为职工工作间安装空调46台；更换了职工更衣箱481个。积极与炼铁总厂和冷轧厂联系解决乘务员、列检工洗浴用更衣箱32个。关心困难职工生活，救济困难在岗和居家职工452人次，发放救济金14.39万元。救济退休职工382人次，发放救济金9.84万元。

（陈　宇）

【修建厂】 2019年12月末，修建厂在职职工717人，其中，管理和专业技术人员62人，生产和服务人员585人，居家67人，列入编外管理3人；退休职工1195人。下设四部一会和9个作业区。主要承担鞍山钢铁鞍山本部铁路轨道桥涵、信号、电力、接触网设备的日常维护和设备更新改造任务。

积极主动适应鞍山钢铁对铁路运输生产组织的新要求，确保“智慧物流”一期建设顺利投产运行。全年实现收入1.35亿元，超额完成铁运分公司下达的利润指标，实现了轻伤及以上安全事故为零、三级及以上生产事故为零、责任路外事故和一般火灾三级及以上事故为零的目标。

注重发挥技术密集型企业潜能，全年申报专利2项、专有技术1项、合理化建议12项、科研项目1项、QC质量成果3项，在国家刊物发表论文1篇。通信二工区荣获“2019年辽宁省先进质量信得过班组”荣誉称号；举办“1+2”职工技术竞赛，评选出大工匠1人、技术状元13人、技术能手25人。党的建设和企业管理取得新进展，扎实开展“不忘初心、牢记使命”主题教育，实施党支部“强基固本”“晋位升级”“示范引领”三大工程，通信作业区党支部被鞍钢集团命名为样板党支部；荣获了鞍钢集团和鞍山钢铁文明单位、“安康杯”优胜单位，综合治理、档案管理、武装保卫先进单位，计划生育红旗单位，红旗团委等多项荣誉称号。

（李光义）

【机械化装卸厂】 2019年12月末，机装厂在职职工384人，其中，管理和专业技术人员40人，生产和服务人员275人，居家职工60人，列入编外管理9人；退休职工945人。下设四部一会和4个作业区，固定资产原值5960.6万元，净值2343.8万元。

2019年，增加澳矿筛分加工业务，完成装卸量692万吨，装卸收入4240万元；料场新增项目收入928万元；装卸重轨收入828万元；全厂收入合计6099.5万元。实现减亏652万元。2019年，新增两台YKG4260F焦炭筛分机组，用于筛分焦炭，满足了炼铁总厂对焦炭质量的需要；对筛分机组存在缺陷进行改进，提高了设备运行效率，对澳矿进行筛分，保障炼铁总厂生产需要；对老旧设备加强维护保养，确保鞍钢股份生产高水平运行。不断进行技术革新，全年提出13项重大合理化建议并组织实施，创效达320万元。努力降低能源消耗，超额完成铁运分公司下达的能源指标。发挥马龙创新工作室和技术攻关团队的作用，积极解决设备运行中的疑难杂症，巩固和提升设备保障能力，完成了装卸主体设备照明改进、挖掘机小臂修复等7个创新项目，创效103万元。实施自主维修6项，节约维修费用29.3万元。

开展“‘1+2’职工技术竞赛”，荣获铁运分公司级大工匠1名、技术状元2名、技术能手3

名；厂技术状元3名、技术能手3名。围绕生产经营、设备维修实际工作，总结5个先进操作法，在装卸生产、维修实践中推广应用。

（赵　丹）

工程质量生产监测管理中心

【概况】 2019年，鞍山钢铁集团有限公司工程质量生产监测管理中心引领广大职工爱岗敬业、奋发向上，圆满完成了管理中心的生产经营目标和各项管理工作。

【建设工程质量管理工作】 主要工程项目。外埠工程（20项）：鞍钢集团朝阳钢铁有限公司能源动力厂氮压机节能改造合同能源管理项目、鞍钢集团朝阳钢铁有限公司炼铁厂喷煤厂房增设水雾式灭火系统项目、鞍钢集团朝阳钢铁有限公司炼钢厂钢包热修整备坑迁移改造项目、鞍钢集团朝阳钢铁有限公司计量化检验中心新增200吨汽车衡项目、鞍钢集团朝阳钢铁有限公司增建转炉副枪项目、鞍钢集团朝阳钢铁有限公司转炉一次除尘提标改造项目、鞍钢集团朝阳钢铁焦化厂焦炉烟气脱硫脱硝环保项目（BOT）、鞍钢集团朝阳钢铁炼铁厂炉前泥炮、开口机操作新增遥控功能项目、鞍钢集团朝阳钢铁能源动力厂发电工区电缆隧道、鞍钢集团朝阳钢铁新建烧结机头电除尘器项目、鞍钢集团朝阳钢铁有限公司焦炉增设机侧除尘装置项目、鞍钢集团朝阳钢铁有限公司烧结矿全自动筛分系统项目、鞍钢集团朝阳钢铁有限公司炼铁厂无组织排放点增加喷雾抑尘设施项目、鞍钢集团朝阳钢铁有限公司炼铁厂高炉杂矿仓增设除尘设施项目、鞍钢集团朝阳钢铁有限公司焦化脱硫设施提标改造项目、鞍钢集团朝阳钢铁能源管理系统项目、鞍钢股份鲅鱼圈3.8米轧机工程、鞍钢股份鲅鱼圈筒仓项目等。

鞍山本部工程（119项）：包括鞍钢股份炼钢总厂三分厂1号板坯铸机大修改造工程，鞍钢股份炼钢总厂二分厂4号、5号板坯铸机升级改造工程，鞍钢股份炼钢总厂3号线脱硫升级改造工程，鞍钢股份炼钢总厂二分厂新增RH改造工程，鞍钢股份炼钢总厂四分厂钢水罐底吹氩单路改双路项目，鞍钢股份炼钢总厂一分厂转炉C列新型钢包烘烤器改造项目，鞍钢股份炼钢总厂一分厂转炉D列新型钢包烘烤器改造项目，鞍钢股份大型厂精品方钢热处理线升级改造工程，鞍钢股份炼钢总厂一分厂板坯铸机大修改造工程，鞍钢股份能源管控中心三冷轧煤气加压站改造项目，鞍钢股份资源储运经营中心西区废钢场地改造项目，鞍钢股份炼钢总厂三分厂新增铸坯表面清理装置项目，鞍钢股份资源储运经营中心灵山料场固废混匀料场棚化封闭项目，鞍钢股份资源储运经营中心灵山料场固废混匀料场棚化封闭项目，鞍钢股份炼钢总厂四分厂A、B、C转炉一次除尘改造项目，鞍钢股份炼钢总厂一分厂、二分厂增加副枪项目等。

【建筑材料、构配件的质量管理】 2019年管理中心对所管理的全部施工项目使用的主要建筑材料进行了全面检查，总体看，主要建筑材料质量处于受控状态，质量稳定，基本符合要求。

1. 主要材料、大宗材料的质量得到了有效控制。钢筋、钢材、彩涂板、镀锌板能够按照合同和公司领导要求选择鞍钢生产的，特殊情况不能提供鞍钢生产的材料，也有相关手续进行说明或证明。

混凝土全部使用鞍钢建设集团有限公司和鞍钢房产建设集团有限公司生产的。在炼铁总厂新烧原料电除项目（除尘管道支架基础）施工过程中，施工单位擅自安排鞍山市的一家混凝土，被及时发现并阻止使用。电线、电缆的现场抽样复检工作已经得到了施工单位、建设单位等积极配合，全部项目都进行了复检。根据集团公司要求，工程中使用的彩涂板、镀锌板全部使用鞍钢生产的，加强了对彩涂板、镀锌板材质单和实物的检查，保证了全部项目使用的都是鞍钢生产的。

2. 加大了对钢构件的质量管理力度。钢结构制作前，检查加工厂的设备和技术人员情况，对不符合资质要求的钢构件厂进行否决，把住钢构件制作的第一关。钢构件制作过程中，不定期进行抽检，发现质量问题提出整改要求，把质量问题消灭在萌芽状态。重要的钢构件进入施工现场前，必须经过监理单位、建设单位和质量监督站的联合检查，确认施工质量合格才能进入施工现场。否则，不准进入施工现场。

3. 加大了建材复检力度。根据国家标准和鞍山钢铁相关管理规定，对钢筋、水泥、电线电缆、防水材料、耐火材料、保温材料和防腐涂料等进行现场抽样送实验室检测。尤其是保温材料和防腐材料，施工单位认为是可以投机取巧的地方，有时以次充好。管理过程中，多次纠正此类质量问题。每个项目都予以跟踪抽检，确认检测合格后才允许施工。

【工程实体检查】 1. 2019年度共对24项重点工程进行了全面的质量检查并形成了检查报告。总体质量情况比较好，质量处于受控状态。但是，每个项目都或多或少的存在质量问题。例如，2019年8月15日，监督工程师对鞍钢化学科技恩德炉配套余热锅炉节能提标改造项目混凝土框架（③~⑤轴）加固工程（由辽宁省石油化工规划设计院有限公司总包，辽宁恩德工程建设有限公司分包）的施工质量进行抽查，检查出钢筋锚固的施工质量有严重的质量问题，给该部位的工程质量留下较大安全隐患。鞍钢站对此质量问题进行了通报批评并给予经济处罚，并对工程存在的质量问题责令整改。

2. 对钢结构和混凝土施工组织了专项检查。2019年11月15日—12月15日对炼铁总厂西区烧结机新建活性炭烟气脱硫脱硝装置项目进行了专项检查（钢结构工程和混凝土工程），通过近一个月的检查，总体质量情况比较好。施工单位资质、主要管理人员资格符合要求。质量保证体系健全并能够发挥应有的作用。施工方案等技术文件比较齐全，关键工序、关键部位等施工要点编写的比较明确。钢结构实体质量基本符合要求，一些质量缺陷正在整改。监督单位能够按照合同要求开展工作，工作效果比较好。

3. 对压力管道的焊接质量重点控制。鞍钢化学科技有限公司新建4万吨/年针状焦工程隶属化工行业，是易燃易爆区域，压力管道约6万米。为了保证管道焊接质量，在监督工程师的建议下，成立了由施工单位、总包单位、建设单位、监理单位组成的压力管道质量管理、检查小组，从施工方案开始，到最后质量验收，全过程质量控制。主要管理工作如下：

（1）加强事前控制，对影响工程质量的人、机、料、法、环五大要素进行全面管控。认真审核质量体系文件、特种人员资格、承包商资质、第三方检测单位资质、重点审核项目经理、技术负责人和质量检查人员和焊接人员的资格。重要的施工方案必须有详细的质量要求，并经过管理方的批准。熟悉施工设计图纸及项目管理文件，与建设单位、施工单位、监理单位和设计人员共同制定、明确技术标准。

（2）严格过程（事中）检查。对进入现场的主要施工材料进行跟踪监督，进入现场的原材料都必须按照国家标准和鞍钢相关规定进行现场抽样复检，合格后才能使用。工艺管道焊接质量是本工程的质量关键，施工过程中，严格检查焊工合格证，现场焊接条件是否符合技术要求。焊接后，按照图纸要求认真进行无损检测。督促检查质量保证体系的运行情况，与施工操作同步检查隐蔽记录，分项工程验收情况。督促相关管理人员履职尽责。对违反规范、标准的行为和施工质量缺陷严重的严格考核，对该项目多次下发工程整改通知单（包括罚款）。

（3）完善竣工验收。对每一个系统都按照规范和图纸要求进行了认真的检查验收，对出现的质量问题及时整改。

4. 对观感质量重点控制。各级领导强调最多的是观感质量。最近两年，管理中心领导已经把观感质量放在了与结构安全和使用功能同等重要的位置。因此，质量监管人员对所管项目的观感质量都进行了严格要求和检查。

（1）利用工程例会宣传提高观感质量的重要性。

（2）加强施工过程质量检查。

（3）对观感质量不合格的加大处罚力度，下发工程质量整改通知单。例如：化工事业部煤焦油加工产品质量升级与品种结构调整项目，管道和设备保温观感质量不合格，下发了两份工程质量整改通知单。

通过对重点项目的检查结果看，观感质量都有了较大提高，特别是化工事业部新建4万吨/年针状焦项目观感质量比较好，原鞍钢集团姚林董事长对该项目的施工质量给予了充分肯定，并要求鞍山钢铁工程管理系统和施工单位对此观摩。

【环保节能监测主要工作】 2019年度环境监测区域共获得303585106个监测数据，其中环境空气自动监测系统4758902个监测数据，污染源在线自动监测系统271072987个监测数据，外排废水自动监测数据9213490个监测数据，噪声自动监测数据 18539727 个监测数据。

1. 空气质量在线自动监测。鞍钢冶金厂区目前安装了 3 个空气子站，全年共约获得有效监测数据 4758902 个。其中，PM_{10} 共获得有效监测数据 404854 个，$PM_{2.5}$ 共获得有效监测数据 404850 个数据，SO_2 共获得有效监测数据 405769 个数据、NO 共获得有效监测数据 405643 个数据、NO_2 共获得有效监测数据 405643 个数据，NO_x 共获得有效监测数据 405780 个数据，CO 共获得有效监测数据 387427 个数据，O_3 共获得有效监测数据 405632 个数据，风速共获得有效监测数据 306655 个数据，风向共获得有效监测数据 306673 个数据，气温共获得有效监测数据 306667 个数据，气压共获得有效监测数据 306670 个数据，湿度共获得有效监测数据 306639 个数据。

2. 废气在线自动监测。废气在线自动监测子站共 111 套，其中，国控源 99 套，委托运营 99，厂家自主管理 4 套，管理中心管控 8 套。主要监测项目有烟尘、流量、温度、湿度、SO_2、NO_x 等，全年共约获得有效监测数据 271072987 个。其中，颗粒物有效监测数据 53954789 个数据，SO_2 有效监测数据 31488327 个数据，NO_x 有效监测数据 20451020 个数据，烟气流量有效监测数据 7699839 个数据，烟气温度有效监测数据 53946784 个数据，含氧量有效监测数据 52641335 个数据，烟气湿度有效监测数据 50890893 个。

3. 外排废水在线自动监测。外排废水在线自动监测子站有省控西大沟监测子站，委托运营，主要监测项目有 COD、氨氮、总磷、总氮、pH 和废水流量。管理中心自管 6 个废水监测子站，主要监测项目有 COD、氨氮。化学科技二期、三期、四期水站 2019 年 9 月增加了总氮在线监测，全年共约获得有效监测数据 9213490 个。其中，COD 有效监测数据 3479278 个，氨氮有效监测数据 3479141 个，总磷有效监测数据 521148 个，总氮有效监测数据 691620 个，pH 值有效监测数据 521148 个，废水流量有效监测数据 521155 个数据。

4. 噪声自动监测。环境噪声自动监测主要安装在正门、和平桥、东门、立山桥洞、北门、西门、西南门、小南门区共 8 个点位。全年共约获得有效监测数据 18539727 个，其中，等效声级 Leq 有效监测数据 3707956 个，标准偏差 SD 监测数据 3707948 个，L90 有效监测数据 3707945 个，L50 有效监测数据 3707939 个，L10 值有效监测数据 3707939 个。

5. 环境综合管理信息平台。所有在线自动监测子站的数据都由无线传输传到环境综合管理信息平台，每日实时监控、统计超标时段，每日、每月将统计的报表报送安环部；每月还需将环境综合管理信息平台和辽宁省环境监测平台数据导出形成报表报送安环部。

6. 污染源自动监测设备及配套设施建设。2019 年鞍山钢铁安环部按照辽宁省环保厅要求，对高度 45 米以上烟囱新建污染源废气自动监测设备及配套设施 42 套，经过与设计院共同现场勘查，最终确定安装 33 套。项目放行将在 12 月，竣工在 2020 年 3 月。

【特种设备检验主要工作】 1. 特种设备检验工作指标完成情况。2019 年特种部定期检验起重机械 1358 台，全部合格。全年锅炉内检 29 台，锅炉外检 27 台，全部符合要求。压力容器定期检验 511 台，对于未安装压力表、安全阀整定压力大于设计压力、容器底角支撑变形、安全阀超期未校验、压力表量程大、无液位计等问题的 8 台压力容器出具了特种设备检验意见书（2）。压力容器年度检验 766 台，压力管道年度检验 625 条，压力管道全面检验 101 条。通过对特种设备定期检验计划的落实和实施，使特种设备存在的缺陷得以及时发现和整改，全年无一例特种设备安全事故的发生，保证了集团公司特种设备的安全运行。

2. 开展“质量月”活动，圆满完成辽宁省检验检测机构信用评价工作。通过“质量月”活动，及时发现质量管理中的问题并提出预防、整改措施，提高质量意识，充分备战检验机构信用评价工作。在 9 月 29 日的信用评价工作中，省市场监督管理局委托鞍山市市场监督管理局组织专家对管理中心特种设备检验工作进行信用评价。对管理中心基本情况、质量保证体系运行、检验检测过程控制、检验检测报告质量及信息化管理等方面进行量化考核。经过专家组的认真仔细的工作及特种部积极配合，圆满完成了信用评价工作。

【完成经营目标】 2019 年在管理中心全体员工的共同努力下，全面超额完成了公司下达的生产经营目标。鞍山钢铁集团有限公司 2019 年下达的生产经营目标为利润 300 万元，实际完成利润

1660.8万元，超额1360.8万元，超453.3%。全年实现收费4033万元，支出2372.2万元，实现利润为1660.8万元（其中，生产监测完成收费2962万元，费用2223万元，利润739万元；监理公司完成收费1071万元，费用144万元，利润927万元；监督站收费0万元，费用5.2万元，利润-5.2万元）。

【帮扶困难职工】 关爱困难职工生活。2019年管理中心帮扶困难职工17人次、8800多元，管理中心领导多次到困难职工家中走访慰问，送去了组织的关心和呵护。

【防范安全隐患】 及时更换变压器消除安全隐患，2019年9月管理中心配电变压器一次高压端烧断，经请示股份设备保障部同意，更换新型变压器，经管理中心部分同志共同努力，圆满完成变压器的安装、调试和供电，保障了管理中心正常的办公用电和环保节能监测部化验室质量认证工作。

（李　嵩）

资产经营中心

【概况】 该中心是鞍山钢铁集团有限公司直属单位，负责鞍钢集团总部和除攀钢外的鞍钢集团各子企业的资产转让、招租、资产抵押债权、资产（融资）合作经营等资产处置业务归口管理；负责鞍钢集团有限公司理顺产权关系、内部改革重组后，剩余到鞍山钢铁的资产管理与处置；负责公司及所属单位账销案存资产的管理与统一处置；负责公司解体企业剩余资产及其债权债务、改制企业交回资产的管理与处置；负责公司军工项目资产的管理与处置；负责公司纪委办案移交资产的管理和处置；负责法判清回资产（含债权）的处置；负责其他公司指定或委托资产的管理和处置。功能定位：各子企业闲置资产、废旧物资信息共享平台；各子企业闲置资产、废旧物资协同运营平台；各子企业闲置资产、废旧物资对外处置规范运营平台；各子企业闲置资产、废旧物资经营创效平台。运营方式：按照鞍钢集团公司闲置资产与废旧物资内部调剂的计划安排，发布鞍钢集团闲置资源信息，根据各子企业提出的资源需求，组织跨区域、板块闲置资源内部调剂；按照鞍钢集团闲置资产与废旧物资处置计划，受理鞍钢集团及各子企业的资产转让、招租等资产处置委托，制定资产转让方案与销售方案，统一组织查验分类、信息发布、现场展示、进场交易、公开销售、招租；开展社会市场调研，收集闲置资源需求信息，对闲置资源提出经营意见，或受产权单位委托开展直接经营，通过销售、租赁、合作经营等方式，盘活存量资产。该中心内设综合管理部、资产处置部、资产经营部。现有管理、专业技术人员17人（其中，高级职称8人，中级职称7人，初级职称2人）。

【资产经营成果显著，实现效益最大化目标】 2019年，该中心完成资产处置成交额2.06亿元，溢价2542万元，溢价率14.69%，创历史同期新高，资产评估处置、资产回收处置工作质量、资产处置工作依法合规率均实现100%，收支差等指标均完成考核目标指标。积极发挥公司资产处置平台与经营平台作用，实现了国有资产处置效益最大化目标，为公司高质量发展作出了新贡献。

【完善制度，切实加强企业管理工作】 健全完善的规章制度、科学合理的管理体制、顺畅运行的管理机制，是提升中心管理水平、保障各项工作顺利开展的关键。2019年，该中心以完善制度建设，推进管理创新为抓手，切实加强企业管理。2019年，该中心对现行规章制度进行全面梳理，重点对《资产转让管理办法》进行修订，规范国有资产转让工作程序，并制定了《2019年绩效与薪酬评价考核办法》《非领导人员选拔任用管理办法》《劳动纪律管理实施细则》等规章制度，全面提升中心经营管理水平，有效保障各项工作的顺利运行，推进了中心健康发展。2019年，共修订制度17项，高质量完成中心制度体系的建立。

【夯实资产管理，存续资产管理规范有序】 该中心是鞍钢集团总部除攀钢外的资产处置与经营平台，还负责账销案存、改制（解体）企业剩余资产及改制企业交回资产、集团理顺产权及内部改革重组后剩余到鞍山钢铁的资产、军工项目的管理和处置。按照“管理规范、账物准确、权责清晰、快速处置”的原则，对管理的1063项，涉及15个单位，原值6.4亿元固定资产精准盘点，形成盘点报告，签订委托保管、安全防火协议。2019年，共接收公司办公室、股份公司、军工项目103项，固定资产原值2.65亿元。收缴实业集团有限公司房屋租金27.5万元。2019年，对中心11项固定资产，原值3万元；对工程板块改制交回1项固定资产，原值188万元；对原生活协力16项固定资产，共计28项固定资产，原值294万元办理了报废处置，回收资金4万元，回收废钢铁20吨。对原生活协力车辆、微细铝粉项目分类、房屋产权办理等历史遗留问题得到有效处理。在资产管理、处置、报废工作中，做得底数清、账目明、状况准。

在此基础上，该中心提前介入，重心前移，为实现资产处置打好基础。走访朝阳钢铁、股份鲅鱼圈分公司、矿业集团、工程板块、实业板块等单位，掌握第一手资料，发现问题及时解决。针对大连科技创意有限公司土地房屋出租、朝阳钢铁循环物资处置、营口港务公司、鞍钢水业等项目，提前介入，介绍评估、处置流程，为实现资产处置奠定基础。发挥资产调剂职能，2019年，协议转让7项，金额927万元。2019年，签订、提交合同、内部关联协议、请示、函、报告、决定等130份。

【拓展创新资产处置，资产经营成果不断提升】 一是精心组织矿业大连甘井子分公司废钢铁销售项目顺利完成。2019年，该中心对矿业大连甘井子分公司厂房设备拆扒产生的废钢铁进行销售，由于此次销售工作涉及鞍钢对大连市政府承诺城市改造工期及大连市民生工程，又正值春节假期，时间紧、任务重，该中心启动快速反应机制，派出精干人员到场指导，工作中既要考虑实现废钢铁销售收益最大化，又要规避鞍钢风险，与产权单位密切配合，精心制定销售方案，先后组织了4场21家意向竞买单位进行标的确认，并于2月15日完成了公开竞价，该项目溢价金额401.12万元，溢价率43.62%。二是充分发挥产权交易所信息传播优势，让朝阳钢铁闲置住宅有效变现。该中心针对朝阳钢铁有限公司闲置的117套住宅、6个阁楼和21个车库，共计144项资产在北京产权交易所挂牌转让，面向全国出售，吸引了众多社会意向购买人前来报名，参与竞买。2019年3月15日，将144项资产全部售出，实现了闲置资产的有效变现。三是充分利用国家产权交易平台，实现了非住宅房屋出租效益最大化。该中心针对房产物业公司委托的28处、14227平方米非住宅房屋在国家产权交易平台公开出租，该中心充分发挥团队在房产经营方面经验丰富的优势，第一时间到现场实地勘察认证，与产权单位反复推敲租赁方案，克服了产权资料不全，坐落地址描述不准确、证载建筑面积与出租面积不符等诸多困难，多次与产权交易所进行沟通，最终顺利通过了产权交易所的审核认证及挂牌。四是开拓营销领域，鞍钢历史上首次进行依法清欠债权出售。2019年，该中心对鞍山钢铁依法清欠的10项债权进行公开竞价出售，开创了鞍钢历史上此类债权出售的先河。

【围绕中心工作，发挥党支部战斗堡垒作用】 2019年，该中心党支部以夯实支部基础工作为出发点、落脚点，不断加强党支部的基础工作，在制定下发《党支部工作制度汇编》基础上，完善制定党支部、党员承诺制度和党小组、党员目标管理考核办法，进一步夯实中心党的组织体系和制度体系，增强中心党组织的凝聚力和战斗力。

该中心始终把加强党支部建设，充分发挥党支部战斗堡垒和党员先锋模范作用，作为履行管党治党政治责任、推进全面从严治党的根本任务常抓不懈。一是夯实基础、打牢地基。2019年，该中心党支部在全面系统总结过去三年工作和规划未来三年党支部工作基础上，进行换届改选。2019年，对现行十二个党建方面制度不断规范，形成汇编下发到全体党员，组织党小组、全体党员利用“三会一课”等形式开展学习，进一步夯实基础，规范支部建设。二是支部工作有部署、有检查、有考核。按照融入中心发挥作用，以“组织健全、制度完善、运行规范、活动经常、档案齐全、作用突出”为目标，每月对支部、党小组工作有计划、有检查、有考核。对照“一模板、两清单”要求和机关党委月重点工作提示、季度检查结果举一反三，不断完善，全面提升党建工作质量。三是丰富阵地、展示成果。不断丰富党员活动室内容，对党员目标管理、党员承诺、支部承诺、党小组考核、党员建功立业等及时考核上墙。

通过加强党支部基础建设，推进领导班子和干部队伍建设，抓好党风廉政建设，不断加强、改进支部工作，为中心建设成为一流的资产处置平台与经营平台提供坚强的政治保证。

2019年，该中心党员在“三服务”评比中获个人表彰4名、集体4个、年度优秀党员2名、年度先进党小组1个；党员先锋岗表彰12名党员；“共产党员工程”项目提前超额完成全年目标。

【关心职工，营造和谐稳定的工作局面】 该中心时刻注意倾听职工的呼声，在“践行共享理念，关爱一线员工”专项服务活动中，积极改善职工办公环境和解决下厂交通工具等实际问题。日常坚持做到“三必知”“五必访”，尤其是突发事件做到第一时间到场，在努力为职工办实事办好事同时，切实把组织的温暖和关怀落到实处。积极参加机关党委、工会开展的各项竞赛和文体活动，调动一切积极因素，共创中心各项工作的新局面。

（白振云）

直属单位

保卫部（人民武装部）

【概况】 保卫部（人民武装部）是鞍山钢铁直属单位，由鞍钢集团授权，代行鞍钢集团鞍山区域治安保卫、交通安全管理及厂区道路扬尘治理、综合治理、武装人防优抚等专项管理职能。主要承担鞍山钢铁/鞍钢股份主厂区门卫警卫，各重点部位治安保卫，突发事件应急处置及维稳，重大集会、活动安保，重要来宾来访警卫职能。

2019年，保卫部（人民武装部）设保卫管理处、武装人防处、党委工作处（综合管理处）3个处和内保一大队、二大队2个大队。在岗职工579人，其中，管理岗位51人，生产服务岗位528人。党委下设4个党总支，13个党支部，党员总数352名，其中，在岗321名，离休、居退党员31名。根据公司党委要求，消防应急救援中心党组织隶属保卫部党委，有1个党总支，2个党支部，党员54人。

【保卫管理体制改革扎实推进】 按照鞍山钢铁《关于优化鞍山钢铁保卫管理体制的决定》，深化保卫管理体制改革，构建反应快速、监管到位、保障有力、运行高效的防范治理体制与运行机制，提升国有资产安全监督效能。优化机构设置，保卫部内保大队由3个整合为2个，原交管大队和特勤中队合并组建交巡中队。压缩管理层级，裁撤15个中队，实现了扁平化管理。增设保卫督察管理、技防管理等关键重要岗位。坚持加强党建、强化监督与深化改革同步设计，充实调整配备专兼职党务干部25名，党建纪检力量得到加强。实行管理岗位全员竞聘上岗，面向鞍山钢铁招聘了7名管理人员和32名服务岗位人员，11名长期扎根内保一线的优秀骨干得到提拔重用，干部职工思想观念发生深刻变化，干事创业激情得到有效激发。

【“雷霆行动”取得显著成效】 按照鞍山钢铁党委统一部署，作为主责单位，保卫部深入开展了“打击偷盗、维护国有资产安全”专项整治行动。一是推行了厂区资产安全区域网格化管理，层层落实监管责任。按照《鞍山钢铁集团有限公司资产安全区域网格化管理办法》，进一步落实鞍山钢铁公司、生产厂、作业区、班组和岗位“五级联防”的资产安全监管责任，深化区域网格化管理。二是健全完善了国有资产安全监管机制，提升整体管控水平。健全完善管理制度，重新修订12项治安保卫和资产安全相关制度，下发《关于全面开展国有资产安全管理体检专项工作的通知》，按照10大类32项管理体检标准，深入基层单位检查制度承接落实不到位、现场治理不完善、监督检查不落实等突出问题。三是深入排查整改治安隐患。2019年，共发现治安隐患380项，完成整改365项。下发《雷霆行动通报》21期、现场整改通知书53份。实行废钢铁和机旁备件存放地定置定位规范化管理，清理零散废钢铁、机旁备件存放地158处、库房851处。四是深化警企协作。2019年，保卫部与公安机关联勤联防35次，清理整治鞍钢厂区周边废品收购站12家，取缔违法收购站1家，全面净化厂区治安环境，有效化解国有资产流失风险，实现了涉嫌盗窃刑事案件为零，国有资产安全管理水平显著提升。

【党建工作全面规范强化】 2019年12月，召开了中共鞍山钢铁保卫部（人民武装部）第二次党员代表大会。总结了保卫部（人民武装部）过去三年的工作成绩、基本经验，确定了今后五年工作的指导思想、发展战略，部署了当前和今后一个时期的重点任务。选举产生了新一届党的委员会和纪律检查委员会。2019年，在机构整合中重新调整党总支、党支部设置，充实调整配备专兼职党务干部6名。加强制度体系建设，建立健全党建管理制度11项，夯实党建基础工作。强化党员队伍教育管理，新发展党员4名，评议不合格党员2名。坚持从严管党治党，2019年，保卫部纪委收到6人上交拒贿款物合计3000余元，调查核实办结问题线索3件，提醒谈话3人，岗位交流1人。

【保卫队伍建设得到加强】 颁布实施了“双十条”禁令，公开发布《关于积极检举揭发利用职务之便违规参与厂内工程、运输等行为与主动投案自首的公告》和《关于积极检举揭发盗窃国有资产、“黄赌毒”、吃拿卡要行为与主动投案自首的公告》，主动接受广大职工群众监督。开展警示教育，组织法制讲座和现身说法6场，组织参观鞍山监狱、鞍钢反腐倡廉展览馆5次，警示教育职工1500余人次。强化劳动纪律检查考核，对13名违反劳动纪律职工进行通报考核。开展10批次5000多人次保卫系统人员军训，职工组织纪律性得到强化。

（蒋　珅）

人力资源服务中心　托管中心

【概况】 2019年，该中心以习近平新时代中国特色社会主义思想和党的十九大及十九届历次全会精神为指导，全面落实鞍山钢铁一届七次全委（扩大）会议各项工作部署，牢牢抓住“服务、管理、稳定”关键要素，进一步夯实服务基础工作，较好地完成了各项工作任务，实现了服务满意率和调待准确率100%的工作目标，被评为“鞍钢老干部工作先进单位”和“鞍山钢铁文明单位”，托管人员持续稳定，并时刻准备着配合公司人力资源优化、竞争上岗、内部转岗、置换劳务用工的工作部署，为集团“推进劳动用工制度改革”服好务，为鞍山钢铁高质量发展提供可靠的人力资源基础服务保障。

【夯实基础工作，管理效能显著提升】 完善制度体系，修订管理制度3项、承接公司制度新建1项、更新3项，并及时做好培训。始终贯彻公司“过紧日子”的要求，严格将490万元管理费用预算控制在374万元。实施员工培训，组织了政策解读、待遇保障制度等专业知识的培训，提升了员工的业务能力。实施维保工程，改善了办公环境。完成了中心办公楼内供电系统、供暖系统改造工程和铁西活动站视频恢复等功能性维修。实施安全防火管理，制定《消防安全月活动实施方案》和《国有资产安全专项整治行动方案》，进行了消防知识宣传和应急演练，全年实现失窃事件为零、火灾事件为零、人身伤害事故为零。探索档案管理数字化，进行了档案室密集架缺陷整改；探索增量档案数字化，完成了中心在岗管理人员人事档案、新增托管人员人事档案关键节点数字化扫描录入；同时将档案查询系统应用推广到汽车托管办，提高了工作效率。

【深化服务内涵，服务效能显著提升】 2019年，依据公司文件精神，准确完成各类人员待遇调整工作，调整基本养老金4038人次，调整离休人员护理费、各种补助金等共计804人次；妥善办理居家审批业务，为19人办理了居家审批手续。全心全意关爱托管群体，动态调整健全各类困难人员档案，走访救济各类人员1038人次，发放救济费、慰问品约73.88万元；八一建军节前夕走访了13名军转干部和新中国成立前参加工作的老工人，为475名部队转业复员退伍军人发放了纪念品。落实老干部保障机制，走访、慰问住院老干部53人次，使用特需经费13100元、活动费88660元；救济16人，使用救济费4900元，帮助离退休人员处理丧事167人次。改制协调工作务实高效，严格执行托管费用审核、拨款流程，保证费用及时下拨到各托管办，为实业托管办5名纠偏人员解决了105万元返还省社保局养老金的垫付问题；经多次与鞍山钢铁人力资源部和财务运营部沟通，落实2017—2019年建行征收建设、重机、房产、实业和汽车等5家改制单位托管人员工资传盘手续费124.6万元；通过组织“托管杯”乒乓球赛、居家职工度假、托管系统管理人员登山等活动，不断增强企业的凝聚力、向心力。老干部服务管理工作，通过推行“三讲四到五心六清”工作方法即讲政治、讲政策、讲人情；活动到现场、慰问到家里、看望到床前、送别到灵前；热心、爱心、细心、耐心、诚心服务；住址电话清、家庭结构清、思想情绪清、身体状况清、爱好特长清、困难需求清，在夯实服务基础、丰富服务内容、拓展服务渠道、深化服务内涵、提升服务能力等方面不断加以完善，令每位老干部都深深受益。

【压实维稳责任，稳定效果显著提升】 完善居家和退休片组长网络体系建设，通过他们掌握管片重点人上访原因、思想状况，从家庭实际困难入手，开展实际帮扶和精准维稳。有效化解信访积案，对于上访者提出的疑问和诉求，以接待室为依托，以“首办制一站式”服务为支撑，认真倾听、审慎对待，从维护切身利益出发为他们考虑解决方法，不厌其烦地解释政策问题，直到提问者满意而归。全年共接待百余名来访人员，其中信访个案10余个、集体访1个，均做到合理解释或妥善处置；召开了6次信访专题工作会议，有针对性地制定了控制不稳定因素的措施；在全国两会、中央巡视组进驻、国庆70周年期间，通过排查各类纠纷、矛盾，安排专人到火车站、东山宾馆控访，成功化解矛盾纠纷12件，实现了无上访人员滞留巡视组驻地或围堵鞍钢集团办公场所事件、无重大群体事件、恶性事件、个人访极端事件的工作目标，进京去省集体和个人访苗头排查率达到100%，稳控率达到100%，实现了集体和个人进京去省上访为零的工作目标，为鞍钢维稳工作作出了新贡献。

【加强党建引领，政治保障作用显著提升】 成功召开了中心第二次党代会，完成了党委换届工作，调整了中心党委、行政领导分工及党委委员包保党支部工作联系点分工；召开了庆祝中国共产党成立98周年暨中心“两先一优”表彰大会；全年中心组学习22次，专题研讨9次，干部大会12次，专题辅导5次，主题党日4次。扎实开展第二批“不忘初心、牢记使命”主题教育，党委中心组集中学习研讨10次（5个专题）、举办读书班学习研讨2期，参观了鞍山市烈士纪念馆、鞍钢雷锋纪念馆；观看了爱国主义题材电影、撰写观影体会；对机关全体党员进行了2次形势任务教育、1次反腐警示教育；与改制单位托管办班子成员、居家职工、离退休老干部、退休人员等不同层面召开工作调研座谈会7次。积极落实管党治党责任，制定印发《党风廉政建设和反腐败工作任务分工》，层层组织签订责任状；动态排查、整改各类廉洁风险和管理问题，持续开展好廉洁地图建设及“微腐败”“亚腐败”问题调查工作；深入推进“五违反”深化治理工作，规定离退休人员活动费、救济费等大额资金的使用，必须严格执行主任办公会讨论通过的制度；在采购走访慰问品工作中，纪委全程参与，且规定询价、采购需3人以上，最大程度地避免“五违反”问题发生。

（尚　峰）

消防应急救援中心

【消防应急救援工作稳步推进】 2019年，消防应急救援中心忠诚践行习近平总书记在国家综合性消防救援队伍授旗仪式上的训词精神和习近平总书记在中央政治局第十九次集体学习时的重要讲话精神，深化国有企业消防工作体制改革。11月28日，中心首次党员大会胜利召开，刘佩钧同志当选党总支书记，新一届党总支部委员会按照“一年打基础，两年上水平”的工作思路，团结带领广大党员深入践行“对党忠诚，纪律严明，赴汤蹈火，竭诚为民”的入队誓言，努力打造技能过硬、装备精良、国内一流的职业化消防队伍。

2019年，消防应急救援中心夯实消防制度体系，落实消防安全责任制，强化防火监管，持续开展“一月一主题”活动，狠抓危化品安全防范责任和措施落实，强化消防设施日常检查与维护，确保自动消防设施有效运行。举办鞍山钢铁义务消防员培训班，全面提升全员消防安全素质和鞍山钢铁消防安全管理水平。全年共组织鞍山钢铁各单位排查消防安全隐患2299项，整改完成2290项，待整改项目全部制定控制措施。加强相关方一体化管理，规范动火作业审批，强化措施落实、旁站式监护，共检查施工现场消防安全隐患88项，曝光考核88项，并及时跟踪各单位隐患整改，整改率100%。全年共计接出火警41次，先后扑灭“1·4”炼铁总厂铁水车、“5·28”鲅鱼圈1号高炉西场冲渣皮带通廊等火灾，出色完成灭火救援任务，实现公司一般火灾事故为零目标，筑牢坚实的防火屏障。

该中心以练组织、练指挥、练协同、练保障

为基准，持续在消防指战员和党员队伍中开展大比武、大练兵活动，共有61名职工获得个人和团体比武竞赛嘉奖。2019年10月22日，消防应急救援中心组队参加辽宁省消防救援总队在辽宁总队培训基地举办的全省消防救援队伍2019年度企业专职消防队比武竞赛，以团体总分48分的成绩强势夺冠。这一成绩也是鞍山消防救援支队有史以来参加全省比武竞赛首次夺冠，为鞍钢和鞍山市争得荣誉。

（毛国涛）

攀钢集团有限公司

·概　　述·

【生产经营】 2019年，攀钢集团有限公司深入学习贯彻习近平新时代中国特色社会主义思想和党的十九大精神，全面落实鞍钢集团第二次党代会精神，紧紧围绕三届四次职代会确定的目标任务，坚持以“3·3·3”治理工程和“1+4+4+1”产业体系建设为主线，生产经营保持平稳运行。运营能力持续提升。全年生产铁1090.5万吨、钢1038万吨、钢材956.7万吨，同比分别增加93.6万吨、85.8万吨和79.8万吨；实现营业收入793.79亿元；实现经营利润20.08亿元，在钢铁行业效益大幅下滑情况下依然保持了较好的盈利水平，较好地完成了鞍钢集团下达的主要经营指标。西昌钢钒突出抓好高炉顺产和品种优化两大关键环节，产销规模创历史最好水平；鸿舰公司立足发挥自身优势，自主设计、制造并以远低于民企的成本建设钛深加工产线，呈现强劲的发展势头。结构调整持续优化。供应系统灵活调整采购策略，加大周边资源采购力度，炼焦煤、国内高粉价格分别优于行业0.97个百分点和5.38个百分点。营销系统牢牢掌握区域市场主动权，钢材综合售价比行业平均水平高312元/吨。生产系统全力做大效益品种产量规模，完成重点品种495万吨，同比增加40万吨；铁精矿、钛精矿、钒制品、海绵钛、钛白粉等产品继续保持高产态势。成本控制持续加强。制定成本费用压降专项方案，构建“1+1+N”成本管控模式，全年累计降本增效22.57亿元，完成计划的120%。

【体制机制改革】 2019年，攀钢优化人力资源的力度加大。深入落实“全定”方案，两年共计优化处级机构9.82%，精简B级和C级干部15.75%；全面开展劳务清理，全年清退劳务人员4450人，压缩劳务费6297万元。转换经营机制的力度加大。积微物联“双百行动”综合改革按计划稳步推进；启动工科咨询、眉山冷弯的混合所有制改革试点，已与战略投资者达成一致意见。深化国有企业办医疗机构改革，攀钢总医院、成都医院正式移交环球医疗控股。对攀长特模拟实行职业经理人制度试点，探索与市场化高度接轨的选人用人机制。解决历史遗留问题的力度加大。基本完成职工家属区“三供一业”和企业市政设施分离移交，预计可降低成本支出1.02亿元/年。新钢业利用土地返还款建设高炉炉料结构优化升级等项目，全面进入转型发展新阶段；攀成钢与地方政府签订冶炼区土地收回协议，首批100亩土地上市成交。

【科技创新创业】 2019年，攀钢技术创新体系建设取得新成效。组建研究院北京分院，启动国家钒钛新材料产业创新中心创建工作。建立科技投入稳定增长的长效机制，全年科技活动总支出31.13亿元。新增授权专利445项，在《中国钢铁企业专利创新指数（2019）》中位列“最具专利创新力企业”第2名，攀钢国家企业技术中心在国家发改委2019年评价结果中居24位、排名钢铁企业第2名。用好科技成果转化基金，成功孵化百吨级纳米二氧化钛等三个产业化项目。重大工艺技术研发取得新成效。通过国家和省级验收科研项目16项，“基于海绵钛用大型流水线电解镁关键工艺技术开发及应用”获四川省科技进步奖一等奖。高炉渣提钛产业化技术攻关取得突破性进展，高温碳化实现月达产；氯化废盐资源化综合利用项目建成投运。特色产品开发应用取得新成效。全年独有领先产品占比达到54.35%；X80管线钢、LC1180超高强汽车钢、R5567专用钛白粉、民用耐蚀合金、空冷器用钢、钛钢复合板等新产品实现批量推广应用；PG5钢轨完成朔黄铁路上道扩大试铺，高抗冲击钛合金丝材成功用于陆装3D打印产品。

【产业转型升级】 2019年，攀钢产业布局加速调整。传统产业保持高质量创新，钒铝合金生产线、4500吨挤压机等项目建成投产，高端钛及钛合金生产线、马家田尾矿库接替库一期工程等项目正式启动。新兴产业保持高速发展，西部物联（CⅢ）实现利润1.69亿元，逐步构建形成智慧产业链生态圈；天府惠融（DⅢ）建成央企首家基于区块链技术的攀钢智慧供应链信息系统，率先取得中国银行间市场交易商协会ABN债发行许可、储架规模40亿元。非钢产业保持高水平盈利，10家自主经营单位共计盈利2.75亿元，创历史最好水平。两化融合加速实施。组建数字化智能化转型升级指挥部；启动实施“两化融合”项目11项，其中，攀钢钒轨梁厂万能二线数字化产线建设等项目建成投用，“钢铁大脑”项目取得显著效果，高炉稳定运行预判预警系统等项目稳步推进。绿色发展加速推进。坚持以超低排放改造为重点，实施生态环境项目67项，攀钢钒炼铁厂荷花池煤场及原料场封闭工程、西昌钢钒发电锅炉烟气脱硝改造等项目建成投运，攀钢钒2号烧结机烟气脱硝等项目开工建设。切实加强环保设施运行管理，二氧化硫、氮氧化物、烟粉尘等污染物排放量均优于控制目标。

【企业管理创新】 2019年，攀钢风险管控能力不断增强。攀钢主体信用等级上调至AAA，实现历史性突破；采取组合措施降杠杆，年末资产负债率降至60.58%，较年初下降10.77个百分点；全年实现经营活动现金净流量58亿元，截至年底自有自由资金池规模达到89亿元。重视加强安全管理，强力推进危化、冶金等行业安全生产专项整治行动，安全事故指标实现双下降。基础管理能力不断增强。深化最优工厂（产线）建设，评选表彰攀钢钒轨梁厂为最优工厂、成都板材热镀铝锌产线为最优产线；深化五制配套基层管理，全面落实标准化作业；深化精益六西格玛管理，实施黑带项目133项，通过注册黑带考试209人、资格认证32人。

【和谐攀钢建设】 2019年，攀钢思想文化工作迈上新台阶。坚持把政治建设摆在首位，建立贯彻落实习近平总书记重要指示批示工作机制，增强“四个意识”、坚定“四个自信”、做到“两个维护”。深入开展“不忘初心、牢记使命”主题教育，举行集中学习研讨2947次，制定整改措施3021条。大力传承弘扬“鞍钢宪法”和攀钢精神，抓好诚信与信任文化、变革与创新文化、制度文化和品质文化等四个专项文化建设，荣获“新中国70年企业文化建设优秀单位”。人才队伍建设迈上新台阶。建立优秀年轻干部人才库，加大年轻干部使用力度，已配置年轻干部的领导班子数量达到28家，完成鞍钢集团要求的年度目标。全面规范人才等级序列评聘管理，开展技术、管理、技能等专业培训9万余人次。扎实推进“践行共享理念，关爱一线员工”专项服务行动，保障改善民生迈上新台阶。重视为基层减负，集中整治形式主义、官僚主义，启动“总部机关化”问题专项整改工作，全年集团公司发文和会议数量同比均降低32%以上。积极为职工做好事办实事解难事，建成职工文体活动中心，全年发放助学款、救助金、慰问品共计733万元。坚决打好精准脱贫攻坚战，积极做好对外帮扶工作，投入帮扶资金2246万元，攀钢及机电学院在四川省脱贫攻坚成效考核中被评价为“好”。

【工程投资建设】 鞍钢集团年初批准攀钢2019年投资计划规模为261261万元；年中在年度投资计划规模内对部分项目投资计划进行了调整。2019年度攀钢完成投资248292万元，其中股权投资19795万元、固定资产投资228497万元，计划完成率95%，完成额较上年增加18411万元。固定资产投资按三大事业分类分别为：矿产资源事业28257万元、材料事业185809万元、工业服务事业14431万元；固定资产投资中新开工项目完成投资48386万元、续建项目完成投资180111万元；固定资产投资全部在境内投资，股权投资中境内16940万元、境外2855万元。2019年完成投资中有163909万元为自有资金，84383万元来源于银行贷款。

各业务板块投资情况：矿产资源事业，截至2019年末，矿产资源事业资产总额154亿元，全年完成投资28257万元，占总完成投资11.4%，重点实施项目有马家田尾矿库接替库一期工程、矿业公司白马铁矿及及坪采场物流优化工程等项目。材料事业，截至2019年末，材料事业资产总额726亿元，全年完成投资197759万元，占总完成投资79.6%，重点实施项目有攀钢高端钛及钛合金生产线项目、攀钢钒5号、6号焦炉节能环保改造项目，成都板材新建连续热镀铝锌机组工程，西昌钢钒炉料结构优化升级项目等。工业服务事业，截至2019年末，工业服务事业资产总额247亿元，全年完成投资22275万元，占总完成投资9%，重点实施项目有昆明达海物流园项目一期工程、冶材公司废旧耐火材料资源综合利用项目、攀枝花铁矿废石综合利用项目等。

区域投资完成情况：攀钢主要生产单元分布在四川攀枝花、西昌、成都、绵阳及重庆等地区，处于长江经济带，2019年投资均在该区域完成。

境外投资情况：2019年完成1个境外投资项目，地点在中国香港，项目名称为向攀港公司增资3228.60万港元，主要目的是优化攀港公司财务结构，促进钒钛产品出口业务，协同天府惠融开展融资业务，同时适当开展自营业务，该项目已于2019年完成。

战略性新兴产业布局情况：攀钢依托自身产业优势，重点开展在新材料等战略性新兴产业方面的布局，行业主要在钒钛、高品质钢材、高速铁路钢轨等行业，2019 年公司战略新兴产业方面完成投资 36127 万元，重点项目包括高端钛及钛合金生产线项目、海绵钛废盐资源综合利用、高炉渣提钛产业化示范项目等。

【精准扶贫】 2019 年，攀钢认真落实中央精准扶贫政策，建立健全“扶贫办+专业职能部门+子分公司单位”的精准扶贫工作体系，创新实施以“党建扶贫、产业扶贫、民生扶贫、教育扶贫”为主导和“消费扶贫、医疗扶贫、就业扶贫”为补充的“4+X”扶贫模式，全年投入扶贫资金 2246 万元，实施帮扶项目 68 项，选派扶贫干部 8 名，领导班子成员深入扶贫一线开展调研 10 余次，超额完成《中央单位定点扶贫责任书》确定的 6 项核心指标，在国家和四川省年度脱贫攻坚综合成效考核中获得优异成绩。其中，定点帮扶的盘州市、稻城县顺利实现脱贫摘帽，盐源县摘帽正待省级验收；12 个帮扶村的 670 户建档立卡贫困户全部“清零”；集团公司、西昌钢钒、攀长特分别被攀枝花市、西昌市、江油市评为脱贫攻坚先进集体；派驻扶贫干部何凯、张勇等 6 名同志分别荣获贵州省、四川省和凉山州脱贫攻坚先进个人称号。在省级以上媒体刊发攀钢扶贫报道 35 篇，《攀钢集团：打出定点扶贫“组合拳”助农奔小康》等稿件登上新华社、国务院扶贫办官网、人民网、《四川日报》等媒介，充分展示了攀钢积极履行社会责任的良好形象。

【战略管理】 2019 年，攀钢科学编制发展规划，充分发挥战略引领作用。承接鞍钢集团“631”产业发展战略，结合攀钢实际组织编制和发布了《攀钢 2019—2021 年发展规划》，明确了攀钢“1441”的产业发展目标；同时，为推动规划执行，围绕产业升级，制定了重大事项行动计划，并有序推进，为攀钢发展及年度生产经营任务的完成奠定了良好基础。组织对《攀钢 2019—2021 年发展规划》执行情况进行总结，启动并编制完成了攀钢 2020—2022 年三年滚动发展规划。为贯彻落实公司战略部署，更好地指导攀钢钒钛产业发展，根据钒钛产业的特点和现状，组织编制完成了《攀钢钛产业发展规划（2019—2021）》及《攀钢钒产业规划（2020—2022）》。4 月发布了《攀钢集团两化融合总体规划（滚动修编 2019—2021）》及攀钢广域主干网、攀钢工业云平台、攀钢工业大数据、攀钢工业互联网平台、攀钢集团智慧采购和攀钢智慧营销六个支撑性规划。

充分发挥自身优势，建立战略合作关系。为促进股份公司 1.5 万吨含铬废水污泥生产线尽快达产达效，并不断优化，解决技术和销售问题，2019 年 3 月 1 日攀钢集团钒钛资源股份有限公司与四川省银河化学股份有限公司签订战略合作协议；为利用丰源矿业牛场坪尾矿库作为马家田尾矿库过渡库，保证攀枝花本部密地选厂正常生产，同时为取得回龙湾尾矿库创造条件，6 月 25 日攀钢集团矿业有限公司与攀枝花丰源矿业有限公司签订战略合作协议；为进一步推进公司数字化转型与智能制造，7 月 2 日攀钢集团有限公司与华为技术有限公司签订全面合作协议。

【设备资产管理】 2019 年，攀钢全面推进设备点检定修制，提升设备综合管理水平，设备可开动率完成目标，设备运行安全受控。一是督导攀钢钒、西昌钢钒、攀长特、股份公司、矿业公司规范、优化关键产线定修模型，制定集团公司年度重点项目及关键产线检修计划，每月跟踪、落实检修进度和检修质量。二是持续推行、完善设备点检定修制，督导主要单位制定点检定修设备管理推进方案，落实推进时间节点。三是组织对攀钢钒、西昌钢钒、攀长特、股份公司、矿业公司等单位环保设备管理进行检查，建立定修模型，完善环保设备事故应急预案，查找问题，落实整改。四是推进实施两化融合维修项目计划，完成前期需求分析及初设方案编制。2019 年，公司主要设备可开动率 96.27%，优于目标 0.27 个百分点；5 家主要生产单位未发生三级及以上设备事故；5 家主要生产单位合计故障时间 2610 小时，优于目标 1794 小时，各单位故障时间均控制在目标范围内。

2019 年，攀钢统筹策划、分类制定资产盘活方案，进一步提高资产效率，降低资产闲置风险。一是严控时间节点，大力推进攀成钢关停产线、新钢业棒材线、股份公司钛白粉厂及北海钢管关停产线等重大项目的资产处置工作。二是推进青白江区第一批、第二批棚改涉及攀成钢资产补偿工作。三是推进集团公司各区域三供一业移交工作，按照国资委工作进度，顺利完成资产移交工作。2019 年公司低效无效资产处置累计收入 2.99 亿元，超年目标 0.49 亿元。两次棚改攀成钢获得补偿收入超过 3 亿元。

【能源动力管理】 2019 年，攀钢认真研究分析电力政策，分析研判电力市场形势，积极应对政策变化，全面参与电力市场化交易，降低网购电成本。一是与地方政府主管部门、电力公司沟通协调，争取电力政策支持：攀钢钒公司执行自备电厂停机替代政策、股份公司执行全水电精准长协政策、西昌钢钒执行民族地区留存电量和战略长协政策等。二是以成都慧联电力有限公司为平台，全面参与电力市场化交易：统筹内外部资源，发挥规模优势，降低水电采购价格，降低网购成本 6500 万元；运用市场化交易工具，采取集中交易、双边调整、合同转让（受让）等措施，将当月各交易品种电量偏差控制在允许范围内，有效规避电量偏差考核费用 500 万元以上。

【安全环保】 2019 年，攀钢共发生全口径安全事故 6 起 6 人。其中，内部职工事故 5 起 5 人（工亡 1 起 1 人，轻伤 4 起 4 人），与上年相比，事故起数持平，工亡减少 1 人；相关方工亡事故 1 起 1 人，与上年相比，工亡事故起数和人数持平，轻伤事故减少 3 起 3 人。危险化学品事故、较大火灾事故和特大道路交通事故为零；职业危害监检率 100%，职业健康体检率 100%，重大事故隐患整治率 100%。2019 年，攀钢严格落实安全生产责任制要求，持续强化安全生产主体责任落实，党委常委会及安委会专题研究部署安全生产工作，开展安全履职大检视、大讨论、大整改工作，有效强化各级安全履责意识，提升履责能力。强化安全基础管理，实施安全基础管理提升年活动，开展安全标准化作业程序研判修编，推进“双零”管控机制和“双重预防机制”建设，开展安全合规性评价及落实评价问题整改，有效提升安全基础管理能力。强化安全生产监督检查及问题整改，积极配合上级部门安全检查 115 次，公司党政主要领导、分管领导及班子成员，分别带队 24 次对年度专项工作、阶段性重点工作进行督查督办，发现问题 20 项，提出工作建议或要求 35 项次；公司安办及安全环保部开展专项检查 151 次，发现并整改各类问题 332 项。强化重点领域安全管理。开展安全生产大检查及九项安全专项整治行动，重点整治矿运车辆超载、非法改装问题，抓好危化品运输车辆监管，规范了有限空间作业票、动火作业证管理；强化相关方安全监管，严把入口关，建立分包方分级评估机制，对 68 家参评分包方进行综合评估，淘汰 11 家，对 45 名劳务人员实施退出；强化消防及危化品安全管理，开展消防维保单位资质审查，加强化工区域、电缆隧道（沟）、煤气柜等易燃易爆区以及学校、宾馆等人员密集场所消防安全隐患排查治理工作；对照新修订的《危险化学品重大危险源辨识》标准和两个“导则”要求，突出加强对液氯、液氨、苯和煤气等高危化学品的监管，开展全系统隐患排查整治工作，完成了攀钢钒炼铁厂粗苯院电磁站搬迁改造，能动分公司煤气柜站装设 SIS 仪表安全控制系统等重大隐患的整改。

2019 年，攀钢主要污染物二氧化硫、氮氧化物、化学需氧量排放量分别为 6028 吨、10903 吨、231 吨，较上年分别削减 1272 吨、325 吨、4 吨，均完成政府及鞍钢集团下达的考核目标。攀钢结合国家超低排放标准及新的环保形势和要求，组织各单位开展环保问题再次排查与梳理，以实现绿色超低排放为目标，修编完成《攀钢集团有限公司生态环境提升规划（2019—2023 年）》，对重点超低排放项目实施挂图作战，2019 年共实施环境提升项目 67 项，全公司超低排放率达到 62%（2019 年规划目标为 60%），实现阶段目标。攀钢环保信息化平台于 10 月建成投运，实现政策法规及标准的精准识别与应用，污染物排放实时监控，较大提升攀钢环保信息化智能化水平。对环保项目实施、排污许可、建设项目环评、环保问题整改等重点环保工作任务实施清单化管理，逐项落实责任单位及责任人，相关工作均按时间节点及目标完成；开展中央、省市环保督察问题整改情况排查清理及回头看，确保了整改问题未反弹，3 月完成石灰石矿采场中央督察问题整改销号。积极筹划，认真研究企业信用评价机制、规则，主动整改完善，严格自评及申报，消除环境信用评价为警示和不良企业后给公司造成的负面影响，公司环境信用评价无警示和不良企业。积极组织政府专项资金项目申报，2019 年共申报各级专项资金项目 15 个，其中攀钢钒荷花池煤场封闭改造工程等 5 个项目获得 1333 万元专项资金支持。

【财务管理】 2019 年，攀钢主体评级上调，实现历史性突破。通过多番努力和多次沟通，最终促成中诚信对攀钢集团主体信用等级的上调，即由AA+上调至市场最高级别AAA。依靠自身力量，按期足额偿还银团贷款。2019年5月、11月，按期足额偿还41.42亿元西昌项目银团贷款本息，除外部融资15亿元外，剩余26.42亿元全部来源于自有积淀资金。贷款偿还后，通过前期沟通和协调，以流贷方式取得回填融资4.54亿元。

恢复债市亮相，攀钢集团成功发行债券。6月13日，攀钢集团在银行间债券市场成功发行8亿元短期融资券，期限1年，票面利率4.71%；9月18日，再次成功发行5亿元中期票据，期限2+1年，票面利率5.5%。2019年，共取得45亿元债券注册发行文件，其中，中期票据30亿元（含已发行5亿元）、短期融资券15亿元（含已发行8亿元），为应对资本市场变化和后续资金需求做好融资储备。

新增专项贷款，确保“三供一业”分离移交。3月14日，国开行总行正式同意辽宁分行申报的攀钢“三供一业”融资方案，贷款总额11.2亿元，期限10年，借款利率4.9%（基准利率），鞍钢集团为初始借款人、攀钢为实际用款人。5月、11月，共计取得贷款资金9.89亿元，有效缓解攀钢“三供一业”自筹资金支付压力。

新增类永续债，持续优化结构降低负债率。2019年，累计向鞍山钢铁发行类永续债80亿元（资金来源于鞍山钢铁在银行间债券市场发行80亿元永续中期票据），期限3+N年，平均资金成本4.85%（含承销费率0.1%）。在优化融资期限结构的同时，降低资产负债率8个百分点。

【信息化管理】 2019年，攀钢深入推进“两化融合”工作，坚定规划引领，持续开展“两化融合”顶层设计。下发《攀钢2019年“两化融合”工作要点》，对全年“两化融合”工作目标和具体工作事项进行部署。坚持补短板、推样板、建平台相结合，以效果为导向，稳步推进“两化融合”项目建设。2019年放行“两化融合”投资项目11个；2017—2019年累计放行“两化融合”投资项目31个，截至2019年已上线投用20个，超进度完成鞍钢集团2019年信息化（“两化融合”）项目推进计划；持续跟踪推进轨梁钢轨断面尺寸在线自动调整系统、高炉稳定运行评价及预警系统、海绵钛控制系统恢复与改进等3个公司级“两化融合”科研项目；跟踪推进356个“两化融合”维修项目，维修项目全年完成76%。

“两化融合”项目建设取得良好效果，制造生产厂自动化不断完善、MES覆盖率提高到76%，工业机器人等智能装备投运数量持续增加，集控和少人与无人值守改造实效明显，管理水平得到有效提升，为进一步优化人力资源和转型升级创造了条件。积微物联CⅢ平台获得工信部“2019年制造业‘双创’平台试点示范项目”，攀钢钒轨梁厂万能二线数字化建设获得工信部“2019年制造业与互联网融合发展试点示范项目”和2019年四川省工业发展奖补资金206万元，股份公司生产制造“两化融合”项目获得2019年四川省工业发展奖补资金252万元。

加快推进攀钢数字化智能化转型升级工作。2019年9月启动数字化智能化转型升级战略规划编制工作。11月在西昌钢钒召开了攀钢深化“两化融合”推动数字化智能化转型大会，提升了对攀钢实施数字化智能化转型的必要性和紧迫性的认识，进一步统一了思想。12月成立了攀钢数字化智能化转型升级指挥部。

不断健全和完善机制+规范+平台的网络安全体系建设，实现网络安全工作实现从“无知无觉”到“有知有觉”的跨越。网络安全风险得到有效监测和处置，实现重大及以上网络安全事件为零。

【人力资源管理】 2019年，攀钢强化工资总额预算管理和过程管控。紧紧围绕公司战略目标、利润目标等关键因素，建立了“企业职工、管理人员、经营者”三类人员工资总额预算分列、考核指标体系分设的绩效考核体系；强化薪酬管理过程控制，对子企业负责人及其他在岗职工薪酬均按月考核、半年小结、年底清算，既做到了合理调控，又确保了激励的及时性。在保证职工收入稳定增长的基础上，完成了公司工资总额预算管理目标。

关爱职工，持续落实收入向一线职工倾斜。一是给职工发放一次性嘉奖，让员工共享公司生产经营成果；二是进一步提高了职工中夜班津贴标准，一线职工的企业归属感明显增强。

规范管理，完善制度。一是修订攀钢《子企业负责人综合考核评价及薪酬管理办法》，建立子企业负责人差异化的激励约束机制；二是制定下发《关于规范违纪人员薪酬发放管理的通知》，对攀钢各类违纪人员薪酬扣减进行统一规范；三是根据公司《派出董事、监事及高级管理人员管理办法》规范公司专职派出董事、监事及高级管理人员年薪标准及薪酬发放。

压减劳务、提升劳动生产率。按照鞍钢人力资源优化目标要求，差异化设置各单位人力资源优化指标，通过组织机构优化、低效岗位并岗、兼岗，推行一专多能、大工种等措施优化在岗职工，将富余正式职工转岗置换劳务用工，有序压减，稳步实施。全年压缩劳务人数4450人，全员劳动生产率从上年的224吨/(人·年)提升至258吨/(人·年)，增幅为15%。

【法律事务】 2019年，攀钢进一步完善公司法律管理体系。一是压实各级企业法治建设第一责任人职责，建立总法律顾问制度，优化法律工作组织体系。二是建立公司律师制度，组建公司律师队伍。三是优化法律事务工作运行机制，建立“集中管控、分级负责”的法律事务管理模式。四是进一步规范重大决策、经济合同、纠纷案件、授权管理、法律中介机构聘请等具体法律事务管理流程。

将法律风险防范融入生产经营管理中，保障各项重大措施依法高效实施。对公司重大决策、重要规章制度及党内规范性文件、重大合同进行法律审核，实现“三项”法律审核率100%；制定发布承揽合同、委托服务合同、劳务派遣合同、运输合同和安全环保合同5类合同示范文本；编制《中央企业商业秘密保护合规管理指南》，纳入国务院国资委第二批《中央企业合规管理系列指南》；规范办理工商等日常法律事务及提供法律咨询服务，法律咨询处理率达到100%。

完善纠纷案件动态管理机制，公司重大纠纷案件全部受控。2019年，全公司共办理纠纷案件123件，本年度新发生44件，历年遗留结转案件79件，本年度已办结39件，其中自办诉讼案件30件。通过协调各执行法院，共执行回款5400余万元。处置潜在纠纷，避免、挽回经济损失6000万元。

多渠道开展法治宣传教育。领导干部带头学法，执行领导干部“法治考试合格上岗制度”；开展专业人员学法，组织不同领域专业人员专题法治培训教育；开展多形式法治宣传活动，提升全体员工法治意识。

【审计监察】 2019年，攀钢完成审计项目20项，揭示问题207个，提出建议90条，配合、参与鞍钢集团审计部完成审计项目26项，发挥了内部审计促进公司运营改善、管理提升、风险控制和价值增加的作用，为推进新攀钢建设提供了有力的监督保障。加强领导人员经济责任履行情况的审计监督。在审计中，以被审计单位的经营决策情况、“三重一大”制度执行及影响企业运营质量和经济效益发挥的重要事项、内部控制制度执行情况、财务资产状况等为审计重点，全年实施了4名领导人员的经济责任审计，配合、参与鞍钢审计部实施9名领导人员经济责任审计，促进了领导人员更加规范地履行经济责任，落实了国有资产经营责任。开展国家政策执行和公司决策部署落实情况审计。围绕“三大攻坚战”，实施了扶贫项目和资金、环保项目管理、清理拖欠民营企业账款、财政资金和市政设施分离移交资产等专项审计或调查，促进各相关单位规范执行国家政策；聚焦公司战略，实施了矿业公司钛精矿生产成本管理审计、分析成本构成，挖潜降本空间，持续开展了11家非钢单位年度绩效审计，服务契约化管理，促进非钢产业经营绩效提升，参与低效无效资产处置方案审查，促进了公司重大经营决策部署落地执行。

【组织工作】 2019年，攀钢进一步增强党组织功能和作用。按照“四个同步”要求，完成党的工作机构设置情况专项整改，28个基层党组织对机构名称和设置进行规范；坚持把党的领导融入公司治理，大力推动党建工作要求进章程，65家法人单位将党建工作要求写入公司章程。严格定期报告抓党建工作情况制度，组织召开了攀钢领导班子成员向党委汇报上年度抓党建工作、2019年上半年抓党建工作情况会；迎接中央政治巡视，对2015年以来的123个党建工作的文件制度、165个重要工作支撑材料进行了梳理。严格换届制度。有序推进攀钢第九次党代会各项筹备工作，成立筹备工作机构，初步完成了党代表选举工作；完成攀钢参加鞍钢集团第二次党代会67名党代表的选举和参会工作；加大对各级党组织换届选举工作督促指导力度，指导13家直管单位完成换届选举工作；规范两委增补，开展两委委员配备专项整治，规范两委委员增补流程和两委委员设置，共督导129个基层党组织完成问题整改。逐级压实管党治党责任。严格落实党委书记抓基层党建工作责任，设立党委书记抓基层党建项目100项；全面开展党委书记抓基层党建工作述职评议考核、党支部书记述职评议考核，加强述职评议整改情况的跟踪和督促；完善党建工作动态考核评价体系，制定下发《2019年度党建工作考核评价办法》，完成2018年度、2019年上半年攀钢党委及直管党组织党建工作考核评价。提升党支部标准化规范化建设水平。攀钢领导班子成员对工作排序靠后的38个党支部开展了专题调研；开展“软弱涣散”专项整治，推动了38个“后进”党支部整体进步，20个软弱涣散基层党组织整改销号；创建2018年度鞍钢集团“样板”党支部18个、党支部工作示范基地4个。

【宣传工作】 2019年，新攀钢建设宣传教育再掀热潮。攀钢全公司上下教育引导广大职工紧紧围绕“五大平台建设”目标任务，按照“科技强企、主攻钒钛、做精钢铁、放活非钢”的总体思路，以“3·3·3”治理工程和“1+4+4+1”产业体系建设为主线，把握要点、突出重点、突破难点，练就过硬本领，创新工作方法，增强把握复杂局面、推进重要工作的能力，深度挖掘全经营要素潜力，补齐补牢短板，巩固扩大优势，努力把各项工作做到极致，持续推动传统产业高质量创新、独立经营主体高水平盈利、新兴产业高速度发展。组织开展两期“走进新攀钢”活动，让参与人员了解新攀钢、关心新攀钢建设。

深入做实思想政治工作。坚持从三个维度入手，筑牢团结奋斗推进新攀钢建设的思想基础。一是强化形势任务教育。聚焦新攀钢建设、“3·3·3”治理工程、“1+4+4+1”产业体系建设、推进“五大平台建设”等重点工作，每季度印发形势任务教育宣传提纲，全年编发《宣传工作信息》11期、《班组五分钟》19期，做到了把形势讲清楚、任务讲明白、措施讲透彻。二是强化典型带动作用。2019年，聚焦深化改革、创新发展两大主题，发现、总结、宣传改革创新先进典型74个。积极选树典型，完成第二届“鞍钢楷模”征集推荐工作，攀钢退休职工丁爱谱获四川省道德模范，杨再军获攀枝花市道德模范称号，彭恂军和王训华获攀枝花市道德模范提名。通过典型引领，进一步激发了干部职工立足岗位建功立业的积极性。三是注重解决实际问题。以深入开展“不忘初心、牢记使命”主题教育为契机，积极反映和响应解决基层单位停车难、文体场所少、基层记录台账过多过繁等职工急难愁盼的九项问题，切实增强职工获得感。

【纪检监察工作】 2019年，攀钢纪委履行党内监督责任。一是协助党委推动党风廉政建设责任落实。制定《2019年攀钢有限集团公司党风廉政建设和反腐败工作任务分工》，坚持每半年专题研究党风廉政建设和反腐败工作，压实管党治党责任，推进全面从严治党向纵深发展。二是发挥党内政治巡察监督作用。做好中央第十巡视组延伸巡视攀钢的配合工作，巡视组移交的8起问题线索已办结7起，党政纪处分4人。认真落实鞍钢集团党委巡视巡察上下联动工作部署，对研究院、传媒中心开展常规巡察，7家直管单位对所属10家单位党组织同步开展巡察。两轮巡察发现421个问题，移交问题线索9条。认真做好巡视巡察“后半篇文章”，对24家单位历次巡视巡察反馈问题整改情况进行了验收，对整改不力的1家单位党委进行了约谈。三是履行主题教育监督职能促整改。通过“廉洁反思日”警示教育、党风廉政干部大会、到勤政树廉馆接受教育、参观监狱等形式，警示教育党员领导人员；编印《铲除钛产品营销领域的贪腐“毒瘤”》案例和《2018年6月至2019年7月查处的典型案件通报》警示材料。制定《“不忘初心、牢记使命”主题教育八个方面专项整治实施方案》，认真组织开展了专项整治工作。对照鞍钢集团主题教育“9+1”问题清单，制定整改措施205条，实行挂账销号管理，已完成整改72条、完成阶段性整改94条、按序推进39条。

发挥监督检查作用。一是开展专项监督防控廉洁风险。开展“机旁备件管理专项监督”，查找出16个问题，经济处罚43人1.45万元、提醒谈话4人。各级纪委紧盯重点关键风险领域主动开展专项监督，立项153项，挽回经济损失48.49万元，避免经济损失8426.21万元，提出监察建议344条，组织处理125人，经济处罚16.17万元，移交问题线索8件。加强廉洁地图动态管理，新录入360条廉洁风险和管理问题。二是开展专项治理整治基层腐败。开展领导人员违规经商办企业专项治理。按照鞍钢集团党委部署，组织开展“带钱”专项治理工作，通过主动报告、检查发现、问题线索查实的“带钱”问题380项、涉及金额224.12万元，给予353人提醒谈话、41人批评教育或责令检讨、15人通报批评或诫勉谈话、7人免职处理、1人留党察看一年处分、1人党内严重警告处分，收缴违纪款共计13.05万元。

加大纪律审查力度。2019年，攀钢各级纪委收到问题线索275件，办结214件，立案61件，结案64件（含上年结转3件），给予党政纪处分81人，留置3人，移送司法机关1人，收缴违纪款和挽回损失人民币447.6万元。

【工会工作】 2019年，攀钢工会扎实推进维权、服务，调动广大职工的积极性、主动性和创造性。

开展“推进‘五大平台’建设，促进高质量发展”劳动竞赛500余项，掀起岗位建功热潮。大力推进职工创新工作室提档升级，新命名3个省总和11个攀钢劳模创新工作室、3个鞍钢职工创新工作室、8个攀钢技能大师工作室，攀钢工会成为省机电冶煤工会系统能源材料创新联盟组长单位；评选子分公司及以上职工先进操作法24项，完成自主管理创新项目1600项，优秀创新成果在第23届国际发明展上获金银铜奖24项。大力弘扬劳模精神，岳彩东等15名职工被评为攀枝花市劳动模范。

举办第八届职工技术运动会，7000余名职工参与68个工种的技术比武，182名攀钢技术状元和技术能手受到表彰；在2019年度鞍钢职工技能竞赛“精英赛”中，西昌钢钒潘刚获得工具钳工第1名，8人获得“鞍钢集团技术能手”称号；64人获得群英赛“鞍钢集团技术能手”称号。

【统一战线工作】 2019年，攀钢组织1期统战代表人士学习习近平新时代中国特色社会主义思想培训班，进一步引导党外人士在事关道路、制度、旗帜、方向的根本问题上更加坚定、更加自觉；选派6名统战干部和20名统战代表人士参加省、市组织的专题培训和考察活动，拓展丰富视野格局。推荐3名党外代表人士列席鞍钢集团第二次党代会等重要会议，听取有关意见和建议。组织开展攀钢统战代表人士“庆祝新中国成立70周年”活动暨政协委员调研考察钒钛新城和攀西科技城“两城”建设，激发其为攀枝花市“两城”建设建言献策的积极性和主动性。开展春节走访慰问活动，走访慰问4名统战代表人士，关心他们的工作和生活情况。攀钢政协委员学习活动组在攀枝花市政协九届三次会议上作了题为《高质量做好“钒钛”这篇文章 为建设美丽繁荣和谐攀枝花再做新贡献》大会发言，获大会发言一等奖。会议期间提交6件集体提案，16名攀钢政协委员提交23件个人提案。“爱献做”主题活动紧扣攀钢生产经营和改革发展展开项目立项，对80项优秀项目予以表彰。择优推报“全系统多举措并行，实现高炉稳定顺行常态化的研究”等28个项目参评鞍钢集团“爱献做”优秀项目评选，共有14个项目获奖，其中一等奖2项、二等奖5项、三等奖7项。

【共青团工作】 2019年，攀钢启动第三届青年技创节，以“创新”为切入点，重点培养青年的创新意识和创新习惯，2019年青年创新登高立项444项，结题率90.99%；授牌青年创新工作室7家、申创青年创新工作室14家；延伸上下工序手牵手工作，围绕青年创新登高项目攀钢内部签订青年创新联盟5对，进一步拓宽青年创效和交流平台；举办攀钢青年创新工作室、青年创新联盟经验交流会，分享先进单位经验，邀请技能大师工作室和劳模大师工作室负责人围绕工作室建设管理和作用发挥等内容授课。“青安杯”竞赛。采取月度自查、季度交叉检查、半年考核、年终总评的考核原则，推进各赛区“青安杯”竞赛工作，在安全生产中筑牢“青字号”防线，授牌青年安全生产示范岗15个、举办青安岗岗长（员）培训班2期，共计160余人参加。围绕窗口单位、重点产线，以“体现高度职业文明、创造一流成绩、培育一流队伍”为重要内容，申创青年文明号集体11个，抓实青年文明号创建工作，助力攀钢最优工厂（产线）建设。开展青年突击队竞赛活动，建立固定型青年突击队58支，围绕生产经营、安全环保、环境治理、跑冒滴漏整治、创新创效等工作领域承包微小工程项目，提升青年突击队的现实贡献率，全年直接创效665万元，不断提升青年在新攀钢建设中的贡献力。

【企业文化】 2019年，攀钢坚持文化兴企，把与时俱进传承和弘扬“艰苦奋斗，勇攀高峰”的攀钢精神作为企业文化建设的首要任务，让攀钢精神根植于每一名员工内心，形成推动新攀钢建设最深厚的力量源泉。2019年，攀钢荣获全国“新中国70年企业文化建设优秀单位”。

大力弘扬攀钢精神。一是积极开展文化基因寻源。认真落实攀钢党委书记、董事长段向东在企业文化座谈会上的讲话精神，启动《三线之光——攀钢向共和国报告》创作出版工作，理清55年攀钢建设发展历史脉络与文化渊源，促进攀钢文化基因传承，引领未来发展。二是大力推进专项文化建设。持续深化“诚信与信任文化、变革与创新文化、制度文化、品质文化”四个专项文化建设，倡导“学习、创新，变现、速度，稳健、激情”新时代文化新要素。三是稳步实施文化重点项目。积极配合工业史诗剧《大三线》剧组完成在攀钢的实地拍摄和资金支持。积极申报工业遗产，攀钢11项工业遗产被授牌首批四川省工业遗产。牵头完成攀钢申报第三批国家工业遗产工作，经工信部核查认定，弄弄坪主厂区工业建筑群、攀钢1号高炉、提钒炼钢厂1号转炉、3号汽轮鼓风机组、朱家包包铁矿（狮子山大爆破遗址）、009号电力机车、兰家火山大坪硐、渡口造船厂船坞及码头8项设备产线成功上榜第三批国家工业遗产名单。

努力提升攀钢形象。坚持文化塑企，利用文化建设载体和各类展示平台，展示攀钢企业形象。一是用好办好重要展会。牵头策划筹备参加2019绵阳科博会、西博会、第三届进出口商品展等重要展会。联合鞍山钢铁，承办鞍钢2019重庆第九届中国汽车钢展，配合鞍钢集团做好了参展第十九届冶金工业展相关工作，配合完成攀枝花市钒钛展厅布展等相关工作。二是用好办好重要活动。筹备完成第二届进博会鞍钢主题论坛，做好国际钒技术委员会、全国钒钛磁铁矿综合利用标准化技术委员会会议期间的宣传展示工作，参加四川省国资委“致敬祖国 四川国企”新品牌央视展播和四川省“品牌日”相关活动，在央视新闻频道开展了钒钛品牌展播，进一步提升了攀钢品牌知名度。

【精神文明建设】 2019年，攀钢积极投入攀枝花市创建全国文明城市建设，全面做好创文在攀钢的落地落实工作，形成《创建全国文明城市攀钢实地点位工作情况报告》；系统梳理《攀枝花市创建全国文明城市工作规划（2018—2020）》，《攀枝花市创建全国文明城市2019年行动方案》，形成了攀钢落实攀枝花市创建全国文明城市2019年工作思路，将重点、难点工作落实到责任单位。广泛深入发动，做好《实地考察操作指南（2019年版）》等宣贯工作；发放《攀枝花市民文明行为规范》1000余份，营造干部职工携手共创全国文明城市的良好氛围；配合完成攀枝花市博物馆总分馆体系建设（轨梁厂为分馆）。

培育和践行社会主义核心价值观。坚持把社会主义核心价值观宣传教育作为一项系统工程来抓。发挥党员干部在培育和践行社会主义核心价值观过程中的模范带头作用；在公共广场、建筑工地围挡等刊播社会主义核心价值观公益广告300余幅，把社会主义核心价值观融入攀钢职工生产生活场景，引导大家向善向好。

实施典型培养工程。广泛参与攀枝花市好人、四川好人选树活动，推选攀钢退休职工陈良强入选“攀枝花好人”榜。完成攀枝花市第二届文明家庭、四川省道德模范、第五届攀枝花市道德模范和第二届“鞍钢楷模”征集推荐工作，推荐彭恂军等2人参评四川省道德模范、秦喜军等13人参评第五届攀枝花市道德模范、郑之旺等17人参评第二届“鞍钢楷模”。其中，王代文、杨林、郑之旺、刘蕾4人获第二届鞍钢楷模，刘关洪、梁恩荣、邓孝伯、秦喜军、王金江5人获提名奖；杨再军获第五届攀枝花道德模范，王训华、彭恂军2人获提名奖；丁爱谱获第六届四川省道德模范。

【治安保卫、综治维稳、武装人防】 2019年，攀钢武装保卫工作紧密结合公司生产经营、改革发展实际，强化主体责任落实，扎实有效开展了治安、维稳、防邪禁毒和武装人防等工作，为新攀钢建设创造了平安稳定的环境。

治安秩序持续向好，保障公司财产安全，未发生影响生产的重特大侵财案件。持续强化“三防”建设，投入资金1681万元，增设摄像头1028个，加装防盗滚网800米，建立群防群治队伍51个共471人。密切警企协作，加大打击力度，坚持冒头就打、出手就抓，全年查办侵财案（事）件111起（其中，刑事案件9起、治安案件19起、违规事件83起），处理涉嫌违规违法人员138人次、各类物资48.1吨，挽回经济损失68.4万元。深入开展“黄赌毒”和“黑恶势力”专项整治，配合公安机关打击涉企村匪恶霸1人。

维稳措施有力，妥善处置涉农纠纷、外转供能等涉稳事件，确保了公司稳定。坚持开展稳定风险评估，查找各类风险点34个。加强信息收集研判，收集涉稳信息102条，做到了信息及时预警、处置关口前移，把问题消除在萌芽状态。在全国两会、新中国成立 70 周年大庆等重要时期，全面落实“迎大庆、保平安”各项措施，实现了“四个严防发生、三个确保”的工作目标。

防邪、禁毒工作扎实开展，做到了人员受控、教育到位。对在册涉邪、吸毒人员，落实包保责任，加强管控，防止了脱管失控。扎实开展反毒品教育，坚持日常宣传教育，在“6·26”国际禁毒日集中采取办展板、发资料、现场解说等方式，进一步提升了职工识毒、防毒、拒毒意识和能力。

武装人防工作不断适应新的职责、使命要求，较好地完成了上级赋予的各项任务。深化国防动员教育，开展民兵整组，编建市应急营，组织完成点验拉动；全年开展基干民兵组训 12 期。加强武器装备安全管理，达到了武器装备“四无”标准。组建攀钢人防专业大队，依法整训；强化人防工程、设备的维护管理和检查力度，确保了安全无事故。

· 主要生产单位简介 ·

【攀钢集团攀枝花钢钒有限公司】 2019 年，攀钢钒公司完成铁 613 万吨、钢 565 万吨、钒渣 24.5 万吨，实现营业收入 244 亿元，利润 5.1 亿元，吨材盈利能力较行业差距进一步缩小。

效益品种产量破纪录。全年重轨产量 143.6 万吨，棒线材产量 88.7 万吨，均破历史纪录，其中棒材达 65.6 万吨，超过机组年设计能力 5.6 万吨。主要技经指标持续优化。全年高炉利用系数达到 2.519 吨/(立方米·日)，较上年上升 0.03 吨/(立方米·日)，其中 10 月更是达到 2.613 吨/(立方米·日)，创历史最高纪录。吨钢综合能耗 632 千克标准煤，同比降低 2.7 千克标准煤。综合成材率达 93.34%，较上年提高 0.08%。产供运销紧密衔接。加大郊区煤、云南方向高粉等高性价比资源采购力度，配煤配矿结构进一步优化。精准管控资源流向、生产计划，产销率累计完成 100%。板材产品西南区域销售占比达 90.5%，超额完成目标任务。物流运输持续优化，发车计划兑现率 95.4%，局停时 29.5 小时，均创历史最好水平。

瞄准行业先进，构筑高质量发展路径。公司先后到宝钢湛江、青山、梅山、宝山基地系统学习，特别注重学习他们推动“两化融合”，推动科技创新，推动老工业基地改造方面的思路和做法，并结合公司实际制定行动方案，着力从科技、装备、管理、人才、队伍等方面全面加快追赶步伐。同时，相关单位也分别制定了对标学习行动方案，强弱项、补短板，尽快缩短与行业先进水平的差距，有效形成高质量发展强大合力。加快装备升级，提升可持续发展能力。轨梁厂样板智慧工厂建设稳步推进，万能二线数字化工厂建设进入实施阶段；成都板材打造电器用热镀铝锌最优产线取得实质性成果。加快实施“两化融合”项目，提升信息化自动化水平。围绕加快构建以“智慧运营、智慧工厂”为核心要素的智慧制造体系，进一步修订完善了“两化融合”规划，加快构建智能装备、智慧工厂、智慧公司三层架构模式。实施了集控系统、装备自动化改造项目 22 项，为人力资源优化提供了重要支撑。产线智能化改造取得重大进展，完成了轨梁厂万能二线数字化产线项目主体功能开发，为公司大数据应用迈出了第一步。

“三大”品牌打造有新成果。产品开发注重当期盈利能力，同时兼顾战略产品技术储备，全年开展了 18 个新产品试制，其中全新开发产品 6 个，累计试制 27.11 万吨。钢轨拳头产品地位进一步夯实，PG5 过共析钢轨实现了向力拓澳大利亚公司供货和朔黄铁路扩大试铺；开发出 54E1A1 出口道岔钢轨等新产品，填补了国内空白；路内轨供货量和出口钢轨国内占比均排名第一。建筑用钢和制品材向西南最佳目标稳步迈进，陆续投用新的短应力轧机，完成棒材生产线改造升级，产品质量大幅提升。家电产品质量持续改进，供美的万吨不良品率较上年降低 6.5%。镀铝锌产品市场影响力显著增强，电控柜市场份额 31%，国内市场占有率第一。市场服务能力明显增强。强化质量管控，全年质量指标均完成控制目标，无质量事故和重大质量异议。建立了 9 家板材重点用户“产、研、销、用”一体化服务模式，快速解决产品开发、生产、使用过程中的系列问题。与美的、长虹、万控、东风等重点用户建立了联合实验室，开展项目研究，在自润滑热镀锌推广、大梁钢性能优化等项目上取得了突破性进展，顾客满意度大幅提高。优化生产组织模式，合同兑现率稳步提升，全年合同兑现率达 96.3%，同比提高 0.3%。

【攀钢集团钒钛资源股份有限公司】 2019 年股份公司实现营业收入 131.59 亿元，实现经营利润 15.15 亿元，归属于上市公司股东的净利润 14.19 亿元，在市场价格大幅波动的情况下依然保持了较好的盈利水平。经营水平持续提升，2019 年底资产负债率为 25.67%，较上年下降 9.5%；净资产收益率为 16.47%，较上年提高 36.34%。

2019 年生产钒产品（折合 V_2O_5）4.23 万吨，超计划 3142 吨，同比增产 2499 吨，创历史新高，其中西昌钒制品分公司生产钒产品 2.03 万吨，超计划 2333 吨，同比增产 2940 吨，创历史新高；钒铝合金产线全年产量达到 601 吨（折合 AlV55），同比增加 434 吨；西昌钒制品分公司实施深度浸出取得显著成效，使得氧化钒收率累计达到 78.98%，较上年底提高 4.44 个百分点。

全年生产钛渣 18.74 万吨，超计划 3.04 万吨，同比减产 4130 吨；钛白粉 23.39 万吨，超计划 1.091 万吨，同比增产 5555 吨。钛原料建立了稳定客户群，钛精矿用户数量由 35 家减少为 21 家（其中，长期合作稳定客户 14 家，减少的原因主要是 2019 年减少湿钛精矿外销），2019 年外销钛精矿比上年增量 5.15 万吨，实现集团公司降库 4.4 万吨；钛渣实现产销率 100.38%，积极开拓国际市场；钛白粉直供比例 2019 年提高至 33%，钛白粉产销率 102.79%，加强新产品推广工作，销售 R-248+钛白粉 12344 吨。

【攀钢集团西昌钢钒有限公司】 2019 年，西昌钢钒公司铁、钢、材产量分别完成 477 万吨、450 万吨、432 万吨，同比增长 13.6%，13.9%、14.9%，产量规模均创历史新高；实现营业收入 256.86 亿元，同比增加 9.73 亿元，增幅为 3.94%；实现利税 16.59 亿元，在钢铁销售价格大幅下降的情况下保持了较好的盈利水平。公司在 2019 年四川企业 100 强榜单中，排名第 33 位。

全年系统量化降本实现 5.6 亿元，与上年相比多降 88 元/吨，超目标 58 元/吨；生铁成本比上年降低 36 元/吨；公司主要技术经济指标同比大幅优化。其中，综合焦比、热轧成材率、冷轧成材率、吨钢综合能耗等 7 项指标创年度历史最好水平。炼铁厂坚持以高炉稳定顺行为中心，持续优化配煤、配矿、高炉物料结构，持续提高高炉利用系数，降低生铁成本；炼钢厂围绕“全流程钢铁料消耗”等关键指标，通过“涌动式扒渣”“连铸大包下渣自动检测”等项目，实现炼钢加工成本达到历史最优水平，较上年降低 21 元/吨；板材厂 4 号加热炉顺利投产，突破热轧产线规模瓶颈，生产效率大幅提升，实现热轧、冷轧加工成本同比降低 30 元/吨和 75 元/吨；两金压降、资金管控及政策创效多点发力，其中全年累计政策创效较上年增加 0.31 亿元，较目标增加 0.2 亿元。

2019 年，在全国汽车行业销量下降 8.2% 的情况下，公司汽车用钢实现逆市增长，全年同比增加 16.8 万吨，增幅 14.9%，长安汽车市场占有率增幅显著，获得东风商用车 50 周年庆典钢厂唯一“特别贡献奖”；重点品种推广量同比增加 34 万吨，品种钢占比达到 54.17%；冷轧双相钢 DP590、酸洗结构钢 SAPH400-B、热轧焊瓶钢 HP295 等 3 个产品获中钢协“金杯优质产品”称号；公司顾客满意度比目标高 1.2，同比提高 0.6；产品质量异议率比目标低 0.23‰；质量降级改判率比目标低 0.12%，其中吨钢废次品完成较上年降低 0.84 千克，质量损失同比降低 0.93 元/吨；2019 年 12 月 2 日，中俄东线天然气管道正式投产通气，公司累计为中俄东线天然气管道供货 X80M 高级别管线钢 6.7 万吨，助力中俄东线天然气管道工程顺利竣工。

【攀钢集团矿业有限公司】 2019 年，矿业公司克服资源条件变差、生产不均衡、选钛干燥线因环保要求限（停）产等诸多困难，坚持放量生产，保障了集团公司原辅料需求。攀枝花铁矿完成采剥总量 3117.50 万吨，输出铁矿石 1572.77 万吨。白马铁矿完成采剥总量 7321.97 万吨，输出铁矿石 1873.06 万吨。密地选矿厂生产铁精矿 475.66 万吨。白马选矿厂生产铁精矿 500.43 万吨、钛精矿 17.30 万吨。选钛厂生产钛精矿 54.53 万吨。兴茂公司生产钛精矿 22.77 万吨。选钛厂、兴茂公司钛精矿产量以及白马选矿厂铁精矿产量均创历史最好水平。外委完成铁精矿 189.93 万吨、钛精矿 19.14 万吨。石灰石矿克服了由开发自有资源转为依靠外购原料生产的困难，确保了集团公司的辅料需要。矿研院坚持创新驱动，为依托科技持续发展提供了有力的技术支撑。动力厂认真为生产筑牢能源保供根基，确保了水电系统安全稳定运行。质计部全面加强质量计量数据的检测和反馈，为产品质量计量稳定受控作出了积极贡献。积极开展降本增效、量化降本工作。年初制定的八项降本增效措施，累计创效3.35亿元，铁、钛精矿成本稳定受控。加强融资合作、强化债权债务管理、优化存货结构、盘活处置低效无效资产，财务指标得到优化，经营效益得到提高。

2019年，公司全年完成采剥总量10439.47万吨，为年计划的109.13%；输出矿石3445.83万吨，为年计划的98.62%；铁精矿1200.52万吨，为年计划的103.49%，同比增产72.58万吨；钛精矿113.75万吨，为年计划的108.33%，同比增产13.36万吨。铁、钛精矿产销率分别为100.58%、103.93%。钛精矿产、销量均再创历史最好水平。石灰石粉矿32.45万吨、生石灰粉43.30万吨、高镁灰5.20万吨。公司实现营业收入50.88亿元，实现利润3.31亿元，超集团公司下达的利润指标4110万元，全年上缴税费4.99亿元。

【攀钢集团成都钢钒有限公司】 2019年，攀成钢公司实质性地推动土地运作，狠抓“处僵治困”及“降杠杆减负债”等工作，着力建设“三个服务平台”，推进职工转岗就业，实施“自我修复、自我改造”取得了积极成效，较好地完成了集团下达的控亏目标以及土地处置和人力资源优化任务。

“三个服务平台”建设取得重大进展。一是基础服务平台建设得到新提升。完善平台建设方案，初步形成了以物业服务、配套服务、增值服务、资产经营为重点的服务体系。注重品质提升，建立项目主管、业务带头人、服务明星体系，完善《服务指南》和《服务手册》，开展专项攻关，打造了以新材料研究院等为代表的综合服务标杆项目，基本实现入驻园区客户综合服务全覆盖，服务品牌初具影响力，全年创收500余万元。二是能源及检测服务平台建设迈出新步伐。能源系统外供量稳步增加，经营效益持续回升；与新材料研究院、成都板材业务合作得到拓展，新增成都丽雅、钢城集团等5家新客户，能源运维及检验检测业务全年实现对外创收375万元，同比增长20%；完成了大数据项目供电系统改造，为开源智创等新入园企业提供了能源整体解决方案。成都慧联电力有限公司大幅提升市场议价能力，在实现集团主体单位用电成本显著降低的同时，全年购售电业务创效达到730万元。三是工业服务平台建设坚实起步。岗位操作服务项目已向成都板材、鸿舰公司输送关键岗位操作人员53人，全年创收90余万元。挂吊装卸服务项目利用340坯料库承接积微物联螺纹钢装卸、库管业务，全年创收42万元。维修维护服务项目承担了公司废旧物资收集整理、装车发运等工作，全年增效70余万元。项目管理咨询服务向攀钢设计院、大禹环保等5家单位输出工程技术人员10人，全年创收53万元。目前，已有70余名职工走向工业服务平台提供的新岗位。

【攀钢集团江油长城特殊钢有限公司】 2019年，攀长特公司钢产量22.54万吨，材产量37.82万吨，降本增效1.64亿元，营业收入30.58亿元，完成了集团下达的控亏目标。推进产线品种转移，实行一级计划管控，实施电炉“压一提五”“大留钢操作”、红送红装及集约生产组织模式，全年综合合同兑现率同比提高2.86个百分点。瞄准高附加值产品，持续优化产品结构，高温合金、18Ni、G50、耐蚀合金销量同比分别增长47.3%、25.4%、61.5%、40%；锻材、锻件产量同比分别增长21.7%、10.9%；加大新品开发力度，新产品开发23个，转产8个，突破关键技术26项，GHXX、GHXX等“卡脖子”产品攻关取得实质进步。积极构建成熟产品上规模、军工新试增效益的经营格局，耐蚀管材纳入航天基础材料产品目录，高速工具钢打入欧洲高端市场，D2系列模具扁钢跻身宝马、奔驰等汽车巨头供应链，军工新试销量和销售收入同比分别增长17.3%和27.2%，创历史最好水平。推进客户服务信息化管理，与四川大学合作建设的“客户服务信息系统”于2月底正式上线运行，初步实现客商管理、服务计划、客户异议、商机、订单跟踪等功能的信息化管理。

强化滚动预算，坚持对标对表，倒逼内部降本，全年累计降本增效1.64亿元。存货和应收账款分别较集团目标下降4905万元、1988万元，经营活动现金流量3936万元，流动性有效增强。

2019年，攀长特公司有2项科研项目分获四川省科学技术奖二、三等奖，1项科研项目获中国钢铁工业协会和中国金属学会冶金科学技术奖二等奖；申报专利25项，授权14项。

（攀钢集团有限公司综合服务中心　黄长银）

单位简介

·板块公司·

鞍钢集团矿业有限公司

【概况】 2019年末，鞍钢集团矿业有限公司有在岗职工17757人，其中在岗干部3669人（高级职称540人，中级职称2096人，初级职称855人），生产工人14088人；离退休职工33790人。拥有固定资产原值280.60亿元，净值105.82亿元，新增值11.44亿元。占地面积1.27亿平方米，房屋建筑面积323.95万平方米。公司下设34个基层单位。机关设置办公室（董事会办公室）、党委组织部、战略发展部、安全环保部、生产管理部、企业管理部（法律事务部、人力资源部）、海外事业部、财务运营部、工程设备保障部、纪委（党政督查办公室）、审计部、党委宣传部（团委）、工会等13个部门。

2019年，公司上下深入贯彻落实集团公司各项决策部署，克服生产条件变化、原燃材料价格上涨等诸多不利因素，通过实施优化产能布局、强化科技创新、推进体制机制改革等一系列措施，全面完成了各项目标任务，为推进鞍钢高质量发展作出了突出贡献。

生产经营创造新业绩。完成铁矿石5939万吨、铁精矿2181万吨、烧结矿331万吨、球团矿612万吨、石灰石651万吨，铁矿石和铁精矿产量创历史最高水平。实现利润40亿元，同比增长26.7亿元，超预算0.5亿元。在生产条件变化、环保约束加大等不利因素导致成本上升41元/吨情况下，铁精矿完全成本445元/吨，比上年降低8元/吨，在国内同行业继续保持领先水平。

安全生产责任有效落实。压实安全主体责任，严格执行“党政同责”“一岗双责”和“管业务必须管安全”的要求，逐级签订安全责任状18700多份，初步形成主要领导负总责、分管领导具体负责、干部职工相应负责的安全责任体系。采用正反两个方向对责任落实效果进行动态检查，促进全员自觉履职。对安全管理不到位、产生不良影响的18名责任者进行了问责。

安全标准化建设稳步开展。加强安全标准化建设，将日常监督检查纳入对安全标准化作业区的审核评价，并严格执行能进能出的工作机制，全年有21个作业区通过了星级标准化作业区审核，2个作业区因管理退步被降级。目前公司安全标准化星级作业区达到作业区总数的90%。

安全管理基础不断夯实。强化全员安全教育培训，对基层单位1120名“三长一员”进行了专业培训。依托职大、矿校等培训基地，围绕16个专题对3876名职工实施订单式培训。重新修订完善应急预案28个，开展尾矿库防溃坝、采场滑坡和防触电等应急救援演练86次，提高了职工应急处置能力。

共建共享取得新成效。深入开展“践行共享理念、关爱一线员工”专项服务行动，全年共完成东矿矿运胶带系统增设安全通道等45个项目，职工作业条件和福利设施进一步改善。认真落实职工薪酬增长激励机制，收入分配和津补贴向一线职工倾斜，在岗职工收入水平实现同比增长。

【矿山建设取得新进展】 抓好战略规划编制，聚焦绿色矿山建设、矿石能力提升和采选技术发展，全面启动了2020—2022年三年发展战略规划及2020—2025年采矿能力规划编制工作，在合理开发利用现有资源的同时，兼顾中远期的资源储备，确保矿山可持续发展。加快推进重点工程建设，齐矿矿破下移工程、岩破上移工程已建成投产；鞍千许东沟新建岩破系统、弓长岭井下矿延伸和眼前山转井下开采项目稳步推进。合资项目前准工作有序展开。东部矿区尾矿再选项目，集团已立项批复；张家湾铁矿项目，正在进行项目可研修改、风险评估报告等要件编制工作。

【综合改革实现新突破】 开展综合改革顶层设计，制定综合改革方案，进行详细任务分解，建立项目台账，取得阶段性成效。积极推进矿建混改工作，与投资者协商一致，正在加快解决各类历史遗留问题。开展经营主体市场化改革，以东烧厂为试点，授予自主经营权，完成了厂领导班子市场化选聘、全员竞聘和机构改革，同时实施外委项目自营、在岗职工置换劳务等改革措施，全年实现扭亏为盈。选择13个单位30个作业区实施微市场化改革，稳步推进。组织机构和人力资源进一步优化。公司机关由10个大部室21个业务单元整合为13个职能部门；全公司科级机构由

447个压缩到364个、压减18.5%；管理和技术岗位编制由4233个压减到3068个、压减27.5%。按照“一企一策”原则，全年压缩在岗职工1850人，削减劳务项目20个，压缩劳务用工940人，超计划完成集团考核目标。“三供一业”分离移交工作已具备清算条件。推进厂办大集体改革并取得积极进展。

【基础管理得到新加强】 规范贯章贯制工作，开展规章制度专项检查和“制度大讲堂”活动，确保制度制定更加科学合理。持续开展对标管理，与国内外同行业先进企业开展多维度综合对标，弥补短板改善指标，确保了公司继续保持领先地位。加强安全管理，逐级落实安全生产责任制，强化系统考核评价，提升了安全管控能力。坚持系统性思维，推进设备精细管理，实现设备高效稳定运行。优化采购模式，通过采取性价比采购、推进互联网电商采购、强化物资质量管控等措施，提升了采购效率和质量，实现降本增效3400万元。

【科技创新取得新成果】 完成科研项目34项，获省部级及以上科技进步奖7项，科技创效3.68亿元。“贫杂铁矿石资源化利用关键技术集成与工业示范”项目获国家科技进步二等奖。“十二五”国家科技支撑项目“鞍山式极贫赤铁矿高效开发利用新技术研究与示范”通过国家验收。“十三五”国家重点研发项目“金属非金属矿山重大灾害致灾机理及防控技术研究”和“盐碱地改良关键技术及改良效果评价标准研究”稳步推进。加快鞍钢北京研究院矿山分院建设，签订合同10项。与东北大学合作成立的铁矿高效开发利用工程研究中心获国家批准。主导制定9项行业标准。取得国家受理专利153件，国家授权专利108件，获第23届全国发明展金奖3项、银奖4项。推进全员创新，职工创新工作室完成创新项目210项，创效8900万元。

加快智慧矿山建设，制定矿山“无人化”操作整体解决方案，启动卡拉拉二期信息化建设。建成设备资产管理平台，将点检—检修—维修工程—物资等业务有机关联，为设备系统稳定运行提供决策依据。公司被评为国家智能制造标杆企业，移动应用平台被评为全国工业互联网APP最佳解决方案。

【依法治企得到新提升】 鞍山三期征地线外完成5家企业动迁。矿山环保达标和环境整治工作稳步推进。完成东烧烧结等4个钢铁工序和关宝山等4家锅炉行业的排污许可证办理。西果园尾矿库扩建等4个项目已通过环保验收。制定超低排放实施方案，确定了24个改造项目。全面开展扬尘治理，通过喷洒抑尘剂、多管放矿等措施，有效控制扬尘，实现重大环保污染事故为零。公司9家单位获国家级绿色矿山称号。

推进法治矿山建设。建立完善法治工作组织体系，配齐专兼职法务人员。完善法律审核机制，实现三项法律审核100%。开展合规管理体系建设，制定工作方案，明确责任分工、工作措施和目标，合规管理能力不断增强。加强法律纠纷案件管理，建立案件通报、责任追究和例会分析制度，提高了案件处理能力。

【政治建设有力推进】 深入落实习近平总书记重要指示批示精神，建立贯彻落实习近平总书记重要指示批示工作机制，制定任务分解清单，着力推进落实。以习近平总书记重要讲话精神为指引，系统谋划矿业发展，成功召开公司第一次党代会，确定了今后一个时期发展战略和奋斗目标。党的十九届四中全会召开后，制定学习方案，利用《鞍钢矿业》、微信等形式层层传达学习，召开公司党委中心组学习会，用全会精神指导实践、推动工作。

【主题教育扎实开展】 牢牢抓住学习贯彻习近平新时代中国特色社会主义思想这条主线，分两批次开展“不忘初心、牢记使命”主题教育，引导广大党员干部增强“四个意识”、坚定“四个自信”、做到“两个维护”。公司两级党委坚持边学边查边改，把学习教育、调查研究、检视问题、整改落实四项重点措施贯穿主题教育全过程。公司副处级以上领导人员集体学习560次；开展调研242次，收集意见建议698项。公司两级领导班子成员全部完成到基层党建联系点讲专题党课。深入检视分析，对照党章党规找差距。建立公司主题教育问题清单，系统制定整改措施82项，完成39项。两级班子全部召开专题民主生活会。东烧厂党委通过主题教育，梳理量化经营发展问题，用主题教育成果促进扭亏脱困取得显著成效。鞍千矿业党委将主题教育成果转化为凝聚力、推动力和生产力，有效促进了生产经营和改革创新。齐选厂党委做到真学、深学、实学，用扎实作风推动了生产经营。弓长岭球团厂党委坚持“三个坚持、四个精准”总体思路，将主题教育成果转化在经营指标的改善提升上。

【党建工作质量持续提升】 全面实施“四化五联”党建工作模式，召开推进会。大球厂党委“45510”工作法，通过多年不断完善，取得显著成果。齐矿党委开展的“四引领四提升”、动力厂党委开展的“三保两挂一创”、质计中心党委开展的“三承诺四点评”等活动，都取得明显成效。17家基层党委完成换届选举工作。开展了党委书记抓基层党建工作述职评议，基层党委书记全部完成现场述职。深化基层党支部建设提升年活动，1个党支部被评为中央企业先进党支部，1个党支部成为鞍钢党支部工作示范基地，12个党支部成为鞍钢样板党支部。东矿党委推行的听看问查改“五字”法、弓长岭铁运公司党委开展的“大学习大检查大规范大提升”活动、齐矿修路作业区党支部实施的“五化”标准，都提升了党支部标准化规范化水平。深入开展“牢记初心使命，永葆政治本色，以高质量党建推进矿业高质量发展”主题实践活动，1名同志被评为中央企业优秀共产党员。

【干部队伍活力充分激发】 加强领导班子建设，发挥班子整体合力。坚持正确选人用人导向，严格落实新时期好干部标准和国企领导人员20字要求，制定完善激励广大干部新时代新担当新作为实施方案，对公司直属单位和机关部门的领导班子和领导人员实施差异化多维度动态考核综合评价。交流提任领导人员102人、免职2人、降职1人。弓长岭选矿厂党委开展的“三深入”、大矿党委开展的“三服务”活动，促进了干部作风转变。加强优秀年轻干部培养选拔工作，建立“摇篮计划”年轻干部信息库，制定“矿业菁英”人才培养工程实施方案，召开优秀年轻干部代表座谈会，选派13名年轻干部参加鞍钢中青班培训，提拔重用优秀年轻干部8人。完善人才等级序列评聘制度，评聘工程等级序列57人。

【宣传思想文化建设不断加强】 强化理论武装，着力在学懂弄通做实习近平新时代中国特色社会主义思想上下功夫，成立学习实践小组36个，完成立项课题31项。全方位落实意识形态工作责任制，形成职责明确的组织工作体系。提升新媒体环境下舆情处置能力，在市级以上媒体刊发稿件670篇。眼矿党委实施“2+1”工作模式、弓长岭露天矿党委完善“五个体系”建设，都推进了意识形态工作。开展形势任务教育，启动了“解放思想，变革创新，建设世界领先资源开发企业”大讨论。深化“三位一体”思想政治工作模式。公司“构建‘五小’思想政治工作模式的研究与实践”获冶金企业研究成果一等奖。设备检修协力中心党委构建的“三二三六”思想政治工作模式获集团思想政治工作课题成果一等奖。加强企业文化建设，公司荣获“新中国70年企业文化建设优秀单位”称号，大球厂荣获“新中国70周年企业文化建设典范案例”称号。大力选树新时代矿业典型，建立150余个典型档案。郭明义荣获“新中国最美奋斗者”称号。孙利东被授予烈士称号。持续抓好信访稳定工作，维护了企业稳定发展。

【党风廉政建设成效显现】 落实“两个责任”，逐层签订党风廉政建设责任状，进一步细化了年度考核指标。持续深化巡视问题整改，对照集团主题教育问题清单43项问题，制定157项整改措施，已完成54项，取得阶段性成果68项，正按序推进35项。全力配合鞍钢党委巡视，坚持边巡边改、立行立改，确保了巡视工作顺利开展。按照巡视巡察上下联动要求，按期完成对大球厂、齐矿等5家单位的常规巡察工作。加大监督执纪力度，受理各类线索132件，查结93件，立案17件，给予党政纪处分30人，组织处理98人次，挽回经济损失10万元。下达监察建议31件次，督促整改问题42项。严格贯彻中央八项规定精神，集中整治形式主义、官僚主义，制定整改措施381项。深入开展了套取工资奖金和有关费用等突出问题专项治理，从源头上加强防范。强化廉洁从业教育，召开案例警示教育大会，深入开展了“心廉心”家庭助廉系列教育活动，广大党员干部廉洁从业意识不断增强。

【群团组织作用有效发挥】 全心全意依靠职工办企业，开展厂务公开，落实职工知情权、参与权、表达权和监督权。开展“推进按质换油、降低油脂消耗”专项竞赛活动，立项112项，创效1100余万元。深化双增双节活动，创效8385万元。强化职工创新工作室建设，实施创新项目210个，创效8900万元。弘扬劳模精神和工匠精神，1名职工被授予辽宁省五一劳动奖章，2名职工被评为中央企业劳动模范。深入开展“践行共享理念、关爱一线员工”专项服务行动，立项 59 项，完成 45 项。发放救济金 543 万元，救助困难职工 3415 人次。共青团组织实施工作项目化管理，并以纪念五四运动 100 周年为契机，广泛开展了立功竞赛活动，青年创新登高创效 742 万元。科协、民兵、统战、女工等组织也发挥了重要作用。

（温熙鑫）

【齐大山铁矿概况】 齐大山铁矿有在岗职工 1777 人，其中干部 199 人（高级技术职称 26 人，中级技术职称 139 人，初级技术职称 34 人），工人 1578 人。拥有固定资产原值 54.6 亿元，净值 4.5 亿元。

2019 年，该矿全面贯彻集团公司、矿业公司各项决策部署，以确保完成产量任务为主线，加大生产组织管理力度，严格落实各项保产措施，全年完成采剥总量 9094 万吨；铁矿石 1400 万吨；铁精矿 443 万吨，铁精矿输出量 445 万吨；实现收入 37.4 亿元，利润 16.2 亿元，为矿业公司高质量发展作出了突出贡献。

筑牢安全理念，实现安全环保目标。牢固树立安全新理念，以抓全员安全履职尽责为主线，不断夯实安全管理基础。检查整改各类安全问题 461 项，经济责任考核 28.2 万元。狠抓扬尘治理，采取东西帮增加水车、重车翻卸前高处喷淋等措施，强化排岩机、三破破碎站喷淋设施的日常监管。实现了企业轻伤以上责任事故为零。

提升保障能力，设备实现高效顺行。通过加强日常点检、维护，合理安排计划修，降低设备故障率，提高设备运行效率。重点推进技改工程项目，完成矿石破碎上移和岩石破碎下移工程，为释放采场空间和提升设备效率提供保障。

着力科技增效，技术改进成果显著。推进科研、“四新”项目成果的转化；推动专利专有技术应用，完成科技增效项目 18 项；征集技术改进及合理化建议项目 31 项；申报矿业公司重大合理化建议评审 19 项，合计创效 4330 万元。

深化改革创新，管理水平不断提高。在选破作业区试点推行“微市场化改革”，步入管理改革新的阶段。调整人力资源结构，减少岗位用工和劳务用工，全年退休职工 67 人，减少劳务用工 193 人，完成公司压减劳务人员数量目标，从业人员劳动生产率实现 5.4 万吨/(人·年)，处同行业领先水平。

坚持以人为本，职工利益大幅提升。深入开展“践行共享理念、关爱一线员工”专项服务行动，全年共完成制作工业场地浴池水箱等 8 个项目，职工作业条件和福利设施进一步改善；救济困难职工 409 人次，发放慰问金 13.6 万元；全矿在岗职工月人均收入比上年提高 489 元。

坚持强根铸魂，旗帜鲜明加强党的政治建设。以习近平新时代中国特色社会主义思想为指引，认真贯彻两级公司党代会精神，系统谋划齐矿发展，成功召开齐矿第六次党代会，确定了新时期的发展战略和奋斗目标。党的十九届四中全会召开后，迅速组织学习，召开矿党委理论学习中心组学习会，用全会精神武装头脑、指导实践、推动工作。

坚持理论武装，扎实开展主题教育工作。坚持边学边查边改，把学习教育、调查研究、检视问题、整改落实四项重点措施贯穿主题教育全过程。深入检视分析，对照党章党规找差距。建立主题教育问题清单，系统制定整改措施。高质量召开专题民主生活会。各党支部利用“三会一课”、党员自学等方式，同步推进主题教育各项工作，实现了主题教育全覆盖见实效。

坚持固本培元，加强基层党组织建设。认真贯彻落实《中国共产党支部工作条例（试行）》，持续开展“基层党支部建设提升年”活动。深化细化党支部“三承诺”工作模式，实施建区创岗、党员立项攻关、共产党员工程和“三超五保”等主题实践活动。全年共完成共产党员工程项目 33 项。选破作业区党支部被评为辽宁省党支部规范化建设示范点，修路作业区党支部被评为中央企业先进基层党组织。党员教育片“筑路”获得鞍钢集团第七届“钢花奖”。

坚持德才兼备，打造高素质专业化干部队伍。严格落实新时期好干部标准和国企领导人员 20 字要求，着力选拔培养对党忠诚、敢于担当、勇于创新、清正廉洁的干部。认真学习贯彻《关于进一步激励广大干部新时代新担当新作为的意见》，领导班子带队深入一线，机关干部积极到一线“当一日岗位职工”。选派 12 名优秀青年干部到基层单位挂职锻炼。全年共交流副科级以上干部 24 人，竞争性选拔提职 4 人。

坚持守正创新，加强宣传思想文化工作。认

真落实意识形态工作责任制和网络意识形态工作责任制。深入开展“解放思想、变革创新，建设世界领先资源开发基地”大讨论活动，引导全体干部职工统一思想，明确任务，激发干劲。全年对外发表宣传报道稿件96篇，对内发表212篇。深化“跟着郭明义学雷锋”主题实践活动。持续抓好信访稳定工作，维护企业稳定发展。

坚持正风肃纪，营造风清气正良好政治环境。落实“两个责任”，修改和完善矿领导班子成员廉洁承诺制度，与基层党支部签订了《党风廉政建设责任状》，落实廉政建设责任。全力配合矿业党委巡察，确保了巡察工作顺利开展。围绕备品备件管理等方面开展专项监督，从源头上加强防范。强化廉洁从业教育，召开党风廉政教育大会，在重大节假日前进行廉政提醒，提高广大党员干部廉洁从业意识。

坚持群众路线，汇聚进取向上的力量。全心全意依靠职工办企业，深入开展双增双节和生产劳动竞赛，全年创效800余万元。总结和推广先进操作法，创效371.7万元。徐仰升获得矿业公司技术状元，赵鑫获得矿业公司明星技术状元。深入开展“践行共享理念，关爱一线员工”专项行动，为职工解决问题36项。全年救济困难及患病职工409人次，发放救济金13.6万元。组织开展“庆祝新中国成立70周年、鞍钢建厂70周年、齐矿组建20周年”为主题的系列文体活动，组织职工自编、自演“庆祝齐大山铁矿组建20周年职工文艺汇演”，凝聚职工力量、振奋职工精神、鼓舞职工士气，为建成世界领先资源开发基地提供了强大的精神支撑。

（王晓双）

【大孤山铁矿概况】 截至2019年末，大孤山铁矿在职职工761人，其中，干部119人，生产工人583人，居家休息职工53人，长病列编外6人；离退休1735人。矿下设“四室一会”（生产技术室、综合管理室、设备管理室、党委工作室、工会），10个作业区。矿区占地面积1028.67万平方米，建筑面积5.89万平方米。拥有主体设备电铲6台，电机车10台，自翻车41台，牙轮钻机5台，生产汽车20台，推土机9台，破碎机3台。全员劳动生产率达到18764吨/(人·年)。

2019年，该矿认真落实矿业公司首次党代会和职代会精神，进一步稳规模，保能力，提效率，降成本，增效益，以推进隐患风险可控化、生产组织精益化、设备运行高效化、经济效益最优化、管理提升精细化、职工利益最大化的“六化”为重点，带动整体工作上水平，为公司实现建设世界领先资源开发企业的目标贡献力量。

生产组织进一步优化。构建“柔性化”生产模式，推行“昼检夜产”的生产组织方式，变四班制为三班制，实行大型生产汽车经济运行，实现了生产过程管控和设备匹配管控“双优化”。加强采掘部位调整，优化采场空间布局，妥善处理当期生产和转型过渡的关系，保证了矿石能力的持续稳定，采剥总量提前25天完成公司计划。全年采剥总量完成1398万吨，超计划58万吨；矿石完成516万吨，超计划16万吨；矿石入选品位完成26.98%，为公司采选平衡、增产增效作出了贡献。

经济效益持续攀升。实施精益化生产，推进“日成本”管控模式，发挥生产系统指挥协调统领的全链条作用，加强预算、物耗和工序成本管控，由“干着算”到“算着干”，全矿上下成本意识显著增强，初步实现了生产组织从执行型向经营管理型的转变。全年制定实施降本增效措施13项，实现降本增效1906万元。铁矿石单位完全成本比预算目标值降低8.5%。在克服深采高排、原材料涨价、岩石增剥、东端帮水害等不利因素影响的基础上，实现利润1600万元，超利1300多万元。

企业改革稳步推进。实施了以“产量定基数，效益定浮动”为主要内容的薪酬制度改革，打破平均主义，实现差异化分配，激发了干部职工的工作积极性和全员市场意识，激活了正能量。在三个作业区实行“微市场化”改革试点，完成了岗位优化和人员选聘，市场化模式运行顺畅有序。实施人力资源优化，完成人力资源优化转岗85人，主动申请离岗居家和列编外15人，压减保产劳务人员40人，同口径降低保产费用232万元。各作业区在人员减少的情况下，承揽外委维修项目，降低外委维修费196.7万元。企业全员劳动生产率同比提升1.1个百分点。

科技创新支撑作用凸显。围绕生产经营难点和重点开展技术攻关，完成了西部矿石井巷道支护，采场西端帮、西二期井削坡减载，使西井滑移和西端帮滑坡重大安全隐患得到极大缓解。与中国地质大学合作开展的“大孤山铁矿西北端帮运输巷道及边坡涌水成因及防治对策研究”进入结题评议阶段，与辽宁科技大学合作的“基于多种监测数据融合的大孤山高危边坡地表位移监测系统的研究”正在进行。全年申报专利12项，申报专有技术9项；合理化建议获得集团奖励4项；在省部级以上刊物发表论文2篇。

设备运行经济高效。抓住生产模式调整有利时机，强化点检定修，充分利用白天时段加强设备设施隐患整治，设备检修质量大幅提升，设备状况明显改善，设备运行步入良性循环。高质量完成EAM设备管控平台上线应用，实现了设备资产管理手段的再升级。加强设备基础管理，充分发挥设备管理人员积极性，提高监管质量，提升服务水平。全年设备综合故障率下降至0.7%，比公司目标值降低2.3个百分点。

基础管理不断夯实。坚持以通报补短板、促管理，推行问题、缺陷可视化管理，加大各部门的检查、通报、连带考核力度，全年通报问题隐患550项，考核直接责任和连带管理责任80人次。加大劳动纪律、薪酬分配、物耗管控、矿产资源等专项监督检查力度，抓早抓小，防患于未然。坚持推进管理创新，大矿“契约化模式下‘五位一体’全员全流程监察体系的创建与实施”荣获冶金矿山企业协会管理创新成果三等奖。

安全环保平稳有序。深入开展安全教育培训、事故案例讨论，创新安全教育形式和载体，通过制作、观摩作业指导书微视频等举措，不断提升干部职工的安全意识和安全技能。扎实推进安全管理评价与诊断，每季度对作业区安全工作进行全面系统评价，全年共诊断、整改问题249项。深入细致开展双预防机制建设，细化分解责任，推进计划实施，确保较大危险源和重大安全风险始终处于受控状态。坚持规范采掘和湿式作业，加大控尘力度，优化排岩机除尘设计和管理，使扬尘处于受控状态。推进绿色矿山建设，通过了国家检查组现场验收，率先进入国家级绿色矿山企业行列。

职工生活持续改善。坚持把职工认不认可、满不满意作为检验工作成果的根本标准，让职工充分享受到大矿改革发展带来的红利。建立职工薪酬增长机制，职工人均收入增幅接近10%。加强职工队伍建设，通过导师带徒等途径培养高技能人才，有3名生产服务岗位人员晋级为助理工程师、2名晋级为工程师。深入开展“践行共享理念、关爱一线员工”专项服务行动，修缮职工浴池，更换更衣箱，提高职工用餐质量，加强防寒防暑设施建设，职工工作环境和生活福利设施明显改善。关注弱势群体动向，坚持对生活困难和患病职工进行走访慰问，全年救助困难职工269人次，发放救助金15万元。该矿以各项工作的优异成绩，获得2019年度鞍钢集团先进单位荣誉称号。

（侯 丽）

【东鞍山铁矿概况】 截至2019年末，东鞍山铁矿在岗职工554人，其中干部90人（高级职称7人，中级职称55人，初级职称26人），工人464人；离退休人员1584人。矿下设“四室一会”（生产技术室、综合管理室、设备室、党委工作室和工会）、6个作业区。固定资产原值82235万元，净值为24150万元。矿区占地面积11.17平方千米，建筑面积5.61万平方米，主要生产设备有钻机6台，电铲15台，大型生产汽车20台，破碎胶带系统2套，振动放矿系统2套。从业人员劳动生产率达到21943.28吨/(人·年)。

2019年，该矿广大干部职工紧紧围绕深化改革、提升管理、降本增效工作主线，广泛发动职工，加强基础管理，强化成本管控，圆满完成了生产经营任务，各项工作取得了新进展，矿山可持续发展能力进一步增强。

生产经营高效运行。全年采剥总量完成1274.9万吨，超产174.9万吨；输出铁矿石完成522.9万吨，满足了东烧选矿需求；矿石输出品位完成31.67%，超计划0.87%。加快-103米亚铁矿和-90米红矿采掘，确保了输出矿石的可选性和稳定性。严格执行准时化生产，均衡匹配各工序环节设备能力，有效提高了生产效率。开展“强化操作，爱岗敬业”活动，提高了岗位操作人员标准化操作水平。

安全环保闭环整治。扎实开展“4·16”安全事故大讨论，深刻吸取事故教训。强化安全生产责任制落实，齐抓共管安全管理的局面正在形成。加快“双重预防机制”建设，做好各危险源、点评估汇总，强化风险分级管控。扎实开展季节性危险辨识和隐患排查整治活动，安全隐患得到有效控制。充分履行环保责任，严格湿式作业，排岩场铺设防尘网3万余平方米，新增360度自动旋转喷淋管线620米，有效抑制了扬尘。

设备保障明显增强。强化以点检定修为核心的设备基础管理，发挥EAM系统优势，合理安排计划检修，提高设备检修效率。公开聘任设备点检员，提高设备点检水平。充分利用电商平台、零星采购渠道，保证备件及时供应。落实准时化生产，综合电价持续下降0.023元/千瓦时，电费支出减少62万元。

企业改革彰显活力。积极推进汽运、矿运两个作业区微市场化改革，激发微观市场主体活力。优化机构设置和人力资源配置，合并筑路、机动作业区，全矿作业区减至6个，减少生产服务岗位31人、劳务用工9人，全员劳动生产率提高13%。扎实开展管理提升年活动，制定实施管理提升措施40项，全方位提升各项基础管理水平。深入开展职工技术大练兵活动，13人获鞍钢和矿业公司技术能手称号。

科技创新增添动力。胶带系统无人值守项目完成成果鉴定，破碎无人值守平台通过阶段验收，有效提高了生产组织效率。强化工艺纪律管理，加大过铁考核力度，提高采场文明生产水平。加强爆破现场跟踪，开展爆破效果评价，爆破质量明显改善。深入开展群众性创新创效活动，上报专利3项，专有技术5项。

经济运行持续改善。加强预算、物耗和工序成本分析，成本费用指标管控和环节控制能力进一步增强。制定提高矿石综合输出品位，缩短汽车运距，实行躲峰生产，提高爆破效率，开展修旧利废，加强外转供用电管理等25项措施，完成降本增效4157万元，超计划780万元。实现利润4170万元，超计划1058万元。

关爱职工和谐共建。职工收入稳步提高，职工的获得感、幸福感进一步增强。深入开展“践行共享理念、关爱一线员工”专项服务行动，立项17项，完成16项、正在实施1项，其中，汽运作业区新建职工休息室交付使用，职工工作环境进一步改善。实施“温暖工程”，发放救济金、温暖工程基金共计9.4万元，为4名患大病职工办理大病医疗保险理赔32万元，救助困难职工259人次。

2019年，该矿各级党组织以习近平新时代中国特色社会主义思想为指引，全面贯彻党的十九大、十九届二中、三中、四中全会精神，围绕中心工作，充分发挥党委领导作用、党支部战斗堡垒作用和党员先锋模范作用，为完成全年各项目标任务提供了坚强政治保证。

着力加强党的政治建设。深入学习贯彻习近平总书记重要指示批示精神，建立工作机制，制定任务分解清单，明确责任和进度安排，着力推进落实。以习近平新时代中国特色社会主义思想为指引，全面贯彻鞍钢集团第二次党代会和矿业公司第一次党代会精神，完善“新五型东矿”建设发展目标，制定《东矿五年发展规划》。党的十九届四中全会召开后，制定学习方案，利用党委中心组学习会、“三会一课”等形式，组织党员干部学习，用全会精神指导实践、推动工作。

着力开展主题教育。以学习贯彻习近平新时代中国特色社会主义思想为主线，扎实开展第二批“不忘初心、牢记使命”主题教育，引导广大党员干部增强“四个意识”、坚定“四个自信”、做到“两个维护”。坚持边学边查边改，把学习教育、调查研究、检视问题、整改落实四项重点措施贯穿主题教育全过程。班子成员和普通党员集体学习45次。班子成员开展调研6次，收集意见建议55项，已经整改41项。班子成员和党支部书记全部完成讲专题党课。深入检视分析，对照党章党规找差距。建立主题教育问题清单，梳理问题9类19项，制定措施48项，已完成整改25项。抓实支部主题教育，采检党支部在矿业公司推进会上做了经验交流。矿运、汽运两个党支部眼睛向内找差距、定措施、促改革，推动了微市场化改革的顺利实施。

着力加强基层党建工作。以“五明确五着力”为抓手，认真落实公司“四化五联”党建工作模式，初步构建了系统联动、协同互动的大党建工作格局，促进了各项工作落实。在集团党委政治巡视中，对该矿党委工作给予了肯定。深入开展党支部建设提升年活动，采检党支部被鞍钢党委授予党支部工作示范基地、辽宁省党支部标准化规范化建设示范点，并在鞍钢基层党支部建设研讨会上介绍经验。开展党支部创星评价活动，坚持采取听看问查改“五字”法，定期对支部工作进行评价排序和通报，并纳入绩效考核。开展党支部书记述职评议工作，以“三点、三评、三整改”工作法，对党支部书记履职能力进行评价，取得较好效果。开展“二保三融四维一考核”等党内活动，完成共产党员工程项目 24 项，创效 268 万元，党员义务献工 630 个。

着力加强干部人才队伍建设。加强领导班子建设，发挥班子整体合力。坚持正确选人用人导向，严格落实新时期好干部标准，制定《加强干部作风建设的实施方案》，建立党员干部担当作为负面清单和廉洁自律负面清单，班子成员坚持每周二参加作业区和班组早会，带头下基层、下现场，带动了干部作风转变。交流调整干部 26 名，激发了干部活力。因履职不到位处理党员干部 16 名。加强优秀年轻干部培养选拔工作，采取到重要岗位锻炼、压担子、给任务等方式，促进了快速成长。完善人才等级序列评聘制度，评聘工程等级序列 13 人。

着力加强宣传思想政治工作。强化理论武装，着力在学懂弄通落实习近平新时代中国特色社会主义思想上下功夫，完成立项课题 9 项。建立意识形态工作责任制，形成职责明确的组织工作体系。加强宣传报道工作，在《鞍钢矿业》以上媒体刊发稿件 50 篇。建立了《东矿时讯》新载体，编发学习资料和各类稿件 16 期。加强形势任务教育，开展“解放思想，变革创新，建设新五型东矿”大讨论，编发宣传提纲 8 期。加强企业文化建设，持续开展东矿“三四六”星级文化管理。大力选树新时代典型，孙利东被授予烈士称号，杨勇、解志军分别荣获“辽宁青年五四奖章”、鞍钢劳动模范。持续抓好信访稳定工作，维护了企业稳定发展。

着力加强党风廉政建设。落实“两个责任”，逐级签订《党风廉政建设责任状》，把管党治党的责任和压力全面分解，逐层传递。加强监督工作，完善监督体系，围绕废旧物资回收、电商采购、零星采购、物料消耗等领域开展专项监督，共发现问题 29 个，制定整改措施 26 条，下达整改建议书 10 份。开展“带钱”问题专项治理，对 6 名相关人员进行了谈话提醒。持续深化鞍钢集团、矿业公司主题教育反馈问题同步整改工作，制定整改措施 100 项，对集团党委政治巡视反馈的 13 项问题，制定整改措施 18 项，并逐项抓好整改落实。强化廉洁从业教育，深入开展“心廉心”家庭助廉系列教育活动，广大党员干部廉洁从业意识不断增强。

着力加强群团工作。全心全意依靠职工办企业，开展厂务公开，落实职工知情权、参与权、表达权和监督权。开展“推进按质换油、降低油脂消耗”专项竞赛和机台“成本极限挑战赛”，全年有 3 项成果和 20 台次的主体机台受到公司奖励；深化双增双节活动，创效 460 万元。加强职工创新工作室建设，实施创新项目 47 项，创效 900 万元。马志刚创新工作室创新项目获鞍钢创新成果三等奖。弘扬劳模精神和工匠精神，马志刚被授予辽宁省五一劳动奖章。举办先进操作法“大讲堂”5 场，有 2 项操作法被矿业公司命名为先进操作法。共青团组织实施工作项目化管理，组建青年创新工作小组 4 个，确立创新创效微项目 12 项，创效 40 万元。持续开展“服务敬老院”活动，保持和延续了鞍钢“金牌青年志愿服务项目”。科协、民兵、统战、女工等组织也发挥了重要作用，为完成全年生产经营任务作出了应有的贡献。

（由继宏）

【眼前山铁矿概况】 截至 2019 年末，眼前山铁矿有在岗职工 437 人，其中干部 80 人（高级职称 11 人，中级职称 47 人，初级职称 22 人），工人 357 人。下设四室一会一部和 4 个作业区。固定资产原值 14.96 亿元，主要生产设备共有 72 台（套）。全年采掘总量、铁矿石输出分别完成 418.67 万吨、289.89 万吨，比上年分别提高 44.99 万吨、14.04 万吨。全年实现轻伤以上人身事故和重大设备、交通、火灾事故及较大环保事故为零。

2019 年，全矿干部职工认真落实矿业新发展战略，克服产量压力大，系统环节生产能力不稳定，生产与工程建设交叉影响大，环保压力大等不利因素，持续推进三个攻坚，生产经营和改革创新取得了新成绩。生产运行能力再创新水平。深入推行抓两头带中间的生产组织方针，及时调整生产部位和设备布局，优化各工序生产衔接、强化内外协调输出，生产运行质量水平不断提升。

安全环保取得新成绩。重新修订安全管理制度 6 个，安全责任制增至 107 个。安全教育培训 1875 人次，创建“安全标准化星级作业区”1 个、班组 4 个。开展安全风险辨识活动，识别各等级安全风险 108 项。制定相应管控措施 432 项。排查治理隐患 620 项。完善各类专项应急预案 5 个。

开展应急演练10次。采取有效方式抑制井下粉尘、噪声，实现环保达标。

设备保障能力取得新提升。新修订岗位规程9个，补充完善设备检修技术作业标准8个。组织开展岗位培训12次，检查整改现场设备隐患问题69项。改造设备设计缺陷6个。组建帮扶队伍指导租赁设备检修维护，提高设备可开动率和作业效率，确保了设备安全稳定运行。

井下工程建设取得新成果。完成工程投资6900万元，办理决算15项，决算金额2.9亿元。一是完成东区25条采区溜井及对应的振动放矿、铁路架线、动力管网等工程施工，为产能提升创造了条件。二是完成22条采区进、回风井及配套的通风系统设备安装工程，为安全生产及验收创造有利条件。三是推动1号主井系统、综合楼、六大系统等工程施工进度，其中综合楼完成了基础施工及A区楼层的封顶工作，完成六大系统各水平设备安装及布线工作，1号主井破碎系统及井底设施的安装工作。

技术创新取得新佳绩。全年实施创新项目32项，创效720万元。征集合理化建议26项，实施18项，创效350万元。通过省部级科研成果鉴定1项，受理专利6项。郑义创新工作室获鞍山市大师创新工作室。

改革和管理取得新进展。铁运矿石输出产线“微市场化”改革顺利推进，在部分工种实施了岗位计件工资。完成管理创新成果14项，其中有1项获辽宁省企业管理创新成果二等奖。开展全面风险防范与评估工作，健全法治工作体系。职工技术培训率达到97.5%。

共建共享取得新成效。改善职工作业环境5处，增加防暑防寒设施4处、防尘噪声设备6台，组织职工健康体检542人，健康疗养330人次，帮扶特困职工7户，医疗救助13人，发放医疗救济金7.5万元，办理2名职工大病医疗保险理赔，帮扶职工591人次，发放救济金23.3万元。在岗职工人均收入比上年增长4.76%。

（李　娜）

【大孤山球团厂概况】 截至2019年末，大孤山球团厂在职职工940人，其中，在岗职工883人（管理技术岗位124人、生产服务岗位759人）、居家休息职工53人、列编外4人；离退休职工882人。下设4室1会、10个作业区。固定资产原值13.3亿元，净值3.99亿元。全厂占地总面积3547842.6万平方米，建筑面积207388.9万平方米。球团生产线采用目前国际较为先进的链箅机-回转窑氧化球团生产工艺，其设计能力为年产酸性氧化球团矿200万吨。选矿主要设备有球磨机34台、破碎机11台。全年铁精矿产量完成292.5万吨，超计划17.5万吨；球团矿产量完成233.3万吨，超计划13.3万吨；铁精矿单位完全成本达到439.34元/吨，比计划降低17.32元/吨，球团矿单位完全成本达到582.63元/吨，比计划增加6.68元/吨，总成本比计划降低6076万元；实现利润88587万元，比计划多完成3060万元。全员劳动生产率选矿区域12102.1吨/（人·年），球团区域9722.9吨/（人·年）；千人负伤率为零。

2019年，该厂干部职工深入学习贯彻习近平新时代中国特色社会主义思想和党的十九大精神，以改革创新、昂扬向上的精神，在建设美丽大球新征程上，砥砺前行，奋发有为，确保完成了全年生产经营任务。一是“三高一长一低”模式实现了“双超”目标。坚持以高质量发展战略推动生产经营方式转变，有效实施了高台时、高作业率、高收率、长周期稳定运行、低消耗“三高一长一低”模式，优化生产组织增效益，优化设备经济运行提效率，优化生产操作保指标，提升了增产创效能力。二是设备技术状况保持了稳定高效运行。从提效率、抓降耗、保运行入手，推行设备周期管理，推进设备升级达标，强化设备点检定修，开展设备整修治理，搞好自营队伍建设，加快设备更新改造步伐，提升了设备运行质量和效率。10月22日成功组织了选矿系统计划72小时全停检修，安全、优质、高效完成120项检修任务，为增产创效提供了有力保障。三是环保治理力度进一步加大。贯彻绿色发展理念，坚持以尾矿库防尘抑尘、球团脱硫为重点，多措并举，综合治理，实现了达标排放，有效控制了环境污染。以做好绿色矿山参观迎检为契机，进一步加大了现场环境整治的力度，促进了内外环境明显改观和现场管理水平提升。四是技术攻关创效取得了新进展。积极推进科研课题立项、专项技术攻关、工艺技术改造和新技术成果转化应用，先后完成了大矿回收水工程、过滤机改造安装、链箅机鼓干段工艺技术改进、破碎划皮带技术应用等项目。全年双革项目完成59项、技术攻关2

项、科技增效项目7项，累计创效2578万元。五是企业管理得到了有效提升。有效实施了契约化、专业化、标准化、集中化、信息化和差异化六项管理举措，在管理思维、方法、手段、考核等方面实现新突破。核心做到五抓，即干部抓作风，提高工作绩效；工人抓纪律，严格作业行为规范；管理抓制度，强化执行力；考核抓激励，强化契约化指标细化分解、量化考核和重点管控；人力资源抓优化，提高劳动生产率。六是高技能人才队伍建设得到加强。大力弘扬工匠精神，积极搭建选拔培养、技能培训、技术竞赛、晋升发展四个平台。组织开展了职工技术大练兵活动，获得厂技术状元12名、技术能手37名，获得鞍钢群英赛状元1名、获得矿业公司技术状元2名、技术能手25名。聘任高技能人才63人，聘任检修系统技术等级序列人员100人。七是幸福大球建设迈出了新步伐。从十个维度深入推进了“践行共享理念、关爱一线员工”专项服务行动，积极改善职工生活福利设施，为职工办实事解难题。开展了送温暖救助活动，走访慰问困难职工260人次，发放救济金10.6万元。组织全厂职工健康体检，组织490名职工健康疗养。为990名职工发放了生日礼物，为一线职工岗位购置了电热水壶、不锈钢暖瓶200个。举办了丰富多彩的文体活动，活跃了职工业余文化生活。八是“不忘初心、牢记使命”主题教育取得成效。紧盯目标任务，贯穿问题导向，突出整改落实，切实做到了坚持谋划在先，以上率下抓引领；坚持学深践悟，精心安排抓教育；坚持求真务实，深入基层抓调研；坚持边学边改，以知促行查问题。班子成员共组织集体学习研讨15次，调研基层7个作业区，收集问题和建议15项，检视分析问题，建立问题清单台账，形成一人一张表，制定整改措施5个方面18项措施，使职工群众满意度得到提升。

（张明洪）

【齐大山选矿厂概况】 截至2019年末，齐大山选矿厂有在职职工764人，其中管理专业技术人员114人，生产服务人员650人。下设4室1会、8个作业区。

2019年，该厂干部职工深入学习贯彻习近平新时代中国特色社会主义思想、党的十九大精神和十九届四中全会精神，落实矿业公司决策部署，克服了原矿供应严重不足，供矿强度变化大，可选性大幅下降，矿石性质复杂等诸多不利因素，齐心协力，应对挑战，全面完成了各项目标任务，得到了矿业公司的充分肯定。

党组织的领导核心和政治核心作用充分发挥。该厂党委深入学习贯彻习近平新时代中国特色社会主义思想和党的十九大、十九届三中、四中全会精神，扎实开展“不忘初心、牢记使命”主题教育，认真贯彻落实鞍钢集团第二次党代会和矿业公司第一次党代会精神，用高质量党建工作引领齐选厂高质量发展。成功召开齐选厂第三次党代会，建立健全四位一体的全方位考核评价体系，落实“四化五联”党建工作新模式，深化党建基础工程、党建特色品牌工程、党员创新领航工程、党风廉政建设工程、群团组织合力工程建设。实施党员微创新项目29项，创效200余万元。深化党风廉政建设，把管党治党责任落到实处，层层签订责任状，形成了逐级负责、全员监管的良好局面。围绕三个“对照”认真查摆自身存在的形式主义、官僚主义突出问题及具体表现，建章立制6项，营造了风清气正的良好氛围。

超额完成生产经营任务。该厂在矿石来量不稳、不足、可选性大幅下降的情况下，注重系统优化、环节细化，形成了上下工序联动、过程控制紧密的生产链条，不断提升生产运营品质，全面完成了公司下达的生产经营任务，铁精矿产量298万吨，一级品率、合格率均超计划完成，实现销售收入22.25亿元，完成利润8.86亿元，报表利润超计划2.1亿元，铁精矿完全成本445.97元/吨。

科技创效潜能得到充分激发和释放。该厂开展了浮选给矿细筛试验、粒度检测仪试验、高效浮选药剂试验、破碎小粒度生产等技术攻关和实践应用，取得了突破性进展，全年获受理专利4项。深化全员创新，实施完成全员创新项目34项，创效353余万元。强化全员培训，通过实际模拟，现场演练，生产和检修实际操作模型应用等培训方式，不断提升全员实际操作技能和实战水平，自主培训652课时，培训12824人次。评聘高技能人才27人。

企业管理迈上新台阶。该厂牢牢抓住“管理契约化、身份市场化”两个关键环节，积极推进微市场化，全面构建符合市场化要求的商品经济模式，在破碎作业区试行微市场化改革，取得较好效果。积极推进法治建设，两次修订、发布厂级管理制度体系，及时更新完善重要专业制度。防范风险管理，全年修订发布风险防控长效制度文件32项，有序开展了重大事项合规审查、风险内部控制工作。不断探索科学有效的管理方式，提升管理水平，获得公司管理现代化创新成果奖5项。

职工幸福指数进一步提升。践行共享理念，关爱一线员工。依靠职工群众办企业，维护职工合法权益，深化民主管理，贯彻落实职代会制度、民主评议干部制度、职工代表视察制度，深化厂务公开，加强职工劳动保护，构建和谐劳动关系。关心职工的生产和生活，解决职工诉求35项，相继完成了检修破碎段浴池的整体维修、破碎8号皮带岗位小房重建等项目，作业条件和福利设施进一步改善，职工幸福感进一步增强。

（郑百效）

【东鞍山烧结厂概况】 截至2019年末，东鞍山烧结厂在职职工1099人，其中干部岗位124人，工人岗位906人，居家休息职工60人，列编外9人。下设四室一会，6个作业区。拥有固定资产原值14.99亿元，净值6.65亿元。厂区总占地面积为475.6万平方米，总建筑面积26万平方米。

2019年，该厂以市场化改革为主线，以效益效率为中心，推进技术进步，深化改革创新，全年铁精矿、烧结矿、活性灰三大产品分别生产190万吨、331万吨、27万吨，三大产品单位成本分别完成543.90元/吨、753.70元/吨、302.19元/吨，销售收入24.33亿元，利润2998万元。

坚持发展战略高起点布局。制定了选矿、烧结、活性灰三条产线分别建成公司难选矿生产基地、绿色环保国家超低排放示范生产线，活性灰深加工精品基地的中长期发展规划。

提升设备保障能力。完善了设备定修模型，实施了破碎机体检制、烧结系统长周期运行保障机制，烧结机实现40天稳定运行。

推进科技创新。实施了破碎大架子粉矿仓改造与浮选系统增容改造。10项专利获得国家授权或受理，3项技术获得鞍钢专有技术认定。2项科研项目分获矿业公司科技创新奖一等奖、二等奖。全年科技创效2814万元。

深化市场化改革。构建“1+4”市场化经营管控模式。撤并4个作业区，形成以4个经营主体及下设6个微市场单元为主的精干组织架构。建立了内部模拟市场化的核算、指标效益联动和仲裁机制。深化三项制度改革，建立了市场化选聘、用工、薪酬分配机制，激发了职工队伍活力，提前完成脱僵治困目标。

推进绿色文明生产。加强尾矿库、料场喷洒抑尘剂治理，改造旧截污泵站，修复井峪沟循环泵站，完善南西沟回水系统。

推进管理升级。完成制度“立改废”32项。与先进企业开展对标。全年利库1700万元。完成外委转自修83项，节约修理费145万元。

该厂深入开展“不忘初心、牢记使命”主题教育，紧密结合改革与扭亏脱困实际，全年党委中心组专题学习34次，研讨18次。深入落实公司“四化五联”党建工作模式，开展党日活动36次。征集党员合理化建议28项，实施共产党员工程8项，创效240万元。2个党员工程项目被评为公司二等奖。3人夺得公司技术状元，6人被聘为厂实用人才。全年下发宣传提纲23期，干部跟班宣讲268次。对外发稿76篇，编发《东烧快讯》331篇。双增双节创效622万元。开展“践行共享理念，关爱一线员工”专项服务行动，为一线职工解难题30余项，发放救济金13.04万元，救助困难职工351人次，为4名职工办理32万元大病保险理赔。

（张仁友）

【鞍千矿业有限责任公司概况】 截至2019年末，鞍千矿业有限责任公司共有职工854人，其中干部91人（教授级职称1人，高级职称13人，中级58人，初级22人），工人763人。下设四室一会，10个作业区。该公司实行精干高效的扁平化管理体制，检修、后勤服务、保卫等实行协力机制。企业固定资产原值20.3亿元，净值7.25亿元。厂区占地面积460万平方米（选厂44万平方米），建筑面积5.42万平方米。主要设备有4立方米电铲14台，10立方米电铲8台，牙轮钻机11台（YZ35型9台，YZ55型2台），生产汽车86台（沃尔沃32台，卡特15台，小松10台，TR10029台），推土机16台，PXZ1216粗破机3台，H8800中碎机2台，H8800细破机2台，MP800细破机2台，ϕ5030毫米×6400毫米球磨机6台，ϕ9150毫米×5030毫米半自磨机1台，SLON2000立环脉动磁选机18台，SLON3000立环脉动磁选机6台，72平方米过滤机15台。

2019年，公司深入贯彻落实矿业公司各项决策部署，按照公司第四次党代会确立的奋斗目标和发展思路，克服改革发展任务繁重、内外部矛盾叠加等不利因素，取得了安全生产强基固本、产量效益稳中向好、改革任务稳步推进、创新发展初见成效的良好成绩。获得了中央企业先进集体、鞍钢集团先进单位等荣誉称号。全年完成采剥总量8707万吨，矿石1617万吨，铁精矿256万吨；入选原矿品位27.43%、精矿品位67.55%、尾矿品位9.68%，利润超计划1545万元。铁精矿单位制造成本330元/吨，比预算降低16元/吨。采、选从业人员劳动生产率分别为46226吨/(人·年)、8374吨/(人·年)，均处于同行业领先水平。

生产组织科学稳定高效。实施采选主要工序流程有效管控，产量效益规模凸显。采矿方面，克服了上半年外委剥岩工程招标时间滞后等不利因素影响，通过强化重点部位采掘，加强采场循环调整，充分发挥井口储矿场优势，减少粗破待矿时间，提升系统运行效率，实现了产量规模提升，确保了东部矿区采选平衡。选矿方面，从中和配矿、提高台时、降低尾品三个维度开展生产流程管控，全面完成生产经营任务，尾矿品位持续保持国内领先水平，球磨台时创近三年最好水平。同时，针对各类突发问题，灵活启动生产优化和保障方案，实现了选矿生产高效顺行。

安全环保工作稳步提升。深入推进安全标准化创建工作，两个作业区晋级矿业公司“安全标准化星级作业区”，三个作业区顺利通过复核评审。“双重预防”机制建设取得成效，731个危险源实现安全风险分级管控。创新安全监管手段，开展了爆破施工、采场行车、特种设备等9个方面的专项检查，全年共排查治理隐患850项，考核30余万元。大力开展环境污染防治攻坚，实施了煤场封闭和锅炉除尘提标改造，脱硝装置已建成投入运行。对南汽运院内排水系统进行改造，实现了“污水不入河”目标。监督采场洒水和产线喷淋抑尘效果，调整锅炉运行状态，控制烟尘排放，环保风险得到有效管控。

创新创效动能充分释放。围绕生产经营难点和瓶颈问题，深入开展职工创新创效和科技创新攻关活动。各职工创新工作室和创新工作小组积极发挥职工创造力，全年实施创新攻关项目128项，全部应用到生产实践中，充分释放了创新创效动能。在科技创新上，完成了西大背采场难选矿综合利用等25个项目，创效3576万元，为长远发展提供了科技支撑。2019年，获得矿业公司科技成果二等奖1项、三等奖2项，鞍钢集团科技成果三等奖1项，冶金矿山科技成果一等奖1项。3名职工创新成果在全国发明展览会上获银奖2项、铜奖1项。获国家授权专利8件，荣获十省矿业学术交流会科技成果一等奖1项、二等奖3项、三等奖3项。

设备管理水平持续改进。践行“定量、动态、零缺陷”设备管理理念，进一步修订完善点检定修、绩效考核等管理制度，将核心设备重点技经指标纳入考核体系，规范量化标准，全年优化管理流程3项，检查并整改现场设备问题150项，实现了设备运行效率的整体提升。改革检修作业区工作职能，扩大内部承修范围，提高了工作效率和工作质量，创造产值956万元。深化清单式设备管理模式，定期梳理、汇总工作中发现的实际问题，分解落实到责任人，实现问题整改闭环管理，使执行效率和服务管控能力得到持续提升。

企业改革工作扎实推进。磨磁作业区契约化经营和检修作业区内部市场化经营取得实质性进展，效率效益指标明显改善，运行效果显著。通过实施组织机构改革，进一步优化机关业务单元专业化职能，整合了作业区优势资源，提高了专业化业务水平。持续深化三项制度改革，构建与现代化矿山生产相匹配的ABC管理模式，优化岗位设置，做强做优主营类岗位。推进制度体系建设，制定修订各类管理制度44项，对制度贯彻落实和执行效果进行自检自查，实现了制度的规范有序运行。

“不忘初心、牢记使命”主题教育深入开展。牢牢抓住学习贯彻习近平新时代中国特色社会主义思想这条主线，认真制定推进方案，深化组织督导，坚持把学习教育、调查研究、检视问题、整改落实四项重点措施贯穿主题教育全过程，领导班子成员集体学习研讨14次，深入11个作业区开展调查研究，共征集意见和建议10大类66项。在深入调研基础上，领导班子成员结合自身学习认识和体会，到联系点为广大党员上专题党课。深入开展检视剖析，对照党章党规查摆自身的差距不足，共自我检视问题26项。落实整改责任，制定鞍钢集团、矿业公司主题教育问题同步整改清单和鞍千公司主题教育问题清单，总计排查出问题150项，制定整改措施300条，到2019年末，已累计完成整改55项。各党支部也认真制定了主题教育工作计划，按照集团公司党委确定的13项重点工作要求，开展主题党日和组织生活会，组织党员认真学习《习近平新时代中国特色社会主义思想学习纲要》和《习近平关于“不忘初心、牢记使命”论述摘编》，对照党章党规，进行检视整改，实现了主题教育全覆盖见实效。

党建工作持续加强。坚持以政治建设统领党建工作，通过强化政治理论学习、规范党内政治生活等，不断提升党员的政治意识和政治规矩，引导广大党员干部增强“四个意识”、坚定“四个自信”、做到“两个维护”。成功召开鞍千公司第四次党代会，确定了今后一个时期的发展思路和奋斗目标。认真落实矿业公司党委“四化五联”党建工作模式，实施“引领+服务+保证”的党建工作模式，进一步强化了党组织的引领、服务和保证作用。实施党建工作项目课题制，完成党建研究课题18个，实施党建重点工作项目18个，3项成果获矿业公司一等奖。加强党支部基础建设，完善党员活动室硬件设施和党支部基本制度，建立基层党组织换届工作台账，完成了16个党支部的换届选举工作，南采党支部被命名为鞍钢样板党支部。开展党支部书记述职评议考核，实现了述职工作常态化。围绕生产经营的重点、难点环节，在全体党员中开展了共产党员工程和合理化建议活动，完成党员工程项目61项，党员提出合理化建议165项，创效3510万元。

宣传思想文化建设扎实有效。高度重视意识形态工作，制定下发《落实党委网络意识形态工作责任制责任分工方案》，把意识形态工作纳入到全年工作要点和支部工作考核评价，做到与生产经营工作同部署、同落实、同检查、同考核。深入开展“解放思想、开放变革，建设高质量发展新鞍千”大讨论活动，引导广大干部职工以新理念、新思路推进鞍千公司高质量发展。深化形势任务教育，组织编写班前5分钟宣传提纲26篇，下发形势任务教育材料12篇，中层干部跟班讲形势86人次。全年在《当代工人》杂志、《鞍钢日报》和《鞍钢矿业》等媒体发表稿件104篇，树立了鞍千公司的良好形象。深入推进“同心同向”文化建设，广泛宣传“与企业同心、与改革同行、与发展同向”的文化理念，这项成果荣获中国冶金行业党建思想政治工作研究三等奖。大力开展典型选树活动，出版《鞍千榜样》一书，持续开展“每月一模”宣传活动，宣传树立了辽宁省第200例造血干细胞捐献者付丽娜、中央企业优秀共产党员王长艳等一批先进典型。

职工群众共享发展成果。坚持以职工群众为中心，维护职工切身利益，积极推进职工培训工作，全年举办各类技术培训班39个，培训1974人次，培训率达到97.5%，职工职业技能得到进一步提升。开展全员技术大练兵活动，1名职工夺得鞍钢技术状元，3名职工获得矿业公司技术状元，10名职工获鞍钢和矿业公司技术能手。深入开展“践行共享理念、关爱一线员工”专项服务行动，为职工办实事、解难题69个，鞍千公司工会被评为辽宁省模范职工之家。建立困难职工帮带对子8对，为4名职工核销医疗救济金3.1万元，为1名职工办理大病保险理赔8万元，救济困难职工205人次，发放救济金11.7万元。履行职工代表视察职能，切实为职工解决生产生活问题69项。

（惠书昱）

【关宝山矿业有限公司概况】 截至2019年末，关宝山矿业有限公司共有职工209人，其中管理技术岗位37人（高级职称6人，中级职称25人，初级职称5人），生产工人167人，居家4人、列编外1人。公司机关设“四室一会”，下设6个作业区。拥有固定资产原值21.93亿元、净值19.14亿元。主要设备有PXZ-1216悬挂式旋回破碎机1台、H8800中破机2台、HP800细破机4台、2YAH2460圆振动筛8台、ϕ6.2米×9.0米溢流型球磨机2台、VTM-1500立磨机6台、ϕ3000立环脉动高梯度磁选机7台、浮选机34台、ϕ50米浓缩机4台、ϕ38米浓缩机2台、ϕ60米浓缩机2台、ϕ38米机械加速斜板澄清池2台、VPA2040-54压滤机3台、35吨锅炉3台。

生产经营创造新业绩。2019年实现满负荷生产，全年完成采剥总量1995万吨，铁矿石完成421万吨，精矿产量180万吨，精矿输出180万吨，创历史最好水平。铁精矿单位制造成本527.47元/吨，利润30702万元，超计划754万元；安全工作实现了轻伤以上事故为零、重大设备、火灾和环保事故为零。2019年浮选作业区为矿业公司唯一荣获“三星级标准化”称号的作业区。

降本增效取得新成果。通过优化采掘计划，调整供矿比例，加强配矿管理，强化生产组织，2019年硬碰硬增产精矿5万吨，稳定了矿石品位和可选性，降低了采矿成本，年创效2347万元；重新规划采场运输系统，年节省运费123.8万元；优化生产运行，严控工序质量，年节约成本71.89万元；通过增加球磨机加球次数，稳定磨矿粒度，调整溢流粒度、混磁精品位，降低综尾品位0.6%，年创效440万元；通过强化产品输出，增加精矿输出渠道，输出东烧3.02万吨、大球3.54万吨，减轻了库存压力和成本占用。

设备管理实现新突破。全面实施设备系统全员“半日检”工作，依托微信等信息手段将设备缺陷、处理方案及整改时间节点进行上报，逐步建立维修计划、点检维护、维修管理、备件消耗的数字化系统。设备故障率同比降低45%，全年设备开动率达95.34%，创造了历史同期最好水平。

基础管理工作得到新加强。完善制度管理体系，完成各类制度“立改废”共132项，规范现有203项制度，促进各项管理工作更加专业化、规范化、标准化。

技术创新迈出新步伐。完成美卓球磨机衬板长寿化试验攻关，创经济效益330万元。通过助滤剂加药点位置更改，提高滤布使用寿命，年创效234万元。为球磨机增加挡球箅，提升球磨机填充率1.5%，解决球磨机衬板更换初期需降低台时的影响，年创效770万元。

共建共享取得新成效。深入开展“双增双节”活动，全年累计创效443万元，上报先进操作法4项，有效解决制约生产的难题和关键问题；深化“践行共享理念，关爱一线员工”专项服务行动，更换岗位职工座椅30套，为职工建设了篮球场地，安排疗养度假，加大困难职工帮扶力度，全年发放救济款2.2万元，走访慰问职工113人次；加强企业文化建设，举办篮球赛、拔河、登山等文体活动，丰富职工业余文化生活，促进职工身心健康，使职工实实在在享受到企业发展成果，增强了职工荣誉感、归属感和幸福感。

（赵英华）

【大连石灰石新矿概况】 截至2019年末，大连石灰石新矿有职工669人，其中在岗457人，居家休息192人，列编外20人；在岗人员中干部120人（中级职称65人，高级职称4人），工人337人；离退休职工858人。矿机关设生产技术室、设备室、综合管理室、财务室、党委工作室、工会及供应站和武装保卫队，下设6个车间级单位。产品主要有四个品种：小优（15~35毫米）、大优（30~55毫米）、碎石（0~15毫米）、粉矿（0~3毫米）。现有YZ-35牙轮钻1台，SWDA165潜孔钻2台，SWDE120边坡钻机1台，WK-4电铲5台，EC290BLC、EC360BLC液压挖掘机各1台，EC460BLC液压挖掘机1台，3307B矿用生产汽车2台、TR50矿用生产汽车2台、TR60矿用生产汽车11台，PX1200/180旋回破碎机1台，PBY2200圆锥破碎机1台。固定资产原值为4.7643亿元，新增值649.5万元，固定资产净值1.9241亿元。工业占地186.96万平方米，建筑面积4.72万平方米。

2019年，该矿石灰石输出完成312万吨，超计划4%，实现销售收入13526万元，利润亏损2412万元，比计划减亏958万元。

生产经营方面：2019年，该矿通过社会公开竞价，打破内外销格局限制，强化外部销售组织力度，全年实现石灰石外销33万吨，实现销售收入1922万元。该矿坚持以市场为导向，不断实施工艺系统优化和改进，在增强产品的市场适应性的同时，资源利用率大幅提升，石灰石块矿产率达54.7%，成品矿产率达到81.5%，分别比上年提高3.7%和8%，采剥总量、原矿量比计划分别下降32万吨、25万吨，降低生产成本336.2万元。

强化管理方面：2019年，该矿以深化“依法合规治企”为抓手，共制定和完善各项管理文件55件，细化了生产安全和经营风险定期评估制度和15个风险内控制度，辨识重要风险7项，设定9项风险监控指标。全年减员101人，其中劳务人员减员62人；撤销了汽车服务中心，并将输出作业区两个班组合并。

降本增效方面：2019年，该矿通过深化设备点检定修管理，设备运行保持总体稳定，能源消耗保持低位运行。采剥、钻孔、破碎、粉矿、输出电单耗分别较计划下降3.4%、0.16%、

4.57%、8.9%、3.2%；供电系统实现零故障运行，功率因素达到0.98，通过实施最大负荷风险管控，全年节约用电突破50万元。通过强化全面预算管控，定额、非定额费用较预算减少300万元，动力电减少100万元，工资及附加减少240万元，保产作业费减少260万元，通勤费、差旅费、办公费等其他可控费用减少90万元，财务费用减少55万元。

企业文化方面：2019年，该矿组织实施立项培训46项，建立导师带徒对子30对，制度化推进立项创新61项，成立职工技术创新小组12个，开展活动42项，制定创效措施32条，解决技术难题20项。在矿业公司技术大练兵活动中，修华春获得财务专业技术状元。通过群众性降本增效活动，全年节约生产成本170万元，实现双增双节118.24万元。全年走访慰问困难职工130余人次，发放慰问品1.27万元，救济金7.37万元；为3名患重大疾病职工办理了保险理赔24万元，为45人次患病职工办理大连市总工会医疗互助7.5万元；举办了“我和我的祖国”文艺汇演暨职工趣味活动等文体活动。

（陈兴林　刘敬俊）

【动力厂概况】 动力厂是鞍钢集团矿业有限公司所属的集供电、电网检测维护、电机维修、通信信息网络维护、计量装置和电气自动化维护等多种业务于一体的专业化维护单位。截至2019年末，共有职工544人，其中管理技术岗位107人，生产服务岗位437人。下设6个作业区，机关“四室一会”。厂区占地面积17万平方米，建筑面积4万平方米。固定资产原值6.5亿元，净值3.7亿元。

2019年，动力厂全面超额完成了矿业公司下达的考核指标，实现轻伤以上事故为零。自动化和电控作业区进入矿业公司安全标准化星级作业区行列。电力作业区顺利通过矿业公司安全标准化星级作业区复审。5个班组进入百强安全标准化班组。动力厂通过有针对性的开展特种设备和防触电等专项检查、广泛发动职工群众进行微信随手拍整治隐患、不断强化相关方管理等措施，营造了良好的安全生产环境，保证了职工群众人身安全和企业生产顺行。

电网实现经济稳定运行。2019年共完成配电量25.94亿千瓦时，实现总收入15.64亿元。强化保供服务，完成了66千伏崔关二线改造送电工程等工作，提升电网稳定运行能力。强化设备点检，对设备逐步进行更新改造，提升控制系统运行可靠性。全面加强电网春检工作，实行设备全面检修，为矿业公司生产提供了可靠动力保证。2019年设备事故为零，创历史最好水平。

保产服务工作再上新台阶。贯彻落实厂级、部门级、作业区级服务质量三级回访，定期开展服务质量满意度调查，营造了和谐共进的甲乙方关系，为高质量完成保产服务工作奠定了坚实基础。固化对甲方产权设备的点检巡视机制，有针对性进行了关键环节重要设备的综合整治，自动化检修维护工作逐步受到甲方认可。强化保产作业项目和内部承修工程的施工组织，筹备组建了弓长岭地区电机检修基地，提高了弓长岭地区电机检修效率。

科技创新工作取得新成果。“基于隔膜泵远距离矿浆输送系统的控制与优化”项目在第23届全国发明展览会·“一带一路”暨金砖国家技术创新与技能发展大赛上获金奖。全年申报4项发明专利，3项实用新型专利，获授权10项实用新型专利。

职工利益维护和队伍建设不断加强。践行“职工利益无小事”理念，修缮了职工浴池和站所防暑降温及取暖设施，为职工休息室更换了更衣箱和桌椅。关心困难职工群体，2019年走访、慰问困难职工97人次，发放救济金5.1万余元。着力打造知识型、技能型、创新型职工队伍，筹备建设了职工技能实训基地。开展了技师、高级技师评聘工作，有效激发了职工提技能、晋等级热情。

2019年，该厂党委以习近平新时代中国特色社会主义思想为指引，全面贯彻党的十九大、十九届历次全会精神，紧密围绕中心工作，充分发挥党委领导作用、党支部战斗堡垒作用和党员先锋模范作用，为完成全年各项目标任务提供了坚强政治保证。

组织学习党的十九大精神，强化理论武装。紧扣深入学习习近平新时代中国特色社会主义思想和党的十九大精神这一主线，制定年度学习教育规划。持续深入推进“两学一做”学习教育常态化制度化，增强“四个意识”、坚定“四个自信”、做到“两个维护”。厂党委邀请鞍钢党校教授进行党的十九大精神集中宣讲，党支部利用

“三会一课”组织全体党员集中培训，确保在学懂弄通做实上下功夫，教育引导党员干部铸牢理想信念宗旨之魂，永葆共产党人政治本色。

抓住重点，确保主题教育扎实有力推进。坚持问题导向，把学习教育、调查研究、检视问题、整改落实贯穿主题教育的全过程，高质量完成各项工作任务。党委委员带头到基层党支部讲专题党课。党委和党支部高质量召开专题民主生活会和专题组织生活会，深刻查找自身存在的差距和不足，严肃认真开展批评和自我批评。将主题教育成效体现在解决具体问题上，发现问题立行立改。安装电锅炉，解决08变电所和电修作业区取暖问题；为偏远岗位配备微波炉，解决部分倒班作业人员自带餐夜班无法加热等问题。

抓基层、打基础，发挥基层党支部主体作用。开展“三保两挂一创”主题实践活动，在党支部中开展了“建设树标杆、工作评品牌、支部创样板”活动，自动化作业区党支部通过鞍钢集团检查验收，晋升为鞍钢样板党支部。强化基层党支部书记抓党建工作述职评议工作，对11个党支部进行了年度述职评议，压实基层党建工作责任。开展特色化、多样性主题实践活动，实施共产党员工程31项，创效733万元。

强化重点环节，加强后备干部队伍培养。针对技术断层的问题，制定《动力厂加强干部队伍建设实施办法》，重点培养青年后备人才，把基层实践磨炼作为培养使用干部的重要途径。对岗位经历少，缺少基层工作经验的年轻干部，适时进行岗位交流，增加多岗位工作经验。2019年，新提职年轻干部1名，选拔2名重点培养干部进行压担子、促成长。

强化学习教育，提升意识形态领域认知水平。该厂党委高度重视意识形态工作，定期分析研判。加强正面宣传教育，开展了“大国顶梁柱 阔步新时代”作品征集、庆祝新中国成立70周年征文等系列活动。加强新媒体管理，把意识形态工作与强化舆情监管相结合，贯彻网络意识形态工作责任制责任分工，对全厂各类微信群建档立卡，党支部设专人进行舆情监管，在重要时间节点实行日报告制度，营造清朗网络空间。

落实党委主体责任，切实抓好党风廉政建设。召开党风廉政警示教育大会，组织党员干部参观鞍钢廉政教育展览馆，进一步增强了党员干部的廉洁意识。全年约谈干部党员20多人次，1名厂领导和3名中层干部主动申报了个人事项。严肃执纪问责，处理违纪党员1人，诫勉谈话2人，批评教育2人。倡导廉洁家风，开展家庭助廉“学党纪条规 建廉洁家庭”知识测试，征集家庭助廉微电影观后感15篇，8名职工家属积极参与了活动，上报测试卷243份，观后感15份。

群团工作扎实开展，和谐企业建设工作取得实效。关心职工群众生活，做好困难职工帮扶，全年走访慰问困难职工97人次，发放救济金5.1万余元，探望患病职工3人，送去慰问金3000元。丰富职工业余文化生活，全年开展了拔河、游园健步行、登山和班组体能赛等健康向上的文体活动。积极参加上级工会组织的比赛活动，获鞍钢乒乓球比赛女子团体亚军，在鞍钢竞技舞台展示了队伍建设成果和企业形象。

（丁伟伟）

【设备检修协力中心概况】 截至2019年末，协力共有职工378人，在岗职工313人，其中干部人数59人（高级职称4人，中级职称40人，初级职称15人），工人254人（高级技师12人，技师32人）；离退休职工565人。中心下设“三部一会”（生产经营室、党委工作室、综合管理室、工会），5个工区。拥有固定资产18267万元，净值7248万元。主要设备有机械加工车床38台，起重设备37台，动力设备142台，运输设备23台。

2019年是设备检修协力进入改革深水区，直面市场严峻考验的保命经营之年。认清当前形势，进一步增强危机意识、责任意识和担当意识，紧跟集团公司改革发展步伐，充分争取并利用好公司相关政策支持，依托多年在实践锤炼中形成的品牌和技术优势，直面挑战和考验，做好各项工作，完成了全年生产经营目标。

擦亮协力品牌，放大企业经营作为。围绕全年生产经营任务，通过强化质量、效率与效益管控手段，将协力多年形成的矿业汽、铁、胶、管运输及穿采装备检修品牌和矿业设备运行高端诊断品牌进一步擦亮；通过延伸协力业务链，进一步放大企业经营作为，实现生产经营效益的提升。一是严格质量管控。分层级建立完善信息传递渠道，强化与厂矿的信息指令传递效率和准确性。将保产检修业务纳入三级质量管理评价，进一步提升质量管理。发挥协力整体检修优势，加强工艺工序质量控制，提高检修质量。深入推进信息化创新工作，实现生产监控、安防监控集中管理，达到高效指挥的目的，避免安全和质量事故发生。二是突出效益意识。强化工程流程管控，制定周期进度记录，保证施工过程合理高效。全面提高人、财、物的使用效率，促进各种生产要素的科学配比，提高生产效益。对固定资产进行重新划分和完善资产台账管理，加快盘活、报废处置，杜绝资产流失情况发生。发挥总成备件集中管理优势，最大限度提高备件利用率，实现检修效益最大化。三是拓展市场空间。为进一步增加收入，发挥专业化检修优势，扩展铲钻、汽运设备及空调、太阳能、电锅炉的承修范围，承接工程机械操作检修一体化包保项目，努力实现工程维修板块内部市场项目全覆盖，最大限度减少公司外委资金。

推进创新创效，激发企业发展活力。一是着力推进人事用工机制创新。在用人管理上，通过岗位合并、业务整合，实现管理职能科学分配、一岗兼容，从而优化管理环节，提升管理效率。在用工管理上，继续完善工作日写实机制，对实际生产状况进行统计分析，合并或取消作业量不饱满的工种岗位，鼓励职工跨界检修，协调人力资源不足，最大限度降低人工成本。二是着力推进薪酬分配机制创新。在日常包保检修岗位，实行设备包保考核激励机制，根据设备修复程度和质量反馈效果来制定奖罚措施。在工程项目和设备总成大修岗位，实行费用包保、工时或计件考核、效益奖励等措施，以市场化经营模式完善契约化激励机制。同时，实行全员差异化薪酬分配机制，进行薪酬等级划分，从劳动技能、态度、素养等方面，建立多维度考评指标体系，着重向骨干人员、关键岗位、重要岗位倾斜。并设立导师带徒、技术创新和全勤绩效等奖励措施，充分调动职工积极性，改善企业技术断层局面。三是着力推进物资保障机制创新。充分争取并利用好矿业公司的相关政策支持，扩充备件仓储、限定计划审批时间和备件到货周期，避免流程滞后和备件不确定因素的发生，影响生产进度。制定中长期战略采购规划，分阶段，稳步推进实施。针对所需备件在战略采购方式或渠道暂未明确的情况下，积极与供销公司协调，争取特事特办。四是着力推进降本增效。各部门、工区要在总结去年工作的基础上，围绕科学组织生产、设备修旧利废、强化物资管理、优化人力资源、提升技术水平等方面，立足自身优势，找准发力方向，开展全员降本增效工作。以重点攻关项目为载体，加大资本投入，鼓励技术研发、专利申报、管理创新，激发各类创新主体活力。

夯实管理基础，筑牢企业发展根基。一是强化安全管理。通过构建“2383”安全管理新模式，牢固树立安全发展理念，激发全员工作活力及协同管理动力，大力巩固星级标准化创标成果，压实全员安全生产主体责任落实，加速推进双重预防机制建设。突出抓好班前会的起脚点、检修过程的落脚点，基础工作及教育培训的源头点，党建与安全发展的协同点，向着真正实现“现场无隐患、人员无违章”的“双无”目标跨步前行。二是强化制度建设。围绕契约化管理指标，加强法治建设，实现系统风险管控；进一步健全和完善生产管理、设备管理、技术管理、工程管理、质量管理、劳动用工管理、物资管理等各项管理制度，增强制度执行力；强化部门职责汇编，突出两级机关的服务、指导和监督职能；明确各级管理者的岗位职责、绩效目标和问责制度，形成权责利清晰的配套管理机制，使各项工作时时处于受控状态，融于制度管理之中，为推进全员全系统管理提升筑牢根基。三是强化职业化团队建设。注重培训工作创新，使培训内容更具有针对性，培训目的更具有实用性和有效性，积极打造职业化管理团队和检修团队；发挥典型群体示范引领作用，提升检修服务能力和创新创效能力，增强企业核心竞争力。深入开展“五好”班组建设，对“六互”模式效果进行评估与充实。同时，强化“导师带徒”、青年业务能力登高、技术练兵比武等活动，充分调动职工学习技术的积极性，有效推动职工向全能型检修人才转变，为打造职业化检修团队提供有力保障。

建设和谐企业，形成良好发展氛围。一是深化厂务公开、民主管理工作。维护职工合法权益，进一步规范公开的内容和领域，保障职工参与企业民主决策、民主管理和民主监督的权利。二是充分发挥职工的主体作用。充分发挥班组长论坛、创新协会、创新工作室等群众组织的攻关作用，广泛开展技术革新、技术攻关。深入开展劳动竞赛、修旧利废、双增双节等活动，助推生产经营工作增收创效。完善“网络问企”运行、评价、激励机制，鼓励职工积极建言献策，切实发挥职工的主力军作用。三是关心职工生活。深入开展“践行共享理念，关爱一线员工”专项服务行动，提高职工食堂、浴池的服务质量，完善福利设施，认真听取职工的呼声，畅通职工的诉求渠道，为职工办实事办好事，扶贫帮困送温暖，组织职工健康检查和疗养，形成企业良好发展氛围。

（梁　岩）

【辅助材料厂概况】 截至2019年末，有全民在岗职工142人，其中工人86人，干部56人；女职工22人；居家职工34人，列编外职工2人，退休职工845人，保产作业人员185人。机关下设生产技术室、设备室、综合管理室、财务驻在组、党委工作室、工会6个部门。基层单位有钻具事业部、制剂事业部、机修事业部3个事业部。主要生产矿用牙轮钻头、选矿用捕收剂、过滤布、托辊及零部件加工、维修、制造等，2019年销售收入1.36亿元。

产品、设备情况：该厂有专用加工中心、数控车床、普通车床等机械设备100台（套）；普通车床、立式镗床、龙门刨床等机械设备50余台（套）等。主要生产矿山专用钻头、钻杆、钎头，产品型号为KX-255、KX-310矿用钻头，年生产能力达6000支；选矿药剂、低温药剂，年生产能力4500吨。各种选矿过滤机用工业用过滤布年生产能力150000平方米。

指标完成情况：2019年实现销售收入1.36亿元，实际完成利润1267万元，超额完成643万元，创历史最好业绩。

科技创新情况：2019年，KX735钻头穿孔米道稳步提升，平均米道提高10%，全年创效106万元。针对齐矿和鞍千矿的极硬岩，研发了全密封轴承结构K845A钻头并形成批量生产，平均米道增加10%以上。完成了Q1276B和Q945A两种新型钎头的试验工作，首批Q945A型钎头1000支已投入生产。“牙轮牙爪新材质试验”项目通过公司认定和评审；井下矿柱齿钎头项目通过公司科技部评议，获授权一项国家专利和一项鞍钢专有技术。捕收剂TD-Ⅲ和抑制剂K6-2组合，在选矿温度5~35℃条件下，完成了实验室连选试验，提高了药剂在不同选矿条件下的适应能力，实现了技术突破，对选厂浮选现场条件及技经指标的改善起到积极作用。新型K6全应用完成了平行对比试验，精矿提高0.38%，尾矿降低0.69%，实现增利100万元。

产品外销情况：大兴安岭金欣矿业有限公司、攀钢矿业公司有关人员应邀到该厂参观考察，为深度合作打下了良好的基础。建立“外销钻头装箱制度”，规范外销钻头的装箱流程，与中铁集团签订钻头外销合同，外销钻头60支，收入98万元。稳杆器和钻杆外销收入64万元。

改革改造情况：公司级“两化融合”项目“钻具智能制造系统”项目正式启动。该项目的实施，在生产管理、工艺设计、质量管控等方面全方位提高钻头制造水平，钻头质量进一步提高，年效益40万元，节省消耗10万元，减少生产服务岗位10个。对于钻具未来发展规划，确定的目标是实现年产能10000支，做精做强钻头产品，走向国际市场。

2019年，按照矿业公司综合改革的总体部署，钻具作业区成功实施了微市场化改革，开展了全员解聘重新竞聘工作，其中1名工人竞聘到管理技术岗位，3名干部落聘到生产服务岗位；通过微市场化改革，充分激活市场主体活力，实现了由内部生产型向市场经营型转变。制定了2019—2020年人力资源优化工作实施方案，将4个作业区整合为3个事业部，管理技术岗位由原来67个优化为44个。重新编制岗位说明书使管理职能更具体、责任更明确，全面提升了劳动效率，人事费用率降低为20%。

（李清峰）

【瓦房子锰矿概况】 截至2019年末，瓦房子锰矿有职工499人，其中干部86人，工人413人；在岗职工396人，居家职工101人，编外职工2人；离退休职工1360人。企业占地面积40.3万平方米，房屋建筑面积为30万平方米。固定资产原值25760万元，净值13072万元。

该矿下设5个采矿作业区、5个基层单位和朝阳钢渣磁选作业区；设物资供应站、武装保卫部等2个辅助单位（部门）。矿机关由工会、党委工作室、综合管理室、财务室、生产技术室、设备室、安全监察室等7个部门构成。

主要生产设备有冶炼锰铁高炉（114平方米）1座，电力机车31台，空气压缩机30台，生产汽车5辆，铲车4辆。

2019年，该矿井下生产及冶炼、运输、机修仍处于停产状态。瓦房子锰矿分公司朝阳钢渣磁选作业区在上年建成开工，经过一年的整治、磨合，职工适应了新的工作岗位和新的工作环境，钢渣磁选工作走上正轨。

推进“两险”移交工作。为加快退休人员社会化工作，解决瓦房子锰矿的医保归属问题，大力配合鞍钢和矿业两级公司的相关部门，同朝阳市国资委、医保局、社保局反复协商和沟通，加快了“两险”移交工作的进程。

加快棚户区改造步伐。鞍钢集团公司批准，出资1.24亿元的瓦房子锰矿棚户区改造工程，于2017年10月31日与朝阳县政府签订棚户区整体移交改造协议，共改造1004户。历经三年于2019年完成货币化安置870户，120户等待迁至新建楼房，新楼房2021年交工使用。

（闫　晗）

【设计研究院概况】 鞍钢集团矿业设计研究院有限公司是国家级高新技术企业、省级企业技术中心和中矿协工程技术中心，具有冶金行业设计甲级、工程咨询甲级、工程勘察甲级、工程监理甲级等专业资质。截至2019年底，有职工274人（在岗256人，全部职工274人），其中各类专业技术人员211人，享受国务院政府特殊津贴专家2人，教授级高级工程师8人，高级工程师53人，工程师135人；研究生以上学历42人；各类国家注册工程师91人。

2019年，该院在两级公司的正确领导和大力支持下，在广大职工共同努力下，克服了矿山行业工程投资少，内部板块专业发展不均衡等不利因素，不断转变经营观念，强化科技创新，深挖创效潜力，全面完成了各项目标任务，实现扭亏为盈。

经营指标全面完成。全年实施工程总承包1项，开展工程设计171项，其中可研32项、规划9项、方案59项、初步设计5项、施工图66项；开展科研项目16项，其中两级公司10项、北京研究院3项、矿山院3项；开展勘查测量90项；开展工程监理40项；开展图纸测绘及转化6项。全年实现收入9841万元，实现利润210万元。

科技创新持续加强。积极配合两级公司做好鞍钢集团北京研究院矿山先进技术研发中心建设工作。完成了新烧结球团实验室的研发平台建设，开展了球团课题研究。开展了卡拉拉选矿工艺流程考察及选矿工艺优化试验研究，为卡拉拉矿业减亏止血奠定基础。完成了“磁铁矿双介质、短流程选矿新技术研究与应用”“鞍山式磁铁矿短流程新工艺技术研究”“砬子山和关宝山采场矿石混合入选最佳选别技术条件及参数的试验研究”等科研项目；完成了《烧结烟气湿法脱硫废水处理技术规范》等5个规范标准的编制。“新型含钛纳米材料制备及应用技术研究”“球团生产工艺优化研究与应用”等科研项目取得阶段性成果。“现场混装乳化铵油炸药关键技术研究与工程应用”获中国钢铁工业协会、中国金属学会冶金科学技术奖二等奖；获得第二十三届全国发明展览会金奖2项、银奖1项、铜奖1项。全年获受理专利30项，其中发明专利19项、实用新型11项，完成业务建设2项。

内部项目稳步推进。编制了矿业公司中长期发展规划和区域规划。完成了齐矿矿破下移岩破上移、鞍千岩破系统、东部尾矿再选、东烧厂关宝山难选矿磁化焙烧改造、卡拉拉选矿工艺优化、弓长岭东南区过度开采、东烧浮选能力补充、弓选干选前置等项目的设计工作。完成了鞍山东部矿区尾矿回收厂址、东矿岩石二期破碎胶带系统等工程测量和勘察；开展了鞍千许东沟岩石胶带系统、风水沟尾矿库3号4号副坝加高二期等工程监理服务。对生产服务中心进行复合油相材料生产专项技术指导，满足公司爆破生产需要。

外部市场不断扩大。按照集团公司安排，开展了贵州六盘水玄武岩综合利用试验研究扶贫项目。全面完成了攀矿1号排土场岩石胶带输送系统工程和北衙破碎胶带系统技术服务工作。承揽了攀钢马家田尾矿库接替库一期工程、辽阳万利脱硫工艺、祁家沟铁矿地下开采、本溪龙新矿业选矿工艺半工业连选验证试验等10余个外部项目。开展了攀钢矿业、中信泰富、广东惠州交投、北京中冶钢联、北京耐磨、包钢白云鄂博、金和矿业、辽宁本钢等企业的技术合作和技术服务。

管理能力显著提升。落实经济责任制考核，继续推行基层单位和机关部门负责人契约化管理；完善了外部市场创收奖励和差异化绩效考核及薪酬管理体系；开展了混合所有制改革的前期准备工作；探索微市场化改革，组建管道输送项目团队；完善法律审核机制，实现三项法律审核

100%；顺利通过了三体系再认证监督审核；获得了辽宁省“省级技术转移示范机构”称号和辽宁省“守合同重信用”企业称号。全年实现了环境污染、人身伤害、火灾事故为零。

服务职工成效突出。落实“践行共享理念，关爱一线员工”专项服务；开展了“金秋助学”“温暖送万家”大走访活动，发放救济金3.19万元；开展“我和我的祖国”快闪录制、趣味运动会、迎新联欢会等形式多样、喜闻乐见的文体活动，参与人数达2100多人次。

（高　峰）

【鞍钢矿山机械制造有限公司概况】 鞍钢矿山机械制造有限公司始建于1972年，2007年7月改制，注册资本总额2881万元。归属鞍钢矿业公司管理的改制企业。其中鞍钢矿业公司持股49%，重机公司持股2%，职工持股49%，厂区占地面积20.8万平方米，固定资产总额1.45亿元。

2019年末，该公司在职人员323人，其中在岗职工283人，居家人员40人。公司下设“六部一会”，5个作业区。

2019年，矿机公司以习近平新时代中国特色社会主义思想为指引，认真学习贯彻党的十九大精神，全面落实矿业公司工作会议的各项决策部署，在矿业公司的大力支持和全体职工的共同努力下，围绕“三步走”战略方针，完成矿业公司下达的利润指标。

2019年实现销售产值7亿元，同比上年增加2.6亿元；产量13万吨，同比增加4.2万吨；利润399万元，同比增加97万元。实现重伤以上事故、重大生产设备、重大火灾及环境污染为零。

加强科技创新，创新创效成果显现。一是完成了轧段生产工艺改进攻关，硬度达到HRC60-62，提高了5%。二是提高HP800衬板使用寿命项目。自主研制生产的新材质衬板在东烧厂细破机使用10套，平均寿命270小时，最高使用寿命达到323小时，与原使用寿命230小时相比提高了17%。2019年，投资2000万元，新建四条轧球（段）生产线，修缮轧球厂房及动力设施，轧球生产能力跃升至年产10万吨，全部实现了轧球生产，产品实现了升级换代，彻底淘汰了铸球（段）生产工艺，生产作业方式从原始的肩挑手抬模式迈入了工业化大生产时代，生产效率提升，节能降耗效果凸显，产品竞争力增强。新增一批数控车床、卷板机等加工设备，提高加工精度，扩大制作能力。

投资460万元的铸钢15吨电炉除尘器于2019年11月投入使用，降低冶炼现场粉尘，改善了炼钢职工的作业环境。新建1万吨树脂砂生产线，更新除尘设施。关停铸球、铸段生产线，实现轧球轧段生产，该公司整体环境质量大幅提升。

坚持改革引领，激发创新活力。法人治理结构得到完善。召开董事会、股东会会议，审议并通过了重大项目、重要变革和全局工作等相关事项7项。推行计件制。在上年立车、造型岗位实施计件制的基础上，2019年扩展到各主要生产岗位，充分调动了职工的积极性。全面推进契约化管理。作业区实行风险抵押金制度，明确利润目标，制定奖惩办法，提升了各作业区履职尽责的积极性。

坚持以人为本，践行共享理念。推进践行共享理念，关爱一线员工。2019年投资1800余万元，修缮了厂房设施、职工休息室、浴池、食堂、卫生间等，改造了供电、供暖、供水管网，职工工作环境及生活环境明显改善。全年走访慰问职工15人次，发放困难救助金3.16万元。

（李　辉）

【鞍钢矿山建设有限公司概况】 鞍钢矿山建设有限公司是国家矿山工程施工总承包一级和房屋建筑工程施工总承包一级企业，具有建筑机电安装工程专业承包一级、钢结构工程专业承包二级，冶金工程施工总承包三级、起重设备安装工程专业承包三级、城市及道路照明工程专业承包三级、环保工程专业承包三级资质。主要从事矿山工程、爆破作业设计施工安全监理、冶炼工程、房屋建筑工程、土石方工程、井巷隧道、公路铁路桥涵工程、机械设备、电气设备、自动化仪表安装、起重设备安装及维修、锅炉、压力管道压力容器安装、钢结构工程、网架结构制作安装、机械加工、道路普通货物运输、预拌混凝土、测量、吊装工程、基础打桩工程、筑坝工程、勘察设计、建筑周转材料租赁、机械电气设备租赁等项目。

该公司成立于1972年，是全国500家最大经营规模、最佳经济效益建筑施工企业之一。于2007年7月顺利完成了辅业改制工作，注册资本8545.73万元，其中鞍钢集团矿业有限公司注资2905.55万元，占股权34%；鞍钢集团工程技术发展有限公司注资1281.86万元，占股权15%；职工个人注资4358.32万元，占股权51%。法人治理结构完善，董事会由5人组成，其中外部董事3人、内部董事2人；监事会由3人组成，其中外部监事2人、职工监事1人。截至2019年底，在岗职工492人。拥有大吨位吊车、运输车辆、移动式搅拌站、大型混凝土泵车、混凝土运输车、井巷施工设备等，总体装备数量和先进程度均居国内同行业先进水平。具备大批量加工C60以下技术要求商品混凝土的能力，可同时建立6个搅拌站。具有乙级测绘资质，是鞍山地区唯一具有井巷测量、竖井定向测绘资质单位，可承担高精度位移观测。井巷建设专业是鞍山地区唯一具有此项施工资质的建筑施工企业。

2019年实现营业收入8.3亿元，利润1110万元；在岗职工劳动生产率163万元/(人·年)；职工收入较大幅度增长；新增固定资产2075万元；单位工程合格率100%；合同履约率100%；一般及以上质量、设备、火灾、交通、环境污染、资金、综合治理和职业安全责任事故为零。

推进股权多元化改革。根据鞍钢集团、矿业公司改革工作安排和公司高质量发展的迫切需要，经过认真研究和策划，股权多元化改革工作取得新进展，已与两个战略投资者初步达成了合作意向，正在着力解决历史遗留问题，为下一步加快推进股权多元化改革工作打下坚实基础。制定《矿建公司2019年战略绩效与薪酬评价考核办法》，指标逐级分解，压力层层传递，责任落实到人。与基层单位签订《年度绩效考核责任书》，有效激发了基层经营者努力工作、责任担当的积极性。参照集团公司薪酬分配管理办法，结合公司实际，实施了薪酬分配改革，得到了职工认可，实现了预期效果。

稳定检修维护业务发展。按照专业化发展、区域化布局、差异化经营的原则，公司强化了工程项目经营管理，增强了服务意识，以较强的施工能力和周到的服务逐步站稳了鞍钢和矿山内部市场。针对区域生产、检修维护包保项目，公司加大了培育和扩大自己施工队伍的力度，努力参与到矿山和鞍钢生产大循环，为矿山和鞍钢生产稳定顺行提供有力支撑。

保障重点工程施工顺行。先后施工并完成了齐矿矿破下移工程、岩破上移工程、集中泵站至尾矿库输送管线2500米沿线基础工程、眼矿1号主井提升机破碎系统建设工程管道梁安装工程、齐选3号、4号副坝加高等重点工程，实现保安全、保工期、保质量和低成本等工程管理目标。

确保安全生产形势稳定。加大安全生产管理力度，在思想认识、规范作业、安全预控、过程监管、事后总结等各方面抓落实，增强基层单位安全管理的主体意识，由被动管理向主动管理转变。依据各单位管理差异，开展内部系统评价考核，提升了安全管控能力。重新开展新一轮的危险辨识工作，共排查隐患296项，整改284项，整改率96%。对职业健康危害高危作业场所开展了环境指标监测工作，符合环境达标水平。

强化工程分包管理。依据《项目核算管理办法》和《工程项目分包招标管理办法》等制度规定，公司全面清理违规转分包工程，对已签分包合同的限期收回，对未签合同的项目不再续签分包合同，对于新开工程项目全部采用直营方式管理。公司已基本实现对工程项目自营管理，减少了法律风险，提高了经济效益。

推进管理和科技创新。推进“四标三体系”管理不断完善和提升，保障工程项目在施工质量、安全环保、职业健康管理体系中有效运行。成立了2个职工创新工作室，全年共创新项目8项，带动职工在岗位上创新创效。全年完成专利6项，其中发明专利1项，专有技术5项。

防范资金风险。为缓解资金紧张局面，集思广益想办法解决现金流问题，加大清欠力度，对外部有资金风险的项目，及时启动法律诉讼，以确保生产经营得以正常运行。严控预算管理，坚持参与全过程控制的预算管理原则，严密各级预算管理权限，预算项目支出实现刚性管控，最大限度保证在建工程需求，确保职工工资、利税、生产经营投入、公司中长期发展投入等刚性支出。

（王丽娜）

【鞍钢矿山汽车运输有限公司概况】 截至2019年末，鞍钢矿山汽车运输有限公司在岗职工956人，其中干部岗位79人、工人岗位877人（高级职称2人，中级职称32人，初级职称48人）。机关设七部一会，基层单位有6个运输大队、1个危化运输大队、1个检修中心。总资产1.50亿元，净资产1.09亿元。厂区占地总面积5.9万平方米，房屋建筑面积1.52万平方米。有各种运输设备662

台，其中运行 595 台，载重吨位 9817 吨。该公司主要从事汽车运输、汽车修理、土石方工程、吊装工程。

2019 年，该公司认真贯彻落实矿业公司第一次党代会和矿汽公司第三次党代会精神，结合生产经营实际，以“谋改革、求发展”为主线，以落实经营责任为重点，积极实施精品服务战略，坚持“重安全、强服务、拓市场、降成本、增效益”的工作方针，克服了运输价格持续低位运行、人工成本不断攀升、车辆治超限载、“公转铁”活源减少、汽柴油价格持续上涨、小型车亏损运营等诸多不利因素，攻坚克难、开拓进取，2019 年，该公司完成运量 623.81 万吨；实现营业收入 1.89 亿元、利润 118 万元，分别比上年增长 13.84%、93.57%。

该公司积极开拓市场，实现收入稳步增长。针对年初市场波动大、活源不足等难题，该公司积极协调、找市场、拓活源，生产经营工作稳步推进，拓展尾矿坝运输项目、海城至东烧镁石运输项目、调选至四方台精矿运输项目，新增弓长岭地区运输项目、调选至灵山精矿运输项目、弓选至北营钢铁精矿运输项目；逐步稳定矿机厂球锻配送业务。加强鞍钢股份运输市场的开发，吊板、活性灰运输和吸污车活源得到增量，对于具有较强竞争能力的核心业务危化运输，在原有焦油、高温沥青等运输项目稳步增量的基础上，扩大了本钢焦油、朝阳凌钢焦油，葫芦岛焦油运输规模，新增吉林建龙粗苯运输活源，为公司创效奠定了良好的活源基础。

该公司多措并举，大力实施降本增效。一是认真抓好计划指标的分解和考核。年初，该公司从严从紧抓好计划的核定与分解落实，生产成本实施定额控制，其他可控费用实施限额管理，燃油、备件、材料和轮胎消耗指标层层分解落实到机台和岗位。二是科学调度，优化生产组织。加强沟通协调，合理配置，强化回程配货，降低空驶率，圆满完成了各项运输任务，运营成本压缩到最低水平。三是优化配置，提升工作效率。按矿业公司精简编制要求，结合生产经营实际需求，推行司机岗位的“一人双机”“一机双线”、修理岗位的“多面手”作业和管理技术岗位并岗兼职等方式，优化定员 15 人，提高工作效率。四是全员参与，开展创新活动。紧紧围绕公司生产经营的重点难点，充分调动广大职工创新积极性，2019 年职工创新项目立项 10 项，如粉粒物料运输车震动布改造、客车发动机进气管路改造、四节举升缸缸套的修复工艺等，年创效 45 万元。

该公司加强管理，夯实企业经营基础。加强运行管理，提升设备设施状况。强化计划维护和检修过程质量控制，全年车辆返修率为零；共检车 6821 台次，参检率 96.21%；合格设备 6676 台次，合格率 94.16%；共处罚 86 台次，奖励星级设备 240 台次，有效激励了职工维护设备的积极性。严密管理制度，严抓考核落实。根据公司生产经营条件的变化及提升管理水平的要求，及时对规章制度进行完善、修改和补充，新修订各类制度 19 个。

（王成斌）

【鞍钢矿业爆破有限公司概况】 截至 2019 年末，鞍钢矿业爆破有限公司在职职工 289 人，其中干部 51 人（高级职称 12 人，中级职称 30 人，初级职称 8 人），生产工人 238 人。下设 5 个部门，分别是综合管理（党群）部、财务部、安全生产（保卫）部、科技质量部、供销部。3 个生产经营单位，分别是化工原料制备厂、大连分公司和弓长岭分公司。2019 年公司实现营业收入 6.46 亿元，净利润 7800 万元。

夯实安全管理，实现“双无”目标。深入贯彻上级公司的安全工作精神，以强化管理为手段，以系统评价诊断为举措，以构建安全环保大格局为着力点，以实现“无违章、无隐患、无事故”为目标，全面落实安全生产责任和安全生产措施，以安全标准化建设为主线，夯实安全管理基础，推进安全管理创新，不断提升安全生产本质水平，及时有效化解安全生产风险，建立安全生产长效稳定机制，实现企业轻伤以上事故为零、环保事故为零。

加强生产组织，推进标准化项目部建设。在生产组织中，公司始终坚持在保证安全前提下，以经济效益为中心，合理配置各项生产要素，加强生产组织，严格执行准时化爆破，优化孔网参数、装药结构和用药品种，稳定爆破质量，促进项目管理水平提升；制定并下发《鞍钢矿业爆破有限公司标准化项目部建设管理办法》，开展“标准化项目部”创建工作。推动项目部在规范化建设基础上进一步提升管理水平，2019 年齐矿二期、眼矿井下项目部通过了B类标准化项目部验收。

推进机构改革，提升管理水平。为进一步提高管理效率，减少管理层级，实现管理扁平化，该公司年初对化工原料制备厂进行机构改革，取消原有的两个作业区管理层级，强化厂部门管理职能并重新核定岗位编制，实现了人力资源优化，机构改革后的化工原料制备厂各项生产运行稳定，效率更高。制定大连分公司机构改革方案，对人员持证要求、生产工序组织安排等进行充分论证，保证时机成熟后推动改革，实现生产稳定运行。

全面完善管理制度，完成制度总汇编。系统梳理公司各项制度，2019年3月完成适应现阶段鞍矿爆破发展的制度总汇编、印制成册，加大宣贯力度，提升制度执行力，建立制度执行评价机制，评价结果纳入年度绩效考核，促进公司全面管理，提升规范化、精细化、制度化。

立足科技创新，积极推进科技成果转化。紧跟行业发展步伐，积极推进科技创新工作，拓展与科研机构、高等院校和相关企业的合作渠道，与多家高校及研究院建立战略合作关系，2019年获得省部级奖励一等奖2项、二等奖1项，鞍钢集团科学技术奖励三等奖1项。

知识产权方面，取得授权专利2件，受理专利3件；软件著作权2件；认定部级工法和样板工程各1项；公开发表科技论文6篇，出版书籍《露天矿工程爆破技术与实践》1册。

推进资质申报和取换证工作，提升企业竞争力。积极筹备总承包一级资质申报，对申报材料进行全面梳理，落实重点事项环节，完成材料组卷工作，2019年底按计划进行初次上报，持续跟进上报进展，跟进资料评审情况，做到市、省级主管部门逐一落实。

2019年，该公司先后完成了一级爆破资质、安全生产许可证（建筑施工类）的延续换证工作，9月公司取得环保工程三级资质，12月完成爆破作业人员许可证培训考试及工程职称评审，两项均实现高通过率，为该公司增添新的竞争力。

签订目标责任考核指标，进一步完善考核体系。为确保各单位责任成本目标全面实现，该公司将成本指标层层分解，让指标量化、可视化、公式化，与单位责任人签订《目标责任成本考核指标》，并过程跟踪监控各单位执行情况，分析责任成本执行中存在的问题，提出改进措施。为进一步强化目标责任制管理，完善符合市场化要求的指标考核体系，扩大管理者权限，推行项目利润考核及项目控亏考核机制，制定下发《鞍钢矿业爆破有限公司生产经营单位目标责任考核奖励办法（试行）》。

建立定额管控体系，提高精细化管理水平。加强该公司物资消耗定额管理，明确职责，规范定额范围及过程各环节管理，制定《鞍钢矿业爆破有限公司物资消耗定额管理办法》，提高物资消耗定额的科学性、准确性和合理性，大幅度提升成本标准化管控水平。通过预算管控系统实现定额管理与预算管理有机结合，提高预算编制速度与科学性。通过定额统计台账、定额成本差异分析，及时发现成本项目与预算偏差和预算执行进度，及时采取措施，控制成本，为年度预算目标的实现提供保障。

推进员工绩效考核，激发员工工作激情。制定《鞍钢矿业爆破有限公司生产经营单位员工绩效考核管理办法》，该公司领导带队深入生产一线调研，对标鞍钢矿业绩效考核先进单位，引入“积分制”、推行单机台考核，不断创新绩效考核方式和指标，保证员工绩效考核顺利实施。成立“以绩效管理为核心的混改企业管理模式研究”课题组，进一步提升公司管理水平，促进该公司稳固发展。

引入竞争机制，实现采购保质降本。抓好大宗原材料的价格谈判，针对主要原材料硝酸铵及火工品，引进多家合格供应商，通过竞价实现降本，对合格供应商以周为时间节点制定采购计划，厂家提供批次检验报告，该公司职能部门进行抽样检测和试验，确保产品质量；在保障采购需求同时，吸纳新的合格供应商，激活市场竞争机制、减少流通环节、争取采购优惠政策、设备采购招标议标等，确保采购成本降到最低。

（蔡金超）

【供销公司概况】 截至2019年末，供销公司在职职工245人，其中在岗229人、专项1人、居家15人。该公司下设综合管理室、计划招标室、设备采购室、材料采购室、原燃料采购室、销售室、储运管理室、纪检监察室、弓长岭总站9个职能部门。储运管理室下辖6个库房和区域供应站；弓长岭总站下辖4个库房和供应站。

2019年，该公司紧紧围绕矿业公司总体战略部署，以持续构建采购质量效益新模式为中心，以“阳光、降本、安全、高效”为目标，充分发挥保供服务和物资管理职能作用，积极推进性价比采购，夯实基础、创新管理，全年完成生产、维修物资采购29.01亿元，维简工程物资采购1.45亿元；全面完成了矿业公司各项财务指标。实现轻伤以上人身事故、设备事故、火灾事故为零。

2019年，该公司在做好保供服务的基础上，积极推进性价比采购工作，努力实现采购综合效益最优。

推进主机厂采购。本着质量、效益最优的原则，对矿业公司主体设备关键备件实施主机厂采购，专业人员严格把关，并要求供应商对采购质量、使用寿命、采购价格、售后服务等作出明确承诺，对无法满足承诺要求的及时转变采购方式，确保采购综合效益最优。

拓展综合评标法采购范围。2019年，鞍钢集团将综合评标采购率纳入考核，明确了上半年目标值25%，全年目标值30%的定量考核指标。以技术含量高、关键核心设备备件、市场产品质量差异较大的物资为基础，扩大综合评标法采购的品种和比例。对所设定的评标要素和权重系数进行复核，减少因评标标准不科学导致中标结果不合理的现象。在定标环节，做好拟中标供应商、价格与前期情况的比对分析。在使用环节，做好使用寿命、价格、性能等信息的跟踪反馈，确保实现采购质量最优。

拓展电商采购规模。2019年，鞍钢集团将对电商采购金额进行定量考核。以综合质量、效率、成本因素为重点，加大电商采购力度，对具有性价比优势物资、质量问题频发或质量难以鉴别的物资、生产应急物资，均可实施电商采购。制定了《鞍钢矿业公司供销公司互联网电商采购管理实施细则》，细化电商采购审批流程，加大电商采购物资的审核力度，确保采购质量、效率最优。

（郝　江）

【质量计量中心概况】 截至2019年末，质量计量中心共有在职职工381人，居家职工26人，列编外职工1人；离退休职工439人。该中心机关设5室1会（党委工作室、综合管理室、质量管理室、计量管理室、生产技术室、工会）和东鞍山检查站、大孤山检查站、齐选检查站、齐矿检查站、鞍千矿业检查站、关宝山检查站、输出产品检查站、环保监测站、检定室9个基层站室。拥有固定资产原值6056万元，净值1964万元。主要设备有：轨道衡8台，汽车衡11台，皮带秤6台，荧光分析仪10台，化验（取制化）设备580件。

2019年，质量计量中心以党的十九大精神为指引，贯彻落实矿业公司各项决策部署，以“确保矿业公司主要产品稳质优质”为主线，围绕“精准把关、高效服务”开展各项工作，坚持降本增效，推进管理升级，深化改革创新，加强党建工作，为矿业公司高质量发展作出了积极贡献。

生产经营任务全面完成。矿业公司全年铁精矿、烧结矿、球团矿三大输出矿产品6项质量指标全面超计划完成，质量创效4999.5万元。全年完成化学法检测件数95.29万件，荧光检测件数11.81万件，正检率为100%，外验抽检合格率为99.82%，过磅量4354万吨，过磅率99.68%；环境监测率达100%，质计量等各项收费4456万元。

质量管理水平持续提升。认真履行质量管理职责，强化采、选、烧、球工序质量管理，加大矿产品的质量监督与考核力度，使矿产品“两率”指标始终保持在较高水平。修订下发了《质量计量中心药剂检测管理办法》，规范管理，堵塞漏洞。组织27个单位开展了质量月活动，促进了产品和服务质量水平的提高。严把输出产品质量关，及时沟通校验，确保矿业公司利益最大化。对签证各检验数据进行核对，全年累计减少精矿、烧结矿、球团矿二级品和废品共7.2万吨，增效135万元。通过举办检化验培训班、开展检化验抽查及标准化操作专项检查，强化职工标准化操作，提高了检化验数据的准确性。规范取制化工作，严格按标准规范作业。根据生产调整，打破常规取样频次，随时取样标定。顺应矿业公司改革发展趋势，推广应用荧光仪，购置了2台国产荧光仪设备。规范设备维修维护，建立维修维护作业票多人签字制度，及时处理设备故障，保证了设备的作业率。

计量管理工作取得新进展。全年检定各厂矿计量器具5236台件，有7项计量标准通过复查认证。强化计量业务管理，专项检查与不定期抽查相结合，确保了计量流程规范受控。精准计量，严格把关，在对外签证中全年累计找回铁精矿差额量1.24万吨，挽回经济损失近900万元。规范矿石运输计量流程，加大在线监控、装车及磅单抽查力度，保证了矿产资源不流失。依靠自己的力量，挖掘潜力，对3台汽车衡、1台轨道衡进行升级改造，实现了远程计量无人值守功能。技术创新，将皮带秤现场称量数据远传至数显仪，避免了恶劣环境下数据采集，实现了以技术保安全。全年对中心在用计量衡器检定13次，确保了设备的准确性。

安全管理水平稳步提升。规范基础管理，修订下发12项安全环保管理制度。落实安全生产责任制，领导人员参加班组安全活动126次。强化危险因素辨识和风险防控，全年共排查治理隐患82项。强化应急保障管理，组织应急演练17次，140人次参加。从业务管理向专业监管转变，防范化解危险化学品重大安全风险，深入排查中心危化品药品使用隐患，提高了本质安全水平。强化相关方作业全过程监管，提高对相关方安全管控水平。

降本增效取得新成绩。强化成本管理和降本增效工作，层层落实成本管理责任，细化分解成本指标，严格执行预算和成本考核办法，成本管理水平有了显著提升。深挖降本增效潜力，开展双增双节、设备自主维修、技术攻关等，全年累计创效约31.08万元。

企业管理进一步夯实。推进制度体系建设，梳理修订各类管理制度36项，实现管理有章可循。强化劳动纪律考勤和日常检查，实现所有岗位刷脸考勤，提高了生产效率。完成矿业公司下达的人力资源优化目标，减员78人。深化改革创新，在关宝山站推行取制化一体式作业。强化层级监管，细化全员目标绩效考核体系，形成激励与约束对称的薪酬分配机制。

环境监测水平得到新提升。坚持为矿业公司环保管理治理服务的方针，全年完成了7个厂矿的粉尘、噪声、二氧化硫、废水污染物的应急监测任务，及时准确地提供了监测数据。落实矿业公司环保工作要求，对各厂矿废水、烟气、噪声等进行日常监测，监测分析26项，数据7812组，监测率达100%，为矿业公司节能减排、环境治理提供了准确可靠的依据。

主题教育取得预期效果。开展“不忘初心、牢记使命”主题教育，引导广大党员干部增强“四个意识”、坚定“四个自信”、做到“两个维护”。领导班子进行了11次集中学习，50人次作了重点发言和交流研讨。各党支部同步开展集体学习24次，136人次作交流发言。征集对领导班子及成员的意见和建议58条，建立了主题教育问题清单，梳理出9方面16类问题，扎实进行整改。

党组织核心作用不断强化。严格执行《党委会议事规则》和《“三重一大”决策制度》，确保党组织发挥作用组织化、制度化、具体化。召开了中心第五次党员代表大会，做好党委班子换届选举工作，12个党支部进行了支部班子换届。深化矿业公司党委“四化五联”党建工作模式，开展了“三承诺四点评”、征集“讲身边故事、展党员风采”等党内主题活动，取得明显成效。

干部队伍建设持续加强。严格按照“对党忠诚、勇于创新、敢于担当、清正廉洁”标准抓好干部队伍建设，选拔4名正科级和3名副科级岗位人员，做到选拔任用公平、公正、公开。下发《党员干部作风建设十项规定》，进一步规范党员的廉洁从业、严肃问责等工作行为，持续改进工作作风。

思想文化建设取得成效。开展经常性的形势任务教育，全年在中心党建网下发宣传提纲44期。牢牢把握意识形态领域主动权领导权，加强对网络和重要时间节点的舆情监督。开展了“解放思想、变革创新，推动质计中心高质量发展”讨论活动，进一步凝聚了干部职工干事创业力量。加强精神文明和企业文化建设，组织拍摄了党员典型事迹专题片，荣获矿业公司二等奖。

党风廉政建设持续深化。落实“两个责任”，逐层签订党风廉政建设责任状，下发了《廉洁从业十条要求》《干部一岗双责工作清单》等文件，依规依纪开展监督工作。坚持以问题为导向，大力开展专项问题整治，落实矿业公司纪委检查建议，检查发现问题25项，制定整改措施50项并积极组织实施。开展监督检查19次，检查并整改问题33项。运用监督执纪“四种形态”，组织处理8人。

群团组织作用进一步发挥。坚持企业改革发

展成果与职工共享，救助困难职工 99 人，救助金额 3.8 万元；走访慰问 75 人次，金额 2.6 万元。开展达标竞赛活动，全年实现双增双节 25.08 万元。在矿业公司取制样工技术大练兵考试中，获得技术状元 1 名、拔尖人才 2 名、技术能手 6 名。共青团组织以纪念五四运动 100 周年为契机，开展了立功竞赛活动。科协、统战、女工等组织也发挥了重要作用。

（洪 冰 李 凯）

【教培中心概况】 截至 2019 年末，鞍钢矿业教育培训中心在岗职工 55 人（管理和专业技术岗位人员 51 人，生产和服务岗位人员 4 人；高级职称 24 人），其中党员 44 人。下设党委工作室、综合管理室、教学管理室、学员管理室、技能实训室、工会 6 个部门。中心占地面积 8.2 万平方米，建筑面积 3.2 万平方米，固定资产总值 970.77 万元，具有一流的教学设施和实习基地。

该中心是矿业公司职工教育培训品牌基地，集企业职工职业技能培训、职业技术教育于一体，于 1964 年建校、1996 年晋为国家级重点技工学校，是鞍山市安全技术培训中心培训基地、鞍山市特种作业人员考核基地、辽宁省冶金技工教育培训集团成员校、中华全国总工会命名的全国职工教育培训示范点，具有丰富的教育培训经验，开设有党建培训、管理培训、企业文化、安全培训、矿山设备机械检修、矿山设备电气检修、大型车运用与维修、电力机车运输、皮带运输、挖掘机司机、牙轮钻司机、采矿工艺、选矿工艺、烧结工艺、球团工艺、焊接加工、铆配技术、机械加工、计算机应用等矿山特有专业和通用专业培训。

2019 年，该中心在矿业公司的正确领导下，全面贯彻落实鞍钢集团第二次党代会和矿业有限公司第一次党代会工作部署，推进培训创新、实施综合治理、加强党的建设，教育培训效益效能取得新佳绩。该中心全年组织开展公司职工培训 95 个项目、281 班次、5310 学时、13057 人次，网络课堂教学趋于成熟，全年实现培训创收 564.8 万元。教学组织管理有力有效，教学环节、教学纪律、教学秩序得到保证。学员管理与服务完善，学员出勤率达标，无投诉，学习秩序良好。

各职能部门、专管人员认真承接开展安全、综治、消防、交通、计生、档案、保密、监察等专项工作，取得较好效果。安全事故为零，安全管理实现“双无”目标。实施降本增效，严格执行“双减一保”原则，完成了中心费用指标和创收指标。

（马 琳）

【生产服务中心概况】 截至 2019 年末，生产服务中心在职职工 211 人，其中在岗干部 79 人（高级职称 16 人，中级职称 45 人，初级职称 16 人），工人 132 人；离退休职工 504 人。该中心下设“四室一会”，10 个基层单位。固定资产原值 11232.78 万元，净值 4165.12 万元。负责矿业公司的食堂、绿化、保产保洁、公务用车及维修、生态修复与土壤改良、油相、抑尘剂生产等工作。

2019 年经营指标再创新高。全年完成经营收入 14292 万元，利润 379 万元，生产、生活优质服务满意率 100%；抑尘剂生产 16230 吨；复合油相生产 2902 吨，销售 2792 吨。盐碱地改良面积为 1113 亩，种植水稻面积为 925 亩，生产绿色水稻 131.56 吨，均达到国家绿色 A 级质量标准。

产业化发展水平全面提升。生态修复技术研究产业完成前沿技术课题 6 个，申请专利 26 个，盐碱地改良当年扩大面积 138 亩。该中心经营型产业按完全成本核算，全部实现盈利。食堂产业实现了全过程食品安全管理链。生态园扩大了园区功能建设，提升了绿化复垦成果展示影响力。

技术和管理创新成果显著。完成盐碱地改良技术创新成果 15 项；创造了盐碱地改良 1+1 改造模式和公司+农户水稻种植管理模式。1 项成果获 2018 年度优秀科技成果一等奖。1 项管理创新成果荣获 2018 年度鞍钢管理创新成果二等奖和省管理创新成果一等奖。

安全生产持续稳定。开展安全教育培训 166 次。危险源点辨识和防控措施达到 100%，检查安全隐患 315 个，全部整改。全年实现人身轻伤以上事故为零。

深化改革实现新进展。实行基层组织机构压减改革，基层单位由 14 个压缩到 10 个。推行了市场化绩效考核机制和工资分配机制及项目用工机制。压减项目包保劳务用工 32 人，降低人工成本 136.7 万元。改革项目包保人员管理机制，规避了项目用工风险。

优质服务再上新水平。食堂优质服务满意率达到 100%，在 2019 年“鞍钢暑期食品安全”同行业评比中有33家食堂被评为“优秀食堂”。完成排岩场、尾矿库及其他场地喷洒抑尘剂485.3万平方米。完成公司重大会议和来宾参观生态园接待任务16次。绿植维护456万平方米，道路清扫3224万平方米，栽植树木6262棵，花草7万余平方米。

共建共享取得新成果。深入开展“践行共享理念，关爱一线职工”专项服务行动，改善职工作业环境5处，改造职工食堂3个，增加改善职工防暑、防寒设施4个。全年开展技术培训6170人次，有49人技术等级晋级，有9名优秀员工进入重要岗位。

该中心扎实开展“不忘初心、牢记使命”主题教育，全年党委中心组专题学习30次，研讨13次。开展党日活动13次。实施共产党员工程9项。1个党员工程项目被评为鞍钢集团二等奖。2人夺得公司技术状元。干部跟班宣讲108次。对外发稿35篇，编发《中心快讯》21篇。双增双节创效50余万元。全年救济职工147人次，发放救济金7.34万元。

（颜紫馨）

【弓长岭露天铁矿概况】 截至2019年末，弓长岭露天矿共有在岗职工888人，其中干部125人，工人763人；高级职称9人，中级职称66人，初级职称44人。矿机关设四室一会，基层设11个作业区，主要生产装备有牙轮钻机15台、电铲32台、生产汽车33台，工程机械设备38台，干选生产线6条。

2019年，该矿生产经营能力经受住严峻考验。在外部单位矿石输出能力受限，矿石下达计划增加，内部采场长时间限爆、何家边坡两度失稳带来的极限考验面前，该矿通过增加出矿部位、强化矿石输出强度、调整岩场回收矿输出比例等综合措施，输出矿石996万吨，超全年计划46万吨；完成考核利润27941万元，超下达计划1210万元。

高质量供矿基地建设取得良好开局。何家采区干选系统正式投入使用，干选日处理能力提升至18000吨；248米铁路迁建工程基本完成。独木采区原贮矿线成功向南迁移，新增铁路运输系统于4月投入生产，贮矿输出能力由400万吨提升至560万吨。大砬子采区生产能力建设取得新进展，北帮下降至304阶段，矿石初步揭露，为确保2020年赤铁矿能力接续打下了坚实基础。

安全环保工作管控能力显著增强。深入推进安全制度体系建设，制定、修订安全管理制度45个，修改岗位作业标准300余条，新增岗位作业标准120条。持续推进星级安全标准化创建工作，11个作业区全部达到了星级安全标准化作业区标准。着力推进双重预防机制建设，制定下发了《安全风险分级管控和隐患排查治理管理办法》，重大安全隐患得到有效治理和防控。相关方安全管理得到有效落实，检查曝光相关方安全问题67项。全面强化环保工作，修订完善安全环保制度14项，实现了采场24小时全方位洒水抑尘，完成了危废品回收存储设施升级改造。

设备综合保障能力得到进一步加强。深入推进制度标准体系建设，通过对原有29项设备管理制度逐项进行审核修订，整合形成了27项管理制度。强化执行体系建设，重新界定了28个设备关联工种岗位专业规范，实现了设备管理业务无缝链接。改革设备检修模式，在原检修模式基础上取消了区域内单、双班和周末出勤制度，执行全班出勤。设备综合保障网建设成效明显，在矿业公司年度设备管理综合评价中排名第一。

企业规范化管理水平实现新的提升。规范规章制度体系建设，全年共制定、修订管理制度95项，废止管理制度84项。依据岗位工作变化及时修订岗位作业规范，废止岗位作业规范6个，新增岗位作业规范6个。深入推进管理创新工作，取得管理创新成果5项。持续深化企业改革，以三个采矿作业区为微市场化改革试点单位，完成了人员整合、班次调整等前期准备工作。

科学技术工作取得新的成果。开展完成了“露天铁矿空区围岩微震监测及稳定性评价”科研项目。组织参加鞍钢矿业“讲理想、比贡献”评比活动，获得一等奖1项、三等奖4项。申报鞍钢重大合理化建议6项、省部级科学技术评审项目3项。申报发明专利7项，专有技术1项。

共建共享理念得到切实有效落实。该矿坚持全心全意依靠职工办企业方针，实施了“四抓四保”矿石输出生产竞赛活动，完成双增双节715.5万元，征集先进操作法12项。深入开展大练兵活动，1名职工获得鞍钢技术状元称号，6名职工获得鞍钢技术能手称号。深入开展扶贫帮困活动，发放救济款及温暖基金7.2万余元，救济困难职工 141 人次，慰问住院及养病职工 90 人次。

（黄景君）

【弓长岭井下铁矿概况】 截至 2019 年末，有在岗职工 627 人，其中管理和专业技术岗位 116 人（高级职称 12 人，中级职称 66 人，初级职称 27 人），生产服务岗位 406 人，居家 104 人，列编外 1 人。机关设生产技术室、设备室、综合管理室、党委工作室、工程项目指挥部和工会，下设 7 个作业区。拥有固定资产原值 158010 万元，净值 37861 万元。矿区占地面积 400.86 公顷，建筑面积 31504 平方米，设备总台数 1671 台。

该矿在矿业公司的正确领导下，认真学习贯彻党的十九大精神，以习近平新时代中国特色社会主义思想为指导，以抓住“六个重点”，实现“六个提升”为目标，实施创新驱动发展战略，积极推进科技创新、制度创新和管理创新，实现了各方面工作上水平。

安全水平有了提升。围绕实现安全“双无”目标，该矿深入落实安全生产责任制，以“安全标准化星级班组”创建为抓手，组织职工安全知识竞赛、职业健康知识培训，开展双重预防机制创建，制作了风险分布图和风险公告牌；执行领导带班下井、跟班作业和安全检查制度，强化现场隐患整治，全年通报各类问题 1082 项，考核罚款 23000 元，隐患整改率达到百分之百；落实安全激励机制，对评选出的 14 个安全标准化星级班组奖励 42000 元，为 57 名退休职工发放安全终身成就奖 165000 元。加强环境保护，实施地表洒水降尘，增设南桥隔音设施，严格控制污水外排。全年实现轻伤以上事故为零，重大设备事故、火灾和环保事故为零。

生产经营经受住了考验。面对 2019 年严峻的外部形势，该矿坚持按照整体效益最大化的原则组织生产。加强箕斗提升，7 月卷筒出现裂纹前，箕斗月均超产达到 1 万吨；强化下含铁带 140 米水平平装车生产，全年平装车产量达到 28 万吨，占 80 作业区总产量的 60%，有效缓解了提升系统压力；优化采场布局，增加上含铁带出矿比例，全年上含铁带出矿比例达到 75%以上；加快富矿试验矿块采掘，深井-244 米水平东扩空场充填采矿法实验矿块已完成 1 个，具备出矿条件；强化中茨 152 米水平中深孔底柱及空区处理矿石回收，实现青矿超产 34.4 万吨。全年矿石入选量完成 559.3 万吨，比上年增加 16 万吨。严格质量控制，矿石输出品位完成 34.77%，比计划降低 0.73 个百分点；矿石单位完全成本完成 117.96 元/吨，比预算降低 3.58 元/吨；报表利润 4804 万元，剔除考核因素 5505 万元，实际完成 10309 万元，超计划 491 万元。

科技创新取得重大进展。该矿全年上报专利 6 项、专有技术 3 项、重大合理化建议 6 项，交流学术论文 4 篇。与东北大学合作的“井下矿充水型空区评价研究”、与中国恩菲工程技术有限公司合作的“弓长岭井下矿深部充填高效协同开采试验研究”、与辽宁科技大学合作的项目“一种新型高效充填崩落采矿方法的研究”均已经按照计划任务书要求进度完成。委托中国恩菲工程技术有限公司进行的《弓长岭井下铁矿深部开采工程可行性研究报告》已经基本结束。

绿色矿山建设成效显著。该矿 2019 年度矿山地质环境治理和土地复垦工程已竣工验收，该项目设计治理面积 337.84 亩，实际完成治理面积 341.25 亩，种植刺槐、杏树、丁香等绿植 17.75 万株，撒播紫花苜蓿 9.93 公顷。该项目的实施有力推进了矿山环境治理工作，对稳定地区的城市建设环境、经济发展环境、投资环境意义重大，为地区的建设和谐社会作出了贡献。改善了项目原有的恶劣生态环境，抑制了矿山水土流失，减少地质灾害发生的可能性，降低了矿业生产生活对周边及城市居民生活的影响，矿区周围的空气治理得到改善。

党建工作成绩突出。井下铁矿党委深入学习习近平新时代中国特色社会主义思想，深入学习党的十九大和十九届历次全会精神，按照鞍钢集团和矿业公司党委的安排部署，始终把党的政治建设放在首位，增强“四个意识”、坚定“四个自信”、做到“两个维护”，在思想上政治上行动上始终同以习近平同志为核心的党中央保持高度一致。结合该矿实际，全面加强党的政治、思想、组织、作风、制度建设，促进了该矿生产经营各项工作的稳定顺行。

（刘春刚）

【弓长岭选矿厂概况】 弓长岭选矿厂是矿业公司弓长岭地区铁精矿原料生产基地，截至 2019 年末，在岗职工 1395 人，其中干部 130 人（高级职称7人，中级职称78人，初级职称27人），工人1265人；居家职工73人。

2019年，该厂面对生产节奏变化频繁，矿山限爆铁矿石供应不足、原矿品位低等不利因素影响，紧紧抓住不同时期的生产关键，以确保完成全年生产经营任务为工作主线，优化生产组织，推进技术创新，深化对标挖潜，加快管理升级，加强法治建设，努力降本增效，全面完成生产经营任务，实现重大设备事故、火灾事故及重大环境污染事故为零。全年完成铁精矿521万吨。实现报表利润9.7亿元，超利1004万元。

优化生产成效明显。2019年，该厂重点优化入选矿石，提高生产适应能力，堵截原矿废品5937车，扣入选量26.96万吨；二级品1815车，扣入选量2.9万吨。2月，全厂日均破矿854.9车、老破日均破矿604.5车、一选作业率95.77%，这3项指标创历史纪录。优化系统运行能力，实施老破中破1号H6800改H8800破碎机、细破4号HP800改H8800破碎机改造，老破碎粗破有效作业率达到81.14%，同比提高2.34%。优化工艺操作，固化工艺流程参数，老破、新破区域破碎粒度合格率均达到100%。

安全管理扎实推进。组织职工培训4227人次，增强职工危险辨识能力和安全意识。开展全员排查治理隐患活动，排查整治安全问题2820项，经济考核16.8万元。全面治理重大危险源点，对尾矿库在线监测系统、排渗系统进行升级改造，在线监测功能达到国家标准，浸润线埋深得到有效控制。开展岩场边坡治理，建立了岩场GPS在线监测，形成了岩场滑坡预警系统。坚守环保红线，该厂在尾矿库采用前、后峪支管轮流放矿，增设喷淋设施，喷洒覆盖剂，水车洒水等措施控制扬尘，全年实现重大环境保护污染事故为零。

保障设备运行能力。夯实基础管理，修订振动筛、旋流器、澄清池、浓缩机等设备的四项标准，制定了《弓长岭选矿厂点检定修管理办法》《弓长岭选矿厂设备事故管理办法》等19项规章制度，全厂设备实现了标准化管理。实现检修自营，2019年，自主完成二选球磨机浓缩磁选机设计安装、老破细破2号破碎机大修、一选1系统脱泥机安装等56项外委维修项目，实现创效320万元。实施设备更新改造，完成了粗破机75吨桥式吊车安装、过滤抓斗吊大车轨道及轨道梁更换找正、新破三选振动筛更新等多项设备更新、技术改造项目，提高设备稳定运行能力。建立老破、一选、三选同步区域配套检修模型和新破、二选同步区域配套检修模型，缩短检修时间，提高检修效率。

企业管理日益规范。以《加强作业区贯彻执行规章制度考核办法》及《弓长岭选矿厂管理升级工作实施方案》为核心全面开展管理制度“立、改、废”修订完善工作，形成了靠制度管理，按程序办事，嘉奖有标准，考核有依据的管理模式。严格执行领导干部提示、督办、告诫、问责制度，全年考核各级干部337人次，考核8.2万元，促进了干部作风的转变和工作绩效的提升。深入落实《弓长岭选矿厂战略绩效与薪酬评价考核办法》和《弓长岭选矿厂操检联酬多元分配实施办法》，增强了作业区管理人员、生产作业人员的管理意识、成本意识、责任意识，全年实际考核成本8495.1万元，比预算降低1549.4万元。

深入开展技术创新。实施二选贫磁铁矿石磁—重—磁（浮）联合选矿工艺关键技术研究项目，通过采取一段磨矿分级产品进行一段磁选抛尾，优化粗细旋流器参数，减少二段磨矿循环量等措施，台时由38吨提高至44吨，原矿处理量提高了15.79%，年创效3000万元。开展轧制钢球、捕收剂、淘洗机及脱泥槽工业试验，提高台时能力和精矿品位，进一步降低尾矿品位和费用消耗。全年申报专利项目7项，专有技术3项。

关心职工生活，提升职工素质。开展“面、心、实”和“践行共享理念、关爱一线员工”活动，发放救济金7.6万元，救助困难职工236人次。投资36万元为一线职工休息室购置更衣柜、办公桌椅。

深入开展职工创新工作室建设。一选作业区李金伟创新工作室荣获鞍山市创新工作室称号，17个班组分别荣获矿业公司成本极限挑战赛金牌、银牌、铜牌。获得矿业公司先进操作法2项。56个双增双节项目创效704万元，获得矿业公司双增双节达标竞赛先进单位称号。开展厂内17个工种，214名职工参与的技术大练兵活动，139名职工获得奖励，发放奖励6.09万元。

党建工作取得新进展。该厂党委构建“1345”党建工作体系，探索构建“大党建”工作格局。

开展了“强化党支部规范化建设，打造选厂党建工作品牌”活动，推动党支部建设规范化、标准化。推动“样板”党支部创建活动，三选作业区党支部晋升鞍钢“样板”党支部。建立党支部书记述职评议考核机制。严格党员教育管理，开展“不忘初心、牢记使命”主题党日和党内系列主题实践活动。开展“我为党旗添光彩、降本增效创一流”共产党员工程活动，确定共产党员工程33项，创效2430万元。建立健全党内激励关怀帮扶机制，救助困难党员82人次，发放救济金4.5万元。

主题教育成果显著。该厂党委深入开展“不忘初心、牢记使命”主题教育，制定《弓选厂开展“不忘初心、牢记使命”主题教育学习教育方案》，开展集体学习133次，集中研讨97次，432人次作重点发言和交流研讨，按照“五个围绕”要求，深入开展调研，征集意见建议55项，查摆突出问题11项。开展革命传统教育、形势政策教育、先进典型教育和廉洁教育15次，撰写宣传提纲12篇，组织开展“四讲”活动22次，达到了主题教育的目标任务。

党风廉政建设持续深化。深入开展“坚持廉洁高效从业，建设风清气正选厂”主题教育活动，制定9+1主题教育问题同步整改清单142项，整改措施160项。强化政治监督，细化分解2019年具体工作任务36项，制定下发领导干部“一岗双责”工作清单12项。强化责任监督，严肃问责制度，组织处理20人次，经济考核14000元，通报批评、诫勉谈话7人次。积极做好专项监督工作，发挥再管理的作用，堵塞管理漏洞。

2019年，该厂被评为“矿业公司先进党委”“矿业公司先进单位”“矿业公司先进工会”“矿业公司先进纪委”“鞍钢集团红旗团委”。

（刘帮贺）

【弓长岭球团厂概况】 截至2019年末，共有在岗职工597人，其中干部94人（高级技术职称6人，中级技术职称65人，初级技术职称23人），工人503人。下设生产技术室、综合管理室、设备管理室、党委工作室、工会，3个工区。拥有固定资产原值6.73748亿元，净值1.43046亿元。厂区占地总面积18.6万平方米，球团矿设计生产能力400万吨/年，全铁品位达到65.54%，生产采用煤基链箅机—回转窑—环冷机工艺，从配料、混合、造球布料到焙烧、冷却全部采用PLC控制系统。

2019年，该厂干部职工认真贯彻落实两级公司职代会和矿业公司第一次党代会精神，克服了由于精矿供应不足、水分、品位大幅波动，环保要求进一步提高，外部市场需求减少、输出受阻、两线被迫交替经济运行等诸多不利因素，对外积极沟通协调，对内不断优化生产组织模式，增强球团可持续发展能力，完成了公司调整后的各项生产经营任务。

经营指标基本完成。2019年，共生产球团矿380万吨，销售球团矿378.78万吨（外销球团矿2.93万吨），实现销售收入32亿元，超利1500万元。球团矿品位、两率比计划均大幅度提高，保持了主要技经指标同行业领跑地位。

以降低消耗为中心，提升科学生产组织能力。为保证系统高效运行，开展全员漏风治理工作，重点整治了环冷机旋转体漏风及链箅机风箱漏风，台时能力有所提高，电单耗、煤单耗进一步下降，治理成效显著。全面落实工艺纪律管理制度，以提高岗位操作技能为突破口，优化配料方案，膨润土单耗持续下降，球团矿品位稳中有升。部门与工区之间形成联动，每逢定修及时清理工艺管道内积灰积料，为稳质高产创造条件。强化造球操作，生球质量明显改善，粒度合格率显著提高，两线窑头正压基本解决，为设备长周期稳定运行奠定了基础。科学组织生产，发挥调度系统指挥协调职能，充分利用两线堆场的调剂作用，加大对混合料和成品指标的检测跟踪力度，科学调整红矿配比及产品输出，稳定全铁品位及球团矿两率，实现质量异议为零，全年质量创效1500万元。充分发挥机构改革的制度优势，强化对生产工区日常生产管控和扒块管理，减少了杂料量，全年输出杂料26000吨，比计划降低24000吨，降低费用56万元。根据外部市场需求，科学组织内部生产，坚持效益与效率优先原则，合理开停生产线，实现生产与设备检修有机结合，全面提高生产运行效率，减少精矿二次倒运费用，堵塞管理漏洞。大力推进科技创新，重点实施了环冷机水封槽自动加水装置改造、强混除尘器改造、环境除尘放灰自动控制系统优化等5项技改项目，解决了现场难题；加大科技立项、实施和成果申报工作，全年确立科研项目1项、实施小改小革

38项，申报专利26项、专有技术3项。

以两线大修为中心，提升设备保障能力。完善管理制度，为适应新的体制机制，明确岗位职责，提升设备管理水平，从完善制度体系入手，对球团厂30个设备管理制度进行再次修订和完善，进一步规范了设备操作、保养、维护、点检、维修、考核等各个环节，增强了设备管理的执行力；抢先抓早，按期完成两线年修工作。一线于5月23日停机年修，二线于8月20日停机年修。年修前对计划项目进行充分论证，下发了两线年修相关文件，保证年修期间的安全、防火、物资管理、质量标准、施工进度、交叉作业、质量验收等工作有据可依、有的放矢。为确保年初上报的年修需用关键备件在年修前到货，安排专人跟踪计划执行情况，到厂家落实加工进度和加工质量。两线年修都以回转窑大修和地下水管网大修为主线。一线检修项目共计433项，投资1285万元。二线年修项目共计312项，投资1362万元；利用技术手段，分析设备劣化趋势。采用信息化技术手段提高设备管理精度。利用智能故障诊断分析系统，对四大风机进行实时监控，通过数据采集，频谱分析，故障报警，及时判断设备运行状态，掌握劣化趋势，给预防性维修提供大数据支持，信息技术应用初见成效；规范备件全寿命管理，提升设备管理水平。球团厂把设备备件的全寿命管理作为提升设备管理的主要手段，按工序对重点设备编号，落实过程跟踪，强化痕迹管理，使备件从计划、采购、入库、储存到使用、修旧、报废、回收全过程形成闭环，实现科学化、规范化、精确化管理，全面掌握设备的使用寿命和质量信息。

以构建“双重预防机制”为中心，提升安全环保工作水平。2019年是落实“双重预防机制”方案，开展全面建设的第一年。以全面持续推进安全生产隐患大排查大整治为抓手，坚持风险预控，强化预防为主理念，认真研究分析存在的安全风险，全面推行安全风险分级管控，推进事故预防工作科学化、信息化、标准化，完善风险预防和隐患排查治理双重预防机制。以产线为单位，建立健全了风险管控机制和管控制度，对季节变化、危险性较大的生产工艺带来的安全风险，有针对性地开展危险因素和重大风险辨识评价，完成了较大危险因素、重大风险清单建档，落实分级管控责任，通过建立台账、摸清底数、动态监控，不断完善管控措施和安全防范措施，严防重大事故的发生。并以风险管控为主线，紧盯重大安全风险，通过科学辨识评估和严格分级管控，筑牢安全生产的第一防线。针对机构改革实际，以安全标准化建设为主线，不断提升工区安全管理水平，大力开展隐患排查治理，助推“双无”创建工作。对安全隐患问题的排查治理，执行报告单制度，建立台账，落实整改，同时将隐患可能引发的事故作为防范重点，制定具体防范措施。全年共排查、治理各类隐患380项，考核25900元。全厂两条生产线大修期间，严格加强检修施工安全管理，做到严把准入关，严把安全协议签订关，严把非常规作业许可关，严把现场规范管理关，对重点工程会同设备室相关人员开展了危险因素辨识，详细制定了检修施工预案，年修期间共考核相关方34800元，保证现场隐患及时整改，实现年修工程安全受控。充分发挥工区优势，加大内外环环境的治理力度，强化对现有除尘设备运行的管理，明晰部门与工区间的管理责任，充分利用年底两线经济运行的时机，大力推进除尘设备维护保养和升级改造，厂环境除尘效果有了质的提升。完善环保治理体系建设，完善重污染天气防控应急预案措施，二次扬尘得到有效治理，现场环境明显改观。

以效率和效益为中心，提升企业管理水平。2019年，深化薪酬制度改革，修订了《球团厂战略绩效与薪酬评价考核办法》，全方位多维度细化量化关键绩效指标考核，增强了工区之间、工序之间、岗位之间“一盘棋”观念，协同效应充分显现，使煤、土、电三大定额消耗指标比计划均有所降低，电耗剔除脱硫系统用量，同口径创两线投产以来最好水平，球团矿单位加工费进一步降低，全年实现降本增效1900万元。推进人力资源优化工作，按照公司要求，对生产和辅助班组进行了重新设置，核减安置班组长9人；通过扩大原料矿槽岗位巡检范围，撤销了一线工区精矿皮带岗位，核减安置岗位4人。加强劳务用工管理，通过压缩设备检修及原燃料装卸劳务用工人员，以产量核定脱硫保产项目劳务费等，全年减少劳务费支出225万元。加强劳动纪律管理，按照鞍钢集团公司要求，实现了全员“人脸识别”考勤，严肃查处脱岗、班中睡觉、迟到早退等违纪行为，全年共查处违纪职工59人次，保持了良好的工作秩序。开展了高技能人才等级序列评聘工作，16名一线技术骨干分别被聘为一、二、三级技师。严密组织落实内外部培训计划，全年组织干部职工参加各类培训6802人次。加强制度体系建设，全年制定修订管理制度50个，废止41个，提高了制度的严密性和可操作性。积极推进网络问企工作，全年征集合理化建议567条，采纳解决529条。

以职工利益为中心，提升服务群众满意度。立足服务职工群众，为职工办实事解难题，完善特困职工帮扶体系，定期整理困难职工档案，完善困难职工帮扶体系，全厂结成“一帮一、群帮一”帮扶对子6对。开展了送温暖活动，全年计提救济款40000元，发放救济金36600元，扶助贫困职工102人次，实现了困难职工帮扶率100%；积极宣传大病保险政策，帮助4名职工办理了理赔手续，已获理赔金32万元。关心职工身心健康，加强劳动保护监督，与相关部门、工区共同排查整治环保安全问题109项；先后组织420名一线骨干参加健康疗养。改善职工工作休息条件，重新修缮了两线浴池、更衣室，更换了食堂就餐座椅，委托专业单位检测两线生活用水、安装了水净化装置，为职工配备了微波炉、保温杯，保证了岗位吃上热饭、喝上开水；开展了拔河、跳绳、登山等活动，满足了职工精神文化生活需要。大力搭建建功立业平台，开展了“我为企业献计献策”活动，全年征集合理化建议68条，创效157万元；开展了“双增双节”纵深行活动，全年降本增效566.万元；开展了群众性技术攻关活动，全年总结提炼先进操作法2项，提高了职工在生产实践中的创新能力；围绕中心工作，开展了劳动竞赛和技术攻关竞赛，确立实施竞赛、攻关项目18个，全年创效615万元。

（王　霞）

【弓长岭铁运公司概况】 该公司承担着弓长岭区域铁矿石、铁精矿、球团矿和矿区原燃材料的铁路运输任务，具有全天候露天动态作业，点多、线长、面广、管理跨度大的工作特点。截至2019年末，有职工741人，其中，干部87人（高级职称5人，中级职称38人，初级职称21人），工人612人，离退休职工42人。下设5个职能部室和8个作业区。铁路总长65千米，机车总数35台，自翻车总数369台，拥有固定资产净值1.19亿元。

2019年，该公司坚持以习近平新时代中国特色社会主义思想为指导，全面贯彻党的十九大和十九届二中、三中、四中全会精神，深入落实鞍钢、矿业各项决策部署，按照职代会确定的工作目标，克服供矿条件变化、原燃料价格上涨等诸多不利因素，全面完成了各项目标任务，开创了企业发展的新局面。

生产经营实现新突破。实施准时化生产组织，满足了矿山生产要求，超额完成生产计划，实现了经济运行。完成铁运周转量2.39亿吨·千米，比年计划增产85万吨·千米；实现利润1714万元，超利967万元。

安全管控取得新成效。加强安全制度建设，修订规章制度11项，作业标准128项，规范了日常管理。加强危险辨识与风险管控，修订隐患排查治理管理办法，推进本质安全。扎实推进“双重预防机制”建设，加大现场监管力度，促进职工操作标准化落实。全年开展各类安全检查260余次、考核216项。全力推进安全标准化建设，所有作业区进入星级作业区行列。加强相关方准入管理，严把安全审核关口，强化相关方安全监管。大力推进安全文化建设，举行安全知识竞赛、“身边隐患随手拍”等活动。

设备保障实现新提升。加大设备检查曝光力度，检查曝光问题175项，全部得到整改。严格落实点检定修制，电机车做检192台次，检修自翻车2467台次，装配主电机198台次，完成同步检修257项。完成铁路隐患整治工作，更换混凝土枕1100根、木枕1005根、钢轨140根、整治冻害30处、大抬道2.3千米、整治翻浆冒泥100余处。开展防洪专项整治活动，重点对防洪设备设施、物资储备、防洪工程等进行跟踪检查，清理涵洞、涵管12处，清理排水沟6600米，确保了运输安全稳定。直流电单耗比计划降低6%，设备状况得到明显提升。

企业管理实现新水平。加强制度建设和考核，重新修订管理制度53个。强化日常岗位绩效考核，严格执行考核制度，考核396项。率先在运输、安平作业区实施微市场化改革，有效解决人力资源短缺等突出问题，实现了企业增效、职工增收的双赢目标。强化成本考核，深入开展作业区、班组、机台的成本核算工作，全方位降低各项成本。完善职工培训方案，全年培训职工1669人次。广泛开展岗位技术大练兵活动，在鞍钢和矿业大练兵活动中共获得状元称号2人，获得技术能手称号11人。

职工利益取得新实效。职工收入有较大增加，人均收入比上年增长9%；改善职工作业休息条件，安装电热水器6台，为班组配置更衣箱、桌椅等设施36套；关心困难职工生活，发放救济款5万元，救助困难职工167人次；安排先进人物、技术骨干、一线职工健康疗养165人次。开展“平安铁运”羽毛球、篮球比赛等活动，丰富了职工业余文化生活。

党的建设取得新成就。该公司党委以习近平新时代中国特色社会主义思想为指导，深入学习贯彻党的十九大精神，充分发挥党组织在把关定向、总揽全局、保障落实中的主导作用，不断把党建工作的政治优势转化为公司的发展优势，为打造高效畅通平安和谐铁运提供了强劲的政治保证。成功召开了弓长岭铁运公司第七次党代会，选举产生了新一届党委会和纪委会，确定了加快打造高效畅通平安和谐铁运的奋斗目标。围绕主题教育“十二字”要求，以“四注重四确保”推进主题教育走深走实。推进“四化五联”党建工作模式，以“平安铁运”系列活动为载体，持续开展“身边隐患随手拍”，参与835人次，发现及消除隐患719项；开展共产党员工程、主题日等活动，将党建与中心工作深度融合；完成党支部书记抓党建工作现场述职考评；深化党支部建设提升年活动，修订党建考评办法、推行党建督导制，持续提升支部建设，新创建鞍钢样板党支部1个。推进“契约化”管理、制定新时代新担当新作为干部激励方案、优秀年轻干部培养选拔方案、举办青年干部成长论坛、完善后备人选信息库；落实“党管人才”主体责任，开展党委联系服务专家工作；落实“矿业菁英”人才培养工程，着力培养选拔优秀年轻干部、建设人才队伍。

（秦昌旭）

【弓长岭灯塔石灰石矿概况】 截至2019年末，在岗职工455人，其中，工人383人，干部72人（高级职称4人，中级职称32人，初级职称29人）。下设综合管理室、生产技术室、党委工作室、设备室，工会、物资备件供应站和6个作业区（山城作业区、缸窑作业区、铁运输出作业区、综合运输作业区、检修作业区、生产服务作业区）。固定资产1.54亿元，净值0.53亿元。矿区占地面积123万平方米，建筑面积9.7万平方米。现有内燃机车3台，自有专用铁路线14.37千米，铁路主干线为50千克重轨，矿山采场主要设备有液压潜孔钻机3台、沃尔沃反铲6台、推土机2台、12吨自卸汽车12台、装载机8台，采场装备能力达到460万吨/年水平。

2019年，该矿深入贯彻落实矿业公司各项决策部署，克服了生产条件变化、安全环保约束加大、极限超常压费等不利条件，通过实施加快采场循环调整、提升自有产线能力、拓展铁路外部输出等一系列新举措，全面完成了各项目标任务，实现了矿山持续稳定发展。

生产经营保持持续稳定。在采场优质矿源严重不足、产品质量波动输出频繁受限的情况下，实施了低品位矿石、筛下废物、成品矿外销等增效措施，全年实现石灰石商品量320万吨，销售收入2.29亿元，上缴税金3257万元，保持了持续盈利态势。

新矿山建设取得全面推进。全面启动了上缸窑、下缸窑采场开采前的规划工作。相继完成了《使用林地可行性报告》编制、《石灰石矿山年产能扩至400万吨技改项目》备案，审批完成了《使用林地审核同意书》，启动了征用土地办理程序。

采场生产步入良性循环。按照采矿工艺要求，从北坡安全隐患治理、东西部采场贯通、南部优质矿源揭露入手，全面优化采场布局，实现采区东、南部与中部区域同步下降，既保证了当前生产需求，又兼顾了后续矿石能力接续。

破碎线井口迁移及隐患治理全面实施。为了充分利用石灰石资源，确保采场后续能力稳定及满足产品质量要求，将山城破碎线粗破井口由北向东南迁移50米，释放了下压优质矿石252万吨。针对山城货场及破碎系统安全环保不达标，面临随时关停的风险，完成了货场建棚及皮带通廊封闭改造基础工程。

综合改革实现稳步推进。将作业区所有综合事务员进行上划，实行部门、作业区双重管理机制。全年压缩在岗职工51人，劳务用工16人，超额完成矿业考核目标。“三供一业”分离移交工作已具备清算阶段。

基础管理实现有效提升。开展“严格标准、狠抓规范、一切从严”专项治理和内外对标活动，有效促进了企业整体管理水平提升。加强安全管理，逐级落实安全生产责任制，强化系统考核评价，提升了安全管控能力。坚持系统性思维，强化设备基础管理，实现了设备综合效益最大化。优化采购模式，通过采取性价比采购、推进互联网电商采购、强化物资质量管控等措施，提升了采购效率和质量。加强矿产资源保卫工作，进一步明确了巡察职责，增加了检查频次和力度。

全员创新创效实现持续推进。面对完成利润指标的巨大压力，紧紧围绕制约矿山增利的短板和瓶颈，按照创新攻关“五条线”工作要求，制定实施了降本增效8个方面23项措施，实现创效100万元，为实现全年经营目标提供了有力保障。

共享共建取得明显效果。深入开展“践行共享理念、关爱一线员工”专项服务行动。职工工作环境和生活福利设施明显改善；通过薪酬改革、提高夜班津贴、班组长津贴和发放一次性奖励等措施，在岗职工收入水平同期增长7.66%；落实关爱职工、扶贫惠民措施，发放困难补助10.26万元，救助困难职工357人次。

（李新宇）

【弓长岭汽运公司概况】 截至2019年末，该公司共有职工307人，其中在岗干部49人（高级职称2人，中级职称27人，初级职称20人），生产工人258人。下设“四室一会”和6个基层作业区，主要承担弓长岭区域各厂矿客货运输、选厂舍岩、球团精矿倒运等以保产服务为主的车辆运输服务性辅助企业。2019年，该公司全面完成了各项生产经营任务，实现了事故为零。

经营成果再创历史新高。通过进一步优化生产组织、主动承担矿业自营工程、合理开动设备、实施经济运行等具体措施，全面完成了矿业公司下达的各项生产经营任务指标及各项保产服务工作任务。全年完成产值收入7946万元，实现利润930万元，超利691万元，经营成果创历史新高。

企业形象得到明显增强。继续坚持以“保产及时、优质服务”为服务宗旨，以满足各厂矿用车需求为服务中心，坚持“效率第一，用户满意”为服务原则，面对驾驶员岗位缺员、维修备件供应不及时和设备逾龄等诸多困难，通过优化生产组织和人力资源配置，完成了各项保产服务任务，高质量完成了区域各主体单位年修、计划大中修等重点关键任务。多次参与到各厂矿基础建设工程、环保工程、安措工程、改善厂区环境工程中去，先后参与完成了尾矿库安措工程、排岩场道路改造工程、矿机厂回收合金料工程、区域外运废钢铁工程等非计划任务，实现创收120万元。

设备管理水平显著提高。坚持以推进TnPM管理为工作主线，以“确保设备本质安全，提升开动率和完好率”为工作中心，按计划开展了设备月检、设备达标及设备综合评价等工作，扎实推进以设备本质安全为主线的各项设备管理工作。全面梳理规范各项设备管理、维护和检修保养制度，进一步提升公司设备基础管理工作，使得每项检查、通报及考核都能有据可查，都能对应到责任区域及相关责任人。开展多样化检查达标工作，持续改进设备功能状态。2019年，设备故障率较上年同期下降了0.8%，设备可开动率达95%以上。

企业管理水平取得新成效。结合生产经营实际，全面优化人力资源结构，完善了战略绩效与薪酬评价考核办法，调动了基层作业区工作积极性。规范贯章贯制工作，开展规章制度专项检查和“制度大讲堂”活动，确保制度制定科学合理、规范、高效。开展合规管理体系建设，按下工作方案，明确责任分工、工作措施和目标，合规管理能力不断增强。人力资源优化初见成效。结合人力资源利用和配置的实际，采取多种措施实现人力资源优化工作目标。积极、稳妥办理好达龄职工退休申报等相关工作，帮助有居家愿望并符合居家条件的职工办理居家休息，对自然减员做好管理。优化项目包保管理，对包保人员工作流程写实，实行兼工种、大工种作业。

安全环保工作效果明显。通过强化安全管控，稳步提升安全水平，各项事故为零。健全完善严格落实安全生产责任制。重点落实企业主体责任和各级管理者的岗位责任，使各项工作均处于受控状态，安全形势稳定。通过运行车辆加强GPS管控，遏制超速、不规范驾驶等行为，完善电子抓拍、监控设施，实现监控系统网络化。强化安全培训和应急演练工作。充分利用安全例会、班前会等形式，开展好日常安全教育、专业教育、事故案例警示教育，增强职工自觉遵章守纪意识。加强交通事故管理，车辆驾驶操作不规范等行为所造成的交通事故，进一步规范司机操作行为。加强相关方及危险品运输车辆管理工作，杜绝了重特大事故的发生。

职工利益得到切实维护。该公司在生产经营非常困难的情况下，持续推进“面对面，心贴心，实打实”服务职工在基层活动，共走访慰问困难职工141人次，发放救济金97100元。认真落实职工薪酬增长激励机制，收入分配和津贴向一线职工倾斜，在岗职工收入水平实现同比增长。深入开展“践行共享理念，关爱一线员工”服务活动，开展职工福利设施专项检查，全面推进职工福利设施和劳动保护工作，维护职工合法权益。全年共投入36万元维修费用于职工休息和作业环境维修改造，极大地改善了职工休息作业条件。开展了丰富多彩的文体活动，举办了职工登山、拔河、长跑和职工文艺作品大赛，丰富了职工文化生活。

（张宏禹）

【弓长岭动力厂概况】 弓长岭动力厂是矿业公司重要的能源转供企业。主要承担弓长岭地区生产的能源供给工作，供电、供水、供暖三大系统东起何家，西至松泉，南临汤河，遍布15千米铁山，地处温泉旅游名胜区、具有“矿泉水之乡”美誉的辽阳市弓长岭区，厂部坐落于杨木山下、长岭河畔、苏安大街泉眼路，拥有供电、供水、供汽三个能源供给系统，具备年供电14.8亿千瓦时、供水5200万立方米、供汽115万吨的能力。2019年末，共有职工263名，其中，生产工人222名，干部41名；离退休17人。厂区总占地面积3.35万平方米，建筑面积3.3万平方米。设有生产设备室、综合管理室、能源管理室、党委工作室、工会，4个作业区：供电作业区、供水作业区、锅炉作业区、检修作业区。

安全管理：层层压实安全管理责任，安全管理制度体系全覆盖初步形成。持续推进“双无”班组创建，有9个班组迈入“双无”班组行列。固化“星级作业区”创建工作，4个作业区实现保级。坚持“安全检查多样化、隐患治理彻底化、责任考核常态化”，共整治各类安全隐患67项，比上年下降21%。该厂安全部门联合工会、团委通过开展“展矿业蓝图，建幸福动力”安全联欢、领导班子“安全大讲堂”进作业区、“安全生产月”系列活动，有效地增强了职工的安全意识。开展反事故和反恐消防逃生应急演练、职工技能比武等活动，有效地提升了职工的安全技能。

环保与优化经济运行：严格把控环保指标，实施烟气限值排放。强力推进20吨锅炉“煤改气”和35吨锅炉脱硝工程，满足国家环保要求。狠抓设备三级点检，强化设备隐患治理，设备可开动率达100%。高质量完成了10个变电所的定修工作，及时处理31项较大设备缺陷。机修所66千伏户外钢筋混凝土构架改造，岭东、球团、老选所控制设备更新，高压配电线路设施改造等项目的顺利实施，为稳定供电奠定了基础。红花峪泵站生活饮用水接引，柳河泵站2号变频器升级和3号泵改造，岭东大井水位监测系统安装，选矿厂生活用水管道改造，二泵站、红花峪泵站高压盘继电保护校验等项目的按期完成，为稳定供水创造了条件。强化锅炉运行维护，常年锅炉轮停整修和季节锅炉全停整备，为稳定供暖提供了保证。

体制改革与创新管理：认真贯彻落实矿业公司“3+2+N”综合改革推进工作会议精神，抓住“宣传教育、方案设计、舆情管控”三条工作主线，结合单位实际实施供电、供水、供暖“三条生产主线”的专业化重组和独立核算体系，设定每条线的利润指标，倒逼成本。组织实施变电值班员、司炉工、抄表收费等业务进行整合，优化人力资源岗位配置，提高工作效率。创新对内“专业化”、对外“市场化”的双向激励和约束机制，将“三条生产主线”的运营质量与对主体单位的服务质量作为评价标准，双向考核，奖优罚劣。

企业管理：建立了有200个制度文件的管理制度体系，将制度培训计划纳入厂年度职工培训计划，加大规章制度检查、评价、考核力度，全年考核个人73111元，考核单位3660元，考核相关方10350元。全年完成一、二类培训12项，276人次，三类培训16项，516人次。在变电值班员、泵站操作工、热力司炉工、电气大工种、检修机械等工种中，开展27场技能竞赛。配合“双无”班组创建，将岗位安全作业指导书、危险辨识纳入变电值班员、泵站操作工、热力司炉工、检修工种的技能培训。职工积极参与岗位创新创效活动，申报专利2项、重大合理化建议4项。

党建工作：重点抓好两级公司党代会精神、“两学一做”常态化制度化、“不忘初心、牢记使命”主题教育等“三项教育”，全面优化“学习型党组织”建设。利用党委中心组学习、党支部“三会一课”、形势任务教育大家谈等有利时机，分层次组织领导人员、中层干部、党员群众深入学习，统一思想。结合本单位、本岗位工作实际开展专题研讨，查找工作差距，制定工作措施，对在主题教育中发现的问题和职工群众反映或征集的意见建议进行梳理，分析原因，制定措施，大力提升党建工作科学化水平，有效地保障和促进了生产经营发展。

（朱　哲）

鞍钢联众（广州）不锈钢有限公司

【概况】 鞍钢联众（广州）不锈钢有限公司（以下简称“鞍钢联众”）下设董事会秘书室（法律合规部）、综合管理部、安全环保运营部、党委工作部（人力资源部）、财务部、采购部、市场营销部、产品制造部、设备保障部、公用与项目部、储运中心、炼钢部、热轧部、冷轧部、光亮部。截至2019年末，在职员工2229人。

2019年，鞍钢联众面对不锈钢行业供需严重失衡，内外部竞争格局剧变，主要原料价格维持高位，不锈钢产品价格下跌，市场竞争白热化等严峻形势，生产经营陷入困境，全年大幅亏损。在此生死存亡紧要关头，全体职工坚定信心、直面问题、迎难而上，多措并举打响了减亏脱困攻坚战，全年自炼钢产量160万吨，钢材销售量158万吨，实现营业收入120.2亿元。

【实施精细化经营，突破同质竞争重围】 1. 加强近域销售，深化调品增效。减少低效益流通产品投放量，优先生产高边际利润产品，全年累计销售高效材30.4万吨、光亮产品12.6万吨、出口钢材11万吨，其中高效材销量同比增长47%。采取双锁定方式，择机重启300系销售，累计投放22.6万吨304产品。

2. 优化采购节奏，降低采购成本。全面贯彻招标采购，公开招标率提升到89%。与实力雄厚的供应商签订大宗物资战略合作协议，降低采购成本。持续推进国产化替代、功能承包、零库存协议采购，有效降低了采购资金占用。紧盯市场行情变化择机采购，同比降低采购金额1.2亿元。

【实施系统化攻关，提高降本增效能力】 1. 开展技术攻关，有效解决双相钢在HAPL难酸洗问题，持续改善CAP断带、光亮BAL炉区擦痕等品质问题。实施VOD、BAF等高效材设备工艺瓶颈攻关，全年生产VOD钢种14万吨，同比增长13.9%；BAF产量同比增长12%。挖掘产线潜力，3月光亮产品缴库量达到1.25万吨，11月自炼钢突破16万吨，均创历史新高。

2. 开展降本增效活动，炼钢电极棒、助熔剂及硅铁耗用实现降本近3000万元，吨钢原料成本比上年降低近百元。光亮部实施含油衬纸回收、提高产出率等措施，吨钢成本同比下降51元。大力控制能源消耗，通过降低事故时间、实施钢包烘烤器改造等项目，全年吨钢综合能耗264千克标煤，比目标值降低11%。

【依靠科技创新力，提升直供产品比例】 1. 开展高钛超纯铁素体不锈钢洁净工艺研究、商用车排气材料及水管用444钢种工艺开发等6项课题研究，成功开发铁路货车用不锈钢T4003、工业用高耐蚀309I等7个新钢种。

2. 加快新产品测试认证进度，加大直供用户的营销策划，全年销售直供产品30万吨，直供比例达19%。拓宽与生产制造商专用材合作领域，实现汽排热轧产品稳定供货4.9万吨；在刀具钢、双相钢方面同时取得了较好进步，刀具钢销售增长90%，双相钢增长74%。

【夯实“人财物”基础，创新思路谋求发展】 1. 优化人力资源管理，七职等及以上部级领导人员继续实施契约化薪酬。优化冷轧部、市场营销部作业模式，增加职工收入，提高劳动效率。

2. 推进财务管理提升。强化全面预算管理，严控各项费用支出。积极拓展融资渠道，优化资金结构；开展融资租赁，盘活设备资产。灵活运用各项银行业务品种，节省财务费用570万元。用足用好政府补贴政策，取得出口退税8000万元，获得现金补贴1225万元；向税局申请研发费加计扣除备案1.13亿元。

3. 提高设备保障水平，以稳定促生产顺行。继续推进设备专项整治工作，夯实设备管理基础，完善点检定修体系，通过点检管控，强化定修及年修工作，深化备件质量管控体系，各产线设备稳定性有了显著提高，全公司月均故障时间比上年降低25%。

【改革完善体制机制，提升企业管理水平】 1. 完善法律风险防范体系，推行公司律师制度。加大合同审查力度，审查合同86份。处理法律诉讼纠纷案件10件，其中结案4件，避免经济损失46.3万元。

2. 优化管控体系。新制定规章制度820份，修订483份，作废24份；举办14场规章制度宣讲会，宣贯38份公司级制度。对权责手册进行优化，新增11项、删除11项、优化调整42项。

3. 提升信息化管理水平。完成对接集团中央账务仓及客商平台接口开发工作，完成ERP系统改造升级。

【积极承担社会责任，努力构建和谐企业】 1. 推进安全生产标准化建设，获得安全生产标准化二级企业证书。开展17项安全生产检查，隐患排查治理工作形成常态。实施“三个全覆盖”安全考核，层层落实安全生产责任。全年公司安全生产形势总体稳定，实现重伤及以上事故为零。

2. 环保建设持续改进。建成废水重金属在线监测系统，实时监控4个废水排放口的重金属指标。推进固体废物减量化，脱水污泥的产出量降至2800吨/月以下。开展扬尘治理，通过增设喷雾机等措施抑制区域扬尘，减少道路污染。

3. 完善消防应急体系，评估消防设施运行状况，集中力量整改重大隐患。制定应急演练执行标准，完善应急物资准备，开展应急演练285场。

4. 战“山竹”响应迅速。台风“山竹”给公司厂房屋面造成较大损坏，并影响部分产能，但由于准备充分，指挥得当，人员伤害为零，生产恢复及善后工作迅速完成。

5. 践行共享理念，关心职工生活。修缮羽毛球场、乒乓球活动室和足球场，开展了乒乓球、羽毛球、足球比赛和户外登山等活动。在职工节日慰问、文体活动、福利生活等方面总计支出348万元。

【全面加强党建思想政治工作】 1. 加强理论学习，提高政治素养。采取党委理论学习中心组学习、派驻干部组织生活会、专题培训、党支部“三会一课”多种阵地，深入学习贯彻习近平新时代中国特色社会主义思想和鞍钢集团二次党代会精神。坚持把抓好“不忘初心、牢记使命”主题教育作为重大政治任务，领导人员完成了集中学习研讨、调查研究、检视问题、召开专题民主生活会等规定内容。开展了八个方面专项整治工作，在“9+1”专项整改上，涉及28项，已完成18项。

2. 抓好党员队伍建设，提高党组织凝聚力。落实“三会一课”等基本制度，开展“建功华南党旗红”党内建功立业活动，积极创建“四好班子”“样板党支部”“党员先锋岗”“共产党员工程”。做实做强党务工作者队伍，组织开展党支部大讲堂培训。强化党性教育和理想信念教育，深化“双培养一输送”工程，积极壮大入党积极分子队伍。2019年发展党员9名。

3. 坚持党管干部原则，推进人才队伍建设。按照“对党忠诚、勇于创新、治企有方、兴企有为、清正廉洁”的标准，规范干部的选拔管理使用。评选管理、技术、技能核心岗位人才，有84人获此殊荣。开展了导师带徒活动，师徒结对115对。参加广州开发区第十一届“技术能手”大赛，鞍钢联众荣获优秀组织单位称号。

4. 履行纪委监督职责，推进党风廉政建设。召开党风廉政建设和反腐败工作大会，组织签订“党风廉政建设责任状”等“一状四书”。开展“带钱”专项治理，发现8起涉案行为。开展“四风”问题专项检查，处罚各级管理人员14人。开展检测计量、验收管理、费用核销专项检查，检查问题点88项。在贵重金属储区联合专项检查中，在对19名失责人进行处罚的同时，坚持“一案双查”对14名管理人员进行惩处。

5. 强化思想宣传引导，凝心聚力共克时艰。强化形势任务教育，组织开展了2次“面临生死存亡，我们怎么办?”大讨论活动，开展了“背水一战迎难而上群策群力共克时艰”“鼓足干劲再出发，凝聚力量创辉煌”“守初心、担使命，找差距、抓落实”3次主题形势任务教育宣传活动，统一思想，认清形势，明确任务，落实责任。

（王可欣）

鞍钢集团工程技术发展有限公司

【概况】 2019年，鞍钢工程发展公司以习近平新时代中国特色社会主义思想为指导，全面贯彻党的十九大精神，紧紧依靠广大干部职工，主动应对市场下行压力，直面问题，自我革命，各项工作取得新成效。

【综合改革稳步推进】 完成公司机关组织机构改革，部门数量精简14.3%、岗位定员精简8%，公司层面职能定位更加清晰、运行更加高效。正式启动重机公司深化改革，配套实施政策支持与“特区”机制，企业改革发展迎来新机遇。推进工程技术公司“双百行动”，谋划设计改革蓝图，开拓企业高质量发展的战略空间。推进建设公司、房产公司“一套班子、两套机构”管控运营，落实经营主体责任，业务协同取得新突破。打造龙岩恒大等9个微观主体，推动经营管理向契约化管理转变。深化亏损企业治理，6户重点亏损企业实现扭亏为盈。

【产业调整创效凸显】 形成“有项目、有指标、有契约、有跟踪、有评价”成熟有效的管理机制，重点项目完成销售收入9.96亿元，同比增长171.6%。承揽朝阳钢铁热轧厂磨辊间包保服务，统签鞍山钢铁设备维保业务2.3亿元，延伸服务创效显著。鞍钢新城开盘销售，打造鞍山首席全龄化生态住区。西大沟水处理项目达标，实现处理能力2000吨/时，达到世界先进水平；北大沟水处理项目顺利投产；沙钢3号烧结机活性炭脱硫脱硝项目热负荷试车成功，已能达到钢铁行业超低排放标准；二发电180兆瓦CCPP发电机组正式进入运营收费期，销售收入每小时9.72万元，节能环保产业取得快速发展。做大专项产品，机制砂（石）生产线达到历史最好生产状态，实现产能420万吨、销售收入3000余万元。拓展新业态产业，售电公司市场化交易电量8.7亿千瓦时。

【创新动能持续激发】 出台《2019—2021年科技创新发展规划》，启动集团关注创新项目5项，重奖科技创新团队和个人112.5万元。工程技术公司“辽河流域特大型钢铁工业园全过程节水减污技术集成优化与应用示范”国家课题通过结题验收，攻关8项核心技术，申请专利6项，其中发明专利5项；竖冷窑项目在降低排料温度方面取得重大技术突破。房产公司申报“钢结构建筑的填充墙结构及施工方法”等3项发明专利。重机公司炼钢工序全程钢包加盖项目服务鞍钢主业降本增效，申报3项发明专利。铁路设备公司铸球自动化生产线投产运行，开启钢球生产“按键”时代。科技成果质量和数量明显提高，鞍钢中电“装配式复合支撑墙钢结构住宅体系”科技成果获评国际先进水平。工程技术公司“鞍钢30万吨焦油深加工典型工艺技术和装置研发与应用”和“焦炉烟气SDS干法脱硫联合SCR中低温脱硝技术研发”分获2019年中国冶金科学技术奖一、二等奖。在第23届全国发明展览会上，重机公司获金奖、铜奖各1项，工程技术公司获金奖1项、铜奖2项。全年获得国家受理专利42项，有效专利450项，认定专有技术25项。职工创新氛围浓厚，34个职工创新工作室完成创新项目124项。陈世谊工作室被评为辽宁省劳模创新工作室，晋升为鞍山市总工会职工职业技能培训基地。

【企业管理稳步提升】 加强“四个确保”执行，全面开展“回头看”，升级考核评价体系，专项治理质量和工期问题；推动项目由规模效益型向质量效益型转变，客户满意度比计划提高2.18个百分点。肇庆恒大御景湾项目部深入践行“四个确保”，保证如期开盘，为进军广东建筑领域打下坚实基础。宝得高炉项目为业主抢回工期，保障项目顺利投产。鞍钢新城2号楼项目获得省建筑业协会“绿色施工示范工程”。完善风险合规体系建设，推动风险合规与评估审查的“5+X”运行机制，联合审查重大项目17项，结案遗留案件30余起，挽回损失2300余万元。梳理177项核心业务流程，制定“智能决策分析”平台方案。修订“安全生产禁令及实施办法”，实现重大环境污染事故为零。建立对标机制，与13家先进单位开展对标，推动企业提升竞争力。加强承兑汇票风险防范，完善内部贷款流程，进一步保障资金体系安全。加强审计监督，实现创效1821万元。

【作风建设成效显现】 坚决整治形式主义、官僚主义，实行清单管理，推行严细实工作作风，公司领导班子到基层调研天数同比提高50%，下发文件、基层上报材料和召开大型会议数量明显减少。开展“践行共享理念、关爱一线员工”专项服务行动，立项37项全部完成，实施重机公司北部综合楼、冶金公司冶炼分厂浴池修缮工程。走访慰问困难职工、离退休人员等804人次，发放救济金17.64万元，发放职工医疗救济金31.68万元。

（于国旺）

【鞍钢建设集团有限公司】 2019年末，职工总数4397人，其中在岗职工2496人，离岗居家职工1901人，在岗职工中管理技术835人（高级职称91人，中级职称455人，初级职称289人），生产服务1661人。

该公司共有机械设备、运输设备、动力设备等各类设备共计4949台（套）。拥有国际先进的德国产400吨、280吨、160吨履带式和500吨、380吨、330吨、250吨、225吨、120吨汽车式及国产800吨、600吨、200吨、160吨、150吨履带式等系列吊装设备；沃尔沃、奔驰、拖车等各类大型运输设备；沃尔沃EC700BLC、EC460BLC履带式挖掘机、A40E铰链式卡车及国产自卸汽车、铲车等土方挖运设备；利勃海尔HS855HD履带式地下连续墙抓斗成槽机、瑞典阿特拉斯·科普柯产全液压ROCD7顶锤式钻机、HB2200型液压锤等破碎设备；日产液压打桩机等桩工设备和日完成10万立方米岩土工程爆破、挖运作业的施工设备等；伊萨EXA6000×16000型数控火焰切割机、EXA4000×27000型及IT258型数控门式焊机、美国培廷豪斯数控钢结构加工设备、LMZ-2500型H型钢自动埋弧焊机、数控平面钻床、1600吨×3000型三辊卷板机等钢结构加工制作设备；瑞士莱卡TDA5005型三维全站仪及美国天宝4600LS型GPS测量定位系统等施工测量设备；东北地区最大的年产280万立方米流态混凝土生产基地及配套的泵罐车设备。2019—2020年，新增设备108台（套），设备原值2342万元。

【经营指标】 2019年完成销售收入39.6亿元，比2018年33.5亿元增加6.1亿元，增幅18.33%。全年完成利润3322万元，完成年计划的100.7%，比2018年同期增加956万元，同比上升40.4%。

【企业形象】 2019年征集科技合理化建议48项，实现科技创效666万元，5项QC成果获奖，获授权国家专利14件，申报1项省级工法，8项技术评定为工程公司专有技术，1项荣获2019年鞍钢工程发展公司科学技术奖三等奖。参加2019年冶金建设行业首届BIM应用技能大赛并荣获3等奖，制定了《鞍钢建设科技创新发展迭代提升规划（2020—2022）》，全年科研课题结题评审16项，并予以推广应用。

【产业调整】 推动“产业+工程”布局，增加了新的效益增长点。加大碎石线改造力度，形成了年产超百万立方米的4条碎石生产线，销售盈利600余万元。将特结厂划归结构公司，鞍山基地实现了钢构制作、安装一体化发展。做大做强物贸产业，积极筹建鞍钢建设（鞍山）物流贸易有限公司，拓展物贸、仓储、物流等业务，全年物流储配累计入库1.4万吨。打造鞍钢装饰一站式服务中心，推行电商平台采购，新引进合作商户11家，实现盈利184万元。协力运维产业加快“两个转变”，立足打造钢铁主业的“超级管家”，全年盈利226万元。

【企业改革】 该公司领导班子深入基层联系点开展了“四同”调研，制定了51项问题清单。开展不规范劳动关系、离岗居家返聘人员清理，全年共清理57人。统筹规划税率调整业务，组织培训《个人所得税税法》，完成了所得税六项附加扣除，税务筹划创利297万元。经过华夏认证中心专家评审，顺利通过了2019年“三标体系”认证。建设BIM智慧工地。开通了鞍钢新城、建材公司、营口钢构、亚盛、聚龙、物流园等智慧工地监控网络。深化“双鞍融合”，加强地企合作，与鞍勤集团签署了战略合作协议。

【工程管理】 履约意识不断增强，开展“四个确保”回头看。对CCPP、鲅鱼圈筒仓、3号高炉等项目质量缺陷和工期拖期、合同评审缺失等问题进行了专项治理。多个项目创精品工程，全年完成鞍钢各产线23次年修任务，共收到业主表扬信函、锦旗等29次。恒大肇庆项目、鲅鱼圈炼铁通廊抢修、炼钢一分厂铸机、五矿营钢厚板厂年修项目、鞍山宝得、达力普、首钢京唐二期等擦亮了“鞍钢建设”品牌，赢得了市场信誉。抓好安全质量，认真吸取事故教训。为确保新增事故为零，公司领导带队开展了皮带运输机安全大检查和安全生产“百日攻坚战”、安全质量月、“四不两直”安全大检查等活动。

【共享理念】 弘扬军企文化，选树先进典型。机电公司电焊工李铁成参加鞍钢集团精英赛，获得优异成绩，徐斌荣获“中央企业劳动模范”称号，王静创新工作室成功晋级鞍钢级和鞍山市级职工创新工作室。鞍钢建设荣获新中国70年企业文化建设优秀单位，持续推进“践行共享理念，关爱一线员工”活动，提高了出差人员补贴标准，在岗职工年平均收入比2018年提高6.6%。工会为610名在岗女工办理了“团体安康险”，开展“冬送温暖，夏送清凉”活动，为施工现场职工送去了慰问品。全年走访困难职工和党员1276人次，发放救济金72.9万元。为喜迎新中国成立70周年，承办了鞍钢工程发展公司春季全民健身活动及歌咏展演比赛。履行社会责任，选派了1名干部到新疆塔县进行定点扶贫。维护职工队伍稳定，全公司各级领导累计接访职工群众44批次100人次，圆满地完成了维稳目标。

【建筑工程分公司概况】 2019年末，有职工875人，在岗职工499人。其中，管理和专业技术人员324人，高级职称8人，中级职称117人，初级职称120人，生产服务人员172人。机关设9个部门（中心），31个项目部。

2019年，该公司共完成分项工程179项，分项工程合格率100%，单位工程优良率100%。完成施工产值12.723亿元，全年实现销售收入5.98亿元，全年实现利润1188万元。2019年市场营销中心签约138项，完成签约额82522.5万元；外埠工程签约27项，签约额64608万元；鞍钢工程签约111项，签约额17914.5万元。

2019全年，编制外埠技术标51项，鞍钢厂内技术标176项。审批方案89项，完成合理化建议创效130.9万元；申报国家专利2项；企业级工法1项；发表论文1篇。完成了“装配式建筑施工技术研究与应用”课题。

【机电安装工程分公司概况】 2019年末，在岗职工722人，其中，管理和专业技术人员230人（高级职称6人，中级职称79人，初级职称145人），生产服务人员554人。机关设6个部门（中心）、6个基层单位、13个工程队、7个工区、9个外埠临时项目部。公司拥有锅炉、压力管道、压力容器、起重机特种作业资格证；拥有电力承装工程三级资质。

2019年，该公司全年共完成分项工程648项，分项工程合格率100%，单位工程优良率100%。完成施工产值6.5亿元，全年实现销售收入5.89亿元，实现利润-2578万元，市场签约额5.13亿元，其中鞍钢市场中标金额22962.42万元、外埠市场中标金额3711.42万元。

2019年，审批施工方案167项，施工组织设计11项；完成合理化建议24项，创效201.42万元；申报国家专利3项、授权国家专利3项；申报专有技术3项；申报企业级工法1项；申报省级工法1项；在省级刊物发表论文2篇；与中建八局、中建五局联合承建的华晨宝马汽车有限公司大东工厂第七代新五系建设项目涂装车间、（EEX）总装车间主车间工程荣获2018—2019年度中国建设工程鲁班奖（国家优质工程）。

【鞍钢钢结构有限公司概况】 2019年，在职职工总数101人，其中居家职工31人，在岗职工70人；技术、管理人员27名（高级职称5人，中级职称16人，初级职称6人），生产服务岗位43人。通过AWS（美国焊接学会）认证焊工101余名，CCS（中国船级社）认证焊工30名。拥有国际焊接工程师、国家一级建造师、一级注册结构师、高级工程师7人。

公司机关设党群工作部、工会、综合管理部、市场营销部、财务会计部、工程技术部、制造部、供应站；直属单位市场营销中心、清欠中心、设计研发中心、项目管理中心、生活服务中心；公司下设三个生产车间。固定资产原值19035.3万元，净值7020.3万元。

2019年，该公司继续集工程设计、制造加工、安装施工、技术服务于一体的钢结构系统全流程管控，应用全球最先进的X-steel详图设计软件进行详图设计、应用FastCAM软件及条码系统进行排版及材料管理，应用BIM系统进行钢结构项目管理。2019年参与建设的华晨宝马汽车有限公司大东工厂第七代新五系建设项目涂装车间、（EEX）总装车间主车间工程荣获2018—2019年度中国建设工程鲁班奖（国家优质工程）。

【结构安装工程分公司概况】 2019年底，该公司共有职工390人，在岗职工202人，居家职工188人；在岗职工中管理技术人员55人（高级职称2人，中级职称26人、初级职称25人）、生产服务人员147人。公司下设4部、1中心、1站、1办及13个项目部，作业层全部实行项目经理责任制。拥有大型机械、动力、运输、吊装设备80多台（套），其中德国利勃海尔280吨履带吊、浦元160吨履带吊、浦元70吨履带吊均为国内最先进吊装设备，固定资产原值10728万元，净值1174万元。

2019年，该公司工程合同执行率100%，工程节点完成率100%。全面开展技术质量管理标准化工作，保证了分部（分项）工程合格率100%，全面完成工作规划目标。全年共完成销售收入2.54亿元，全年实现利润105.2万元，市场开发签约产值2.8994亿元。

2019年，该公司全年实现科技创效70万元；推进高炉大修领域技术革新，完成推顶器、大吊盘改进项目。完成企业级工法1项、专利1项、专有技术2项；荣获冶金施工系统QC成果二等奖1项，QC小组获辽宁省优秀质量管理小组。

【工业炉能源科技分公司概况】 2019年末，该公司共有职工173人（含居家73人），其中干部39人（高级职称3人，中级职称18人，初级职称13人），工人60人（生产工人56人）。设三部（综合管理部、财务部，项目管理部）、三中心（市场营销中心、供应租赁中心、人力资源服务中心）、四个工程队（炼铁工程队、炼钢工程队、加热炉工程队、鲅鱼圈工程队）。

该公司拥有固定资产原值348.93万元，净值68.87万元，主要设备有大型高炉砌筑平台、卷扬塔、各种类型磨砖机、灰浆搅拌机、空压机、电弧吊、叉车、真空吸附吊及各类喷涂设备97台（套）。

2019年，工业炉承担的工程以新建、年修工程为主，主要有鞍山宝得1250立高炉新建4座热风炉炉体砌筑工程；本钢矿山白灰竖窑耐材检修；西昌4号加热炉新建工程；鞍山钢铁化工立山洞解冻库大修、中板厂新建退火炉砌筑工程、2150线加热炉检修工程、硅钢退火炉改造工程、1780线加热炉检修工程、中板厂加热炉维修工程、热轧加热炉、炼钢转炉检修、炼钢白灰窑、炼铁环团保产；营口鲅鱼圈球团三大主机大修、鲅鱼圈厚板检修等。

2019年完成销售收入9340万元，利润指标是469.43万元；工业炉公司全年承担单项工程86项，其中外埠工程5项。合格率100%，合同履约率100%，轻伤以上事故、火灾事故、负主责的交通事故和环境事故为零；质量事故为零。获授权国家专利2项，科技创新项目1项。

【汽车吊装运输分公司概况】 2019年12月末，该公司共有在岗职工306人，其中，生产服务岗位228人，管理技术岗位78人；居家休息职工265人。该公司机关设置“一会六部”，即工会、党委工作部、综合管理部（人力资源部）、市场营销部、工程管理部（技术质量部、安全保卫部）、设备物资部、财务部；基层单位设置“一个中心，两个事业部、三个吊装队、两个鞍钢本部保产车队、两个外埠保产队和一个PPP项目部”，共11个基层单位。拥有固定资产原值4.58亿元，净值6564.7万元，新增设备21台。

2019年，该公司实现销售收入3.17亿元，完成年计划的132.09%；实现利润1302万元，完成年计划的100.15%；清欠回款735万元，工程施工节点完成率100%，合同履约率100%。

2019年，该公司围绕“一个坚持、两个深化、三个全面”的生产经营主线，做优做强“五大板块”核心业务，精心构建“互联网+”产业布局，全面推进公司产业结构调整和升级。全年合同签约56项，签约额4.66亿元，其中，工程类3.45亿元、吊装和运输类1.21亿元。一是吊装运输市场得到巩固和加强。保产一队、保产二队、鲅鱼圈项目部、朝阳项目部，在设备日趋老化且更新缓慢的情况下，经受住“蓝天行动”“雷霆行动”“整治超载超限”的考验，以市场化思维努力进取，保证了企业产值、利润、现金流稳中有升；物流事业部开拓了“鞍钢炼铁厂至铸钢厂钢渣包运输”市场，实现了项目部运输保产项目“零”的突破，并成功与德邻陆港签订了《鞍钢绿色资源钢尾渣外排任务长期战略合作协议》；吊装一队、吊装二队、吊装三队紧紧抓住2019年鞍钢及外部吊装市场项目多的有利因素，在发挥自有设备吊装能力的同时，与相关企业深度开展合作，采取吊装设备联合作业的方式，全部超额完成收入指标，“鞍钢吊装”品牌商誉再次得到提升。二是工程项目领域市场开发取得新突破。积极参与招投标，大伙房水库、鲅鱼圈蒸汽管道、鞍钢新3号高炉改造、西大沟暗渠加固、鲅鱼圈3.8米延长跨等项目顺利签订了合同。同时，北京顺义钢结构工程签约7679万元，为公司在项目施工领域的发展提供了更加广阔的舞台，特别是2019年一个多亿的工程结转，为公司全面完成三年契约化责任目标奠定了基础。三是新兴产业发展初见成效。在面临巨大的困难和挑战的情况下，汽车产业园坚持慢慢孵化，实现平稳运营。先后拓展了家用汽车及工程机械车辆维修养护、新能源汽车（箱货及商务）维修租赁等经营项目。随后又与徐工重型开展合作，建立特约维修服务站，与中国人保开展合作，成为人保汽车事故拆解合作单位。通过多项目经营、多举措并用，实现全年营业收入约120万元。技术质量管理实现稳步提升。全年完成科技创效75万元，完成计划的135%；科研开发2项，投入研发费用265万元，申报专有技术1项、申报X级工法1项、发表论文1篇，科技创新工作实现新的突破。开展践行共享理念、关爱一线员工服务行动，重大节日期间，采取“重点资助、侧重走访、普通慰问”的形式对102名困难职工进行走访慰问，全年发放慰问金5.94万元。荣获2016—2018年度鞍山市文明单位（文明企业）。

【建筑材料分公司概况】 2019年末，该公司共有在岗职工142人，其中管理和专业技术岗位48人，生产和服务岗位94人。机关设置五部一会，即党委工作部、工程管理部、销售管理部、财务管理部、资材管理部、工会；下辖1中心、10个生产经营单位。

该公司固定资产原值17923.45万元，净值4726.09万元。新增水稳搅拌站1座、装载机4台、自卸车2台等设备，新增设备原值1512.71万元。形成砂石、预拌混凝土、水稳料、建材产品等四大支柱产品体系。

2019年，该公司坚持产业结构“多元化”思路，完成了碎石厂1号、2号、3号碎石生产线易地改造，恢复制砂生产线，形成100万立方米/年产能规模。以“利用铁矿废石资源开发系列绿色建材产品项目”为重点，用2个月时间，快速建设完成筛分1号和2号线，使资源产业的总产能从100万吨/年提升至400万吨/年。针对内部活源严重不足，外部市场竞争激烈的严峻形势，以实现“跨区域发展”为突破口，承接了鞍山宝得、辽阳钢铁、辽阳前杜、辽阳鑫亿特钢、辽阳蓝翔特钢等多个钢厂改造项目，与中交路桥（北京）科技有限公司合作，为鞍山玉佛山隧道加固施工项目提供超流态高强度微膨胀混凝土，填补了公司在城市隧道建筑领域的市场空白。发挥鲅鱼圈搅拌站的区位优势得到有效发挥，完成了鲅鱼圈钢厂36个筒仓等多个重点工程项目；采取新的市场营销模式紧盯大项目拓展域外市场，参与了沈阳恒大项目建设。全年，生产混凝土60.7万立方米，碎石产量69.2万立方米，实现销售收入2.5亿元，实现利润1449万元。

2019年，该公司被评为全国混凝土行业“绿色生产示范企业”。

【建设设计研究院概况】 2019年底，在册职工总数83人，其中各类专业技术人员58人，占总人数的69.8%；另有长期派遣劳务23人。具有教授级高级工程师1人，副高级职称人员16人，中级职称人员41人，初级职称人员11人。拥有博士研究生1人，硕士研究生9人，大学本科毕业生52人，大学专科毕业生18人。国家一级注册建筑师1人，国家一级注册结构师6人。

2019年，该院固定资产5栋、67件，原值486.24万元，净值48.37万元。计划销售收入2200万元，实际完成3960万元，完成年计划180%；单位工程质量合格率100%。实现安全、质量、设备、火灾、环境污染事故为零，该院负主要责任交通事故为零的目标。

【鞍山建博工程检测有限公司概况】 2019年底，在册职工17人，其中各类专业技术人员10人，占总人数的58.8%；中级职称人员8人，初级职称人员5人；大学本科毕业生7人、大学专科毕业生6人。

该公司与鞍钢建设集团有限公司设计研究院合署办公，统一对外经营。经营范围包括：地基基础工程检测、主体结构工程现场检测、钢结构工程检测、建筑工程材料见证取样检测等。在行使“国家冶金工业工程质量监督总站鞍钢监督站检测中心”“鞍钢冶金建（构）筑物鉴定评估中心”职能的同时，也作为建设集团有限公司试验室承担本企业的常规材料自检工作。可以面向社会开展检测业务，所出具的检测报告可作为工程验收的依据。

2019年，该公司固定资产1栋、108件、1辆，原值524.36万元，净值84.47万元。

【剥岩工程有限公司概况】 2019年末，该公司共有职工235人，其中管理和专业技术干部36人，生产服务人员199人。公司机关设四部一会，分别为党群行政部、安全环保生产管理部、设备物资管理部、财务会计部、工会。基层设3个工程队3个中心，分别为第一工程队、第二工程队、第三工程队、人力资源中心、资产运营中心、市场营销中心。拥有各类挖运设备181台（套），固定资产原值1.00亿元；净值1086.04万元。2019年完成剥岩产量974.88万吨，实现产值收入7915.22万元；实现了企业轻伤以上事故、火灾事故、重大设备事故、负主要责任的交通事故、环境污染事故为零的目标。

【建筑装饰工程分公司概况】 2019年末，该公司在岗职工27人，居家职工20人。下设7个基层项目部；机关设党委综合部、财务审计部、项目安全管理部3个部门；基层设市场营销中心、设计研发中心、家装中心、一站式服务中心4个中心。

该公司拥有固定资产原值326.90万元，净值16.18万元。拥有塑料型材V形锯、铝塑门窗双角锯床、铝型材双头精密切割锯、转位式冲压机、铝合金角码切割锯、铝型材端面铣床、铝门窗组角机、塑料门窗四点焊接机、涂料厂采暖管、涂料厂厂房、客货车、机关办公楼、门卫（A）、汽车库、幼儿园、木工房、浴池、变压器。

2019年末，完成总产值10173万元，合同签约额7369万元，实现销售收入10385万元；实现利润153万元，全年清回欠款85.13万元。安全方面实现了轻伤及以上安全事故为零的目标；质量方面实现了所有工程质量为合格的目标。

（崔瑛琦）

【鞍钢重型机械有限责任公司】 2019年末，该公司共有职工3070人（全民职工2518人，集体105人，劳务447人），其中干部588人，工人1930人，居家职工509人，列编外职工24人；党员1550人。下设鞍钢轧辊有限公司、鞍钢冶金设备制造公司、灵山重装事业部、鞍钢（鞍山）冶金粉材有限公司等4个生产单位，以及鞍钢重型机械设计研究院有限公司、质量管理控制中心、汽车运输分公司3个所属单位。

2019年末，公司占地面积50.08万平方米，工业建筑面积30万平方米，拥有各类专业和通用设备2201台（套），固定资产原值13.23亿元，净值3.3亿元。2019年，该公司实现报表利润6403万元，实现销售收入128625万元，资产负债率由年初98.5%降为95.21%。

【深化改革】 2019年末，该公司进行深化改革，管理层级由三级管理层级变为二级，机关实行“二部室、四中心”，直属单位实行一级核算，以压缩管理层级，提升管理效率。撤销专项产品事业部，将原专项产品事业部铸造分厂、加工分厂、铜制品分厂合并为冶金设备制造公司；轴承箱分厂、齿减分厂、机电分厂、表面强化分厂、由公司直接管理。撤销灵山重装事业部，将原灵山重装事业部重型分厂、总装分厂合并为灵山机械厂，由公司直接管理；金属结构厂由公司直接管理。锻造厂从轧辊公司独立出来，由公司直接管理。将原有机关部室由目前9个压缩成“二部室、四中心”，即党委工作部（与纪委、党政监督办公室、工会、团委合署办公）、综合管理部（人力资源部）、市场营销中心、生产运行中心、采购中心、计划财务中心。强化营销、生产、质量等重点管控职能，直属单位实行一级核算，减少管理人员234人，压缩管理岗位35.7%。打造微观市场主体，对闲置多年的工具车间划归设计院作为实验工厂进行盘活；成立综合服务公司，盘活闲置资产，扩大经营范围，安置富余人员，增加创效渠道。2019年，该公司召开董事会会议11次、股东会会议4次，审议并通过了重大项目、重要变革和全局工作等相关事项25项。

【结构调整】 按照该公司第三次党代会确定的产品战略方向，加大产品研发力度和设备投资改造，助力产业结构的调整。该公司一是升级拓展原有专项产品，提升市场竞争力。在冶金设备公司新建消失模生产线，进一步降低成本，改善环境，提高质量；为轴承箱分厂购置2×4数控龙门铣，提高轴承箱加工能力；为机电分厂增加数控加工机床，提升精加工能力，为鞍钢产品提供有力保障。二是大力拓展绿色再制造产业，利用表面强化分厂和齿减分厂现有技术优势，通过购置一套激光熔覆设备及一台可移动镗铣床，承揽鞍钢主业轧机牌坊、转炉托圈等现场修复任务及其他特殊备件原品修复及强化业务，不断拓展市场空间，助推公司战略目标的实现。

【科技创新】 科技研发取得新进展。该公司成立研发中心，确立第一批共19个科研项目，引领企业可持续发展。“改进型高镍铌轧辊研制”“高炉炉前装备智能化工艺技术研究”等科研开发项目全年累计实现科技产品增效1648万元。“钢包全程加揭盖项目”荣获工程公司科技进步奖一等奖，并产生三项发明专利、一项专有技术，为鞍钢主业“节能降耗、降本增效”作出了突出贡献。职工自主创新取得新成果。多个创新项目和个人在工程公司科学技术奖及科技创新标兵评选活动中获奖。在23届全国发明展览会上，该公司获得1项金奖、1项铜奖。职工创新工作室蓬勃发展，共完成创新项目54项，年创效1009万元。陈世谊创新工作室被评为辽宁省劳模创新工作室、鞍山市职工技能培训基地和技能大师工作站。

【四个确保】 该公司建立八个机制，全面确保鞍钢合同接得住，交得好，尤其要100%完成鞍钢年修工程等重要项目。建立沟通对接机制，公司相关部门和人员与鞍钢相关单位、部门及时对接；建立生产技术质量保障机制，生产计划优先，技术工艺优化，质量控制过程严格把关；建立资金保证机制，鞍钢合同优先安排材料、外协、配套备件的采购资金；建立设备完善机制，根据合同要求加大设备投入，满足生产需要；建立产品研发机制，加大研发力度，为鞍钢用户提质降本增效；建立人力资源保障机制，根据生产需要合理配置人员，保证工期要求；建立完善的售后服务机制，跑步进厂，服务鞍钢，增强全员服务意识，提升服务能力；建立考核评价问责机制，对于工期质量不能满足用户需求的，要加大考核力度，严肃问责。

【管理升级】 加强市场开发，提升营销力度。该公司建立二级开发，三条线开发的营销模式，公司领导亲自带队走访一重、哈电、通钢等22家用户，增强用户对重机的信心。调整营销人员薪酬分配办法，实行底薪+提成，出台了非营销人员专项奖励办法，有效调动了各类人员的积极性。加强资金管控，提升财务管理水平。开展资产清查和盘点工作，客观、公正、真实反映出公司生产经营成果，清理“两金”占用，提高资金周转、使用效率。加强成本管理，提升降本增效意识。通过工艺降本、强化生产组织和质量管控降低废品损失，以小改小革降低设备维修费用，降低各项管理费的支出等等深入开展降本增效活动。在工艺降成本上，21个项目创效516万元。在管理上下功夫，降低工序外包费和劳务费800余万元。加强制度建设，提升体系管控效率。逐步健全和完善各项制度和流程，修订制度25个，新增制度6个，简政放权，简化付款审批流程122项。加强安全环保，提升本质安全环境。强化主体责任落实，全年考核12.6万元，全年排查并整改各类安全隐患331项，实现公司环评工作全覆盖；加大消防管理力度，组织应急演练57次，有效提升消防应急能力。

【党的建设】 该公司召开第三次党代会，确认发展战略为：聚焦“一条主线”，激发“两个动力”，实施“三项工程”，打造“四个基地”，突出“五项工作”，强化“六大建设”。全面压实党建责任。落实“两个一以贯之”，该公司将党委工作部、纪委（监察部）、工会合署办公，推动了党委领导责任和纪委监督责任的落实，加强了党建带群建工作。加强领导班子和干部队伍建设。表彰了2个“四好班子”和4名优秀领导人员。实施“摇篮计划”，推荐优秀科级后备干部18人、优秀大学生14人，选拔配备1名年轻干部进入基层班子。参加鞍钢集团青年干部培训班4人，引进成熟人才1人。加强基层党组织建设。积极推进事业部和机关党委换届改选，健全重机公司两级党委班子；深化党支部建设，创建“样板”党支部1个；荣获集团党务工作者2名、优秀共产党员4名、先进基层党组织6个，陈世谊获评中央企业优秀共产党员；贴近员工文化和工作需要，创建开放式现场员工活动区，服务现场、服务员工，推进党建带群建。加强作风建设。下发了《关于遵守工作纪律 强化工作作风建设的通知》，强化党员干部的责任意识和担当意识，树立“一级带着一级干，一级做给一级看”，拿出“5+2”，“白加黑”的劲头做好工作的良好风气，两级机关的工作作风有所转变，工作干劲明显增强。

【思想引领】 该公司加强宣传思想文化建设，落实意识形态主体责任，专题研究意识形态工作。开通重机微信公众号，作《推进改革 恢复三信 同舟共济 打赢脱困翻身仗》主题宣讲，制作《奋进新时代》宣传片，选树在平凡的岗位闪耀光辉的“铁人”杨松刚等先进典型，向广大干部职工讲实情、增信心、树正气、鼓干劲。按照集团公司党委宣传部工作部署，该公司积极配合浙江卫视《奔跑吧》栏目组取景拍摄，成功完成“奔跑吧”

节目组交与的浇铸录制工作，过程平稳有序，钢花飞舞的场面无比震撼，拍摄获得圆满成功，为集团公司打造鞍钢品牌作出了积极贡献。全年在辽宁职工报发布稿件1篇，在《鞍钢日报》发布稿件12篇，为公司赢得广泛关注，广大干部职工信心逐步增强，营造了打胜“处僵治困”攻坚战的良好舆论氛围。

【从严治党】 加强党风廉政建设和反腐败工作。认真贯彻中央八项规定精神，坚决纠正“四风”问题，运用“四种形态”，全年受理、处置、了结信访举报问题线索10件，始终保持惩治腐败高压态势。落实两个责任，以中央巡视、鞍钢党委、工程公司党委巡察提出的问题整治为鲜明导向，立行立改。推行“三方联动”监督运行机制，深入推进全面从严治党向基层延伸，“带钱”等专项治理工作取得了预期成效。

【关爱职工】 组织开展5个工种技术竞赛，有效调动职工学技术的积极性。持续推进“践行共享理念、关爱一线员工”专项服务行动，把职工关心关注的“关键小事”放在首位，21项立项已全部完成。如为部分一线员工发放防寒棉坎肩、更新部分员工手持电动工具以降低员工劳动强度、解决部分区域停车难问题、安装除尘罩保证职工职业健康、新建职工休息室、改善食堂环境等。团委组织中秋慰问住宿青年，工会实施温暖工程，全年救济困难职工671人次，走访145人次，发放救济金24.2万元，在岗职工年均收入比上年提高5.3%，职工幸福感不断提升。

【鞍钢轧辊有限公司概况】 2019年末，该公司拥有在职职工工人数553人，其中干部95人（高级职称15人，中级职称51人，初级职称26人），工人458人（生产工人389人）。公司厂区占地面积7.16万平方米，房屋建筑面积5.02万平方米。产品以离心浇注复合轧辊为主。2019年末，下设生产运营部、技术质量部、综合管理部、计划财务部、后勤保障部5个部室，铸造厂、加工厂、锻造厂3个分厂，服务中心、技术研发中心、市场营销中心3个中心。拥有固定资产45069.98万元，净值13653.15万元。主体设备包括：机床60台（机修机床4台，轧辊车床30台，轧辊铣床7台，轧辊磨床8台，镗床9台，立式车床2台）、天车27台，离心机5台、退火窑22座、井式窑9座、电炉3座（25t中频炉、10/15t中频炉、5t中频炉）、8000吨/2500吨水压机、各种加热炉、350吨吊车、ARL3460直读光谱仪1台、数字超声波探伤仪2台、金相显微镜3台、轧辊清洗机1台。2019年，该公司轧辊产量3.50万吨，工业总产值完成53066.10万元，利润实现3500万元，销售收入4.53亿元。2019年，该公司获得了鞍钢集团先进单位、鞍钢集团先进党委、鞍钢集团先进工会等荣誉。

夯实营销管理基础。通过独立自主经营，制定了《新市场开发激励嘉奖办法》，促使公司多元协调发展的综合营销局面基本形成，经营开发成果取得了新突破。2019年生产产品鞍钢内销占55%，出口占10%，国内占35%，全年共计承揽合同额4.60亿元，回款4.70亿元，合同余量2.40亿元，成功开发了ESP生产线，为公司的可持续经营工作奠定了基础。延伸轧辊产业链。为适应市场竞争需要，实行对接先进营销管理模式，即从单一出售轧辊产品向出售“核心产品+技术服务”转变，增加技术服务盈利新模式，2019年7月与朝阳钢铁公司热轧厂磨辊间包保业务开始执行，于10月实现了良性运行。

强化产品质量，打造鞍钢轧辊品牌。坚持围绕品牌建设强化产品实物质量管控，牢固树立“质量是企业生命”的理念，严格坚守质量红线，严格实施质量管理终身追责制，完善修订质量保证体系，继续实施“精、净、干、准”四字方针，加强过程控制和工艺纪律检查，考核17.9万元，坚持做到每一个质量问题都按照“四个凡事”核电理念分析问题，查出原因，明确责任。开展了“重视过程控制，做精品工程，以质量求发展，以品牌占市场”为主题的质量提升活动，2019年轧辊综合质量合格率较计划提升0.13%，加工质量合格率达到100%。

加强点检，构筑全员设备管理体系。充分发挥“管、修、用”三位一体优势，实现了设备定修，减少了抢修，降低总费用43.49万元，关键设备可开动率实现97.7%。新设备运行稳定。通过设备改造投入，实现了新设备稳定受控运行，生产能力得到提升，同时依靠自身的力量，在修旧利废方面做了大量工作，可节约资金近15万元。加强备品备件管理。在平常工作中，完善设备检修中最低备件库存，全面降低备件采购费用126.86万元。

精细化管理，降本增效。以鞍钢推行契约化经营管控新模式为契机，把各项生产技术指标和责任纵向分解到系统和部门，横向落实到班组岗位机台，推行日结日清单炉核算，单根加工产品经济核算制度，全力压缩非生产性支出和消耗指标，2019 年铸造厂原主料消耗较计划降低 5%，生产辅助材料消耗较计划降低 9 元/吨；加工厂刀具消耗在产量增加的情况下刀具成本没有增加，生产辅助材料消耗较计划降低 38.4 元/吨。

深化企业改革，充分释放发展动能。按重机公司改革要求将锻造厂成建制划归轧辊公司后迅速在内部进行管控机制改革，通过分步实施、重点突破，调整资源配置，积极稳妥推行了“五部三厂三中心”新的管理模式，同时不断加强领导干部作风建设，一级带着一级干，发扬“5+2”“白加黑”的干劲。落实三项制度改革，激发人力资源管理活力。积极推行完善了“工程技术岗位等级序列”和“高技能人才等级序列”的实施，充分调动专业技术人才和高技能人才的积极性；同时对管理人员实行定量考核与定性评价相结合的方式，促进作风转变；构建了“三要素，四维度”的全面岗位管理，依据岗位定员编制，劳动生产率达到 56 吨/人。努力完善“提质扩能增效”改造收口任务。2019 年完成了老双面铣的迁移改造、灵山四连跨 200 镗床的大修改造、新增 160 镗床投入运行，彻底解决了铣镗工序能力不足的瓶颈，同时 3 号磨床、160 专机镗床基本竣工，实现了生产能力的同步提升。

强化制度建设。承接、修订、颁布各项安全方面的管理制度，安全管理文件 9 项，为安全生产工作在制度上起到保障作用。强化隐患排查。共排查各类安全隐患 32 项，有力地促进了现场安全环境的改善；积极开展“综合预案应急演练”，进行各类“现场处置方案”演练 6 次。坚持现场“6S”管理。2019 年大力对现场进行整顿，为安全道铺设钢板，涂装，完善各个地坑的坑沿、栏杆等，完成了 10/15 吨除尘罩项目，公司现场有了一个巨大的提升，打造了一个安全、环保、干净整洁，物流有序的作业环境。

积极挖潜保产。该公司严密组织，合理利用现有的设备生产能力，充分挖掘设备、人员的潜力，优化生产方案，确保了生产计划的科学、合理、动态可控，实现了“干一排三”的生产计划组织模式。铸造厂通过“夜班出炉竞赛”“高炉铁水优势”“兼工作业”等方式，实现日生产轧辊 9~11 支，高速钢实现了月浇注 40 支以上。加大外协管理力度。严格遵从“凡是自己能干的产品，一律不能外委”的原则，同时加工厂挖掘自身潜力，在重点机床实施三班制生产方式，实现日交库轧辊 9~10 支，个别月份交库轧辊数量达到 300 支。

加快新产品开发。我们紧跟市场形势，2019 年积极研发超薄带 UCS 生产线、ESP 生产线高速钢工作辊，当前成功完成了 4 支沙钢高速钢轧辊和 4 支墨西哥生产线工作辊，各项性能全部满足技术要求，同时完成了 ESP 高速钢轧辊和精轧后段轧辊的毛坯制作。充分发挥创新团队的作用。2019 年全面实施攻关项目负责人制，紧贴市场需求进行立项攻关，共签订攻关项目 14 项，全力攻克生产瓶颈难题。充分发挥职工群众首创精神。以富靖宇、张建东创新工作室为载体，以解决生产中实际问题为抓手，引导职工立足岗位、爱岗敬业、追求卓越、攻关创新，2019 年实现创效 116 万元。

全面提升职工素质。深入开展“岗位能手”主题竞赛，提升职工岗位技能，深化“五好班组”建设、青年创新登高活动和双增双节活动，营造群众性建功立业的良好氛围，抓好职工素质提升，组织好各类技术竞赛，围绕企业生产经营中心，开好青年职工座谈会，弘扬王崇伦走在时间前面的劳模精神，深化“网络问企”活动，鼓励全员建言献策，其中 6 项获重机公司金点子奖，7 项获银点子奖，1 项获优秀成果奖。轧辊公司党委被命名为 2019 年度鞍钢集团先进党委，轧辊公司被命名为鞍钢集团先进单位。践行共享理念、关心职工生活。坚持深入群众，积极为职工排忧解难。在一线生产岗位职工收入上，确保了收入提高到 5%以上，在职工生活方面，力争做到饭菜品种多样化，改善浴池及更衣室设施，为一线职工新建休息室，为加班职工提供免费饭菜，为现场安装除尘设施，全年共救济困难员工 81 人次，发放慰问救济金 3.51 万元，切实提高了职工的幸福指数。

【鞍钢重型机械设计研究院有限公司概况】 重型机械设计研究院有限公司（以下简称设计研究院）是隶属于鞍钢重型机械有限责任公司的股份制科

研设计单位。该院成立于1984年，位于辽宁省鞍山市立山区。截至2019年12月，该院有职工68人，其中干部62人，工人6人；具有高级职称24人，中级职称33人，初级职称7人。设有炼铁机械、炼钢机械、轧钢机械、土建动力、电气自动化等5个设计室；市场开发部、项目管理部、工程运行中心、总师室、档案室、计划财务部、综合管理部等7个管理科室，以及研发中心试验厂。主要从事冶金设备设计及机械产品设计和科研开发工作。全年实现销售收入3077万元，利润300万元。

总包项目已经成为设计研究院生存与发展的基础，鞍钢股份四分厂钢包揭盖项目通过精心组织、科学规划工期进度，边设计、边制造、边施工，短短三个月实现投产，为拓宽设计研究院良好的生存渠道奠定了坚实的基础，该总包工程的圆满完成，取得了客户的充分认可和高度评价，目前正在进行明年延伸服务交流。鞍钢西区环冷总包项目已交付我院组织施工，一系列的总包工程开展，全面培育了我院的工程施工组织能力。各科室加强与鞍山钢铁下属企业的业务联系与沟通，深入生产一线，与现场相关人员进行沟通交流，了解分管区域设备资源及改造计划，多渠道、多手段开展合同承揽。具备了与股份设备部、科技部、资材中心等部门签订合同的资质，实现4项合同承揽，逐步完善了独立对外销售渠道，成为具有科技创新能力、市场竞争能力的科研主体。

成立技术研发中心，提高创新能力和竞争力。重机公司2020年第一批已批准14个科研项目立项，批准科研经费350万元。建立内部、外部两个专家库，搭建技术创新与交流平台，联合行业内知名高校、科研院所的科技力量，形成产学研深度合作，提升公司整体技术创新能力。结合冶金行业生产实际，积极推广钢包倾斜、型钢轧机等技术，逐步研发高炉风口拆装机、烧结机漏风治理、钢包全程加揭盖等产品，形成具有特色的专项产品及核心技术，逐渐推向市场。配合经营部进行柳州防城港环冷机、宁钢转炉、唐山鑫达烧结机、环冷机等项目交流，争取更多的鞍钢外部市场机会。

进一步完善各项规章制度，建立经营承揽激励机制，提高全员经营意识，全力推进设计科自己承揽项目，形成设计研究院收入新的增长点。档案管理认真负责，不断完善档案信息，提高了查全率及查准率。教育培训工作做到计划实施率达到100%，接受教育培训职工覆盖面达到100%。积极开展安全生产大检查、隐患排查及危险源辨识工作，结合该院的工作性质和作业环境特点，重点强调进入现场施工服务及测绘人员的安全教育，进一步提高全体员工的安全生产意识和能力。

充分发挥职工的主力军作用，积极推进职工参与生产经营活动，激发职工主人翁意识。组织参加职工群众经济技术创新活动。创新工作室工作成绩斐然，全年三个创新工作室共计创效577万元。积极参加公司各类竞赛，在提高职工业务水平的同时，取得良好成绩，扩大设计研究院的知名度。提高职工福利待遇，传统节日为全体会员购买慰问品，组织三大节日走访慰问困难、患病、退休职工，为全体职工购买生日餐等活动。

【鞍钢冶金设备制造有限公司概况】 截至2019年末，冶金设备公司共有在岗职工710人，其中干部83人（高级职称8人、中级职称56人），工人627人；党员432人；下设5个业务部室和7个利润分厂。固定资产原值20610.10万元，净值2624.68万元；建筑面积98832.014平方米。主要产品与生产能力：高炉热风炉支撑系统、高炉冷却壁、烧结台车等铸铁件，高炉风口、中套、高铅铜套、铜丝母等铸铜产品，高炉设备（炉前的开口机、泥炮，炉顶的布料溜槽），型钢淬火热处理，冶金进口备件的国产化制造，炼钢及连铸设备（转炉及托圈、倾动装置、结晶器总成、各类连铸段位、结晶器铜板加工、连铸辊等），快锻机，热处理类产品，冶金设备备件的制造与修复。2019年，该公司实现报表利润641万元，完成了重机公司下达的契约化指标；全年实现合同承揽2.63亿元，同比增长56%；铸铁产量21495吨，同比增长12%，企业稳步向高质量发展迈进。

现有各类机床、加工、焊接、热处理、冶炼设备634台（套），主要设备有龙门刨床B2220E、数控龙门铣、台车式退火炉82平方米、井式渗碳炉RQ3-320-9、龙门刨铣床、桥式起重机、树脂砂生产线、移动混砂机、10吨中频感应炉、型钢生产线、有色金属电炉等。

为确保各项管理工作平稳高效运行，冶金设备公司领导班子以立足本职，履职尽责为核心，加大全体管理人员的绩效考核力度，以工作目标和重要任务完成情况为重点，围绕中心工作，针对本职岗位月工作目标积极制定工作措施，对存在的问题及时制定改进思路，并将个人岗位职责与企业生产实际相结合，全方位制定下步工作计划，并严格履行四小时复命制，不断提升执行力，营造干事创业的良好氛围。

该公司以“四个确保”为重心，不断擦亮品牌形象。积极与鞍钢集团公司党委宣传部密切配合，成功完成《奔跑吧》节目组交与的浇铸录制工作。在进行“奔跑吧鞍钢 70”标志浇铸过程中，时间精确无误，过程平稳有序，钢花飞舞的场面无比震撼，拍摄获得了圆满成功，完美实现了浙江卫视摄制组预期设想。公司吃苦耐劳的团队精神和精湛技艺得到鞍钢集团公司高度评价。轴承箱分厂全体职工以精湛的技术工艺和开拓创新精神，为中国一重集团生产的高品质轴承座，如期发货，并一次验收合格，赢得用户好评，立即又续签了轴承箱产品合同，使外部市场“失而复得”，打赢了市场“翻身仗”。齿减分厂为鞍钢大型厂攻克拆卸齿轮机座联轴器难关，受到用户好评。

该公司成功申请专利 3 项，新增授权专利 2 项；新增专有技术 3 项；有 1 个 QC 小组项目成果获鞍钢重机公司级以上奖励；2019 年实现科技增效 286 万元。

【灵山重装事业部概况】 2019 年末，重机公司灵山重装事业部拥有在职职工 505 人，其中干部 68 人（具有高级职称 7 人，中级职称 47 人，初级职称 8 人），工人 437 人（生产工人 352 人）；居家 152 人。2019 年拥有固定资产 47141.81 万元，净值 9138.48 万元。主体设备包括：16 米数控立车、12.5 米数控立车、10 米数控立车、8 米数控立车、6.3 米数控立车、6×26 米数控龙门铣床、5×18 米数控龙门铣床、3×10 数控龙门铣床、5×20 米数控龙门铣床、法国 200 数控镗铣床、数控 200 镗铣床、T6925F 数显镗铣床、数控 160 镗铣床、数控 150 镗铣床、T200/50 吨天车、T160/50 吨天车、液压机、滚板机、矫直机、联合冲剪机、折边机、退火炉（窑）等关键重点设备。2019 年，灵山重装事业部产量 28675.13 吨，工业总产值完成 27966.8 万元，销售收入 20457.45 万元。

积极开拓市场，拓宽销售渠道。面对较好的发展机遇，深入转变经营观念，强化经营意识，拓宽经营思路，紧盯市场、多方捕捉市场信息，积极参与市场竞争。同时结合该厂的实际情况，针对鞍钢原品修复产品，加大开发力度，重点对炉顶设备、热轧、中厚板及炼钢的相关产品做细致工作，全年共计承揽合同额 8500 万元，销售 9100 万元，全年回款实现 10359 万元。服务优化，增强服务质量。秉承立足鞍钢、服务鞍钢的原则，同时为适应市场竞争需要，事业部领导及全体营销人员加大了对客户的走访力度，积极听取用户对产品质量及交货期等方面的意见，发现问题及时反馈，协同生产部门积极整改，满足用户需求。同时按现有经营人员对鞍钢市场各区域进行细致划分，做到每个市场区域都有专人负责。加大产品科研开发力度，提高产品附加值。2019 年，该事业部联合公司设计院对鞍钢市场进行了大量的走访，针对提高进口设备备件国产化占有率进而提高产品的技术附加值方面做了大量的工作，目前已在高炉炉顶备件、热连轧机组设备备件及矿山破碎机备件等领域取得了用户的认可。

狠抓质量管理，提升用户满意度。认真践行“科学管理、精湛技术、卓越品质、诚信服务”质量方针。夯实质量基础管理，进一步加大规章制度的检查与考核力度，提升全员质量意识、品牌意识、市场意识，不断提高产品技术水平，质量保证能力，提高生产效率、降低产品成本。进一步完善、提高质量体系运行水平，严肃各项质量规章制度的执行，加强员工技术质量培训，以优质的工作质量推动产品实物质量的提升，真正实现一次交检合格率达到 95%以上，努力赢得市场信誉。

强化设备管理提升。认真组织开展设备周强保工作，提升作业区合理使用设备、认真养护设备的意识；加强设备日常点检和保养，针对点检暴露出的问题制定切实可行的计划修给予解决。针对数控系统做好系统备份等基础性工作，夯实设备检修管理工作。

重点从环境卫生、危险废物管理、违章作业、违章指挥、钢索具管理、用电设施使用情况、消防器械管理等方面以“四不两直”的形式开展安全、消防检查工作。

精细化管理，降本增效。推行先进工艺、先进工装具、先进刀具、先进材料及先进操作方法，实现降低制造成本，提高生产效率的目标；对现有的重点产品或专项产品，采取多方面措施，提升产品的质量、规模和效益，获得用户认可，提高顾客满意度和市场占有率；做好用户产品使用回访，提高我们在用户心中的信任感和依赖感，保证潜在用户不流失；控制现场浪费，尤其是要严格控制生产和检修维护材料的使用，降低生产维护费用；加强产品加交检合格率控制，从生产源头就杜绝次品、废品，杜绝不合格原材料流入生产工序；降低原料采购成本，根据市场情况合理调节库存，努力降低材料费用。

深化企业内部改革。该事业部根据公司改革实施方案总体部署，结合该事业部实际情况，机构设置为三个分厂为金结分厂、总装分厂、重型分厂，五个部室为综合管理部、生产运营部、市场营销部、安环运行部、计划财务部，保证了该事业部平稳有序运行。优化组织结构，合理设置岗位。通过内部改革，提高全员劳动生产率。各分厂、部室对生产、技术、管理及生产一线岗位进行重新设置，使人员配置更科学合理、精干高效。加强了劳动关系清理整顿工作，2019 年已经解除劳动合同 5 人；同时对辅助岗位、病休人员进行清理，已经重新充实一线 8 人。健全企业规章制度。通过激励和约束机制，调动全体员工的生产主动性、工作积极性。以建立健全完善内部管理体系为手段，加强和规范规章制度管理，制定、修订规章制度 86 项，为各项工作的有序开展了提供了制度保障。深化三项制度改革，加强职工队伍建设。为建立和畅通各类人才职业发展通道，积极推进了“工程技术岗位等级序列”和“高技能人才等级序列”的实施，充分调动专业技术人才和高技能人才的积极性。2019 年，该事业部有一人晋升高级钳工技师、一人钳工技师，增强企业发展后劲。

“不忘初心、牢记使命”，全面开展党群工作。该事业部以“抓支部、打基础，抓宣传、树正气，抓学习、扩思路，抓载体、促生产”的工作思路，以加大亮点宣传为核心点，积聚正能量。2019 年，灵山重装事业部党委积极挖掘企业运营先进典型、事例素材进行宣传。对辽宁省劳模创新工作室陈世谊创新工作室在《鞍钢日报》2019 年 3 月 29 日二版进行了宣传，总装分厂党支部《抢修渣罐车受赞誉》在《鞍钢日报》8 月 2 日二版进行了宣传，灵山重装事业部扭转连年亏损态势在《鞍钢日报》10 月 10 日头版进行了宣传。第一次代表大会胜利召开。8 月 30 日上午，中共鞍钢工程发展重机公司灵山重装事业部第一次代表大会胜利召开。大会选举产生了中共鞍钢工程发展重机公司灵山重装事业部第一届委员会和中共鞍钢工程发展重机公司灵山重装事业部第一届纪律检查委员会。

践行共享理念，关爱职工生活。该事业部紧密联系职工群众，为了改善职工洗浴、用餐环境。在工程发展公司的大力支持下，对综合楼进行了大修。浴室方面，拆除了原有的浴池，共设淋浴头 220 个，实现了职工洗浴不用排队等待；食堂方面，更换了上水、下水、餐桌、厨房排烟系统、餐厅的照明、屋顶进行了修缮，大大改善了职工用餐环境。制定“践行共享理念、关爱一线员工”专项服务行动项目 3 项，分别是金结分厂党支部负责的“加强一线职工技能培训，提高职工技能水平”项目、“改造喷丸相关设备，提高产品”项目、灵机分厂党支部负责的“装配区域班组休息室维修”项目。切实关心职工生活，积极开展金秋助学活动，为 14 名有孩子高考的职工发放了必需用品。2019 年以来共救济困难职工 49 人次，发放救济金 18600 元。2019 年，陈世谊创新工作室获得“辽宁省优秀创新工作室”，同时，获得“鞍山市总工会职工职业技能培训基地”。陈世谊获得中央企业“优秀共产党员”荣誉称号。

【汽车运输分公司概况】 截至 2019 年 12 月末，汽车运输分公司有职工 154 人（全民职工 99 人，劳务职工 55 人），其中，干部 12 人（高级职称 1 人，中级职称 4 人，初级职称 7 人），生产工人 120 人，专项 2 人，居家职工 20 人；党员 59 人。该公司下设 3 个部室，即生产运营部、设备运行部、综合管理部；3 个车队，即客运队、货运队、小车队；1 个修理车间。固定资产总数量 110 台，其中房屋 2 座，机械设备 3 台。运输设备 104 台，固定资产原值 3087 万元，净值 890 万元。厂区建筑面积 5578 平方米，占地面积 17513 平方米。主要承担鞍钢重型机械有限责任公司（以下简称重机公司）所属各单位的通勤用车、重机公司内部工序之间的货物运输及鞍钢集团所属部分单位的运输工作。实现了年利润120万元和重大火灾、设备交通事故为零，千人负伤率为零的目标。

该公司树立市场竞争意识，调动所有经营资源，提升市场拓展能力。一是经营任务落实责任，层层落实经营指标，充分调动经营人员的积极性。二是转换营销策略，拓宽参与市场竞争的渠道。做到稳定客户至上，与客户建立长期合作关系。三是以建立鞍钢品牌为核心，紧紧抓住鞍钢市场。

2019年该公司进一步完善设备保养制度，修订设备保养维护检查标准，采取月检、“二五”门检、强制保养等方法，对设备进行维护保养。并通过开展设备管理升级年活动，强化点检定修制度落实和维修人员收入与创效能力技术含量和工时挂钩等方式，调动维修人员的积极性，促进了维修质量的提高，该公司车辆技术状况有了明显改善，确保了车辆安全、可靠运行，为全面完成各项经济指标提供了保障。该公司坚持计划管理和定额考核，合理调配物资供应，降低费用支出。每季度根据各队产值计划制定燃油、配件、辅助材料计划和定额标准，保证公司的费用支出在可控和合理范围内。并采用现在实测的方式，确定单车耗油标准，克服技术上难点，对起动机、发电机、气泵、刹车分泵的总成件修复，使公司总体物资消耗降低10%。积极进行修旧利废、小改小革，减少备件、材料消耗。综合维修车间成立技术小组，对通常需一次性使用的总成件分解修复，维修工的技术水平得到了锻炼提高的同时，备件消耗也大幅降低。

按照“分级管理，按级负责，权责一致，各负其责”的原则，努力形成“领导集体负责，部门具体负责，全员人人有责”的安全管理格局，着力研究安全生产责任体系，明确安全管理责任。完善各项规章制度，严格岗位操作规程，提高安全防范意识，提升安全管理人员的安全监管水平。该公司未出现重特大安全事故。

在分配上始终坚持以单车经济责任制考核为分配依据，按照按劳分配、多劳多得、效益优先、体现公平的分配原则，将高收入向苦脏累险岗位倾斜，做到奖罚分明，从而促进了职工的积极性，也使职工的收入合理地拉开了差距。2019年，该公司重点加强了对职工的教育培训工作。从安全意识、设备保养、服务质量、企业文化和党建知识等各方面对职工进行了培训，并制定一系列考核制度，加大考核力度奖优罚劣，树立优质服务典型，以点带面。强化成本管理责任制，完善管理手段和考核措施，把成本管理的责任落实到方方面面，落实到生产经营每个环节和每个岗位。树立艰苦奋斗、勤俭办企业的思想，对各种非生产性支出从严管理，从严控制。

【质量管理控制中心概况】 2019年7月，鞍钢重机公司推进综合改革，原化检验中心更名为质量管理控制中心，将原公司技术部的质量管理职能成建制划归质量管理控制中心。质量管理控制中心下设一部三室，即综合管理部、探伤室、物理室、化学室。设13个管理技术岗位。2019年末，质量管理控制中心共有职工71人（在职51人，劳务4人，居家休息职工16人），在职人员中，干部15人（中级职称14人，无职称1人），工人36人（技师2人、高级工18人、中级工14人、初级工1人）；党员40人。企业固定资产原值1110.9万元，净值288.71万元。2019年，质量管理控制中心实现销售收入840万元，其中，外销收入207万元；利润159.4万元；实现安全生产轻伤以上事故为零，重大设备、火灾事故为零；各项检验准确率100%；服务及时率100%。

为完成中心生产经营指标，不断开发重机公司以外的检验市场，2019年，该中心主要承揽了鞍钢股份核电钢板探伤检测和铸钢公司水电产品的探伤和物理性能检验合同。为中心完成全年生产经营目标奠定了基础。

2019年，该中心组织并通过了德国挪威船级社（DNV. GL）的换证审核；美国船级社（ABS）和法国船级社（BV）的年度审核；7项（游标类、微分类、指示类、角度规、量块、水平仪、压力表）计量标准装置资质证书到期换证审核；X射线安全许可证书的到期换证审核。

ISO 9000质量体系，通过强化内部审核、不断接受船级社等用户的二方审核及BV认证机构的三方监督审核，对发现的不符合项及时组织责任单位和部门进行整改，全年共发现问题58项次，通过整改，不断完善管理薄弱环节，夯实管理基础，使ISO 9000质量体系得到持续改进。核质保体系，根据近几年机构改革力度较大给核电体系带来的冲击，总结核电工作特点，重新调整了核电质保体系结构，以质量副经理牵头的核电项目办公室为依托，建立短而精悍的核电队伍，提高了人员平均素质和核质保管理效率。2019 年 6 月，国家核安全局进行第二持证周期综合大检查，新的质保体系很好的完成了核电管理要求，在完成 17 项问题整改后获得检查通过。中心实验室体系，经过对照新版质量管理标准，对实验室质量手册和程序文件进行修改，并强化内部审核，不断改进检验方法和检验管理，2019 年，通过国家实验室认可委的标准升级换版审核，保持中心国家实验室资质的持续有效。

建立了质量问题通报制度，对 2019 发生的 3 起影响较大的质量问题在全公司范围内进行了通报；严肃考核制度，依据《质量责任考核办法》，对发生的较严重质量问题的责任人全部按考核办法进行了考核，累计考核 10700 元。

（靳　妍）

【工程技术有限公司】 2019 年末，该公司下设两个全资子公司（鞍钢集团节能技术服务有限公司、鞍钢（上海）环境工程技术有限公司）和一个参股单位（北京中科圣泰环境科技有限公司）。有在职职工 688 人，其中在岗 674 人，居家及列编外 14 人。在岗职工中管理和专业技术岗位 625 人（教授级高工 13 人，副高级职称 236 人，中级职称 277 人），生产服务岗位 49 人。离退休人员 796 人。工程技术有限公司设人力资源部（党委工作部、纪检监察部）、行政事务部（董事会办公室）、科技质量部、安全环保工程管理部、市场开发部、财务部、工会 7 个行政管理部门，下设冶炼事业部、轧钢事业部、规划建筑事业部、电气工程事业部、设备成套事业部、能源环保事业部、勘测设计研究院、化学科技分公司、四川分公司和翻译室、工程费控室、投资咨询室、图文中心。固定资产原值 115829 万元，净值 52354 万元，2019 年新增固定资产 37471 万元。占地总面积 1.37 万平方米，建筑总面积 2.47 万平方米。

2019 年实现营业收入 23.31 亿元，实现利润 7642 万元。

【综合改革稳步推进】 紧紧抓住“双百行动”及“混改”双试点的政策机遇，按照“完善治理、强化激励、突出主业、提高效率”的 16 字国企改革方针，以打造鞍钢集团混改新标杆为方向，以全面提升企业活力动力为目标，做好顶层设计。成立改革工作小组，认真研究学习国企改革相关文件，编制《改革政策汇编》，召开“双百行动”改革启动会，组织制定《股权多元化改革方案》《混改实施方案》《核心员工股权激励初步框架方案》《落实董事会职权实施方案》等，围绕“五突破一加强”总体要求，统筹兼顾、扎实推进。系统梳理制约混改的问题。理清工程板块承揽的 17 个项目遗留问题并形成解决方案，做实公司实收资本，调整公司账务，核销已上交鞍山钢铁利润，夯实公司净资产，开展节能公司审计和资产评估，完成对节能公司的资产重组，为全面解决历史遗留问题、顺利推进混改工作奠定坚实基础。瞄准行业领先、契合度高的战略投资者，与十多家知名企业开展洽谈交流，遴选重点意向战略投资者签订合作备忘录。成立化学科技分公司，整合成立通风环保室、总图建筑室，打造拳头产品，发展优势产业，激发微观主体活力。

【重点项目实现突破】 以 EMC+EPC 模式完成的二发电 CCPP 项目正式并网发电运营，标志着世界首套分轴式高炉煤气联合循环发电机组顺利建成投产。以整合先进技术+快速响应承建的沙钢 360 平方米烧结烟气脱硫脱硝项目，已经在 100%烟气量的情况下调试达标，标志着首个 CSCR 创新项目取得重大突破，为产业推广奠定了基础。以国家科研课题+BOT 模式承建的西大沟水处理项目，实现处理能力 2000 吨/时，各项环保考核指标全面达标，达到世界先进水平。借助西大沟项目成功经验，优质高效地完成北大沟水处理项目，并成功推广到本钢，标志着钢铁工业园水污染治理和水资源高效利用的技术产业化迈出实质性步伐。以联合创新+投资总承包模式承建的竖冷窑创新项目，在项目阶段性热试方面取得成功，实现了连续 24 小时满负荷运行，降低排料温度方面取得了重大关键技术的突破。以超前谋划+主动服务模式拓展智能化业务，鲅鱼圈海关智能监管、鞍钢本部炼铁集控、西区混匀料场堆取料机等一批智能化项目相继建成投产，开辟了鞍钢智能制造新时代。

【新兴产业成效显著】 大力发展新兴业务，积极培育新经济增长点。售电业务完成一次跨省交易、两次省内交易申报工作，节能公司与用户和国家电网签订三方合同，累计完成交易量 8.4 亿千瓦时。拓展环评业务，引进具有环评资质的成熟人才，与鞍山钢铁集团公司明确关联交易规则，全面承接鞍山钢铁环评业务，累计签约环评项目10项，合同额156.29万元。紧紧抓住鞍钢监理公司退出鞍钢市场的机遇，快速改革提升监理业务，利用冶炼和房建监理双甲级资质快速占领鞍钢市场。依托无人机测绘技术，建立厂区三维实景及信息系统，使工程测量向地理信息产业转化迈出了坚实的一步。焦炉烟气脱硫脱硝技术产业化取得新进展，全年推广15套。

【科技研发硕果累累】 作为组长单位牵头的国家水专项课题正式通过结题验收，攻关8项核心技术，入选《世界金属导报》2019年"十大技术要闻"。竖冷窑项目的阶段性成功，是烧结工艺主流程创新上的重大成果，是公司"科技产业化"的又一项突破。公司全年完成科研课题立项7项，结题6项；科研投入2028万元，科技创效2082万元。申请专利32项，其中发明专利16项；专有技术申报15项。获得第二十三届中国发明展览会金奖1项、铜奖2项。"鞍钢30万吨焦油深加工典型工艺技术和装置研发与应用""焦炉烟气SDS干法脱硫联合SCR中低温脱硝技术研发"分获2019年中国钢铁工业协会、中国金属学会冶金科学技术奖一、二等奖。获得冶金行业优秀设计成果一等奖1项、二等奖2项、三等奖2项，获得鞍钢集团科学技术三等奖2项，申报辽宁省新产品3项。

【管理提升释放活力】 聚焦"管理提升年"，深入推进公司深化改革，释放发展活力。开展"推动高质量发展大讨论"，员工创新意识、服务意识、开放意识、担当意识得到有效提升。开展管理成果评审，表彰9项优秀管理成果，提炼和推广管理创新经验，推动公司管理提升。申报并获得辽宁省管理创新成果二等奖1项、鞍钢集团公司三等奖1项。获得辽宁省"AAA级企业信用评级"认定。加强制度建设。出台《风险管控一体化体系建设方案》《工程项目及投资项目后评价管理办法》《外部市场投标报价管理办法》等一系列制度，企业管理基础进一步夯实。

强化生产管理。聚焦"四个确保"，加强设计、采购、施工进度网络协调控制，严格计划进度考核，确保项目工期，降低采购成本。在关键项目的组织上，明确目标、落实责任，进一步发扬设计院人"充满理想、特别能战斗"的优良传统，在关键节点组织开展"CCPP百日大干""CCPP60天调试攻坚战""竖冷窑攻坚战"等活动，领导干部带头奋战，全年一线职工加班超一万人次，确保了工程项目的顺利实施。鲅鱼圈筒仓项目通过精细谋划、从严管理，实现项目提前成功热试。加强安全管理，深入开展隐患排查、反违章工作，加大检查频次，实现了全年安全生产目标。加强环保专项整治工作，实现重大环境污染事故为零的目标。

强化人力资源管理。严格规章制度考核，严肃劳动纪律管理，加强年轻干部梯级培养，选优配强各层级干部队伍，优化开展劳务用工专项培训，全面打造高素质的员工队伍。

加强资金管理。主动沟通各商业银行，利用多种融资方式，解决项目融资需求，满足生产经营需要。坚持"以收定支，量入为出"，提高资金使用效率。加强项目资金结算管理，完善现金流量预警机制，全面完成现金流考核指标。全年完成清欠2607万元，规避坏账损失。做好民营企业欠款清理工作，实现无分歧的民营企业账款零拖欠。

加强风险管理。完善风险内控组织体系，落实"6+X"联审机制，组织国安教育及法律专项培训，合同法律审核全覆盖，推进企业依法合规经营。建立健全重大风险监控预警机制。加强依法维权工作，处理仲裁、诉讼案件10起，挽回损失1431万元。

（曲　晗）

【鞍钢集团（鞍山）铁路运输设备制造有限公司】 2019年末，鞍钢集团（鞍山）铁路运输设备制造有限公司有在职职工643人，其中，在岗干部88人（高级职称11人，中级职称59人，初级职称18人），在岗工人452人，居家职工91人。离退休职工1541人。公司机关下设人力资源综合管理部（党委工作部）、计划财务部、安全环保运营部、工会；基层单位设冶金车辆保产事业部、高炉智能牵引车制造公司、鲅鱼圈冶金筑炉事业部、耐磨耐热材料公司、高端铸球公司。现有固定资产原值4.73亿元，其中无形资产原值2.43亿元，净值2.24亿元。公司占地总面积为78.18万平方米，工业建筑面积为15.2万平方米。主要生产设备1200台（套）。该公司主要担负着鞍钢厂区内和矿山普通车辆、冶金车辆、电力机车的新造及大修、年修、高炉智能牵引车制造、机车车辆备件加工和矿山选烧设备备件铸造、加工、鞍钢厂区、鞍钢鲅鱼圈分公司鱼雷罐的砌筑和检修、冶金运输系统新产品的研制与生产工作。

【加强政治引领，凝心聚力，取得实效】 该公司以习近平新时代中国特色社会主义思想为指导，全面贯彻党的十九大和十九届历次全会精神，紧紧依靠广大干部职工，主动应对环保因素带来的压力，加快高质量发展，各项工作取得显著成效。2019 年实现销售收入 2.2 亿元，利润 200 万元。其中，利润超额完成鞍钢工程公司下达的指标，完成率 200%。职工收入在 2018 年比 2017 年增加 16%的基础上，2019 年又增加了 5.31%，实现了职工收入与企业发展共享的格局。

【深化机制改革，不断完善法人治理结构】 该公司 2019 年成立了公司董事会、监事会，制定董事会、监事会规范运作配套制度，建立科学高效、互相制衡的法人治理结构。聚焦企业发展的痛点、难点，以综合改革试点为契机，以问题为导向，加快推进各项改革工作。重新核定公司机关编制定员，优化岗位定员，将部分干部调整到生产服务岗位。实施微观市场主体改革，进一步激发基层单位活力，在车辆检修厂和机车车辆厂 2 个单位进行试点，充分简政放权，调动管理者的能动性和员工的创造性，努力营造“家”的氛围，主人翁精神得以充分发挥，企业创新能力和发展活力增强。开展清理整顿不规范劳动关系专项工作，累计清理不规范劳动关系人员 24 人。加大绩效考核，突出“重精准、强激励、硬约束、严考核”激励约束机制，提升全要素生产率。

【产业结构调整日臻成熟，产能成效显著】 该公司以打造国内冶金运输设备制造一流企业为品牌定位，以冶金行业运输解决方案的提供者为战略发展方向，对各业务单元进行了整合。面向“冶金、矿山、煤矿、发电厂”四个重点市场，做精“运营维保、冶金车辆、耐磨耐热材料”三大重点事业，形成“3+2”的公司+事业部的产业新格局。市场布局日益完善，竞争实力进一步增强，公司在企业职工结构老化，大批技术骨干退休、居家的不利形势下，充分发挥产业结构调整，人力资源优化整合，科学组织生产等有效手段，出色地完成了 2019 年上级公司下达的契约化经营指标。共完成鞍山钢铁铁运分公司新造：K18 车 35 台、烧结车 25 台、矿粉车 25 台，合计 85 台车；完成弓矿 60 吨自翻车新造 10 台。完成高炉智能牵引车新造：韶钢 9 台、本钢 4 台、攀钢西昌钢钒 1 台，较好地开拓了该产品的国内市场。完成鞍山钢铁公司：普通铁道车辆大、年修 135 台，冶金车大、年修 191 台，320 吨鱼雷罐混铁车砌筑 50 台、大年修 68 台；铁水运量 1345 万吨；新 4 号高炉智能牵引车升级改造 4 台。完成攀矿 80 吨自翻车大修 16 台，鞍矿 60 吨自翻车大修 10 台，电力机车大、年修 4 台，铸钢件 600 吨、铸球 1084 吨、耐磨件 1160 吨等生产任务。

【加大工装产线设备投入，向绿色环保发展迈进】 强力推进现代化工业基础改造，改进生产工艺，购置精密仪器，优化产品结构，提高职工劳动生产效率，有效提升车辆装配、检测精度，为公司高质量发展奠定坚实基础。改造铸造冶炼设备，完成 3 台中频炉的升级改造工作，在绿色环保生产制造道路上迈出坚实的一步。铸球自动化生产线投产运行，结束了铁路设备公司人工抬球的作坊式生产工艺的历史，从此该公司钢球生产进入了“按键”时代，为公司向工业现代化迈进、走高质量发展道路实现了新突破。

【依靠科技创新，助推高质量发展】 牢固树立科技引领发展理念，强化顶层设计，制定了《2019—2021 年科技创新发展规划》，引导和激励每名职工积极投身到创新创效工作当中，职工创新活力不断激发，形成全员创新的良好氛围，强力助推企业高质量发展。公司加强技术部门和冶金运输研究所科研平台建设，投入科研经费 200 万元，扶持高炉智能牵引车等重点科研项目开发，使高炉智能牵引车性能不断改进，国内市场不断开拓，收到良好效果。职工创新工作有声有色，该公司基层职工创新工作室共设立 12 项创新项目，创效 131.75 万元，超计划 39.13 万元。其中柳兴绵创新工作室的“铁运公司斩波改造”项目获得集团公司创新项目三等奖。柳兴绵创新工作室被评为鞍钢工程技术发展公司优秀创新工作室。2019 年该公司共提出专利申请 7 项，其中发明专利 3 项，获得专利授权 5 项，其中发明专利 1 项，鞍钢工程技术发展公司认定专有技术 4 项。目前为止，公司拥有有效专利 50 项，鞍钢集团公司认定备案的专有技术 69 项。

【创新管理体制，促进管理水平提升】 该公司制定了《2020—2022 年转型升级发展战略规划》，以长期战略目标为统帅，建立适应公司健康、持续、快速发展的管理体制。公司财务管理能力大幅提升，资金管控力度加大，资金使用效率得到提高，实现资金链安全运营，全年现金净流入 1600 万元。债务结构进一步优化，资产负债率下降到 41.6%，比上年同期降低 2.5 个百分点，资产运营效率显著提高。创新采购管理新模式，该公司依据实际工作需要，实行“公司集中采购+分散采购”双维采购方式，将小额采购权下放到基层，各基层单位根据生产需要现用现采，实行零库存管理，提高了采购效率，降低了采购成本。

【强力推进安全环保工作，实现安全事故为零】 加强安全环保工作力度，严格贯彻执行新安全生产法，强化安全生产责任落实，牢固树立绿色、安全发展理念，建立“法制化、标准化、规范化、系统化”安全管理模式。落实“双零管控机制”，强化日常“反违章”检查，全年检查发现违章作业 21 起，处理 21 起，及时消灭安全隐患。加强员工安全意识和安全防护能力，组织员工进行安全、环保、职业健康、应急救援等四个层面的教育培训，培训人员 610 人次。全年实现火灾、设备、人身安全事故为零的目标。

【发挥党委政治核心作用，不断凝聚发展合力】 该公司党委坚持把党的政治建设摆在首位，全面抓好政治能力建设，毫不动摇坚持党的绝对领导。扎实组织推进“不忘初心、牢记使命”主题教育，切实增强党员干部政治意识和政治觉悟，进一步增强“四个意识”、坚定“四个自信”、做到“两个维护”。不断强化党委在各项工作中政治核心地位和引领作用，紧密对标中央“四个全面”战略布局、“五位一体”总体布局，围绕公司第三次党代会的总目标，促进党员干部真抓实干担当作为。进一步加强民主集中制落实，在涉及重大决策、重要人事任免、重大项目安排和大额度资金使用事项上，坚决执行人事纪律、财经纪律，坚持落实会前充分酝酿沟通，领导班子集体研究，构建起了决策科学、运行高效、保障监督有力的工作格局。

【加强党的建设，积极推动党建品牌创建】 积极推动党建品牌创建，深入开展“党员先锋岗”“党员责任区”“共产党员工程”等党内争创活动，培育党建品牌，全年“共产党员党员工程”立项 18 个，其中鲅鱼圈冶金事业部的闲置减速机改造、铸造厂废锰钢代替锰铁两个项目共为公司节省资金 39.7 万元，成效显著。公司党委先后开展了“微党建”“党建联盟”等活动，基层党支部开展了党员过政治生日、游园答题、找宝等丰富多彩的特色活动，展示了党建工作的新形象。2019 年该公司党委被评为鞍钢先进党委。

【强化作风建设，持续营造良好政治生态】 该公司党委在工作中牢固树立“抓全面从严治党是履职，不抓是失职，抓不好是渎职”的工作理念。公司党委书记按照党风廉政第一责任人“四个亲自”工作要求，对涉及反腐倡廉建设的重要工作亲自部署、重大问题亲自过问、重点环节亲自协调，其他班子成员根据工作分工，自觉履行“一岗双责”责任，坚持把纪律挺在前面，抓早抓小、抓常抓长，强化监督、积极预防。公司纪委开展了深入整治不担当、不作为和整治形式主义、官僚主义工作，深刻查摆自身存在问题，有针对性地制定整改措施，并形成了工作台账，收到实效。确立行使公权力的监察对象 126 个岗位，为精准监管打下良好基础。开展了结合全面从严治党新要求和查处的典型违纪违法案例廉洁从业教育等工作。按照不同时间节点，针对易发收送礼金礼品等不正之风的重要传统节日和婚丧嫁娶、子女升学等重点事项，公司纪委提前布防，广泛宣传，密切监督已成常态，取得了良好效果。

【坚持以人为本、推动企业和谐发展】 该公司不断提高职工获得感、幸福感，持续深入开展“践行共享理念，关爱一线员工”专项服务活动，进一步改善职工工作环境和生活福利设施。千方百计提高职工工资收入，建立让职工共享企业发展成果的有效机制，为 59 名职工进行基本岗薪奖励晋级。开展登山、羽毛球、毽球、拔河等职工喜闻乐见的文体活动，丰富了职工业余文化生活，获得集团公司 2019 年“安康杯”竞赛优胜单位荣誉称号。开展扶贫帮困送温暖活动，救济困难职工 343 人次，发放救济金 26 万元。关爱服务职工送福利，为职工发放挂面、咸鸭蛋、豆油等节日礼品，开展住宿青年中秋慰问等活动，让职工感受到企业的温度，共享发展的成果。

（李洪伟）

【鞍钢（鞍山）冶金粉材有限公司】 该公司是我国铁粉制造行业中第一家实现水雾化铁粉产业化生产的企业，成立于1986年，为中国钢结构协会粉末冶金分会理事成员单位，隶属于鞍钢重型机械有限责任公司。共有职工322人（全民职工86人，劳务职工236人），其中，干部36人，工人286人；有高级职称的3人，中级职称23人，初级职称12人。公司设置五部室、三中心、两分厂，分别是生产运营部、设备部、安全环保部、综合管理部、计划财务部，市场营销中心、技术质量控制中心、生产服务中心、制粉分厂、成品分厂。主要生产设备有10吨电炉和5吨电炉各1台、进口及国产7千吨还原炉5台、2万吨还原炉3台及与之配套的雾化干燥系统、混料机、筛分站、细粉回收系统、除尘设备等。主要生产水雾化纯铁粉、合金铁粉、无偏析混合粉、易切削铁粉、焊条粉、阀座粉等六大系列数百个品种，产品主要应用于汽车、摩托车及航天、农机、家用电器等零配件制造业。产品销售遍及全国100多座城市，合作伙伴达200余家，在国内建立了完善的销售网络和服务体系。

【深化改革】 以产业结构及组织机构调整、内部资源优化配置为核心，紧盯管理薄弱环节，将安全环保职能从其他部门中分离独立出来，成立了安全环保部，增加了两名专职安全管理人员，以安全教育为基础，隐患排查为手段，以双重预防机制为切入点，以“双零”管控为目标。

【管理升级】 实行全面预算管理，对生产经营做到有控有序，在对市场进行分析和预测的基础上，以年预算为基准，结合当期市场状况做好月预算，每天、每周对预算执行情况进行跟踪分析，对出现异常情况及时处理；逐渐完善周结账制度；严格掌控资金，在保证当期收支平衡的基础上，确保把钱花在刀刃上；与用户及时沟通，确保按合同回款，采取各种措施，加大对延期回款用户的追讨，力争当期销售实现全额回款。为应对当前市场价格竞争，充分发挥粉材公司成本管理领导小组作用，采取市场价格倒逼成本，对标标杆企业，全面抓好成本管控工作。

【生产经营】 设备产能为7万吨水雾化铁粉，国内市场占有率已达25%以上，目前产能及市场占有率在国内名列前茅。2019年，面对越来越激烈的行业竞争，粉材公司不断开拓市场，在全体职工的努力下，众志成城，实现产销量5.5万吨，销售收入2.78亿元。

【从严治党】 关口前移，推进廉洁文化建设。开列任务清单，实施“三定一考核”，落实党风廉政建设和反腐败工作任务。召开警示教育大会，开展案例警示教育，领导干部撰写学习体会11篇，对新任、调任部门领导人员廉政谈话9人次，纪检负责人对4名领导班子成员“画像”。坚持问题导向，举一反三落实巡视巡察整改。巡视巡察反馈的所有问题基本完成整改。开展“关于套取工资资金等套钱突出问题专项治理”工作，发现和整改问题1项，提出管理建议2项。运用监督执纪“四种形态”，开展纪律审查工作。全年共给予1人提醒谈话。专项监督创效159万元。

【质量管理】 完成IATF16949监督审核工作。完成日本JFE、电装公司、东睦集团等客户审核工作。提高了客户对公司产品的信心，为进一步打开国外市场奠定了基础。

【科研创新及研发】 “高强度扩散合金钢铁粉末的研发”获得鞍钢工程公司科学技术奖三等奖。2019年度申报发明专利1项，申报专有技术2项。全年共形成新工艺文件及新产品牌号33个，共实现新品销售613.8吨。

【安全工作】 共签订安全生产责任状12份，全员承诺书280份，开展了全员安全培训（含职业健康培训），共培训员工272人，有效地提高了员工安全意识和安全技能；开展了安全管理人员（12人）取证、法律法规普及、安全生产责任制培训（30人次）、综合应急预案培训（30人次）、安全消防知识学习（车间主任及班组长185人次）、特殊工种办证（19人次）等一系列培训工作；新入厂员工三级安全教育19人次。2019年分别进行了“安全生产百日攻坚战”“皮带机专项行动”“特种设备专项检查”“危险化学品专项检查”“冶金专项检查”“煤气专项检查”“重大风险专项检查”等一系列专项隐患排查治理行动，消除了重大隐患，有效的避免了事故发生的可能性。全年共计提安措费331万元。《生产安全事故综合应急预案》于2019年1月编制完成并在市安监局备案。全年共进行了安全生产事故综合应急预案的演练（桌面）和液氨泄漏应急演练、冶炼漏钢应急演练、雾化跑钢、煤气泄漏应急演练、消防演练（6次）、逃生演练（7次）六个专项演练、参加人数200人次，普及了应急知识，改善了应急条件，提高了应急能力。严格按照《职业病防治法》的要求，为涉及有毒有害职工进行职业健康检查（94人），为新到岗、将离岗的职工进行岗前、岗后体检（9人次），为每名职工建立了职业健康档案，聘请鞍钢劳研对粉尘、噪声、毒物等危害因素进行检测，检测结果全部符合标准，全年职业病人员数为零。

【环保工作】 修订编制2个环保管理制度文件《冶金粉材公司环境保护责任制》《固体废物堆存场所环境整治工作方案》2019年初投入65万进行电炉（5吨、10吨）除尘器捕集罩改进，2019年4月投入6.6万元对还原车间成品除尘器更换布袋，2019年10月投入18万元进行炼钢电炉（5吨、10吨）除尘器布袋更换，2019年实现了环境污染事故为零，污染因子合格率100%，环保设施运行率100%。

【固定资产】 固定资产原值为10025.33万元，净值为4376.06万元，2019年固定资产新增值为656.72万元。厂区占地总面积5.31万平方米，建筑面积为1.83万平方米。

【财务管理】 积极开展筹资融资，解决了粉材公司在财务公司和银行的贷款问题。全年开具承兑汇票3800万元。加大成本管控力度，建立产品成本定额，压缩对外采购金额。发挥预算管理在生产经营中的引领作用，全面覆盖生产经营的各个环节和部门，按产品大纲对单位产品成本进行细化，按扁平化管理模式把各项费用分解到具体管理部门，进一步提高了各项费用的管控力度。

（冷　娆）

鞍钢集团众元产业发展有限公司

【概况】 截至2019年末，该公司共有在职职工4952人，其中，在岗职工4043人；离退休人员6661人，托管人员7125人。总部设置9个部门，所属子企业共有23家，其中非控股合资类8家。截至2019年底，该公司资产总额37亿元，净资产规模29亿元，资产负债率21%。

【发展质量持续提升】 2019年累计实现收入42.8亿元，超集团公司预算42.8%，同比提高31.7%；实现报表利润1.48亿元，超集团公司预算15.9%，同比提高了67.1%。2019年该公司实得经营现金流比率127%，超集团公司预算47%；人事费用率超计划3.15个百分点，人工成本利润率比计划提高了5.79个百分点。

【综合改革持续深入】 积极推进混改，废钢加工和镁基球团黏结剂项目实行公司控股、民企参股、经营团队跟投的混合所有制改革，废钢公司被确定为鞍钢落实董事会职权试点改革单位；优化两级机关机构和人员编制，对工会和党委工作部进行业务调整，组建党委组织部，对纪检系统实施改革，强化了党建、纪检力量和专业管理职能；完善授权体系，进一步下放管理权限；将各单元企业经营权全部上移至本级机关。深化干部人事制度改革，建立了强制分布、末位淘汰的“赛马”机制；优化班子结构，调整了9个单位的主要负责人，有2名年轻干部走到了主要领导岗位，改善了4个单位班子年龄结构，交流了33名副处级以上岗位人员。

【科技成果持续增多】 落实2019—2021年三年科技创新发展规划，放行立项科研项目3项、企业级科研项目8项；投入2400万元，推进17个科研项目，实施了16项技术升级改造，落实了46名科技管理及服务人员待遇；全年申报发明、实用新型专利各5项；在铝粉公司、绿源科技公司、水处理公司率先建立技术研发机构，打造研发团队。铝粉公司获评“辽宁省企业技术中心”，水处理公司获评“鞍山市企业技术中心”。

【员工素质持续提高】 制定2019—2021年中长期人力资源规划；推进工程技术、生产、服务岗位等级序列工作；组织53名领导人员参加法治培训，选派18名管理技术人员到专业院校培训，选送4名优秀年轻干部参加集团公司中青班学习，完成三类培训13286人次；加快成熟人才引进，公开选聘及引进、吸纳各类专业人才17名，缓解了公司人才短缺的局面。

【产业结构持续优化】 制定2019—2021年发展战略规划，聚焦集团公司“择优发展工业服务事业”目标，着力打造建筑材料、新型材料、冶金材料、绿色再制造、工程运维、餐饮服务、幼儿教育等优势产业；完成了城服公司和商贸公司、运维公司和运输公司整合，使产业结构和业态更加清晰合理；加快项目建设，投资5171万元放行了5个新项目，建成投运的熔铸合金、新四幼、职工俱乐部改造、废钢加工和废油桶压实等14个投资项目，累计实现收入5.55亿元、利润1424万元，助力了公司生产经营任务的完成。

【企业管理持续规范】 完成了46项公司层面制度评审修订；编制岗位说明书49份，梳理业务流程66项；建立了新的授权体系；获集团公司2018年管理现代化创新成果二等奖。加强资产管理，建立实物和闲置台账234台（套）；依规报废设备683台，调剂内部资产77项，盘活房屋土地类资产2处、资产8项；依法收回被占用资产3处，解决了2处资产欠租问题，有效维护了企业利益。强化采购、销售管理，协同推进米面油集中采购，实施内部采购价格对标，实现降采7.9%，公开采购率同比提高了0.3个百分点；制定营销管理办法，严格营销行为，并将外部市场收入纳入绩效考核。全年外部市场收入同比提高了7.34%。坚持依法治企，健全法律顾问制度，实现了“重要决策、规章制度和经济合同”法律审核率三个100%。强化风险管控，辨识公司级重大风险25项，制定防控措施109条。全年成本费用利润率同比提高了0.77个百分点，营业利润率提高0.73个百分点。

【合资企业管理有了新突破】 水处理公司与日方达成了控股的意向；氧化铁红项目与美方ISSI公司达成了回购股权意向；停产多年的三一公司已进入市场挂牌清算阶段；已完成安达乳业股权回购，有效提高了对合资企业的管控权和“止血”。

【安全环保工作持续加强】 建立安全风险分级管控机制，加大安全专业人员激励力度，修订安全技术操作规程1024项，整改各类隐患1198项；强化污染防治，放行投资2950万元实施环保整治项目3项，解决环保历史遗留问题37个。实现死亡及以上生产安全事故、火灾事故、分包方事故和环境污染事故为零。

【职工幸福感持续提升】 规范薪酬福利管理，上调职工夜班津贴和班组长津贴标准，增加职工生活补贴及年功工资，实施职工奖励晋级和一次性奖励，该公司在岗职工平均收入同比提高了10%以上，保证了一线职工月实际收入均高于3000元的目标；实施送温暖工程，72个为民服务解难题项目和投入879万元实施的51个关爱一线员工专项服务项目，进一步改善了一线职工的生产生活条件；全年各级领导干部走访慰问困难职工1352人次，发放救济金71.5万元，缓解了困难职工的燃眉之急。

（杜鹏宇）

【鞍钢绿色资源科技有限公司】 该公司是以钢渣加工处理与矿渣微粉生产经营为主业的独立法人企业。下辖鞍山本部和鲅鱼圈分公司，主要职责为鞍钢股份公司提供保产服务和负责鞍钢冶金固废资源的开发利用。拥有雄厚的钢渣处理和矿渣微粉生产能力：鞍鲅两地有5条钢渣加工处理生产线，年加工处理钢渣能力300多万吨；有7条矿渣微粉生产线，年生产矿渣微粉能力400多万吨。截至2019年末，在职职工1195人，其中在岗职工1096人。

以政治建设为统领，全面加强党的建设。坚持用习近平新时代中国特色社会主义思想武装头脑、指导实践、推动工作，增强“四个意识”、坚定“四个自信”、做到“两个维护”。深入开展“不忘初心、牢记使命”主题教育，党委中心组高标准、严要求连续集中组织了13次党委中心组学习；深入走访，与130名职工代表座谈，调研共发现问题33项；各党支部组织党员交流学习体会43次，党支部书记上了13次专题党课，开展志愿服务26次，为职工解难题、办好事70件；坚持把“改”字贯穿始终，梳理汇总出9个方面52项问题清单，领导班子成员主动认领责任，及时推进整改。开展专兼职党务人员集中培训，采取情景教学、实地学习等多种方式提升学习效果。提升党务干部业务能力，对党支部重点业务指定相应党支部书记讲座，采取当堂讲、当面答、当堂考的方式，增强学习的针对性和有效性。培养选树先进典型，孙宝江荣获2019年度全国“最美家庭”。强化党风廉政教育，持续深化各级巡视反馈意见整改，查找问题19个，防范问题61个，制定整改防范措施155项，建立长效机制。

生产经营稳中有进，经济指标再创佳绩。坚持以市场为导向、以效益为中心、以契约化经营为抓手，内强管理、外拓市场，完成利润7711万元，收入14.27亿元。矿渣微粉生产销售逆势有为，巩固和开发海运市场，矿渣粉水渣协调布局，创新实施“汽、火、船”物流联运模式，打破公路运输“治超”瓶颈，全年实现矿渣粉产销量333万吨，其中船运192万吨，创船运历史最好水平。通过改进工艺技术、调整产品结构、优化混料配比、加工铸余废钢等措施，钢渣产品生产销售稳步提升。通过网上平台竞价销售，水渣、钢尾渣全部溢价销售，鲅鱼圈分公司堆积多年的钢尾渣全部售出，鞍山本部钢尾渣当期全量销售，历史积存钢尾渣开始减量，环保紧张局面大大缓解，实现了鞍钢集团整体效益最大化。

体制机制持续优化，综合改革不断深入。深化公司运营体制改革，完善公司法人治理结构，落实市场主体地位，全面修订和完善公司章程，有效发挥自主经营、自负盈亏与自我发展的市场主体作用。深化营销体制机制改革，进一步优化区域目标责任制和区域经理负责制，完善销售含量考核体系，强化业绩激励。建设市场营销中心一体化服务大厅，实现业务、合同、物流窗口化一站式服务。深化科研领域体制机制改革，加强科技发展中心建设，实施项目经理负责制和项目经理选聘制，公开选聘项目经理。加强与知名企业、各大院校和科研院所的战略合作，创新科研项目成果转化模式。深化矿渣粉生产组织模式改革，不断深化鲅鱼圈和本部微粉分公司矿渣粉生产组织模式改革，进一步划小核算单位，明晰责任主体，建立正向竞争机制，有效发挥了产线降本增效潜能。深化多种经营模式创新，市场营销中心积极拓展经营贸易，汽车运输分公司积极寻找外部活源、承揽外部运输业务，设备检修作业区积极开展“外委内包”业务，取得明显效果。

企业管理不断加强，运营效能大幅提升。契约化经营管理不断加强，引入市场化、契约化竞争激励机制，与生产、经营单元签订责任状，明晰管理责任、经营目标与工作任务，激发干事创业活力。深化薪酬分配制度改革，健全与效益、效率双挂钩的工资决定与增长机制，增加产线运转率、计划执行率等考核指标，绩效考核更加精准。完善安全风险分级管控机制，强化安全责任落实，加大安全检查和考核力度，全年整治各类安全隐患120项，处罚责任人65人次，处罚金额1.6万元。有效落实集团公司“雷霆行动”，加强治安防范，优化物流管控，强化人防技防，防范国有资产流失重大风险。班组示范基地建设实现突破，建立了钢渣磁选作业区班组示范基地，组织召开了现场推进会，在全公司范围内开展标杆班组创建活动，务实推升班组建设水平。认真落实价格与信用委员会会议制度，规范价格和信用政策与执行，严格合同法律评审与财务审核。投资、资金、票据管理不断加强，清欠力度不断加大，有效防范企业风险。

产业布局逐步铺开，科研创新亮点呈现。优化企业发展蓝图和产业布，完成了2020—2022年科技创新发展规划，立足东北、经营沿海、走向世界，打造绿色、环保、循环经济，建设市场化、产业化、国际化的一流企业集团的战略发展规划稳步实施。“以钢渣加工和微粉制造为主线，以鲅鱼圈分公司为龙头和以市场营销、科研开发为两翼”的发展格局正在形成。科研开发项目加速落地，与深圳中泰颐和公司合作的特种土壤凝固剂项目，在鲅鱼圈建设了实验基地，全尾矿固化剂工业化试验已经成功，细尾矿固化剂和土壤固化剂试验也取得了阶段性成果。与交通运输部交研院、省交通厅合作的钢尾渣在道路工程领域应用项目已完成道路试验，进入标准制定阶段。积极开展群众性创新活动，全年组织技术创新论坛4次，开展技术培训200多人次，组织先进操作法的撰写和推广12次，创新工作室全年创新创效立项14项，创效109万元。

共建共享多点发力，发展成果惠及职工。全面落实民主管理制度，征集职工代表提案108项，提案答复率100%，职工满意率达100%。继续实施了一线班组长特别绩效奖励，增设党小组长津贴，有效激发了职工的工作积极性。持续开展“践行共享理念，关爱一线员工”专项服务行动，为一线职工工作室、休息室安装了空调，对公司职工食堂和微粉分公司浴池进行改造升级，全年共建设惠民工程19项。积极开展岗位建功立业活动，持续开展经营增效、降本增效、创新增效、创先增效和清欠增效等“五效活动”，完成项目27项。持续开展应用先进方法、争创先进指标、争当先进人物“三先”活动，职工创先登高、争当先进热情高涨。全年涌现出35名岗位操作技术能手，33名技术能手，钢渣磁选作业区作业长唐克军同志被评为鞍钢集团劳动模范，微粉分公司副经理刘丽娜同志荣获第二届“鞍钢楷模”提名奖，钢渣磁选作业区荣获辽宁省“模范职工小家”荣誉称号。深入开展扶贫帮困活动，解决职工急难愁盼，全年走访慰问困难职工351人次，发放救济金13.08万元。

（张清玉）

【鞍钢实业集团（鞍山）工程发展有限公司】 该公司是鞍钢实业集团有限公司全资子公司，依据鞍钢集团的战略安排和企业改革发展需要，2018年1月，由原冶金工程事业部大部分业务和生产服务事业部的部分业务归并重组而成，总注册资本为人民币8021万元，该公司现有在员工512人，其中工程系列高级职称15人，中级职称75人；具有一级注册建造师10人，二级注册建造师50人。下设5个机关部室、8个分公司。2019年收入51900万元，实现营业收入连续5年增长，创历史新高。

资质装备。该公司具有机电安装工程、市政公用工程两项施工总承包二级资质；具有铁路工程、建筑工程两项施工总承包三级资质；具有输变电工程、电子与智能化工程、防水防腐保温工程、钢结构工程、环保工程、建筑装修装饰工程六项专业承包二级资质；具有地基基础工程、铁路电务工程三项专业承包三级资质。拥有起重机械、锅炉、压力管道许可；国家能源局电力设施承装、承修、承试许可；辽宁省安全技术防范设施设计等特业许可和施工资质。拥有挖掘机、搅拌机、压路机、起重机、数控切割机、数控钻床、直流高压发生器、加热炉、汽车吊、货运汽车等各种设备和运输车辆。具有独立设计、制造、安装和运输能力，技术力量雄厚，生产设备和检测手段先进。主要业务有煤气柜制造及安装工程；输变电工程、机电设备安装工程、继电保护及电力预防性试验项目；燃气工程、石化工程、环境工程、园林道路工程、铁路工程；厂区绿化及绿地管护、道路清扫保洁；炼铁脱硫保产、炼钢产线功能性包保、煤气加压站、煤气管网巡检、盲板作业保产、机械加工等业务。

该公司是一支多元化的施工企业，作风硬朗、善打硬仗，在各种“苦、难、累、险”的工程中，能够满足用户“急、快、好、省”的要求。

下辖环保分公司具备多种工艺试验检测手段，以各种型式的除尘器安装为主，为钢厂解决空气污染处理、污水处理问题及城市垃圾处理问题，得到了用户的一致好评。

电气分公司拥有一批电力及自动化的专业人才，能承揽220千伏及以下送电线路同电压等级变电站建筑安装工程、电子与建筑智能化工程、计算机网络和通信工程。

铁路分公司主要从事铁路电务电力与信号工程、接触网工程、铁路运输设备制造及检修、铁路货运服务等。

筑路分公司主要从事道路施工和维护工作，在长期的厂区道路施工中，总结出“刚性路面与半刚性路面结合承重”的施工方案，即在厂区铁路沿线两侧等重点部位，铺设混凝土刚性路面，其他部位铺设半刚性路面。这种全新的混搭路面施工法，延长了道路使用寿命，降低了工程施工成本，提升了道路颜值，保证了交通安全，技术创新赢得鞍钢集团领导高度赞誉，并在《鞍钢日报》多次进行报道。

金结分公司主导产品的“鞍钢牌”煤气柜现已在全国数十座城市投入运行，各项技术经济指标均达到国内领先水平，并被评为鞍山市名牌产品。近年来，该公司积极参与国内外的各项工程投标活动、拓展生存空间，先后在世行贷款项目、亚行贷款项目及国内大型工程中数次中标，施工领域已拓展到冶金、煤炭、石化、环保、市政建设、农业等诸多行业。该公司已成为集设计、制造、安装、运输和服务为一体的国内大型骨干施工企业，金结公司的煤气柜产品以鞍钢独立知识产权的形式打入国际市场，进入土耳其、印度等国家。2017年旗下鞍钢金属结构有限公司与土耳其Kardemir钢厂签订的4万立方米煤气柜工程项目，于2019年3月圆满竣工。凭借品牌质量、周到服务和技术优势，鞍钢牌煤气柜赢得土方高度肯定，该公司开拓国际市场又一成功案例，同时也为中国推动共建“一带一路”，构建人类命运共同体的伟大实践作出了贡献。

（徐宝生）

【鞍钢现代城市服务（鞍山）有限公司】 截至2019年末，该公司共有职工1355人，其中在岗1138人；管理技术岗位人员163人（高级职称20人、中级职称64人、初级职称66人），生产服务岗位人员975人；生产服务岗位中技师31人，高级工110人。下设7个机关部门，17个基层单位。固定资产原值7644万元，净值1632万元。2019

年营业收入中餐饮和服务收入占60.5%，商品贸易收入占33.1%，其他收入占6.4%，总体呈综合服务产业和商品贸易双主业发展格局（餐饮、住宿、后勤服务、会展等业务的综合服务产业；商超、办公用品、工业品类、电子商务等领域的商贸产业)。

畅通沟通渠道。建立与鞍山钢铁意见交流互动平台，根据征求服务意见建议，做好品种调剂，通过“食堂开放日”等形式增进与服务对象的黏度，鲅鱼圈等服务区通过开展“走近餐桌、走到岗位”意见征询活动拉近与服务对象的距离。实施精细化管理。全面推广6S定置定位管理，统一制作流程展板，分色管理厨房用具，规范物品摆放位置，在2019年暑期食品安全检查中优秀食堂比例为85%，同比提高10个百分点。优化服务手段。践行“五个凡是”服务理念，积极探索差异化、人性化的特色餐服务，新增主副食创新品种20余个，老北京炸酱面、刀削面等成为就餐职工网红爆款，浙江卫视“奔跑吧兄弟”栏目组因该公司优质服务专程送来锦旗，鞍钢就餐职工服务满意度达到93%，为近年来最好水平。

完善市场化考核评价体系。对基层单位分类管理、分类考核，差异化设定考核指标，形成全员覆盖的市场压力传导机制。做实契约化管理。建立权责明确、风险共担的激励约束机制，对基层单位充分放权，进一步释放基层单位活力，拉大分配差距，充分激发职工干事创业积极性。完善岗位绩效分配体系。修订《城服公司2019年战略绩效考核与评价办法》《薪酬管理办法》和岗位定员标准，制定《带薪休假替休人员奖励办法》《职工基本岗薪奖励晋级实施办法》，将职工收入与单位绩效、岗位绩效、工作量等紧密结合，提高了劳动生产率。抓实技能人才队伍建设。通过名师带徒、技能大赛等形式，提高职工技能本领。命名杨彬、赵楠等12名同志为“城服工匠”，建立高技能人才等级序列制度，聘任二级技师1人、三级技师6人。

产业布局不断优化。2019年12月，实业公司将原商贸公司成建制划归城服公司管理，该公司1个月时间内完成了两家单位的业务整合、人员安置和超市门店优化，为打造城市服务业旗舰企业奠定基础。网络销售初具规模。与鞍钢值采平台和鞍钢电商合作，将涵盖职工福利、党群奖品、办公用品和工业品在内的1.3万余个品种规格商品实行线上销售，网上销售收入1949万元。鞍钢人才宜居高地初步形成。该公司人才公寓按照“立足鞍钢、面向市场、打造品牌、多元发展”的经营策略，打造鞍钢高端人才生活、学习、健身、娱乐、休闲于一体的一站式综合服务区，被鞍山市委组织部命名为鞍山市的“人才驿站”。

强化制度体系建设。对原有的制度体系进行全面梳理，合并同类管理制度，优化整合规章制度55项，削减20.6%。规范采购管理。对食堂所用食品原料加大寻源力度，按照招标管理要求，所有品种应招尽招。为确保职工舌尖上的安全，对木耳、刀鱼等品种提升了食材档次，对猪肉、豆制品等采购取消中间环节。强化安全风险防控。投资60余万元对食堂基础设施进行维修改造，及时修订城服公司安全技术操作规程，补充完善安全环保管理制度13项，印制安全规程口袋书，重新修订城服公司安全风险管控清单，组织开展危险因素辨识及评价活动，提高全员安全意识。

切实维护职工利益。认真贯彻《劳动法》，切实履行《集体合同》，工资收入向一线职工倾斜，解决职工年休假替休问题，上调职工夜班津贴和班组长津贴，实施职工奖励晋级和一次性奖励，在岗职工平均收入同比大幅提高。开展“争最佳创一流”食堂优质服务竞赛。以最佳食堂、最美员工、最优食品为切入点，促进食堂整体工作水平和服务质量不断提升；承办集团公司中式烹饪和中式面点职工技能群英大赛，包揽两个工种的状元，11名选手获得集团公司技能竞赛群英赛技术能手称号；开展“经典美食”评选活动，评选出主副食“经典美食”各15个品种，扩大了食品品牌影响力。践行共享理念、关爱一线员工。解决职工急难愁盼问题11项，走访慰问困难职工192余人次，发放救济金11.4万元，发放医疗救助金4.99万元，发放温暖工程基金0.98万元，组织职工度假1540人次。

2019年5月25日，鞍钢现代城市服务有限公司（以下简称城服公司）组织杨彬创新工作室团队参加了“联合利华饮食策划杯”第八届全国烹饪技能竞赛（辽宁赛区）和辽宁省“匠心杯”职工职业技能大赛暨首届辽菜烹饪职业技能大赛。

在辽宁赛区比赛中，杨彬创新工作室团队成员杨彬获得中餐热菜金牌，杜军获得中餐热菜银牌，刘质诚获得中餐热菜铜牌，赵楠和谭东获得中式面点银牌。

2019年9月25日，城服公司杨彬代表辽宁赛区参赛第八届全国烹饪技能竞赛总决赛。五年一届的全国烹饪技能竞赛是“中国餐饮技能的奥林匹克”，近万名选手报名参加了在全国27个地区举办的30场分赛区比赛。经过激烈角逐，杨彬以“上汤鞭花”和“秘制排骨”两道精致菜品斩获“联合利华饮食策划杯”第八届全国烹饪技能竞赛“总决赛”个人中餐热菜特金奖，杨彬本人被授予全国餐饮业高技能人才称号。

（王　丹）

【鞍钢东山酒店管理有限公司】 2019年，该公司以习近平新时代中国特色社会主义思想为指导，认真学习贯彻党的十九大精神，扎实开展“不忘初心、牢记使命”主题教育，全面落实集团公司和众元产业公司职代会精神，紧紧依靠广大干部职工，团结一心，群策群力，全面完成了上级公司下达的服务经营任务，保持了良好的发展态势。全年累计实现经营收入9143万元，同比增加689万元。该公司共有职工614人，其中全民职工148人，劳务派遣用工466人；固定资产原值7.75亿元，净值6.45亿元。占地面积8.7万平方米，建筑面积为7.57万平方米。2019年该公司获得了劳模工匠精神传承企业荣誉称号。东山宾馆、天座宾馆分别获得东北三省百强名店、辽宁省绿色餐饮企业荣誉称号。

面向两个市场，多元经营打开新局面。以项目建设为契机，着重拓展外部市场，职工俱乐部店营业以来，坚持面向市场、品质为先，积极拓展婚庆、会务市场，全年接待婚宴、答谢宴、会议等共138场，婚庆1项实现营业收入344万元；天座宾馆维修改造后，焕然一新的室内外环境，高质量、标准化的服务，吸引了大量社会团体和散客消费群体的预定，得到了鞍钢集团内部客户的高度赞誉。

推动四个创新，创新动力释放新能量。服务创新。该公司通过开展“如何提升服务质量”培训交流会和“微笑敬语服务月”等活动增强了员工的服务意识、管理意识、责任意识，提升了宾客的满意度，得到了鞍钢度假单位职工的一致好评；产品创新。自制熟食、月饼等节日产品，自制酸菜、农家肠等特色食品，辽菜、川菜、农家菜，肥牛火锅等多元化的产品结构，海鲜礼盒、现磨咖啡等提升了服务品质；管理创新。2019年该公司开展了以“提升管理素养，提升管控能力”为主要内容的专项企业管理工作，制定自检自查制度清单56项，组织交叉互检及集中检查4次，下达落实整改问题20余项；制度创新。该公司2019年度共修订制度文件18件，进一步增强了风险防范能力和制度管控水平。

强化五项管理，基础工作得到新提升。强化基础管理。该公司着重加强各级培训有效落实，组织参加一级培训87人次，2840学时，参加二、三级培训84次，培训人员2085人次；梳理固定资产1452项，报废固定资产201项；强化安全管理。在各类安全监督检查中发现问题44项，整改44项，整改率达100%。切实开展食品安全大检查、重大会议接待及节假日专项检查20余次，该公司被集团公司评为食品卫生安全优秀单位；强化成本管理。该公司通过对80余家供货商进行考察评估，全年节约采购成本127万元；强化财务管理。2019年该公司完成了财务共享核算和业务系统上线工作，充分利用税收政策，全年抵扣进项税额370万元；强化共建共享。举办职工技术竞赛及第三届经典美食评选活动，命名表彰技术状元、能手30名，评选出16名经典美食制作人，研发创新菜品种类49个。该公司组织参加第八届全国烹饪技能竞赛（辽宁赛区）暨辽宁省“匠心杯”职工职业技能大赛、首届辽菜烹饪职业技能大赛，公司派出的6名选手获得三银、三铜的好成绩。坚持春节、端午、中秋为职工发放节日副食。走访慰问各类困难职工、离退休人员158人次，发放救济金4.88万元。

加强基层基础，压实党建工作责任。继续开展基层党支部建设提升年活动，有效提升“三会一课”质量。将“不忘初心、牢记使命”主题教育作为首要政治任务来抓，牢牢抓住学习贯彻习近平新时代中国特色社会主义思想这条主线，通过开展理论学习、调研检查、检视问题、整改落实4项工作，党委班子共开展集中学习研讨14次，撰写心得体会8次，上党课4次；下基层单位调研12次，梳理问题12条；检视问题中整理出问题 12 项，制定整改措施 22 项。

强化理论学习，确保理论武装到位。坚持将政治理论学习作为全面提升职工队伍思想站位的有力抓手，坚持在学习新思想上下功夫。通读原文全面学、微信解读辅导学、研究讨论集中学、班子讲课深入学的多维学习模式全面形成，学习教育在各级党组织中层层推进、逐级落实，实现全覆盖，2019 年开展党委中心组学习 28 次。增强文化建设，营造企业和谐氛围，对外宣传工作取得了良好效果，发表宣传材料 18 篇，提升企业影响力和知名度。丰富舆情监控渠道，建立“风清气正、和谐稳定”舆情微信工作群，确定“各党支部舆情员 24 小时在线汇报”的工作机制。

持续正风肃纪，推动公司廉洁发展。强化党风廉政教育，以党章、条例等为重点学习内容，党员干部的政治素质有效提升，执行党的路线方针政策的行动自觉显著增强。该公司聘请党风廉政建设监督员，参观鞍钢反腐倡廉展览馆、观看廉政警示片，拒腐防变能力显著提升。紧紧围绕服务经营和改革发展中心任务，深入开展工程管理、劳务费管理、物资采购、食品卫生安全等 6 项专项监督。开展套取工资奖金和有关费用、集中整治形式主义、官僚主义工作等 4 项专项治理工作，实现从源头预防腐败。

（陈祉含）

【鞍钢实业集团冶金资源再生利用分公司】 截至 2019 年末，该公司有在职职工 271 人，其中在岗职工 214 人，居家职工 52 人，专项工作 3 人，不在岗职工 2 人；退休职工 517 人；劳务外包人员 249 人；公司领导 5 人，管理技术岗位 43 人，专项工作 3 人，生产服务岗位 469 人；高级职称 5 人，中级职称 66 人，初级职称 46 人；高级技师 1 人，技师 2 人，高级工 7 人，中级工 35 人，初级工 120 人。2019 年，公司累计实现收入 37786 万元，超额完成了实业公司下达的全年任务目标。材料作业区党支部 2019 年 9 月被鞍钢集团党委命名为鞍钢集团党支部工作示范基地；佟伟创新工作室被命名为 2019 年鞍山市劳模创新工作室。

践行新发展理念，新项目开拓成果丰硕。加快推进已竣工投产的熔铸合金项目达产顺行。熔铸合金项目完全按照国家环保、消防、安全法律法规要求建设，生产线装备达到国内一流水平，根据与实业公司签订的项目运营期契约化指标，结合公司实际，将契约化指标按月分解，实施独立核算，将关键环节和指标落实责任人，做好现场服务，通过项目组相关人员的努力，项目实现达产目标，并完成既定的指标，得到了实业公司领导的肯定。一年来，无论在产品数量、质量和供货的及时性方面均确保了鞍山钢铁的生产需要，得到了鞍山钢铁各使用单位认可和好评。资源再生公司按照实业公司部署及《鞍钢集团固定资产投资项目目标任务书》要求，按照既定的废油桶压实处置项目进度安排，全力推进项目各项工作。该项目于 2019 年 5 月 13 日正式竣工投产，工期提前 18 天，节约投资 27.43 万元。

发挥科技力量，开展项目攻关。2019 年，资源再生公司围绕企业生产经营中的重点、难点进行有效攻关。通过开展熔铸合金锭模材质研究，从根本上提高锭模使用寿命，降低锭模消耗，保证了熔铸合金生产线的稳定顺行。通过开展炼锌炉窑提高保温性能攻关项目，有效降低了能耗、改善了作业环境。通过开展合金流向控制装置项目攻关，显著降低合金漏出率和电耗。炼锌作业区通过开展旧耐火砖回收再利用项目研究，成功探索保护性拆扒作业模式，实现旧耐火砖回收再利用。2019 年全年共完成 22 项科技创新创效项目，全年累计降本增效 110 万元。申报国家专利数 3 项，获得专利授权 2 项。

强化理论学习，扎实开展“不忘初心、牢记使命”主题教育。公司党委筹建组把开展主题教育作为重要政治任务，成立主题教育领导小组，落实领导责任，主要负责人和各党支部书记切实担负起第一责任人职责，抓好组织实施，把深入学习贯彻习近平新时代中国特色社会主义思想作为根本任务，全面把握“守初心、担使命，找差距、抓落实”的总要求，坚持抓思想认识到位、抓检视问题到位、抓整改落实到位、抓组织领导到位，有效落实学习教育、调查研究、检视问题、整改落实四项重点措施，做到了先学先改、即知即改，边学边查，立查立改，发挥示范带动作用。主题教育期间，组织参加实业公司“矢志不渝守初心、奋发有为担使命”党建知识竞赛获二等奖；先后召开主题教育推进会 8 次，及时总结交流经验，共梳理出问题 38 个，制定整改措施 54 项，切实将主题教育成果落到实处。

压实主体责任，党建工作取得进步。一是党

委领导作用更加有力。抓好党委班子建设，始终不懈把加强班子建设作为做好一切工作的基础，形成强大凝聚力、向心力和战斗力。在废油桶压实处置项目建设期间，公司班子成员一直坚守一线，发挥了带头作用，激发职工工作热情，保证了项目如期竣工投产。2019 年 1—3 季度，公司领导班子连续 3 个季度被实业公司评为“四好”班子。二是党支部堡垒作用更加突出。以推动实施材料作业区党支部“党建+劳模”党建工作思路为切入点，扎实推进基层党支部规范化标准化建设。回收作业区党支部面对人员老化及编制缩减等压力，在废油桶压制项目建设工作中，党支部班子成员带领党员和生产骨干日夜奋战在一线，累计献工 600 多个，有力保障废油桶压实处置项目的正常推进。三是党员先锋模范作用更加突出。炼锌作业区党支部发挥党员先锋模范作用，对燃烧室进行改造，炉衬内层增加岩棉保温层，提高了燃烧室外墙的保温、隔热作用，降低了精馏工艺煤气消耗，同时改善了职工作业环境；在废油桶压实处置项目建设期间，机关党员干部主动深入一线，积极组织协调设计单位、建设单位、施工单位、设备供应商等加强项目难点攻关，确保了项目工期和质量；党员义务为职工修建停车场、修复职工休息室取暖设施等共 3 处。

强化思想引领，思想政治工作更有成效。一是加强党对新时代宣传思想工作的全面领导。把“举旗帜、聚民心、育新人、兴文化、展形象”作为使命任务，深入开展形势任务教育，做到强信心、暖人心、筑同心；2019 年思想政治工作研究课题“思想政治工作引领，发挥先进典型作用，促进企业发展”获鞍钢集团二等奖。二是加强意识形态工作。严格落实党委意识形态、网络意识形态、网络安全和信息化工作三个主体责任；每季度结合重点工作进行形势任务教育，有针对性的及时做好重要节点和敏感时期的舆论监管工作，形成了常态化的提醒和反馈机制；加强正面宣传，在《鞍钢日报》《鞍钢视讯》等媒体播发新闻 17 篇。

构建廉洁文化，全面从严治党向纵深推进。2019 年组织领导班子成员、中层干部及关键岗位人员集中签订“一诺三书”并带头承诺，共计 35 人次 76 份；召开高勇案、袁雪峰案警示教育大会；在废油桶压实项目获批同时，对全体项目组成员上廉洁党课、进行工程项目期内的廉洁风险点辨识并组织项目组人员签订廉洁承诺，与项目参与方签订廉洁诚信协议 15 份；深入贯彻落实中央八项规定精神，每逢重大节日，通过文件、会议、微信等方式，对党员干部进行提醒；在职工子女毕业季进行“升学宴”集中教育提醒并组织签订承诺书。

坚持共建共享，切实关心职工生活。2019 年度继续开展“践行共享理念、关爱一线员工”专项服务行动，立项 3 项，投入 13 万元；抓好 2019 年防暑降温工作，分批为一线岗位职工送西瓜、盐汽水、绿豆及白糖；开展送温暖工程，2019 年共计救助困难党员、困难职工 95 人次，总救济金额 6.12 万元；坚持组织职工疗养度假、健康体检，持续开展健步走等益于职工身体健康的系列文体活动；坚持依靠职工办企业，发挥佟伟创新工作室的带动作用，围绕公司生产经营活动“瓶颈”开展攻关，完成创新项目 6 项，申报国家专利数 3 项，获得专利授权 2 项。佟伟创新工作室被命名为 2019 年鞍山市劳模创新工作室。

（陈云鹏）

【鞍钢废钢资源（鞍山）有限公司】 该公司为鞍钢集团公司批准设立的混合所有制企业，位于交通便利的鞍山立山区灵山铁塔街 10 乙号，分三期规划建设，项目占地 10 万平方米。一期投资 15000 万元，设计年产能 50 万吨，规划两到三年内年产能达到 300 万吨。公司为废钢加工贸易一体化配送企业，拥有国内先进的废钢加工生产线，主要装备有龙门剪切机、打包机、抓钢机、鳄鱼剪、起重设备等。公司的主要产品为：中重废、打包块、破碎料。

2019 年，作为鞍钢集团公司推行混改和经营管理者跟投的第一个改革试点企业，该公司以习近平新时代中国特色社会主义思想为指导，全面贯彻两级公司党委、公司战略部署，按照废钢公司组建之初确定的“抓住 3 条主线，树立 3 个理念，坚持 3 个原则，实现 3 个确保”的工作总思路，实现了投资方与项目管理团队风险共担、成果共享，积极推进改革创新高质量发展，各项工作均取得显著成果，获得实业公司 2019 年度先进单位。

主题教育取得明显效果。一是聚焦主题主线，推进学习教育。中心组选取12个专题安排学习研讨12次，撰写学习体会50余篇。二是坚持实事求是，抓好调查研究。深入生产一线实地走访4次、组织座谈5次、单独访谈6次、发放调查问卷32份，形成调研报告4份。三是坚持自我革命，深入检视问题。在政治、思想、作风等方面检视存在的问题23项，相互提醒，互提建议8项。四是坚持巩固成果，抓好整改落实。经梳理，共查摆问题20项，解决19项，待解决1项。将所有问题都列入问题整改清单，形成一人一张表，限期整改，确保实效。

经营业绩初见成效。该公司成立以来，在全国钢铁市场低迷、废钢需求不稳的严峻形势下，多措并举创利增效，盘活废钢资源，开发外部市场，深化改革创新，积极争创新的效益增长点，实现收入2.95亿元，超预算197%，利润67万元，超预算134%，全面超额完成年度经营指标，为公司实现高质量发展奠定了基础。

项目建设持续拓展。以打造新的效益增长点为目标，大力实施项目驱动发展战略。围绕“全网络管控、全过程跟踪、全方位从严”的总要求，强化工程工期、质量、成本、安全管理，实现了创优质工程。一是通过建立“四位一体”质量监管机制、开展“五保一创”活动、签订《目标责任书》等管控措施，历时141天施工建设，高质量完成了投资1.5亿元，产能50万吨的废钢加工处理项目工程。并获得“全国优质废钢加工配送企业”和“鞍山市双鞍融合示范项目”荣誉。二是自筹资金800万元，完成了生产能力20万吨/年，保供40万吨/年，3000马力破碎料生产线新建工程。现已具备总产能90万吨的加工保供能力。三是自筹资金205万元，完成了1450米铁路更换修缮工程，为打开铁路运输创造条件。

竞争实力有效提升。一是完成了工信部废钢行业准入合格验收。成功通过市工信局、省工信厅初检和工信部终检。二是监控与智能发运系统已全面运行，全面实现电子化监控、智能化计量、信息化管理，科学优化计量误差，数据精准上传、科学统计。三是充分发挥废钢公司体制、信誉、市场、技术和物流优势，坚持以扩市场、挖潜力、抓增量为主导，把增产增效重点从依托鞍钢市场向开发外部市场转变，搭建营销平台，拓宽经营渠道，扩大外部市场，建立有效激励机制，2019年开发外部销售市场5个（开展业务往来4个），对外签订销售合同1.68万吨，实现销售收入3747万元。

管理水平显著提高。一是建立完善制度体系。以市场化、专业化为导向，根据混改和合伙人企业特点，建立了董事会、监事会、经理层法人治理结构。搭建以核心管理制度为重点、以专业管理制度为基础的规章制度体系。已完成各项规章制度97项，其中核心管理制度44项，专业管理制度53项，实现了制度体系全覆盖。二是加强生产安全管理。强化施工现场安全管理，通过开展各类检查、危险因素辨识、督促落实整改、治理安全隐患30余项，整改率100%；强化责任追究，对3家单位实施考核，考核5人次，考核金额1500元，实现生产安全事故为零、火灾事故为零、分包方事故为零。三是加强治安保卫管理。建立完善管理制度和考核机制，实现了人防、技防、物防“三位一体”防范体系。2019年抓获外来偷盗一起，考核10000元。四是加强设备精细化管理。建立各种设备的四大标准及设备点检制度，提高设备精度、完善设备性能。

企业活力不断释放。一是完善选人用人机制。依据国企用人政治导向和民企用人实用导向，从鞍山钢铁股份公司公开选聘1名，具有专业技术能力的年轻管理人才，实现干部能进能出的用人机制。二是推进劳务用工分配激励改革。创新、优化相关方薪酬绩效管理办法，推行工时定额管理，建立多劳多得、少劳少得、不劳不得的奖励激励政策。三是强化风险管控。落实“三重一大”集体决策制度，深入开展“带钱”行为专项治理，规范资金管理；开展风险防控辨识分析，制定防控措施，有效降低风险。

着力加强党的建设。该公司党总支在鞍钢实业公司党委的领导下，积极探索“混改”模式下企业党建新模式，经过2019年一年的实践，总结提炼出“特色党建”工作新模式和“5555”党建工作新思路。“特色党建”是指围绕公司改革发展、生产经营和风险防控等中心工作，与先进企业对标，把党组织建设嵌入公司治理结构各环节，把党建工作融入生产经营全过程，建立具有该公司特色的党建工作新模式，全面提升党建工作质量。“5555”党建工作新思路，即搭建思想教育、党员活动、创新工作、扶贫帮困和支部共建五大平台；开展创利、降本、创新、防控和廉洁增效五效活动；建立广进人才、多元激励、依规决策、双重管理、联合监管五项机制；发挥党组织领导作用、党支部战斗堡垒作用、党员先锋模范作用、领导干部表率作用和群团组织桥梁纽带五大作用。

（王 刚）

【鞍山冀东水泥有限责任公司】 该公司在岗职工人数265人，其中管理和技术人员106人，生产服务人员159人。公司占地26.8万平方米，注册资金3亿元，固定资产原值7.29亿元，净值3.80亿元。公司经营熟料、水泥、水泥矿渣粉制造。主要设备有ϕ4.7×74米水泥回转窑、五级旋风预热器带分解炉、日本宇部原料磨；德国进口矿渣粉立式磨机、ϕ4.0×13米球磨机及其主电机和减速机、ϕ1400毫米×800毫米辊压机、搅拌机、固体流量计量秤、定量给料秤、高效斗式提升机；国内知名厂家制造的篦式冷却机、悬臂式堆料机、桥式刮板取料机、立式煤磨及电除尘器等。原燃料采取预均化工艺，质量控制采用X射线在线分析仪系统，确保生产过程的受控和产品质量的稳定；工艺过程采用集散式中央控制。

聚焦主要指标，超额完成任务。2019年面对企业生产经营中存在的问题、困难和压力，该公司领导班子主动作为，充分发挥领导作用，带领广大干部职工，凝心聚力，攻坚克难，共同努力，全年实现利润2353.88万元，超预算目标107.88万元；完成重大及以上生产设备事故为零；重大及以上人身伤害事故为零；重大火灾、交通事故为零；职工违法犯罪率为零的年度目标。

聚集市场力量，销量再迈新台阶。在维护原有客户基础上，开辟新的销售渠道。实现装船"南下"，形成了山东、浙江两条不同的"南下"渠道。全年装船南下的水泥63.53万吨，熟料7.97万吨，矿粉4.51吨；大力推销新品种，完成了固有用户使用P·C42.5水泥替换P·O42.5水泥的过渡工作，通过加强售前、售中、售后服务，增强了P·C42.5水泥市场认可度；全年水泥销量162.3万吨，熟料销量31.26万吨，矿渣粉销量15.72万吨；大力推销P·C42.5水泥替换P·O42.5水泥；加大清欠力度，全年累计清收陈欠1317.87万元，应收账款余额降低至3279万元。

加强创新创效力度，促进企业快速健康发展。该公司继续开展以创新创效为主体内容的"双创"活动，广大干部职工群策群力，集思广益，勇于创新，创效125余万元；完成发运分厂钢板仓增加入库提升机改造项目，水泥系统收尘改造项目，熟料分厂石灰石破碎系统工程改造项目，煤磨二氧化碳灭火系统改造项目，水泥散装、袋装集装箱装车改造项目，窑尾脱硫改造项目，窑尾灰掺入水泥的降本项目。持续推动料场棚化封闭、建筑物防腐粉刷项目，年度完成大修项目169项；公司申报专利33个，获得专利证书31个，完成发明受理2项，实用新型专利22项，软件著作权9项。已获得高新技术企业证书，测量管理体系认证通过第三方现场审核，能源管理体系认证、职业健康安全管理体系转版认证、环境管理体系和质量管理体系监督认证均通过第三方现场审核。

规范物资采购管理，提高物资管理水平。同鞍钢矿业灯塔石灰石矿和辽阳德祥石灰石矿分别签订石灰石供应的长期战略合作协议，为公司可持续发展提供石灰石资源的保障，为企业今后的可持续发展奠定了坚实的基础；公司大宗原燃料、备件辅材、物流运输、工程与维修和功能区外包等具备招标条件的项目都纳入阳光采购平台实施招标采购。全年在阳光采购平台上进行了160多项招标、议标和询价项目，累计招标金额达到1.4亿元。按股东双方要求，充分利用股东双方集采的优势，煤炭采购全面依托金隅冀东煤炭集采平台，实现定煤矿直接采购。全年采购原煤14.62万吨；为保证新配料方案的实施，开发新原料供应。2019年开发使用了鞍钢集团相关产业的瓦斯灰、煤矸石和湿粉煤灰等固体废弃物，既满足了生产的实际需要，又实现资源化。

加强党的政治建设、发挥党委领导作用。该公司党委把抓好主题教育作为履行党建主体责任的重要任务来抓，把握"守初心、担使命、找差距、抓落实"工作总要求，努力实现理论学习有收获、思想政治受洗礼、干事创业敢担当、为民服务解难题、清正廉洁作表率的具体要求，结合公司实际，带着实际学、带着问题学、带着工作学，并注重将主题教育的效果转化为推动公司发展的强大动力。公司领导班子成员集中集体学习12次，集体学习研讨了8个半天和1个全天时间，每一期集体学习都安排具体时间、领学人、重点发言人、党委书记总结发言，会上进行交流研讨，保证学习效果，确保“不忘初心、牢记使命”主题教育扎实有效推进。

加强党风廉政建设，营造风清气正高地。加强党风廉政建设宣传教育、加大监督力度、认真执行廉洁谈话制度、约谈制度和责任追究等制度。一是认真学习党的十九大精神，深入贯彻实业公司纪检监察工作要点、工作安排和决议决定。以党的政治建设为统领，推进全面从严治党向纵深发展。二是领导班子成员签订廉洁承诺书、“一岗双责”承诺书；副职以上党员干部签订党风廉政建设责任状；副主管以上干部及重要关键人员签订廉洁从业承诺书；营销人员签订营销人员廉洁自律“十不准”建立关键岗位重点人员廉洁档案。三是建立“五位一体”监督体系对企业全方位管控。选人用人按党委制度程序决策；物资采购、外委工程、备品备件等，通过公司招投标委员会决策；资金调度平衡，由公司资金管理委员会每月决策；产品销售价格，由公司价格委员会定期议定决策；职工工资奖金分配，由公司绩效管理委员会确定。四是推进廉洁风险地图建设，完善制度，规范流程。公司党委书记召集相关的8个部门开会，研究确定了47条专项整改清单。各部门按对应的整改清单项逐条整改，制定修订了25项制度，完善15项工作流程，通过公司审核验收并进行了销号处理。

加大困难职工帮扶，增强职工凝聚力。加大对困难职工帮扶，对职工住院、直系家属亡故慰问金提高额度，全年慰问82人次，残疾人慰问3次，共计金额8.3万元。对公司困难职工建立了电子档案，完善了困难职工档案，把维护职工群众的根本利益作为一切工作的出发点和落脚点。把关爱职工生活作为一项长期的工作任务来抓，促进和谐工作氛围的形成，增强企业的凝聚力，为公司的发展提供强有力的支持和保障。

（成银程）

【鞍钢实业微细铝粉有限公司】 该公司完成遍布国内大部分省市和欧美、日韩、东南亚等海外地区年销售任务，并与多家国际知名企业建立长期战略合作伙伴关系。产品应用于固体火箭推进剂、含铝炸药、金属颜料、导电浆料、导热硅脂、化工催化剂、复合材料、靶材等行业。截至2019年末，公司共拥有15项专利，其中8项发明专利、7项实用新型专利。其中发明专利“双喷嘴雾化铝粉生产工艺”获得第62届国际发明展览会（德国纽伦堡）金奖、第19届全国发明展览会金奖和鞍钢集团重大科学技术奖一等奖。该公司已获得国防武器装备科研生产三级保密资格单位、武器装备科研生产许可单位、武器装备承制资格单位及武器装备质量体系认证单位等全系列军工资质单位。截至2019年末，该公司共有职工165人，其中全民职工50人，劳务派遣用工115人；固定资产原值1.02亿元，净值0.61亿元。占地面积3.5万平方米，建筑面积为1.41万平方米。2019年销售收入、利润指标均创铝粉公司历史最好水平。

坚持以政治建设为统领，不断提高党建工作质量。坚持把加强政治建设放在首位，旗帜鲜明讲政治，自觉在思想政治行动同以习近平同志为核心的党中央保持高度一致。深入学习贯彻党的十九届四中全会精神，以及习近平总书记关于东北振兴、国企改革等重要讲话和指示批示精神。重新修订了“三重一大”决策、党总支议事规则、总经理议事规则、核心业务权限规范、党内重大事项请示报告等制度，落实了党组织直接决定和前置程序要求，全年召开党总支会议10次，前置审议了26项“三重一大”事项，确保党总支的领导作用贯穿公司改革发展全过程。该公司坚持把党建工作与生产经营工作同谋划、同部署、同落实、同考核，将每周的生产安全例会变为党建与行政工作“四同时”推进会，对基层单元实施党建、经营绩效、安全生产、党风廉政建设一体化考核，强化了主体责任和“一岗双责”，党建工作渗透到企业发展全过程。

建立全面的绩效考核评价机制，激发团队活力。2019年，持续推行了量化指标考核机制，以月份量化指标为主线，建立全面的绩效考核评价机制，激发团队活力，向管理要效益。通过“强激励、硬约束、严考核”，改善工作作风、提高工作效率、强化责任意识、激励担当作为。通过指标、权责、考核、反馈的一体化闭环管理，进一步激发各部门、各岗位员工的积极性、主动性和创造性。

积极培育开拓市场，产品销量再创新高。该公司凭借产品质量优势和多年的市场培育，积极应对经济形势，产品销量再创新高。一是在航天和兵器系统多个武器型号列入合格供方，在包覆铝粉的市场开发上也取得实质性进展。顺利完成了一项国防军品配套科研项目结题和验收工作，为后续军工市场的拓展及承担军工科研任务创造了条件。二是克服中美贸易局势影响，积极开拓美国以外的国际市场，新增销量近400吨。三是拓宽了新兴应用市场，公司产品已经成功进入了东北制药硫糖铝产品等制药行业；针对部分导热客户对于非危化原料的需求，定制研发了“新型导热硅基复合铝粉”及“非危化胶体铝粉”，并应用批量生产，得到客户的认可与肯定。

安全管理不放松，狠抓落实下功夫。2019年，该公司进一步强化安全管理，改进安委会的形式和内容，注重实效，以问题为导向，防患于未然，以隐患整改闭环管理为目标，把安全工作做深做实，为企业生产经营顺行提供根本保障。结合谭成旭董事长对朝阳钢铁“11·1”事故整改情况通报的批示精神，嵌入生产经营全过程、各环节，开展安全生产隐患大排查大整治工作，共查出各类隐患58项，整改封闭58项，实现整改率100%。

强化党风廉政建设护航改革发展。针对高勇、袁雪峰严重违纪违法案件，召开了专题警示教育大会；强化“两个责任”，推动正风肃纪，堵塞管理漏洞。紧盯采购销售等关键领域，通过对事前、事中、事后监管，防控腐败和经营风险。

（孙治刚）

【鞍钢实业集团（鞍山）设备运维有限公司】 截至2019年末，该公司职工总数516人，其中干部76人，工人440人；高级职称7人，中级职称51人，初级职称8人。设党委工作部（综合部）、生产部（安环部）、经营部、计财部4个部门；下属单位有铁发作业区、热轧作业区、无缝作业区、钢坯作业区等4个基层单位。固定资产原值5479万元，净值1606万元，设备总质量为300吨。厂区占地总面积4万平方米，建筑面积2万平方米，主要设备有钢坯处理生产线、钢坯检测设备，各类机床、起重机等。2019年实现销售收入17173万元，超实业公司预算21.3%。实现利润890万元，超实业公司预算41.4%。

继续推进市场化改革，进一步完善契约化管理。2019年该公司通过契约化经营，全面消灭了亏损单元企业。但在运行过程中，也发现了一些问题和不足，如在指标分配上、考核时点上及主体厂大修、改造，对各生产单元产生的影响等。通过对以上问题的分析，该公司于上半年对契约化经营指标进行了修订与完善，进一步调动了广大干部职工特别是契约化经营者的积极性，生产经营取得较好的效果。同比，公司总收入增加了1883万元。

积极开拓市场，形成了一批新的效益增长点。2019年，鞍钢集团公司大力压缩成本，几次调低保产价格，该公司生产经营的形势相当严峻。但该公司不等不靠、凝聚力量、积极应对，围绕年初制定的生产经营目标，大力拓展市场，寻求新项目、新活源，消化了诸多减利因素。

进一步加强安全生产管理，安全生产形势出现新变化。一是认真落实安全生产责任制，促进基层单位不断夯实安全生产基础工作。二是重新修订了《安全、防火事故管理办法》等11项管理制度及安全操作规程。加强对各单位现场的安全管理，提高全员的安全意识，建立连带考核的管理模式，从“要我安全”向“我要安全”的思想转变。积极开展隐患排查工作，创造良好的安全环境，该公司全年安全生产轻伤以上事故为零。

加强基础工作，稳步推进企业管理上新台阶。一是落实集团公司减少企业法人单位的要求，于年初完成了多年未解决的实业化工公司企业注销工作，将原实业化工公司业务并入运维公司。二是强化规章制度体系建设。按照实业公司整体部署，进一步对现行制度进行了梳理，通过“立、改、废”，2019年全年修订各项规章制度118项，基本完成了公司制度体系建设。三是稳步推进信息化管理工作。实业公司在全公司范围内投资建设了管理信息化系统，涉及企业“人财物产供销”等经营数据，涵盖收入、利润、产量等50个系统分析模型，要求各单位及时准确填报。该公司各部门在克服了时间紧、任务重的情况下，按照上级主管部门要求及时准确地完成了数据的填报任务，各信息系统稳定运行。四是加强信访维稳和治安保卫工作。全年接待群体访4次，个访11人次。针对退休职工群体访中提出的进不了鞍钢，办事不方便一事。该公司成立了运维公司退管办，办公地点设在鞍钢体育馆，并配备了专职人员，集中管理392名退休职工，既方便了退休职工又帮助基层单位减轻了工作负担。两会期间按实业公司整体部署做好稳控工作，公司内无一人越级上访。自集团公司“雷霆行动”开展以来，该公司及时制定工作方案，对重点工作进行落实，做到了精心谋划，周密部署。通过自检自查共发现隐患4处，并整改4处，安装监控3处；与在职、劳务人员签订了《治安保卫承诺书》1253份；为13台运输车辆安装GPS定位系统。通过“雷霆行动”的开展，有效地加强了治安防范措施，为生产经营的有序进行提供了保障。

践行共享理念，关爱一线员工。坚持一切依靠职工，一切为了职工的理念。在效益提高的情况下，上调了一线职工工资，人均月提高了515元，消灭了一线职工月实际收入低于3000元的群体。该公司在职职工平均收入同比提高了10%以上。该公司领导班子深入基层，走访一线职工、先进人物代表、专业技术人员，为他们解难题办实事。先后投入资金，为职工修建了休息室、改造了卫生间及浴室设施，为现场职工休息室安装了空调，改善了职工工作及休息环境。全年该公司领导走访慰问困难职工4人，救助困难职工151人次，共发放慰问金7.25万元，为困难职工送去了组织的温暖。

（张　哲）

【鞍钢实业集团金属制品有限公司】 截至2019年末，该公司有职工28人，其中管理和技术人员21人（高级职称3人，中级职称12人，初级职称6人），生产服务人员7人。公司设有三个部门：党委工作部（综合部、财务部）、生产经营部、规划开发部。主要产品和经营项目有：加工及销售、金属结构、金属工具、手工具、农用园林用金属工具制造等。该公司是由鞍钢实业集团有限公司与鞍钢附企综合企业公司共同投资组建的合资企业，注册资本3000万元。2019年，该公司认真贯彻落实习近平新时代中国特色社会主义思想，紧紧围绕全年经营预算目标，全体员工不断开拓进取，奋力拼争，实现了企业快速发展，超额完成了上级公司下达的各项预算指标。2019年销售可利用材和正品材共计16.79万吨，实现综合销售收入6.28亿元。

加大可利用材营销力度，提高企业盈利水平。积极探索销售模式多样化，努力实现企业多点创效，采用网上公开招标的销售方式销售3万多吨可利用材，取得良好效果。

加强安全管理，提高职工安全意识。认真组织开展安全生产月活动。积极宣传贯彻国家安全生产法律法规，进行了安全生产自查自纠。将监督检查与落实预防措施、整改安全隐患有机结合，有效保证了生产安全。安全生产月期间，组织安全大检查1次，查改事故隐患1处；公司领导还亲自带队，深入分管区域进行了专项检查，发现和整改安全生产隐患2项。在大力开展全员职工安全教育的基础上，不断强化安全检查，重点实施了“查死角、堵漏洞、除隐患”活动，提高了职工遵章守纪的意识和安全自我保护能力。通过健全完善各项安全生产规章制度，加强特种设备安全监管，与相关方签订安全管理协议，安全工作重心下移到班组，进一步加大安全管理力度，全年人身、设备、火灾事故为零。

强化全面预算管理。实现从事后核算向事前计划、事中控制、事后考核的转变。企业资金纳入财务公司统一管控，全面完成了财务公司账户挂接工作。积极推进共享平台二期上线工作，完成了财务共享平台费用组、应收组、应付组、总账组四个模块的平台上线工作，已正常运行。按照实业公司产线核算的工作要求和统一部署，积极配合实业公司产业平台建设工作，产线核算上线工作有序开展。

夯实基础管理，完善制度建设。按照实业公司统一安排和部署，对公司各项制度进行了重新梳理，制定完善制度12项。

关心职工生活，努力为职工群众办实事。积极落实“践行共享理念关爱一线员工”专项服务行动计划，部门、班组办公室、休息室全部安装空调，保证职工拥有舒适的办公、作业环境。

突出政治引领，强化党建工作。从学习入手，强化领导班子理论学习中心组、党员干部的理论学习。重点学习习近平新时代中国特色社会主义思想、学习集团公司和实业公司下发的文件精神。按照“守初心、担使命，找差距、抓落实”要求，通过“不忘初心、牢记使命”主题教育的开展，切实提高党员干部思想觉悟和政治素质，达到“理论学习有收获、干事创业敢担当、为民服务解难题、清正廉洁作表率”目标。

（王　江）

【鞍钢实业集团乳饮有限公司】 截至2019年末，该公司共有在职员工111人，其中，管理技术人员34人（高级职称的2人、中级职称17人、初级职称8人），生产服务人员77人。2019年，该公司完成收入6975万元，与上年相比增长47.0万元。实现利润377万元。2019年该公司获得辽宁省奶业协会授予“改革开放四十年优秀乳品加工企业”称号。

加大市场开拓力度。进一步完善对营销人员激励约束机制，制定薪酬及绩效考核体系，完善各项规章制度，强化经销商管理，制定销售目标，个人收入与销售业绩挂钩；在巩固现有送奶上户营销模式的基础上，充分利用电子商务平台，采取网络营销、现货直销、区域代理等多种方式，创新营销模式，重点开展线上营销，微信平台粉丝关注数量已达3.5万人，2019年实现平台订单489万元；加强奶吧管理，丰富品种结构，5个奶吧2019年实现收入160余万元，利润6.7万元。

加快技术改造步伐。针对该公司设备设施陈旧落后局面，2019年，梳理出40多项拟实施改造项目，完成了山下污水处理、CIP间屋顶改造、冷库改造、缩标机改造、冰水系统改造、蒸汽发生器升级改造、水塔抢修、新上洗桶机、新上贴标机、山上粪污处理主体工程等项目改造。2019年底，参与实施了实业公司养殖场升级改造（新牛舍）项目，通过不断提高装备水平，改善工作环境等，为该公司高质量发展打下基础。

全力降低成本费用。创新采购机制，优化采购管理流程和采购执行主体，按行业、专业，依据市场规则设计采购管控模式，实现有规矩、有效率、有质量、有优势。降低人工成本，强力解决人浮于事，无任务、无指标、无考核的问题，规范劳务用工管理，落实责任，严格控制，严格考核。严格契约化经营管理。2019年，3家基层单位指标考核综合评价都超100分，其中，自产奶单位成本较上年降低0.25元/千克，原料奶出成率提高0.56个百分点，包装物使用率1.03个百分点。

深化机构改革。该公司从实际出发，调整机构设置，将原经营部一分为二，设立采购部和销售公司，将原来分设的社会市场销售业务、桶装水销售业务、防暑降温业务划归销售公司，实行统一管理，实现资源共享。

新产品研发及推广。针对销售部门反馈的信息，对高钙奶的配方进行了相应调整，推出无糖高钙奶；对原无糖酸奶进行配方升级，推出木糖醇酸奶；为满足不同群体的多样需求，推出乳饮料“均养道”。2019年，3种新产品实现销售收入483万元。

（屈年顺）

【鞍钢实业集团冶金机械有限公司】 截至2019年末，该公司有管理和专业技术人员32人，生产服务人员59人，不在岗人员21人。该公司机关设党委工作部（综合部）、生产（安环）部、经营部、计财部4个部。下设轧辊、机加、液压、塑管、除尘5个作业区。

该公司厂区占地2.1万平方米，主体设备有：车、铣、插、刨、磨、镗等各类机械加工设备105台，其中：重型轧辊车床2台，最大加工能力ϕ1250毫米×10000毫米；数控车床11台，立式加工中心2台；堆焊设备16台，其中，大中型轧辊堆焊设备4台，可堆焊轧辊最大直径ϕ1500毫米，小型明弧、埋弧两用堆焊设备12台；超大型轧辊修复加工中心1台，最大堆焊、加工能力ϕ2150毫米×10000毫米；起重设备17台，其中50吨双钩桥式起重机1台；X射线荧光光谱仪、静液压实验机等各种检测设备10台。该公司面对鞍钢及全国各大钢铁、水泥、矿山等市场，2019年修复连铸辊8724组，制作新品连铸辊160件，修复大中型轧辊95支；修复液压缸4969台；生产各型PPR管材125418米、地热管材170415米、棒材12500米；生产管件233022个。

2019年，该公司进一步加大市场开发力度，在稳定原有市场的同时，先后增加了鞍钢炼钢总产四分厂3号线、吉林和唐山建龙夹送辊、连铸辊新品制作市场、中冶赛迪公司连铸辊新品制作市场；开发出炼钢总厂二分厂连铸机改造后的连铸辊制作活源。在研发出索道钢绳绳芯塑料棒材的基础上生产各种规格钢绳绳芯塑料棒材，其核心技术取得重大突破，产品综合指标和质量优于国际同类产品。该公司全年实现销售收入7030.98万元，实现利润500.19万元。实现重伤以上事故、重大设备事故、重大火灾事故、重大污染事故为零。

（付月新）

【鞍钢实业集团（鞍山）幼教有限公司】 截至2019年末，该中心（以下简称幼教中心）共有

178名职工，其中干部139人，工人39人。中心下设18所幼儿园，125个教学班，在园幼儿3425名。机关设党务（综合）部、经营部、教学（安环）部、计划财务部4个职能部门。主要从事幼儿学前教育业务。幼教中心总资产2441.6万元，负债总额1376.4万元，净资产1065.2万元。2019年实现收入4644.6万元，利润167万元。与上年相比增加收入606.9万元。

团结一致、协调作战，共创和谐、稳定、健康发展的大环境。幼教中心通过组织“不忘初心、牢记使命”系列活动，开展“解放思想、开放变革、建设高品质鞍钢”“持续激活动力、提升众元价值”等大讨论和形势任务教育，不断提高全体党员的思想政治素质，激发职工热情和动力，为幼教发展作出贡献。该中心认真完成了“学习强国”框架搭建工作，在职党员加入达到100%，学习总分排名位列实业公司前3名。12月幼教中心进行的“学习强国达人”评比中，有22人超过10000分。有3人超过12000分，被评为鞍钢集团“学习强国达人”。深化“四好”班子建设工作，进一步提升领导班子的综合能力。建立了“三位一体”的理论学习机制，坚持定期开展党员评议活动、组织生活会、对照检视活动。领导班子成员先后参加了职大党总支书记（党支部书记）培训班、副处级以上领导专项学习班，不断提高业务素质和综合管理水平，2019年幼教中心领导班子在1季度、3季度、4季度均被实业公司评为“四好班子”。紧扣“和谐发展”主题，进一步深化送温暖工程。2019年幼教中心开展困难职工帮扶活动，在春节、十一等节日前夕幼教中心进行了困难职工救助和走访慰问活动。做好为职工谋福利工作，8月组织全体教职员工到鞍钢总医院进行全面健康体检，新增了200多名外聘劳务人员的体检；如期下发了教职工的防暑降温费；中秋节为职工发放月饼；教师节前组织全体职工到天座宾馆度假休闲，让职工充分感受到大家庭的温暖。搭建平台丰富职工的业余文化生活。2019年幼教中心先后举办了书法摄影优秀作品征集、“我的初心故事”征文活动、安全漫画展览等，其中多篇书法摄影作品在实业公司工会获奖。幼教中心响应上级公司工会、团委的号召，组织青年教师参加了集团公司举办的2019年新入职迎新活动，进行舞蹈表演；8—9月集中70名幼教老师作为合唱主力参加了集团公司举办的迎“十一”《我和我的祖国》爱国主义歌唱展演，充分展现了鞍钢幼教人良好的精神风貌和艺术风采。积极化解疏通矛盾，落实信访包保责任。在鞍山市退休干部教师身份认定过程中，针对退休教师反映强烈的问题，幼教中心书记和经理亲自与实业公司、集团公司以及鞍山市教育局有关部门沟通协调，保证了重要时期的稳定，营造了平安、稳定、和谐的发展环境。

效益为中心，全面加强经营管理，实施运营体系再造。该中心以市场需要为导向开设婴托班，扩大鞍钢幼教的招生年龄结构。继续盘活园所闲置房间进行改造开设婴托班，启动了空置2年有余的9幼亲子园。相关园所利用寒假提早对教师进行了早教培训，在双休日开办了入园前亲子适应班。3月新学期20幼、2幼、15幼、东苑国际幼儿园相继开办了3周岁以下的婴托班；9月9幼托班部（原亲子园）也招满2个新托班，使得鞍钢幼儿园的幼儿入园数显著提升。加强与艺校的合作，提高艺校收入。2019年幼教中心加强了对合作学校的管理，从3月起，对所有合作艺校进行了审查筛选，选择鞍山市知名的幼儿培训学校进行合作，要求所有合作学校都要有合格营业执照或办学许可证，并且在本领域有一定的规模、知名度和影响力，任教教师要有教学资质，使每一位在园幼儿享受优质的教育资源。为保证资金安全和教学质量，各合作艺校在签订协议之前提前交付课程保证金，重新签订的合作协议书上增加了幼儿安全等部分的内容。下半年，根据幼儿兴趣需求，东苑国际幼儿园和鲅鱼圈幼儿园也相继开设兴趣班，实现了鞍钢幼儿园兴趣班全覆盖，大大增加了艺校收入。积极拓宽增收渠道，开设收费课程、加强实习代培等增加非保育收入。2019年幼教中心与鞍山师范学院、高职院、现代服务学校等联合，在鞍钢各幼儿园建立实习生培训基地，储备教育资源，增收培训费近4万元。2019年8月统一了教材管理，统一了部分特色课程，此一项为公司增收120万元，创造效益16万元。注重活动营销，擦亮鞍钢幼教品牌。举办70年元素设计征集活动并开展投票活动，累计阅读超万人次；征集鞍钢幼教70年吉祥物、玩偶并制作样品。开展以“我与鞍钢幼教的独家记忆”为主题的校友征集及系列活动，与祥和园开展合作，多家幼儿园到祥和园，在大自然里开展亲子活动；与鞍钢天座宾馆合作，下发免费幼儿游泳票近千张，鞍钢幼儿家长携幼儿持游泳票享受折扣价。指导各园利用节庆活动做好宣传展示。如各园迎“迎新春”系列专题活动、语言月童话剧巡演、体育月专项展示专题活动、六一庆祝系列活动、毕业典礼系列活动等，邀请家长和幼儿一起参加各种大型庆典活动、亲子活动。中心及各园注意利用微信公众号等新媒体发布园所开展的亲子活动、社会实践活动、节日庆祝活动、教师教研活动等信息，及时反馈园所动态，推动形象塑造、打造品牌效应。鞍钢1幼艺术分园还在喜马拉雅开设“睡前故事”频道，定期推送园内教师和幼儿讲述的故事。3月新学期，鞍钢9幼和鞍钢3幼也分别在园内微信公众号设立“爱心小故事”和“宝宝电台”。8月毕业季时，各幼儿园举办的毕业系列庆祝活动陆续在微信公众平台、《鞍钢视讯》《千山晚报》《鞍山日报》等进行报道。在“十一”祖国70年华诞之际，鞍钢18所幼儿园又精心制作了老师、家长、孩子全员参与的《我和我的祖国》快闪视频，为祖国母亲的生日献礼，快闪通过各大媒体平台发布，在网上掀起“快闪潮”。幼教中心开通了鞍钢幼教官方抖音，记录幼儿日常生活，展示鞍钢幼教文化。幼教中心还在微信公众平台推出全景图片展现鞍钢各幼儿园软硬件环境，幼儿家长可以通过手机足不出户就来游览幼儿园。

体系再造，强化内部管理，规范各项工作有序运作，全面推进提质增效。完善各项规章制度，不断深化目标管理和全面质量管理。幼教中心2019年全面梳理各项工作流程与管理制度，先后制定和完善了《幼教中心党支部制度汇编》《幼教党总支议事规则》《幼儿园各种安全应急预案》《幼教中心安全目标责任状》《消防安全责任清单》《幼教中心薪酬管理办法》《2019年薪酬与绩效考核评价办法》《外聘教师管理办法》《幼教中心采购管理办法》《幼教中心固定资产管理办法》《幼教中心房屋租赁管理办法》等制度。幼教中心机关各部门定期下园检查指导，对各园的招生情况、家园互动、环境打造、教学教研、安全、卫生、采购、出入库管理等各项工作进行细致的检查指导，在总结和相互交流中取长补短，共同进步。进一步加强和规范劳务用工管理。2019年幼教中心外聘劳务人员月平均已达399人，2019年幼教中心按照《劳动合同法》和上级公司关于劳务用工的有关规定，重新修订了劳务外包协议，并于2019年4月在鞍钢招标平台重新进行招标，按照新签订的劳务外包协议，降下来的管理费和税点部分每月减少支出5万~6万元。该中心遵循实业公司关于采购管理要依法合规相关要求，通过鞍钢招标平台进行委托26项，其中公开寻源食材招标13项，公开招标4项，邀请招标2项，公开竞价1项，竞争性谈判1项，单一来源公示5项。幼教中心还会同鞍钢接待服务公司、鞍钢城服公司3家单位，由实业公司组织对8种食材进行统一采购，签订食材合同。通过统一招标后价格在原基础上均有大幅度下浮。拓展鞍钢直采平台、京东商城、天猫商城网络等采购渠道，保证幼儿园个性化需求采购。严格把控采购方式及采购项目，全年完成实业公司要求的公开采购率75%及综合评比比率。针对鞍钢幼儿园房舍老化，设施设备陈旧，需要及时维护和更新换代的需求，在下半年成立维修包保工程队，保证了各园的基础设施维修低成本、高时效完成。2019年在集团财务共享的协助下，中心顺利实现了总账组的上线工作。计财部工作人员认真细致做好各类辅助台账，对公司收入、成本费用等结转做到真实、准确、无漏项，计财部每月凭证近500笔，凭证装订28本，标准化、规范化的各种基层财务资料的整理，为幼教中心经营决策、财务分析提供可靠的依据。在日常的各项支出中计财部严格按照公司的预算管控，对资金的周转进行了实时监管，对应收账款的管理加强了收缴工作，杜绝了尾欠。2019年，中心财务部通过学习最新税务政策及税法，与税务部门密切联系沟通研究合理节税，办理了自产自销农品的进项税抵扣，此项工作为幼教中心节约成本近6万元。2019年计财部积极建立良好的银企关系，与建行主管经理反复协调沟通，及时开通了18所基层园所二维码扫码缴费工作，为幼儿家长缴费开通了多种渠道，进一步方便了家长缴费，有效防止了家长缴纳托费拖欠。6幼、7幼、15幼、9幼、10幼等5所园户外展示活动推荐到鞍山市学前教育宣传展示活动；鞍钢18所幼儿园分别完成了科学幼小衔接宣传板的设计与制作。7幼足球游戏与鞍钢幼教中心的教研节目在2019年辽宁省学前教育宣传月启动仪式活动中大放异彩，充分体现出鞍钢幼教中心在科学做好幼小衔接方面的专业性与前瞻性。18所幼儿园全面参与鞍山市自主区域研究活动，中心独立承担了数学、益智、科学、表演4个区域研究工作。

场化方向，加强绩效管理，有效实施绩效体系再造。2019年，幼教中心深化契约化管理。将实业公司下达的指标层层分解，全部分解落实到各幼儿园。中心以完善绩效评价体系为重点，重新修订《幼教中心薪酬管理办法》《2019年幼教中心薪酬与绩效考核评价办法》。在设计绩效指标时加大对关键绩效指标“收入”和“幼儿数”的考核；考核比例加大了弹性活的部分，减少固定部分。注重给园所及职工更多的持续增加收入的渠道和机会，如除了一园一策的绩效奖励外，新增了师生比考核；新增了婴托班奖励；管理人员还增加了超容量和完成双预算奖励等。各园所还设立了教育教学竞赛奖、全勤奖、和谐班级奖等单项奖，鼓励教师们不但要“多劳多得”，还要“优质优酬”。发挥绩效考核小组作用。2019年改变了以往到年底一次性兑现奖励的方式，是以月绩效奖励、季度嘉奖、年底兑现相结合的方式不断激发职工的工作热情。

实施“人才强企”战略，助推中心稳定、可持续发展。幼教中心坚持“以人为本”的原则，积极组织开展多种形式的体验式培训。在3月学期初，邀请深圳市教育督学崔丽娟进行了“幼儿园招生策略”和“幼儿园体验式家长会”专题培训，提升了全体教职工对招生工作重要性的认识。利用鞍山市高幼联盟教研活动契机，先后组织园长和骨干教师参加了高幼联盟“品格教育培训”；课题园园长、骨干教师到白鸽、市府、岫岩1幼、教工幼儿园等幼儿园观摩，并将观摩学习的收获以专题会的形式分享给各幼儿园。6月，鞍钢18所幼儿园的保健人员参加了鞍山市红十字应急演练培训，全部获得救护员资格证书。中心在8月组织各园园长参与了鞍山市暑期骨干园长培训班培训活动。10月组织五星级幼儿园园长参加了辽宁省骨干园长培训。11月，幼教中心特别邀请鞍山市教师进修学院马国才主任，为鞍钢18所幼儿园业务园长和骨干教师进行了“创造性开展游戏，助推幼儿健康发展”的专题培训。为促进年轻教师专业化成长，在8月利用3个周末休息时间，组织中心领导、教学部成员、鞍山市名师工作室负责人及武汉亿童科技有限公司培训师，围绕鞍钢幼教企业等11个专题，以专业解读，现场互动方式给予新教师全方位的专业指导。2019年，先后提拔了4名优秀教师走上保教干事、安全管理员、保健医等重要管理岗位。为7名外聘保教干事、1名外聘安全管理员和1名保健医办理了公积金缴纳。为教师提供了良好的晋升机制和自我发展的空间，激励广大年轻教师在岗位上争先创优，在2019年鞍山市教育学会成果评比中，7幼、9幼、10幼共计7篇“十三五”课题论文和3个教育活动参选。8月由鞍山市教育局、鞍山市总工会联合举办的2019年教师基本功及教学技能大赛中，鞍钢教师参赛40人，5人参加全能竞赛，1人获2等奖、4人获3等奖，占鞍山市全能获奖人数的27.8%。有25人获得单项奖，其中7人获1等奖、10人获2等奖、8人获3等奖。2019年幼教中心通过网上家长问卷形式，了解家长对鞍钢教师师德师风、服务质量、教学能力等方面的评价，针对家长普遍关心的问题提醒各园教师注意细节服务，树立起教师的良好形象。在学期末，各基层园所进行了教师年度职务考核，做好外聘教师服务质量、教学质量的考核评价，以此作为新学期教师岗位聘用的评价依据。

积极开展专项教研，不断完善课程体系，形成园所教育特色。2019年，中心先后组织了幼小衔接方案交流研讨、“十三五”课题开展阶段交流、婴托班课程研发小组交流研讨足球游戏编写、户外区域环境创设与利用经验交流等教研专题活动，充分体现了鞍钢幼教教学一体化和集团化管理资源共享的优势。9幼数学操作手册《数学乐园》在鞍钢18所幼儿园推广使用。2019年成立了由9幼园长教师代表和幼教中心教学部成员为核心的研发团队，编制幼儿数学操作手册《数学乐园》，研发内容包括小中大3个年龄段，操作手册5套36本及相关电子课件。2019年9月，《入学准备》8册已编写、审核、印刷、发放，新学期正式在鞍钢18所幼儿园推广使用，得到家长的肯定和孩子们的喜欢，《数学乐园》课题组正开始着手制作相关课件。这一项目已经在实业公司立项，研发时间为2019年9月至

2022年8月。从2019年3月开始，由教学部、东苑国际、艺术园、20幼、15幼组成的婴托班教材研发小组吸纳了国内外婴托班优秀教学经验，参考了一系列婴托及亲子课程类教材，编写了一套身体运动、生活自理、语言沟通、认知探索、艺术表现五大领域为基础的全方面、互动式托班教材，9月新学期婴托班的课程内容已经下发使用。

8月，有5家鞍钢幼儿园申请为辽宁省足球游戏特色园，中心配合鞍山市教师进修学院，参与编写辽宁省幼儿足球游戏教材。教学部带领7幼、15幼、10幼、17幼、副园长及骨干教师，承担了中班组55篇教案的编写任务，经过多次的修改完善，教材样书已经印刷，待辽宁省专业部门审核。为了更好地了解在园家长与社会家长的需求，发现现阶段幼儿园工作的不足，幼教中心制作了电子版家长调查问卷，通过新媒体的形式更加及时、高效地回收调查问卷，各种数据汇总分析更加丰富。

（高　革）

【鞍山鞍钢氧化铁粉有限公司】 截至2019年末，该公司在职职工22人，其中在岗职工20人；管理和专业技术人员17人（高级职称2人，中级职称12人，初级职称3人）。该公司设有党委工作部、生产技术部、经营部、计财部4个部门，并下设冷轧酸再生机组1号线、2号线、3号线、4号线和莆田冷轧酸再生机组共5个作业区。2019年，该公司实现销售收入6112万元，实现利润802万元。

加强技术创新。该公司大力组织实施精准技术攻关项目，聚焦生产关键环节，以作业区为单位成立5个攻关小组，制定详细攻关计划，取得显著成果。2019年，产品综合合格率较上年同期提高12%，单线产品合格率创历史最高水平，大幅提高了酸再生机组氧化铁粉产品附加值，提升了机组生产运行能力，为联合机组保产提供有力保障。2019年度实业公司单元企业级科研项目“4号酸再生机组生产永磁级标准的氧化铁粉”顺利按期结题，该项目累计创效90余万元。

深化主题教育。“不忘初心、牢记使命”主题教育期间，组织制定主题教育实施方案并扎实推进，领导班子共组织中心组学习研讨12次，做到了全面系统学、结合实际学、及时跟进学。按照“五个围绕”要求，领导班子成员按照分工对一线作业区进行了全覆盖调研，形成了涵盖16项问题的问题清单。针对调研过程中发现的问题，结合企业当前实际情况和长远发展规划，形成调研成果报告，召开调研成果交流会。在对照党章党规找差距专题会议上，班子成员坦诚相见、畅所欲言，互提中肯建议。在专题组织生活会上，领导班子围绕4个方面认真查摆问题，班子成员间进行了批评和自我批评，按照责任分工对问题清单认领，讨论制定了整改措施和努力方向。

完善相关制度。该公司坚持认真贯彻执行民主集中制，制定下发了《鞍山鞍钢氧化铁粉有限公司落实“三重一大”决策制度实施及监督办法》，坚持“三重一大”集体研究、民主决策，2019年重新修订下发《支委会议事规则》，严格履行“三重一大”事项前置程序。全年共召开支委会23次，会议议题共计83项。

强化党建工作。以“五个一”即“确定一个目标、围绕一个中心、夯实一个基础、突出一个重点、持续一个行动”为主线，加强党支部基础建设，开展丰富的主题实践活动。在雷锋纪念日参观雷锋纪念馆，在“七一”到鞍钢博物馆开展重温入党誓词活动，主题教育期间在鞍山市解放纪念馆开展爱国主义教育活动。加强政治理论学习和党建业务知识培训工作，2019年，围绕习近平新时代中国特色社会主义思想、党的十九大及十九届历次全会精神、习近平总书记系列重要讲话精神，共开展17次中心组学习、24项学习专题。组织普通党员集中培训2次，开展知识竞赛1次。完善党支部制度建设，重新修订、增补党支部基础制度共24项。围绕生产经营中心，该公司立项共产党员工程5项，累计创效102万元；开展“践行共享理念、关爱一线员工”专项服务行动4项，累计投入18.62万元。

（张孝宇）

【鞍山科德轧辊表面处理有限公司】 该公司是由鞍钢实业集团有限公司和上海科德轧辊表面处理有限公司共同投资，于2007年12月3日在辽宁省鞍山市注册成立的有限责任公司。合资公司注册资本金400万元，由鞍钢实业和上海科德各出资200万元，股权比例各占50%。鞍山科德充分运用科德集团的先进技术网络平台，发挥独特的冷轧辊表面镀铬处理技术优势，为鞍钢等国内大型钢厂的冷轧辊镀铬业务提供全方位、个性化的服务。

党建引领，经营成果丰硕。2019年，该公司通过认真学习贯彻习近平新时代中国特色社会主义思想，全面深化“不忘初心、牢记使命”主题教育，引导党员干部增强“四个意识”、坚定“四个自信”、做到“两个维护”；深入开展“3个3”谈心谈话活动，提升了公司整体创效能力，充分发挥了战斗堡垒作用。围绕经营开展党建工作，充分发挥党建引领作用，取得了丰硕的经营成果。在内部市场已经饱和，外部市场竞争异常激烈的情况下，完成了上级公司下达的契约化经营指标，全面赶超以往年度，创历史新高。

更新理念，打造环保品牌。在安环方面，截至2019年12月，该公司已实现自建厂以来138个月零事故。在此基础上，再接再厉，又创新了环保工作模式，引入了“环保管家”和“环保诊断”的新理念，着力打造环保品牌，树立环保行业标杆，与众元环保公司达成“环保管家”合作意向，获得了专业优质的环保服务，还大量降低环保的成本和人力资源投入。

改造设备，提高生产效率。在设备改造方面，该公司攻坚克难，完成了多项设备改造，提高了生产效率，降低了生产成本。改造纯水机，将富离子水回收率由30%提高到70%；创新了喷砂机砂料回收装置，解决了砂料泄漏问题，提高了砂料利用率；该公司还积极完善了整流器设计缺陷，解决了大直径设备辊电镀难的问题；对冷却循环系统进行了改造，解决了冬季冷却塔故障影响生产的问题；通过在电镀槽加置配重片，有效提高了配重片的安装效率和安全性，保证了设备辊电镀品质。进一步提升了生产标准化程度及生产效率，保障了生产顺行。

优化工艺，提高产品质量。在工艺优化方面，该公司对自主集成的喷砂机加料方式及喷砂原料进行了改进，进一步提高加工质量，消除了圆周色差缺陷。为保障冷轧彩涂线工艺辊表面质量，该公司进行了一系列的工艺优化，大幅提高了加工质量，圆满完成了彩涂线工艺辊攻关，向工艺辊全工序服务的目标迈进。

发挥优势，争取外部市场。在外部市场开发方面，在由于运距而造成的价格劣势的情况下，该公司充分发挥技术及售后服务优势，为外埠客户首钢京唐解决了牛毛纹、白点、白条等各种表面质量缺陷，提升钢板轧制品质，并协助将轧制量由800千米提升到2000千米，最终赢得了客户的认可。该公司通过扬长避短，在原本生存希望渺茫的情况下，拿下了竞争对手啃不下的硬骨头，扩展了加工品种，增加了外部市场收益，巩固了外部市场阵地。

完善管理，提升公司软实力。在综合管理方面，该公司完善采购管理，节约采购成本约18万元；完善了库存管理，提高了物料选用的价值分析和成本控制的准确性；完善了档案管理、细化核算管理，全面升级了公司的管理水平，增强了公司的软实力。2019年，该公司还成功承办了科德集团亚太区技术交流会，获得了科德集团专家团队的一致赞赏。

（淳国林）

【鞍钢贝克吉利尼水处理有限公司】 截至2019年末，该公司在职职工35人，其中管理和技术人员24人（高级职称3人，中级职称13人，初级职称8人），生产服务人员10人。设立4个部室：党委工作部、生产部、研发部、营销部，以及鞍山、朝阳、攀枝花3个作业区。

公司主要产品有7大类100种，主要产品有絮凝剂、缓蚀阻垢剂、杀菌灭藻剂、反渗透专用膜阻垢剂、消泡剂、浮选剂、锅炉药剂等。经营模式有单剂销售、功能总包、运营总包、BOT。主要业务有环保工程、机电安装工程、各种水处理设备设计、制造、安装及清洗等。

公司成立于2009年4月，是由鞍钢实业集团有限公司与德国贝克吉利尼公司共同投资组建的合资企业，注册资本5500万元，厂址位于鞍山市千山区衡业街14号。

公司已经通过ISO 9001:2000，ISO 14001和OHSAS18001三体系共同认证，还取得环保工程三级和机电安装三级资质。获得了辽宁省科技厅颁发的高新技术企业和科技型企业和鞍山市经发区颁发的优秀科技创新企业、鞍山市技术中心、中国生产力促进中心颁发的生产力促进奖等称号，并获得7项国家发明专利和1项实用新型专利。

其市场主要分布在鞍山、鲅鱼圈、朝阳，约300个水系统；还有攀钢、广州联众不锈钢、莆田冷轧公司等及实业公司项目，其中西大沟BOT除盐水项目、莆田废水站包保项目、实业公司的乳业项目和阿法拉伐的鞍钢总代理为该公司发展开辟全新的领域；外部市场包括石油、化工、城市污水、医疗废水、造纸废水、乳业废水等不同行业。

该公司积极响应国家环保政策要求，紧跟国内国际水处理先进技术，不断开发低磷无磷等药剂，积极推进节能减排，践行绿色发展理念。

（阚立君）

鞍钢集团信息产业有限公司

【概况】 鞍钢集团信息产业有限公司（简称“信息产业公司”）是鞍钢集团二级全资子公司，是集自动化、信息化、电气、通信和数字化技术为一体的信息技术企业。公司以鞍钢集团公司为依托，拥有专业配套齐全的自动化、信息化技术力量，在矿山、烧结、焦化、炼铁、炼钢、连铸、轧钢及钢材处理等冶金全流程自动化、信息化领域拥有多年工程业绩。

信息产业公司于2012年10月26日在大连挂牌成立。公司成立之初由原鞍钢自动化公司、鞍钢电讯厂、鞍钢信息化管理部软件中心、鞍钢电气公司及攀钢托日公司、攀钢信息工程技术公司通信分公司、攀工程自动化研究所、攀工程西昌网络运维事业部等鞍攀两地8家自动化、信息化单位组成。2017年8月，原鞍信托日信息技术有限公司等攀钢企业划拨回攀钢集团。

截至2019年12月末，公司总资产7.13亿元。在职职工961人（含市场化用工109人），其中在岗员工847人；具有大学本科及以上学历者447人；具有中级及以上技术职称342人；平均年龄42岁。公司机关设运营财务部、综合管理部（法律事务部、董监办）、党务工作部（纪检监察部、审计部）和工会。下设技术研究院、鞍钢集团自动化有限公司、大连华冶联自动化有限公司、鞍钢电气有限责任公司、鞍钢集团信息产业（大连）工程有限公司；4家合资公司，分别为鞍信提迈克工业系统（大连）有限公司、北京鞍信天硕工程技术有限公司、北京鞍信科尔信息技术有限公司、辽宁大通智胜科技有限责任公司。

公司具有计算机信息系统集成二级、电子工程专业承包二级、建筑智能化专业承包二级、机电安装工程施工总承包二级、机电设备安装工程专业承包二级、承装（修、试）电力设施许可证（承装三级、承修三级、承试三级）等资质。GCK、GCS、MNS等多个单元产品通过了中国质量认证中心的“3C认证”，并获得中国国家强制性产品认证证书。通过了“软件能力成熟度三级评估（CMMI3）”，取得了CMMI3级和ITSS3级证书，完成了高新技术企业认证。建立了符合ISO 9001标准的质量管理体系、ISO 14001标准的环境管理体系、GB/T 28001标准的职业健康安全管理体系。是辽宁省重合同守信用单位、首届辽宁省十大软件企业。该公司已累计获得专利68项，专有技术175项，软件著作权42项。

2019年，该公司深入落实鞍钢集团部署，积极面对严峻市场形势，紧紧依靠广大干部职工，进一步优化战略布局，抢抓发展机遇，深化企业改革，重塑企业架构，加快推进高质量发展，各项工作取得新成效。全年累计新签合同1002项，合同额6.43亿元；实现业务收入5.67亿元，利润1988万元。

【技术创新取得新成效】 一是完善制度体系。编制了2019—2021年科技创新发展规划，明确了科技发展方向，鼓励员工积极投身科技创新活动。二是加强科研管理。科研项目完成19项，科研项目投入803.5万元。完成申报17类、共21个政府科研项目；承办了全国第24届自动化应用技术学术交流会，与3位院士共同分享了智能制造研究成果；举办首届“鞍信杯”智能制造与工业互联网创新创业大赛，6个参赛团队分别取得金、银、铜奖的好成绩；代表鞍钢参加2019年国际工业互联网峰会，并作了大会主旨演讲；自动化公司获得科技后补助专项资金拨款90万元和校企联合项目资金扶持；承办了鞍钢集团“鞍信杯”网络与信息安全管理员竞赛，提升了员工网络安全业务水平。三是推动科技交流。信息产业公司成为中国工业技术软件化产业联盟副理事长单位，自动化公司成为工业信息安全产业发展联盟会员单位。四是创新成果丰硕。基于5G的机器视觉带钢表面检测平台获中国首届工业互联网大赛三等奖，电机全生命周期管理项目获2019中国（天津）工业 APP 创新应用大赛优秀奖，精钢云获十佳上云“优秀案例”。自动化公司大数据分析团队被评选为 2019 年度中国杰出数字化团队，钢铁企业智慧能源管控平台荣获“百家大数据优秀案例”，智能制造年度创新解决方案在 2019 中国工业报“基石奖”评选中获年度大奖，智慧码头信息管理系统获得鞍钢集团重大科技进步奖三等奖。

【市场开发取得新成效】 一是提高营销管理水平。加强项目跟踪管理，跟踪招标信息和项目放行信息，建立市场营销例会制度。二是加大市场开发力度。积极跟踪推进鲅鱼圈能源、本部能源、铁焦烧、炼钢总厂集控项目实施，积极推广财务、人力资源等信息化管理系统。三是与战略伙伴强强联合，共同开发市场。先后与西门子、施耐德、ABB、中国移动、金山云等企业签署合作协议。四是外部市场开发成效显著。新签鞍钢以外项目 225 项，合同额 6983 万元，占总合同额的 10.9%；实现鞍钢以外业务收入 6677 万元，占业务总收入的 11.8%。

【企业管理取得新成效】 一是实现战略落地。按照“421”发展战略，公司确定了 6 个发展方向和 10 项重点业务。2019 年，5G 工业应用、机器视觉、设备诊断、数据中心及数据安全等新业务领域取得了实质进展。二是强化制度管理。建立了公司制度库，收录信息产业公司规章制度 169 个，为制度落实创造了条件。三是加强人力资源管理。制定了《鞍信公司中长期人力资源规划方案》，构建了人才需求的多渠道引进体系，全年引进人才 12 人。四是加强法治建设。建立完善法律合规管理体系，加强法律风险和诉讼案件管理。为 7 项战略合作协议实施法律审核，为经营业务出具专项法律意见书 5 份。五是强化财务管理。推进滚动预算管理，保证预算指标的科学性和准确性。加强“两金”管理，全年压降 1594 万元。加强税务筹划，利用高新技术企业税收政策，税率由 25%下降到 15%；办理研发项目加计扣除，所得税税收返还 177 万元。按国资委要求，积极筹措资金，偿还 2454 万元民营企业欠款，无争议欠款已全部清偿完毕。六是加强项目管理。以重点项目和拖期拖尾项目为突破口，加强项目的进度管理；严格项目分包管理，杜绝转包和违规分包；加大降采力度，提高招标效率，公开招标比例由 22.5%提升到 55.7%，全年实现降采 1971 万元，降采率 7%。七是加强安全防火和环保管理。编制了管理体系图，建立了工程项目安全动态监控系统，加强检查和考核力度，将安全生产指标纳入契约化经营考核。全年实现环保和火灾事故为零。八是加强综合治理工作。按集团部署开展了雷霆行动，制定了工作计划，对违规责任人进行了处理，落实了 8 项措施，国有资产安全专项整治行动取得了实效。计划生育获得集团红旗单位，档案管理、国安保密、信访等各项工作水平又有新提高。

【党的建设取得新成效】 一是扎实开展“不忘初心、牢记使命”主题教育。集中学习研讨 44 次，讲授专题党课 21 场，调研基层单位 36 次。组织两级班子召开调研成果交流会、对照党章党规找差距专题会议和专题民主生活会各 4 场，制定主题教育问题清单，整改工作持续推进。二是深入推进巡视整改。通过党委会、巡视整改工作领导小组会议，全面、具体掌握巡视整改情况，逐项逐条研究细化整改措施，截至 2019 年 12 月，105 个问题（含延伸华冶联巡视反馈 33 个问题）完成 99 个，完成率 94.3%，353 条措施完成 344 条，完成率 97.5%。三是提质党建工作。信息产业公司党委认真落实全国国有企业党的建设工作会议精神，规范党委参与重大问题决策程序。认真开展“解放思想、开放变革，建设高质量发展新鞍钢”大讨论活动，助力实现高质量发展。以“一模板两清单”为抓手，提高基层党组织建设水平，大连华冶联公司智慧炼钢党支部获集团公司样板党支部。开展共产党员工程活动，全年共立项公司级共产党员工程项目 15 项，申报集团级项目 2 项。四是强化党风廉政建设。在微信公众号《鞍信时讯》刊发《警钟》25 期、《清风》24 期，编辑《2019 年鞍钢案例汇编》下发支部开展廉洁教育。紧盯重要时间节点纠治“四风”，围绕“四风”问题开展专项检查。开展集中整治形式主义、官僚主义工作，对“廉洁地图”实行动态管理。

【企业合力取得新成效】 以职工创新工作室为依托，举办多工种技能竞赛，进一步培育技术高超、业绩突出的高技能人才队伍。承办辽宁省网络与信息安全管理员专业竞赛，2 名同志进入省前 100 名。组织开展“夏送清凉、冬送温暖”活动，落实了修缮浴池、加装热水宝、购买健身器材等关爱一线职工项目。走访慰问劳动模范、技术骨干、一线职工、住宿职工、困难职工 322 人次。为困难职工、离退休职工、居家休息职工办实事解难题，发放慰问品、救济金合计 12.63 万元。深入生产一线慰问现场职工 11 次，购买慰问品 9819 元，金秋助学 11 人次，发放助学金额 4792 元。组织公司职工为患重疾职工捐款 52650 元。开展了气排球、羽毛球等文体活动，组织了职工度假，为全体在岗职工进行了身体健康检查。以双增双节、网络问企、“安康杯”竞赛、文化体育等活动，激发职工积极参与企业发展的工作热情。

【鞍钢集团自动化有限公司概况】 截至 2019 年末，在岗职工 344 人，其中高级职称 86 人、中级职称 84 人、初级职称 174 人。公司设置计划财务中心、生产运营中心、综合管理中心（党群工作部、董事会办公室）、市场营销中心 4 个职能部门，下设数据中心、智能制造事业部、智慧物联事业部、产品事业部、信息安全事业部、智慧管理事业部、系统平台事业部、通信事业部、工程运维事业部。

按照公司“服务鞍钢+转型发展”的工作思路，进一步细化鞍钢内部市场，加大客户资源的挖掘扩展，定期到信息化管理部门、技改部、设备保障部、鲅鱼圈分公司、朝阳钢铁公司等重点单位进行走访。大力开拓外部市场，重点加强同鞍营码头、鲅鱼圈中铁铁龙公司、本钢自动化、太钢太信自、用友、神州高铁、中兴、金山云等公司的合作，与中国移动、中兴通讯、华为等公司进行 5G 战略合作洽谈，并签订了合作协议。获得软件著作权登记证书 7 项，发明专利受理 4 项。基于 5G 的机器视觉带钢表面检测平台获中国首届工业互联网大赛三等奖，电机全生命周期管理项目获 2019 中国（天津）工业 APP 创新应用大赛优秀奖，精钢云获十佳上云“优秀案例”，大数据分析团队被评选为 2019 年度中国杰出数字化团队，钢铁企业智慧能源管控平台荣获“百家大数据优秀案例”，智慧码头信息管理系统获得鞍钢集团重大科技进步奖三等奖。对外科技合作成效显著，国家创新方法工作专项“钢铁扁平材全流程智能化关键技术创新方法应用示范”项目获得国家项目扶持资金 5 万元，与上海交通大学联合申报的科技创新 2030“新一代人工智能”重大项目“复杂制造环境下的协同控制与决策理论方法”获得国家项目扶持资金 55.5 万元，与中国铁道科学研究院联合申报的 2019 年度网络协同制造和智能工厂重点专项项目“智能化产线边缘侧数据集成技术与系统”获得国家项目扶持资金 34.5 万元。加入工业信息安全产业发展联盟，成为联盟会员单位，获得鞍山市财政科技创新项目后补助专项资金拨款 90 万元。拓展人才引进渠道，引进成熟人才 4 人。举办“技术应用工匠大讲堂”，着力提高职工技术水平。加强规章制度体系建设，初步完成规章制度立改废工作。全力开展清欠工作，落实责任人，2019 年清欠工作成效显著。通过 ISO27001 信息安全管理体系认证，获得涉密信息系统集成乙级资质，完成 3 项资质年审。严格执行党委参与重大问题决策程序，在公司转型发展中把方向、管大局、保落实。深入开展“不忘初心、牢记使命”主题教育，认真做好巡视整改工作。公司党委与鞍山移动公司党委结成“党建合创”对子，分享党建经验，以党的建设促进生产经营工作高质量发展。深入开展基层党支部建设提升年活动，坚持问题导向，深入查找存在的突出问题，立行立改、真改实改，切实补齐党支部建设存在的短板和弱项。加强对党员的教育和管理，组织开展党员奉献日、重温入党誓词、党建知识竞赛答题等活动。通过“自动化广场”微信公众号、宣传板等多种形式开展理想信念教育，在庆祝新中国成立 70 周年之际，与鞍山移动公司联合录制了《我和我的祖国》MV，极大增强了广大党员群众的爱国主义热情。加强典型的培养、选树力度，1 名职工被推荐为“鞍钢楷模”，1 个集体荣获集团公司“三八先进集体”，2 名职工荣获集团公司“三八红旗手”。在重大节日前加强廉洁教育，节日期间强化对公务用车、值班人员的监督检查。加大监督检查力度，围绕科技研发、市场销售费用开展专项监督检查，强化监督，堵塞漏洞，建立制度，规避风险。

【鞍钢电气有限责任公司概况】 该公司在岗职工 246 人，其中高级职称 8 人，中级职称 52 人，初级职称 38 人。公司机关设置运营管理部、财务会计部和综合管理部（党务工作部）3 个部门，下设电机修理事业部、电机制造事业部、变压器事业部、电控事业部、鲅鱼圈公司、工程公司、广州分公司 7 个基层单位。电气公司契约化经营以来，在班子与全体职工的共同努力下，顺利完成困难企业治理任务。

2019年，公司在上年扭亏为盈的基础上稳扎稳打，做实传统核心业务，开拓产业发展新局面。完成电机修理15602余台次/容量110万千瓦，电机制造145台/容量12.9千瓦，变压器修理448台/容量151万千伏安，变压器制造30台/容量2.5万千伏安，电控柜新制356余面，电控柜两定维保500余面，电气工程93项，各类抢修117次。顺利完成冷轧3台2450千瓦同步机转子升级改造、新制股份节能变压器45台、新制股份炼铁厂西区烧结机系统大修扩容控制柜90面、股份西区加压站等重大项目和冷轧、热轧、中厚板等各单位年修、定修和抢修任务，通过加强技术创新，出色完成新制中板2575千瓦电机任务。加强项目管理，细化分解任务，落实责任，量化考核。深化降本增效工作，着力降低采购成本，同比上年每月降低材料费3万元，积极开展修旧利废工作，节约备件款近万元。拓宽与先进企业合作空间，与西门子、施耐德、ABB等先进企业签订了合作协议。加大产品宣传力度，成功举办了新技术新产品推介会，《冶金设备管理与维修》和《鞍钢技术》等杂志进行了广泛宣传。通过各项资质认证工作，并成功增加环境管理体系和职业健康安全管理体系认证。严控财务管理，强化预算工作，加大清欠力度，保障现金流稳定。完善税务管理体系，纳税企业等级由D级提升至B级。加强质量管理，严格执行“3+1”质量检查制度和质量标准，通过高质量的服务获得了鞍山钢铁的认可，使电机总包价格提高了10%。加大技能培训力度，以技能竞赛为载体，提高职工的技术水平，激发职工工作热情。该公司党委强化党建制度体系建设，坚决维护制度的严肃性权威性，以制度指导党建各项工作落实落地。持续推进“两学一做”学习教育常态化制度化，深入推进“不忘初心、牢记使命”主题教育，按要求扎实抓好自主学习，开展专题研讨、组织上好专题党课，进一步引导广大党员不忘初心使命，激发干事创业的激情。深入开展党支部“达标创先”活动，以“一模板两清单”为抓手，提高基层党组织建设水平。完成共产党员工程6项，创效271万元。围绕庆祝中国共产党成立98周年，开展走访慰问生活困难党员、老党员和老干部活动，共发放慰问金8000元，举办了知识竞赛、党员奉献日和重温入党誓词等12项党建特色活动。组织在岗151名党员全部加入“学习强国”学习平台，增强了党建组织活力，拓宽了党员教育渠道，推动习近平新时代中国特色社会主义思想深入人心。

【大连华冶联自动化有限公司概况】 该公司隶属于鞍钢集团信息产业有限公司，成立于2000年12月21日，为中外合资企业，坐落于大连市七贤岭高新园区，占地1.8万多平方米，注册资本982万美元。主要承揽冶金行业全流程自动化控制业务，在采矿、选矿、烧结、球团、焦化、高炉、转炉、连铸、轧钢及其处理线自动化控制等方面，始终保持国内先进水平。截至2019年末，在岗职工134人，其中高级职称19人，中级职称50人，初级职称30人。公司机关设行政事务中心（党务工作部、董事会办公室、工会）、运营管控中心和财务管理中心3个部门，下设业务发展中心、智能装备中心（内设机电成套事业部）、售后支撑服务中心、智慧矿山化工事业部、智慧炼铁事业部、智慧炼钢事业部、智慧能源事业部、设备成套事业部。

按照“创新思维、激发活力、做强做优”的工作思路，进一步落实“421”发展战略，以鞍钢“两化融合”为契机，持续推进机器人、鲅鱼圈能源管控等重点项目，重点关注本部能源集中控制项目、铁焦烧集中管控项目、炼钢总厂集中管控项目实施。加强科技创新工作，拥有发明专利5项、实用新型专利授权9项、软件著作权2项。加强资质建设，具备国家高新技术企业、AAA信用等级、ISO 9001质量管理体系认证、建筑机电安装工程专业承包三级等资质，拥有中国质量认证中心颁发的低压抽出式开关柜MNS主母线、GCS主母线、GCK主母线中国国家强制性产品认证证书。承办自动化控制工种竞赛，提高职工技术能力，营造尊重知识、赶学技术的良好氛围。加大清欠工作力度，制定回款计划，落实责任，应收账款由年初的1.32亿元降至6000余万元。组织走访鞍山、大连区域长期合作供应商10余家，对供货商资质、供货能力进行检查，提高采购水平，提升公司形象。做好党内换届选举，召开党员大会，选举产生第2届党委委员和第2届纪委委员，完成5个党支部的换届选举工作。扎实开展“不忘初心、牢记使命”主题教育，通过学习研讨、调查研究、检视问题，制定整改清单，着力整改。针对鞍钢集团党委巡视华冶联公司党委反馈的33个问题，制定75条整改措施，截至2019年12月，33个问题完成32个，完成率97.0%；75条措施完成74个，完成率98.7%。推进党支部工作规范化建设，举办党务人员培训会，为5个党支部增设党员考核展板，印发党支部工作制度，规范党支部基础工作，智慧炼钢事业部党支部被评为集团公司样板党支部。注重宣传两个文明建设成果，擦亮公司品牌，《鞍钢日报》发表3篇、《鞍钢视讯》发表1篇、《鞍信时讯》发表12篇。积极树立典型，2名职工被鞍山市企业文化研究会评为2019年度优秀工匠。完善职工读书室，举办迎新春联欢会、元宵灯谜会、“全民健身走”、趣味运动会等活动，丰富职工的文化生活。突出人文关怀，走访慰问困难职工21人次，组织职工为患病职工爱心捐款，送去组织关怀。围绕清欠、市场开发和项目实施开展“三项”竞赛活动，激发广大职工干事创业的热情。

【鞍信提迈克工业系统（大连）有限公司概况】 该公司成立于2016年9月，坐落在大连市，是鞍钢集团信息产业有限公司与日本东芝三菱电机产业系统株式会社共同出资组建的合资公司。主要承揽工业自动化控制系统装置及其配套设备的设计、生产、安装、调试；电子与智能化系统承包；计算机软硬件及相关产品的开发、服务；信息系统集成服务；技术咨询、技术服务、技术进出口；自动化产品及其配套设备、工业自动化控制系统装置及其配套设备的批发、佣金代理及进出口等业务。

广大职工团结一心、迎难而上，积极消化沉淀核心技术，以良好的经营业绩支撑“421”发展战略落地，各项工作取得了新成绩。专注2150等重点工程，实现双轮驱动。完善科研体系，持续建设轧钢控制系统实验室，已具备多系统测试条件。该公司将以轧钢控制技术实验室为平台，深入钻研核心技术，打造专有技术产品和软件产品，提升公司形象和影响力，2019年申报专利2项、专有技术8项。加大技术创新力度，罩式炉成功转化为公司自有核心技术，打破了国外公司的技术垄断，大传动技术打破了技术壁垒，具备国内先进水平，热轧高精度过程控制模型系统申报加入了央企重点研发项目库。高质量开展“不忘初心、牢记使命”主题教育，扎实推进党支部建设提升年活动。抓实党员学习教育，认真开展“解放思想、开放变革，建设高质量发展新鞍钢”大讨论活动，组织全体党员加入“学习强国”，拓宽学习教育渠道。围绕生产经营，持续推进党支部共建活动，与热轧2150设备作业区党支部共建了粗轧、精轧和卷曲3个党员责任区。深入落实“践行共享理念、关爱一线员工”专项服务行动，购置便携式健身器材，为加班员工购买食品，将组织的温暖送到职工的心坎上。成立了翟景峰创新工作室，激发职工创业干事的热情。开展职工度假、趣味运动会等活动，进一步提升企业凝聚力。

【北京鞍信天硕工程技术有限公司概况】 该公司成立于2014年4月23日，是鞍钢集团信息产业有限公司控股的合资公司。公司依托于鞍钢集团在钢铁领域的先进生产技术及丰富的工程实践经验，秉承客户至上的服务理念，为国内外客户提供热轧板材、棒线材、酸洗、冷轧、连退、电镀、镀锌、彩涂等生产线的EPC工程。

产品范围从矿山装备、炼钢、炼铁到棒线材、板带材成品冶金装备的全产业链，可为国内外客户提供技术咨询、设备设计、制造安装、调试生产及备品备件等服务。公司以“打造中国一流工程公司，创造国际化鞍信天硕”为目标，坚持致力于管理的科学化、人性化、制度化，为用户提供更快捷、最优质的服务。

【北京鞍信科尔信息技术有限公司概况】 该公司成立于2015年2月15日，注册地为北京市，是鞍钢集团信息产业有限公司控股的合资公司，注册资本为2000万元人民币。

主要从事通信和计算机网络所需的各类运营支撑系统软件的研发、生产和销售，提供覆盖企业信息管理系统、技术攻关、咨询服务、产品研发、系统集成、工程实施、代维服务等各环节的运营支撑、软件实施服务整体解决方案。主营业务是互联网信息服务、技术开发、技术推广、技术转让、技术咨询、技术服务；计算机系统服务、软件开发；企业管理咨询；销售计算机、软件及辅助设备；互联网信息服务等。

【辽宁大通智胜科技有限责任公司概况】 该公司于2016年11月23日注册成立。公司股东为北京数往知来科技有限责任公司和鞍钢集团信息产业有限公司。公司注册资本6000万元，数往知来公司认缴出资4200万元，占股比70%；鞍钢集团信息产业有限公司认缴出资 1800 万元，占股比 30%。

公司主要从事物联网技术应用推广、技术开发、技术转让、技术咨询、技术服务，软件开发，系统集成，计算机及通信设备租赁，计算机维修，计算机、软件及辅助设备、通信设备、机械设备、电子产品、仪器仪表销售，弱电工程设计、施工，电气安装，广告设计、制作、代理、发布，贸易代理，工程管理服务，工程勘察设计，规划设计管理，互联网信息服务，专业设计服务。

（国夫天）

鞍钢集团国际经济贸易有限公司

【公司概况】 鞍钢集团国际经济贸易有限公司（以下简称“国贸公司”）是隶属于鞍钢集团的大型综合性外经贸企业，是鞍钢集团钢铁主业及非钢产业产品和服务的海外服务商，国际化运营的综合贸易商，海外产业投资运营商，国际贸易业务的管理平台，海外贸易融资平台，鞍钢集团国际化战略的执行平台。

该公司成立于 1981 年，其前身为“中国冶金进出口公司鞍钢分公司”；1984 年扩权更名为“鞍钢进出口公司”，成为具有独立开展对外经贸业务的冶金企业外贸公司；1994 年，再度扩权更名为“鞍钢集团国际经济贸易公司”（简称“国贸公司”）；1998 年，国贸公司和供销公司合并为新的国贸公司，成为集内外贸销售、采购于一体的综合型贸易公司；2013 年，鞍攀重组后，鞍钢集团公司将内贸业务从国贸公司整体划出，以“鞍钢集团香港有限公司”法人资格和相关业务资质为基础，成立“鞍钢集团香港有限公司（鞍钢集团国际经济贸易公司）”，按鞍钢集团全资子公司管理，攀钢区域的外贸业务整合为鞍钢国贸攀枝花有限公司；2017 年，按照国资委和鞍钢集团要求，“鞍钢集团香港有限公司（鞍钢集团国际经济贸易公司）”改制为鞍钢集团国际经济贸易有限公司。国贸公司建立了包括董事会、监事会和经理层在内的完善的法人治理结构，设职能部门 4 个，业务部门 5 个，4 个境内子企业，15 个境外机构（海外公司及办事处）。

该公司拥有 AEO 高级认证企业资质。主要业务涉及钢铁产品出口，大宗原燃材料进口，成套设备、备品备件进口、国际工程承包、机电产品出口等非钢产品出口，国际物流服务，金融业务，社会贸易等。公司通过海外分支机构及 1000 多家境内外合作伙伴，广泛开展海外贸易、投资与合作，经该公司销售的钢铁产品覆盖全球 70 多个国家和地区，其品牌、产品实物质量和售后服务等在国内外市场享有较高的知名度和美誉度。

2019 年，该公司高举习近平新时代中国特色社会主义思想伟大旗帜，全面贯彻落实党的十九大精神和两级公司第二次党代会精神，树立开放思维，拓展国际视野，聚焦公司发展目标，提升服务意识和自身能力，全面推进高质量发展，党建工作和经营管理工作有序推进。2019 年，实现营业收入 345. 48 亿元，同比增加 12. 7%；实现利润 3. 34 亿元，同比增加 6. 4%，盈利能力居于同行业中上水平。截至 2019 年 12 月末，国贸公司资产总额 127. 9 亿元，负债总额 99. 3 亿元，所有者权益 28. 6 亿元，资产负债率 77. 3%。

【经营工作破难前行】 1. 钢铁产品出口量明显增加。“回归亚洲，聚焦‘一带一路’”的市场营销策略收到显著效果，亚洲市场份额增至 60. 5%，全年出口钢铁产品 172. 5 万吨，同比增长 1. 4%；继续强化调品力度，品种钢比例达到 59%；大力开发终端客户，新增直供用户同比增加 35%。与江苏大力神、河北普阳等钢厂保持和建立合作关系，形成稳定的供应链业务，社会经营规模不断扩大，2019 年全年社会经营签约 66. 77 万吨，同比增 3. 39 万吨，增幅 3%，实现利润 1023 万元。

2. 大宗原料贸易稳中向好。全年进口原料（签约量）3617. 2 万吨，其中供生产基地 1749. 9 万吨，社会贸易 1867. 3 万吨，同比增长 2. 2%。卡拉拉实现销售向终端钢厂转移，客户地区分布更加合理，实现东北地区钢厂销售零的突破；罗伊山销售持续增长，基本覆盖东北地区，巩固长期客户，发展潜在客户，增加客户黏度，实现销量稳步增长，累计销售 218 万吨，毛利 2141 万元，分别同比增长 191%和 261%。积极应对海关限制进口煤数量的不利形势，采用异地卸货转水、本地卸船异地申报等方式保证进口煤炭生产供给，为股份公司多采购 14 船、127 万吨进口煤炭，为基地生产提供了有力支撑。

3. 非钢产品贸易负重前行。强化服务意识，加强对生产基地的服务，提高执行率和采购效率，采购执行能力进一步增强，股份公司任务完成率再创新高，树立了采购服务的新形象；积极发挥鞍钢工程技术整体优势，实现了土耳其 Kardemir 公司煤气柜 EPC 工程承包项目顺利验收投产，项目施工进度和质量得到业主的认可；同时，努力推进机电产品出口市场开发，首次进口澳大利亚产红酒，尝试开发新的贸易模式。全年实现营业收入 82411.68 万元，同比增长了 27%，实现利润 3047.79 万元，同比增长 19%；实现进出口签约 4996 万美元，同比降低 49.6%；其中非钢产品出口 81 万美元，同比下降近 75.5%。

4. 物流系统降本增效成效显著。针对钢铁产品出口船运特点，国际物流部和“两港”公司多措并举，着力降低出口海运费，在同期 BHSI 指数上涨幅度约 0.06%的情况下，出口海运费同比降低 35.3%；卡拉拉运费招标均价降低约 6%，同时采取卡拉拉低价长协锁价策略，与当期招标价比较，节省物流费用 406 万美元；制定完善现货管理办法，货损管理有了依据；积极应对历史形成的 COA 亏损，采取有效措施控制亏损，一方面，通过延长合同执行期、转卖运力等方式，大力开展 COA 控亏减亏工作，日本 COA 执行率从上年的 78%提高到 2019 年的 81.8%，同比减亏 214 万元；另一方面，以社会贸易形式，妥善协调使用 NYK 公司 COA 运力，在 8 月、9 月海运市场高点时，承运 BHP 公司货盘，完成两个航次 34 万吨，实现略微盈利，比年初预算减亏约 80 万美元。把一条 30 万吨船转租给 BHP，避免了对 VALE 的单一依赖，全年减亏 140 万美元。

5. 攀枝花公司贡献度持续增长。聚焦“一带一路”建设项目开展营销工作，全年实现钢轨出口 16.83 万吨，与上年基本持平，继续在国内钢厂中保持领先地位；以广西高碳铬铁项目为首的铬系项目形成了稳定的月均供货近万吨的能力，对公司毛利和营业收入的贡献率分别达到 21.84% 和 23.41%；特钢出口势头良好，通过巩固中国台湾、韩国等传统市场，积极拓展欧洲等新市场，并加强新品种、高附加值产品开发，特钢出口实现签约 4290 吨，同比增长 51.91%，其中，对欧洲市场特钢出口签约 868 吨，同比增长 105.23%，创公司历史最好水平，该公司全年实现利润 6074 万元，同比增长 12.84%。

6. 贸易融资和金融创效成果丰硕。全年融资 32.59 亿美元，同比降低 8.6%，节约融资成本约 926 万美元；通过融资、金融衍生品等方式，获得金融创效约 5622.77 万元，为基地生产顺行和贸易经营提供了有力支撑。

【公司治理及管理水平稳步提升】 1. 治理体系和治理能力得到进一步优化。该公司党委对公司全面领导，把加强党的领导和完善公司治理统一起来，积极探索建立党委领导下的协调运转、有效制衡的现代治理体系，科学划分各治理主体的权责边界，党委会、董事会、经理层定位更加清晰，党委“把方向、管大局、保落实”的领导核心作用日益凸显，董事会治理核心、决策中枢、责任主体作用有效发挥，经理层的授权决策及执行效率更加高效，公司治理体系和治理能力得到进一步优化。

2. 管控能力和运营效率大幅提升。顺利完成“三重一大”决策和运行监管系统建设及对接、运行各项工作，实现了系统向三级企业的覆盖，为公司落实集体决策程序，规范决策行为，提高决策水平，防范决策风险提供了保证；重塑管控架构，市场化改革取得突破性进展，新的职能体系、组织机构、岗位编制有效落实，精减管理部门、缩减编制冗员、强化海外功能的管理目标等如期完成；构建科学完整、清晰高效的规章制度体系，全年新增制定规章制度 16 项，修订完善规章制度 20 项，废止制度 22 项，进一步明确了各单位、部门的权限和职责，科学规定了行权履责的路径和方法；积极开展规章制度“立改废”和“学练用”，为公司依法管理、合规经营提供了制度保证。在此基础上，各单位、部门各负其责、分工协作、一体运行，业务部门之间、业务和财务部门之间、本埠与海外公司之间的协同效应日益凸显，该公司运营效率显著提升。此外，信息化建设持续推进，ERP 建设持续推进，ERP 系统功能更加畅通和完善。

【政治生态越来越好】 1. 突出政治功能，引领作用日益凸显。认真履行党委主体责任职责，强化党委的全面领导和顶层治理，深入学习习近平新时代中国特色社会主义思想、党的十九届四中全会精神及习近平总书记关于国企改革、东北振兴重要指示批示精神和“凤凰涅槃、浴火重生”重要要求，推进治理体系和治理能力现代化，全年召开中心组学习会议26次、党委会30次、书记专题会10次，党委“把方向、管大局、保落实”领导作用日益凸显。积极推进巡视问题整改，尤其是“9+1”问题整改工作，严格落实责任人与整改时间，2019年已整改完成38项，阶段性整改完成45项、按序持续推进25项。聚焦主题主线，精心组织、扎实推进主题教育，实现学懂与做实相结合，查摆与整改结合，解决近期问题与解决长远问题结合，领导干部理论短板得到弥补，政治素养大幅提升，一批制约高质量发展的瓶颈问题得到初步解决。圆满召开国贸公司第二次党代会，确定了未来5年高质量发展指导思想、总体战略、奋斗目标和经营策略。认真贯彻落实意识形态工作责任制，党员干部尤其是境外工作人员都能在思想上政治上行动上同以习近平同志为核心的党中央保持高度一致，做到爱党爱国爱港。以高度政治责任感和使命感，积极筹备和组织鞍钢现场论坛及其配套活动，成功举办第二届进博会“新时代钒钛新材料解决方案论坛暨鞍钢集团签约仪式”，论坛质量、会议效果及整体氛围显著提升，得到集团公司领导、与会中外嘉宾高度赞扬，受到进博会组委会、上海市政府等上级通报表扬。切实做好“港乱”期间香港公司稳定工作；积极清理民企欠款，截至2019年，民企欠款已经清零；大力开展扶贫购物等活动，彰显了政治担当和社会责任。

2. 聚焦质量提升，党建经营深度耦合。认真落实国企党建工作会议精神，压实党建工作“五个责任”，推进“五个基本建设”，提高党支部建设质量，实现了党员干部从业素养和贸易经营业绩的“双提升”。创新工作方法化解COA风险、人力资源老化等制约企业发展瓶颈问题，企业经营态势明显好转，职工精神状态焕然一新；对标拓维、厦门国贸等先进企业，引导干部职工树立开放思维，拓展全球视野，进一步激发了干部职工高质量发展的雄心壮志，履行“发展国际贸易，擦亮鞍钢品牌”使命的营销能力逐渐增强。编制了《国贸公司2020年人才工作思路》，年轻干部培养选拔力度不断加大；选拔年轻处级干部6人，科级干部6人，市场化选人用人1人，干部队伍活力显著增强，初步形成了“想干事、能干事、干成事”的选人用人风气。“三会一课”制度得到保障，组织生活更加务实有效。积极践行“互联网+”思维，搭建“空中学习阵地”，将全体驻外党员的思想和行动统一到学深悟透习近平新时代中国特色社会主义思想上，统一到深刻领会十九届四中全会精神上。解决党的领导融入治理往下延伸层层递减的问题，以28项共产党员工程项目为抓手，积极推进“回归亚洲、聚焦‘一带一路’市场”营销策略，亚洲市场份额达到60.5%，解决党建经营“两张皮”的问题。组织2次党务培训，选拔年轻党员兼任支部委员，兼职党务人员能力再上新台阶，全年发展党员1人，转正2人，党员占比达81%，支部战斗堡垒作用、党员先锋模范作用得到有效发挥。

3. 坚持群众路线，同心同向凝聚合力。开展“拓展全球视野、推进转型发展”主题劳动竞赛和“大力开发终端客商”专题劳动竞赛，直供用户同比增加41.5%。举办首届“精英杯”英语竞赛，组织88人方队参加“我和我的祖国”爱国主义歌咏展演，为展现职工风采、国贸形象提供了舞台。改造该公司大院停车场地坪和美化花圃，更换老旧供暖管道，改善职工食堂用餐环境，加大特困职工帮扶力度，开展丰富多彩的文体活动，职工获得感幸福感不断提高。拓展青年成长成才平台，该公司团委先后在集团、省市团委和全国大钢会上介绍经验，获省“五四红旗团委”、鞍钢“五四红旗团委”、第六届鞍钢青年创新登高十佳组织单位、鞍山市青年志愿者协会优秀组织奖等荣誉称号，彰显了青春活力。

4. 加强纪律建设，政治生态明显好转。巩固反腐败压倒性态势，全年立案2起，1名部门负责人被处分；强化关键少数监督，全年运用“四种形态”问责8人次；发送“家庭助廉信”“廉洁共建信”，坚持编发《廉政之声》，廉洁教育效果明显提升；“三不”监督体系更加完善，政治生态良好。

5. 高质量发展合力不断凝聚。积极开展“拓展全球视野、推进转型发展”主题劳动竞赛和“大力开发终端客商”专题劳动竞赛，调动了全体职工创新创效热情，成果丰硕。结合职工群众文体活动喜好、依托兴趣小组，开展了户外徒步、登山及大小球类比赛等各类丰富多彩的文体活动，职工获得感幸福感不断提高；连续8年开展“跟着郭明义学雷锋”岫岩金秋助学活动，资助贫困生70人次，弘扬社会主义核心价值观蔚然成风。公司国安保密、安全防火、信访稳定、离退休及居家管理等工作也齐头并进，为公司贸易经营创造了良好的内外部环境。

（夏洪宇）

鞍钢集团资本控股有限公司

【概况】 鞍钢集团资本控股有限公司（以下简称“资本控股”）成立于2014年6月，是鞍钢集团的全资子公司，承担贯彻落实鞍钢集团金融发展战略和推进金融业务多元化发展工作，是鞍钢集团促进产融结合、推进转型升级、打造新兴产业和新的获利渠道的重要平台。资本控股主营业务有证券投资、股权投资、投资咨询、项目融资，服务鞍钢实体产业，推进子企业快速发展，进一步为鞍钢集团提供便利、低成本的融资渠道和多样的收入来源，为鞍钢集团转型升级提供支撑。

资本控股设置了行政事务部（董事会办公室）、投资交易部、风险法律部、财务部和股权运营部5个部门，下设3家全资子企业即北京鞍钢投资有限公司、鞍资（天津）股权投资基金管理有限公司和鞍资（天津）商业保理有限公司，1家控股子企业即鞍资（天津）融资租赁有限公司，以及1家合伙企业即兴鞍（天津）股权投资基金合伙企业，代管鞍山钢铁金融投资业务平台。截至2019年末，资本控股共有职工65人，其中体制内职工39人，市场化职工26人；注册资本32亿元，全年营业收入5.47亿元，利润总额4.75亿元，资产管理规模128亿元。

【党建工作】 该公司把学习贯彻落实习近平新时代中国特色社会主义思想和党的十九大精神作为一项重要政治任务来抓。扎实开展“不忘初心、牢记使命”主题教育，制定了主题教育实施方案，落实集体学习和自学相结合的方式，组织全体党员集体学习、观看党史专题片；积极组织全体党员，制定学习计划，深刻领会习近平新时代中国特色社会主义思想的理论体系和实践要求，深刻理解党的十九大精神的政治意义和历史意义，深刻把握党的十九大报告的灵魂和主线，切实用习近平新时代中国特色社会主义思想武装头脑、指导实践、推进工作。开展鞍钢集团样板党支部创建工作，迎接鞍钢集团和机关党委对该公司党支部的检查，荣获了鞍钢集团样板党支部称号。积极完善相关制度，促进了党支部各项职能的优化。

【董事会建设】 全面梳理了董事会相关制度。推进了法治建设进章程工作，在章程中加入法治建设内容。梳理了董事会议事规则、总经理议事规则等董事会核心制度，进一步明晰董事会、党组织、经理层和职能部门的权限和责任，建立了科学、规范的内部授权体系，清晰界定权责界面，理顺决策程序，实现各治理机构运转协调、权责对等、有效制衡。推进子企业董事会规范运作。指导子企业完成了党建和法治建设进章程工作，进一步推进了子企业合规管理。

2019年，资本控股董事会共召开了十二次会议，审议通过了《鞍钢集团资本控股有限公司2018年度内部控制评价的报告》《关于为鞍钢集团节能技术服务有限公司提供融资担保的议案》《关于投资杭州中金锋泰股权投资合伙企业（有限合伙）的议案》等27项议案，为该公司快速发展、合规经营保驾护航。完成了董事人员的变更备案工作，即原该公司董事梅纪元因工作原因不能再履行董事职责，经向鞍钢集团请示，变更为同样具有丰富金融投资经验的申万宏源首席证券分析师桂浩明同志，巩固了董事会的决策能力。

【大力服务鞍钢主业】 紧密围绕鞍钢集团产业结构调整的实际需要和重要战略部署，积极寻求与各大金融机构深度合作，深化产融结合，扶持实体产业发展。一是与五矿创新投资有限公司合作发起设立双创基金，支持鞍钢集团的科技创新与产业孵化。双创基金主要投资鞍钢集团和五矿集团内部具有产业化前景的优质项目，总规模8亿元，该公司与五矿资本控股有限公司各出资2.96亿元，湖北省引导基金出资2亿元，鑫湖股权投资基金管理（湖北）有限公司（双创基金管理人）出资0.08亿元。二是筹备设立科创基金，支持集团的科技创新与前瞻性投资布局。科创基金的定位是协助鞍钢集团在产业链前瞻性领域优先布局，规模10亿元。三是充分利用已设立的鞍钢产业升级基金，助力鞍钢集团产业转型升级和综合改革实施。四是为鞍钢联众提供大量资金支持。

资本控股子企业鞍资保理和鞍资租赁在鞍钢联众资金流极其紧张的情况下，以自有资金及引入其他金融机构（航天租赁、中航租赁、太钢租赁）的方式，累计为其提供了近12亿元资金，为鞍钢联众渡过难关提供了支持。五是创新性的开展了汽车保理、租赁产业链业务。鞍资保理拟以采购端为抓手，围绕鞍钢核心企业产业链构建线上保理平台，依托鞍钢招标公司作为鞍钢采购平台的信息数据优势联合开展保理业务。开创性地与大地保险开展汽车保理业务，联合开展汽车托盘业务，运行效果良好，风险可控，在进行认真总结的基础上，继续扩大此类业务。鞍资租赁深耕鞍钢集团上下游产业链，积极探索外部市场，促进产融结合大发展。鞍资租赁和鞍钢国贸合作，与四川省宝兴县振兴电冶有限责任公司开展融资租赁项目，投向广西百色高碳铬铁加工基地，为鞍钢集团不锈钢板块提供稳定原材料。项目中，鞍资租赁与鞍钢国贸联手对项目的物流、资金流、信息流进行严格掌控，做到风险闭环，实现多方共赢。六是投资中金锋泰基金，为鞍钢集团拟重点发展领域积累优质项目资源与专家资源。该公司出资1亿元投资中金锋泰基金，基金规模20亿元。中金锋泰基金已完成4个项目的投资，合计投资4.9亿元，并已实现2.56亿元的项目增值。七是投资中金祺智基金，助力鞍钢集团产业升级与技术创新。基金成立于2016年，实缴规模73.16亿元，资本控股2019年实缴2亿元。八是积极为工程技术公司混合所有制改革引入国内一流市场化投资机构。该公司投资的中美绿色基金的投资方向涵盖节能环保领域，该公司向工程技术公司引荐了中美绿色基金。

该公司为鞍钢集团的资本运作项目提供了大力支持，协助鞍钢集团优化资本配置，增加国有资产的流动性，回笼沉淀资金。该公司代管的鞍钢集团持有的中国石油和中国电建股票换购成博时央创ETF基金，合计份额21.3亿份。换购ETF基金可降低二级市场股价波动带来的冲击，也可在基金上市后根据需求随时减持变现，降低鞍钢集团的资产负债率。央创ETF已于2019年12月18日上市交易。

【证券投资及管理工作】 该公司始终坚持以服务鞍钢集团战略为根本，在证券投资方面，按照鞍钢集团的战略导向，选取具有战略投资价值的股票进行投资，在二级市场择时择机获取收益，助力鞍钢集团产业布局。2019年，证券及理财投资累计实现收益约2.8亿元。

【股权投资及管理工作】 随着国家“去产能”“去杠杆”、金融严监管等政策的实施，债务违约现象频出，部分被投企业出现了风险问题。为此，该公司定期走访各已投公司，积极履行股东职责，维护自身权益，强调当前形势下的风险防控工作，要求已投企业加强内控制度建设，防范风险。

密切跟踪兵工物资华东子公司事件，频繁与兵工物资各层人员密切联系、沟通情况，同时聘请律师提供法律支持，提出了华东公司启动破产、减少兵工物资损失的建议。华东公司已经上海市三中院裁定资不抵债，启动破产。经此处置，可以大幅降低兵工物资损失，同时也维护了股东利益。

【内部风险控制工作】 大力推进法治合规建设，制定合规管理体系建设工作方案，贯彻落实依法治企要求。成立了法治建设领导小组，将法治建设纳入全局工作统筹规划。做好该公司及子企业法治建设进章程工作。全年累计审核各类经济合同72项，与常年法律顾问沟通，全年累计出具各类法律《备忘录》9项；规章制度法律审核17项。做到重要决策法律审核率、规章制度法律审核率及经济合同法律审核率均达到100%。

认真学习国资委风险防范文件和鞍钢集团防范金融风险文件，制定了该公司金融业务发展的基本原则，部署了突出主业、以融促产的重点措施。配合集团审计中心对该公司及4家子企业进行审计检查，对审计中关注的问题及时回复。成立了由风险法律部、财务部和行政事务部组成的联合检查组，对4家子企业进行了相关检查，助力各子企业高质量发展。

【企业管理工作】 按照鞍钢集团综合改革的总体部署，制定了资本控股综合改革试点方案，形成了综合改革工作台账。加强内部人员和市场化人员的招聘和管理。对上年市场化职工效益情况进行梳理，对末位职工进行了辞退，做到了市场化职工能进能出，激发岗位用工活力。强化绩效考核激励机制，聘请中介机构，完成了该公司绩效考核和薪酬分配市场化运行方案的设计，现已下发《鞍钢集团资本控股有限公司子企业负责人绩效考核及薪酬管理办法》《鞍钢集团资本控股有限公司2019年度非直管领导班子和领导人员综合考核评价办法》2个制度；经职工大会表决通过并下发了《鞍钢集团资本控股有限公司2019年战略绩效与薪酬评价考核办法（非市场化人员）》《鞍钢集团资本控股有限公司薪酬管理办法》《鞍钢集团资本控股有限公司总部岗位绩效管理办法》3个制度。积极推进职业经理人选聘工作，至2019年末，已就未来科创基金的运作细节及职业经理人相关待遇等问题与候选人进行了多轮沟通并已基本达成共识。

（王诗雯）

【财务有限责任公司】 截至2019年末，该公司在岗职工98人，其中干部95人，工人3人。下设综合管理部、财务计划部、风险控制部、稽核管理部、信息技术部、客户服务部、结算业务部、信贷业务部、投资业务部、国际业务部、住房公积金部11个管理及业务部门及四川分公司，本科以上学历员工占比86%。

2019年，财务公司以习近平新时代中国特色社会主义思想和党的十九大精神为指引，全面贯彻落实鞍钢集团第二次党代会精神和各项工作部署，紧密围绕鞍钢集团新时期发展战略，实施“一体两翼”发展布局，以党的建设为统领，以服务集团为主线，以精细化管理为途径，以风险防控为抓手，以创新驱动为手段，以信息建设为支撑，积极发挥“资金归集、资金结算、资金监控和金融服务”四个平台作用，全面提升金融服务能力与价值创造能力，各项工作取得显著成效。

1. 经营概况。公司以“依托鞍钢，服务鞍钢”的经营宗旨和“控险、创效、服务、保障”的经营理念，推进精益管理、加大创新力度、拓展服务职能、提升创效水平，该公司实现利润总额5.48亿元，其中总公司4.17亿元，分公司1.31亿元；实现外部创效2.63亿元，外部创效占比47.99%，完成了集团业绩考核目标。

2. 服务实体。坚持“以客户为中心，以需求为导向”，变坐商为行商，客户经理主动深入14家重点企业进行实地调研，针对客户存在的资产负债率高、存量资金难以盘活等问题，为客户量身定制综合金融服务方案。保证企业正常生产经营。创新性开展融资租赁业务，帮助成员单位缓解资金压力、降低财务杠杆、享受税收优惠。

3. 信贷业务。制定该公司2019年度信贷政策，完善信贷业务管理机制，指明本年度信贷业务开展方向，切实为客户提供优质信贷产品与服务，全年累计为成员单位发放贷款246.23亿元，发放贴现65.69亿元。推进LPR利率机制改革，金融产品平均价格低于同业标准，最大程度地让利成员单位，全年为成员单位节约成本费用2.22亿元。

4. 资金业务。为保障资金池规模和满足集团公司短期性资金需求，加大与商业银行和产业链上下游财务公司的沟通合作，通过转贴现等方式提升资产流转速度，全年累计转贴现达18.74亿元。全年公司开展同业拆借123笔，合计金额586.60亿元，债券正回购32笔，合计金额87.90亿元。

5. 投资业务。开展自营投资业务，充分发挥金融牌照优势，积极与金融同业开展多渠道、多层次、多维度的沟通合作，综合考虑收益性、安全性和流动性三方面因素，主要配置品种为银行间债券、可转换债券、货币市场基金、新股申购。2019年度账面投资收益7048万元，其中银行间债券平均收益率4.76%，三一转债单支盈利1000万元。

6. 票据业务。推进票据集中管理，与124家成员单位签署票据业务服务协议，积极向上海票交所申请票据线上清算资格，成为首批实施ECDS线上清算功能的财务公司。拓展资金集中管理功能，实现境内中行外币银企直联。

7. 外汇业务。发挥跨境资金池通道功能，调剂境内外资金余缺，全年累计为广州联众公司办理外债借入4笔，金额1.08亿美元，为矿业公司办理境外放款1笔，金额700万美元。积极开展结售汇业务，全年累计为成员单位办理结售汇5072万美元，为成员单位节约汇兑成本34万元。

8. 资金集中。一是建立健全资金流动性体系。积极配合集团公司做好资金的统筹协调、预算平衡和风险防范，对集团资金池实时监控，及时跟进大额进出款情况，保障资金储备量充足，确保资金池资金流动性。二是围绕“三个平台、五个中心”构想，成立境外财资中心搭建工作推进小组，完善SPV公司境外资金管理平台建设。

9. 业务创新。全面开展产业链金融服务，以鞍钢集团产业链供销网络为依托，收集一手客户资料及市场信息，大力推广“一头在外”票据贴现业务，全年新增产业链客户 63 家，其中纳入重点客户 9 家；累计办理“一头在外”产业链贴现 2772 张，金额 30.43 亿元，实现贴现利息收入 6585 万元。

10. 风险管理和内部控制。推动法治鞍钢建设，落实企业主要负责人法治建设“第一责任人”职责。全面梳理 2019 年公司重大风险工作任务清单，制定重大风险解决方案，确保公司防范化解重大风险任务有效落地。加强合同管理，持续完善合同文本库，全年修订合同文本 25 项，经法律审查合同 67 项。转变稽核工作思路，以公司重点业务为主线，跨部门开展稽核检查，充分发挥第三道防线作用，全方位、多角度排查风险隐患。

11. 人力资源管理。规范选人用人政策执行和日常监督管理工作，完善激励约束机制，突出业绩导向，建立自管领导人员考核评价办法，激发领导人员干事创业的激情。建立内训师管理体系，充分挖掘和利用公司内部资源，促进先进管理经验、专业知识和工作技能的共享和传承，激发职工自身潜能，发现和培养优秀人才。完善人才选拔培养机制，制定人才梯队建设与培养方案，做好各层次关键岗位后备人才储备，保障公司未来人才需求和可持续稳健发展。

12. 信息化建设。按照“搭平台、建连接、定体系、做服务”的信息化发展思路，制定信息化三年发展规划，着力“八个平台、六大连接、两大体系、三大服务”建设，坚持整体推进与分步实施相结合，遵循“进不来、看不懂、偷不走、改不了、逃不脱、丢不掉”的网络安全原则，分三个阶段推进信息化系统建设。按照“小核心、大外围”的建设思路，结合财务公司行业系统建设现实总体情况以及鞍钢集团自身特点，与交行北研中心联合建设新一代核心业务系统，逐步完善金融平台功能，打通部门信息壁垒，推进系统无纸化、线上化、智能化建设，增强金融平台服务能力和保障能力。

13. 企业文化建设。组织参加庆祝新中国成立暨鞍钢开工 70 周年爱国主义歌咏展演、“书香财司”、登山踏青等文娱活动，进一步激发职工创造活力。持续推进“践行共享理念关爱一线员工”专项服务行动，围绕改善职工工作环境、收入分配向一线职工倾斜、促进职工技能提升等工作，树立“职工利益无小事”的理念，努力促进职工体面劳动、舒心工作、全面发展，为公司改革发展提供持久动力和广泛支持。

14. 党建工作。加强政治建设，发挥党的领导作用，严格落实管党治党主体责任。扎实开展“不忘初心、牢记使命”主题教育。制定 2019 年度财务公司党建工作考核评价办法，召开党委会，听取财务公司党委班子成员向财务公司党委报告个人履行党建工作责任情况。修订制定《关于做好重大事项请示报告的通知》等党委工作制度 7 个。组织党员认真学习贯彻习近平新时代中国特色社会主义思想、学习政治理论基础知识等。全年共组织中心组集体学习 27 次。在意识形态上强化引导，修订意识形态工作责任制实施方案、调整舆情工作机构、开展网络意识形态自查。开展“解放思想、开放变革，建设高质量发展新鞍钢”大讨论活动。抓实纪律和作风建设，持之以恒正风肃纪。加强反腐倡廉教育，召开警示教育大会，开展“不忘初心、牢记使命”主题教育八个方面专项整治工作，形成财务公司“不忘初心、牢记使命”主题教育问题（“9+1”）清单。

（田　超）

· 直属机构 ·

鞍钢招标有限公司

【概况】 2015 年 5 月，鞍钢集团将分属于三家子企业——鞍山钢铁招标公司、攀钢集团招标中心和鞍钢国贸招标中心的招标业务和人员进行整合，成立隶属鞍钢集团的全资子公司——鞍钢招标有限公司。2019 年末，招标公司设六部一分公司，即原燃材料招标部、机电设备（国际）招标部、工程服务招标部、值采事业部、营运管理部、财务部六个部门和成都分公司。有员工 97 人，党员 89 名，大学本科及以上学历占 96%，中级及以上职称占 92%。为中国招标投标协会常务理事单位、招标代理机构专业委员会委员，中国国资国企产业创新战略联盟副理事长单位。

【主要工作】 1. 经营绩效保持增长。全年营业收入 1.56 亿元，同比增加 1.3%，利润目标超计划完成。

2. 招标规模稳中有进。实现招标采购金额813亿元，同比增长2.5%；完成招标采购项目52670个；实现招标服务满意率97.42%，招标时效运行率98.79%，采购方案返回率0.02%，超额完成目标任务。

3. 值采事业规模初显。值采工业交易金额3.71亿元，超计划86%；值采大宗交易金额61.48亿元，超计划53%；值采信用注册用户120420家（其中境外客商809家），419家鞍钢集团采购和销售组织上线运行。

4. 降本增效贡献显著。在实现采购方降采目标基础上，为鞍钢集团再降采购成本20.5亿元，同比增加7.9%。

5. 管理输出再传捷报。继本钢集团项目顺利验收后，成功中标太钢集团电子招投标交易平台建设，实现了招标技术、管理和信息化应用在钢铁行业的再一次整体输出，竞争实力社会地位进一步提升。

6. 行业影响稳步扩大。获得2019年国资委中央企业采购提升招标管理项目第4名；被评为中国招标投标行业发展贡献单位；值采工业、值采大宗和值采信用获得国家版权局软件著作权；成功承办第三届中央企业互联网采购发展高峰论坛MRO工业品分论坛，获得与会各中央企业的广泛认可和好评；鞍钢值采受邀参展2019年工业互联网全球峰会，与各领域代表和专家展开广泛交流；在鞍钢集团与辽宁省企业深化合作交流会上，代表鞍钢作主旨报告，反响热烈。

（王　聪）

鞍钢未来钢铁研究院有限公司

【概况】 鞍钢集团北京研究院有限公司（以下简称“北京研究院”）前身是鞍钢未来钢铁研究院有限公司。2019年8月，鞍钢集团、鞍山钢铁、攀钢、矿业公司共同出资组建北京研究院，注册资本金5亿元，其中鞍钢集团持股比例54%，鞍山钢铁、攀钢、矿业公司持股比例分别为30%、11%、5%。北京研究院以服务国家和鞍钢集团发展战略为根本，面向世界科技前沿、面向国家重大需求、面向国民经济主战场，以国家重大工程和战略性新兴产业发展需求为牵引，重点开展基础、前沿、关键共性、颠覆性技术研究，着力打造关键共性、前瞻性技术研发平台，技术成果转移转化产业化平台，创新人才集聚平台，国家科技创新先行先试激励政策应用示范平台，开放创新合作平台。截至2019年底在岗人员45人，其中博士16人。

北京研究院设董事会、监事会。领导班子设党委书记、总经理（院长）1人；设党委副书记、纪委书记、工会主席1人，副总经理（副院长）2人。设科研管理部、综合管理部（党群工作部、纪委）、条件保障部3个管理部门和园区运营服务中心1个中心。设钢铁研究院分院、钒钛研究院分院、矿山先进技术研发中心、未来钢铁研究院、经济研究院分院等5个研究分院。

【党建引领】 严格按照“四同步、四对接”要求，推动党建和科研深度融合。将党建工作要求明确写入章程，严格落实“双向进入、交叉任职”“一肩挑”等要求；坚持民主集中制原则，建立健全党委筹建组议事决策机制，完善“三重一大”事项决策程序，明确党组织在决策、执行、监督各环节的权责和工作方式。突出“五个紧扣五个坚持五个做到”，扎实开展“不忘初心、牢记使命”主题教育。组织领导班子开展集中研讨13次，重点发言和交流52人次；组织开展专题调研10次，覆盖基层全体职工，发现和征集问题50余项，形成重点调研报告4篇，形成问题清单7大类21项；坚持开门听音，建立“9+1”问题清单34项，系统制定整改措施，“一人一张表”，落实责任人和整改期限。

【科技创新】 组建3个月内组织开展研发课题39项，承担国家重大专项4项，签订研发合同2.89亿元，科研人员人均课题数1.2项；申报国家科技部重点研发项目1项和国家自然科学基金项目2项；承担的鞍钢集团钛钢复合板项目成功在池州长江大桥应用，属国内首例；全年申请专利18项，完成专有技术认定6项，发表高水平学术论文2篇，其中1篇被SCI收录。

【扩大合作】 组织与东北大学、上海大学、北京科技大学、大连理工大学、钢研总院等单位探讨在材料计算、智慧矿山、增材制造等技术领域联合研发，与浙江大华、海康威视、金山云、百度云等高新企业探索在机器视觉、云计算等专业领域展开合作，初步构建开放合作新格局。2019 年共实施技术开发合作项目 7 项，合同额 3397.18 万元。

【人才引进】 打破机制体制束缚，加大人才引进力度。明确了“以引进高端紧缺人才为重点、以引进成熟人才为基础、以引进优秀应届毕业生为储备”的人才发展思路，编制北京研究院 2020—2023 年人才发展规划，制定 2020 年度人才引进计划。

（张兴虎）

鞍钢集团经济发展研究院

【概况】 鞍钢经济发展研究院（以下简称“经研院”）成立于 2010 年 3 月，是鞍钢集团有限公司直属的研究机构，是鞍钢集团第一家去行政化试点单位。2016 年 9 月，为更好地发挥经研院对企业战略研究、深化改革、产业发展的智库支持作用，鞍钢集团进一步完善经研院体制机制，将经研院与鞍钢集团钢铁研究院科技信息研究所整合，重新对经研院的功能定位、组织架构进行建设，调整优化研究方向。2019 年经研院下设钢铁产业、新兴与多元产业、竞争力与国企改革、宏观经济与国际化 4 个研究方向。经研院有人员 30 人，其中高级职称 18 人，硕士博士生 23 人；80 后人员 18 人。

经研院功能定位是围绕战略研究、产业发展和改革创新，开展前瞻性、基础性研究，为鞍钢集团战略决策、钢铁产业升级、新兴产业培育及商业模式创新提供支持。核心任务是为集团高层决策提供信息支持及建议，为集团实施战略调整提供支撑和引领，为改革创新提供基础支撑，为子企业和新兴产业发展提供咨询指导。发展目标是打造“战略发展研究综合信息平台，国企改革与管理创新的协同研究平台，创新型人才培养和输出平台”，成为战略发展、改革创新的思想发动机及对外交流窗口，逐步建成与企业竞争力提升需求相适应的一流企业智库。

2019 年，经研院在前期夯实基础研究工作、重塑内部管理体系的基础上，把“夯实党建工作、深入专题研究、完善机制改革”作为全年的三项核心工作，突出发挥对集团构筑“三大事业”和国企改革、科技创新等工作的支撑作用，开展基础性、前瞻性研究。

【完成研究报告】 2019 年，经研院根据集团指示要求，围绕核心任务，发挥“企业智库”的作用，以专题研究为主线，开展了产业结构调整、国企改革及社会热点跟踪等方面的重点研究，为战略调整及改革创新等工作提供支撑。正式呈报集团研究报告 15 篇；提交集团及部门作为决策支撑的报告 51 篇；各类刊物上发表成果 10 篇；参加国内、集团大型会议，4 次发表经研院研究成果。全年立项课题 59 项，共形成研究报告 66 篇。重点工作成果获得集团领导的肯定。

【开展课题研究】 2019 年，经研院根据集团领导对经研院的研究工作提出的“改革、提升竞争力、多元化”三个方向的指示，重点在国企改革、提升竞争力、多元化，以及宏观经济与国际化、创新与产业化研究等方面开展研究工作。

1. 根据集团领导工作安排，开展重点企业画像工作。组织经研院人员，对国内外 27 家重点钢铁企业（国外 9 家企业，国内 18 家企业）进行跟踪，正式开展企业画像工作。对国内外优秀企业进行研究分析，定期组织开展对重点企业跟踪进展情况研讨，完善研究方向及研究方法。

2. 开展行业分析及研究，为集团相关部门提供支撑。形成《钢铁产业发展环境》《未来下游行业钢铁需求展望》等材料提交科技发展部；开展“3 年规划下游需求预测”“关联交易同期资料访谈问题”等研究；形成给国家住建部关于钢结构及相关产业发展建议的基础材料，完成“钢结构产业相关发展动态及分析”“综合管廊相关发展动态及分析”等研究；向相关部门提供中美贸易战影响分析等材料；为集团领导重点讲话提供材料；经研院与国际事务部合办月刊《鞍钢集团境外信息要闻》8 期，在集团内部发布。

3. 服务国企改革工作，进行改革项目研究。开展国企改革相关研究，形成《十六字方针解析》《中央企业兼并重组试点政策与实践解析》《国企改革面临的主要问题及对策》等研究材料；根据集团安排，形成《中央研究院公司章程》，作为集团北京研究院工作指导文件等。配合剥离企业办社会职能和解决历史遗留问题，开展政策研究；配合集团部门做好厂办大集体改革前期准备工作。

4. 宏观经济形势研究。为企业发展战略与规划提供支撑，完成《鞍钢集团公司2019—2021战略规划发展环境分析、发展机遇与挑战》的文稿；开展宏观经济形势运行分析，完成《2019年各月钢铁行业运行数据更新》《2019—2021年发展环境分析》等研究报告。参加世界钢铁协会经济委员会会议，完成《世界钢协经济委员会第101届会议主要结论报告》《世界钢协经济委员会第102届会议参会报告》等。

5. 承担集团社会责任管理工作，组织编制完成《鞍钢集团有限公司2018可持续发展报告》，正式对外发布。首次制作完成可持续发展报告H5版，在“摇篮鞍钢”和“鞍钢日报”微信公众号等媒体上正式发布，创新了报告发布的新形式，丰富了报告传播方式。在第十二届中国企业社会责任报告国际研讨会上，鞍钢集团荣获“金蜜蜂2019优秀企业社会责任报告·长青奖一星级奖”，鞍钢集团连续四年获奖。

6. 开展区域经济政策研究。按照集团公司要求，开展区域经济政策研究工作，完成《近年来部分区域经济政策及相关产业机会》研究报告。根据集团要求，参与集团对标研究，集中院内力量在短时间内完成《鞍山钢铁、攀钢与宝武三大基地对标阶段性报告汇编》研究材料，印刷成册，提交集团领导、机关部门及两个区域公司。

7. 在开展研究工作的同时，做好研究成果整理总结，研究方法细化，组织编辑《鞍钢集团经济发展研究院2018年研究报告选编》，印刷成册，供各级领导及单位交流参考，为经济研究工作提供指导借鉴。

【组织论坛研讨，加强外部交流】 在进行研究工作的同时，不断开展对外交流，发表鞍钢声音及观点，组织开展集团内部研究论坛等方式，推进内外部交流合作，提升研究能力。

1. 在第十届中国钢铁发展论坛会议上，林垚院长代表鞍钢集团作《以新发展理念指引创新思维造就新时代鞍钢》的主题发言；会议发言材料对宏观经济形势进行分析，对外代表鞍钢集团，发表鞍钢观点，获得与会代表的赞同。

2. 5月16日，经研院与集团信息化管理部共同组织开展了“钢铁企业数据应用交流研讨会”，邀请波士顿咨询公司专家分享了国外先进钢铁行业数字化转型的典型案例，介绍了数字化转型的方法和路线图。

3. 6月27日，鞍钢集团党委组织召开“不忘初心、牢记使命”主题教育集中学习研讨读书班（扩大）集中学习会议，由林垚院长进行主题授课。林垚院长以“把握大势穿越周期打造基因拥抱变革”为主题，围绕初心、使命与发展的基石；新时代的机遇与挑战；思维模型和部分案例4个部分进行了讲解授课，提出“开放、变革、创新、市场、战略”的发展方向。

4. 7月8日组织召开“鞍钢集团新能源车驱动电机及新磁材料应用技术交流与研讨会”。请外部专家作《新能源车驱动电机及新磁材料应用技术》的讲座；集团及鞍山钢铁相关部门、研究单位、生产单位等相关人员参加会议。

5. 与国资委下属中央企业智库联盟进行联系沟通，参加中央企业智库联盟组织召开的沙龙、论坛等相关会议；院领导带队到山钢、首钢等钢铁企业进行调研交流；与西安交通大学、西北工业大学等院校进行交流；与国资委研究中心、冶金规划院、首钢研究中心等研究单位进行工作合作、交流等。

（李成志）

鞍钢人力资源服务中心

【概况】 鞍钢集团有限公司人力资源服务中心（以下简称人力中心）成立于2016年，是鞍钢集团直属单位。2017年1月成立人力中心党支部，2018年10月经鞍钢集团机关党委批准，人力中心党支部改建为人力中心党总支部，下设鞍钢人服党支部、员工服务受理中心党支部、薪酬业务处理中心党支部、劳动保险业务处理中心党支部、职业发展与系统支持党支部5个党支部。截至2019年末，人力中心共有职工102人，其中，领导班子设置3人，下设运营管理部、系统支持部、员工服务受理中心、薪酬业务处理中心、劳动保险业务处理中心、职业能力发展管理部、培训安置及用工管理部7个部门。人力中心主要承担集团公司鞍山区域的退休审核、劳保待遇审批、企业年金管理、职称评审、职业技能鉴定、转岗培训与安置、劳务用工、鞍钢HR系统管理等日常管理职能，以及岗位维护、员工关系、新员工招聘及入职服务、薪酬发放、保险申报、劳动保险待遇申请核销、报表统计、人事代理等共享服务业务。

【人力资源共享服务平台建设】 2019年，人力中心以建设高质量共享平台为重点，突出“三个转变”，共享平台建设水平明显提升，为推动集团公司人力资源管理变革，助力鞍钢集团改革发展奠定了坚实基础。一是转变服务模式，增强服务体验。推广自助式服务，员工自助平台实现包括请销假管理、考试报名等业务线上办理功能，为员工提供一卡通信息、退休信息等查询服务，服务体验更加丰富，不断满足职工需求；实行包保式服务，业务对接作业区、员工，切实减轻各单位工作负担；开展精品化服务，按照“转变角色、凝聚思想、认同文化、融入企业”的思路，创新入职服务模式，使新员工快速认识鞍钢、感受鞍钢、融入鞍钢。二是转变经营方式，完善运营体系。优化业务运行模式，简化业务环节，减轻各单位业务负担；优化印章使用，减少52%的盖章环节。加强系统建设，优化系统功能，完成36项功能升级与优化。实施区域化管理，成立6个区域团队，职工服务体系不断完善。积极沟通、反复测算，制定收费办法及协议文本，推进共享服务市场化运营。三是转变工作重心，发挥平台作用。建成全集团统一的人力资源共享服务平台，实现“三个全覆盖”。薪酬统一在系统中计算发放；职称评审实现“在线办理，统一评审，高效运行，阳光操作”目标；利用毕业生资质评价系统，严把入口关；挖掘数据资源，提供人力资源分析决策服务；推动落实“稳岗补贴”政策，失业金反哺企业2664万元。2019年，工作重心从业务覆盖向价值挖掘转变，服务效率明显提升，在促进政策落实、规范业务执行、提升服务效率、提高管控能力、专业管理支持等方面发挥了积极作用。

【完善制度体系】 积极开展规章制度立改废释工作及合规与风险内控体系建设，制定“三重一大”决策实施办法等5项管理制度，夯实发展基础，推动中心依法合规经营，持续健康发展；推进综合改革，研究制定中心改革方案；配合集团强化考勤管理，实现人脸识别考勤全覆盖；申报管理创新成果6项，两项获机关党委二、三等奖，其中一项获辽宁省、中钢协冶金行业二等奖。

【履行管理职能】 一是完善劳务用工管理，保证用工依法合规。严把初审关，各单位年度用工比例均控制在10%以内。开展全面调查和典型劳务项目调研，为完善劳务用工管理提供支撑。加强准入管理，对“欠薪”劳务单位一票否决，鞍山区域核准40家劳务派遣单位和安保服务单位；创新用工管理，将劳动力项目与财务共享系统对接，实现线上备案审核与统计分析。二是完善福利待遇管理，做好各项待遇落实。严格落实退休政策，共办理退休4925人；积极落实各项保险福利待遇，调整各群体福利待遇15.3万人次；加强与年金管理机构联系，做好企业年金管理工作；积极解决历史遗留问题，申报审批退休纠正6人、特殊工种工龄折算34人，处理养老保险欠费问题2835人。三是完善职业晋升体系，促进职业能力发展。完成职称自主评审授权备案，工程正高级、经济和会计副高级实现自主评审；申请成为辽宁省首批职业技能等级认定试点企业；开发职称评审系统，职称评审信息化管理工作得到各方肯定和称赞；全年完成外委考试报名及审核503人，工程、政工初中级考试2191人，鞍钢自主高级评审480人，职业技能鉴定2731人次，办理技能补贴557人；高质量完成职工精英赛命题、考试组织等工作。

【鞍钢人服公司运营】 一是夯实制度基础，确保依法合规经营。制定印发《鞍钢集团人力资源服务有限公司落实“三重一大”决策制度实施及监督办法》，对接鞍钢集团“三重一大”决策和运行监管系统，规范决策行为，强化决策监管。二是夯实合作基础，开展对外经营合作。深度挖掘自助平台价值，与平安银行、工商银行等单位广泛合作，实现互利共赢；与千秋墓园有限公司签订《咨询服务合同》，为其提供人力资源管理咨询服务。全年实现利润49.2万元。三是夯实运营基础，探索合作经营模式。与国投人服公司、北森公司就人力资源服务业务进行交流，探讨人才测评业务合作经营模式，形成考察报告和可行性评估报告。

【党群管理】 一是加强思想政治建设，扎实开展“不忘初心、牢记使命”主题教育。学习教育知行合一，聚焦主题、紧扣主线，共组织学习16次；开展主题征文、知识竞赛，学习教育走深走心走实。调查研究注重实效，中层及以上管理人员全部深入服务单位调研，收集意见建议171条；召开专题会议和成果交流会，问题梳理归集5大类22项，制定整改措施29项。检视问题刀刃向内，通过多渠道收集意见建议，班子成员召开专题会议，对照党章党规查找不足，在“找差距”上下功夫。整改落实抓铁有痕，坚持立行立改、持续整改，完成22项整改，在“抓整改”上求实效。二是加强党组织建设，打造坚强战斗堡垒。严肃党内政治生活，严格执行“三会一课”制度，做好党内“双评”。加强作风建设，组织开展“机关作风建设年”活动，整治形式主义、官僚主义；开展“四个一”活动，主动联系服务单位；开展“转观念、转作风、提技能、抓落实”活动，发挥党员干部先锋模范作用。落实党建责任制，明确《支部目标承诺》，签订《党员目标承诺书》96份。加强党风廉政教育，组织观看典型案例警示教育片，组织签订《廉洁承诺书》《落实“一岗双责”承诺书》，建立廉洁档案10卷，不断增强党员领导干部的廉政意识。三是加强职工队伍建设，营造干事创业氛围。加强中层管理人员年度考核，强化考核结果运用，调动干事创业积极性。组织参加鞍钢集团举办的培训40人次，各类业务培训300人次；开展“双学”活动，发挥传帮带作用，提升职工队伍素质能力。申报“共产党员工程”、青年创新登高项目8项，开展“服务之星”评选，营造干事创业氛围。中心党总支部获2018年度集团先进党支部称号，8名同志获机关优秀党员称号；获评2019年度机关先进工作者10名、“四星”党员8名，集团先进生产者1名。四是加强团队文化建设，提升团队凝聚力。开展庆祝新中国成立70周年系列活动，鼓舞士气、凝聚力量；组织参加多彩的文体活动，丰富职工业余生活，营造和谐氛围。全年走访慰问职工11人次，发放慰问金1.1万元。传承雷锋精神，捐资助学台安县达牛镇小荒村小学。通过系列活动的开展，党支部直接教育管理监督党员和组织宣传凝聚服务群众作用得到有效发挥。

（吴克伟）

鞍钢人力资源服务有限公司

【概况】 鞍钢集团人力资源服务有限公司（以下简称“鞍钢人服”）成立于2017年3月，是由鞍钢集团有限公司出资设立的全资子公司，是鞍钢集团人力资本输出平台。鞍钢人服设立综合管理部、营销管理部，分别与人力资源服务中心运营管理部、培训安置及用工管理部合署办公，实行“一个机构，两块牌子”。具备《人力资源服务许可证》《对外劳务合作经营资格证书》《劳务派遣经营许可证》等三项经营资质，经营范围包括劳务派遣、向境外派遣各类劳务人员（不含中国台湾地区）、人力资源招聘、推荐、培训（非社会力量办学）、测评；职业中介、职业指导；人力资源和社会保障事务代理（不含档案管理及相关业务）；人力资源供求信息收集、整理、储存、发布和咨询服务；高级人才寻访；人力资源服务外包；职业技能鉴定、人力资源管理咨询、信息技术咨询、工程技术咨询等。

【主要工作】 2019年，鞍钢人服继续秉承“市场导向，客户至上，规范高效，诚信服务”的经营宗旨和“创造需求，为客户提供增值服务，实现与客户共同发展”的理念，不断拓展业务。一是夯实制度基础，确保依法合规经营。制定印发《鞍钢集团人力资源服务有限公司落实“三重一大”决策制度实施及监督办法》，对接鞍钢集团“三重一大”决策和运行监管系统，规范决策行为，强化决策监管。二是夯实合作基础，开展对外经营合作。深度挖掘自助平台价值，与平安银行等单位广泛合作，实现互利共赢；与工商银行合作，发挥共享服务覆盖面的优势，为鞍钢职工提供ETC免费安装服务，深受广大职工欢迎；与鞍勤集团、千墓公司签订《咨询服务合同》，为其提供人力资源管理咨询服务，进一步扩大了鞍钢人服人力资源管理咨询的客户群体。三是夯实运营基础，探索合作经营模式。与国投人服公司、北森公司就人力资源服务业务进行交流，探讨人才测评业务合作经营模式，形成考察报告和可行性评估报告。通过与先进企业交流学习，不断提升鞍钢人服运营能力和水平，为鞍钢在人力资本服务领域发展积累了经验，同时，积极研究论证人才测评等新业务，拓展人服公司发展空间需求。2019年，鞍钢人服实现利润49.18万元。

（李　进）

鞍钢财务共享服务中心

【概况】 鞍钢集团有限公司财务共享服务中心（以下简称“中心”）于2016年11月15日注册成立，是鞍钢集团有限公司的直属单位，负责鞍钢集团财务共享平台建设任务及平台建成后的财务核算、财务共享工作。代行鞍钢集团有限公司统计业务工作。中心现有部门7个，职工46名。

鞍钢集团财务共享平台建设是对财务业务进行流程再造与标准化，构建大型钢铁企业财务共享服务平台，实现财务信息公开、透明、共享，提升价值创造、支撑集团战略发展、提高管控能力、助力深化改革。鞍钢集团财务共享平台项目分为三部分功能：统一核算系统，将鞍山区域未实现业财一体化单位的会计核算业务纳入统一的信息化会计核算平台，提高会计核算效率、质量、安全性；财务共享平台，建立会计业务单据、编码、流程、基础档案管理体系，固化入账规则、财务标准、资金和预算控制，优化共享作业、移动办公、集中结算机制，实现统一、规范、高效会计核算，强化集团管控；中央账务仓，建立集团公司会计核算数据仓库，实现财务大数据挖掘，发挥财务决策支持和深度分析作用。

鞍钢集团有限公司被中钢协评为2019年全国钢铁工业统计工作先进集体，2019年度产量月报统计工作先进单位，2019年度信息工作先进单位。

（王　菊）

鞍钢审计中心

【概况】 鞍钢集团有限公司审计中心（以下简称审计中心）于2016年12月注册成立，是鞍钢集团所属分公司，定员编制66人，截至2019年12月末，审计中心职工总数52人，平均年龄38岁，其中研究生8人、本科43人、专科1人；高级职称人员3人，初、中级职称人员49人；具有注册会计师、注册造价师等执业资格6人。审计中心在集团审计部领导下开展工作，下设工程投资审计室、经营管理审计室、经济责任审计室、专项审计调查室4个业务处室。主要工作职责为按照集团审计部下达的审计项目任务和工作目标，开展各类审计工作，并完成审计部安排的其他工作。

审计中心的成立，实现了集团公司审计业务统一领导、审计资源集中调配、审计项目统筹实施，利于发挥鞍钢内审系统整体优势，利于提高审计独立性、权威性和鞍钢集团的审计管控能力，利于鞍钢集团审计监督作用的充分发挥。

【审计工作】 2019年，审计中心按照集团公司的总体要求，坚持以习近平新时代中国特色社会主义思想为指导，以集团公司二次党代会精神为指引，深入落实“三个推进”要求，坚持稳中求进工作总基调，瞄准持续发展目标，围绕“六个加快推进”发展战略，持续创新审计思维，不断拓展审计领域，全年完成审计报告项目63项，为鞍钢集团改善运营、提升管理、控制风险、增加价值作出重要贡献。

强化审计成果运用，发挥增值作用。2019年积极开展企业管理类审计，深入思考生产经营经济性、效率性、效果性方面存在的不足，帮助企业提出建设性、可行性的审计建议，促进子企业全年实现增效65335万元（其中审减工程投资金额9094万元）。

促进完善内部控制，加强风险管理。坚持问题导向和目标导向，在审计过程中发现问题及披露事项776项，发现重大风险事项26项，提出了审计建议432条，有效落实了“治已病、防未病”的重要要求，强化了企业风险管理。

落实监督机制，杜绝违纪违规。落实集团公司要求，坚决查处违纪违规、弄虚作假，把监督落到实处，不留死角和盲区，规范权力运行、提升组织经营管理水平，全年审计发现违规金额6407万元。

深抓薄弱管理，严控损失浪费。2019年通过对被审计单位是否经济、高效或有效执行制度、操作标准、程序，是否考虑经营活动的合理性进行剖析，深入发现子企业经营管理中存在的损失浪费问题，全年审计共发现损失浪费金额28887万元，有效提升了企业市场竞争力。

参与大监督体系建设，增强监督合力。2019年通过审计发现并向纪委移交问题线索共计13条。配合集团巡视整改工作领导小组、集团纪委开展了专项巡视、专项调查等工作。

【体制改革】 2019年，审计中心修订了《审计中心自行管理领导人员管理办法》，全面推行干部任期制，任期三年。实行年度考核评价和任期考核评价，实现“干部能上能下”。并修订了《审计中心2019年战略绩效与薪酬评价考核办法》，加大了激励考核力度。单项绩效奖罚达到月度绩效的30%，授权处室负责人考核职工绩效38%，审计中心考核处室负责人绩效40%和职工绩效2%，绩效奖励不设上限。该考核模式充分体现业绩导向、多劳多得、奖罚分明，打破平均主义与职级界限，拉大了收入分配差距，发挥考核“指挥棒”作用和“四两拨千斤”的效果，真正实现“收入能增能减”，激发了员工活力。使审计中心薪酬分配逐步向市场化靠近，实现“收入能增能减”。

【党建工作】 2019年，审计中心党支部严格按照上级党委的工作安排及部署，高标准、严要求开展各项党建工作，确保发挥政治引领作用。

强化党建基础建设。完成4项党建管理制度修订完善工作；积极开展创先争优活动，完成共产党员工程2项，提报“网络问企”97条；深入开展了“不忘初心、牢记使命”主题教育。

强化作风建设。开展形式主义和官僚主义问题排查，完成5项问题集中整治工作；开展了服务基层“四个一”活动和部门协同业务交流活动；分别与首钢集团审计部等单位开展了业务交流研讨；通过组织签署廉洁承诺书、观看警示片、修订纪律管理制度等方式深化了纪律建设。

强化党群共建。积极组织职工参加了生活健康培训活动、乒乓球、羽毛球、篮球、棋类比赛，愉悦了职工身心，强壮了职工体魄，展现了审计中心职工团结进取、昂扬向上的良好形象。

强化员工素质提升。2019年选派参加中国内部审计协会业务培训、中钢铁协会法务培训等26人次；组织内部业务交流培训共计49次，累计参与778人次。

（王娇皎）

鞍钢教育培训中心（党校）

【概况】 截至2019年末，鞍钢教育培训中心（党校）有在岗职工295人，居家职工30人，离休人员39人，退休人员1838人。在岗职工中管理和技术岗位职工250人，其中高级职称132人，中级职称99人，初级职称19人。服务岗位职工45人。中心下设5个职能管理部门，10个教学研究培训部，3个教学辅助部门。拥有固定资产原值6055.53万元，净值720.31万元。占地面积7.68万平方米，建筑面积5.59万平方米。2019年，共开办各级各类培训班924个，培训学员37505人次，完成教学任务量22590学时。发表论文154篇，其中省级论文33篇、市级论文121篇。获得中国企业教育百强组委会颁发的“中国最具价值企业大学”荣誉。

【主要工作】 2019年，鞍钢教育培训中心（党校）认真贯彻落实集团公司二次党代会和一届六次职代会提出的工作部署，加快推进转型发展，在全体干部职工的共同努力下，全面完成了一届八次职代会所确定的各项工作目标。

组织开展了习近平新时代中国特色社会主义思想专题轮训，完成党委书记、部级领导人员、处级领导人员、党支部书记和统战对象培训共23期，鞍山区域轮训2523人，攀钢区域、广州联众轮训1237人。举办“不忘初心、牢记使命”集团公司党支部书记专题培训班8期，培训鞍山区域党支部书记1100人，其他区域参训党支部书记800多人。举办鞍钢集团领导人员习近平新时代中国特色社会主义思想学习纲要培训班5期，培训鞍山区域领导人员460人。

注重提升党务工作者业务能力，开办了党支部书记业务素养提升培训班、新任职党委书记培训班等培训。注重推动集团公司发展战略落地落实，开办了领导人员钢铁发展战略与企业管理研修班、目标责任制与契约化经营培训班等培训。注重为集团公司培养一批技术领军人才、技术带头人才和青年技术拔尖人才，开办了高级青年知识分子培训班、“大数据与互联网+”培训班、IF钢冶炼关键技术专项培训班等培训。注重满足适应鞍钢技术进步和生产方式变革技能人才的培养需要，开办了作业长、班组长培训班、“244”高技能人才培训班等培训。注重提升新入职大学生职业素养，开办了新入职大学生培训班、新入职大学生英语中、高级培训班等培训。

发挥培训资源优势，加大对学校优秀培训师

资、重点培训项目向集团外部的宣传推介。走访鞍山中小企业，开拓外部培训市场，为鞍山市雨虹集团、中石油鞍山分公司、中石油铁岭分公司、海城后英集团等企业举办管理人员管理知识和管理能力提升培训，为海城后英集团举办钳工、冶金、电气、仪表等技术技能培训。鞍山市再就业培训基地申办获得批准。

发挥科研智库作用，推进科研工作转型升级。承担公司及以上科研课题 13 项，完成中心级科研课题 52 项。在第八届冶金行业论文评选中，《以创新工作室为依托 开发复合培训模式》获三等奖，《钢铁行业安全培训新方向》和《论多媒体课件教学在企业职工培训课堂中的应用》获优秀奖。“推动习近平新时代中国特色社会主义思想学习宣传贯彻向纵深发展研究”获中央企业党建思想政治工作研究会 2019 年度优秀课题研究成果三等奖。

《鞍钢》杂志出版 4 期，发表文章 79 篇。《鞍钢日报》理论版编辑出版 18 期，刊登文章 72 篇，其中，与集团公司党委组织部联合开设的“支部党建实践”栏目，刊登支部党建实践交流文章 14 篇。《鞍钢培训》编辑出版 4 期，刊登文章 85 篇。《厂情研究》编辑出版 3 期。

推进实施教育培训岗位等级评定，评聘主任培训师 6 名，主管培训师 12 名，骨干培训师 16 名。选派教师外出进修学习 36 人次。组织教师培训大讲堂，举办教师课件制作竞赛和青年教师硬笔书法展示活动。聘请专家对心理关爱项目组教师进行业务培训。在 2019 年中国创新方法大赛总决赛中，鞍钢教育培训中心教师指导并参赛的项目分获一、三等奖。在第八届钢铁行业职工培训和职业教育优秀多媒体课件大赛中，参赛课件《碳资源与碳交易》获三等奖，《沟通的基本功能及障碍系列》和《太阳能光伏发电及应用技术》等 7 个参赛课件获优秀奖。

开展“践行共享理念，关爱一线员工”专项服务行动 2 项，解决职工早餐等问题 3 项。组织职工度假、健康体检，开展“金秋助学”活动，为职工过生日，在传统节日为职工送温暖。加大困难职工帮扶力度，走访慰问、救助职工、离退休人员 516 人次，发放救济金、大病医疗救助金 31.01 万元。

（刘允壮）

鞍钢日报社

【概况】 2019 年，是新中国成立 70 周年，鞍钢“7 · 9”开工 70 周年，《鞍钢日报》创刊 60 周年，鞍钢日报社作为集团公司党委舆论宣传主阵地，坚持高举习近平新时代中国特色社会主义思想伟大旗帜，深入落实习近平总书记关于党的新闻舆论工作重要论述精神，守初心、担使命，紧紧围绕集团公司高质量发展中心任务，唱响主旋律，传播好声音，树立新形象，凝心聚力再出发，深入推进媒体改版、经营创新、解难题办实事各项工作，新闻舆论引导力、传播力显著提升，经营管理业绩大幅攀升，超额完成集团下达的经营责任制目标，一大批服务职工群众的项目落地见效，2019 年鞍钢日报社获评 20 佳中国企业报殊荣。

【舆论宣传】 坚持政治家办媒体原则，切实履行“举旗帜、聚民心、育新人、兴文化、展形象”职责使命。深入开展“不忘初心、牢记使命”主题教育，引导编采人员深入学习贯彻落实习近平总书记关于党的新闻舆论工作重要论述精神，切实践行“四向四做”要求，牢牢把握意识形态工作主动权，确保主流舆论思想不断巩固壮大，全年出版《鞍钢日报》294 期，《鞍钢视讯》97 期、873 条，新闻政治差错、导向错误、重大新闻漏报“三个为零”。坚持高站位策划、立体化传播，全媒体协同发力，推发“摇篮鞍钢”微信 694 条、“鞍钢日报”微信 1306 条、集团官方微博 553 条、集团官网新闻资讯 1431 条、抖音 227 条，紧跟企业改革发展方向，着力讴歌新思想扎根鞍钢的感人事迹，客观、全面地展现鞍钢作为大国重器之钢铁脊梁的央企风范，为集团公司开启高质量发展新征程提供坚强舆论保障。

坚持从需求端着眼、供给侧发力，2019 年用一个月时间，深入推动《鞍钢日报》自创刊以来力度最大的一次改版工作，媒体思想性、引领性、时代性、人文性、可读性显著增强。主动适应新闻图像化趋势和受众需求，加大视觉语言应用比重，推出全彩版面，增设“视觉 · 鞍钢”等专版，有效增强版面视觉冲击力和时代感，实现从“重文轻图”向“图文并茂”转变。推出“人文 · 鞍钢”“记忆·鞍钢”等栏目，充分展现“长子”情怀和鞍钢风范。坚持“内容为王”，紧扣时代脉搏，深入挖掘鞍钢这座新闻“富矿”，着力讲好符合时代特征的鞍钢故事，用优质内容强信心、聚民心、暖人心、筑同心，形成思想舆论的强大引领力。改版后的《鞍钢日报》，受到集团领导和广大读者的充分肯定。

树立精品意识，推动协同化发展。推广跨岗位业务技能培训，建立8对师徒对子，以老带新，以带促做；2019年，每月举办2次专题业务学习，分享经验体会；每季度组织1次重点报道培训会，对下一季度集团公司党委部署的重点任务进行讲解、细化和承接，使编采人员做到心中有纲领，落笔有方向。着力讲述符合时代特征的鞍钢故事，《小康路上风景好》等精品力作，生动展现鞍钢“铭记长子担当，矢志报国奉献”的央企情怀。圆满完成《脊梁——纪念鞍钢开工70周年特刊》《鞍钢日报创刊60周年特刊》等大型策划报道。2019年，共有12人次获辽宁省新闻奖、10人次获中国企业报好新闻奖、17人次获冶金记协好新闻、29人次获鞍山市好新闻奖。

【经营管理】 坚持问题导向，靶向治疗。针对制约新闻宣传、经营管理各项工作高质量发展的瓶颈问题，成立媒体改版、经营服务、解难题办实事3支队伍，为全面推动报社高质量发展提供坚实组织保障。建立健全“坚持严管厚爱与刚性制度相结合”“坚持向一线倾斜，体现效率兼顾公平”“坚持解决当前问题与长远问题相结合”“坚持深化改革与发展稳定相结合”等4项激励机制，大幅提升职工收入，增幅位居集团公司前列，“重精准、强激励、硬约束、严考核”的联动考核体系有效形成。开展“全员讨论、全员网评、全员整洁”3项主题活动，广大干部职工服务报社高质量发展的干事创业热情进一步提振。全年实现轻伤以上事故、重大设备和火灾事故为零，法制建设、治安综合治理、保密、档案等工作水平明显提高。

强化资源优势转化，组建报社运营服务团队，拓展媒体服务渠道，为鞍钢集团子企业提供个性化宣传推广、视频制作等服务。研判市场机遇，积极抢抓创效先机，在主题教育开展期间，组织专人赶制主题教育电子辅导材料400余份，实现对需求端的精准服务供给。强化媒体资源优势输出，成功策划鞍钢庆祝新中国成立70周年大型演出、鞍钢股份客户交流会等大型活动；制作广告推介专版、企业形象宣传片，实现企业效益、经济效益双增长。依托现有资源优势，开展会议策划服务、档案代维等业务，为全面拓宽经营服务市场提供宝贵经验。

践行人民立场和群众观点，突出人文关怀，深入推进“践行共享理念关爱一线员工”专项服务行动，成立解难题办实事小组，切实为职工办实事、做好事、解难事。班子成员深入新闻编采一线、走进印刷生产班组，主动倾听职工生产生活诉求，做到“心中有职工、职工问题心中明”。针对编辑部岗位连续多年夜班的突出问题，以报纸改版为契机，对相关岗位班制进行调整，使相关同志告别了连续几十年的夜班生活。制定“民生清单”，着力解决突出问题。组织配备休息室、采访车、消毒柜、餐盘、洗碗机、洗衣机等设施器材，举办退休职工离职仪式和主题团队建设活动，妥善解决职工关切问题20项，救济困难职工134人次，发放救济金9.19万元，职工生产生活环境得到有效改善。

（季　旭）

人　物

·先进人物·

全国五一劳动奖章获得者

于淑娟　女，满族，教授级高级工程师，鞍钢股份技术中心科研人员，辽宁省百千万人才工程百人层次人选、辽宁省优秀专家、中国共产党辽宁省第十次代表大会代表、中国妇女第十二次全国代表大会代表、全国钢标准化技术委员会第一届冶金固废资源分技术委员会委员。2018年获国务院政府特殊津贴、辽宁省五一劳动奖章。2016年获中国发明协会“发明创业奖·人物奖”特等奖和“当代发明家”称号，被评为“辽宁好人·最美振兴发展带头人”、辽宁杰出科技工作者、中国金属学会2011—2016年度十佳科技工作者。

该同志坚守在钢铁领域默默奉献、刻苦钻研30多年，为鞍钢减排尘、泥、渣数百万吨，创造了显著的经济、环境和社会效益。

该同志28项专利获国家授权、发表论文43篇、获市级及以上各种奖励37项。其中，中国专利优秀奖2项、辽宁省科技进步奖2项、冶金科学技术奖2项，获国际发明协会颁发绿色环保贡献奖、国际发明展金奖、中国发明展金奖、鞍山市科技进步奖特等奖。

该同志2016年入选中国图片网《大国工匠》，被新华网、新浪网等100多个主流网站图展一周；是《共产党员》2017年4月封面人物。她主导制定了国家工信部下达的2项行业标准，为钢铁企业的节能减排和绿色制造作出了突出贡献。

中央企业劳动模范

田宇　男，鞍钢股份中厚板厂厚板线生产作业区轧钢工，高级技师，为2012—2013年度鞍山市劳动模范，2017年获评“辽宁工匠”。

该同志从事轧钢工作25年，在新产品工艺开发、钢板性能及板形控制方面具备较强的能力和深厚造诣，多次解决了制约生产的关键性难题。先后总结出了“田宇X70管线钢轧制操作法”等三项鞍钢集团公司级先进操作法，获第九届国际发明展金奖一项，第十届国际发明展银奖一项。

曲晓东　男，鞍钢股份有限公司热轧带钢厂1780线生产作业区甲班倒班作业长，高级技师，为2015年鞍钢集团轧钢工技术状元、2014—2015年度鞍山市特等劳动模范、2016年度鞍山市五一劳动奖章获得者。

该同志先后获授权5项国家专利；“关键技术的创新应用控制热连轧高强钢内应力”获得第22届全国发明展金奖；“关键创新技术的应用控制金

属材料表面色差与条纹”获得第十届国际发明展世界发明者协会国际联合会（IFIA）颁发的“最佳卓越创新奖”。总结3项先进操作法并应用；调整与凸棱、硅钢边裂、酸洗板麻点等有关的52个关键控制点，大力降低废品率，累计创效约3.6亿元。

赵东明　男，鞍钢股份炼铁总厂副厂长（主持工作），高级工程师，为2011年度朝阳市劳动模范、2014年度鞍钢集团优秀共产党员。

该同志有高度的事业心和责任感，大力实施深化改革、变革创新、强化管理、稳定生产、提升指标等举措，生产经营指标取得历史性突破。在担任朝阳钢铁炼铁厂厂长期间，推行“生产稳顺是最大效益，事故损失是最大成本”的工作理念；不断追求高炉实现“高效、低耗、经济”运行目标，克服钢铁企业单高炉独线生产的难题，实现单高炉生产长期保持高强度稳产顺行和生产经营指标持续攀升，生铁成本连续创鞍山区域三地最低，行业排名前列。

彭恂军　男，攀钢集团攀枝花钢钒有限公司物流中心机车车辆作业区铆焊班焊工，高级技师，为2015年四川省五一劳动奖章获得者，2016年攀钢优秀共产党员，2018年四川省“敬业奉献”好人、“全国钢铁行业技术能手”。

该同志立足本岗、刻苦钻研，解决电渣罐车裂纹修复的焊接难题，完成了机车车辆作业区45-1钢渣车车轮检修工艺研究，车轮轮孔的焊接技术攻关课题和成果等6项；改进12V180型内燃机车柴油机机体缺孔修复工艺，解决焊接技术问题和难题15项；撰写发表《干熄焦炉料钟表面堆焊修复工艺》《柴油机体球墨铸铁镶块焊接修复工艺》，导师带徒12人。

李俊洪　男，攀钢研究院钒钛钢研究所材料工程技术研究室主任，教授级高级工程师，首席研究员（一级专家），为2014—2015年度鞍钢集团劳动模范。

该同志围绕轧钢工序工艺进步、产品提质做了大量的研发。为冷热轧板带轧制、型钢轧制、钢管轧制及特殊钢锻造奠定重要基础，负责23项科研项目，解决了大量生产技术难题，在专业技术领域取得多项创新，为企业创造效益累计超过2亿元，截至2018年9月，获得攀枝花市科技进步奖10项，四川省科技进步奖9项，申报中国发明专利45项，获中国发明专利授权32项，发表科技论文26篇。

郑　义　男，鞍钢集团矿业有限公司眼前山分公司铁运作业区机务丙班班长，高级技师，为2006年中央企业知识型员工、2010—2011年度鞍山市特等劳动模范，2017年获评“鞍钢工匠”。

该同志围绕岗位操作创造了5项矿级操作法，2项鞍钢先进操作法，鞍钢级专有技术1项，国家专利3项，创效320万元，技术创新7项，创效174万元。有两篇论文《电机车电空接触器防烧损措施》《电机车节能操作探索与操作》在《鞍钢矿山》杂志上发表。创新工作室被矿业公司命名“郑义创新工作室”。所在班组荣获矿业公司五好班组。

董研 男，鞍钢集团矿业有限公司弓长岭有限公司露采分公司汽运作业二区点检员，技师，为2014—2015年度鞍钢集团劳动模范、2014—2015年鞍山市劳动模范。

该同志热爱本职工作，练就过硬检修技术。勤于学习，致力创新创造，攻克矿用汽车液压油箱连通管路增设滤清器改造项目，使每台车每年节省费用1.8万元以上。他对4台3311E车、2台33100B型生产车的电气线路和3台设备的刹车系统进行了整改，累计实现创效12万元。提出的TR100型生产车取力箱销轴油封更换法，使更换工作由2个人操作4小时缩减为1人10分钟。获得鞍钢职工创新工作室优秀项目二等奖。利用报废的传送带制作成挡泥板，每年节约成本2万余元。

徐斌 男，鞍钢集团工程发展公司建设机电分公司液压队钳工班班长，技师，为2014—2015年度鞍钢集团劳动模范，2014—2015年鞍山市劳动模范。

该同志政治思想坚定，作风过硬，技能过硬。先后在鞍钢西区2150加热炉、鞍钢1~4号镀锌线、鞍钢硅钢1~4号线、鞍钢二发电CCPP发电机组、营口鲅鱼圈炼钢连铸阀站、1580热轧加热炉，福建莆田冷轧连退炉、鞍钢化工30万吨焦油等重点工程的设备、工艺管道安装任务中表现出色，受到各方的好评。

辽宁省五一劳动奖章获得者

刘铁 男，工程师，鞍钢高技能人才等级序列二级技师，鞍钢股份炼钢总厂三分厂连检三作业区精炼点检班长。2016年获鞍山青年五四奖章；2017年获鞍山五一劳动奖章、向上向善鞍山好青年、“鞍山好人·最美工人”；2018年获全国青年岗位能手、新时代向上向善辽宁省好青年。

该同志于2007年毕业于沈阳工业大学机械设计制造及自动化专业。工作以来扎根生产一线、刻苦钻研技术，立足岗位开展创新攻关，解决了鞍钢RH精炼设备在“生产顺行、提高质量、降低成本、节能环保”等方面的一系列瓶颈难题，创造了显著的经济效益、环境效益和社会效益。

该同志先后获11项专利授权，鞍钢专有技术15项，先进操作法7项，市级及以上各种奖励15项。其中市级、省级成果一等奖2项，北京第12届发明创新大赛职工技术创新专项奖、大众创新专项奖，全国发明展金奖1项、银奖3项、铜奖2项，国际发明展金奖2项、卓越创新奖1项，第五届全国职工优秀技术创新成果二等奖，全国总工会职工技术成果二等奖。

该同志的创新发明成果多次成功解决外国技术专家未能解决的技术问题，多次的技术输出给我国在真空精炼炉技术领域的发展、提升作出了突出贡献，为国内真空行业技术发展及自主研发起到了重要的推动作用。

刘炳刚 男，高级技师，鞍钢股份公司冷轧厂一分厂电气点检员。获得国务院政府特殊津贴、全国技术能手、中央企业技术能手、辽宁省有突出贡献高技能人才、辽宁省技术能手、鞍钢集团公司高技能人才标兵、鞍钢集团公司技术状元、

鞍钢集团公司技术能手等荣誉称号，受聘为鞍山市首批技能大师。

多年来，该同志坚持不懈地学习专业技术知识，不断提高自身素质，从一名操作岗位普通工人成长为一名技术精湛，先后独立完成近 20 项设备、工艺、技术改进的高技能人才。他利用自己精湛的专业技术，解决了冷轧 1 号联合机组圆盘剪通信故障，提出了变频器稳定运行的点检方法。编写联合机组三个活套的小车标定程序，年创效 34 万元。主持联合机组泰勒焊机的升级改造工作，该项目获得了冷轧厂技术创新特等奖，为企业创效 120 多万元。解决了联合机组工艺段带钢跑偏断带故障，减少事故时间损失 50 万元。参与冷轧 1 号线平整机组改造工程，为企业节约编程调试费用 40 万元。完成了联合机组乳液站供乳泵的变频改造工作，使电力消耗明显降低，年节电 198 万度，年创效 120 万元。完成了罩式炉煤气压力自动控制系统的设计与调试工作，使煤气消耗降低 9%，年节约煤气费用 310 万元。在酸洗板机组改造工程中，全程参与设计、编程、施工、调试工作，在机组正常运行过程中，完成了防皱辊、涂油机、碎边剪、烘干机等制约机组生产效率及产品质量的技术改造，使机组迅速达产达效。

该同志获得集团公司专有技术一等奖 1 项，专有技术 4 项，完成了罩式炉煤气压力自动控制等创新项目 16 项。成功解决炼铁厂 5 号高炉煤气阀门定位控制故障、线材厂 S5 PLC 主板 CPU 测试及冷轧硅钢厂 PLC 通信故障。在 2005 年国务院国资委举行的中央企业职工技能大赛中获得二等奖，被授予中央企业技术能手称号；参加鞍钢集团公司举办的职工技能大赛获维修电工第一名，被授予鞍钢集团公司技术状元称号。组建了全厂首个功能齐全的 PLC 系统和传动系统实验室，对职工开展从基本技能开始的全方位培训，有效提升了员工的技能水平。

马志刚　男，鞍钢集团矿业有限公司东鞍山分公司运检作业区电气班班长，为鞍山市劳动模范、公司技术状元。

该同志爱岗敬业，刻苦钻研，立足东矿破碎胶带系统电气检修岗位，和同事完成了多项技术攻关和设备改造工作，对东矿破碎胶带自动化控制系统进行完善，积极参与东矿“矿运工程技术攻关小组”活动，解决东矿矿运工程施工中出现的各类技术问题。共提出工艺缺陷和工程隐患 50 余项，有效解决设备安装调试中出现的各类问题，确保了东矿矿运破碎胶带系统开工投产一次性转车成功。

该同志作为鞍钢矿业公司级创新工作室负责人，组织创新工作室积极参与完成“矿石布料小车漏子结构防磨技术改进”等创新项目 11 项，合计降低人工费用 6 万余元，累计创效 300 余万元。“胶带机驱动滚筒打滑故障处理 422 操作法”被评选为鞍钢矿业集团级先进操作法。创新工作室成员荣获技术状元 7 人次，明星技术状元 1 名。2017 年度创新工作室新申报国家级实用新型专利 2 项。

该同志在工作中立足本职、爱岗敬业，努力工作、严谨负责，通过开展技术攻关，解决生产难题；通过创新工作室建设，为企业打造技术人才；通过导师带徒培训，提升队伍素质，为企业的生存发展和科技创新作出了巨大的贡献。

佟伟　男，鞍钢实业集团有限公司冶金资源再生利用分公司材料作业区 KR 脱硫粉剂及焦丁增碳剂班班长。为鞍山市铁东区人大代表，第二届鞍钢党代会党代表，鞍钢劳动模范，鞍山市劳动模范，鞍山市职工创新工作室带头人。

该同志在工作中严谨求实，勤奋刻苦，兢兢业业，完成各项急难险重工作任务。他带领工作室成员在改造鞍钢炼钢总厂屏蔽盖板中，为提高使用寿命，通过对该设备创新改造，降低钢材使用量，仅此一项每年创效高达 8 万余元，VD 盖的使用寿命创该生产线投产以来历史最高纪录。为解决 KR 原料仓到立磨下料不顺畅问题，将原有的振动筛拆除，在 KR 原料仓与立磨连接处安装星形给料器，实现了由自然给料到强制给料，避免了堵料现象发生，降低了能耗，全年创效 1.8

万元。在熔铸合金项目建设前期，为避免物资浪费节约成本，他们创立的“利用拆扒废料自建萤石库房”项目攻关成功，顺利修缮了一座KR专用库房，有效避免了萤石混入增碳剂等其他粉尘，为公司可持续发展作出了积极贡献。

林利　男，高级工程师，鞍钢股份技术中心汽车钢技术服务团队负责人。为2013年度鞍钢集团公司先进生产（工作）者、2014年度鞍钢集团公司优秀共产党员、2016年度鞍钢集团先进生产（工作）者、2017—2018年鞍钢集团劳动模范、2018年“鞍山最美科技人”。

该同志自参加工作以来，一直在科研一线带领团队从事汽车钢应用技术工作，先后参加或负责国家科技支撑计划、国家“十三五”重点专项课题4项，辽宁省重大项目2项，集团公司科研课题8项。紧紧围绕白车身轻量化、降成本进行正向工程、逆向工程、同步工程、模具调试及个性化产品开发，长期为一汽集团、上汽集团、广汽集团等多家用户16款新车型提供了一揽子技术解决方案，轻量化效果显著，达到国际先进水平，获得汽车行业高度认可。与此同时，通过EVI技术服务，带动鞍钢汽车用钢早进市场，扩大市场，推广产品50万吨，取得显著的经济效益。

该同志参与负责的“基于白车身轻量化设计的个性化系列高强钢及应用技术开发”项目获辽宁省科学技术进步奖一等奖，“先进高强汽车用钢研发技术集成与创新”获得冶金科学技术奖二等奖，发表多篇论文被SCI检索。

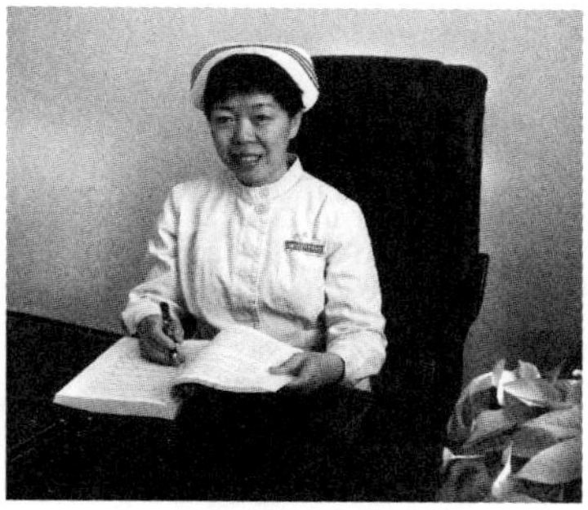

李红　女，主任护师，鞍钢集团公司总医院护理部副主任。曾荣获全国卫生系统护理专业“巾帼建功标兵”、辽宁省“三八红旗手”、鞍钢集团公司“先进生产（工作）者”、鞍山市“优秀护士”等多项荣誉称号。

该同志走上护理管理岗位后，秉着踏实做事的原则，从制度规范落实抓起，重质量、抓服务、强学科、树品牌。她着重护士长队伍的建设，制定护理管理培训计划，提升护士长管理及业务能力；针对新护士，开展规范化培训，着重护理基础理论与技能的培训；她还大力发展专科护理工作，医院的PICC等专科小组、腹透等专科门诊、重症护理等沙龙活动开展得有声有色。她尤其重视患者安全，通过开展有效的三级质控、不良事件上报、品管圈活动等护理工作，持续改进护理质量，为患者营造安全的就医环境。护理质量改进项目在省级品管圈大赛获得二等奖。在担任病房护士长时，李红视患者为家人，带领全体护士以微笑面对病人，以真诚对待病人，以行动去感动病人。她带领的护理团队经常代表医院迎接各种国家、省、市级检查与考核，为医院赢得了赞誉。

该同志作为辽宁省抗震救灾医疗队员参加汶川抗震救灾21天，在余震频频绵阳市人民医院骨科病房、安县灾区条件最艰苦的晓坝镇卫生院安置点、最偏僻的晓坝镇黄羊村医疗救助点为灾区人民送医送药，将辽宁省人民对灾区人民的情谊及时转达给灾区人民。

2019年度鞍钢集团先进生产（工作）者名单

鞍山钢铁集团有限公司

张允东　甘秀石　李昌胤　李雨红　李建军
张　浩　于连涛　赵东明　王　辉　祁　林
奈作全　马庆顺　刘希望　孙艳霞　鲍明壮
林兆宇　解志彪　张学伟　徐　涛　崔光耀
林　榈　杜兴锴　董华枫　赵　彤　闫　冰
李志仁　何文英　倪翀奕　严　玲　任子平
姜宏宇　郭　凌　黄　祺　金泽宏　朱文豪
衣　鹏　颜庆双　朱宏家　刘铁岩　倪志丰
袁　萍　张业钢　张威威　赵忠朋　马秀生
宁吉亮　项纯福　吕红军　张　戈　李翔凌
张　崇　徐　健　罗　伟　林　涛　陈传毅
赵恒起　王　隆　杨　亮　金启中　贾淑波
杨树勇　石　非　刘光春　苏宏文　周敬忠
马荣材

攀钢集团有限公司

张远祥　曾　彬　王代文　呙卫国　赵　虎
张全忠　罗维东　亢仕伟　邓明俊　张柳方
阳　波　王　斌　丁照军　陈　虎　赖梅祥
游本银　陈新红　张建全　易　攀　刘　源
杜斯宏　潘　刚　冯　志　杜茁壮　谭　炜
贺　信　黎　桃　邓　强　李　刚　杨　益
顾　民　张广权　杜旭东　熊　将　刘　超
吴　艳　张水莲　胡　波　丁治中　王　瑞
张功庭　梁恩荣　查笑乐　李景奎　肖绍勇
张　伟　陈跃攀　梁　艺　曹建华　何光辉
伍玲玲　苏先照　李元刚　杜光辉　许　量
罗定洪　张浩钢　缪书武　张先胜　陆高峰
汤　伟　杨　兵　贺建强　陈　炜　李清春
熊开伟　王凌冰　胡　伟　赵　坪　邓清锐
王景川

鞍钢集团矿业有限公司

李　跃　黄福彪　王生勇　张振宇　王长艳
陈　岩　张玉坤　李荣芳　宋金生　朱继阁
张海东　孙伟锐　黄德刚　景思郁　冯　新
王晓双　李　凯　王宏志　薛　青　李熙然
张　岩　甄　铁　李启光　纪文胜　杨会利
张云福　苏兴国　亢建民　茹青辰　刘殿军
刘忠卫　张永存　宋乃斌　刘永铁　许　超
薄　海

鞍钢集团工程技术发展有限公司

冯占立　杜立朝　曲　志　李洪学　栗尉书
雷　明　芦绍臣　王贺鹏　李宏伟　高志刚
李亚彬　陈玉东

鞍钢集团众元产业发展有限公司

高　霞　王　朋　杨　彬　齐萍萍　韩克冰
赵　程　董　亮　于会迁

鞍钢集团信息产业有限公司

刘继丹

鞍钢集团国际经济贸易有限公司

马宝瑞

鞍钢联众（广州）不锈钢有限公司

高英斌

鞍钢集团教育培训中心

金　哲

鞍钢日报社

马骥勇

鞍钢集团财务责任有限公司

王连凤

其他单位

王永刚　张政乐　宋禄刚　王　峻

2018—2019 年度鞍钢集团劳动模范名单

鞍山钢铁集团有限公司

王君敏　鞍钢股份有限公司炼焦总厂设备管理室主任
李林春　鞍钢股份有限公司炼铁总厂二高炉作业区作业长
刘　帅　鞍钢股份有限公司炼铁总厂新烧作业区作业长
常　威　鞍钢股份有限公司炼钢总厂一分厂连铸一作业区丙班精炼班班长
劳宏伟　鞍钢股份有限公司炼钢总厂一分厂炼钢一作业区甲班 6 号转炉炉长
王利强　鞍钢股份有限公司炼钢总厂二分厂吊车二作业区作业长
杨铁龙　鞍钢股份有限公司炼钢总厂副厂长
熊宏亮　鞍钢股份有限公司热轧带钢厂二分厂副厂长
刘炳刚　鞍钢股份有限公司冷轧厂一分厂设备作业区盐平电气点检组点检员
辛利峰　鞍钢股份有限公司冷轧厂一分厂厂长、党总支书记
张　乾　鞍钢股份有限公司冷轧硅钢厂东区生产作业区作业长
张云会　鞍钢股份有限公司无缝钢管厂综合管理室主任
刘　健　鞍钢股份有限公司大型厂轨梁分厂设备作业区副作业长
白旭强　鞍钢股份有限公司能源管控中心总经理
张忠诚　鞍钢股份有限公司能源管控中心燃气分厂洗涤作业区二洗涤站站长
周明顺　鞍钢集团钢铁研究院炼铁技术研究所首席专家
徐壮晖　鞍钢股份有限公司质检计量中心冶炼仪表作业区南区班班长
王凤阁　鞍钢股份有限公司鲅鱼圈钢铁分公司炼焦部煤气净化作业区作业长
何　洋　鞍钢股份有限公司鲅鱼圈钢铁分公司炼钢部值班调度长
詹守权　鞍钢股份有限公司鲅鱼圈钢铁分公司能源动力部能源集控中心党支部书记兼主任
冯大龙　鞍钢股份有限公司鲅鱼圈钢铁分公司设备检修中心炼钢检修作业区班长
衣晨光　鞍钢集团朝阳钢铁有限公司党委书记、工会主席
宁生龙　鞍钢集团朝阳钢铁有限公司炼钢厂炼钢工区工区长
周智超　鞍钢集团朝阳钢铁有限公司炼铁厂烧结运行主任科员
于智晓　鞍钢化学科技有限公司三回收作业区作业长
薛占强　鞍钢化学科技有限公司党委副书记（主持工作）、副总经理（主持工作）
秦　旭　鞍钢股份有限公司设备工程部副总经理
于　宁　鞍钢股份有限公司制造管理部副总经理
王俊澎　鞍钢汽车运输有限责任公司鲅鱼圈分公司行车四队修理班班长
崔启威　鞍山钢铁集团有限公司铁路运输分公司机车厂内燃运用作业区司机长
张洪祥　鞍山钢铁集团有限公司铁路运输分公司运输总站炼钢站调车工
李　兵　鞍山钢铁集团有限公司第二发电厂热工作业区点检员
崔印开　鞍钢铸钢有限公司炼钢作业区炼钢工

攀钢集团有限公司

赵甲虎　攀钢集团攀枝花钢钒公司炼铁厂三高炉作业区党支部书记、作业长
龙飞虎　攀钢集团攀枝花聚钛科技有限公司党支部书记、经理
秦喜军　攀钢集团攀枝花钢钒公司安全环保部（武装保卫部）安全管理室交通协管员
刘　勇　攀钢集团攀枝花钢钒公司热轧板厂板带热轧首席工程师
唐阳军　攀钢集团攀枝花钢钒公司轨梁厂精成作业区无损检测工
漆丽华(女)　攀钢集团攀枝花钛材公司氯化精制作业区主管工程师
张　林　攀钢集团西昌钒制品分公司生产技术室主任工程师
凌　鹏　攀钢集团钒钛资源股份公司氯化钛白厂安全环保部（生产技术部）副部长
王乖宁(女)　攀钢集团钒钛资源股份公司攀枝花钒制品厂钒氮合金作业区区域工程师
郭　庆　攀钢集团西昌钢钒公司炼铁厂生产技术（安全环保）室炼铁工艺管理员
粟　伟　攀钢集团西昌钢钒公司板材厂热轧作业区生产点检员
欧吉于　攀钢集团西昌钢钒公司制造部钢轧室主任
何登宇　攀钢集团西昌钢钒公司炼钢厂冶炼作业区转炉炼钢首席操作师
蒋家国　攀钢集团矿业公司攀枝花铁矿汽运作业区汽车维修大班长
杨友旭　攀钢集团矿业公司选矿厂检修协力作业区检修二班班长
李　部　攀钢集团矿业公司白马选矿厂磨选作业区检修班班长
唐　勇　攀钢集团矿业公司选钛厂粗选作业区生产甲班班长
滕跃树　攀钢集团成都钢钒公司资产管护中心派驻成都板材 2 号轧机主操作手
吴辉红　攀钢集团长城特殊钢公司锻造厂点维作业区作业长
李　源　攀钢集团长城特殊钢公司科技部高强钢研究室研发工程师
朱福兴　攀钢集团研究院钛化工技术研究所研究员
刘功国　攀钢集团研究院环保技术研究所特级研究员
王　平　攀钢集团工程公司修建分公司西昌检修工程处主任、党支部书记
唐　财　攀钢集团工程公司修建分公司检修六车间燃气作业区作业长
刘新茂　攀钢集团工程公司特种工程分公司白马铁矿采剥工程处主任
张　勇　攀钢集团国贸公司营销策划部部长
胡文春　攀钢集团物贸公司运营控制部副部长
夏　东　成都积微物联公司供应链事业部副总经理
肖建昆　攀钢集团西昌医院院长
杨莉华(女)　四川机电职业技术学院机械工程系教研室主任
张明恩　攀钢集团生活公司花城物业管理中心电焊工
朱　舜　四川鸿舰重型机械制造有限责任公司智能制造开发项目部部长
吴国军　攀钢集团坤牛物流六车队驾驶员
段大福　攀钢集团冶材公司技术研发中心特级研究员
田　赋　攀钢集团管理创新部高级经理

鞍钢集团矿业有限公司

房洪亮　弓长岭露天矿生产技术室主任
李宗武　弓长岭井下矿生产技术室主任
尚大勇　弓长岭选矿厂老破碎作业区作业长

惠施亚　弓长岭球团厂设备室电气运行主任工程师
赵希东　弓长岭动力厂生产安全室副主任
刘振陆　齐大山铁矿汽运作业区点检组点检员
解志军　东鞍山铁矿巷运作业区生产乙班班长
张文东　大孤山铁矿生产技术室主任
李　光　眼前山铁矿生产技术室主任
刘　斌　鞍千矿业有限公司南汽运作业区行车甲班班长
宋保莹　东鞍山烧结厂烧结作业区作业长
王中波　东鞍山烧结厂党委书记兼工会主席
杨振宇　关宝山矿业公司浮选作业区工艺长
魏宏超　装备制造分公司汽修工区汽车修理班班长
郭　客(女)　设计研究院主管工程师
赵　虹(女)　生产服务中心生产室主任
熊宏启　鞍千矿业有限公司经理
吴庆深　弓长岭露天矿矿长
刘　成　公司党委组织部部长

鞍钢集团工程技术发展有限公司

曹华军　鞍钢建设钢结构分公司加工车间冷作工
杨作平　鞍钢轧辊有限公司铸造厂党支部书记、厂长
宋世杰　鞍钢集团（鞍山）铁路运输设备制造有限公司党委书记、董事长、总经理
张庆文(女)　鞍钢集团工程技术有限公司能源环保事业部环保室主任
方河海　鞍钢建设机电公司热轧一工区钳工
王雨红　鞍钢房产建设有限公司第一建筑工程分公司 B2 项目部项目经理

鞍钢集团众元产业发展有限公司

苏　辉　鞍钢实业集团（鞍山）工程发展有限公司筑路分公司党支部书记、经理
王汝家　鞍钢实业公司资源再生利用分公司材料作业区作业长
庞其壮　鞍山冀东水泥有限责任公司设备部部长
唐克军　鞍钢绿色资源科技有限公司钢渣磁选作业区作业长兼党支部书记

鞍钢集团信息产业有限公司

高大鹏　大连华冶联自动化有限公司智慧炼铁事业部经理

鞍钢集团国际经济贸易公司

罗永东　鞍钢国贸攀枝花有限公司副总经理

鞍钢集团北京研究院有限公司

庞克亮　钢铁研究院分院研究员

（鞍钢集团有限公司工会）

· 名　录 ·

2019 年鞍钢集团有限公司直管干部任免名单

姓　名	任免职务	任免日期
孙玉平	推荐为通用鞍钢医院管理有限公司董事建议人选	2019. 02. 27
冯凌旭	推荐为通用鞍钢医院管理有限公司监事会主席建议人选	2019. 02. 27
张治杰	不再担任攀钢集团有限公司党委副书记、工会主席、职工董事职务，退休	2019. 06. 05
陈　勇	任攀钢集团有限公司董事	2019. 06. 05
刘文胜	任鞍钢集团工程技术发展有限公司副总经理（试用期一年），不再担任鞍钢集团专职董（监）事办公室专职董事、监事职务	2019. 06. 05
徐克汉	任鞍钢集团专职董（监）事办公室专职董事、监事，建议不再担任鞍钢房地产开发集团有限公司副总经理职务	2019. 06. 05
朱维国	建议任华宝冶金资产管理有限公司风控负责人，不再担任鞍山钢铁集团有限公司/鞍钢股份有限公司计划财务部副部长职务	2019. 06. 05
顾　颜	建议任鞍山钢铁集团有限公司/鞍钢股份有限公司总工办副总工程师（G 级），不再担任鞍钢集团（鞍山）健康产业有限公司董事、总经理、党委筹建组副组长职务	2019. 06. 05
宋家辰	不再担任鞍钢集团（鞍山）健康产业有限公司党委筹建组副组长、纪委筹建组组长、工会筹建组组长、监事会主席、监事职务	2019. 06. 05
曲明辉	任鞍钢集团有限公司团委副书记（E 级），建议不再担任鞍资（天津）融资租赁有限公司总经理，鞍钢集团资本控股有限公司风险法律部经理职务	2019. 06. 05
王　琳	建议任鞍山钢铁集团有限公司保卫部（人民武装部）部长，不再担任鞍钢集团有限公司机关党委副书记、纪委书记、工会主席职务	2019. 06. 05
贾凤泳	暂时配合鞍钢集团工作组工作，解除试用职务（不再担任鞍钢集团信息产业有限公司党委书记、董事长、董事职务）	2019. 06. 05
龙　强	兼任鞍钢集团有限公司党政督查办公室（巡视办公室）主任	2019. 07. 30
王春明	任鞍钢集团有限公司党政督查办公室（巡视办公室）副主任、专职巡视员（G 级）	2019. 07. 30
李东伟	任鞍钢集团有限公司战略规划部副总监（F 级），建议不再担任鞍钢集团国际经济贸易有限公司董事、总经理职务	2019. 07. 30
林　垚	任鞍钢集团有限公司经济发展研究院院长（试用期一年）兼鞍钢集团有限公司战略规划部副总监，不再担任鞍钢集团有限公司经济发展研究院副院长（主持工作）职务	2019. 07. 30
王铁楠	任鞍钢集团国际经济贸易有限公司董事、总经理、党委副书记（试用期一年），不再担任鞍钢集团有限公司国际事业发展部（外事办）部长职务	2019. 07. 30

续表

姓　名	任免职务	任免日期
刘　日	在鞍钢集团有限公司人力资源服务中心从事专项工作，不再担任鞍钢集团有限公司国际事业发展部（外事办）副部长职务	2019.07.30
陈　新	任鞍钢集团有限公司科技发展部副总监（试用期一年）兼鞍钢集团有限公司军工办主任，建议不再担任鞍钢集团有限公司科技发展部科技资源协同处处长职务	2019.07.30
张万斌	任鞍钢集团有限公司财务部总监，不再担任鞍钢集团资本控股有限公司董事、总经理职务	2019.07.30
金　彬	任鞍钢集团有限公司财务部副总监，鞍钢集团有限公司财务共享服务中心主任、党支部书记，不再担任鞍钢集团有限公司财务运营部副部长职务	2019.07.30
都兴开	任鞍钢集团有限公司资本运营部总监，不再担任鞍钢集团有限公司财务运营部部长职务	2019.07.30
李　革	任鞍钢集团国际经济贸易有限公司总会计师，不再担任鞍钢集团有限公司财务运营部副部长职务	2019.07.30
崔丽荣	任鞍钢集团信息产业有限公司总会计师，不再担任鞍钢集团国际经济贸易有限公司总会计师职务	2019.07.30
计　岩	兼任鞍钢集团有限公司管理与信息化部总监，不再兼任鞍钢集团有限公司管理创新部部长职务	2019.07.30
刘炳宇	任鞍钢集团有限公司管理与信息化部副总监，不再担任鞍钢集团有限公司信息化管理部副部长（主持工作）职务	2019.07.30
刘卫民	任鞍钢实业集团有限公司副总经理，不再担任鞍钢集团有限公司管理创新部副部长职务	2019.07.30
李　静	任鞍钢集团信息产业有限公司副总经理，不再担任鞍钢集团有限公司信息化管理部副部长职务	2019.07.30
陈金华	任鞍钢集团有限公司党委组织部副部长，机关党委副书记、纪委书记、工会主席（试用期一年）兼党建处处长	2019.07.30
刘晓晖	建议任鞍山钢铁集团有限公司代总法律顾问（F级，试用期一年）兼法律事务部部长，不再担任鞍钢集团有限公司法律事务部副部长（主持工作）职务	2019.07.30
宋　军	在鞍钢集团矿业有限公司从事专项工作，不再担任鞍钢集团矿业有限公司纪委书记、监事会主席、监事职务	2019.08.12
余雅彬	任鞍钢集团矿业有限公司纪委书记、监事会主席，不再担任鞍钢实业集团有限公司纪委书记、监事会主席、监事职务	2019.08.12
刘　明	任鞍钢实业集团有限公司纪委书记（试用期一年）、监事会主席，不再担任鞍钢集团有限公司纪委常委职务，建议不再担任鞍钢集团有限公司纪委纪检监察一室主任职务	2019.08.12
张兆元	在鞍钢集团矿业有限公司从事专项工作，不再担任鞍钢集团矿业有限公司副总经理，卡拉拉矿业有限公司董事、首席执行官（CEO）职务	2019.08.12
朱长江	任鞍钢集团矿业有限公司副总经理（试用期一年），卡拉拉矿业有限公司首席执行官（CEO），建议不再担任卡拉拉矿业有限公司运营总经理职务	2019.08.12
王　英	任鞍钢集团工程技术发展有限公司党委副书记、工会主席，不再担任鞍钢集团工程技术发展有限公司副总经理职务	2019.08.12
单大为	建议任鞍山钢铁集团有限公司铁路运输公司副经理，不再担任鞍钢实业集团有限公司董事、副总经理职务	2019.08.12
宋英韬	任鞍钢集团财务有限责任公司党委副书记、工会主席，不再担任鞍钢日报社党委书记、总编辑职务	2019.08.12
陈　锖	不再担任鞍钢集团财务有限责任公司工会主席职务	2019.08.12
戴志浩	兼任鞍钢集团北京研究院有限公司董事长	2019.08.12

续表

姓　名	任免职务	任免日期
刘　军	任鞍钢集团北京研究院有限公司党委筹建组组长、董事、总经理（院长），建议不再担任鞍钢集团有限公司钢铁研究院（鞍钢股份有限公司技术中心）党委书记职务	2019. 08. 12
路景宏	任鞍钢集团北京研究院有限公司党委筹建组副组长、纪委筹建组组长、工会筹建组组长、职工董事	2019. 08. 12
王军生	任鞍钢集团北京研究院有限公司副总经理（副院长）	2019. 08. 12
王俊山	任鞍钢集团北京研究院有限公司副总经理（副院长），建议不再担任鞍钢集团有限公司钢铁研究院（鞍钢股份有限公司技术中心）副院长（副主任）职务	2019. 08. 12
马希博	任鞍钢集团北京研究院有限公司董事	2019. 08. 12
沈剑英	任鞍钢集团北京研究院有限公司监事会主席	2019. 08. 12
林　染	任鞍钢集团北京研究院有限公司监事	2019. 08. 12
张兴虎	任鞍钢集团北京研究院有限公司职工监事	2019. 08. 12
王　丽	在鞍钢集团有限公司财务共享服务中心从事专项工作，不再担任鞍钢集团有限公司财务共享服务中心副主任职务	2019. 08. 12
孙晓胜	任鞍钢集团有限公司党校副校长，教育培训中心副主任，建议不再担任鞍钢集团有限公司人力资源部（党委组织部）人力资源管理处处长职务	2019. 08. 12
李国志	任鞍钢集团有限公司党校副校长，教育培训中心副主任（试用期一年），建议不再担任鞍钢集团有限公司教育培训中心（鞍钢集团有限公司党校）经济管理培训部部长职务	2019. 08. 12
张晓辉	在鞍钢集团有限公司教育培训中心（鞍钢集团有限公司党校）从事专项工作，不再担任鞍钢集团有限公司党校副校长，教育培训中心副主任职务	2019. 08. 12
聂振勇	任鞍钢日报社党委书记、总编辑，建议不再担任鞍山钢铁集团有限公司/鞍钢股份有限公司党委宣传部（企业文化部、统战部）部长职务	2019. 08. 12
周　伟	任攀钢集团江油长城特殊钢有限公司（攀钢集团四川长城特殊钢有限责任公司）纪委书记，不再担任鞍钢集团专职董（监）事办公室专职董事、监事职务	2019. 08. 12
王爱国	不再担任鞍钢集团专职董（监）事办公室专职董事、监事职务，退休	2019. 08. 12
路永利	不再担任鞍山钢铁集团有限公司/鞍钢股份有限公司党委常委、纪委书记、监事会主席、监事职务	2019. 09. 10
蔡恒君	不再担任鞍钢联众（广州）不锈钢有限公司总经理、党委副书记（主持工作）、副董事长（主持工作）、董事职务	2019. 09. 10
洪树利	任鞍钢联众（广州）不锈钢有限公司党委书记、董事长，不再担任鞍钢集团有限公司战略规划部副总经理，鞍钢集团地企合作协调办公室主任，华宝冶金资产管理有限公司董事职务	2019. 09. 10
王衍平	兼任鞍钢集团地企合作协调办公室主任，华宝冶金资产管理有限公司董事	2019. 09. 10
刘　强	任鞍钢集团有限公司管理与信息化部副总经理兼改革处总监，建议不再担任鞍钢集团工程技术发展有限公司投资发展部（法律与风险管理部）部长、海外事业部总经理职务	2019. 09. 10
刘卫民	兼任鞍钢实业集团有限公司董事	2019. 09. 10
聂洪林	建议任鞍山钢铁集团有限公司/鞍钢股份有限公司党委宣传部（企业文化部、统战部）部长，不再担任鞍钢集团有限公司教育培训中心党委书记、主任，鞍钢党校党委书记、第一副校长职务	2019. 09. 10
杜学华	任鞍钢集团有限公司教育培训中心党委书记、主任（试用期一年），鞍钢党校党委书记、第一副校长，建议不再担任鞍山钢铁集团有限公司人力资源部（党委组织部）副部长职务	2019. 09. 10
吴先明	不再担任鞍钢日报社副总编辑职务	2019. 09. 10
申长纯	任攀钢集团有限公司党委副书记、工会主席、职工董事，不再担任攀钢集团有限公司纪委书记、纪委常委、监事会主席、监事职务	2019. 09. 29

续表

姓　名	任免职务	任免日期
陈列希	任攀钢集团有限公司党委常委、纪委书记、监事会主席，不再担任鞍钢集团有限公司纪委副书记、纪委常委、监察部部长职务	2019.09.29
谭克建	任鞍钢集团有限公司纪委副书记，建议不再担任攀钢集团西昌钢钒有限公司党委书记、工会主席、职工董事职务	2019.09.29
王军生	任鞍钢集团信息产业有限公司党委书记、董事长（试用期一年），不再担任鞍钢集团信息产业有限公司党委副书记、副总经理（主持工作）职务	2019.09.29
于　洋	任鞍钢集团信息产业有限公司董事、总经理、党委副书记（试用期一年），建议不再担任鞍钢股份有限公司技术改造部部长职务	2019.09.29
陈志迅	任鞍钢集团有限公司董事会办公室专职董事、监事，不再担任鞍钢集团信息产业有限公司副总经理职务	2019.09.29
蔡恒君	建议任卡拉拉矿业有限公司营销总经理（F级），不再配合鞍钢集团AL解困项目工作组工作	2019.09.29
曲明辉	任鞍钢集团有限公司党委宣传部（企业文化部、党委统战部）副部长，鞍钢集团有限公司团委书记（F级，试用期一年）	2019.09.29
张　鹏	不再担任鞍钢集团有限公司团委书记职务	2019.09.29
李忠武	任鞍山钢铁集团有限公司党委常委，鞍钢股份有限公司党委常委、董事、副总经理，不再担任攀钢集团有限公司党委常委、董事、副总经理兼攀钢集团钒钛资源股份有限公司董事职务	2019.12.04
谢俊勇	任攀钢集团有限公司董事、总经理、党委副书记（试用期一年），不再担任鞍山钢铁集团有限公司党委常委，鞍钢股份有限公司党委常委、董事、副总经理职务	2019.12.04
吴　鸣	不再担任鞍钢集团矿业有限公司党委副书记、工会主席、职工董事职务	2019.12.04
平守国	任鞍钢集团矿业有限公司党委副书记、工会主席、职工董事，不再担任鞍钢集团矿业有限公司副总经理，鞍钢集团北京研究院有限公司董事职务	2019.12.04
唐学飞	任鞍钢集团矿业有限公司副总经理（试用期一年），建议不再担任鞍钢集团矿业有限公司东鞍山烧结厂厂长职务	2019.12.04
路景宏	兼任鞍钢集团北京研究院园区运营服务中心主任，不再担任鞍钢集团有限公司北京办事处主任职务	2019.12.04
林大庆	推荐为鞍山市总工会兼职副主席建议人选	2019.12.04
李　超	推荐为鞍山市总工会兼职副主席建议人选	2019.12.04
曲明辉	推荐为鞍山团市委兼职副书记建议人选	2019.12.04
邱梅雪	推荐为鞍山市妇联兼职副主席建议人选	2019.12.04

（鞍钢集团有限公司党委组织部　周　克）

2019 年鞍钢取得高级专业技术职称任职资格人员名单

正高级工程师

景奉儒　王义栋　丛津功　张红军　陈军平
韩立涛　张国强　甘秀石　陈智勇　林　洋
臧绍双　张晓军　于　斌　林　彬　白旭强
黄显保　李　仲　刘常鹏　徐　伟　胡绍伟
徐荣杰　郭秀莉　高　磊　刘志伟　王长顺
周　丹　金纪勇　王科强　陈本文　苏春霞
郭金宇　尚德礼　郭天永　宫作岩　张洪宇
王若钢　李新玲　宋正学　唐学飞　王　洋
侯恩俭　张世宜　唐廷宇　刘双安　姚秀华
艾忠诚　姜晓东　张庆文　刘　莉　任树忠
任　涛　赵　波　于丽娟　李　艳　杨　冶
刘宝山　李　静　董　军　熊　鑫　宋　君
秦大伟

正高级经济师

张绪凯　李学佳　李之奇　谭光宇　王　涛

研究员

陈　妍　周文涛　郭艳玲

高级工程师

李建良　朱　辉　杨大立　唐艳秀　冯志新
李向科　徐岩松　翟利平　王　超　王永才
渠秀娟　王　静　何天庆　来　威　王光伟
关　爽　吴　优　张大越　冯志超　张德敬
郭方明　赵　锋　王君敏　陈艳伟　周晓锋
高　薇　侯士彬　杜庆海　王　旭　朱延伟
孔　弢　蔡　飞　佟敏英　刘宝奎　张飞宇
李建军　姜庆喜　赵德胜　张　磊　田景长
曾　宇　谢永清　李　理　李　泊　何海龙
乔冠男　孙　涛　吴春杰　崔国亮　曲晓东
王洪海　辛利峰　林　榈　洪　汛　杜天容
延占军　王玉琦　丁　宁　马　东　王林松
李　达　孙　静　何　嵩　沙　金　张　函
徐作宇　刘彦栋　刘长松　李　琳　肖　宇
赵爱华　赵　俣　徐鹏飞　王　飞　周　敬
张仁波　石锋涛　袁　琴　李亚东　陈春梅
张　哲　孙成钱　林田子　周洪庆　赵　坦
赵　波　胡昕明　张海利　张　辉　徐礼兵
张　伟　应传涛　乔　磊　党　平　马银华
武　斌　于庆泉　赵立军　唐继忠　尚德良
史页殊　刘　博　贾东升　张成斌　赵立军
姜世伟　张秀超　刘英会　薛晓金　刘　伟
张永然　何　泉　马荣材　裴兰科　刁乃松
张　旭　李　论　施建军　高锦财　王宏志
刘国义　钮展良　孙　健　宫长亮　陈国岩
高英勇　周立峰　盖　壮　王宇驰　雷洪才
王晓东　杨　春　李海东　齐立伟　邓德亮
杨　雷　邵　猛　杨志富　房洪亮　牛文杰
崔　铁　于向东　朱万刚　包　宁　王贤权
蒋金博　李东雷　王　涛　赵小川　张福海
马　英　郑　伟　赵建东　李修梅　周　锋
王　涛　刘长剑　郑云龙　边　疆　战　奇
王月秋　徐吉林　赵晓峰　李纪卓　李家黎
赵　岚　殷业鹏　王华巍　刘　凯　黄宗茂
李太树　陆高辉　常玉涛　徐　莉　张海亮

高级经济师

李　巍　张娜斯　赵凌燕　李　涛　王　丰
张正泽　袁一琦　曹金成　吕　达　王连凤
崔晓光　李　进　杨晓旭　郭　威　刘夷平

高级政工师

王柜宇　张政乐　刘　淼　李　伟　刘峻玮
龚　丽　黄洪刚　林亚桥　洪务波　靳秋洁
高　戈

高级会计师

任美玲　董晓梅　马　跃　单　迪　王雪松
袁　涼　段祥禄　武慧芹　李坤云　陈　琳

邹丽娇　朱晓博

信息系统项目管理师

臧　成　张　悦

高级知识产权师

崔东卫

高级教师

庞　妮　王宏军　张丽红　齐萍萍

副研究员

陈付红　丁瑞锋　王艳红

副教授

戴永燕　佟溥昊　李　丹　张　扬

副主任医师

钟加鹏　武振利

（鞍钢集团有限公司人力资源服务中心　祁东宁）

附　录

·统计资料·

一、产品产量

十大产品产量分月完成情况

（吨）

产品	全年实际	分月产量											
		1月	2月	3月	4月	5月	6月	7月	8月	9月	10月	11月	12月
一、铁矿石原矿量	114346167	9652880	9035225	9754501	9505025	10508172	8960975	10289283	9865637	9262241	9158420	9336189	9017619
二、铁精矿	41440327	3575873	3237476	3414078	3298199	3699390	3424292	3634070	3579989	3335862	3504230	3273881	3462987
三、人造富矿	65216131	5655012	5152126	5613186	5487089	5647522	5483594	5531153	5306730	5304112	5531332	5243341	5260934
烧结铁矿	55479905	4726489	4308073	4722415	4589503	4789869	4777637	4608370	4522043	4626188	4862459	4459983	4486876
球团铁矿	9736226	928523	844053	890771	897586	857653	705957	922783	784687	677924	668873	783358	774058
四、焦炭	11151440	947071	858316	949252	918338	947522	913598	948768	948028	914896	949128	833263	1023260
五、合格生铁	36763087	3183377	2839804	3129343	3036009	3152884	3118172	3068546	2967786	2981875	3236729	3012546	3036016
含钒生铁	10904357	921688	831683	926355	909606	959039	935017	881086	898219	913193	979833	881231	867407
六、粗钢	39204397	3348412	2975572	3377993	3282033	3401826	3325489	3278862	3213265	3230317	3410484	3185163	3174981
七、钢坯	39025513	3335656	2963950	3362265	3263613	3384745	3308498	3261526	3199204	3217716	3395968	3172113	3160259
八、钢材	36572967	3162061	2763276	3142607	3015601	3142663	3129205	3067767	2988691	2969800	3167112	3090530	2933654
九、高钒铁（折合量）	35420	3245	2805	3118	3014	3066	3004	2983	2943	3040	3197	2919	2086
十、钛白粉	233913	11459	19211	21970	20603	21182	20578	19622	20060	19396	20259	19562	20011

（鞍钢集团有限公司财务共享服务中心　蒋恩军）

二、财务指标

（一）财务指标完成情况

（万元）

指标名称	2019 年	2018 年	增减额	指标名称	2019 年	2018 年	增减额
一、营业总收入	21739994	21576689	163305	五、少数股东损益	175622	183695	-8073
二、利税指标				六、上缴税金	1157388	1235483	-78095
利润总额	235072	206892	28179	其中：所得税	203288	161284	42004
应交税金	1043633	1356577	-312944	增值税	528774	680561	-151787
三、所得税费用	203792	191549	12242	其他税金合计	425326	393638	31688
四、净利润	31280	15343	15937				

（二）评价企业经济指标

（%）

指标名称	2019 年	2018 年	增减额	指标名称	2019 年	2018 年	增减额
1. 营业利润率	2. 56	2. 42	0. 14	6. 流动比率	0. 53	0. 47	0. 06
2. 总资产报酬率	3. 03	3. 01	0. 02	速动比率	0. 32	0. 28	0. 04
3. 净资产收益率	0. 29	0. 15	0. 14	7. 应收账款周转率/次	30. 28	32. 67	-2. 39
4. 资本保值增值率	100. 3	102. 6	-2. 3	8. 存货周转率/次	5. 29	4. 96	0. 33
5. 资产负债率	66. 44	69. 55	-3. 11				

（三）资产及负债情况

（万元）

指标名称	2019 年	2018 年	增减额	指标名称	2019 年	2018 年	增减额
一、资产总额	33282903	33964373	-681470	其中：短期借款	6817277	8389613	-1572336
1. 流动资产	7760919	8496392	-735473	应付账款	1975056	2101510	-126454
其中：应收账款	603469	523239	80230	2. 长期负债	4913189	5485736	-572547
存货总额	3172458	3383348	-210890	三、所有者权益	11170335	10342646	827689
2. 长期股权投资	943920	722523	221398	1. 少数股东权益	5763131	3986420	1776710
3. 固定资产	13768042	14025876	-257834	2. 归属母公司权益	5407204	6356226	-949021
其中：固定资产原值	30426778	29846675	580103	其中：实收资本	5000636	5000636	—
累计折旧	14617883	13794054	823829	资本公积	5116330	5580260	-463930
固定资产净值	15808895	16052621	-243726	盈余公积	17736	4967	12770
4. 无形资产	6434198	6306540	127658	未分配利润	-4927465	-4668186	-259279
二、负债总额	22112568	23621727	-1509159	其他综合收益	-28897	124047	-152944
1. 流动负债	14552373	18135991	-3583618	专项储备	228864	314501	-85637

（鞍钢集团有限公司财务部　渠雪荣）

三、更新改造指标

（一）2019年固定资产投资项目完成情况（按形象进度）

（万元）

单项工程或更改项目名称	计划总投资	自开始建设至本年底累计		本年					本年新增固定资产	房屋建筑面积/平方米	
		完成投资	新增固定资产	完成投资	其中					本年施工	本年竣工
					建筑工程	安装工程	设备购置	其他费用			
总　计	3436414	2118963	1341625	670760	163005	83569	300528	123658	492583	341887	447546
其中：鞍山钢铁集团有限公司	2507210	1645307	1177222	503464	126812	49363	225094	102195	405948	55188	201515
攀钢集团有限公司	929204	473656	164403	167296	36193	34206	75434	21463	86635	286699	246031

（鞍钢集团有限公司财务共享服务中心　蒋恩军）

（二）固定资产投资实际完成情况（按投资方向分类）

（万元）

按投资方向分类	实际完成投资	按投资方向分类	实际完成投资
合　计	670760	7. 轧材	101552
1. 铁矿采选	125490	8. 铁合金	
2. 烧结	32537	9. 焦化	61302
3. 球团		10. 耐火	3992
4. 炼铁	47438	11. 碳素	
5. 炼钢	60237	12. 金属制品	7799
6. 连铸	42946	13. 其他	187467

（鞍钢集团有限公司财务共享服务中心　蒋恩军）

四、产品销售

主要钢铁工业产品产、销、存情况

（吨）

指标名称	年初库存	本年外购	本年生产	本年自用	本年销售		盘盈（+）/盘亏（-）	年末库存
					本年销售小计	其中：本年出口		
铁矿石成品矿	659308		41440327	36800063	4871761			427811
铁精矿	659308		41440327	36800063	4871761			427811
人造富矿	200309		60883266	60755610	139037			188928

续表

指标名称	年初库存	本年外购	本年生产	本年自用	本年销售		盘盈（+）/盘亏（-）	年末库存
					本年销售小计	其中：本年出口		
烧结铁矿	41616		55479905	55454791				66730
球团铁矿	147312		9736226	9837949				45589
生铁	2728		36763087	36763071	1571			1173
粗钢	384905	54408	39204397	38929999	317010		-11	396690
连铸坯	379729	54408	39025513	38751041	316013		-11	392585
钢材	529732	739	36572967	29317	36615483	1879037	728	459366
铁道用钢材	46415		1981358		1972946	104645		54827
其中：重轨	46415		1981358		1972946	104645		54827
大型型钢	3893		157087	681	159021		20	1298
棒材	8913		311154	304	308288	101	-257	11218
钢筋	45275		1992810		2022216			15869
线材（盘条）	13992		1663199	1959	1660859	187247	-31	14342
特厚板	4497		525527	258	524428	13459	11	5349
厚板	28437		1746785	2076	1753740	95057	1	19407
中板	55237		2278127	5483	2294400	110892	-9	33472
热轧薄板	829		5237	61	5186	940	-611	208
冷轧薄板	1803		831574	-61	826760	60615	-1	6677
中厚宽钢带	108949		10924699	-21	10933191	142567		100478
热轧薄宽钢带	36875		3199831	8113	3185157	236910	119	43555
冷轧薄宽钢带	127939		7085358	7477	7093464	394711		112354
热轧窄钢带	49						-1	48
冷轧窄钢带	561						-1	560
镀层板（带）	31306		2123173	1602	2131848	376579		21029
其中：镀锌板（带）	31306		2123173	1602	2131848	376579		21029
涂层板（带）	5367		340226	233	337577	124362		7783
电工钢板（带）	1725		960513	-1	959610	30864		2629
无缝钢管	2345		373404	839	373324		-4	1582
焊接钢管	513		1014	12	1031		17	501
其他钢材	4814	739	71884	302	72430	88	1475	6180
钢丝	268		56		186			138
钢丝绳	4552		23893	9	22615			5821
钢绞线	50		235		244			41
焦炭	35415		11151440	11159958				26897

（鞍钢集团有限公司财务共享服务中心　蒋恩军）